世纪心理学丛书

台湾东华书局（繁体字版）
浙江教育出版社（简体字版）

愿为两岸心理科学发展尽点心力

——世纪心理学丛书总序——

五年前一个虚幻的梦想，五年后竟然成为具体的事实；此一由海峡两岸合作出版一套心理学丛书以促进两岸心理科学发展的心愿，如今竟然得以初步实现。当此丛书问世之际，除与参与其事的朋友们分享辛苦耕耘终获成果的喜悦之外，在回忆五年来所思所历的一切时，我个人更是多着一份感激心情。

本于一九八九年三月，应联合国文教组织世界师范教育协会之邀，决定出席该年度七月十七至二十二日在北京举行的世界年会，后因故年会延期并易地举办而未曾成行。迨于次年六月，复应北京师范大学之邀，我与内子周慧强教授，专程赴北京、上海和济南等地访问。在此访问期间，除会晤多位心理学界学者先进之外，也参观了多所著名学术机构的心理学藏书及研究教学设备。综合访问期间所闻所见，有两件事令我感触深刻：其一，当时的心理学界，经过了拨乱反正，终于跨越了禁忌，冲出了谷底，但仍处于劫后余生的局面。在各大学从事心理科学研究与教学的学者们，虽仍旧过着清苦的生活，然却在摧残殆尽的心理科学废墟上，孜孜不息地奋力重建。他们在专业精神上所表现的学术忠诚与历史使命感，令人感佩不已。其二，当时心理科学的书籍资料甚为贫乏，高水平学术性著作之取得尤为不易；因而教师缺乏新资讯，学生难以求得新知识。在学术困境中，一心为心理科学发展竭尽心力的学者先生们，无不深具无力感与无奈感。特别是有些毕生努力、研究有成的著名心理学家，他们多年来的心血结晶若无法得以著述保存，势将大不利于学术文化的薪火相传。

返台后，心中感触久久不得或释。反复思考，终于萌生如下心愿：何不结合两岸人力物力资源，由两岸学者执笔撰写，两岸出版家投资合作，出版一套包括心理科学领域中各科新知且具学术水平的丛书。如此一方面可使大陆著名心理学家的心血结晶得以流传，促使中国心理科学在承先启后的路上继续发展，另方面经由繁简两种字体印刷，在海峡两岸同步发行，以便双边心理学界人士阅读，而利于学术文化之交流。

显然，此一心愿近似痴人说梦：仅在一岸本已推行不易，事关两岸必将更形困难。在计划尚未具体化之前，我曾假访问之便与大陆出版社负责人提及两岸合作出版的可能。当时得到的回应是，原则可行，但先决条件是台湾方面须先向大陆出版社投资。在此情形下，只得将大陆方面合作出版事宜暂且搁置，而全心思考如何解决两个先决问题。问题之一是如何取得台湾方面出版社的信任与支持。按初步构想，整套丛书所涵盖的范围，计划包括现代心理科学领域内理论、应用、方法等各种科目。在丛书的内容与形式上力求臻于学术水平，符合国际体例，不采普通教科用书形式。在市场取向的现实情况下，一般出版社往往对纯学术性书籍素缺意愿，全套丛书所需百万美元以上的投资，谁人肯做不赚钱的生意？另一问题是如何邀请大陆学者参与撰写。按我的构想，台湾出版事业发达，也较易引进新的资讯。将来本丛书的使用对象将以大陆为主，是以丛书的作者原则也以大陆学者为优先考虑。问题是大陆的著名心理学者分散各地，他们在不同的生活环境与工作条件之下，是否对此计划具有共识而乐于参与？

对第一个问题的解决，我必须感谢多年好友台湾东华书局负责人卓鑫淼先生。卓先生对丛书细节及经济效益并未深切考量，只就学术价值与朋友道义的角度，欣然同意全力支持。至于寻求大陆合作出版对象一事，迨至丛书撰写工作开始后，始由北京师范大学教授林崇德先生与杭州大学教授朱祖祥先生介绍浙江教育出版社社长曹成章先生。经联系后，曹先生几乎与卓先生持同样态度，仅凭促进中国心理科学发展和加强两岸学术交流之理念，迅即慨允合作。这两位出版界先进所表现的重视文化事业而不计投资报酬的出版家风范，令人敬佩之至。

至于邀请大陆作者执笔撰写一事，正式开始是我与内子一九九一年清明节第二次北京之行。提及此事之开始，我必须感谢北京师范大学教授章志光先生。章教授在四十多年前曾在台湾师范大学求学，是高我两届的学长。由章教授推荐北京师范大学教授张必隐先生负责联系，邀请了中国科学院、北京大学及北京师范大学多位心理学界知名教授晤谈，初步研议两岸合作出版丛书之事的应行性与可行性。令人鼓舞的是，与会学者咸认此事非仅为学术界创举，对将来全中国心理科学的发展意义深远，而且对我所提高水平学术著作的理念，皆表赞同。当时我所提的理念，系指高水平的心理学著作应具备五个条件:(1)在撰写体例上必须符合心理学国际通用规范;(2)在组织架构上必须涵盖所属学科最新的理论和方法；(3)在资料选取上必须注重其权威性和时近性，且须翔实注明其来源;(4)在撰写取向上必须兼顾学理和实用;(5)在内容的广度、深度、新度三方面必须超越到目前为止国内已出版的所有同科目专书。至于执笔撰写工作，与会学者均表示愿排除困难，全力以赴。此事开始后，复承张必隐教授、林崇德教授、吉林大学车文博教授及西南师范大学黄希庭教授等诸位先生费心多方联系，我与内子九次往返大陆，分赴各地著名学府访问讲学之外特专诚拜访知名学者，邀请参与为丛书撰稿。惟在此期间，一则因行程匆促，联系困难，二则因丛书学科所限，以致尚有多位杰出学者未能访晤周遍，深有遗珠之憾。但愿将来丛书范围扩大时，能邀请更多学者参与。

心理科学是西方的产物，自十九世纪脱离哲学成为一门独立科学以来，其目的在采用科学方法研究人性并发扬人性中的优良品质，俾为人类社会创造福祉。中国的传统文化中，虽也蕴涵着丰富的哲学心理学思想，惟惜未能随时代演变转化为现代的科学心理学理念；而二十世纪初西方心理学传入中国之后，却又未能受到应有的重视。在西方，包括心理学在内的社会及行为科学是伴随着自然科学一起发展的。从近代西方现代化发展过程的整体看，自然科学的亮丽花果，事实上是在社会及行为科学思想的土壤中茁壮成长的；先由社会及行为科学的发展提升了人的素质，使人的潜能与智慧得以发挥，而后才创造了现代的科学文明。回顾百余年来中国现代化的过程，非但自始即狭隘地将“西学”之理念囿于自然科学；而且在科学教育之发展上也仅只但求科学知识之“为用”，从未强调科学精神之培养。因此，对自然科学发展具有滋养作用的社会科学，始终未能受到应有的重视。从清末新学制以后的近百年间，虽然心理学中若干有关科目被列入师范院校课程，且在大学中成立系所，而心理学的知识既未在国民生活中产生积极影响，心理学的功能更未在社会建设及经济发展中发挥催化作用。国家能否现代化，人口素质因素重于物质条件。中国徒有众多人口而欠缺优越素质，未能形成现代化动力，却已构成社会沉重负担。近年来两岸不断喊出同一口号，谓二十一世纪是中国人的世纪。中国人能否成为未来世界文化的领导者，则端视中国人能否培养出具有优秀素质的下一代而定。

现代的心理科学已不再纯属虚玄学理的探讨，而已发展到了理论、方法、实践三者统合的地步。在国家现代化过程中，诸如教育建设中的培育优良师资与改进学校教学、社会建设中的改良社会风气与建立社会秩序、经济建设中的推行科学管理与增进生产效率、政治建设中的配合民意施政与提升行政绩效、生活建设中的培养良好习惯与增进身心健康等，这些均与人口素质具有密切关系，而且也都是现代心理科学中各个不同专业学科研究的主题。基于此义，本丛书的出版除促进两岸学术交流的近程目的之外，更希望达到两个远程目的：其一是促进中国心理科学教育的发展，从而提升心理科学研究的水平，并普及心理科学的知识。其二是推广心理学的应用研究，期能在中国现代化的过程中，发挥其提升人口素质进而助益各方面建设的功能。

出版前几经研议，最后决定以《世纪心理学丛书》作为本丛书之名称，用以表示其跨世纪的特殊意义。值兹丛书发行问世之际，特此谨向两位出版社负责人、全体作者、对丛书工作曾直接或间接提供协助的人士以及台湾东华书局编审部工作同仁等，敬表谢忱。丛书之编辑印制虽力求完美，然出版之后，疏漏缺失之处仍恐难以避免，至祈学者先进不吝赐教，以匡正之。

张春兴 谨识

一九九六年五月于台湾师范大学

世纪心理学丛书目录

主编　张春兴

台湾师范大学教授

心理学原理

张春兴

台湾师范大学教授

中国心理学史

燕国材

上海师范大学教授

西方心理学史

车文博

吉林大学教授

精神分析心理学

沈德灿

北京大学教授

行为主义心理学

张厚粲

北京师范大学教授

人本主义心理学

车文博

吉林大学教授

认知心理学

彭聃龄

北京师范大学教授

张必隐

北京师范大学教授

发展心理学

林崇德

北京师范大学教授

人格心理学
黄希庭
西南师范大学教授

社会心理学
时蓉华
华东师范大学教授

学习心理学
张必隐
北京师范大学教授

教育心理学
张春兴
台湾师范大学教授

辅导与咨商心理学
邬佩丽
台湾师范大学教授

体育运动心理学
马启伟
北京体育大学教授
张力为
北京体育大学教授

犯罪心理学
罗大华
中国政法大学教授
何为民
中央司法警官学院教授

应用心理学
刘威德
台湾云林科技大学副教授

工业心理学
朱祖祥
浙江大学教授

管理心理学
徐联仓
中国科学院研究员
陈　龙
中国科学院研究员

消费者心理学
徐达光
辅仁大学教授

实验心理学
杨治良
华东师范大学教授

心理测量学
张厚粲
北京师范大学教授
龚耀先
湖南医科大学教授

心理与教育研究法
董　奇
北京师范大学教授
申继亮
北京师范大学教授

心理学原理

张春兴
台湾师范大学教授

浙江教育出版社·杭州

心理学的教与学 知难行亦难

——自 序——

近年来在大陆、台湾和香港各大学访问讲学时，屡与任教心理学科教师座谈，交换研究与教学心得。席间每每有人提到心理学教学效果不易彰显的问题，甚至有人指出有些学生表示“未学前对心理学渴望，学习后对心理学失望”的反应。这现象显示心理学教学面临“叫好不叫座”的困境。

从知与行的观点看不同学科教学的难易，大致分为三类：第一类为知易行难：理论方法易知，但学到精良程度却极为困难，艺文学科属之；第二类为知难行易：理论方法难学，但一旦通晓之后，即可按固定程序得到正确答案，数理科技学科属之；第三类为知难行难：理论众多，方法各异，教师不易教，学生很难学，心理学与哲学属之。由此可见，心理学教学原本就受学科性质的局限。

近二十年来大陆、台湾和香港心理科学蓬勃发展，大学增设心理学相关系所，并广开心理学相关课程。这显示现社会对心理学的需要与重视，也为心理科学发展带来契机。不过，若心理学教学效果不彰，仅只形式上的扩增，仍难达到心理科学在国内生根发展的理想。因此，如何提升心理学教学品质，自然是心理学界关心的问题。提升心理学教学品质，事涉任课教师专业素养与教学用书两方面问题。四十多年来著者一直身兼教学与撰著两种角色，故而对此问题体验甚深。兹值拙著《心理学原理》问世之际，愿就个人对此问题思考的一得之愚，提供关心此问题的学者先进参考指教。

谈到心理学教师的素养，宜先了解心理学科本身的特征。现代心理学虽一般称为心理科学，且自百多年前开始即企图循自然科学取向研究心理现象。惟就心理科学多年来发展的实际经验看，已证明循自然科学取向并不能获得心理科学所需要的知识。原因是心理科学在性质上有两方面异于自然科学：第一，自然科学研究物性，物性变化表相与其背后真相间的关系是直接的，是客观而真实的，故而易于达到根据表相探求真相的目的。心理科学研究人性，人性变化表相与其背后真相间关系并非直接，其间存有隐而不显的内在复杂心理历程，故而难以达到根据表相探求真相的目的。第二，从科学理论的演变与科学知识的效用看，心理科学不同于自然科学。自然科学理论的演变是汇聚跃进式，历来对自然现象的解释，都是由争议而共识，终而在共识基础上建构统一理论，从而引导科学界在同一取向下研究同类问题。如因时代变化产生新问题而既有理论不足时，将再由争议而共识的历程，建构新的统一理论。如此汇聚跳跃前进，后浪推前浪，新旧理论交替，就形成自然科学思想的进步。心理科学理论的演变是分进回旋式，始自古代的哲学心理学即思想纷歧，直到科学心理学诞生后一百多年的现在，迄未出现众所共识的统一理论。在科学心理学发展过程中，各家理论的势力随时光流转而互有消长；20 世纪初的行为革命是思想创新，60 年代的认知革命与人本主义运动却代表复古思潮。像此种心理科学思想既纷歧而又交替当势的现象，在自然科学发展史上是没有的。

再就科学知识的效用看，心理科学知识不能与自然科学相比。自然科学的知识，概念明确，方法定程，只要学会多半可以应用。心理科学的知识则不然，在一般心理学书籍中所列的主题，几乎均无统一理论和固定方法。以现代心理科学中发展最早且最受重视的智力主题为例，解释智力的理论虽众多，但具共识性的定义，尚付阙如。智力测验虽有近百年的历史，而对智力究竟代表人类哪些心理特质与智力究竟如何测量的问题，却仍无肯定答案。惟其如此，虽公认智力是个人学业与事业成功的要素，但因心理科学的权威尚未建立，致使学校选学生与社会选人才，尚未将智力测验当做可靠的工具。因此，心理科学虽已是现代人需要的知识，但因其知识本质与自然科学迥异，且发展未臻成熟地步，自无法相与类比。为教师者如能在教学时对学生阐明此义，当可使之对心理科学的真谛有所认识。

综上所论可知，心理学教师应具备的素养与自然科教师不同。任自然科学的教师如独具单科专长，或只有新知识而缺旧理论，仍不失为适任教师。任教心理科学的教师如只长于心理学领域中某方面知识，就是见树而不见林，如只知新而不谙旧，就是孤陋寡闻。以故，博古通今且见树见林是为心理学教师的理想素养。具理想素养的教师难求，这是心理学教学效果不易彰显的根本原因。

谈到心理学教学用书问题，任课教师总希望选一本好书。“好书”没有绝对标准，要看使用目的与读者对象而定。如属专门科学书籍，时近性与权威性是基本条件。如属心理学教学用书，除此基本条件外，复有二项更重要的要求：一为易读性，指教师易教学生易读的书。一般人用深入浅出形容易读性。“深入”是对学理原义的澈底理解，“浅出”是用读者能理解的文字表述意涵。深入不易，浅出更难，只有二者兼具才是易读性高的好书。二为精确性，指用文字表述抽象意涵时能做到信与达的地步。写出易读而又精确的心理学专书是难上加难，盖以心理学中文书内容多译自外文，翻译时如稍有疏忽就难免使其易读性与精确性受损。近来有多本台湾地区出版的心理学中文书籍中，对专门术语的翻译就有不少值得商榷之处：有的将哲学心理学时代的 idealism 译为“理想主义”；有的将 19 世纪的 psychophysics 译为“物理心理学”；也有的将弗洛伊德人格发展理论中的 phallic stage 译为“阴茎时期”。如以求备观点看此类译文之所以有失允当，关键系于译者博古通今见树见林素养之不足。

本书《心理学原理》是著者第三次撰写心理学基础专书。第一次是 1976 年由东华出版的《心理学》，翌年获最佳图书金鼎奖，1978 年由新华书店影印发行，通用达十年之久，在台也已连续印行 56 刷。第二次是 1991 年由东华出版的《现代心理学》，同年获最佳图书及最佳著作两项金鼎奖，1994 年授权上海人民出版社发行简体字版。到目前为止，繁体字版在台已印行 39 刷，简体字版在大陆已印行 17 刷。此二书的发行盛况使著者深感责任沉重，因此在考虑改以“心理学是研究人性的科学”取向撰写本书时，迟迟不敢动笔。在戒慎恐惧心情之下，直到参阅上百本相关书籍后，才于两年前着手。撰写期间除兼顾前述时近性与权威性两基本条件外，并且特别重视易读性与精确性。精确性由著者自行负责；易读性则由担任师范院校国语文教学四十余年的内子周慧强教授协助，在排印期间她不厌其烦地逐字逐句校阅文稿，务求在义理陈述及用字遣词方面，均能达到适切允当地步。在排印、校对、制图及装订等方面，东华书局编审部徐万善先生、徐忆小姐、李森奕先生及沈琼英小姐通力合作，力求使本书在外观上做到完美的地步。值此书成付印之际，谨向为本书尽心尽力的友人与亲人，深致谢忱。

本书排印期间，著者虽亲自校阅八次，脱稿后自认仍难免有疏漏之处，尚祈学界先进匡正为祷。

张春兴　谨识

二〇〇三年二月于台湾师范大学

目　次

第七章　思维与问题索解

第八章　生命全程的身心发展

第九章　动机与情绪

第十章　智力与智力测验

第十一章　人格与人格测验

第十二章　社会心理

第十三章　心理异常及其成因

第十四章 心理治疗

索 引

第一章

对心理学的基本认识

本章内容细目

从历史发展看，人类自始即特别关心两方面问题：一是周围自然环境方面，注意地形地物的特征与天候变化，从而获得衣食住行的资源，以满足物质生活之所需。二是人类自己本身方面，重视身心健康、后代教养、人际关系及群居规范，从而获得社会安全，以满足精神生活之所需。人类对这两方面问题长期关心探索累积的经验，即形成解释自然现象物性变化与解释社会现象人性变化的两大类知识。心理学的原始概念即蕴涵在解释人性变化的知识之中。惟古代有关物性与人性变化的知识，均出自当时的智者根据相传神话及观察所见而作的主观性推理思辨，在性质上同属哲学范畴。以后这两大类知识随人类思想的进步与科学方法的精进，各自脱离哲学而独立，分别演变成研究物性变化的自然科学与研究人性变化的心理科学。惟在脱离哲学而独立过程中，自然科学与心理科学的发展有两点不同：其一是自然科学发展在前，心理科学发展在后；前者开始于文艺复兴后的16世纪，而后者则迄至19世纪末因受自然科学成就的影响，方始脱离哲学范畴而独立。其二是自然科学的发展为汇聚跃进式，其思想之演变有如百川归海，永不回流；1543年波兰天文学家哥白尼(Nicolaus Copernicus, 1473～1543)提出太阳中心说之后，天文学界即不再争议地球为宇宙中心的问题。心理科学的发展则为分进回旋式，在一百多年的发展过程中，曾出现过数次革命性的维新运动，也出现过数次反革命性的复古思潮；先有互不相让的学派对立局面，后来又演变成不同理论并存的情势。惟其如此，在此开宗明义第一章，我们将以"对心理学的基本认识"为题，向读者介绍心理学的性质、起源、发展及现况。希望读者在研习本章之后，能对以下各点获得明确的认识。

1. 心理学定义的演变与现行定义的意涵。
2. 自古以来心理学家探讨人性特质时，在思想上有哪些争议与共识。
3. 现代科学心理学兴起的历史背景。
4. 现代科学心理学兴起之初学派对立局面始末。
5. 现代科学心理学多种理论取向并存的现象及成因。
6. 现代科学心理学在人性变化研究上有哪些重要主题。
7. 现代科学心理学研究方法的独特性与局限性。

第一节　心理学的性质与研究目的

要了解一门学科的性质，最直接的方式是先了解其定义和研究目的。基于此义，本节即先行说明心理学的定义和研究目的，以后再分别介绍心理学的起源、发展及研究方法。如此即可使读者对心理学的概貌有所认识。

一、心理学的定义缺乏共识

心理学虽是人尽皆知的学科，但对“什么是心理学”的问题，却一直没有肯定答案。原因是心理学性质特殊，以致迄今未能获得具共识的定义。

（一）哲学心理学时期定义的演变

现代科学心理学源于西方古代哲学。**心理学**(psychology)一词系由希腊文 psyche 与 logos 二词合成，前者意指“灵魂”，后者意指“研究”；二者合之即构成哲学心理学时期的第一个定义——心理学是研究灵魂之学。此一带有宗教意涵的心理学定义，直到 16 世纪文艺复兴后近代哲学心理学兴起，才改以“心理学是对人心的研究”为定义。“**心**”(mind)是指人的“精神”，较少宗教意涵，是为现代科学心理学思想的前奏。

（二）科学心理学诞生后仍无统一定义

科学心理学的正式诞生是在 19 世纪之末，惟科学心理学诞生后的一百多年来，心理学的定义虽有多次改变，但仍无共识。

德国心理学家冯特(图 1-1)于 1879 年在莱比锡大学设立第一所心理实验室，公认为现代科学心理学之始。冯特创始的科学心理学，一方面采用较易掌握的“意识”代替哲学心理学时代抽象的“灵魂”或“心”，另一方面比照自然科学研究物性变化时采用的客观观察测量与控制实验取向，研究人的心理现象，试图使心理学成为一门独立的实验科学。于是“心理学是研究意识的科学”就成了科学心理学的第一个定义。

冯特的意识心理学，传入美国后不久即受到**行为主义**的抨击，认为以意识为主题的心理学研究，在理论与方法上均不符合科学的要求；要想使心理学成为一门独立的实验科学，必须采纯自然科学取向。自然科学的首要条件是客观，而客观的标准在于能够对研究对象的特征直接观察与测量。意识属于主观经验，自然不能用来做为科学心理学研究的主题。因而，他们主张以能够观察与测量的外显行为，代替无法直接观察的内在意识；于是“心理学是研究行为的科学”就成了20世纪中期科学心理学的定义。

迨至60年代，只重外显行为而忽视内在心理活动的心理学思想，受到**认知主义**的批判，认为舍弃内在心理活动的主张有失心理学本义，因此心理学定义又改变为“心理学是研究行为与心理历程的科学”。此一内外兼顾的定义虽为心理学界所接受，但其中“心理历程”的意涵却仍欠明确。心理历程泛指一切内在心理活动，诸如感觉、知觉、记忆、想象、思维、推理、判断等心理活动，可视为心理历程的理性层面，而喜、怒、哀、惧、爱、恶、欲等心理活动，则可视为心理历程的情感层面。心理历程的研究既经列入心理学定义，上述两层面心理活动，自然均应包括在心理学研究范围之内。然而，在实际从事研究时却很难符合科学心理学所要求的观察、测量、客观、验证等科学条件。原因是多数心理活动无法直接观察和测量，根据外显行为间接观察和测量的结果，仍然是受试者的主观经验，不能真正代表其内在心理活动的全部真相。主观经验本不符合实验科学的要求，然而在心理学领域日渐扩大的今天，由于事实的需要，几乎所有内在心理活动都成为心理学研究的主题。在此研究主题多元化导致研究方法也必须多元化的情况下，心理学的发展就陷入了“科学”与“非科学”强迫选择的两难困境：如选择“科学”取向，就必须放弃所有涉及主观经验的研究；如选择包括主观经验的研究，就必须承担“心理学不是科学”的非议。在此两难困境下，出现了新近流行的各类主题兼容与“科学”及“非科学”并蓄的**折衷主义**(eclecticism)。折衷主义的取向是，既承认心理学是以客观事实为基础的实验科学，也承认心理学是以主观经验为基础的经验科学。就在此种“心理科学”的理念之下，心理学的定义应与“自然科学是研究物性的科学”有所区隔，而界定为“心理学是研究人性的科学”（张春兴，2002b）。如此既可包括内在心理及外在行为的研究，也可摆脱两难困境。至于“人性”的意涵，著者认为宜包括：(1)人性指人之所以为人的全部身心特质；(2)人性异于天性，人性是天性与教养的融合；(3)人性异于物性，物性变化只需根据自然法则做客观合理解释即可，对人性的解释则必须兼顾客观、理性、主观、感情等多方面；(4)人性的异质性大于同质性，物性同类者外在表象变化雷同，且与其内在真相变化相对应；人性则既是“人心不同各如其面”，又是“知人知面不知心”，且个别差异外尚有团体差异，其所以然者，乃遗传与环境交互作用致之。因此，从现代科学心理学发展日趋多元化的现象看，将心理学视为研究人性的科学，既可涵盖心理学领域的全部，也能符合心理学发展的趋势。

二、科学心理学研究的目的

综上讨论可知，多年来心理学的定义虽有多次改变，但将心理学视为科学的共识却一直保持。原因是心理科学研究的人性虽异于自然科学研究的物性，但从科学研究的目的看，在基本上两者间仍有相似之处。

（一）科学的基本特征

凡是属于科学的学科，在确定研究主题、选择研究方法、处理研究资料以及提报研究结果等一系列的过程中，均显示以下三个共同特征：

1. 客观性（objectivity） 指处理资料或解释问题时，所根据者完全是客观的事实，而不根据研究者个人主观的好恶或成见。

2. 验证性（verification） 指研究结果或根据研究所建构的理论，其真实性是经得起考验的，后人循其研究步骤重复研究时，可能得到相似结果。

3. 系统性（systematization） 指科学研究必须遵循一定的程序；此程序可按时间，也可按空间。此外，研究结果为文发表时，也须符合系统性原则，全篇论文内容必须条理分明，有组织有系统。

（二）科学研究目的的共同性

科学家针对问题从事研究时，其研究目的均含有终极与分级两个层次。

1. 科学研究的终极目的 任何科学研究都是针对问题，而研究的终极目的均为根据问题的表象，探求表象背后的真相，从而建构系统理论（理论科学）或解决实际问题（应用科学）。表象可能指的是具体的事实（如身体发烧），也可能指的是抽象概念（如精神痛苦）；无论如何，表象并不等于真相。因此，根据表象探求真相，既可视为一切科学研究的终极目的，也可视为一切科学研究的基本历程。惟从人类的历史看，科学家们根据表象探求真相所经过的历程，是漫长而艰辛的。甚至直到现在，科学家们对某些问题的表象虽已了解，但对表象背后的真相却仍有很多尚未确知（如癌症的病因）。因此在科学研究上乃有分级目的的概念。

2. 科学研究的分级目的 分级目的是指科学家在从事科学研究时，其所追求的目的可分级达成；达成的层级愈高，即表示愈接近终极目的；愈接近终极目的，即表示该门科学发展的成熟度愈高。科学研究有五个分级目的：(1)**描述**(description)，指对问题表象能做出翔实的说明；(2)**解释**(explanation)，指对形成问题表象的相关因素或因果关系的解析；(3)**预测**(prediction)，指根据累积的经验对同类问题预测其未来发生的可能性；(4)**控制**(control)，指了解问题的因果关系后，能经由人为运作以避免同类问题之发生；(5)**应用**(application)，指将研究结果或研究方法推广应用在其他方面，或用以解决生活中实际问题。任何一门科学，如在研究上完全臻于描述、解释、预测、控制、应用五层目的，就等于达到了根据表象探求真相的终极目的。至此地步，即可根据问题的前因后果得到自然科学上所探求的**因果法则**(law of causality)。如将此五个分级目的与终极目的及因果关系连结起来，建构成有组织的语言文字，那就形成了该门科学的系统理论。

（三）心理学研究目的的特殊性

心理学既称为科学，在研究目的上自然会比照一般自然科学，根据问题的表象，探求表象背后的真相。而且也与自然科学一样，在问题表象与问题真相之间，列有五层分级目的。惟从心理学研究的实际经验看，如将了解问题真相的程度做为科学成熟的标准，研究人性的心理科学，显然远逊于研究物性的自然科学。因此，自然科学研究的终极目的与分级目的，用于心理学研究时只能用做研究设计的参考，不能用做对研究结果价值的判断。以大学生“跷课”(旷课)现象做为心理学专题研究为例，可抽样观察学生跷课情形，对观察后分析可能发现，学生跷课与上课时间、学科性质、任课教师及学生成绩等因素有关。惟从科学研究目的看，以上发现可以做为对学生跷课行为表象的“描述”，也可做为跷课相关因素的“解释”，但无法据以了解学生跷课的真正原因。即使进一步实地调查跷课学生，他们也不可能客观道出事实真相。由此可见，心理学的研究不易达到预期的终极目的。

三、心理学是不一样的科学

讨论至此，对“心理学是不是科学”的问题，理当获得如下的认识：如单从研究目的观点言，心理学与自然科学一样；两者都是根据问题表象去探求表象背后的真相；而在探求真相的目的之下，心理学同样采用自然科学惯用的一般方法进行研究。但如进一步对心理现象从事实际研究时即可发现，采自然科学化取向研究心理现象的结果，不易达到与自然科学同样的目的。因此，心理学虽然公认是科学，但却是不一样的科学。

（一）心理学自然科学化取向的难题

采自然科学化取向研究人的心理现象时，之所以达不到自然科学同样的终极目的的原因，主要是心理科学研究人性变化时，与自然科学所研究的物性变化相比，有三个不易克服的难题：

1. 研究对象的问题　自然科学研究的对象是物，其研究目的旨在根据物性变化的表象，探求表象变化背后的真相。物的表象变化类似，支配其表象变化背后的真相也雷同。一旦发现真相与表象之间的因果法则，即可对问题的性质肯定。水的表象有三态变化，三态变化可观察测量，温度是支配变化的原因，而温度变化亦可精确测量。根据因果关系，即可确知水性变化的真相。心理学研究的对象是人，在实际研究时，主要是根据个体的行为。行为是外显的表象，行为表象背后的真相，却永远是“人心叵测”的。

2. 观察测量的问题 物性与物性变化，多半是外显的，是可以直接观察测量的，而且测量的结果容易转化为数量来处理。人性与人性变化，除少数外显行为可勉强观察测量外，其内在心理历程的性质与变化多隐而不显，无法直接观察测量。对研究对象无法观察测量，基本上违反科学原则。德国哲学家康德(Immanuel Kant, 1724～1804)，即持此理由不承认心理学为科学。他曾举认识黑暗为例，如某人不知黑暗为何物企图打灯笼到暗室去观察黑暗的样子，他就不可能了解黑暗的真相(Macleod, 1975)。现在心理学家从事研究时，只能根据外显行为做推论性解释。在推论解释时虽也尝试采用量化方式来表示(如 IQ 代表智力)，但精确程度远较自然科学为低。

3. 样本代表性问题 物性变异度小，动物行为主要决定于种族遗传，故而天下乌鸦一般黑，且叫声相似。人性变异度大，个体之间非但先天遗传不同，且后天社会文化的影响更加大其差异；同属人类而不同语言则多达千种。因此，自然科学研究物性时，根据少数**样本**特征推论**总体**特征的准确度颇高。同样做法用于心理科学对人性研究时，推论的准确度则较低。准此而论，**行为主义**时代根据动物研究结果推论解释人类行为的做法，显属失当。

(二) 心理学是超科学的科学

综合以上对心理学定义与心理学研究目的的讨论，可以进一步对心理学的性质得到如下的认识：如墨守当年纯自然科学取向，将人性物化，从而探求心理现象背后的真相，是无法达到目的的。但如换个取向，从人性本就不同于物性的观点，只采取自然科学根据问题表象探求表象背后真相的精神，放弃自然科学研究物性变化时旨在探求简单因果法则的构想，改而在人性变化中探求心理法则，则可能对复杂的心理现象获得较多的了解。

采用心理法则解释心理现象，自然要比根据因果法则解释自然现象为困难，因为自然现象的因果关系远较心理现象简单。鸿雁南飞现象，季节变化是唯一原因。按因果法则，即可根据季节变化预测鸿雁何时南飞。人类也有迁徙移民现象，但却无法确定其唯一原因。要解释人类迁徙移民现象，就必须放弃简单因果法则取向，除气候因素外，增加政治、经济、社会、文化、种族、宗教等因素的考虑，才有可能接近了解现象背后的真相。

心理科学研究的人性，与自然科学研究的物性之间最大的差别是，人在某刺激情境下所表现的行为，总带有相当的自主性。而自主性行为背后，除客观理性认知之外，也隐含着人的主观感情和自由意志。以前述大学生跷课问题的研究为例，在进一步调查学生跷课理由时，纵使问卷题目能做到客观理性，而受试者的反应也总带有主观感情成分。人的主观感情反应，并非只限于社会性刺激，对自然物理性刺激也是如此。佛寺的暮鼓晨钟，虽在性质上属客观物理性刺激，但在一般人与佛门弟子之间，就可能会引起不同的主观感情反应。如此看来，心理学不仅是不一样的科学，而且是“超科学的科学”。心理学以人为对象研究的结果，多半是在“客观而主观”情况下得到的。“客观而主观”正是心理学成为“超科学的科学”的特征之一。

心理学家以人为对象从事研究搜集资料时，即使秉持科学上客观原则，但对受试者反应时“客观而主观”的特征是无法控制的，只能在分析资料时遵循“主观而客观”的原则。研究者只能尊重受试的主观反应，在不失其原意的原则之下，按一定的客观程序予以分析处理。再以前述大学生跷课调查为例，研究者在整理调查结果时，必须摆脱个人对问题的好恶，纯以客观的态度，按大学生回答跷课的理由，据实统计分析。心理学研究的对象无论是个体或团体，在研究结果处理上均须遵守上述原则。因此，“主观而客观”的研究态度，则是心理学成为“超科学的科学”的另一特征。

基于以上讨论可知，客观条件用于自然科学时，只需采“客观而客观”取向即可，但用于心理科学时，就必须改持“客观而主观，主观而客观”的观点。如果心理学家只强调客观理性，那就忽略了心理学研究的乃是人性。评判人的行为是否适当时，常说“合情合理”。合理又合情，虽不合于自然科学精神，但却合于心理科学原则。有所谓“情人眼里出西施”，此语虽不合于客观理性，但却合于主观感情。又所谓“久赌无赢家”，则是虽合于客观理性(合于数学几率)，但未必合于主观感情。由此可见，情重于理是人性，理重于情也是人性。心理学既是研究人性的科学，从事心理学研究时，只有采客观理性与主观感情兼筹并顾取向，方始可以对复杂的人性变化得到较为完整的解释，进而达到接近了解行为表象背后心理历程真相的目的。

第二节　心理学的起源与发展

谈到心理学的起源与发展，德国心理学家艾宾浩斯(Hermann Ebbinghaus, 1850～1909)有句名言：“*心理学有源远流长的过去，但却只有短暂的历史*”(Ebbinghaus, 1908)。如此论断心理学的起源与发展，乃是将心理学的两个源头分开来看的。如将心理学的起源溯自古代哲学心理学，心理学的第一个源头自然就是古代的哲学。从古代希腊苏格拉底(Socrates, ca. 470～399 B.C.)的哲学心理学思想为始，迄今已有两千四百多年的历史。心理学的另一个源头，是从19世纪末心理学脱离哲学后独立为科学心理学起算，如此则心理学只有短短的一百多年历史。本文以下的讨论，就是从心理学两个源头流传下来的思想演变做简要的说明，借以让研究心理学的人了解，历代心理学家对“人性”这个主题是如何解释和研究的。

一、始自古代哲学心理学的六大争议

自古代希腊开始，哲学心理学家在对人性特质问题的解释上，就一直存在着六个争议未决的大问题。即使心理学独立成为一门科学之后，这六大争议仍然是现代心理学家一直关心和研究的主题。

（一）心身关系问题

心身关系之所以成为问题，主要是因为人的行为由身体活动来表现，然支配身体活动表现行为的原因，究竟是身体本身的功能，抑或是身体之外另有一种心或精神作用所致，就成了**心身关系问题**(mind-body problem)的争议。综观古代哲学心理学家对此争议问题的论点，可归纳为一元论与二元论两派理论。

所谓**一元论**(monism)，指人的心与身或精神与身体是不可分的单一实体；心身二者之间没有因果关系，二者系由单一原理所支配。惟因对单一原理解释的不同，而又有两派理论:(1)**唯物论**(materialism)，谓身体就是唯一存在的实体，身体之外不承认另有精神作用之存在。从现代科学心理学的观点言，唯物论者无异于将心的精神作用视同脑的生理功能；脑是身体的一部分，亦属物质实体，故而主张心即是物。(2)**唯心论**(idealism)，谓心或精神为人性唯一的终极实体，身体活动的一切行为表现，均由心之实体所创造；身体活动只是心理功能的显现而已。唯物论与唯心论是心身关系问题的两种极端主张，如两种极端主张中任何一种主张成立，心身关系问题即不复存在。惟其如此乃有二元论主张。

二元论(dualism)指人的心与身或精神与身体是两个分立的实体；心理与身体的活动各自受不同原理所支配。惟以对心与身两个实体间的关系解释不同，而有两种理论:(1)**心身交感论**(psychophysical interactionism)，谓心与身交互影响，心理影响身体，身体也影响心理;(2)**心身平行论**(psychophysical parallelism)，谓人在表现行为时，其心理活动与身体活动，是同时产生的，而且各自独立运作，彼此互不影响。在现代心理学思想中，心身交感论具有较大的影响。

（二）天性与教养问题

天性与教养问题(nature-nurture controversy)所争者指决定人性特质中先天与后天何者为重的问题。在古代哲学心理学时代，先天指神赋予人类的本性；科学心理学时代，天性是指人性中先天遗传的本能，教养是指后天环境中学得的经验。天性与教养之争不是二者选一问题，而是二者孰轻孰重问题。以智力为例，自古代哲学心理学起到现代科学心理学初期，心理学家多半认为智力的高低主要决定于遗传。直到20世纪中期才开始重视智力的环境因素。天性与教养问题迄今仍然是发展心理学讨论的主题之一。

(三) 自由意志与决定论问题

自由意志与决定论问题(free will versus determinism)是指个体行为产生原因的问题。从自然科学的观点言，任何事件之产生必有其原因，如将人的行为看成是一种事件，此行为事件的产生是何原因？自古代哲学心理学以迄现代科学心理学，对此问题始终争议未决，因此乃有持相对主张的决定论与非决定论。

所谓**决定论**(determinism)，指人性表现于外的一切行为，在性质上与物性的变化没有两样，都是由于某种或某些原因所导致的结果。因此自古以来就有些心理学家主张，以人性为研究对象的心理学，应与研究物性的自然科学采同样取向，研究行为产生的原因与其表现的后果，从而根据**因果法则**预测或控制人的行为。惟在分析影响行为因素时，主张决定论的心理学家因意见不同而又有两种理论:(1)**物质决定论** (physical determinism)，谓人的行为与动植物生长变化类似，都是受外在原因(环境)与内在原因(生理与遗传)两类因素所决定。强调环境因素决定个体行为的主张，称为**环境决定论**(environmental determinism)。前文心身关系问题中的唯物论，即持物质决定论的观点，现代科学心理学家仍有人持此观点者。(2)**精神决定论**(psychical determinism)，谓人的行为变化除环境与生理因素外，某些心理因素更具决定性影响。心理因素所指者是个人的知觉、意识(含潜意识)、习惯、信仰(如相信宗教、命运、星相、风水)等。在此等因素影响下，一旦生活中遇到逆境时，当即不由自主地表现出某种行为(如动辄烧香拜佛)。

所谓**非决定论**(indeterminism)，指与决定论相对立的一种解释人类行为原因的理论。持此理论的心理学家认为，人之所以在某种情境下表现某种行为，并非由于某些物质或精神因素所支配，而是出自个人在**自由意志**(free will)下所做的自由选择。而且，个人在自由意志下选择他的行为表现时，具有很大的个别差异。面临财帛当前情境时，有人“见钱眼开”，有人“路不拾遗”，同样情境下而有截然不同的行为表现，这是人与动物最大不同之处。因此非决定论者认为，采决定论观点解释人性，不但曲解了人性，而且也贬低了人性。在哲学心理学时代，自由意志的观念，主要起于 18 世纪法国卢梭(Jean Jacques Rousseau, 1712～1778)等人所持的重感情尚自由的**浪漫主义**(romanticism)思想。在现代科学心理学中，**人本心理学**家承传了此种思想。

（四）知识来源问题

知识来源问题(origins of knowledge)是源自古代哲学心理学中的知识论。**知识论(或认识论)**(epistemology)所探讨者是人类如何获得有关自身与宇宙间的知识的问题。在知识论中对知识来源问题的探讨，自古就有不同理论。到 17 世纪近代哲学心理学时期，有理性主义与经验主义两派哲学心理学思想，对以后心理学思想的发展产生了重大影响。**理性主义**(rationalism)哲学心理学思想，以 17 世纪法国笛卡尔(René Descartes, 1596～1650)为代表，对知识来源问题的解释有三点要义:(1)知识之获得代表真理的追求，真理得自理性，人的理性是神赐予的**天赋观念**(innate idea);(2)理性存在于人心之内，而使心具有主动求知功能，知识是由心主动吸取的，故而反对经验主义知识得自感官经验之说;(3)在知识吸取过程中，感官只有接受外界讯息的作用，只凭感官则不可能获得真正的知识。**经验主义**(empiricism)哲学心理学思想，以 17 世纪英国洛克(John Locke, 1632～1704)为代表，对知识来源问题的解释也有三点要义:(1)人类知识之获得乃经验之累积，而经验得自感官;(2)人类初生时其心有如一张白纸，纸上原本一无所有，故而反对理性主义者天赋观念之说;(3)由感官获得的经验汇集于脑而成知识，故而在知识获得过程中，心的作用是被动的。理性主义与经验主义的不同的知识论思想，对现代科学心理学中有关学习、记忆、思维等问题的研究影响甚深。

（五）个人与团体问题

个人与团体问题(individual and group problem)是指个人与团体之间何者为轻何者为重的问题。个人自出生起即离不开社会团体固然是不争的事实，但如对此一事实进一步思考时，就会产生如下的两个问题：其一，就人性特质与人类幸福观点言，人需不需要团体？其二，如果问题的答案是肯定的，个人与团体间宜于建立何种关系才会保障人类的幸福？对这两个问题的思考与辩论，也正是自古代哲学心理学家到现代科学心理学家争议不断的个人与团体关系的问题。

在西方哲学心理学史上，17世纪英国哲学家霍布斯(Thomas Hobbes, 1588～1679)主张团体重于个人。他认为，如单从生理条件与生存权利的观点看，每个人都应受到平等看待，但除此之外人类所追求的满足，却不能以均等原则视之。如果两人追求同一目标而无法双方同时获得满足时，他们就会变成敌人，彼此攻击，结果不是一方失利，就是两败俱伤。基于此义，霍布斯认为，自古以来人类的一切战争，在基本上都是由于人的欲望不能满足所演变成的后果。因此，霍布斯提倡社会控制的理念。所谓**社会控制**(social control)，是指赋予社会团体或社会组织一种权力，使团体中的个人在欲望上受些限制，借以消减人际冲突，从而保障个人应有的权益，免受他人的侵害。此种构想演变的后果，即产生了现代社会心理学上以互惠为基础的**社会交换论**(social- exchange theory)。

霍布斯社会控制的理念，说明了团体组织是有益于个人生存发展的。18世纪法国哲学心理学家卢梭持相反的理念。卢梭认为，有组织的社会团体，对个人的生存发展有害无益。固然，人在幼稚期需依赖父母养育，但成长后即应与其他动物一样独立谋生。最原始的人类社会，其范围只限于家庭，如家庭之上再有团体组织，非但个人自由受到限制，而且团体与团体之间难免冲突。历来人类的战争无不因团体冲突所引起；团体战争的结果，无论谁胜谁负，受害的总是个人。因此，卢梭认为团体并非人性所必需。即使现实社会中已有团体存在的事实，而团体也不宜加诸个人太多的限制。

现代人的生活离不开团体。现代心理学中对人类社会心理的研究，已不再争议个人之外团体应否存在的问题，而是在人类生活幸福的前提之下，探讨个人与个人之间、个人与团体之间以及团体与团体之间，应如何建立并维持互惠的和谐关系。

（六）恒常与变异问题

在西方哲学心理学史上，对人性中**恒常与变异问题**(stability versus change problem)的探讨，始自古代哲学心理学。古代哲学家相信灵魂，认为灵魂是永恒不变的，改变的只是身体。现代科学心理学研究人性恒常与变异问题，不再讨论身体或灵魂之改变与否，而是探讨在研究人性时，能否根据其心理或行为变化的方式找到规律，从而预测人的心理或行为。

现代科学心理学研究人性变化时，基本取向是采取自然科学研究物性变化的模式。物性的恒常性大于变异性，即使变异，通常也是循一定规律而改变：日中则昃，月盈则食，春桃夏荷秋菊冬梅，皆是恒中有变，变中有恒。惟其如此，自然科学才有预测物性变化的定理定律。心理学家研究人性时，因人性的变异性大于恒常性，人性变化中虽不易找到预测变化的定理定律，但心理学研究却仍以此为目的。现代心理学对心理与行为恒常与变异问题的研究，主要集中在身心发展、智力、人格以及心理异常等方面。

二、心理物理学开启科学心理学之门

心理学源于哲学，从哲学心理学演变成科学心理学，其间尚经过一段过渡期，而此过渡期则是从文艺复兴运动所激起的自然科学发展开始的。在19世纪开始之前，自然科学中的物理学、化学和生理学的研究，已经有了巨大的成就。自然科学的实验方法以及对物性研究时所采取的定性定量等分析研究，对研究人性的心理学家产生了很大的启示，使他们认识到传统的哲学思辨取向，无法得到客观的知识。于是心理学乃转向自然科学寻求可资运用的资源。当时在自然科学中生理学的研究已经有相当成就，德国生理学家赫尔姆霍茨(Hermann von Helmholtz, 1821～1894)，在1850年根据电流传导原理，精确地测量出神经传导的速度，证明了感官接受刺激后，经神经细胞传至脊髓，而后再经脊髓入脑而产生感觉反应。此后，他又先后提出了听觉与视觉理论(见第三章第三节)，奠定了心理学的科学基础。

赫尔姆霍茨在研究中所发现的刺激引起神经传导而后产生感觉的原理，

从传统哲学上六大争议的问题看，事实上也就是**心身关系问题**。惟其如此，与赫尔姆霍茨同时代的另一德国生理学家费希纳(见第三章第二节)，采用刺激引起神经传导的原理，从事更复杂的感觉心理变化的实验研究。费希纳当时采用的科学实验方法，被称为**心理物理学**(psychophysics)。心理物理学的研究，旨在探讨刺激的变化与感觉经验变化的关系。

心理物理学的出现，虽不能视为科学心理学的正式诞生，但它确是促成科学心理学诞生的最大助力。如将哲学和生理学视为现代科学心理学的两个源头，这两个源头汇聚一起从而促成科学心理学诞生者，则是心理物理学。本书第三章讨论感觉与知觉时，对心理物理学的研究与贡献将有所说明。

三、科学心理学初期五大学派对立

自从心理物理学采用科学实验方法研究感觉心理之后，到了 19 世纪末叶，心理学家们开始尝试用心理物理学的方法，研究比感觉更复杂的心理现象。惟以各家对“心理”一词意涵解释的不同，研究的目的不一，结果开始不久即形成心理学派(注 1-1)彼此对立的局面。

(一) 结构学派

科学心理学的第一个学派是结构学派。结构学派是在德国莱比锡大学教授冯特(图 1-1)影响之下产生的。在现代心理学史上，冯特有两大贡献：其一是 1873～1874 年出版的《生理心理学原理》一书，被誉为生理学与实验心理学的经典。其二是 1879 年在莱比锡大学设立心理实验室，从事心理现象的实验研究，使心理学正式脱离哲学范畴成为一门独立科学。

冯特的心理学实验研究，在方法上采心理物理学取向；在理论上采知识

注 1-1：所谓**心理学派**(schools of psychology)，系指由某一个(或少数几个)著名心理学家的思想为中心所形成的学术性团体。学派的功能，在积极方面，学派成员们大力宣导他们的主张，使其学术思想得以流传；在消极方面，他们强烈排斥其他学派的主张，因而心理学的思想形成纷歧现象。此处所指的心理学派，是指 20 世纪初近代科学心理学发展初期对心理学研究主题、目的、方法等持对立理念的数个学术团体。在此之前的古代哲学心理学时代虽也有不少学派，在此之后的现代科学心理学中虽也有不同理论，但均不包括在此处所指五大学派之内。

图1-1　冯　特

(Wilhelm Wundt, 1832～1920)是19世纪末德国心理学家，是科学心理学的开创者，是结构学派的先驱，也是首创以科学实验方法研究人类心理现象的人。

论中理性主义观点；在目的上企图研究心的内容，从而分析了解心的结构。为了使“心”的概念易于掌握，冯特将“心”界定为意识。所谓**意识**(consciousness)，是指个人对自己心理状态的觉知，亦即在某种刺激情境下受试者所得到的直接经验。根据刺激引起的直接经验，进而分析了解意识内容是由哪些元素构成的。意识内容即代表心之内容，根据对意识的分析，即可推知心之结构。

冯特的科学心理学旨在根据意识去分析心之结构。为求达到此目的，他创用了一种由受试者凭感官接受刺激时自陈其心理经验的方法，称为内省。**内省**(introspection)指受试者自行观察感官接受刺激时的直接经验(不对之加以解释)。冯特认为，任何复杂的心理经验，经内省后均可分析为三种元素，即**意象**(image)、**感觉**(sensation)与**感情**(feeling)。显然，冯特的实验方法，在取向上深受物理化学元素中分子、原子等研究成功的影响。

由冯特创始的实验心理学思想，1892年经其弟子铁钦纳(Edward Bradford Titchener, 1867～1927)在美国康奈尔大学宣扬推广，并著书立说，于1898年发表《结构心理学的主张》一文，正式宣示创立了结构学派。由于结构学派系以分析意识结构为目的，故而此一学派的思想称为**结构主义**

(**或构造主义**)(structuralism)。结构学派以意识分析为目的与以内省为方法的科学心理学取向，并未获得当时心理学界的共识。于是产生了反结构主义运动，而形成 20 世纪初期学派对立的局面。

（二）功能学派

结构主义在德国兴起不久，不但招致欧洲一些心理学家异议(张春兴，2002a)，更引起美国哈佛大学教授詹姆斯(图 1-2)的反对。在科学心理学发展初期，詹姆斯在心理学思想上的贡献，主要在于两方面：其一是他 1890 年出版的《心理学原理》一书，被誉为是科学心理学史上的里程碑；其二是他反对结构学派的心理学思想，另创功能学派。詹姆斯认为，虽可采用意识经验代表心之内容，但意识是随时流动的心理历程，绝不可采用分段切割的方式去分析意识的构成元素。此即詹姆斯所提出的**意识流**(stream of consciousness)的理论。詹姆斯主张，心理学不应只限于在实验室内从事“心之分析”的研究，而应扩展到实验室以外的生活环境中去从事“心之功能”的研究，借由了解人的心理如何影响其行为，进而了解其如何对生活环境的适应。因此，詹姆斯心理学思想，被称为**功能主义**(**或机能主义**)(function-

图 1-2　詹姆斯

(William James, 1842～1910)是 19 世纪末美国元老心理学家和哲学家，是功能学派的创始人之一，也是 20 世纪影响美国心理学与教育学发展最大的人。

alism)。显然，功能主义心理学思想是受了19世纪英国生物学家达尔文(Charles Robert Darwin, 1809～1882)进化论的影响。“物竞天择，适者生存”是达尔文进化论的中心观念。人为生物之一，人之所以超过其他生物者，主要是他能对刺激产生意识(或思想)。因此，功能学派认为，了解人如何凭意识经验对其生活环境做出有效的适应，才是心理学应采的研究取向。

功能学派的主张，不仅强调心理学应该研究人的心理功能，而且对象与方法上也多所改变：对象不限于实验室内少数的受试者，儿童、成人乃至动物都可以当做研究对象；方法不限于内省，观察、测验、调查等方法均可使用。因此，功能学派的主张，虽因内容涉及范围太广，兴起后不久其理念即为其他后起理论取代，名称亦不复存在，而实质上，功能学派对以后科学心理学的发展，却产生了很大影响。诸如身心发展、个别差异、教育心理与辅导以及应用心理学等多方面的研究，功能学派的思想均发挥了先导作用。

(三) 行为学派

前述两大学派虽理念不同，但基本上均未脱离研究内在心理历程的心理学传统。接下来介绍的20世纪20年代兴起于美国的行为学派，其立场除反对结构学派的内省法之外，在研究取向上则根本否定内在心理历程是心理学的主题。行为学派主张，心理学研究只限于可观察测量的外显行为；对心理学上常用的“心”与“意识”等术语，则一概排除在研究主题之外，故而行为学派的心理学思想被称为**行为主义**(behaviorism)。

行为主义的创始人是美国约翰霍布金斯大学教授华生(图1-3)。华生在1913年发表《行为主义者对心理学的看法》一文，强烈地宣示了行为学派反传统的理念。以下是该文的要义部分：

> 在行为主义者看来，心理学是自然科学中一个纯属客观实验研究的分支。在理论上，心理学的研究旨在了解、预测和控制行为。内省不是心理学研究的必要方法；而且心理学资料的科学价值，也不需要靠抽象的意识概念来解释。行为主义心理学者之所以根据动物反应的研究去推论解释人的行为，乃是认为在行为的基本成分上，人与动物是没有区别的。(Watson, 1913)

图1-3 华 生

(John Broadus Watson, 1878～1958) 是20世纪初美国心理学家，是行为学派创始人，是倡导心理学视同自然科学的人，因其反结构学派而掀起的行为革命，致使心理学失去了对“心”的研究长达40年之久。

由上述引文看，可知华生主张，心理学应该像自然科学研究物性一样，只能以客观的方法研究个体(人与动物)外显的行为反应，否定个体主观反应(意识)在心理学上的研究价值。因为华生不承认内在心理历程可能影响或决定外显行为，所以除反对结构学派以内省法研究心之内容之外，也反对功能学派以心理历程当做心理学研究的主题。因此华生1913年所宣示的心理学主张被视为心理学史上**行为革命**(behavioral revolution)的宣言。

华生将**行为**(behavior)界定为“反应的组合”，心理学家只需研究个别的**反应**(response)，而后将反应组合在一起，即可解释个体的行为。行为既为客观因素所决定，反应自然也是客观因素所决定。行为主义者称决定反应的客观因素为**刺激**(stimulus)；心理学的研究，就是在控制刺激的实验情境下观察个体反应，然后根据发现的刺激与反应间的因果关系，进而预测或控制个体的行为。因此，行为学派的主张就称为**刺激-反应心理学**(stimulus-response psychology)，或简称**S–R心理学**(S–R psychology)。

从前文所述人性特质的六大争议看，行为主义的心理学思想，在**心身关系问题**上重身而轻心，在**天性与教养问题**上重环境轻遗传，在**自由意志与决定论问题**上属环境决定论，在**知识来源问题**上承传**经验主义**思想。在五大学派中，行为主义思想对现代心理学影响最大。本书第五、九、十一、十三、十四各章内将分别讨论行为主义的心理学思想。

（四）完形学派

在 20 世纪初叶美国行为学派兴起之同时，德国出现了一个异于上述三大学派的另一个学派，是为完形学派。完形学派的思想称为**完形心理学**（或**格式塔心理学**）(Gestalt psychology)。完形学派系由德国心理学家韦特海默（图 1-4）在 1912 年所创立。

完形学派的立场是，既反对结构学派的意识分析，也反对行为学派采取刺激 - 反应联结的理念来解释行为。在基本上，完形学派同意功能学派的看法，认为心之功能绝非只是被动地接受刺激而产生孤立的感觉反应，而是主动地将多种不同感觉加以组织处理而产生具有统合意义的知觉意识经验。客观的不同刺激虽能引起不同感觉，但在个体由感觉变为知觉去解释刺激的性质时，却是主观地将不同刺激视为一个有组织有意义的整体。因此，完形学派的主张属于**整体论**(holism)。相对的，他们反对结构主义和行为主义所持的**元素论**(elementarism)。完形学派有一个基本信条，"整体不等于部分之和"；观察一座建筑时，不可能只分析其构成的砖石木料，即了解其建筑的

图 1-4　韦特海默

(Max Wertheimer, 1880～1943) 是 20 世纪在德国出生的美国心理学家，是完形学派的创始人，是似动现象的发现者，也是现代卡通动画与电影原理的创始人。

风格(指结构学派)；同理，也不能只凭将各种建材堆积起来就形成一座建筑(指行为学派)。因此，完形学派虽也采意识经验为研究主题，但研究目的则旨在探讨意识的整体性与组织功能。故而此一学派思想被称为**完形主义**(Gestaltism)。

韦特海默完形主义的心理学思想，其灵感乃是起于1910年乘火车的旅途中。当时他突然想到人所知觉到的物体运动，未必全由物体本身移动所引起，很可能是一种心理作用。下车后他以**动景器**(stroboscope) 为工具，将多张相似的静止图片，在每隔1/10到1/30秒之间连续出现，结果发现所看到的不是多图交换，而是一图连续运动。此即韦特海默所发现的似动现象(见第三章第四节)。自韦特海默开始，经过多位兴趣相同的心理学家的实验研究，终于影响心理学在知觉心理、概念形成、思维、问题解决以及心理治疗等主题上，开拓了新的研究方向。这些留待以后相关章节再行讨论。

(五) 精神分析学派

前述科学心理学初期的四大学派，有两点相似之处：其一是均出自著名的大学，其二是均沿用始自冯特的实验室研究取向，以正常人为研究对象。接下来要介绍的精神分析学派则大不相同。精神分析学派的心理学思想，称为**精神分析**（或**精神分析论**)(psychoanalysis)(注1-2)。精神分析的理论与方法，迥异于其他各心理学派的思想。

注1-2：精神分析是奥地利精神病学创始人**弗洛伊德**，根据他多年对精神病患诊断、治疗及病理研究的长期经验，在20世纪初提出的心理治疗方法及解释人性的系统理论。精神分析一词有广狭二义；狭义言之，本词指弗洛伊德本人**正统精神分析**思想中的心理治疗方法及人格心理学思想两个方面。心理治疗方法代表弗洛伊德精神病学的实际运作，在这方面他创用了免用药物的四种治疗方法：(1)**自由联想**；(2)**梦的解释**；(3)**移情分析**；(4)**阐释**。其目的是借由对患者心理问题的分析，使其自行领悟，从而重新建构人格，恢复正常生活。人格心理学思想代表弗洛伊德对人性的解释，在这方面他用两个主题来说明：(1)人格的结构，他将人格解释为由**本我**、**自我**、**超我**三个层面所形成的人格整体结构，并用**潜意识**、**欲力**、**生之本能**、**死之本能**、**快乐原则**、**现实原则**、**完美原则**等概念解释三层之间的互动关系。(2)人格的发展，在这方面弗洛伊德采童年生活经验影响一生的看法，并以性为人格发展动力的观点，将人格发展分为**口唇期**、**肛门期**、**性器期**、**潜伏期**、**两性期**五个时期，并用**口唇性格**、**肛门性格**、**恋母情结**、**阉割情结**等概念，解释各时期的心理特征。精神分析一词的广义解释，除弗洛伊德本人正统精神分析思想之外，也包括后继者**阿德勒**的**个体心理学**、**荣格**的**分析心理学**以及**新弗洛伊德主义**中各家的心理学思想（见注11-2)。

图 1-5　弗洛伊德

(Sigmund Freud,1856～1939)是 19 世纪末 20 世纪初奥地利精神病学家，是精神分析学派的创始人，是精神病学的开山始祖，更是正统心理学之外对心理学思想影响最大的人。

弗洛伊德(图 1-5)的精神分析，既非源于古代哲学心理学的旧传统，也非起自科学心理学兴起后反结构学派的新思潮，而是根据他多年精神病治疗经验归纳后而成的兼顾心理、病理、治疗各方面的一种理论体系。弗洛伊德的精神分析思想，起始于 19 世纪末对癔症患者尝试新法治疗后的心得。**癔症(或歇斯底里)**(hysteria)最初被认为是属女性独有的疾病；其特征是虽有身体症状，但缺乏生理病因。弗洛伊德对癔症提出了一种前所未有的新理论，认为癔症的症状并非由生理病因所导致，而是由于其他心理因素转化而成。根据弗洛伊德的说法，心理因素之所以会转化为身体疾病，乃是由于患者在心理上有些本能性的冲动(主要为性欲与攻击)，因违反社会文化禁忌不得随意宣泄获得满足，只好压抑在内心深处，结果使冲动与压抑两者间形成一种个人不自知的潜意识心理冲突。如冲突累积而不得化解，即可能导致精神疾病。因此，**潜意识**是精神分析的中心理念。此一理念不但是精神分析治疗的基础，而且弗洛伊德更以之建构了他的人格结构与人格发展理论。这些留待本书第十一、十三、十四各章再行讨论。从前文所述人性特质六大争议看，弗洛伊德的精神分析思想，在**心身关系问题**上重心而轻身，在**天性与教养问题**上强调本能的重要性，在**自由意志与决定论问题**上属于**精神决定论**。

综合科学心理学诞生后20世纪初期五大学派的要义，列表如下，以资比较。

表 1-1 科学心理学初期五大学派之比较

学派别	研究主题	研究目的	研究方法
结构学派	意识经验	分析心之结构	内省（元素分析）
功能学派	意识经验	探讨心之功能	内省与行为测量
行为学派	外显行为	控制行为反应	观察与实验
完形学派	意识经验	了解心之整体	内省（组织统合）
精神分析学派	潜意识	了解人性和治疗精神疾病	个案研究

四、现代科学心理学五大理论取向并存

科学心理学发展到20世纪30年代后，心理学的五大学派，随各学派内意见的纷歧与各学派间思想的冲激，使原来学派对立的局面逐渐消失。学派对立现象的消失，并不代表心理学思想的统一。相反地，学派消失后心理学的发展随研究主题的益形分化，心理学的理论取向也愈发纷歧。惟就现代心理学理论取向的整体看，在众多理论取向中，仍有派系趋势走向。早期的五大学派思想，到30年代以后演变成相对应的五大理论取向(注 1-3)。惟五大学派思想与五大理论取向相比，其间有三点不同之处：(1)早期的学派思想系由少数魅力人物领导，同学派内思想理念相同，晚近的不同理论取向则是虽有魅力人物，但无统一领导，而且在同一理论取向下各家理念未尽相同；(2)早期的学派思想是对立的，坚持本身的立场，否定其他学派的价值，晚近的各理论取向则是理念并存的，甚至是互补的，信守某一理论取向者，并不排斥其他理论取向；(3) 早期学派对立时代，学派思想支持者多向其学派认

注 1-3：晚近心理学家讨论心理学学派消失后心理学派系类别时，多采用不同取向或不同观点来表示各家所持的不同心理学思想。所谓**取向**(approach)，是指心理学家在研究心理现象时在理论和方法上所遵循的方向。所谓**观点**(perspective)，是指心理学家在研究心理现象时在理论和方法上所持的论点。两者名词不同，实则意涵相似。基于此义，早期称五大学派，晚近称五大理论取向。

同，自认他是某学派的成员，晚近持不同理论取向者则多自认是临床心理学家或教育心理学家，而不再自称是属于哪一个学派。

（一）行为论取向

行为论取向是由早期行为学派演变而来的新理论取向。**行为论取向**(behavioral approach)一词有两种含义：其一，在基本理念上仍遵循早期行为学派的传统，以行为做为心理学研究的主题，仍然像早期的行为学派一般，企图在控制的情况下观察刺激-反应之间关系的变化。其二，在“行为”一词概念上，较之行为学派时为广泛，也较有弹性，对刺激-反应之间如何联结的问题，不再只限于华生所持**经典条件作用**的唯一解释。除增加了**操作条件作用**的理论之外，也不排斥在刺激-反应之间存有内在心理历程的解释。此一异于早期行为学派思想的新理论取向，一般称之为**新行为主义**。正因为晚近行为论的含义扩大，故而现代心理学研究有很多主题中，诸如学习、动机、人格、心理异常以及心理治疗等，行为论仍然是重要理论之一。

（二）精神分析取向

精神分析取向(psychoanalytic approach)是由早期以弗洛伊德为主的精神分析学派演变而来的新理论取向。精神分析取向理论的基本要义是，在对人性解释和心理治疗的基本理念上，仍遵循早期精神学派所强调的潜意识和采用分析方法治疗心理疾病的理念；而在另一方面，将原来弗洛伊德理论中所强调的生物性需求和性心理需求是决定人格发展重要因素的理念，加以修正，且在对人性和精神病病因解释时，增添了社会文化因素的考虑。由精神分析学派思想修正而来的精神分析取向，自 20 世纪 30 年代以来在美国获得快速的发展。此一新兴精神分析理论取向，称为**新弗洛伊德主义**(见注 11-2)。不过，精神分析取向只是在时间上继承了精神分析学派的思想，在实质上并未取代弗洛伊德思想对以后心理学发展的影响。弗洛伊德的思想不仅继续影响心理学的发展，而且对现代文学、艺术、史学、人类学等，均具有极大的影响。在现代心理学的八大主题中，有关身心发展、动机、人格、心理异常和心理治疗等各主题中，亦仍然随处可见弗洛伊德的思想。

(三)人本论取向

人本论取向(humanistic approach)兴起于20世纪60年代。从历史渊源看,人本论取向所探讨的是自古争议未决的**自由意志与决定论问题**。由于人本论取向承传了18世纪**浪漫主义**的哲学心理学思想,强调人性的主观感情和自由意志,而且主张人性本善。人本论取向既反对行为学派根据对动物控制实验结果推论解释人的行为,也反对精神分析学派根据对病患的观察结果推论解释正常人。人本论取向主张以正常人生活中的需求、欲望、感情、意志、价值等为心理学研究的主题,故而称之为**人本心理学**(humanistic psychology)或**人本主义**(humanism)。人本心理学的主要创始人是美国心理学家马斯洛(图1-6)。正因为人本论取向的兴起在精神分析与行为两大学派之后,且不同于该两学派思想的决定论观点,故而自称为心理学的**第三势力**(third force)。人本心理学的研究,不仅限于从"全人"的观点去探讨人性,而且强调心理学应帮助人按其自由意志做正确选择,从而发展自我潜力,臻于**自我实现**的境界(见第十一章第三节)。从科学心理学自始即强调的心理学研究自然科学化的传统看,人本心理学缺少严密的方法和系统理论,

图1-6 马斯洛

(Abraham Harold Maslow, 1908~1970)是20世纪美国心理学家,是人本主义心理学的创始人之一,是心理学第三势力的领导人,也是改变科学心理学传统,将心理学领域扩大到人类生活全部的人。

其主张也未必符合传统科学心理学所强调的**客观性**、**验证性**及**系统性**等特征。惟人本论取向认为，单凭客观的科学方法不足以了解人性，人的主观经验、感情及意志等更是心理学应该研究的主题。因此人本论取向重视人性尊严与自由意志，强调全人格发展，其主张以正常人为研究对象的心理学思想，确实值得心理学界反省。在现代心理学研究的主题中，诸如动机、人格、心理异常以及心理治疗等，人本论取向均占有相当重要的地位。

（四）认知论取向

认知论取向(cognitive approach)是从六大争议中的知识来源问题演变而来的。惟从近代心理学学派对立的观点看，认知论取向则是将行为学派与完形学派的思想合而为一所形成的一种新思想。行为学派以刺激-反应的关系解释一切行为，以S代表刺激、R代表反应，S→R即成了解释一切行为的公式；刺激能引起行为，行为由刺激而决定。完形学派则认为，行为反应虽与外在刺激有关，但刺激本身的特征，却不能决定反应的方式；在客观刺激情境下，个体凭其主观意识将刺激加以组织之后才表现出反应。因此，在S→R公式中，在刺激与反应之间有一段心理历程；此段历程，完形心理学家称之为**组织**(organization)，而认知论取向者则称之为**认知**(cognition)。基于此义，从广义的观点言，20世纪之初兴起的完形心理学的思想就是认知论取向。惟从狭义的观点言，到20世纪60年代**认知心理学**(cognitive psychology)兴起产生**认知革命**(cognitive revolution)之后，才被视为认知论取向。认知心理学不能算是一个思想流派：既无核心人物，也无统一主张；只能算是一股顺应时代而有共识的复古思潮。此一思潮的共识是：心理学必先研究了解人如何认识世界，始能了解人的行为；而认知一词则系指感觉、注意、知觉、意识、学习、记忆、思维等内在心理历程。此一共识是为**认知主义**(cognitivism)。近年来认知论取向在心理学界广受重视，举凡学习、智力、人格、社会心理及心理异常与心理治疗等各方面，无不涉及认知论。

（五）心理生物学取向

心理生物学取向(psychobiological approach)所探讨者是六大争议中

心身关系问题。综合前文所述现代心理学的各大理论取向，并核对现代心理学定义中兼顾的“行为”与“心理历程”，我们可以发现，行为论取向所解释者是定义中的行为层面，精神分析取向所解释者是定义中心理历程的感情层面，人本论取向所解释者是定义中心理历程的感情与意志层面，认知论取向所解释者是定义中心理历程的认知层面。四大理论的观点虽仍然纷歧，但彼此间却有互补作用，将心理学所要研究的“行为与心理历程”全部予以解释。由此可见，心理学的理论已发展到了多元并存的地步。然而，在上述四大理论分别研究知(认知)、情(感情)、意(意志)、行(行为)四大层面时，却不能忽略行为与心理历程的运作，均需有赖以生物为基础的身体生理功能。此即四大理论之外再加上心理生物学取向的原因。从心理学的观点看心理生物学取向包括探讨三方面的主题:(1)探讨神经系统与脑的组织与功能，从而了解行为及心理历程与生理运作的关系;(2)探讨内分泌系统的组织与功能，从而了解不同腺体分别和行为与心理变化的关系;(3)探讨遗传学的基本原理，从而了解个体行为和心理特征与其遗传因素的关系。本书第二章将概略介绍心理生物学取向的重要内容。

综合现代心理学五大理论取向的要义，列表如下，以资比较。

表 1-2 现代心理学五大理论取向之比较

理论取向	研究主题	研究目的	研究方法
行为论取向	个体行为	在控制情境下观察行为的变化	观察实验
精神分析取向	潜意识动机	了解人性并治疗精神疾病	个案研究
人本论取向	主观经验	助人发展自我潜力从而充分自我实现	个案研究
认知论取向	认知历程	探讨知识学习、记忆和运用的心理历程	观察实验
心理生物学取向	心理的生理基础	研究生理机制和行为变化的关系	观察实验

(六) 心理学的人性研究仍在盲人摸象

综上所论，对心理学的起源与发展可得到如下的认识：在漫长的哲学心理学时代，心理学思想虽多争议，但所争议者一直未脱离人性的范围。19

世纪末科学心理学兴起后，因受自然科学成就的影响，导致心理学思想走上自然科学化取向，而在理论与方法上偏离了人性主题。直到 20 世纪中期以后，现代心理学思想才又逐渐摆回人性探讨的传统。惟从科学研究旨在根据问题表象探求表象背后真相的观点看，科学心理学迄今仍然理论纷歧；对人性的研究似仍停留在“盲人摸象”(图 1-7) 阶段。这现象说明了心理学以科学方法研究人性的取向虽属正确，但对复杂人性的真正了解尚有一段距离。

美国科学哲学家库恩(Thomas Samuel Kuhn, 1922～1996)，在其1962年出版的《科学革命的结构》一书中，提出了**范式**(paradigm)的概念，用来做为评判一门科学发展程度是否臻于成熟的标准。根据库恩的解释，一门科学发展到一定程度时，在研究主题、研究目的、研究方法以及理论建构等方面，将出现颇为统合一致的趋势。一门科学在这些方面的统合趋势愈高，即可表示该门科学发展的成熟程度也愈高(Kuhn, 1962)。心理学一百多年前脱离哲学而独立以来，心理学家虽自诩心理学是一门科学，惟在科学心理学发展过程中所显示的主题不定、理论纷歧、方法不一现象，衡诸库恩的范式标准，心理科学尚未成为成熟的科学。

图 1-7　盲人摸象

心理科学发展的成熟程度落于其他自然科学之后是事实，但仅只根据此一事实，却不能否定心理学对人性研究的价值。理由是心理科学研究的人性和自然科学研究的物性，在本质上是不能类比的。物性变化遵循自然法则，物性中之同类者，其变化具有高度的客观性和一致性；人性变化遵循心理法则，其变化具有高度的主观性和差异性。世界各地测量物性的标准(如度量衡)可以化为一致，但各地人们的风俗习惯、宗教信仰等，却无法相同。基于此义，心理学者面对心理学思想纷歧现象时，理应持有如下的观点：心理学未来的发展，不可能达到像自然科学那样用一个公式即代表人类心理变化的地步。此种将心理变化简化为公式的尝试已成过去，代之而起的应该是心理现象的多元观：对不同心理现象固然可采不同理论来解释，对同一心理现象也可采不同理论来解释。采取兼容并蓄的多元观持续研究下去，最后对这个巨象一样的人性，总会有一天达到接近了解其真相的地步。读者在阅读本书各章主题讨论时，就会发现现代心理学正是采取了此一观点。

五、现代心理学研究主题及科目分化

自从心理学成为一门独立科学以来，一方面由于心理学性质的复杂，另一方面由于人类生活的需要，使心理学在研究主题与科目名称上，都显示出迅速的发展与分化。为篇幅所限，以下只就两方面做简要说明。

（一）现代心理学研究的八大主题

如果将普通心理学当做现代心理学的缩影看，现在的一般普通心理学，在章节数量上虽有不同，但内容上不外包括以下八大主题：

1. 行为与心理的生物基础　此一主题原系由六大争议之一的**心身关系问题**演变而来。目前研究的重点在于探讨个体生命起源与遗传机制、神经系统、内分泌系统等，从而了解心理与行为和生理功能的关系。本书第二章即以此主题为中心。

2. 感觉、知觉与意识　此一主题系对**心身关系问题**的进一步探讨；

借由现代化的科学方法与工具，研究个体如何经感官获得感觉，进而对其周围环境有所了解与认识。本书第三、四两章将对此主题进行讨论。

3. 学习、记忆与思维 此一主题系由六大争议中**知识来源问题**演变而来，其目的在于探讨个体对外在讯息如何学习、记忆、思维，从而学到知识，并运用知识解决问题。本书第五、六、七各章将详细讨论此一主题。

4. 生命全程的身心发展 此一主题系由六大争议中**天性与教养问题**演变而来，其目的在探讨自生命开始后，个体在身体、行为、心理三方面随年龄增长而变化的历程，并研究在发展历程中的一切身心变化与遗传和环境因素的关系。本书第八章将详细讨论此一主题。

5. 动机与情绪 此一主题系由六大争议中**自由意志与决定论问题**演变而来，目的在研究个体行为发生的原因，探讨个体行为的自主性与选择性，从而解答个体在决定其行为表现时系出于被动或自主的问题。本书第九章将对此一主题详为讨论。

6. 个别差异 此一主题系由六大争议中**恒常与变异问题**演变而来，目的在探讨个体在团体的共性之外个别差异的问题。心理学研究个别差异主要集中在两方面，一方面为能力差异，另一方面为性格差异。研究个别差异的目的，除了探讨形成差异之原因与其理论解释之外，且兼有为学校因材施教与为社会适材适用的目的。本书第十、十一两章将讨论此一主题。

7. 社会心理 此一主题系由六大争议中**个人与团体问题**演变而来，其目的在探讨社会生活中个人与团体间如何彼此影响，借以发现维护社会互动的原则与规范，从而促进人际关系的和谐。本书第十二章将讨论此一主题。

8. 心理异常与心理治疗 此一主题亦系由六大争议中**恒常与变异问题**演变而来，其目的在探讨心理异常的症状与原因，进而实施心理治疗，借以维护心理健康。本书最后两章将对此一问题做简略讨论。

（二）现代心理学科目分化举例

心理学成为独立科学之后，一方面由于心理学本身知识的迅速扩增，另一方面由于学校教学与社会生活的需要，心理学领域内已分化出上百种的不同学科。为篇幅所限，以下仅就心理学领域内理论与应用两类学科，各举

10 种列入表 1-3 内，做为代表性的说明。

表 1-3 心理学领域内理论与应用学科举例

理论心理学类		应用心理学类	
学科名称	研究目的	学科名称	研究目的
生理心理学 (physiological psychology)	探讨心身关系的基本规律与法则	教育心理学 (educational psychology)	如何达成教育预定目的之心理科学研究
实验心理学 (experimental psychology)	对行为与心理历程的科学验证研究	学校心理学 (school psychology)	研究如何配合学生心理施教提升教育效果
发展心理学 (developmental psychology)	探讨一生中随年龄增长的身心变化	工业心理学 (industrial psychology)	了解人与工作关系借以提升工作效率
人格心理学 (personality psychology)	研究人格的形成、发展与个别差异	工程心理学 (engineering psychology)	研究人与机器关系达成人机合一理想
社会心理学 (social psychology)	探讨人与人及人与团体间互动关系	管理心理学 (managerial psychology)	了解工作意愿振奋工作士气提升生产绩效
学习心理学 (psychology of learning)	探讨因经验获得知识与行为的历程	谘商心理学 (counseling psychology)	研究心理适应困难者并协助其解决问题
认知心理学 (cognitive psychology)	探讨知识获得与理解运用的历程	临床心理学 (clinical psychology)	对心理异常者的诊断、治疗及预防等研究
差异心理学 (differential psychology)	研究个别或团体差异的现象及原因	运动心理学 (sport psychology)	培养运动精神增进全民健康的心理学研究
变态心理学 (abnormal psychology)	探讨心理与行为异常的现象及成因	消费者心理学 (consumer psychology)	研究消费者的生活习惯及购买心理
比较心理学 (comparative psychology)	比较研究各种不同动物行为的异同	心理测量学 (psychometrics)	个别或团体心理差异评鉴的理论与方法

第三节 心理学的研究方法

前文数度提到，现代心理学之所以被认为是一门科学，主要是因为心理学的研究，原则上采用了类似自然科学的方法。惟以心理学与自然科学在性质与目的上并不相同，故而在讨论心理学研究方法时，也须在说明研究方法的一般性之外，兼而顾到心理学研究方法的特殊性。

一、科学方法的基本概念

据传闻著名科学家爱因斯坦(Albert Einstein, 1879～1955)常说:“上帝不跟宇宙玩骰子。”此话的意涵是谓，上帝创造宇宙万物时，并不是像玩骰子那样按几率安排的，而是使万物各自遵循一定规律和法则而变化。科学家所从事的一切研究，其目的就是为了探求事态变化的规律和法则。科学研究的终极目的是根据问题的表象去探求真相；所谓“真相”，也就是形成表象的原因与其变化法则。基于此义，试从以下两点说明科学方法的一般性。

(一) 针对问题性质提出合理假设

任何科学研究都是起于对问题的了解或谋求解决之道。在研究之初必须先有研究方向，做为研究进行的指引。采用科学术语来说，此一研究指引即称为**假设**(hypothesis)。假设是根据经验或前人研究，对问题的可能变化所做的推估性答案。按问题的性质，有三种方式陈述假设:

1. 条件式假设 条件式假设是假设两个变项之间具有条件关系；如果A成立，则B也会成立。此即“如果……发生，那么就会有……结果”的说法。例如，如两条路中有一条较远，那么走远路就得花较长时间。根据此一假设，采同样速度循两路各走一趟，即可验证假设是否正确。

2. 差异式假设 差异式假设是，假设 A B 两个变项之间存有有差异或无差异的关系，可假设 A>B 或假设 A<B，也可假设 A=B。前两种假设的验证方式简单，只需搜集实际资料加以比较即可。若是采第三种假设，则是采取反证的方式，推翻与经验不符的假设，而接受另一对立假设的方法。例如，根据一般人的经验，成人平均身高男性高于女性。如采 A=B 方式提出假设，A 与 B 分别代表男女平均身高。经调查分析结果，如发现女性平均身高低于男性，即表示 A=B 假设不能成立，于是即接受另一对立假设 A>B。因原提男女两性身高相等是不合于经验事实的，故而此种假设称为**虚无假设**(null hypothesis)。

3. 函数式假设 函数式假设是假设两个变项之间存有因果关系；以 X 代表因，Y 代表果，其函数式假设即为 Y=f(X)。亦即：Y 随 X 的变化而变化。例如，如以 100 个英文单字为学习记忆的材料，学习后记得的单字数量(Y)，将随学习时练习的次数(X)增加而增加。根据此一假设，即可一方面控制练习次数，另一方面在每次练习后测量记得的单字数量，据以验证假设。

上述三种假设方式有一共同之点，就是任何假设都是旨在探求两个变项间的关系。所谓**变项**(或**变量**)(variable)，是指任何事项或因素在质或量上的变化可用数值表示其变化情形以显示其特征者。诸如性别、年龄、智力、学业成绩等，均可视为变项。所有科学研究均以探求两个(或多个)变项间的关系为目的。在上述三种假设方式中，变项之间的关系有两种类型:(1)条件式与差异式假设中的变项，彼此间存有连带关系或相关关系。(2)函数式假设中的两个变项，彼此间存有因果关系(X 为因，Y 为果)；属于原因的变项称为**自变项**(或**自变量**)(independent variable)，属于结果的变项称为**依变项**(或**因变量**)(dependent variable)。在心理学研究中，自变项一般指研究者可以操作处理的因素(如受试者的条件或刺激情境)；依变项则指受试者在刺激情境下的行为反应(注 1-4)。

注 1-4：上述自变项为因依变项为果的说法，原则上适用于自然科学解释物性变化。采实验法研究人性的心理现象时，因人有自主性，此一说法未必十分合用。因此晚近心理学家在自变项与依变项之间加上另一变项，称为**中介变项**(intervening variable)。中介变项所指者，可能是个体的动机情绪，也可能是认知理解。读者参阅本章第一节提到的“客观而主观，主观而客观”的心理科学特征，即可了解中介变项的意义。

（二）配合研究目的选用适当方法

在科学研究上，没有“最好的方法”，只有“最适当的方法”。至于方法是否适当，则看它是否配合问题的性质与研究目的。在本章第一节内讨论科学研究目的时曾经指出，科学的终极目的是根据问题表象探求表象背后的真相，在终极目的之下，又分四层分级目的。基于此义，所谓“最适当的方法”，其选择标准就是看在分级目的中试图达成那一层级的目的而定。如果研究目的只求对问题的性质有所了解，那就配合**描述**目的去选择方法。如果研究目的在求进一步探求影响问题发生的相关因素，那就配合**解释**或**预测**目的去选择方法。如果研究的目的在更进一步探求问题发生的原因，或旨在了解原因后谋求解决问题的对策，那就配合**控制**与应用的目的去选择方法。

以上讨论的科学方法基本概念只是泛指一般科学研究。本章第一节内曾特别指出，心理学的研究虽也采用自然科学惯用的方法，但心理科学的特征与研究目的，毕竟不同于一般自然科学。基于此义，以下的讨论将在合于科学研究的基本原则之下，进而说明适用于心理学研究的三类研究方法。

二、描述研究

描述研究(descriptive research)是在科学研究分级目的之下，旨在达到翔实**描述**目的的一类研究。在此类研究中，有以下两种具体的研究法。

（一）自然观察法

自然观察法(naturalistic-observation method)，或简称**观察法**(observational method)，是指心理学家在自然情境下，观察受试者的活动，并做成记录，俾能对问题性质予以翔实描述的一种方法。自然观察法之所以特别强调“自然”是指观察所见确实代表受试者的自然行为表现。根据现代心理学的定义，观察所见者只是受试的外显行为，观察不到内在心理活动。观察法可用于教室、运动场、证券市场等不同场所；除用于成人行为研究外，观察法特别适用于对婴幼儿和动物行为的研究。

在使用观察法时，因观察者与受试者之间关系的不同而有两种方式：一种是**非参与观察**(non-participant observation)，即在不干扰受试的原则下，观察者纯以客观的立场观察记录受试者的行为活动。这是一般最常用的观察法。另一种是**参与观察**(participant observation)；观察者在不暴露其身份的原则下，参与受试者的活动。以观察球场上学生团队合作行为为例，教师如纯以旁观者身份对学生行为表现进行观察，就是非参与观察。教师如亲身下场跟学生一起打球，随时观察学生的合作行为，即为参与观察。

由观察法所得的研究资料，最重要的条件是此等资料必须具有真实性与代表性。因此，如何避免因观察者主观所造成的偏差，是用观察法时必须考虑的问题。基于此种考虑，一般认为使用观察法时，宜遵守以下四项原则：

1. 每次只观察一种行为。如观察球员的合作行为，每次打球时所观察者就只限于合作行为；球员投球得分多少等行为，则不在观察之内。

2. 要观察的行为特征，必须事先界定，并事先备妥记录表格，以便随时记下观察到的具体事实。

3. 观察记录时，除笔记之外，应尽量利用精密工具，如照相机、录音机、录像机等，以便获得更客观的资料。

4. 为避免时间因素的影响，宜采**时间抽样**(time sampling)的方式，在一天或一周内，在不同时间内抽取等距的数个时段，做同一方式的重复观察，而后综合观察所见，其所得结果将具有较大代表性。

（二）个案史法

个案史法(case history method)，简称**个案研究**(case study)，是指对于某个体或团体(如某家庭或某工厂)为研究对象的一种方法。个案史法原为医师用以了解病人病情及其生活史的一种方法。医师为求诊断正确，检查患者病历，询问患者以往求诊经过，以及生活起居习惯等，在性质上即属个案研究。后来个案研究使用范围扩大，在心理学上普遍作为研究问题与解决问题之用；除临床心理学上一直应用之外，教育心理学上对学生个案辅导，法律心理学上的个案调查，工业心理学上的个案(如以工厂为单位)分析，原则上都是采用个案研究。

个案研究必须具备足够的个案资料，否则无从研究，也难以解决个案问题。以法律心理学上的少年犯罪者个案为例，要想研究个案的整个犯罪行为及犯罪的心理因素，在资料收集上必须涵盖:(1) 个人基本资料，包括姓名、性别、年龄、住址、出生日期、出生地点、教育程度、宗教信仰等;(2) 家庭背景，包括父母年龄及存殁状况、家庭经济状况、家庭居住环境、父母对子女管教态度及亲子感情等;(3) 学校生活，包括曾受教育年限及学校名称、在校成绩、课外活动兴趣、学科兴趣、师生关系、同学关系、学习有无困难、有无奖惩记录、学校周围环境等;(4) 社会生活，包括社区环境、邻居关系、交友情形、亲友关系、上下学路径等;(5) 身体特征，包括体形特征、健康状况、生理成熟程度、有无生理缺陷、曾患何种疾病等;(6) 心理特征，在性格特征方面包括情绪稳定性、性格内外倾向、社会态度倾向、自我观念与价值取向等，在能力特征方面包括智力、性向、工作能力、社交能力等。

三、相关研究

相关研究(correlational research)是指对问题中相关变项间相关程度的了解，从而达到科学研究分级目的中**解释**和**预测**目的的一种研究方法。在心理学上从事相关研究时，通常是将同一组人的两种特征做为研究的变项；经由测量将两变项化为数值，然后按统计方法计算出**相关系数**(correlation coefficient)用以表达两变项的相关程度。相关系数通常以小写英文字母 r 表示之，其值可正可负，其大小介于$+1$～-1之间(如 $r=0.55$)。相关系数为正值时，称为**正相关**(positive correlation)，意为两变项间存有正相关关系，智力和学业成绩两个变项就是如此。相关系数为负值时，称为**负相关**(negative correlation)，意为两变项间存有负相关关系，例如在设定之距离中运动，速度与时间两变项就是如此。相关研究的目的在于解释和预测，根据两变项间之相关程度以解释两变项间变化之关连关系，且可根据变项之一以预测另一变项之变化。相关研究常用的方法有二，如下文所述。

（一）调查法

调查法(survey method)是以众所了解或众皆关心的事项为范围，预先拟就问题，让受调查者自由反应出他的态度或意见的一种方法。调查法可采两种不同方式进行：一种是**问卷调查**(questionnaire survey)，也称**问卷法**(questionnaire method)；另一种是**访问调查**(interview survey)，也称**访问法**(interview method)。问卷调查可在教室或会场进行，也可经由邮寄的方式进行，同时间可以调查很多人；访问调查只能在面对面的方式下进行。两种调查的相同之处是，两者都是预先拟就问题范围。两者相异之处是，问卷调查时，被调查者均在问卷上按题回答。访问调查时，则是由访问员按受访者对问题的反应代为填答或记录。因此，无论是问卷或访问，都是以预先拟就的问题为调查范围，所以两者都可视为问卷调查，只是访问时问卷填答方式稍有不同而已。

从科学研究分级目的看，调查法只能达到**描述**和**解释**的目的，在此目的之下，调查法的最大优点是同时调查很多人，不像观察法与个案法那样受时空限制。惟受财力、人力影响，调查对象一般只能从理想对象群体中抽取一部分人为代表进行调查。理想对象群称为**总体**(或**母体**)(population)，抽取的部分代表称为**样本**(sample)。针对样本调查结果去推估总体，才是调查法的真正目的。以议员选举前民意调查为例，候选人可能有几个，而选举人却是数以万计的。调查实施时，只能从全部选举人中抽取部分人为样本，做为调查对象。全体选举人就是总体，调查的部分人就是样本。因此，一般调查也称为**抽样调查**(sampling survey)。

显然，采用调查法时，除考虑问卷的设计之外，也应考虑由部分人构成的样本，对总体而言是否具有代表性。因此，**抽样**(sampling)就成为调查法中研究的主题之一。关于如何抽样，有很多不同理论与方法。其中最基本的原则为**随机抽样**(random sampling)，即按数学上的几率原理，在总体中每一个体被抽到机会相等的原则下，抽出一部分人为样本。以某城市 30 万小学生做总体为例，如抽取百分之一为样本调查其罹患沙眼的情形。这 3000 人就不能只从一所或少数几所小学中抽取。最理想的办法是，将 30 万学生的学号混合在一起，按几率原则抽取百分之一做调查对象。否则如样本只来自一两所学校，调查结果就缺乏全市学童罹患率的代表性。样本缺乏代表性的缺点，称为**抽样偏差**（或**抽样偏向**）（sampling bias）。

（二）测验法

测验法（test method）是采用**心理测验**（详见第十章）收集研究资料的一种方法。因使用目的的不同，心理测验有多种不同的形式：有的用来测量智力，有的用来测量学业成就，也有的用来测量性格。测验法用于心理学研究，按问题的性质而有三种方式：(1)用于团体中个别差异的研究，在此种情形下，只用一种测验（如智力测验），而且只需施测一次，即可获得所需资料。(2)用于对团体的单一心理特征（如智力）的追踪研究，在此种情形下，采同一测验而在不同时间前后施测两次（或多次），比较前后测量结果之不同，并求其相关，从而了解该心理特征因时间改变所生的变化。(3)用于对团体的两种心理特征（如智力和性格）的相关研究，在此种情形下，采两种测验，近时间内连续施测，然后求取两者的相关。

就相关研究的性质而言，测验法的第一种方式只有单一变项，故而不符合相关研究的原则。第二种方式合于相关研究，由于了解到前后两次测验结果间的相关情形，以后用于研究另一团体时，只需施测第一次，即可预测该团体该项心理特征发展的情形。采用测验法从事相关研究，在发展心理学上应用最多，像用同一智力测验，对同组儿童在不同年龄连续施测，从而观察该组儿童智力发展者即属之。第三种方式也合于相关研究，由于了解两种测验结果间的相关情形，以后用于研究另一团体时，只需根据对一种心理特征测量结果，即可预测该团体另一心理特征。例如已知高中生数学、物理两科测验结果及其相关后，就可根据数学成绩预测物理成绩者即属之。从科学研究分级目的看，测验法可以达到**解释**和**预测**的目的。

四、实验研究

前文多次提到，心理学之所以被认为是一门科学，乃是由于心理学采用了一般自然科学使用的研究方法。在一般自然科学研究上，最典型的研究取向是**实验研究**(experimental research)。从科学研究的分级目的而言，实验研究除由观察获得**描述**资料外，还可以根据实验研究结果，**解释**问题表象背后的真相，说明问题的前因后果，并可进一步**控制**相关因素从而**预测**问题的发生(或不发生)。因此，在科学研究上，一般认为实验研究是最理想的研究方法。讨论如何从事实验研究，从而达到描述、解释、预测与控制多重目的的方法，就是**实验法**(experimental method)。如何运用实验法做好一项心理实验工作？以下的两点讨论可用来回答此一问题。

(一) 实验设计

所谓**实验设计**(experimental design)，是研究者根据研究主题与研究目的，在实验前拟订的一份程序性的实验计划。实验前应先有明确详细的计划，实验时才能依序进行，获致预期的实验结果。最简单的实验设计，也须包括以下两点说明：

1. 确定实验变项　实验法的基本特点是，在控制的情境下研究自变项与依变项之间的因果关系。因此在实验之前必先确定自变项与依变项。试以借运动减肥为主题从事一项实验研究为例，说明如何确定实验变项的问题。在此项实验中，“运动”可视为自变项，可用“每天游泳一小时”来界定运动。“减肥”为依变项，可用“体重减少的磅数”来界定减肥效果。如此，实验者即可按照计划处理自变项，每天按时游泳，并依计划定时(如每月一次)测量体重。

2. 确定实验形式　确定变项后必须进一步确定实验形式。最简单的实验，不外两种形式：一种叫**单组设计**(single group design)，指只采用单一组受试者所做的实验。按前例，在设计运动减肥实验时，可只用一组人为受试者。在进行实验之前，先测量每一受试者的体重，并做成记录，供做以后比较之用。继而按计划进行，每天游泳一小时，并按月测量体重随即做成记录。然后比较实验前后测量结果，数月后如确实发现体重下降，即表示游泳的确助人减肥；亦即证明自变项与依变项之间存有因果关系。

另一种实验设计称为**配对组设计**(matched-group design)，指采用两组受试者所做的实验。仍以运动减肥实验为例，可采条件接近的两组人为受试者。在实验之前两组均接受体重测量，并做成记录。继而选取其中一组，按计划进行，每天游泳一小时，并按月测量体重。另外一组第一次测量体重后，生活方式不做任何改变。过一段时间后也和第一组同样接受体重测量，并做成记录。如此安排等于是只对第一组加入自变项，而第二组则否。第一组称为**实验组**(experimental group，简称 EG)，第二组称为**控制组**(control group，简称 CG)。最后比较两组体重测量结果，如发现实验组体重下降，而控制组的体重没有改变，即表示实验成功，游泳对减肥确实有效。

(二) 实验控制

所谓**实验控制**(experimental control)，是指除自变项与依变项之外，控制其他相关因素，以免影响实验结果。前文所指的配对组即为达到实验控制目的的一种措施。所谓“配对”，是指两组人数、性别、年龄、身心状态及生活习惯等大致相等。多种条件一一配对不易做到，比较合于科学原则的做法是，实验前将所有受试者混合，然后按几率(如抽签决定)将全部受试者平均分为两组，并再按几率决定一组为实验组，另一组为控制组。如此按几率分派受试的做法，称为**随机分派**(random assignment)。

除控制两组对等之外，更须控制其他可能影响实验结果的因素。在上述游泳减肥实验一例中，如有人有吸食药物和吃零食的习惯，或游泳外另做其他运动等，自将影响实验结果，致使研究者无法肯定体重减轻是否由于游泳使然。像此等自变项之外影响依变项的其他因素，如以变项概念名之，即为**外扰变项**(**或无关变项**)(extraneous variable)。控制外扰变项使实验结果免于遭受不相干因素影响，是保证实验成功的重要条件之一。

五、心理学研究方法的局限

以上介绍的各种心理学研究方法，在基本上是比照自然科学根据对物性变化表象的观察测量，从而探求表象背后真相的构想。惟在实际从事心理学研究时，由于心理学所研究的人性，远较自然科学所研究的物性为复杂，自然科学家只需对观察可见的物性变化表象进行分析，即有可能达到了解真相的目的，心理学家却不能只将观察可见的外显行为反应当做心理现象。心理现象尚包括无法观察的内在心理历程。因此，心理学研究方法中的描述研究或相关研究，其所得结果只能视为对问题的概约了解，绝不能解释为问题表象背后的真相。

实验法是自然科学研究物性变化的主要而且有效的方法，但实验法用于心理学研究人性变化时，其有效性则远逊于用之于自然科学。即使实验研究结果显示**依变项**(受试者的行为反应)与**自变项**(实验情境)的变化有关，仍难确定两者之间存有多少因果关系。原因是心理学的实验研究，既不能控制自变项与依变项之间的**中介变项**，也无法观察内在心理历程的变化。如果受试者意识到实验的目的，他在行为反应上很可能表现出不同于研究者所假设的效果。因此，在从事心理学实验研究时，不但在实验设计上应力求周密，对实验研究结果作解释时，更须了解实验法用于研究心理现象的局限性。

本章摘要

1. 科学心理学诞生以来，在研究取向上一直试图走自然科学的路。然而现今在“心理学是研究行为与心理历程的科学”定义中，“心理历程”包括内在主观经验。主观经验是人性异于物性之处，是故以人为研究对象的心理科学，应与以物为研究对象的自然科学有别。因此本书建议心理学的定义改为“心理学是研究人性的科学”，用以彰显其独特性。
2. 一般科学均具有三个共同特征:(1)**客观性**;(2)**验证性**;(3)**系统性**。
3. 科学研究除根据问题表象探求真相的终极目的外，另有五层分级目的:(1)**描述**;(2)**解释**;(3)**预测**;(4)**控制**;(5)**应用**。
4. 从心理学研究上所具备的“客观而主观”与“主观而客观”特征看，心理学是不一样的科学，是超科学的科学。

5. 自古代的哲学心理学到现代的科学心理学，有六大问题一直争议不休：(1)**心身关系问题**；(2)**天性与教养问题**；(3)**自由意志与决定论问题**；(4)**知识来源问题**；(5)**个人与团体问题**；(6)**恒常与变异问题**。

6. 在19世纪中叶，**心理物理学**对身心关系问题的研究，开启了现代科学心理学之门。

7. 19世纪末科学心理学诞生后，因对心理学研究主题与目的等理念的不同，而产生了彼此对立的五大学派：(1)**结构学派**；(2)**功能学派**；(3)**行为学派**；(4)**完形学派**；(5)**精神分析学派**。

8. 20世纪中叶以来，现代心理学不再学派对立，起而代之者是理念多元并存的五大理论取向：(1)**行为论取向**；(2)**精神分析取向**；(3)**人本论取向**；(4)**认知论取向**；(5)**心理生物学取向**。

9. 普通心理学所探讨的行为与心理历程，其范围主要包括八大主题：(1)**行为与心理的生物基础**；(2)**感觉、知觉与意识**；(3)**学习、记忆与思维**；(4)**生命全程的身心发展**；(5)**动机与情绪**；(6)**个别差异**；(7) **社会心理**；(8)**心理异常与心理治疗**。

10. 心理学研究上所采用的方法有三大类：(1)**描述研究**；(2)**相关研究**；(3)**实验研究**。

11. 采用描述研究旨在达到科学研究分级目的**描述**的目的；采用相关研究旨在达到**解释**和**预测**的目的；采用实验研究旨在达到**描述**、**解释**、**预测**、**控制**的多重目的。

12. 采用**调查法**时之所以采**随机抽样**，其目的在使样本具有代表性。

13. **实验研究**的最大优点是，根据研究发现可以解释问题发生的前因后果。惟实验法用于研究心理现象时仍有局限，因为在解释**自变项**与**依变项**之间的因果关系时，仍无法排除两变项之间**中介变项**所发生的影响。

14. **实验设计**是研究者在实验前拟订的实验计划。先有周全计划，以后按计划进行，才能获得预期的结果。

15. **实验控制**的目的是，除确定**自变项**在实验过程中发生作用之外，尚须控制其他一切**外扰变项**，以免对实验结果发生不良影响。

建议参考资料

1. 车文博(1996)：西方心理学史。台北市：东华书局(繁体字版)。杭州市：浙江教育出版社(1998)(简体字版)。

2. 杨治良(1997)：实验心理学。台北市：东华书局(繁体字版)。杭州市：浙江教育出版社(1998) (简体字版)。

3. 张春兴(1991)：现代心理学。台北市：东华书局(繁体字版)。上海市：上海人民出版社(1994)(简体字版)。

4. 张春兴(2002a)：心理学思想的流变——心理学名人传(修订版)。台北市：东华书局(繁体字版)。上海市：世纪出版集团教育出版社(简体字版)。

5. 张春兴(2002b)：心理学发展的困境与出路。心理科学，25卷，5期，591～596。

6. 董奇、申继亮(2003)：心理与教育研究法。台北市：东华书局(繁体字版)。杭州市：浙江教育出版社(简体字版)。

7. Glassman, W.E.(2000). *Approaches to psychology*(3rd ed.). Buckingham,UK: Open University Press.

8. Myers, D. J.(1999). *Exploring psychology*(4th ed.). New York: Worth Publishers.

9. Schultz, D. P. & Schultz, S. E.(2000). *A history of modern psychology*(7th ed.). New York: Harcourt Brace.

10. Wertheimer, M.(2000). *A brief history of psychology* (6th ed.). Fort Worth, Tex: Harcourt Brace.

11. Westen, D.(1996). *Psychology: Mind, brain & culture.* New York: John Wiley & Sons.

第二章

行为与心理的生物基础

本章内容细目

心理学是研究行为与心理历程的科学。行为与心埋历程二者都是动态的，不是静态的，所不同者只是前者显于外(如说话)，后者隐于内(如思维)，惟二者均与身体的生理功能具有密切关系。因此，身体功能与行为和心理历程的关系，自始即为心理学研究的一个基本问题。前章所述六大争议中，**心身关系问题**及**天性与教养问题**二者，都是以人类身体功能为基础去探讨心理作用的。惟古时对身体与心理的解释，多属思辨性的概念，因而无法确切掌握天性与教养或身与心彼此之间的关系。由于遗传学的进步，现代心理学家已普遍认为，先天遗传决定个体身心特征的基础架构，后天环境充实修改架构的内容。由于生理学的进步，心理学家已清楚了解，一切行为反应与心理活动，无不与生理组织中神经系统或腺体组织有密切关系。遗传学与生理学属于生物学的范围，因此，根据生物学中遗传学和生理学的知识，探讨行为与心理历程，从而发现原理原则，在基础心理学上是有必要的。此即本章以“行为与心理的生物基础”为题的理由。

本章内容主要包括四方面的讨论:(1)身心特征的遗传基础，说明人类遗传的基本原理及其在心理学上的意义;(2)神经系统的构造与功能，说明人类神经系统的整体结构及各分支系统之间的关系;(3)脑的构造与功能，说明脑的复杂构造及其分区专司并联合运作的功能;(4)内分泌系统的构造与功能，说明人体内各种内分泌腺的构造及功能。读者阅读本章时，可能因内容涉及很多生理学名词而略感枯燥，但须知本章属心理学的基础知识，以后将讨论的感觉、知觉、发展、动机、情绪及心理异常等，都与本章内容有密切关系。经由本章的讨论，希望读者对以下问题得到概括性的认识。

1. 人类遗传的基本原理。
2. 受精时胎儿男女性别的决定历程。
3. 人体神经系统的构造及其功能。
4. 神经元的构造及神经传递功能。
5. 脑的构造及分区专司功能。
6. 自主神经系统的构造及其相对功能。
7. 内分泌腺的构造及其功能。

第一节　生命的开始与遗传过程

遗传学(genetics)是生物学的一支，其研究重点在于探讨生物中前后两代之间在身心特征上的遗传现象，从而发现个体身心特征中决定于遗传因素的基本法则。基于此义，遗传学与**遗传**(heredity)两词，在意涵上稍有不同，前者指一个专门学科，后者指该学科所研究前后两代间的遗传过程。心理学家将遗传学与心理学结合，用以解释个体的心理与行为，就成了**行为遗传学**(behavioral genetics)。本节仅就人类生命开始时的遗传过程简略说明行为遗传学的基本概念。

一、染色体与基因

人类的遗传主要显现在两方面：其一显现在身体上的特征，诸如皮肤颜色、头发颜色、虹膜颜色以及身高、骨架等，均系得自父母的遗传。其二是显现在心理上的特征，诸如情绪稳定性、智力以及某些心理疾病等，均与父母的遗传有关。

根据遗传学的知识，在亲子间身心特征遗传的过程中，职司基本生物性运作的基本单位是染色体。**染色体**(chromosome)存在于人体细胞核内，呈棒状排列成 23 对(图 2-1)。染色体的主要成分是由复杂的遗传物质**脱氧核糖核酸**(deoxyribonucleic acid，简称 DNA)及蛋白质所构成。DNA 是遗传讯息的保存者和传递者，构成 DNA 的单位称为基因，因此**基因**(gene)乃是携带遗传讯息的最基本单位(故而称为遗传因子)。

如图 2-1 所示，人体细胞内的染色体，呈 23 对排列的形式，其中有 22 对男女相同，称为**常染色体**(autosome)，第 23 对(未标号码者)男女各异，称为**性染色体**(sex chromosome)。性染色体是决定男女性别的遗传物质，故其形状与性质，男女有所不同。女性身体细胞内的两个性染色体，体积相等，性质相同，遗传学家称之为XX。男性身体细胞内的两个性染色体，体积大小不同，性质各异，遗传学家称大者为X，称小者为Y，合而为XY。受孕时胎儿的性别，即系由男性染色体所决定。

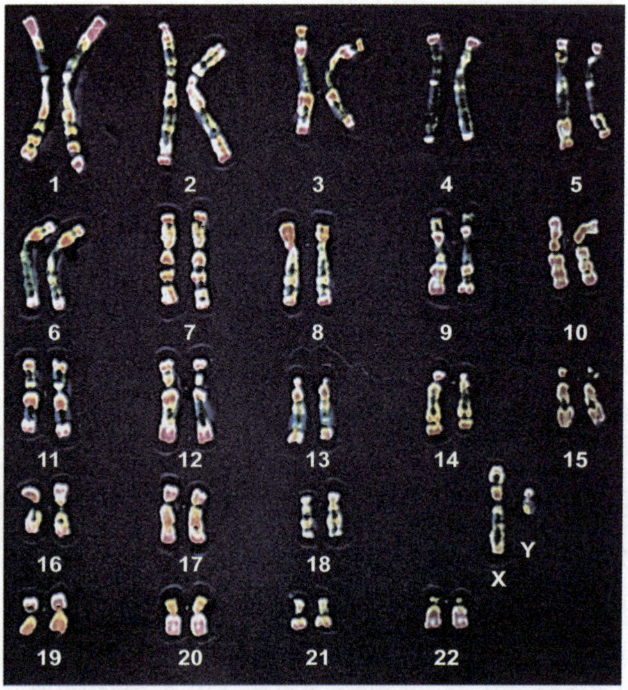

图 2-1　人体细胞内的 23 对染色体

在 23 对染色体中，有 22 对男女相同，第 23 对男女相异(未标号者)，为性染色体。

二、受孕时的遗传过程

人体细胞随个体生长而快速生长分化。在生长分化过程中，体细胞产生有丝分裂，每一细胞核分裂为二，各自加倍复制染色体，保持新生细胞中仍然是 23 对的形式。惟男性睾丸中与女性卵巢中的性细胞，在性生理成熟后的细胞分化时，却产生减数分裂，由原来的 23 对减半而成为 23 条。图 2-2 的中间部分，即说明此种情形。

个体的生命开始于**受孕**(或**受精**)(fertilization)。受孕过程是来自父亲睾丸中的**精子**(sperm)与来自母亲卵巢中的**卵子**(ovum)相结合，构成一个受精卵。**受精卵**(zygote)虽然只是一个细胞，但却是一个新生命体的开始。在精子与卵子相结合而成为一个受精卵时，精子与卵子中各自原有的23 条染色体一并带来，两两相结合而构成 23 对染色体。图 2-2 所标示者即受精时的遗传过程。

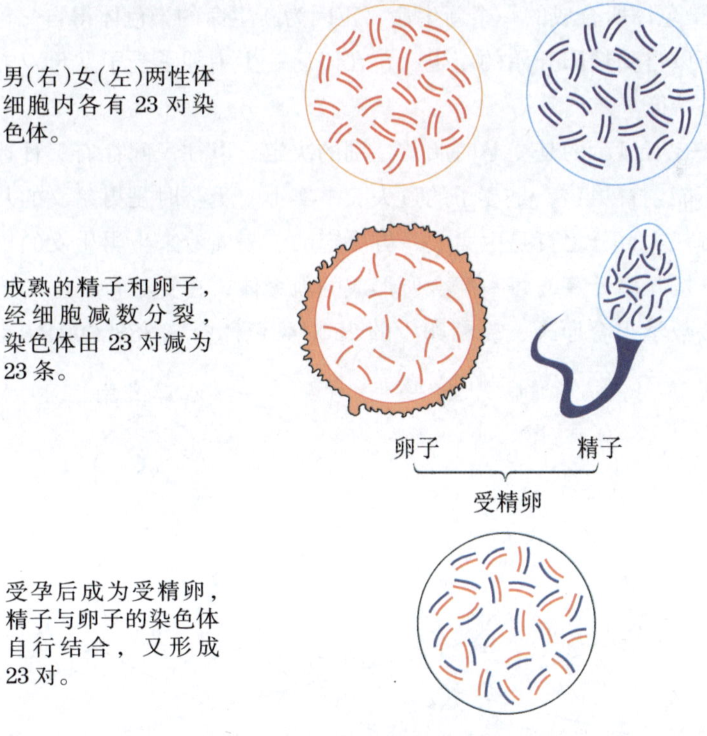

图 2-2　受孕时的遗传过程

受精卵即新生命的开始，此后得自父母各半的遗传特质，将随之终其一生。

三、受孕时胎儿性别的决定

在新构成受精卵的染色体中，前 22 对是男女相同的，只有最后第 23 对随几率而定。如果第 23 对的配合是 XX，受孕的胎儿就是女性；如果第 23 对的配合是 XY，受孕的胎儿就是男性。图 2-3 所示者即受孕时胎儿男女性别决定的历程。

图 2-2 所显示的是亲子两代间的遗传过程。经受孕作用而形成的受精卵，虽然开始时只是一个单细胞，但此一单细胞内却含有来自父母双方(各占一半)染色体所合成的一个新生命。正因为新生命的染色体得自父母者各占一半，所以自受精卵开始的新生命，在以后一生中即承受了父母双方遗传给他的身心特征。

图 2-3 所显示的是受孕时胎儿性别的决定。以往民间存有一种迷信，认为夫妻不能生育男孩，是妻子的过失。事实上，受孕时是男是女的几率，妻子毫无责任，百分之百是由丈夫一方决定的。表面看来生男生女的机会各占一半，惟按几率计算，每一配合所形成的新个体，在身心特征上的遗传全不相同。按数学组合原理，受精卵中的 23 对染色体有 8, 388, 608×8, 388, 608

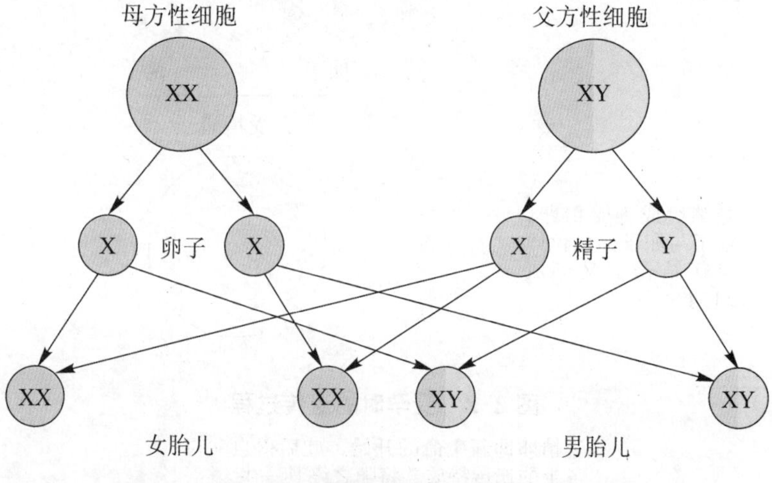

图 2-3　受孕时胎儿性别的决定

种不同的组合。其结果，所产生的胎儿有 70,368,744,177,664 个不同的可能。由此天文数字来看，即可了解，除**同卵孪生子**(注 2-1)之外，世界上没有遗传相同的人。由此可见，自生命开始个体间即存在着个别差异。

以上讨论只是从生物学的观点简单说明有关人类遗传的基本概念。除此之外有关遗传与身心关系的问题，留待以后相关章节内再行讨论。

第二节　神经系统与神经元

从生物学的观点研究心理学，一般采两个取向：其一是探求遗传与环境的关系，从而了解二者分别对个体身心发展的影响。其二是研究人体神经系统与腺体组织及其功能，从而了解个体在环境中如何生存适应。遗传与环境的问题已于前节讨论，本节开始讨论神经系统的有关问题。

一、神经系统的构造与功能

神经系统(nervous system)是由无数神经细胞形成的神经组织与结构的总名称。要了解神经系统的构造与功能，必须从以下两点予以说明：其一是先从整体构造看，说明在整体神经系统中包括哪些分支神经系统及其各自的特殊功能。其二是了解神经系统的一般生理作用，并说明构成神经系统的神经元所发生的特殊功能。接下去先说明神经系统的构造与功能。

注 2-1：**同卵孪生子**(identical twins)指产妇一胎所生两个婴儿系由单一受精卵分裂发育而成的个体。同卵孪生子的基因相同，性别相同，出生后在身心特征上所显现的差异，非来自先天遗传，而是受后天环境因素影响所致。同卵孪生子是**孪生子**(twins)的一类，除此之外是**异卵孪生子**(fraternal twins)，指受孕时由两个(或多个)精子和两个(或多个)卵子结合而成的受精卵分别发育而成的个体，异卵孪生子遗传基因不同，性别不定，其身心特征与一般兄弟姊妹的关系相同。在孪生子中，同卵孪生子的出现率约占四分之一。

在人类的神经系统中，按其部位及功能的不同，分为两大系统，一为**中枢神经系统**，另一为**外周神经系统**。在这两大神经系统之内，又各自包括多个性质与功能各异的分支神经系统。图 2-4 即人体神经系统的概略说明。在整个神经系统中，中枢神经系统中属于前脑的大脑皮质部分，在有关心身问题的研究上，具有特殊的重要性。因此，本节之内容只限于对中枢神经系统中大脑皮质之外其他神经系统的说明。大脑皮质的构造与功能，留待第三节内再详加解释。

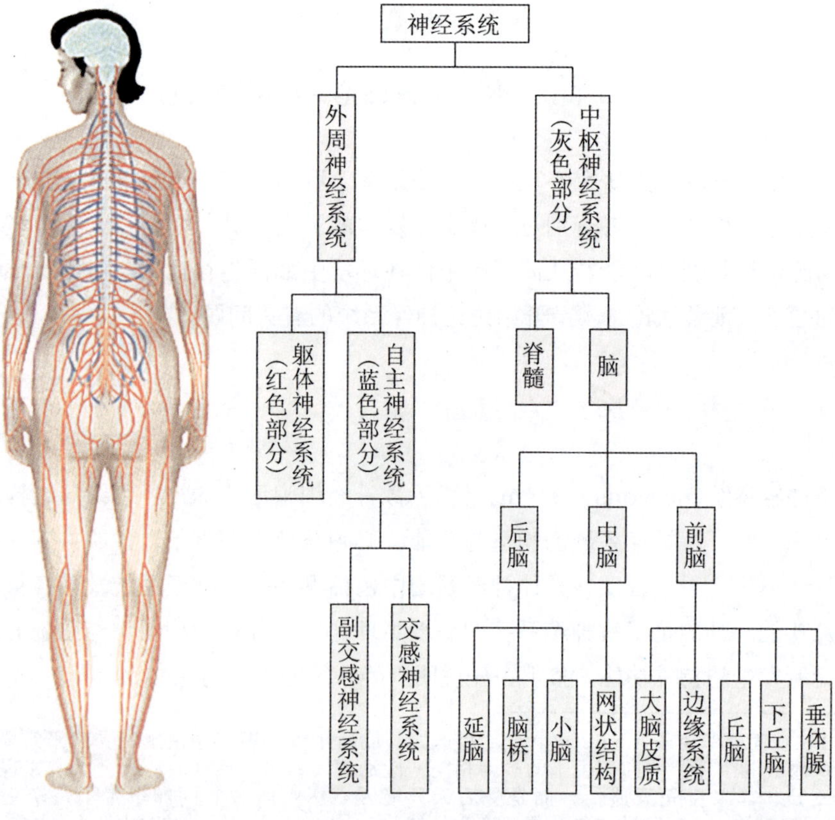

图 2-4　人体神经系统

二、中枢神经系统的构造与功能

中枢神经系统(central nervous system，简称 CNS)是人体神经系统的最主体部分，包括脑与脊髓；脑与脊髓的分工与合作，发挥着支配与控制全身活动的功能，以下先对脑的构造与功能略加说明。

(一) 脑的构造与功能

人类的脑是由无数个神经细胞构成的重约三磅的海绵状神经组织。脑(brain)是中枢神经系统的主要部分，在构造上，按部位的不同分为三大部分，分别具有不同的功能。

1. 后脑（hindbrain）　按图 2-5 所示，后脑位居脑的后下部，其中包括三部分:(1)**延脑**（medulla)，位在脊髓的上端，与脊髓相连，呈细管状，大如手指。延脑的主要功能在控制呼吸、心跳、吞咽及消化；稍受伤害即危及生命。(2)**脑桥**(pons)，位于延脑之上，是由神经纤维构成的较延脑为肥大的管状体。脑桥连接延脑与中脑，如受到伤害可能影响到睡眠失常。(3)**小脑**(cerebellum)，位于脑桥之后，形似两个相连的皱纹半球，其功能主要在控制身体的运动与平衡；如小脑受到伤害，即丧失身体自由活动的能力。

2. 中脑（midbrain）　按图 2-5 所示，中脑位于脑桥之上，恰好是整个脑的中间，故名。中脑是视觉与听觉的反射中枢，举凡瞳孔、眼球、虹彩等反射活动，均受中脑的控制。在中脑的中心有一个网状的神经组织，称为**网状结构**(reticular formation)。网状结构的主要功能为控制觉醒、注意、睡眠等意识状态。网状结构的作用扩及脑桥、中脑与前脑。中脑与后脑的脑桥和延脑合在一起，称为**脑干**(brain stem)。脑干是生命中心，医师判断是否脑死，即以脑干功能是否丧失为根据。

3. 前脑（forebrain）　前脑是脑的最复杂部分，也是最重要的部分。前脑主要包括五部分:(1)**大脑皮质**（cerebral cortex)，大脑皮质是中枢神经系统中最重要的部分，其构造与功能留待第三节再详细说明。(2)**边缘系统**

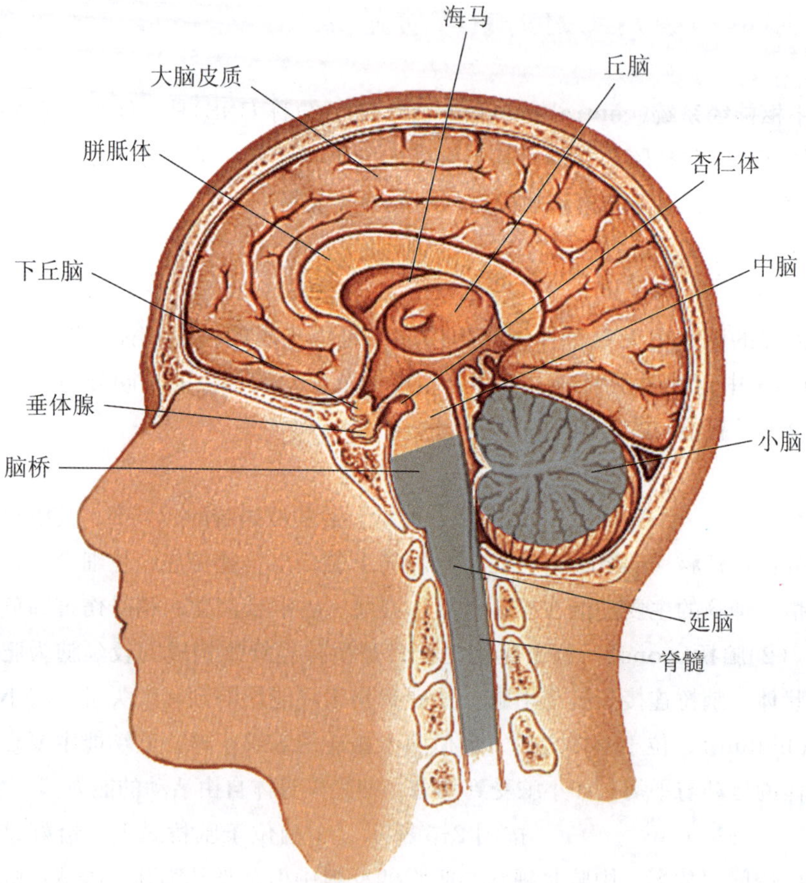

图 2-5 脑纵面图

(limbic system)，边缘系统是位于胼胝体之下包括多种神经组织的复杂神经系统。边缘系统的构造与功能尚不能十分确定，在范围上除包括部分丘脑与下丘脑之外，另外还包括海马与杏仁体等；**海马**(hippocampus)的功能与学习记忆有关，**杏仁体**(amygdala)的功能与动机情绪有关。(3)**丘脑**(**或视丘**)(thalamus)，丘脑是卵形的神经组织，其位置在胼胝体的下方，具有转运站的功能；从脊髓传来的神经冲动，都先终止于丘脑，然后再由丘脑分别传送至大脑皮质的相关区域。如丘脑受到伤害，将使感觉扭曲，无法正确了解周围的世界。(4)**下丘脑**(或**下视丘**)(hypothalamus)，下丘脑位于丘脑之下，其体积虽较丘脑为小，而功能却较丘脑为复杂。下丘脑是自主神经系统的主要控制中心，它直接与大脑皮质的各区相连，又与主控内分泌系统的**垂体腺**连接。下丘脑的主要功能是控制内分泌系统、维持新陈代谢、调节体温，并与饥、渴、性等生理性动机以及情绪有关。如下丘脑受到伤害，将使个体的饮食习惯与排泄功能受到影响。(5)**垂体腺**，垂体腺位于下丘脑之下，其大小如豌豆，在部位上虽属于前脑，但在功能上则属于**内分泌系统**中最主要的分泌腺之一(见图2-12)。垂体腺的构造与功能留待本章第四节再行讨论。

此外，图 2-5 中位于大脑皮质之下有一大片淡色纤维神经组织，是为胼胝体。**胼胝体**(corpus callosum)连接大脑两半球，使两半球的神经网路得以彼此沟通。

(二) 脊髓的构造与功能

脊髓(spinal cord)是由无数神经细胞聚集而成的柱状组织，其位置在脊椎骨连成的脊柱管内。在神经传导上，脊髓有两种功能：其一是提供躯体与脑部之间神经双向传导的通路，其二是做为脊髓反射的反射中枢。就第一种功能言，**感受器**接受外界刺激产生**神经冲动**后，先传导至脊髓，而后经脊髓传至大脑，最后再由大脑传回经由**效应器**表示出反应。如此，脊髓即发挥神经传导双向通路的功能。就脊髓的第二种功能而言，神经冲动传至脊髓后可能不继续传至大脑，直接回传由效应器表现出反应。此种不经过大脑的神经传导方式，称为**反射**(reflex)。检查身体时医师用钝器轻击膝盖下腱部，小腿部会出现不能自控的动作，就是反射。此种反射称为**膝反射**(knee-jerk reflex)。医师检查膝反射的目的，是借此简单检查、了解病人神经系统的健康情形。在日常生活中常会经验到反射现象，如不经心手指触及电热器时，不需经由大脑的支配，手指就会立即自动缩回以免灼伤。由此可见脊髓的反射功能对人体具有应急的保护作用。

三、外周神经系统的构造与功能

中枢神经系统是限于脑与脊髓两部分的神经组织，除此之外，遍布于全身的神经系统，则称为**外周神经系统**(peripheral nervous system，简称PNS)。所谓“外周”只是与“中枢”相对的说法，事实上身体内部五脏六腑的一切活动，也都是由外周神经系统所控制的。外周神经系统包括躯体神经系统与自主神经系统两部分(图 2-4)。以下是外周神经系统各部构造与功能的简单说明。

(一) 躯体神经系统的构造与功能

躯体神经系统(somatic nervous system)(图 2-4 中红色部分)是主管躯体活动的神经系统，它遍布于头、面、躯干及四肢的肌肉之内。由躯体神经系统控制的肌肉，均属骨骼肌。骨骼肌均附着在骨骼之上，其最大特征是随个体意志而活动，故而一般称之为随意肌。随意肌之所以能随个体之意志而活动，即系因躯体神经系统支配使然。

(二) 自主神经系统的构造与功能

自主神经系统(autonomic nervous system)(图 2-4 中蓝色部分)分布于身体内的心肌、平滑肌、内脏各器官以及内分泌腺等各部位。由于自主神经系统所控制的活动不受个体意志所支配，故而称之为“自主”。自主神经系统的功能甚为复杂，最主要的是控制心跳、呼吸、腺体分泌、管制平滑肌器官的收缩与扩张等，从而维持身体内一切生理运作的均衡。

自主神经系统虽在本身运作上是自主的，不受个体意志的支配，但在整个神经系统上却仍受中枢神经系统的管制，而管制自主神经系统者就是下丘脑。自主神经系统是由两个功能互异的神经系统所构成：一为**交感神经系统**(sympathetic nervous system)，另一为**副交感神经系统**(parasympathetic nervous system)。这两种神经系统功能互异，两者之间存在着彼此拮抗作用；交感神经系统通常是个体警觉时发生作用，副交感神经系统则多在个体松弛状态时发生作用。图 2-6 所示即交感与副交感两种神经系统对体内外器官所发生的自主与拮抗作用。

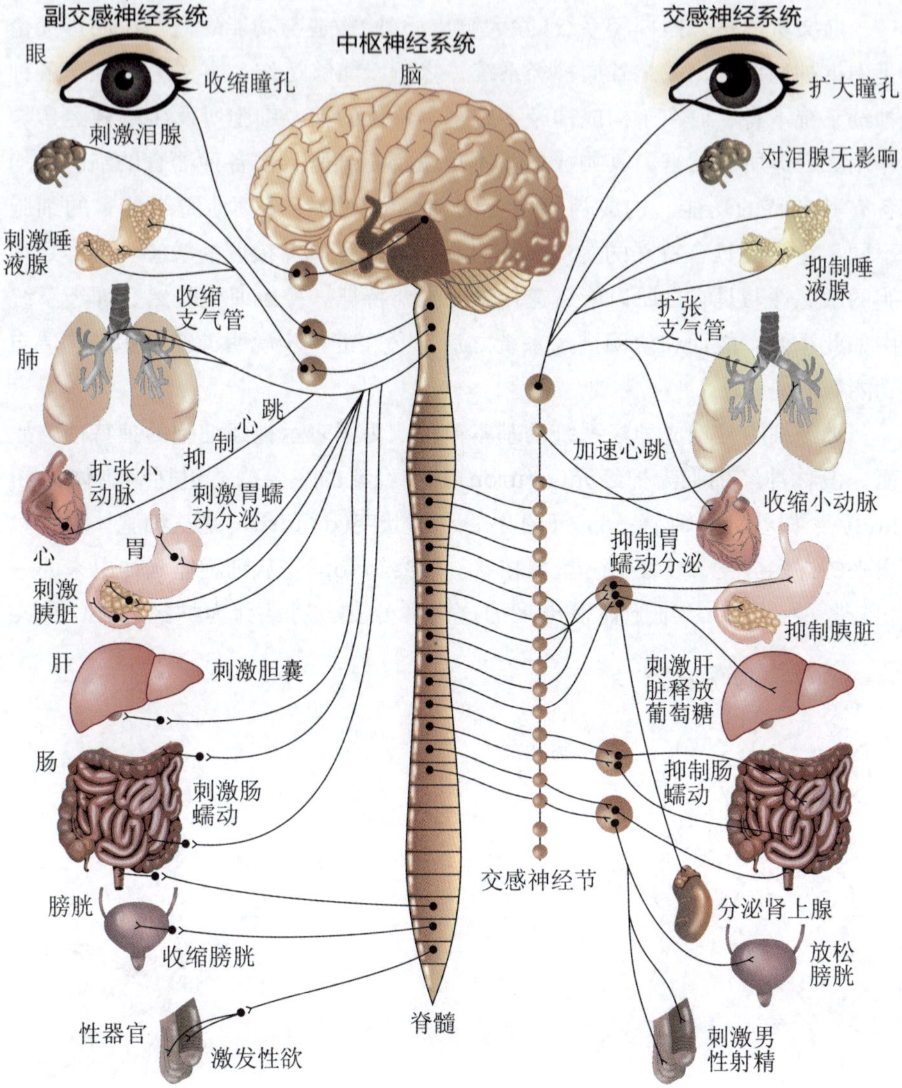

图 2-6 自主神经系统

四、神经元的构造与功能

前文所述是人体神经系统(除大脑皮质外)构造与功能的概略说明。无论是中枢神经系统，或是外周神经系统，之所以能够运作，事实上不在于各种神经系统本身，而在于构成神经系统基本单位的神经细胞所发生的神经传导作用。人体所有器官，其构成的基本单位都是细胞，惟各种器官的细胞，均各有其独特的功能。构成神经系统的神经细胞与身体其他组织器官的细胞不同，它不但具有特殊的构造，而且在功能上更具有极度的敏感性。神经细胞的敏感性乃是它之所以能迅速传导的主要特征。神经细胞既然在神经系统中如此重要，故而在说明神经系统之后，必须进一步说明神经细胞的构造与功能。

神经细胞是构成神经系统的基本单位。为了表示神经细胞的独特性，故而一般称神经细胞为**神经元**(neuron)。神经元的主要构造包括**细胞体**(cell body)、树状突与轴突三部分(图 2-7)。**树状突**(dendrite)是从细胞体周围发出来的许多分支，多而短，呈树枝状。**轴突**(axon)是从细胞体延伸出来的一根较长的分支。从细胞体发出来的这两种分支，通常称为**神经纤维**(nerve

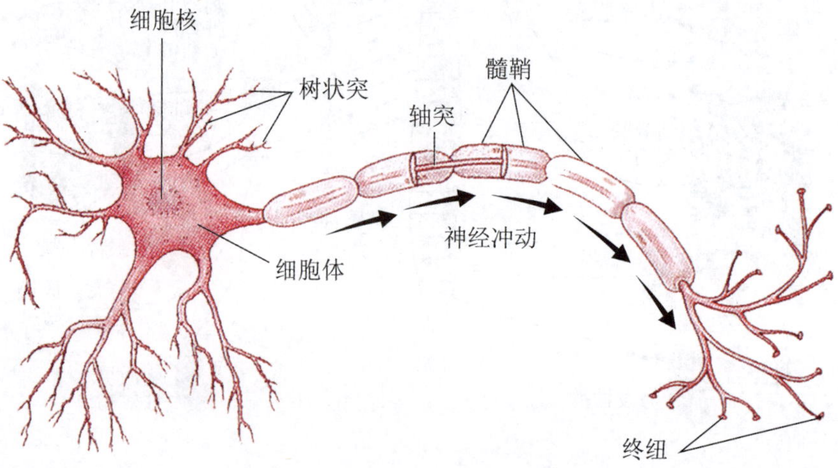

图 2-7 神经元构造略图

fiber)。细胞体与轴突两者的功能是与其他邻近神经元合作，发挥接受并传导神经冲动的生理作用。**神经冲动**(nerve impulse)是指由外界刺激引起而沿神经系统传导的电位活动。一切讯息的传导，均赖神经冲动的电位活动得以达成。轴突的周围包以髓鞘。**髓鞘**(myelin sheath)像电线的外皮，具有绝缘作用，以防止神经冲动向周围扩散消失。轴突的末端分支状的小突起称为**终纽**(terminal button)。终纽的功能是与邻近其他神经元相接，将神经冲动迅速传至另一神经元。

神经元的神经纤维长短不一，其长短视与邻近其他神经元的距离而定。脑中的神经元密集，故其神经纤维甚短(短至几千分之一英寸)；下肢部位的神经元稀疏，其纤维之长度可能超过一英尺以上。

神经元按性质不同而分为三类:(1)**感觉神经元**(sensory neuron)，其功能是将感受器受到刺激后所引起的神经冲动，传入中枢神经系统。**感受器**(receptor) 指各种感觉器官(包括视觉、听觉、温觉、体觉等，见第三章)接受刺激的神经细胞。(2)**运动神经元**(motor neuron)，其功能是将中枢神经系统发出的神经冲动传出至效应器，**效应器**(effector)是运动神经细胞，其功能是激动而产生反应活动，此反应活动借由肌肉收缩与腺体分泌而表现之。(3)**中间神经元**(interneuron)，是介于感觉神经元与运动神经元之间的神经细胞，其功能是传导神经冲动。中间神经元只存在于脑与脊髓中，又称**联结神经元**(connect neuron)。

五、突触的传导功能

神经元具有两个最主要的特性，即兴奋性与传导性。前一特性是，由感受器或另一神经元传来神经冲动之后，立即会引起神经元的兴奋；后一特性是，将神经冲动迅速传至相邻的另一神经元，以完成其神经传导功能。神经元之间的传导功能，在性质上有点像电流的传导，惟其间所发生的作用，却与电流不同。电流靠接触传导，而相邻两神经元之间，事实上并不连接，其间有一小的空隙(图 2-8)，叫做**突触**(synapse)。在神经冲动的传导上，突触的功能是极为重要的。

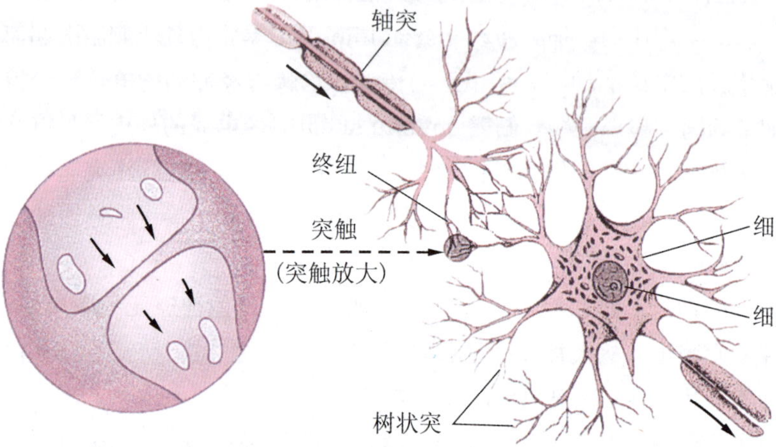

图 2-8 神经元之间突触的传导功能

神经元的细胞体与轴突，在传导神经冲动时，只能将之传送至终纽，而终纽与另一神经元的传导，则是靠突触部分所发生的极为复杂的生理化学作用。对突触的特殊功能最简单的解释是：突触是介于终纽与另一神经元细胞的树状突之间的一个小空隙(图 2-8 中左图为突触的放大)。终纽内的细胞质中含有极复杂的化学物质。当神经冲动传到终纽时，细胞质中的化学物质即产生变化，导致终纽的外膜移动，最后使其表面的小泡破裂，而将神经传导的化学物质，注入突触空隙中，引起一种放电作用，从而激动另一神经元的兴奋，立即将神经冲动传入另一神经元。

神经元的兴奋性具有一种很特殊现象，当刺激强度未达到某一程度时，不会有神经冲动发生。但当刺激强度达到某种程度而能引起冲动时，该神经冲动立即达到最大强度；此后刺激的强度纵使再继续加强或减弱，对已引起之冲动强度不再发生影响。此种现象称为**全有全无律**(all-or-none law)。

第三节　大脑半球的构造与功能

一、大脑半球的主要构造

大脑(cerebrum)是脑的最大与最主要部分。大脑由中间的一条裂沟，由前到后分为左右两个半球形状，称为**大脑半球**(cerebral hemisphere)。此一裂沟称为**纵裂**(longitudinal fissure)。两半球之间由**胼胝体**相连，使两半球之间的神经传导，得以互通。两半球的外侧面，各有一条斜向的沟，称为**侧裂**(lateral fissure)。侧裂上方约在半球中部有一纵向的沟，称为**中央裂**(central fissure)(见图 2-9)。

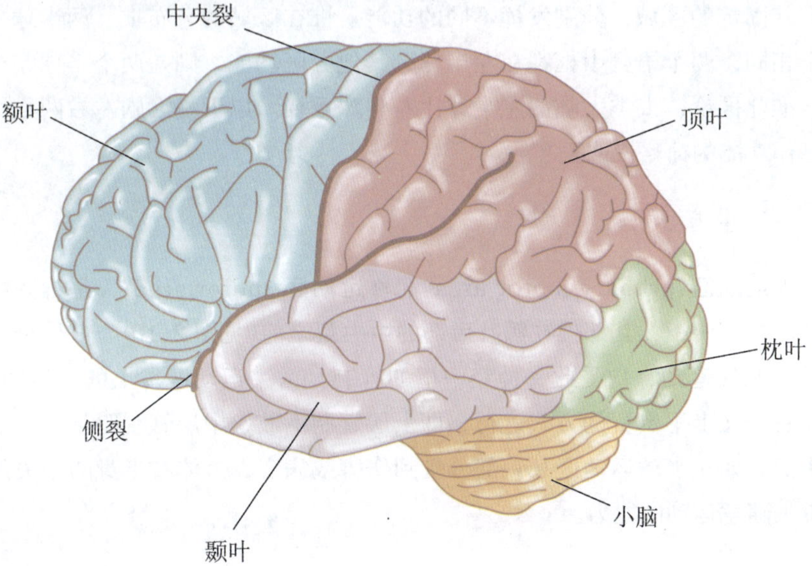

图 2-9　大脑半球各叶部位略图

大脑两半球的外层的皱曲部分，称为**大脑皮质**(见图 2-5)。大脑皮质系由密集的神经细胞构成的复杂神经组织，是中枢神经系统中最主要的部分。大脑皮质按部位不同分为四个叶(图 2-9)：(1)**额叶**(frontal lobe)位于半球前部中央裂之前，是四叶中最大的部分，约占大脑半球的三分之一，其功能与学习、记忆、思维等高级心理活动有关；(2)**颞叶**(temporal lobe)位于半球上侧裂下方，其功能与听觉、语言、情绪等心理作用有关；(3)**顶叶**(parietal lobe)位于半球后顶部的中央裂之后，其功能与控制躯体的感觉有关；(4)**枕叶**(occipital lobe)位于半球后下部，其功能主要为职司视觉反应。

二、大脑半球的分区运作功能

人类大脑的两半球，在功能上的运作，大致是左半球管制右半身，右半球管制左半身。又每一半球的纵面，在功能上则是上层管制下肢，中层管制躯干，下层管制头部。在每一半球上又各自区分为数个神经中枢，每一中枢各有其固定的区域，分别发挥不同的功能。惟在区域的分布上，两半球并不完全相同；两个语言中枢都在左半球，其他分区功能，则是两个半球完全相同。准此推论，人类大脑的左半球比右半球重要。以下是大脑左右两半球分区运作功能的简略说明。

(一) 主运动区

主运动区(primary motor area)简称**运动区**(motor area)，是管制身体活动的神经中枢，其部位在**额叶**后部的**中央裂**之前(见图 2-10)。身体全部所有随意肌的运动，均受此一神经中枢的管制。由主运动区发出的神经冲动，呈左右交叉上下倒置的方式进行，即上层管制下肢，中层管制躯干，下层管制头部。如左半球运动区某一部分受到伤害或病变，个体右半身的相关部位即丧失随意运动的能力。

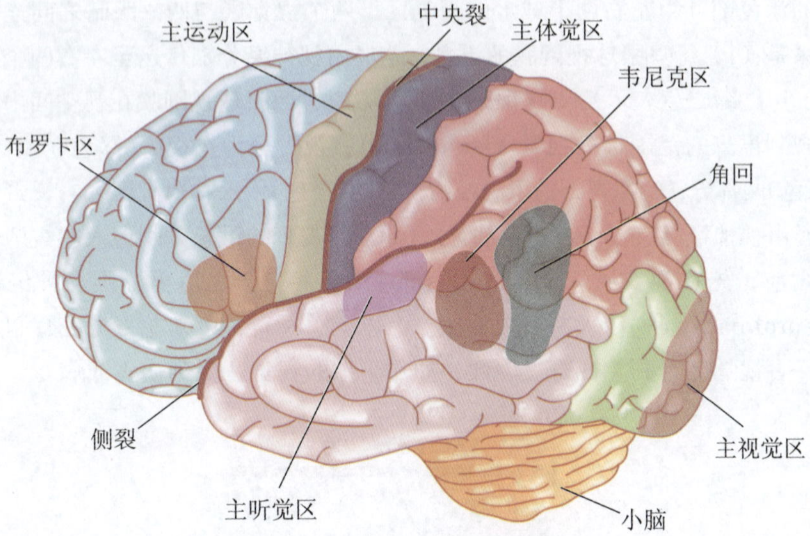

图 2-10　大脑左半球分区功能略图

（二）主体觉区

主体觉区（primary somatosensory area）简称为**体觉区**（body-sense area），其部位在中央裂之后的**顶叶**，是管制身体各个部分各种感觉的神经中枢。举凡冷觉、热觉、触觉、痛觉等，均受此一中枢所管制。此一中枢管制身体感觉的方式，与主运动区的功能一样，也是左右交叉上下倒置的。如左半球的体觉区某一部分受到伤害或病变，该区所管制的右半身的相关部位即丧失体觉的能力。

（三）主视觉区

主视觉区（primary visual area）简称**视觉区**（visual area），是管制视觉的神经中枢。视觉区位于两个半球的**枕叶**，其功能为交叉管制左右两只眼睛。两视觉区与两眼之间的管制关系，与运动区和体觉区的功能不同，不是左右交叉，而是左右两半球的视觉区，同时负责管制左右两只眼睛。这是视觉系统的特点。图 2-11 所示即**视觉系统**（visual system）的构造与功能。图形下部的深色部分为左右两半球上的视觉区。两个视觉区与两只眼睛之间连接的关系是:(1) 每只眼球**视网膜**的讯息，均经由**视神经**分别传送至左右两个视觉区（用红绿二色表示）;(2)两眼注视正前方时，两眼球视网膜在视空间内所能收视到讯息的范围称为**视野**(visual field)，视野分为左视野(绿色)与右视野(红色)两部分;(3)左视野的讯息经由视神经(绿色)传入右视觉区，右视野的讯息经由视神经(红色) 传入左视野区;(4)在两视野的讯息分别传入左右两视觉区之前，先在**视交叉**（optic chiasma)交会，交会之后再分别经**神经通路**(neural pathway)传入左右视觉区。由以上关系看，可知左视觉区管制右视野，右视觉区管制左视野。因此，如左半球的视觉区受到伤害或病变，左右

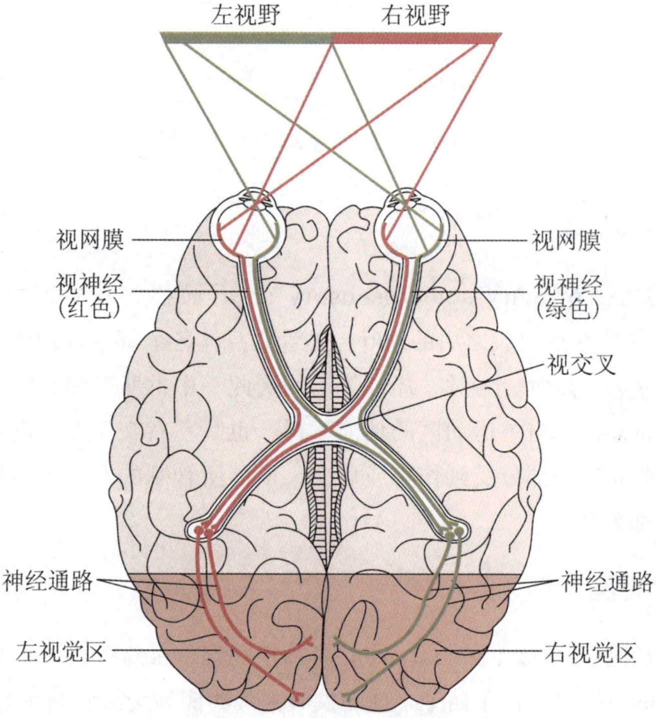

图 2-11　视觉系统的构造及其功能
(中间纵向黑色部分为胼胝体)

两眼之左边变为半盲；如右半球的视觉区受到伤害或病变，左右两眼之右半边将变为半盲；左右两半球的视觉区同时受到伤害或病变，左右两眼将变为全盲。另外有关眼睛的构造与功能，留待第三章第三节再行说明。

（四）主听觉区

主听觉区(primary auditory area)简称**听觉区**(auditory area)，是管制两耳听觉的神经中枢。听觉区位于大脑两半球外侧的**颞叶**内。听觉区的功能与视觉区相似，每一半球的听觉区，均与两耳的听觉神经连接；每耳因声波刺激所引起的**神经冲动**，同样地传入两半球的听觉区。换言之，每一半球的听觉区，均具有管制两耳听觉的功能。所不同者，只是在声波来自左或右一侧时，该侧的听觉区接受到较强的听觉讯息。因此，如其中一半球的听觉区受到伤害或病变，对听觉能力只会造成轻微的影响。另外有关听觉系统的构造与功能，留待第三章第三节再行说明。

（五）联合区

联合区(association area)是指多个神经中枢的总名称。联合区与大脑两半球的各神经中枢(如体觉区、运动区、视觉区等)无直接关系。在每一半球上均有两个联合区:(1)**前联合区**(frontal association area)，部位是在**额叶**的运动区之前，其功能与思维能力有关，如该区受到伤害或病变，将影响到个体解决问题时的思维能力;(2)**后联合区**（posterior association area)，位于体觉区附近一直延伸到**颞叶**，其功能与视知觉有关，如该区受到伤害或病变，将影响个体对形状辨别的能力。

（六）语言区

顾名思义，**语言区**(speech area)是管制语言理解与表达的神经中枢。惟语言区与其他各区不同，语言区并不分布在两半球，只左半球上才有语言区。根据医学与生理学家的研究发现，人类大脑左半球上有两个语言区(见图2-10)：**布罗卡区**(Broca's area)，是最早被发现的语言区。1861年法国神经科医师布罗卡(Pierre Paul Broca, 1824～1880)，在其任职的巴黎近郊的一所医院时，遇一精神失常病患，该病患的主要症状是发音器官正常而不能言语。不久该病患死亡，经解剖后发现，在大脑左半球**额叶**靠近**侧裂**上方的神经组织，业已损坏。经确定该区的损坏就是构成该患者生前丧失语言能力的原因。此即布罗卡区命名的由来。

布罗卡区被发现之后，生理学家一直认为，人类大脑中管制语言的中枢神经组织只有一个语言区。此种认识直到 1874 年德国医师韦尼克(Carl Wernicke, 1848～1905）发现另一语言区之后才为之改变。韦尼克发现的语言区在颞叶的**听觉区**之后(见图 2-10)；经确定之后即正式命名为**韦尼克区**(Wernicke's area)。大脑在左半球的两个语言区，在部位上既不相同，而且在功能上也不一样。布罗卡区接近**运动区**，其功能主要在语言发音活动与记忆；韦尼克区介于听觉区与**视觉区**之间，其功能除语言声音之外，另具有对语言中字形和字义的理解的功能。在韦尼克区后方称为**角回**(angular gyrus）的神经组织(见图 2-10)，则具有将字形与字义联合在一起的功能。

基于两个语言区全都在大脑左半球的事实，可知左右两半球的功能就不会完全相同。直到目前为止，关于大脑两半球功能差异的研究，主要集中在对以下两个问题的解释：(1)除左半球语言区管制语言行为之外，两个半球之间另有哪些差异？根据生理学家研究发现(Hellige, 1990)，除管制语言能力之外，左半球也是控制数学与逻辑思维能力的神经中枢。而有关空间知觉、音乐能力及艺术能力，则主要是受右半球的管制。此外，有关情绪的活动，也与右半球有较多的关系。(2)大脑两半球运动区对身体活动的管制，既然显示左右交叉的功能，从绝大多数人都属惯用右手操作的现象看，是否与只有左脑有语言区一事有关？另外也有少数人惯用左手操作，此等被俗称“左撇子”的人，是否他们的语言区位在右半球？根据生理心理学家研究发现，在惯用右手者之中，有 95%的人其语言区是左半球管制的。而在惯用左手者之中，仍有半数的人受左半球管制；另外有 25%的惯用左手者受右脑管制，其余的惯用左手者则是受左右两半球同时管制的。因此，虽然大脑两半球各有其独特的功能，但在对身体的管制上并非单独运作，而是以彼此连接协调的方式进行的，职司连接协调的就是两半球之间的**胼胝体**。

第四节 内分泌系统的构造与功能

身体的一切活动是由神经系统管制的，除了神经系统之外，另外有一个分泌化学物质的生理运作系统，称为**内分泌系统**(endocrine system)。内分泌系统是由多种内分泌腺所构成。**内分泌腺**(endocrine gland)也称**无管腺**(ductless gland)，不经由任何管道，即将其所分泌的化学物质，直接渗透至血液之中。内分泌腺所分泌的化学物质，称为**激素**(hormone)。人体内不同的内分泌腺，分泌不同性质的激素，而各种不同激素又各自发挥不同的功能。在整个内分泌系统之内，以下六种是最重要的(图 2-12)。

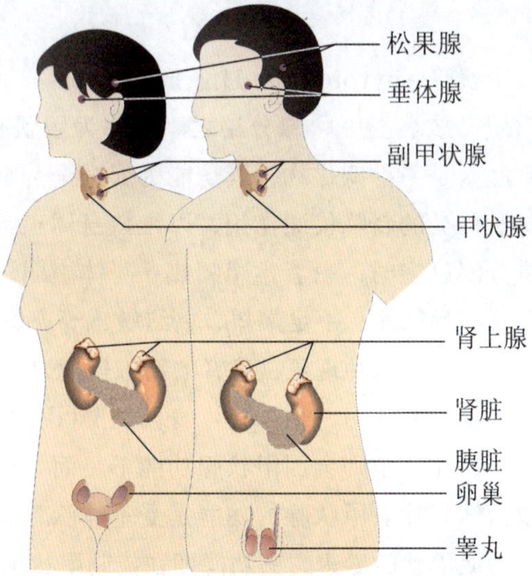

图 2-12 内分泌系统

在各类内分泌腺中，除男性睾丸与女性卵巢外，其余两性相同。松果腺对身心影响较少，故解释从略。

一、垂体腺

垂体腺(**或脑下腺**)(pituitary gland)，是人体内最重要的一种内分泌腺。

因垂体腺具有管制其他内分泌腺的功能，故而有**主腺**(master gland)之称。按图 2-12 所示，垂体腺位于下丘脑之下，其大小如豌豆。垂体腺所分泌的激素有十种以上，其中最主要者有以下五种：(1)**生长激素**(growth hormone)，其功能为促进身体发育，惟此种激素如分泌过多，可能导致**巨人症**(gigantism)，如分泌不足，则可能导致**侏儒症**(dwarfism)；(2)**性腺激素**(sex gland stimulating hormone)，其功能在男性为刺激睾丸内精子的成熟，在女性为刺激卵巢内卵细胞的成熟；(3)**泌乳激素**(lactogenic hormone)，其功能为促进女性乳房之发育及刺激乳腺分泌与母性行为；(4)**促甲状腺激素**(thyroid-stimulating hormone)，其功能为刺激甲状腺的分泌与成长；(5)**促肾上腺激素**(adrenocorticotropic hormone)，其功能为刺激肾上腺皮质之分泌与成长。

二、甲状腺

甲状腺(thyroid gland)位于喉头下端与气管的前上方，分为左右两叶形如肩甲，故名。甲状腺分泌之激素称为**甲状腺激素**(thyroid hormone)。甲状腺激素是一种碘化物，其功能为促进全身细胞的氧化作用，帮助调节体内脂肪及糖类的新陈代谢作用，以维持身体正常生长及骨骼发育。甲状腺机能亢进分泌过多时，患者常感闷热、身体虚弱、显现突目症状；此外尚有神经紧张、心跳加速、手足颤抖、情绪敏感等现象。反之，如甲状腺功能不足时，在成年人会有水肿现象，患者的新陈代谢速率减低，因而导致身体能量不足、体温下降、无气力、怕寒冷、身体肥胖(因代谢作用不良)、反应迟缓、性欲减退等；在儿童则会因甲状腺功能不足而导致智能不足，甚至导致发育不良而成为侏儒症。甲状腺的功能是受垂体腺管制的，前文曾经指出，垂体腺所分泌的**促甲状腺激素**，其功能即在控制甲状腺的分泌。

三、副甲状腺

副甲状腺(parathyroid gland)位于甲状腺之旁，分为四个；两个在甲状腺的上方，两个在甲状腺的下方。副甲状腺分泌的激素，称为**副甲状腺素**(parathyroidhormone)，其功能为调节血液中钙与磷的浓度，以维持神经系统与肌肉的正常兴奋性。因此，副甲状腺是个体维持生命的重要组织。副甲状腺分泌过多时，将使血液中钙量增加，磷量减少，因而易于导致骨折或变形，甚至造成肾结石的疾病。副甲状腺分泌不足时，将会使血液中钙量减少，磷量增多，因而易于导致神经与肌肉的兴奋性增高，甚至引起痉挛，严重时可能因喉部肌肉痉挛而窒息死亡。

四、肾上腺

肾上腺(adrenal gland)有左右两个，位于肾脏的顶端，故名。肾上腺的外层，称为**肾上腺皮质**(adrenal cortex)，皮质分泌葡萄糖皮质素、矿物皮质素和性激素，其功能为使体内矿物质与水分保持一定标准。肾上腺的内部，称为**肾上腺髓质**(adrenal medulla)，髓质分泌**肾上腺素**(adrenalin)，其功能为兴奋交感神经系统，可增高血压、加速心跳、使胃肠肌肉放松、放大瞳孔等。肾上腺与情绪变化有密切的关系。

五、胰 腺

胰腺(pancreas)位于胃与十二指肠之间的肠系膜上，分泌多种激素，而其中最重要者是胰岛素与升胰岛素，二者对体内糖类、蛋白质及脂肪的代谢有重要作用。**胰岛素**(insulin)是合成代谢性的，它可以增加葡萄糖、脂肪酸及氨基酸的储量。**升胰岛素**(glucagon)是分解代谢性的，可释出储存的葡萄糖、脂肪酸及氨基酸至血液中。因此这两种激素在功能上是互补的：如胰岛素分泌过多，将会引起血糖过低，血糖过低时可能产生昏睡、痉挛甚至休克的现象；胰岛素分泌不足时，将会导致糖尿病。糖尿病主要是由于胰岛素分泌不足使血液中的糖分不能吸收而随尿液排出体外所致。

六、性 腺

性腺(gonad)的位置与功能因性别差异而有所不同。男性的性腺为睾丸，女性的性腺为卵巢。**睾丸**(testis)的主要功能有二，其一是产生生殖细胞**精子**，其二是分泌雄性激素。**雄性激素**(androgen)的功能是使个体雄性化，使个体在青春期开始后在身体上显示出**主性征**与**次性征**(见第八章第四节)。**卵巢**(ovary)的主要功能有二，其一是产生生殖细胞**卵子**，其二是分泌雌性激素。**雌性激素**(estrogen)的功能是使个体雌性化，使个体在青春期开始后在身体上显示出主性征与次性征。性腺的分泌是受垂体腺控制的。男女两性的性腺所分泌的激素并非完全不同；男性睾丸也分泌少量的动情激素，女性卵巢也分泌少量的雄性激素。此外，两性的性腺在功能上有一明显差异，即女性性腺分泌具有周期性，而男性的性腺则无周期。

本章摘要

1. 就心理学自古流传的六大争议看，本章内容所涉及者与两大争议有关：从脑与行为关系的研究，可以了解**心身关系问题**；从行为遗传因素的探讨，可以了解**天性与教养问题**的意义。
2. **行为遗传学**是一门结合遗传学与心理学的科学。行为遗传学旨在研究遗传与行为和心理的关系，从而解答天性与教养何者重要的争议。
3. **染色体**与**基因**，是决定个体遗传特征的基本物质。人体细胞核内存有 23 对染色体；其中有一对男女不同，称为**性染色体**。性染色体的不同组合是构成个体性别的原因。
4. 从**受孕**开始，胎儿的男女性别即已决定；而胎儿的性别完全决定于父亲一方面，与母亲毫无关系。

5. 人体的整个神经系统中，包括两大系统：一为**中枢神经系统**，包括脑与脊髓两部分；二为**外周神经系统**，包括**躯体神经系统**与**自主神经系统**两部分。

6. 构成神经系统的基本单位是**神经元**，神经元的基本构造包括**细胞体**、**树状突**以及**轴突**三部分。

7. 神经元按性质不同分为**感觉神经元**、**运动神经元**与**中间神经元**三类。由三类神经元分工合作，完成**神经冲动**的传导功能。

8. 各种神经元之间存有小的空隙，称为**突触**。在神经冲动的传导过程中，突触发生极为复杂的生理化学作用。

9. 大脑是由**胼胝体**连结的两个半球，每一半球上的大脑皮质部分按区位不同而分为四个叶，即**额叶**、**顶叶**、**枕叶**及**颞叶**。

10. 在每一半球的皮质部分，分别各自有**主运动区**、**主体觉区**、**主视觉区**、**主听觉区**及**联合区**不同的神经中枢。

11. 两半球的运动区，在对身体运动管制时，是以左右交叉上下倒置的方式运作的。

12. 大脑两半球的**视觉区**与两只眼睛的关系是，左视觉区管制右视野传来的讯息，右视觉区管制左视野传来的讯息。

13. **联合区**是多个神经中枢的总名称，因部位与功能的不同又有**前联合区**与**后联合区**之分。

14. **自主神经系统**是由**交感神经系统**与**副交感神经系统**所构成，在功能上两者之间彼此产生拮抗作用。

15. 控制语言行为的**语言区**，并非分布在两半球，而是只出现在左半球。在左半球上有两个语言区：一为**布罗卡区**，另一为**韦尼克区**。

16. 人体的**内分泌系统**，由自主神经系统管制。内分泌系统中包括分泌激素的多种腺体，其中主要有**垂体腺**、**甲状腺**、**副甲状腺**、**肾上腺**、**胰腺**、**性腺**六种。

建议参考资料

1. 麦丽敏(2000)：新编生理学(修订版)。台北市：永大书局。

2. 周先乐(2000)：人体生理学(上下册)。台北市：艺轩图书出版社。

3. 洪敏之等(2000)：当代生理学(修订版)。台北市：华杏出版股份有限公司。

4. 赖亮金等(译，2000)：盖统生理学：生理及疾病机转。台北市：华杏出版股份有限公司。

5. Carlson, N. R.(1998). *Foundations of physiological psychology*(5th ed.). Boston: Allyn and Bacon.

6. Gazzaniga, M.(1985). *The social brain: Discovering the networks of the mind.* New York: Base Books.

7. Pinker, S. (1997). *How the mind works.* New York: Norton.

8. Posner, M. I. & Raichle, M. E.(1994). *Images of mind.* New York: W. H. Freeman.

9. Stam, H. J. (Ed.)(1998). *The body and psychology.* London: SAGE Publications.

10. Sternberg, R. J.(2001). *In search of the human mind* (3rd ed.). New York: Harcourt Brace.

第三章

感觉与知觉

本章内容细目

在人性特质的六大争议中，第二章所讨论者只限于**心身关系问题**中属于身的一面，对心身之间的关系并未详加说明。现代心理学研究心身关系时，在内容上包括从身到心具有连续性的四段历程:(1)先由以生理为基础的感官接受外界刺激而生感觉;(2)继而由脑的作用将感觉转为知觉;(3)根据感觉和知觉，对当时情境所感所知产生统合性的认识而形成意识;(4)根据知觉和意识而表现出行为反应。汽车司机见路口红灯而有煞车反应，正可用做心身关系连续变化历程的说明。研究心身关系问题时，将上述连续性四段历程一并考虑，才能符合现代心理学定义中所强调的行为和心理历程兼顾的意义。科学心理学诞生初期的研究取向，并非如此。早期结构学派研究意识时，只将感觉视为意识构成的基本要素；完形学派强调知觉的完整性，反对结构学派的意识分析取向；精神分析学派不重视知觉和意识，只强调潜意识是影响行为的主要因素；行为学派否定知觉和意识内在历程的重要性，只将外显行为当做心理学研究的主题。直到 20 世纪 60 年代认知心理学兴起后，感觉、知觉、意识三者连续的心理历程研究，才真正获得重视。

本书分两章讨论有关感觉、知觉和意识心理的问题。本章专讨论感觉与知觉，下一章再讨论意识。本章内容主要包括五个主题:(1)感觉与知觉的关系;(2)科学心理学诞生前心理物理学的感觉心理研究;(3)各种感觉器官的生理构造和心理功能;(4)各种感觉和知觉的心理历程;(5)不凭感觉器官的超感知觉的现象。以上五个主题分配在五节内讨论，希望读者在研读本章之后能对下列问题获得概括的认识：

1. 从感觉到知觉的心理历程。
2. 科学心理学诞生前心理物理学研究感觉的方法和贡献。
3. 人体重要感觉器官的生理构造及其心理功能。
4. 视、听、味、嗅等重要感觉与知觉的心理历程。
5. 有关视觉与听觉理论的基本要义。
6. 知觉中的错觉心理现象。
7. 超感知觉的科学心理学研究。

第一节　感觉与知觉的关系

在心理学上，一向将感觉与知觉当做两种心理现象来研究，但在实际生活经验上，却很难区别两者间的差异。以举头所见蓝天白云为例，当你举头看的时候，你看到的是“蓝”与“白”二色还是“蓝天”与“白云”？如果你看到的只是蓝白二色，那是你的感觉；如果你看到的是蓝天和白云，那就是感觉中带有知觉。由此例可知，感觉与知觉两种心理现象是不易区分的。惟其如此，心理学上在讨论感觉与知觉研究之前，必先解答如下的问题：感觉与知觉究竟是一种还是两种心理现象？如属两种心理现象，两者间又存在何种关系？接下去即从感觉与知觉的定义说明两者间的关系。

一、感觉与知觉的定义及其间的关系

在日常生活中，一般人很少使用知觉一词。遇到需要个人描述其所闻所见的事物时，通常都是笼统地只用感觉一词概括之。例如，形容天气时可以说：“我感觉今天很闷热”，形容对人的印象时也可以说：“我感觉他很聪明”。在心理学上则是分别将两者给予不同定义。**感觉**(sensation)是指个体靠身体感觉器官(耳、目、口、鼻、皮肤等)与环境中的刺激接触时所收集到的讯息，进而辨别出该刺激特征的历程。感觉器官的运作是以生理变化为基础的，故而感觉现象的产生，也是以生理现象为基础的。**知觉**(perception)是指个体根据感觉器官对环境中刺激所收集到的讯息产生感觉后，经脑的统合作用，将感觉传来的讯息加以选择、组织并做出解释的历程。知觉的产生不仅靠感官的生理基础，而是一种心理作用。由上述定义看，感觉与知觉之间存在如下的关系：(1)感觉是形成知觉的基础，先产生立即而简单的感觉经验，而后再形成较为复杂的知觉经验，惟单从行为反应看，两者间的差异不易区别；(2)感觉是以单一感官(如眼睛)生理作用为基础所产生的心理作用，而知觉则是大脑统合运作后所发生的心理功能。由此可见，感觉与知觉是连续性的两阶段心理历程。以上解释是指平常感觉与知觉的关系，在特殊情境下有时不以感觉为基础，也可能产生知觉经验。此即本章第五节讨论的**超感知觉**现象。

二、感觉与知觉的心理学研究

根据前文所举蓝天白云刺激下引起心理反应的例子，可知感觉与知觉之间的差异是很难区别的。类似现象很多，看报纸或阅读轻松读物时，在理论上应该是先由白纸黑字产生感觉，而后再对文字识别理解而形成知觉。但在实际阅读时，感觉和知觉是相继或同时产生的。电视荧光屏边出现的活动文字说明，就是运用了感觉和知觉同时产生的原理。尽管如此，心理学研究仍将感觉与知觉视为两种心理现象，而且在很多情况下可以证明，感觉和知觉

图 3-1　从感觉到知觉
(采自 Dallenbach, 1951)

之间的确有相当的差别。图 3-1 可用以说明感觉与知觉差别的情形。此图乍看之下所得的感觉经验是漫无组织的黑色斑点，但如注意看下去，就可能得到截然不同的知觉经验。一旦发现图中像是一只达尔马希亚狗低头向大树下走去，就会觉得这张图画与初看时大不相同，原因是你对图画中的刺激在心理上做了选择、组织和解释(见前文知觉定义)。

图 3-1 的情境可用以说明感觉和知觉可以分为前后连续但并不相同的两段历程。前段历程起自感觉器官的感受器，感受器将刺激引起的神经冲动传入大脑的相关部位(视觉区)，从而产生感觉。后段历程则是大脑根据传入的神经冲动，发生统合作用，对感觉讯息加以选择、组织和解释，从而形成知觉。心理学上所研究者，正是这两段历程；前段是采用生理学的知识，探讨各种感觉器官的构造和功能，后段是采用实验心理学的方法，探讨由行为表现的知觉心理现象。本章内容即以心理学家在这两方面的研究为讨论范围。惟在讨论各种感觉器官的构造和功能之前，先对早期心理物理学的感觉研究略作说明，因为早期心理物理学的感觉研究方法，迄今仍被采用。

第二节　心理物理学的感觉研究

在心理学上，对**心身关系问题**所进行的研究，是在 19 世纪中叶采用物理学的方法研究感觉开始。影响感官的刺激，主要是光与声，而光与声本来都是物理学上研究的主题。光与声的物理属性均可予以量化(用数值表示之)，光与声的刺激所引起的心理现象由反应表现时，也可以观察测量予以量化处理。研究处理上述物理与心理两种量化资料，从而探讨心理现象与物理刺激的关系，就是**心理物理学**(见第一章第二节)所要研究的主题。现代心理学对感觉的研究，仍然采用心理物理学的方法。采用心理物理学研究感觉时，主要在于探讨以下两方面的问题。

一、感觉的敏感性与适应性

感觉的**敏感性**(sensitivity)是指感觉器官对刺激的敏感程度。从刺激之所以影响感官的观点看，感觉器官是非常敏感的；极为微弱的刺激即可引起感官感受器的生理作用，从而产生感觉经验。表 3-1 所列资料即显示在各种极微弱的刺激情境下分别引起个体如何的感觉反应。

表 3-1 人类感觉的敏感性

感觉类别	引起感觉的最低刺激强度(绝对阈限)
视 觉	晴朗暗夜中可以见到 30 英里外的烛光
听 觉	静室内可听到 20 英尺外钟表的滴答声
味 觉	两加仑水中加一茶匙糖可辨出甜味
嗅 觉	一滴香水的香味可扩散到六个房间大的公寓
触 觉	一片蜜蜂翅膀从一厘米外落在面颊上可觉知其存在
温 觉	温度有摄氏 1～2 度之差皮肤表面即可觉察出来

(采自 Galanter, 1962)

表 3-1 的资料说明的是主要感觉器官的敏感性。不过，某一感官对某一刺激的敏感程度，并非一成不变。当某种刺激持续时间甚久时，感觉敏感性即逐渐减低。所谓“入芝兰之室久而不闻其香”，正是此种现象。在感觉敏感性降低的情形之下，要想维持其敏感性，就必须提高刺激的强度。感觉敏感性的另一特征是，当个体长久未接触某种刺激时，感觉敏感性即因而升高。平常不吸烟的人对“二手烟”特别敏感，正是此种现象。像此种感觉器官因接受刺激久暂而改变其敏感性的现象，称为**感觉适应**(sensory adaptation)。如前所述，感觉适应现象有两种：一是因刺激过久而敏感性减低，二是因刺激缺乏而敏感性升高。惟平常所指者多偏于前一种感觉适应而言。

对日常生活功能而言，感觉适应现象具有利害两面。从利的一面看，个体对刺激敏感性减低的感觉适应，有助于减少身心负担。有些人在充满噪音的场所，之所以不因噪音干扰而专心工作，就是他对声音的长期刺激产生了适应。从害的一面看，对刺激敏感性降低的感觉适应，难免使人丧失警觉性而在不知不觉之间受到伤害。长期在空气恶劣环境中工作而罹患慢性呼吸器官疾病者，即属此种情形。感觉适应表现在所有的感觉器官，视觉、听觉、味觉、嗅觉、温觉等，均有感觉适应现象。

二、感觉阈限

感觉敏感性是心理物理学最早研究的课题。采用心理物理学的方法研究感觉敏感性时，其主要目的在于了解人类在感觉心理上的两个问题：其一，引起各种感觉经验的最低刺激强度如何测定？其二，如将不同强度的两种刺激，先后或同时出现时，两刺激强度差异最小到何种程度始能辨别？为求解答此二问题，于是有了感觉阈限的研究。**感觉阈限**(sensory threshold)或简称**阈限**(threshold)，是指在刺激情境下感觉经验产生与否的界限。刺激达到某种强度时恰可产生感觉经验，该强度之下即感觉不到刺激的存在。在第二章内我们曾提到过**全有全无律**，“全有”也就是指引起感官上神经冲动的刺激强度。由此观之，阈限所指者也就是感觉敏感性。心理物理学所研究的阈限分为绝对阈限与差别阈限两种。

(一) 绝对阈限

绝对阈限(absolute threshold)是指引起感觉经验的最低刺激强度。所谓“绝对”是指受试者在自陈其感觉经验之有无时，只根据刺激引起的感觉来判断，除此之外没有其他刺激可资比较。绝对阈限测定时，不能只根据受试者一次判断，而是根据多次判断中50%回答正确为测定点。在实验时先选定一种可以控制其强度变化的刺激(如声之强度可按分贝计)，然后从受试者感觉不到的最微弱程度逐渐上升，并要求他随时报告感觉的有或无。由于受试者身心状况时时变化，受试者每次的回答未必完全相同。因此，绝对阈限的测定是以受试者多次回答中接近50%为正确者为根据的。

(二) 差别阈限

前述之绝对阈限是指某一刺激引起感觉经验时所需要的最低强度。如某种刺激先后呈现两种强度，或两种强度的刺激同时出现时，可以想见的是，两种刺激强度之间的差异必须达到某种程度时，始能辨出差异。在实验设计上，选定性质相同且强度相同的两个刺激，其中之一的强度保持不变，称为**标准刺激**(standard stimulus)，另一刺激的强度则使之作有系统的改变，称为**比较刺激**(comparison stimulus)。在改变比较刺激时，随时要求受试者回答是否感觉到与标准刺激有所差异。受试者所感觉到的两个刺激强度的最低差别量，即称为**差别阈限**(difference threshold)。由于差别阈限所表示者是受试者辨别两种刺激强度时所需的最小差别量，故而也称之为**最小可觉差**(just noticeable difference，简称 j.n.d.)。

图 3-2 韦 伯

(Ernst Heinrich Weber, 1795～1878) 是 19 世纪德国著名生理学家，是心理物理学的先驱，也是韦伯定律发明人。

在心理物理学研究上，最小可觉差是最早被研究的问题。1834 年德国生理学家韦伯(图 3-2)从差别阈限实验研究中，发现感觉变化有一定的规律。韦伯发现，标准刺激的强度愈大时，构成差别阈限所需要的刺激差别值也就愈大。以辨别水的重量为例，如以 100 克水重为标准刺激时其差别阈限是 2

克，辨别 200 克水重的差别阈限，就不再是 2 克，而必须在 2 克以上才会感觉出两者间的差异。换言之，在同类刺激之下，其差别阈限的大小是随着标准刺激强弱而呈一定比例关系的。此种定比关系即为**韦伯定律**(Weber's law)。韦伯定律可用以下公式表示之：

$$\frac{\Delta I}{I}=K$$

$$\Delta I=K\times I$$

ΔI：代表差别阈限（即 j.n.d.）

I：代表标准刺激的强度

K：代表常数

上述公式的意义是：差别阈限与标准刺激之间，永远保持一个不变的常数，亦即两者之间保持一种固定的比例关系。此一常数称为**韦伯常数**(Weber's constant)。以辨别重量为例，重量的韦伯常数是 0.02(注 3-1)。如辨别的是 100 克水的重量，根据上列公式，即可求得 $\Delta I=0.02\times100=2$。亦即 100 克水重的差别阈限是 2 克。如水重增加为 200 克，其差别阈限则为：$\Delta I=0.02\times200=4$。亦即水重增加一倍后，其差别阈限也增加一倍，两者间保持一个不变的常数。

韦伯定律发表之后不久，德国另一物理学家费希纳(Gustav Theodor Fechner, 1801～1887)(韦伯的表弟)，在 1860 年对韦伯定律做了修正，是为**费希纳定律**(或**费氏定律**)(Fechner's law)。按该定律的要义是，在绝对阈限之上时，主观的感觉强度与刺激强度的改变，两者间呈对数的关系。亦即，刺激强度如按几何级数增加，而引起的感觉强度却只按算术级数增加。费希纳定律可用以下公式表示之：

注3-1：根据心理学家研究发现，主要刺激强度的韦伯常数是:(1) 电击为0.02;(2) 重量为0.02;(3) 长度为0.03;(4) 振动为0.04;(5) 声音为0.05;(6) 亮度为0.08。(见Teghtsononia, 1971)

$$S=K\log R$$

S：代表感觉强度

R：代表刺激强度

K：代表常数

费希纳定律可用来解释生活中很多感觉经验。以照明的电灯泡为例，由100坎德拉灯泡换成200坎德拉灯泡时(刺激强度增加了一倍)，虽能使人感觉到较前明亮些，但却感觉不到亮度较前增加了一倍。

第三节　感觉历程

一、视　觉

第二章第三节讨论**视觉系统**(见图2-11)时，曾提到眼睛与大脑半球**视觉区**的关系。**视觉**（vision）就是眼睛与视觉区之间发生的生理与心理历程。在此一视觉历程中，大致分为两个阶段:(1)凭眼睛的感光功能而产生**视感觉**(visual sensation)，亦即前文所说的物理事件(外在刺激)引起生理事件(神经冲动）而后转化为心理事件的前一段。视感觉是一个“由感而觉”的简单心理历程。(2)以视感觉为基础进一步形成**视知觉**（visual perception），亦即由生理事件转化为心理事件的后一段。先有视感觉而后始有视知觉。因此平常所说的视觉，事实上是一个包括“目而视”和“视而见”的复杂历程。接下去先讨论视感觉器官眼睛的构造及其生理功能。

(一) 眼睛的构造及其生理功能

1. 眼睛的构造　视觉系统中最重要的部分是**眼睛**(eye)，人类的眼睛形

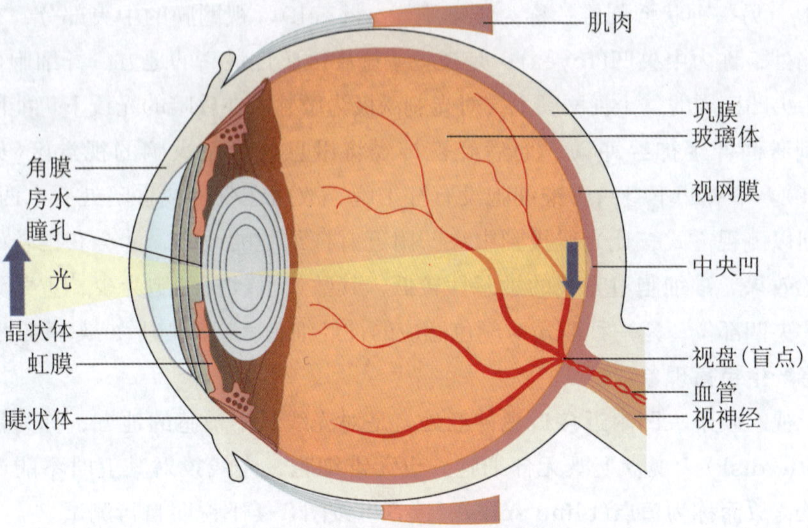

图 3-3　眼球构造纵切面

如圆珠，故而通常称眼球为眼珠。眼球之构造如图 3-3 所示，在眼球正前方突出部分称为**角膜**(cornea)，外界的光线由此进入。膜之后呈圆环的部分，是为**虹膜**(iris)，虹膜带有颜色，故亦称虹彩；虹膜的颜色或黑或蓝，决定于先天遗传，故而各种族未尽相同，中国人的虹膜一般均为黑色。虹膜之中央有一圆孔，称为**瞳孔**(pupil)。虹膜具有伸缩性，由之可使瞳孔缩小或放大，以便调节光进入眼球的量，以适应外界不同亮度的环境。虹膜之后为**晶状体**（lens)，其功能恰如照相机的镜头，为双凸透镜。水晶体之前充满房水，**房水**(aqueous humor) 具有保持一定眼压的功能。水晶体的周围是睫状肌。**睫状体**(ciliary muscle)具有伸缩特性，由其伸缩作用可随时使水晶体的凸度改变，以调节水晶体透镜的焦距。所视物体较远时，水晶体变为扁平；所视物体较近时，水晶体则变为凸起。眼球中间的广大部分，充满玻璃状液。**玻璃体**(vitreous humor)为透明的胶状组织，其功能为经常维持足够的眼压，以防眼球凹陷，从而保持眼球功能正常。

眼球最内一层为**视网膜**(retina)。视网膜是眼睛最重要的部分。视网膜上有两种**感光细胞**(photoreceptor cell)，一种状似长杆，称为**杆细胞**(rod cell)，另一种状似圆锥，称为**锥细胞**(cone cell)。视网膜的中央部分，有一凹陷处，称为**中央凹**(fovea)，是视觉系统中敏感性最高的地方。杆细胞分布在中央凹四周的整个视网膜上，对光刺激极为敏感。在昏暗的光线下仍能因光的刺激而产生**神经冲动**，而后经视神经将讯息传导至大脑的**视觉区**(见图2-10)。中央凹本身只有锥细胞没有杆细胞，故而在夜晚或昏暗处看东西时，必须以侧视方式，让光线投到中央凹附近有杆细胞的地方，才会获得较好的视觉效果。锥细胞对光线的敏感性较低，其数量也较杆细胞为少，主要集中在中央凹部位，是一种职司对颜色感应的神经细胞。视网膜上如缺少锥细胞，即将产生**色盲**现象。

视网膜中央凹附近接近视神经处，是对光线最不敏感的地方，称为**视盘**(optic disk)。视盘上既无杆细胞，也无锥细胞，光线投射其上时不能产生视觉，故而称为**盲点**(blind spot)。读者可按图3-4下说明自行测试。

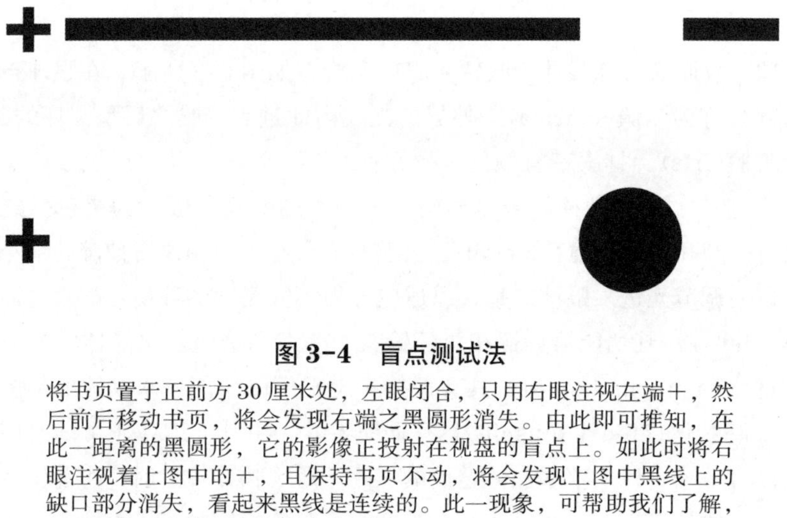

图3-4 盲点测试法

将书页置于正前方30厘米处，左眼闭合，只用右眼注视左端+，然后前后移动书页，将会发现右端之黑圆形消失。由此即可推知，在此一距离的黑圆形，它的影像正投射在视盘的盲点上。如此时将右眼注视着上图中的+，且保持书页不动，将会发现上图中黑线上的缺口部分消失，看起来黑线是连续的。此一现象，可帮助我们了解，何以平常不会觉得盲点存在的原因。

2. 眼睛的生理功能 眼睛的生理功能主要表现在两方面：其一为视网膜上各种感光细胞的感光作用，其二是神经细胞间的神经传导作用。视网膜上大约有十层感光细胞，其中最主要者除前述之杆细胞与锥细胞之外，另有

双极细胞(bipolar cell) 与**神经节细胞**(ganglion cell) 两层。

前文已经指出，杆细胞与锥细胞在视网膜上分布的部位及其感光与分辨颜色的功能。在此再对此两种感光细胞的生理功能，稍做补充说明。杆细胞对弱光较为敏感，但不能感受颜色与物体形象的细节。锥细胞能感受强光和颜色的刺激，但在昏暗情境之下不能发生视觉作用。因此杆细胞所发生的视觉作用称为**夜视觉**(scotopic vision)，锥细胞所发生的视觉作用则称为**明视觉**(photopic vision)。人类视网膜上的杆细胞数量(约一亿两千万)，远比锥细胞(约六百万)为多，故而从视觉功能看，人类是属于明视动物。有些动物只能夜间外出觅食，就是因为眼睛构造中只有杆细胞的缘故。杆细胞与锥细胞内，都含有一种化学物质，叫做**感光色素**(photopigment)，由于两种细胞的感光色素不同，故而在不同的光刺激情形下发生不同的作用。

光刺激经瞳孔投射到视网膜之上时，在视网膜上所形成的影像，恰如照相机的原理，与外界的实际物体是上下颠倒的。光刺激通过瞳孔投射在视网

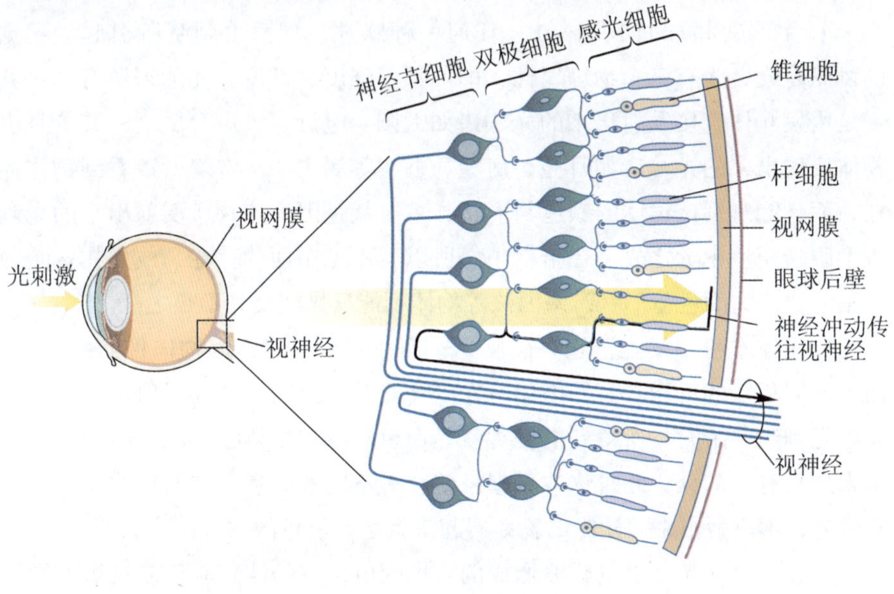

图 3-5　视网膜横切面

(左边为眼球略图，右边为视神经附近视网膜部位的放大)

膜上所引起的**神经冲动**及以后的视神经传导作用，事实上是从视网膜的最内层开始向回头方向进行的。图 3-5 是**中央凹**附近视神经两侧视网膜部位的放大，光线投入的方向是由左向右，而神经传导却是由右向左的。按图 3-5 所示，杆细胞与锥细胞同属感光细胞，感光细胞是视觉传导的第一层。对投射在视网膜上的光刺激最先产生感应者，就是这两种感光细胞。这两种细胞对光刺激十分敏感，受到光刺激时立即产生神经冲动。

感光细胞因光刺激产生神经冲动后，立即经由细胞末端**突触**(见图 2-8)的生化作用，将神经冲动传至邻近第二层的双极细胞。双极细胞的数量远比感光细胞为少，但对感光细胞传来的神经冲动会产生统合作用。经双极细胞统合汇集之后的神经冲动，再经突触传至邻近第三层的神经节细胞。神经节细胞的数量更少，经其统合汇集之后，再将神经冲动经**轴突**(见图 2-8)借**视神经**(visual nervous)传至大脑**视觉区**而生视觉。

(二) 视觉刺激的属性与视觉适应

1. 视觉刺激的物理属性 任何一种感觉，均系由刺激所引起。视觉的刺激是光，光有三个物理属性，即波长、强度和纯度。光的来源有二：其一是由发光体直接发射出来的光，诸如太阳、电灯、火炬等属之；其二是由物体反射出来的光，诸如月亮、房屋、书本等属之。平常之所以看到物体存在，而且能辨别该物体的颜色与形状，主要就是因为该物所反射出来的光刺激到眼睛而生视觉之故。在暗室中之所以看不见东西的存在，或是在昏暗中看不清物体的颜色与形状，系因该等物体不能反光或反光不足之故。

反光体本身不发光，它只能反光；而在其反光时将因物体性质的不同，而有不同程度的反光。有的物体将发光体对其发射的光全部反射出来，此种反射光刺激眼睛时，所得到的视觉就是白色。有的物体吸了部分的光，反射出来的只有一部分，此时物体看起来就会有不同的颜色。有的物体吸收了所有的光，不反射出来，此时的物体看起来就会有黑色的感觉。

引起视觉的光是由电磁波形成的，惟因电磁波的波长有很多长短不同的变化，人眼可能看到的光只限于电磁波波长的一个小范围。电磁波波长的单位是 nm(nanometer 的缩写)，指十亿分之一米。按图 3-6 所示，人类眼睛所能感受到的电磁波，其波长介于 400nm 至 700nm 之间，亦即居于紫外线与红外线之间。介于 400nm 与 700nm 波长之间的光，又因波长的不同而使视觉细胞受到刺激时产生不同颜色的感觉经验。例如 400nm 的光波会引起紫色感，480nm 的光波会引起蓝色感，520nm 的光波会引起绿色感，570nm 的光波会引起黄色感，700nm 的光波会引起红色感。在 400nm 以下与 700nm 以上的光波，人的肉眼是看不见的。因此，像紫外线、X 光射线、雷达等虽各有其电磁波存在，而均不能凭肉眼看见。在400nm 到 700nm 之间按波长及其引起颜色感觉排成的光谱(图 3-6)，称为**可见光谱**(visible spectrum)，可见光谱只是整个光谱的一小部分。

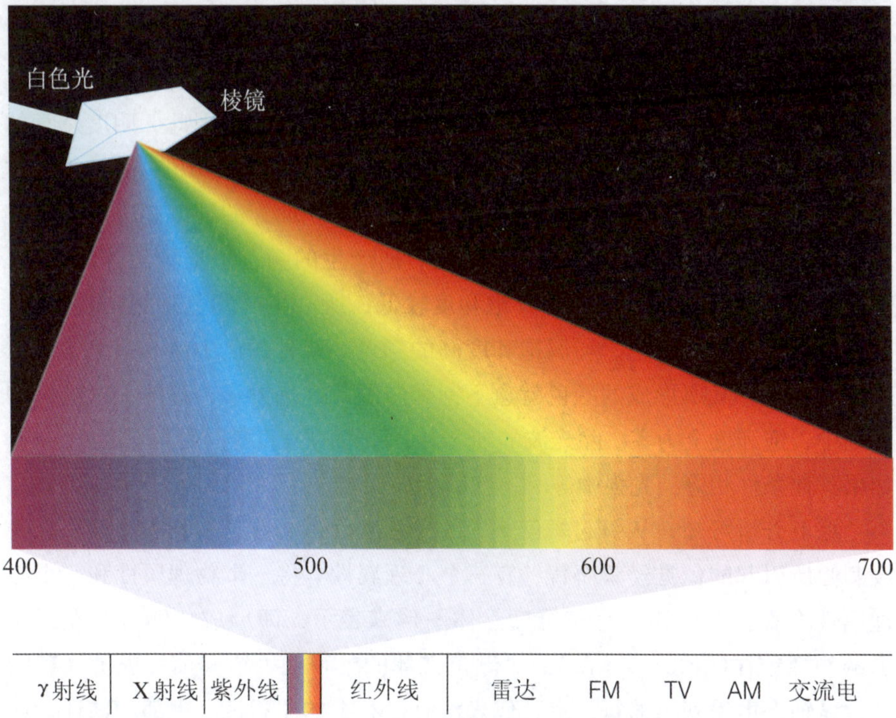

图 3-6 可见光谱

人类的可见光谱约在 400nm 到 700nm 之间；400nm 以下的短波及 700nm 以上的长波，均非肉眼所能见。有些动物的眼睛比人类敏感：多数昆虫的眼睛可看到紫外线的色光，有些鱼类的眼睛可看到红外线的色光。

2. 颜色感觉的心理属性 基于前文说明，可知各种颜色感觉之产生乃是由于光波长短所决定。不过，这只是一个基本原则，同一波长的光因其性质上的差异，也将引起不同的颜色感觉。因此心理学家研究颜色感觉时乃有颜色感觉心理维度的分析。颜色感觉是个体凭其眼睛所得的色觉经验，经验到某种物体是红色或是绿色。心理学家研究此种颜色经验时，试图从引起颜色感觉的光刺激的物理特征，分析光波的变化与颜色感觉的关系。经多年研究结果发现，人类的颜色感觉有三个心理属性，称为**颜色属性**(color attribute):(1)**色调**（hue），指物体所引起的颜色感觉。对不同物体所感觉到的红、黄、绿、蓝等各种颜色，统称为色调。色调的产生是物理因素所决定，是由于物体所反射光的波长不同所决定的。(2)**明度**（brightness），指个体对光源或物体表面明暗的感觉。明度决定于光源或物体反射光的强度：强度愈大，感觉愈明亮。此外明度也决定于物体表面对光的反射率：反射率愈高，看起来愈发明亮。此一属性也决定彩色与非彩色感觉的区别。因此，明度感觉的心理属性，也是受光的物理属性所影响的。(3)**饱和度**(saturation)，指个体对色调纯度的感觉。颜色饱和度决定于光的纯度，而光的纯度则决定于光波的成分。单一波长的光，其饱和度最高，所产生的颜色感觉较为鲜艳明亮；不同波长的光混合在一起时，其饱和度较低，所产生的颜色感觉则较暗淡。可见光谱上的七种颜色，均属饱和度高的颜色。某种颜色中渗入白色、灰色或黑色愈多，其所形成的颜色就愈不饱和。因此，毫无彩色感的由白到黑的系列中，饱和度全为零。除光波的纯度外，颜色的饱和度也受光强度的影响。如果其他条件相等，光强中等时，饱和度最大。

综上分析可知，从引起颜色感觉的光刺激而言，有三个物理属性，从光波刺激所引起的色觉经验而言，有三个心理属性。将三个物理属性和三个心理属性合在一起，用一个三维度立体图形来表示，即形成如图 3-7 左图所示的**颜色锥体**(color pyramid)。颜色锥体的半径代表饱和度；纵轴代表明度；纵轴上由黑到白的每一点，代表没有饱和度的非彩色。中部的圆环，代表不同的色调，亦即可见光谱上的红、橙、黄、黄绿、绿、蓝绿、蓝、紫等各种颜色。颜色锥体之内的每一空间点，均各代表一种颜色，而每一种颜色的特征，均系由色调、明度、饱和度三个心理属性组合的结果。锥体的全部

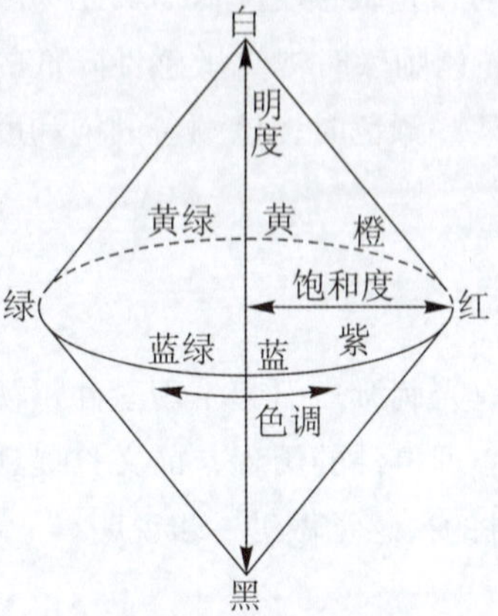

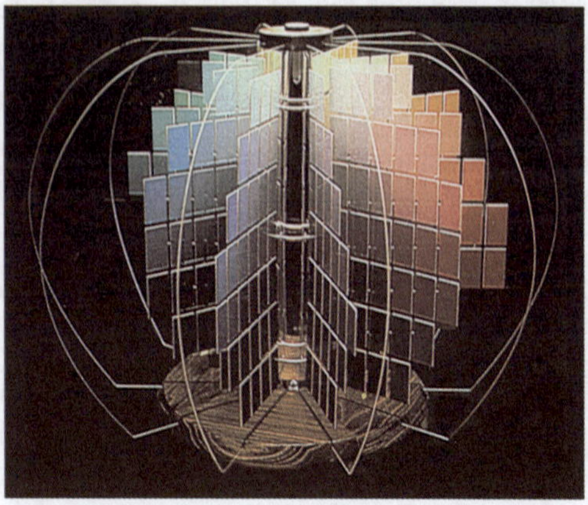

图 3-7 颜色锥体

颜色锥体表示颜色的明度、饱和度及色调三个心理属性的三维立体关系。明度适中时饱和度最大，各种色调明显；明度极高时饱和度极低，各种色调不明显，而产生白色感；明度极低时饱和度也极低，一切色调消失而有黑色感。

包括了所有不同颜色感觉的组合，图 3-7 右图即表示此一特征。

3. 视觉适应 在第二节讨论感觉敏感性时，曾提到感觉具有适应性。此处将进一步说明的是视觉适应。**视觉适应**(visual adaptation)是指在眼睛接受光刺激的时间较长时其敏感性逐渐减低的现象。视觉适应发生在三种情形：其一为**暗适应**(dark adaptation)，指眼睛在光刺激较弱之暗处所产生的调适现象。由明亮的大街进入黑暗的电影院时，先是看见一片漆黑，继而慢慢看见座位，其间的经过就是暗适应。暗适应所需的时间与黑暗程度有关，在完全隔光的暗室中，完成暗适应需要四个小时。在一般的情形下像电影院中，约在 10～30 分钟之内即可完成。在暗适应历程中，视觉神经产生三种生理作用:(1)瞳孔放大以吸收较多的光;(2)网膜上的**杆细胞**迅速增加其**视紫质**（rhodopsin），以充分发挥其**夜视觉**的功能;(3)网膜上**锥细胞**的敏感性升高，以增加其对暗处的适应功能。其二为**明适应**(light adaptation)，指持续在明度较高环境中视觉对光刺激敏感性降低的现象。走出电影院时会觉得阳光刺目，需要几分钟才能恢复正常就是明适应。明适应历程中产生两种生理作用:(1)瞳孔缩小以减少强光进入，在阳光下或雪地里常眯起眼睛看东西，即属此种情形；(2)网膜上锥细胞的感光敏感度降低。其三为**颜色适应**(chromatic adaptation)，指持续接受颜色刺激时视觉敏感性降低的现象。颜色适应现象产生的原因，是持久注视某一颜色时，该颜色的饱和度将逐渐降低，久之就会觉得看似有点灰色。

（三）视觉现象

前文所述视觉问题，主要偏重对物理事件（光刺激）引起生理事件（视觉器官及其功能）的说明。至于生理事件引起心理事件的历程，前文只提到一部分，接下去将对生理事件过后属于心理事件的视感觉做进一步说明。

1. 颜色混合与补色 前文指出，颜色感觉决定于光波的长短。由两种或两种以上不同的光波同时投射在视网膜上时所引起的颜色感觉，即会产生一种混合效应。此种混合效应下所得到的色觉经验，称为**颜色混合**(color mixture)。颜色混合分为色光混合与颜料混合两种，心理学上所研究者多为色光混合。

由两种色光相混时所形成的颜色混合原则是：两种色光所占的比例相同

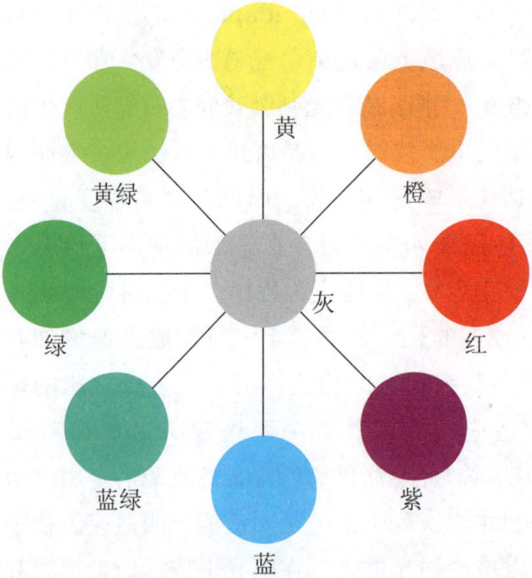

图 3-8 色 环

色环上色序排列从正右方起逆时针方向，依序为红、橙、黄、黄绿、绿、蓝绿、蓝、紫。此八种色调，只是人眼所能辨别 150 种色调的一部分。而人类所能辨别的 150 种色调，则是整个光谱中 350,000 种可能色调的一小部分。

时，所得的颜色混合结果，看起来将介于原来两种色调之间；颜色的明度随其饱和度减低而减低。此一原则可用图 3-8 **色环**(color circle)表示之。例如，红与黄两种色光混合且各占一半时，所得结果即为二者之间的橙色。如以不同比例混合时，则可混合成介于红黄二色之间各种不同程度的橙色。同理，如将黄绿两种色光混合，即可得到介于二者之间各种程度的黄绿色。

图 3-8 色环所表示者，事实上也就是前文所指颜色锥体中间的横切面。色环圆周代表**可见光谱**上 400nm 至 700nm 不同波长光刺激及其形成色调的分配，用色环可以解释颜色混合的色觉现象。两种不同波长的色光同时作用于视网膜时所产生的色觉，称为**加色混合**(additive color mixture)。图 3-9A 即表示加色混合的基本法则。加色混合的色觉特征是，两种色光混合后各自的色调并未完全消失，而是均各保留一部分，这是一种交互作用的结果。在色环上选择不同位置的两种色光混合时，若所选正是色环上居于直径两端相对位置者，例如，黄色光与蓝色光混合时，其结果将完全丧失两

图 3-9A 加色混合

当红绿蓝三种色光在暗室内同时作用时，红绿两种色光重叠部分会有黄色感，绿蓝两种色光重叠部分会有蓝绿色感，红蓝两种色光重叠部分会有洋红色感，而三种色光重叠部分则有白色感。

种颜色原来的色调，而产生灰色或白色的色觉。此种现象称为**补色**(complementary color)。因此，在色环上凡是居于直径两端的两种色光，彼此之间均成互补的颜色。

加色混合现象只会在色光混合的情形下产生，颜料或油漆混合时则不会产生此种现象。颜料或油漆混合时，其波长彼此吸收产生色调相减的效果，称为**减色混合**(subtractive color mixture)，图 3-9B 即表示减色混合的基本法则。

图 3-9B　减色混合

将红黄蓝三片彩色玻璃部分重叠时，黄与蓝重叠部分会有绿色感，红与蓝重叠部分会有紫色感，黄与红重叠部分会有橙色感，而三种颜色的重叠部分则有黑色感。

2. 后象　**后象**(afterimage)指视觉刺激消失后短暂留存在网膜上的影像。电灯熄灭后的瞬间常有后象的感觉。后象有两种不同形式：一为**正后象**(positive afterimage)，指刺激消失后所留下来的后象，在色彩及明度上与原来的刺激相似。节庆日看烟火时，烟火消失后的片刻在感觉上仍然留存着烟花原来的光与色的感觉，就是正后象。另一种后象称为**负后象**(negative afterimage)，其特征是后象的明度与原刺激相反，而后象的颜色则与原刺激互补。例如，注视墙上白色钟面与黑色钟框的挂钟一分钟以上，然后将视线移到旁边墙壁上，将会出现一个黑色钟面与白色钟框的后象。再如，用红纸剪个圆圈，持在手中注视一分钟后，将视线转往白色的墙上时，将会出现一个绿色的后象(红与绿二色互补)。在一般情形下，视觉刺激的强度愈高与注视时间愈久时，后象出现的可能性也就愈高；反之，后象不易形成。图 3-10 是由黑白二色构成的一个八卦图形，读者可按图下的说明自行试验，将可发现负后象。

图 3-10 负后象

在亮光下定睛注视左边太极八卦图的中心部位，一分钟后迅将目光移至右边空白正中的小十字上，此时将会发现一个和原图黑白相反的负后象。

3. 色觉缺陷与色盲 一般眼睛正常的人，都会对物体反射光波长度的不同而产生不同颜色感觉(见图 3-6)。在日常生活中，凡是对红、绿、黄、蓝四种颜色辨别清楚者，就是视觉正常。如对其中两种或几种颜色不能明确辨别，那就是**色觉缺陷**(color deficiency)。色觉缺陷一般称为**色盲**(color blindness)。色盲分为两类：一类为**全色盲**(achromatism)，指对所有颜色都不能辨别。全色盲极为少见。另一类为局部色盲，局部色盲中有红绿色盲与蓝黄色盲之别。图 3-11 为检查红绿色盲用的图片(全套 15 张)。患红绿色盲的人，在可见光谱上只能辨认黄和蓝两种颜色，亦即将光谱上红、橙、黄、绿部分全都看成黄色，而将光谱上蓝绿、蓝、紫部分，全都看成蓝色。患蓝黄色盲的人，把整个光谱上不同颜色都看成红和绿两种颜色。一般色盲者多为红绿色盲，患蓝黄色盲者极少。在整个人口性别比例上，男性患者多于女性；男性约占总人口的百分之八，而女性则只占千分之四。按遗传学的解释，男女两性色盲罹患率差异悬殊现象，与**性染色体**的 X 染色体有关；男性的性染色体是 XY，而女性的性染色体为 XX(见第二章第一节)。

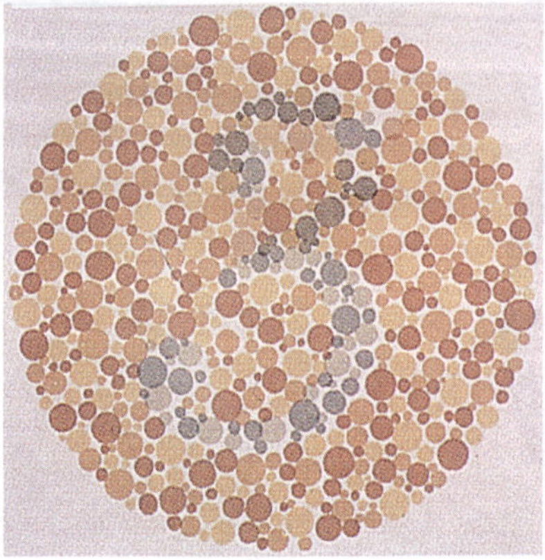

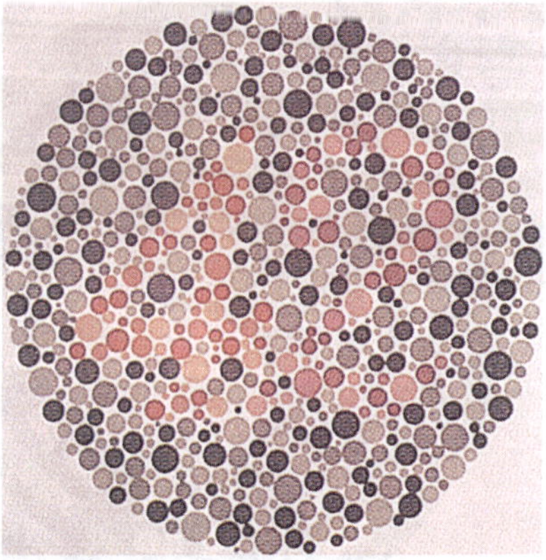

图 3-11　色盲测验

一般眼睛正常的人均可看到左图上的 3，但红绿色盲患者则看不到任何数字。一般眼睛正常的人，均可看到右图上的 42，但患红绿色盲者只能看到 4；患其他色盲者有的看到 2，有的看不到任何数字。

（四）色觉理论

眼睛之所以能够看见物体的存在，乃是由于物体所发的光或反射的光刺激视网膜上的感光细胞所引起的生理作用。视网膜上的**杆细胞**与**锥细胞**能够辨别光刺激的强弱与波长，而分别表现不同的感应，因而产生了颜色感觉。前文所述有关颜色感觉中，诸如**颜色混合**、**补色**、**后象**、**色盲**等，均属心理现象。对此等颜色感觉心理现象的系统理论解释，即接下去要讨论的两种**色觉理论**(theory of color vision)问题。

1. 扬-赫尔霍茨三色论　最早提出色觉理论者，是英国物理学家扬(Thomas Young,1773～1829)。在 1802 年扬根据颜色混合时，红、绿、蓝三色光按不同比例混合可得到不同颜色的事实，推论解释，谓在视觉神经系统中，有三种感受色光的感受器(即锥细胞)，这三种感受器，分别职司感受红、绿、蓝三种不同波长的光波。如单一色光刺激出现时，即产生单一色光的色感；若三色中有两种色光刺激出现时，即产生混色现象，结果就得到该二色光相混之后的另一种色感。例如，黄色的感觉，事实上是由红与绿两种色光混合而得结果(见图 3-9A)。当时扬的理论只能算是一种假说，50 多年后到 1857 年，此一假说为德国学者赫尔姆霍茨(见第一章第二节)验证后并加以补充，成为著名的**扬-赫尔姆霍茨三色论**(Young-Helmholtz trichromatic theory)。在色觉的研究上，三色论的贡献甚大，现在的彩色电视，就是根据三色论的混色原理所设计的。

三色论虽能以混色原理解释各种色觉构成的原因，但其缺点是对补色与色盲等现象，仍未能给予合理的解释。何以红绿二色混合后会有黄色感？又何以红绿蓝三种色光混合后会有白色感？单凭混色原理去解释，显然并非最合理的答案。

2. 色觉相对历程论 上述问题一直存在了一百多年，直到 1878 年，德国生理学家海林(Ewald Hering, 1834～1918)提出新的理论，才使此一久悬的问题，得到比较合理的解释。按海林的理论，色觉现象不能只从混色的观点去解释，应进一步从补色的现象去探讨。因此，海林认为，**视网膜**上有三种不同功能的**锥细胞**：第一种是职司感受**明度**(从黑到白)的；第二种是职司感受红绿二色的；第三种是职司感受黄蓝二色的。每一种视锥细胞所能感受到的两种色光刺激，在光波长度上各不相同(如红光为 700nm，绿光为 520nm)。因此当每种视锥细胞在感受色光刺激时，即产生两种颜色的互补作用。两种颜色的互补现象，可由以下简单实验加以证明：如凝视纸页上的红色圆环半分钟，然后转而凝视旁边的空白纸页，就会看见一个绿色圆环出现。如凝视墙上黑色钟框与白色钟面半分钟，然后转而凝视旁边空白的墙壁，就会看见一个黑色钟面与白色钟框的影像出现。此现象即前文所说的**负后象**。负后象之所以产生，不能用混色原理来解释。按海林的说法，那是由于锥细胞互补作用中所产生的相对历程。因此，海林的色觉理论，就被称为**色觉相对历程论**(opponent-process theory of color vision)。又因海林的理论中，认为锥细胞能感受到红、绿、黄、蓝四种颜色，故而又称为**四色论**(tetrachromatic theory)。

至于对色盲现象的解释，按海林的色觉理论，色盲者乃是由于视网膜上缺少一种或两种锥细胞的缘故。按上述三种锥细胞不同色觉功能的看法，如缺少的是第二种锥细胞，就会构成红绿色盲；如缺少的是第三种锥细胞，就会构成黄蓝色盲。

从上述两百年来色觉理论发展经过看，晚近的四色论与早期的三色论，在基本理念上并没有冲突，其间的差异只是新的理论能够解释较多的视觉现象而已。色觉理论最近十年来的发展，仍然以三色论或四色论为基础，只是有的学者在解释上，将色觉的整个历程分为两个阶段：第一阶段由视网膜上三种对不同光波长度有不同敏感度的锥细胞感受各种色光的刺激，从而引起兴奋。第二阶段由视神经传到**丘脑**产生相混或互补作用，从而形成颜色感觉。此种新的色觉现象解释，称为**二阶段色觉论**(two-stage color theory)。

二、听　觉

在人类的所有感觉中，听觉的重要性仅次于视觉。在光亮处接受刺激时自然是视觉为先，但在黑暗中或视线受限时，则必须有赖听觉。**听觉**(audition)是个体对环境中声音刺激特性的反映。听觉以耳为感觉器官，接受外界声音刺激，从而产生由生理事件(声音传导)到心理事件(听觉)的历程。在心理学上对听觉的研究，基本上与研究视觉相似，也同样包括两个层面：第一个层面研究听觉器官的生理结构与功能，借以了解听觉器官如何将外界物理性刺激转化为**神经冲动**的生理历程。第二个层面研究听觉器官的运作功能，从而了解听觉器官如何将生理性的听觉讯息传入大脑**听觉区**产生听感觉与听知觉的心理历程。因此平常所说的听觉，事实上是一个包括“耳而听”和“听而闻”的复杂历程。接下去先讨论耳的构造与功能。

(一) 耳的构造与功能

耳(ear)的构造主要分为三大部分:(1)**外耳**(outer ear)，职司收集声音;(2)**中耳**(middle ear)，职司传导声音;(3)**内耳**(inner ear)，职司转化物理性的声音刺激为生理性的**神经冲动**，而经**听神经**(auditory nerve)传至大脑而生听觉。包括外耳、中耳、内耳的整个生理结构，如图 3-12 所示，称为**听觉系统**(auditory system)。

外耳收集声音后，经过**听道**(auditory canal)达于耳鼓膜。**耳鼓膜**

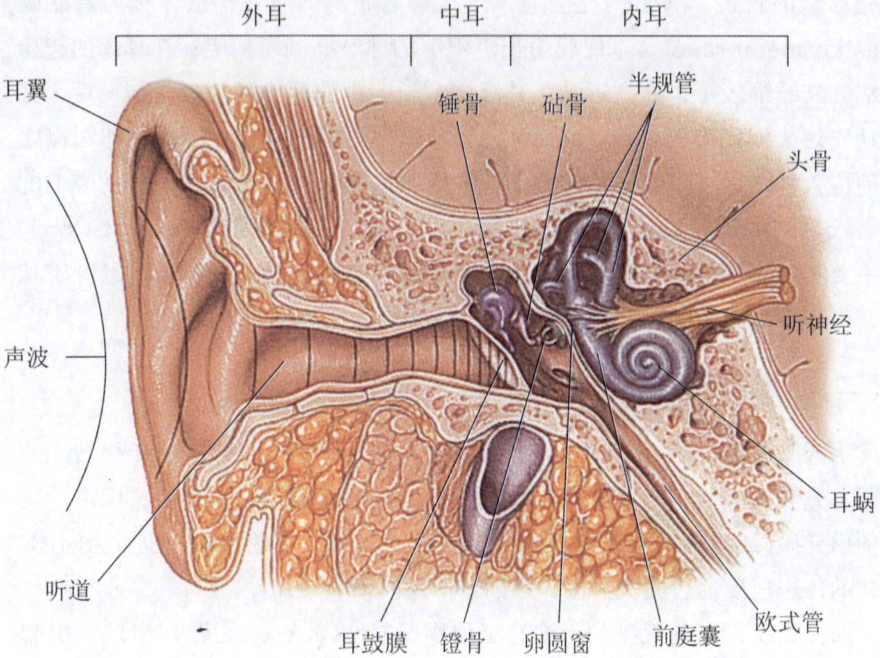

图 3-12 听觉系统(耳)的构造及其功能

(eardrum membrane)位于外耳与中耳交界处，系由一骨质薄膜构成。由于声波压力之交错转变，使得耳鼓膜前后振动，于是，原来经空气传导之声波，经振动而转变为骨块之传导。骨块传导声波，主要由中耳负责，而中耳之构造，则包括**锤骨**(malleus)、**砧骨**(incus)与**镫骨**(stapes)三块听骨，三听骨均系因形状而得名。三块听骨互相连接，各具其声音传导功能。中耳下方的**欧氏管**(**或耳咽管**)(Eustachian tube)，与咽腔相通，平时关闭，只有在咀嚼时或吞咽时打开，容许空气进入中耳，以维持鼓膜内外的平衡。

内耳的构造较为复杂，其功能除传导声波之外，也兼司身体的**平衡感**(sense of equilibrium)，称为**前庭器官**(vestibular apparatus)。前庭器官包括**半规管**(semicircular canal)和**前庭囊**(vestibular sac)两部分，职司身体和头部的平衡。内耳中最重要的器官为耳蜗。**耳蜗**(cochlea)是一个骨质的蜗牛壳形状的管道，管道内充满液体。耳蜗之底部的膜状构造，称为**基底膜**(basilar membrane)。基底膜由长短不等的神经纤维所构成；在耳蜗的起始一端，其纤维较短，愈往远端，其纤维愈长。声波经中耳之听骨传入后，其波动先达于**卵圆窗**(oval window)，卵圆窗与耳蜗管相接。因此，卵圆窗之振动传入耳蜗后，借着液体的波动，并沿基底膜继续进行，从而振动膜上的柯蒂氏器内的**毛状细胞**(hair cell)。基底膜上的**柯蒂氏器**(organ of Corti)为主要听觉感受器。柯蒂氏器内的毛状细胞，与通往大脑的听觉神经纤维相连，声音传至此处即能引起神经冲动，继而传入大脑皮质的**听觉区**。

（二）听觉刺激的属性

引起听觉的刺激是声音。声音的物理特征为声波。惟声波的传导与光波不同：光波在空气中与真空中均能传递但不能通过固体物质传导；而声波则必须借介质(或称声媒)传导。声波的介质可为气体，可为液体，也可为固体。声波的传送速度远较光波为慢，且因介质不同而有所差异。

前文指出，引起视觉的光波有三种物理属性(波长、强度及纯度)，引起听觉刺激的声波，也有三种物理属性：一为**频率**(frequency)，二为**振幅**(amplitude)，三为**复杂度**(complexity)。光波有三种心理属性(色调、明度与饱和度)，声波也有三种心理属性：一为音调，二为音强，三为音色。声波的三种心理属性，即分别形成音调知觉、音强知觉及音色知觉。

音调(或**音高**)(pitch)是指个体对声音高低的感觉。音调的高低主要是受声波频率变化的影响，频率愈高，音调也就愈高。声波之频率，以每秒内波幅振动的次数(称 CPS，为 cycles per second 之缩写)为计算标准，以**赫**(Hz)表示之。人类听力所能感受到的频率，大约介于 20 赫到 20,000赫之间。频率不在此界限内的声波，一般人是听不到的；但有些动物如狗与蝙蝠等，可以听得到人类所听不到的声音。

音强(或**响度**)(loudness)是指个体对声音强度的感觉。音强的高低决定于声波振幅的大小，振幅愈大声音就愈大。表示音强的单位称为**分贝**(decibel，简称 dB)。人耳所能接受的音强，大约在 16 分贝至 160 分贝之间。平常说话的音强，大约为 60 分贝，音强高于 90 分贝时即感到刺耳。

直升机的音强约为 120 分贝；人若长期处于 90～110 分贝的环境中，对听觉将有不利影响，若长期处于 120～140 分贝的环境中，势必对听力造成严重伤害。

音色(或**音质**)(timbre)是指个体对在感觉上声音特殊性的辨别。音色决定于声波的复杂度，而复杂度则是由于基音和倍音的比例关系决定的。一个物体除全部振动而生声音之外，其部分振动也会发生声音；全部振动的声音叫基音，部分振动的声音叫倍音。一般乐器都有基音和倍音，音色就是由基音与倍音的不同比例的配合而决定的。平常所听到的声音，很少是纯音，多数含有不同频率与不同振幅的多种声波混杂在一起。例如，每一音阶如 do, re, mi, fa 等，即使各有其固定频率，但在不同乐器上发出声音时，仍不相同。其原因就是由于各种乐器都有其特殊结构，其振动方式不同，因而产生不同的音色所致。如各种不同频率与不同振幅的声波组合在一起，成为有规律的振动，其所产生的声音，即为乐音，否则即构成噪音。

（三）听觉理论

在音调、音强、音色三种听觉的研究中，多年来生理心理学家特别对音调知觉现象，提出了以下两种不同的理论解释。

1. 部位论　**部位论**(或**地点说**)(place theory)是最早对音调知觉提出系统解释的理论。部位论是由德国生理学家赫尔姆霍茨在 1863 年提出的。部位论采共鸣原理来解释音调知觉，故而又称**共鸣论**(resonance theory)，也称**钢琴论**(piano theory)或**竖琴论**(harp theory)。

按部位论对听觉历程的解释，职司听觉的器官主要是由耳中**耳蜗**底部**基底膜**上长短不一的毛状细胞构成。基底膜之一端较窄，其上之毛状细胞的纤维较短；另端较宽，其上之毛状细胞的纤维较长。当声音引起**耳鼓膜**振动时，中耳的听骨随之内外振动，振动所生之压力，使得基底膜上下波动，因而构成基底膜上毛状细胞之振动。惟以不同部位的神经纤维长短不等，其所接受声音高低的频率，自然也不相同。基底膜上纤维短的一端，由高频率声音引起振动，形成高音的感觉；另端纤维长的区位，由低频率声音引起振动，形成低音的感觉。

2. 频率论 **频率论**(frequency theory)系由英国生理心理学家拉瑟福德(William Rutheford, 1839～1899)在 1886 年提出，是解释听觉现象的另一种理论。按频率论的解释，**耳蜗**的作用和麦克风相似，而听觉神经对声音的传递，其原理则与电话相似。根据此一原理，音调的高低，系由传往听觉神经的**神经冲动**来决定；声波频率愈高，音调也就愈高。在人类的听觉中，对音调高低的辨别范围，大约在 20 赫至 20,000 赫之间。音调在 4,000 赫以下时，听觉神经只需靠声音本身频率的高低，即可决定声音的高低；500 赫的声音，即形成听觉神经每秒 500 次的反应，2,000 赫的声音，即形成听觉神经每秒 2,000 次的反应。

根据神经生理学家的研究，人类神经系统中**感觉神经元**，在每秒钟之内只能产生 1,000 次神经冲动，声波频率超过 1,000 赫时，听觉神经将如何传导？对此一问题，频率论未能提出合理解释。直到 1949 年美国心理学家韦佛(Ernest G. Wever, 1902～1986)提出了**排发原理**(volley theory)，才使频率论臻于完善。排发原理的要义是：神经纤维分成数组，各组以轮班方式发出神经冲动。不同的组分别对声波压力产生神经冲动，各组同步齐发，产生对高频声波辨别的功能。例如：十组神经纤维，每组负责 1,000 赫的声波，合之即可集成 10,000 次的冲动。因此一理论的解释与电话听筒的原理相似，故而也称**电话论**(telephone theory)。

(四) 听觉定向

从个体了解声音的变化以利其环境适应的观点看，只了解声音大小高低的变化是不够的。除此之外，个体还需了解声音的远近与方向，否则就无法做正确判断以表现适当反应。此即声源定向的问题。

所谓**声源定向**(sound localization)，是指个体感觉声音出现时凭知觉即能判断声音的远近与声源方向。换言之，声源定向也就是**听觉定向**(auditory localization)。辨别声音的远近与方向时，个体主要靠两种线索：

1. 单耳线索 引起听觉的物理刺激是声波。按人耳的构造，单靠一个耳朵即可独立承担收受声波，从而获得听觉深度知觉的经验。例如，有的人一耳失聪，也有人因耳病暂时一耳停用，在需要对声音来源的方向或远近作判断时，他仍然能够正确判断。像此种只靠单一耳朵即可获得深度知觉经验时，单一耳朵所得的听觉线索，即称为**单耳线索**(monoaural cue)。由单一耳朵所得的线索，虽不能充分有效判断声源之方位，但却能有效地判断声源的远近。平常我们判断声音远近时，多根据声音的强弱，强则近，弱则远。尤其对熟悉的声音(如教堂的钟声)，根据其强弱而判断其远近时，将更为准确。

2. 双耳线索 在接收声音刺激时，如系根据两耳协调合作，从而构成对声音之方位及强弱正确判断时，此由双耳收到的做为深度听觉判断之用的刺激线索，称为**双耳线索**(binaural cue)。双耳线索又分以下三种形式：

(1) **时间差** 声音来自侧方时，两耳接收到声波刺激的时间稍有差别，声音如来自左方，左耳就稍早收到声波。此一短暂时差即可构成判断声源方向的主要线索。如果声音来自正前方或正后方时，对声源方位的判断，较之声源来自单侧者为困难。因此，为求听空间知觉判断正确，就会有“侧耳倾听”的动作。“侧耳”的目的即在改换方式，以便获得时间差的线索。

(2) **强度差** 声音之强弱，随传导距离的远近而有所改变，声音传导愈远，其强度将愈低。根据此一线索，对强度较低之声音，即可判断其为来自远方。此种线索之应用，对熟知声音之判断，尤为正确。强度差用在两耳合作上，是判断声源方位的主要线索。如声音来自左方，左耳所接收到的声波刺激较右耳所接收者为强，原因是时间上的延迟以及头部的阻碍，均可使声音变弱。当声音来自正前方与正后方时，其两耳间的强度差虽消失，但亦可根据声音的特征获得“不是在前，就是在后”的深度听觉线索。

(3) **波压差** 波压差是指声波对**外耳**与**中耳**交界处**耳鼓膜**所形成压力的差别：声源近，压力较大；声源远，压力较小。如声音来自侧方，因声波对左右耳的距离有远近之差，故而声波对左右耳所形成的压力，也有区别。此一些微的声波压力之差，即可构成对声源判断的知觉线索。

三、其他感觉

本节所要讨论的其他感觉，是指除了视觉与听觉之外的其他感觉。视觉与听觉都是起于眼睛与耳朵对环境中刺激的物理能的感应，接下所要讨论的四类感觉，则有的是起于感觉器官对物理能的感应，也有的是起于对化学能的感应。所举其他感觉包括以下四大类：

（一）嗅 觉

嗅觉(smell)是辨别空气中气味的感觉。引起嗅觉的刺激是气化的化学物质。气化物靠空气扩散，个体不必直接与刺激物接触，即可产生嗅觉。

接受嗅觉刺激的感受器，是鼻腔内的一些线形体。线形体从脑部之**嗅球**(olfactory bulb)处下垂，止于鼻腔顶部。在线形体之末端有毛状皮层，是为**嗅觉皮膜**(olfactory epithelium)。皮膜内的嗅觉神经细胞，即为嗅觉感受器。毛状皮膜呈黏膜状，分布在气流出入之上方，职司辨别气体中的不同气味。个体如何辨别空气中的不同气味，在生理学上有种理论，称为**嗅觉锁钥论**(lock and key theory of smell)。按该理论的解释，嗅觉神经的表面有些不同形状的坑洞，分别具有辨别不同气味的功能。气体通过时，不同气味将落在不同形状的坑洞内，继而引发该处嗅觉细胞产生神经冲动。嗅觉有很大的适应性，“居鲍鱼之肆久而不闻其臭”，即嗅觉适应的说明。

（二）味 觉

味觉(taste)是以舌面的不同部位对溶化物质予以辨别，从而获得感觉的历程。职司味觉的感受器是**味蕾**(taste bud)。味蕾是一种球状感觉神经细胞，多数集中在舌尖、舌面、舌侧，少数分布在口腔内部。引起味觉的刺激为液体物质，如刺激本身非属液体，也必须经唾液使之液化后，始能产生味觉。食物有酸、甜、苦、咸等特征，相对的，舌面的不同部位分别具有辨别此等不同特征的功能：甜的辨别在舌尖，咸的辨别在舌前部两侧，酸的辨别在舌中部两侧，苦的辨别在舌根表面。

（三）肤　觉

肤觉(skin sense)是靠皮肤表面为感受器接收外来刺激，从而获得触觉、痛觉、温觉等感觉的历程。因此，肤觉是多种感觉的总名称。

1. 触觉　**触觉**(sense of touch)也称**压觉**(sense of pressure)，是皮肤表面受到触压时所产生的一种感觉。身体不同部位的触觉敏感度不同，在舌尖、口唇、指尖等感觉细胞密集之处，其触觉敏锐；在背部、臀部、脚部感觉细胞稀疏之处，其触觉迟钝。根据心理学家研究(Ackerman, 1990)，触觉与健康有关，皮肤经常与别人或动物接触的人，其身体较为健康；出生后经常在母亲怀中的婴儿，较之放在摇篮中的婴儿为健康；心脏病患者中，经常与狗猫接触的人，发病率较之不养狗猫者为低。

2. 痛觉　**痛觉**(pain)是皮肤受到物理或化学刺激伤害时所产生的一种感觉。痛觉也与身体部位有关，感觉细胞密集的部位痛觉敏锐。对个体的安全而言，痛觉有警示作用，因痛的感觉而注意到避开具有伤害性的刺激。痛觉具有很大的心理作用，有时皮肤稍受伤害即感到刺痛，有时伤害很重却未必感到剧痛。如因车祸父亲与幼儿同时受伤，父亲为急救幼儿，可能不觉自己伤痛。根据**痛觉闸门控制论**(gate control theory of pain)的解释，在脊髓上端接近**脑干**处有一个类似闸门的神经组织。痛觉的神经传导必须经过闸门才能输入到大脑(Melzack, 1973)。闸门可开可闭，像父子车祸受伤父亲不觉伤痛的现象，就是因为父亲痛觉闸门暂时关闭的缘故。有时皮肤受到撞击后按摩伤处可使痛觉减低，很可能是因为按摩使得闸门关闭所致。

3. 温度觉　**温度觉**(temperature sense)是皮肤表面对温度变化时所产生的一种感觉。温度觉包括**热觉**(sense of heat)与**冷觉**(sense of cold)。热觉与冷觉只能在外界温度高于或低于皮肤温度时才会产生。人体表面的温度，一般在32℃左右。若外在温度高于皮肤温度0.4℃时，即生热觉；外界温度低于皮肤温度0.15℃时，即生冷觉。皮肤下接受温度刺激者，有分别职司辨别冷热的两种**感受器**，冷热两种感受器分别将冷与热的讯息传至大脑的**体觉区**而产生冷觉或热觉。但如皮肤同一部位同时接受冷热两种刺激时，就会产生只有热觉的所谓**诡热觉**(paradoxical heat)现象(图 3-13)。温觉有适应性，在一定限度内，在高于(或低于)皮肤温度的情境中停留时间较久，热觉(或冷觉)的敏感性将逐渐减低。因此，在一般的情形下，外界温度高于温觉适应性的上限时，即产生热觉；外界温度低于温觉适应性的下限时，即产生冷觉。

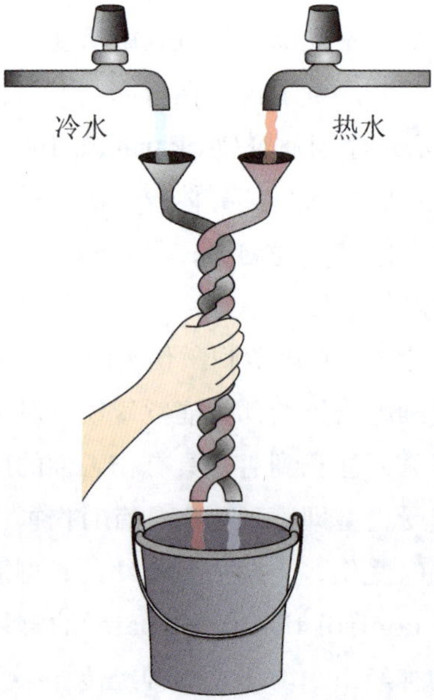

图 3-13　诡热觉

左图是两条绞在一起的冷热水管，如两水管同时放水时手握水管，此时就会觉得水管不是温的，而是烫手的。诡热觉产生的原因是，皮肤上同一部位的温度感受器，在同一时间内受到冷热两种刺激时，只能将较强的一种讯息传入大脑。

(四) 体　觉

体觉(body sense)是个体对自己身体活动的一种感觉。体觉包括动觉与平衡觉。

1. 动觉　**动觉**(kinesthetic sense)是身体活动时所产生的感觉。有动觉才会觉知自己身体各相关部位在做何种活动，有动觉才能支配身体从事有目的的活动。动觉的**感受器**是肌肉、肌腱和关节。在身体活动时，因肌肉与肌腱的扩张、收缩或关节的压迫，产生刺激，引起神经冲动，传入大脑的**运**

动区而产生动觉。动觉主要是由**躯体神经系统**所控制，举凡眼睛、口腔、躯干、四肢等一切横纹肌部位的活动，都会因活动而有动觉。动觉与视觉配合，可从事手眼调和的工作(如打字)；动觉与听觉配合，可从事手耳调合的工作(如弹琴)。即使在无声的暗室中无视听觉之助，动觉也会发挥其作用；停电时在黑暗中伸手取物，也会知道手的位置和方向。

2. 平衡觉 **平衡觉**(equilibratory sense)也称作**前庭觉**(vestibular sense)，是保持身体定向的一种感觉。职司平衡觉的**感受器**主要是**内耳**中的**半规管**和**前庭囊**(见图 3-12)，两者合作控制头部与身体的平衡。半规管有三个，彼此连接，互为垂直，分别对应掌握空间之三个维度。管内均充满液体，液体内浮有丛生的毛状细胞，其功能即在反应头部的平衡。当头部摇动时，管内的液体亦随之摇动，继而经神经纤维传入**小脑**。小脑即为中枢神经系统中主控身体平衡的器官。

前庭囊介于**耳蜗**与半规管之间，内部充满液体。液内除毛状细胞外，并有细小石粒，称为**耳石**(otolith)。耳石为碳酸钙颗粒，借耳石的重力作用与惯性作用，对毛状细胞产生压力，从而产生神经冲动。在平常的压力之下，有直立的感觉，若身体活动或上升下降时，压力改变，即产生失去平衡的感觉。前庭内的毛状细胞与神经纤维相连，可将神经冲动传入中枢神经系统中主控身体平衡的小脑。有时身体急遽摇晃(如乘船)，前庭感觉可能来不及调适，就会引起晕眩的感觉。

第四节 知觉历程

在本章之初曾提到感觉与知觉不易区分的问题。像“蓝天”、“白云”与“琴声”、“狗吠”等描述感觉的概念中，无不带有“知”的成分。惟在心理学上仍称此等概念为感觉。理由有二：其一是此等概念系以感觉器官的生理作用为基础；其二是此等概念所描述者，仍未脱离所见所闻事件本身的客观特征。本节所讨论的知觉历程则大不相同。知觉虽与感觉同样为外在刺激引起的心理反应，但知觉却是个体对外在客观刺激加以选择、组织并赋予其主观解释的心理历程(见第一节知觉定义)。在知觉历程中，个体对刺激选择、组织、解释时，不但会超过原刺激的客观特征，甚至会将原刺激的特征加以扭曲，赋予其特殊意义。读者可以发现，在本节内讨论知觉组织、深度知觉、运动知觉及错觉等心理现象时，知觉历程的复杂度将会远远超过前节讨论的感觉历程。

一、知觉组织

由感官收集来的感觉讯息转化为知觉时，最重要的心理活动是将讯息选择后加以组织，从而使零碎的讯息变成有意义的知觉经验。根据心理学家研究发现，人类的知觉组织心理现象发生在各方面的知觉历程中，而以视知觉的形象组织现象最为明显。以下介绍形象知觉组织的三方面特征：

(一) 组织法则

在 20 世纪初各学派中，对知觉心理学研究贡献最大的是完形学派，完形学派心理学家，经由研究发现，个体在面对刺激情境而获得感觉讯息时，在心理上不自觉地按不学而能的法则，将之加以组织，从而获得有意义的知觉经验。此等心理法则称为**完形组织法则**(Gestalt laws of organization)。完形心理学所提出的知觉组织法则中，以下五种是最主要的。

1. 接近法则 **接近法则**(law of proximity)是指分散性刺激的位置彼此接近时，在心理上倾向于将之组合在一起形成有意义的知觉经验。如图 3-14 所示的 30 个分散的黑圆点，由于其中有些彼此接近，观察者将不自觉地将之看成是有规则的五横行。看到分散的黑圆点是感觉经验，看到五横行黑圆点，则是经由接近法则组织成的知觉经验。中国文字排版时，可排成直行，也可排成横行。无论排成直行或横行，必须使每行中单字之间彼此接近。否则，如书页上各字之间间隔距离完全相等，阅读起来势必非常吃力。

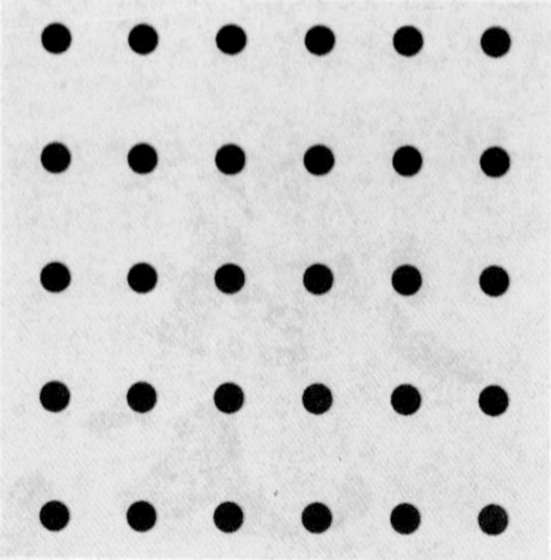

图 3-14 接近法则示例

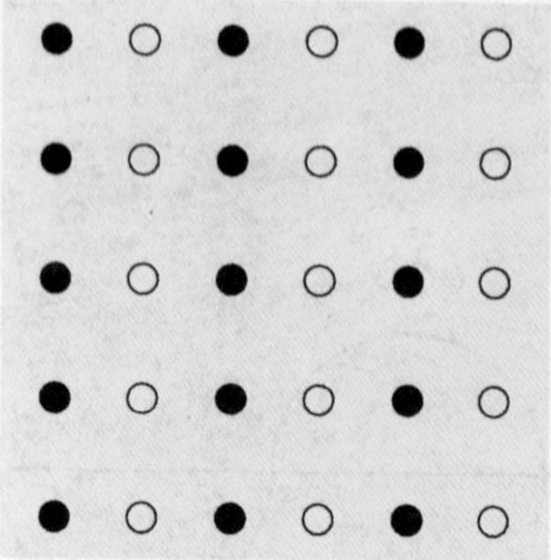

图 3-15 类似法则示例

原因是不符合知觉的接近法则。

2. 类似法则 类似法则(law of similarity)是指各刺激的特征彼此类似者，在心理上倾向于不自觉地将之组合在一起形成有意义的知觉经验。如图 3-15 所示，30 个黑圆点和圆圈，彼此间的距离关系虽与图 3-14 相同，但看起由原来的五横行黑圆点，变成了三直行黑圆点和三直行圆圈。看到分散的黑圆点和圆圈是感觉经验，看到三直行黑圆点和三直行圆圈，则是经由类似法则组织成的知觉经验。

3. 连续法则 连续法则(law of continuity)是指刺激与刺激之间具有空间(或时间)上连续关系者，在心理上倾向于不自觉地将其看成连续的关系。如图 3-16 所示，两个圆弧与一条直线相交，一般人倾向于将之看成是一条曲线和一条直线相交，而不将之看成是两个半圆。原因是受连续法则的影响。建筑和服装设计上常运用连续法则的知觉原理，使建筑物或服装上的一些原本间断的线条连接在一起，使人看起来产生连续性整体的知觉。

4. 闭合法则 闭合法则(law of closure)是指刺激间显示具有闭合成有形象意义者，在心理上倾向于不自觉地将之组合在一起，形成有意义的知觉经验。图 3-17 所示，乍看之下只是一些不规则的墨渍，但一般都会毫无困难地将之看成是乘马的骑士。看到不规则的墨渍是感觉到的刺激的客观特征，看见马上的骑士则是经闭合法则形成的主观知觉经验。艺术家经常运用闭合法则作画，将一些看似不规则的色彩涂抹在一起，使人由之产生有意义形象的知觉。

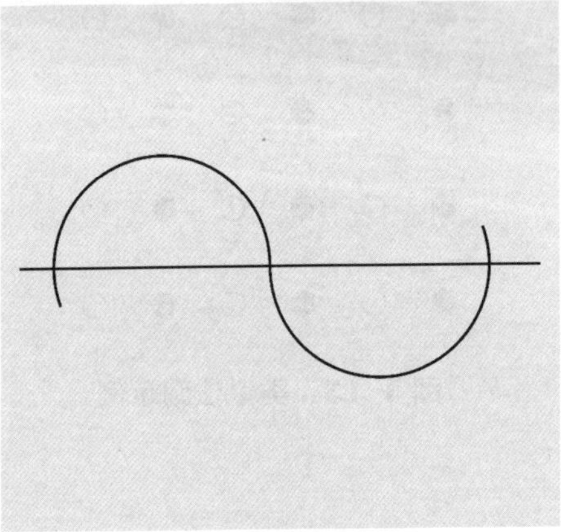

图 3-16　连续法则示例

图 3-17　闭合法则示例

5. 整体法则　**整体法则**(law of Prägnanz)是指面对刺激情境时，个体在心理上倾向于忽略感觉经验到的零碎部分资料，而从资料形成的整体特征去组织成完整性知觉。完形心理学家所主张的“整体不等于部分之和”，强调的正是整体法则。如图 3-18 左图所示，虽然图形中各部分刺激各自分散，彼此不相连接，但一般人毫无困难地可以看出是一个白色三角形覆盖

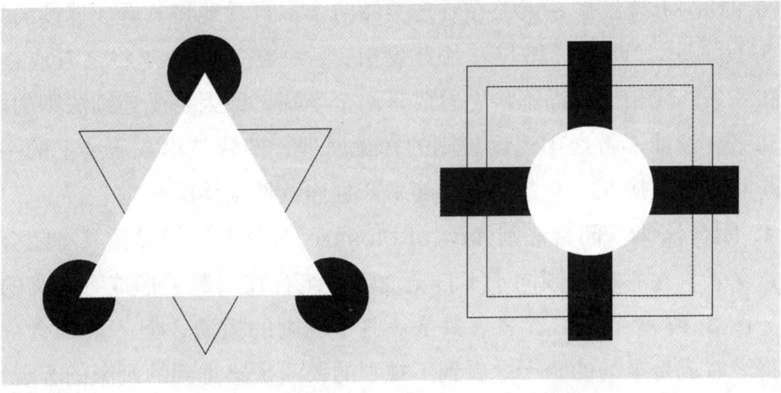

图 3-18　整体法则示例（主观轮廓）

了另一个三角形和三个黑色圆形。右图有同样效果，零碎的刺激组织起来被看成是重叠的圆形、十字形和正方形。见到图形中的零碎片段是感觉到的刺激客观特征，看见完整的三角形和圆形，则是经由整体法则组织形成的主观知觉经验。在此情境之下，由于图形中并没有客观的明显轮廓供人产生整体知觉，图形的轮廓只是个体的主观心理作用，故而称此种现象为**主观轮廓**(subjective contour)。

（二）形象与背景

形象与背景(figure-ground)指由形象与其背景两部分的相依关系而获得的知觉经验。白纸上的黑字或图画，字与图画是形象，白纸就是背景；红花绿叶，红花是形象，绿叶就是背景。在一般情形中，形象与背景两者都明确肯定时，所得到的知觉也会明确肯定。但有时形象与背景之间虽然界限分明，但得到的知觉却不明确。如图 3-19 中的左右两图都是著名的例子。左图中的黑白两部分，均皆既可看成形象，也可看成背景，惟被看成形象的部分(可将白色部分看成花瓶，或将黑色部分看成相对的两个面孔)，形象就

图 3-19 形象与背景

此二图是完形心理学家用来解释知觉完形概念的主要图形之一。形象虽为知觉之主体，但必须有背景，才能衬托出形象，故而形象与背景是并存的，是整体的。

显得向前突出。右图是由黑白对比的背景衬托出一个灰色圆环图形。此图有两个特征：其一是整体观察时圆环的灰色一致；其二是如用一支铅笔置于黑白背景分界处，就会发现圆环上下两半的灰色大不相同。这现象说明了知觉组织的整体性。

（三）知觉常性

知觉常性(perceptual constancy)，指因环境改变致使刺激的特征随之改变时，纵使刺激引起网膜上的映象也随之改变，而个体对原刺激所得到的知觉仍然保持不变的倾向。由知觉常性现象，足可说明知觉与感觉的不同。知觉常性多表现在视知觉方面，主要有以下几种：

1. 大小常性(size constancy)指凭知觉对物体大小作判断时，有根据经验而不根据物体远近在网膜上映象大小变化的心理倾向。根据网膜映象的原理，物体愈远，映象愈小；远处一匹马的映象虽然比近处一只狗的映象为小，但个体所知觉到的，却仍然是马大于狗。

2. 形状常性(shape constancy)指对物体形状的知觉，不因观察角度不同而改变原来形状的心理倾向。从一扇门的正面看，它是长方形，从门开一半的斜方向看，即使网膜上的映象是梯形，但个体仍然知其为长方形。

3. 颜色常性(color constancy)指物体所处环境改变时，不因该物体反光程度的改变而影响颜色知觉的心理倾向。颜色感觉本系由光波长短所决定，但颜色知觉却有所不同；一张红色的纸无论置于白色或黄色灯光之下，个体仍然知道它是红色。

4. 明度常性(brightness constancy)指在不因物体明度的改变而影响对该物所得知觉的心理倾向。一支白色粉笔，置于日光下或阴暗处，其所反射的光量虽大不相同，但个体仍然知道两种情境下的粉笔都是白色。

二、深度知觉

深度知觉(depth perception)是指凭眼睛对外在世界所获得的远近与立

体感的知觉。深度知觉主要以视感觉为基础，惟视觉器官眼睛的视网膜是平面的，并没有职司深度知觉的神经组织。因此凭视感觉而获得深度知觉，绝不是生理作用，而纯粹是心理现象。根据心理学家多年的研究，咸认深度知觉的获得主要是靠两种线索：

（一）单眼线索

所谓**单眼线索**(monocular cue)，是指单靠一只眼睛即可得到物体远近或是否立体的知觉线索。构成单眼线索的条件很多，主要有以下几种：

1. 大小线索　**大小线索**(size cue)指以物体在视网膜上的映象为线索所形成的深度知觉。在目视同类物体时，视网膜映象愈大者，即判断该物体的位置愈近。同样的两个茶杯，看起来较小者，即知其距离较远。

2. 直线透视　**直线透视**(linear perspective)指视野中物体之形象具有并行线特征者(如铁轨或街道)，看起来两并行线渐趋接近(甚至有相交趋势)的一端，就知道那是远的一端。艺术家作画时常运用透视原理，借以显示画内景物的远近。

3. 结构级差　**结构级差**(texture gradient)是指视野中物体具有层级结构(如台阶或山坡)者，层级纹路较明显和层级间距离较稀疏者，看起来较近。

4. 大气透视　**大气透视**(atmospheric perspective)指同一大气中目视不同物体的距离以比较其远近时，所见到的物体轮廓愈清晰者，即判断其距离愈近。

5. 重叠　**重叠**(interposition)指视野中两种(或多种)物体有一部分重叠时，对因重叠而不能见其全貌的物体，即判断其距离较远。艺术家作画时常运用重叠原理，借以显出山峦重叠的远近效果。

6. 高度线索　**高度线索**(height cue)指视野中物体的位置接近视野之下沿者，即判断其距离较近，较近视野之上沿者，即判断其距离较远。艺术家作画时都是采用此一原理，将远的景物画在画纸的上沿(如月亮)。

7. 运动视差　**运动视差**(motion parallax)指因视野中物体移动或观察

者自身移动而产生视觉差异，从而判断物体远近的单眼线索。运动视差在两种情况下发生:(1)观察者自身不动而目视物体在视野中横向移动时，感觉到移动较快物体，即判断其距离较近，感觉到移动较慢物体，即判断其距离较远。低空掠过的飞机感觉速度较快，故判断其距离较近；高空中的飞机感觉到速度较慢，故而判断其距离较远(飞机快慢感觉系因视网膜上映象横向移动而产生，与飞机实际速度无关);(2)物体不动而观察者移动时，因身体移动(如坐在车上）而看到不同物体时，会感觉到远处物与自身同方向移动，近处物体与自身反方向移动。根据此一线索，即可判断物体的远近。

8. 调节 **调节**(accommodation)指眼球**晶状体**周围的**睫状体**，在注视远近不同物体时，因调节晶状体凸度以便在视网膜上形成清楚映象，从而获得深度知觉的生理与心理历程。因为视远物时晶状体变为扁平，视近物时变为凸出，平凸的变化即为调节作用(见图 3-3 眼睛的构造)。晶状体的调节作用，可发生在两只眼睛，也可发生在一只眼睛。

(二）双眼线索

双眼线索(binocular cue)是指由两眼观看同一物体时，因两眼的协调运作所获致的深度知觉。根据两眼合作判断物体远近时，主要是靠双眼像差作为线索。**双眼像差**(binocular disparity)是指两眼看一立体物体时，因两眼视线角度稍异而在视网膜上形成两个稍异映象的现象。个体根据此稍异映象即可判断所看到的是立体物体。因此，双眼像差是构成深度知觉的双眼线索。验证双眼像差用的实验工具称为**实体镜**(stereoscope)(图 3-20)。实体镜的主要作用是，按两眼视线度不同而形成两个映象的原理，拍制两张内容近似的照片，然后置于透镜前的适当距离，两眼经过透镜的折光作用，即可看到两图合而为一的现象。像此种网膜出现两个映象而知觉却是单一完整物体的现象，称为**双眼视象融合**(binocular fusion)。立体电影就是根据双眼视象融合原理拍制的。

图 3-20 实体镜

实体镜系由美国医师霍姆斯(Oliver Wendell Holmes, 1809～1894)1861 年发明。后来成为实验心理学家用来研究深度知觉的仪器之一。

三、运动知觉

运动知觉(motion perception)，是指个体对环境中物体位置的移动所产生的一种视知觉。运动知觉是心理现象，运动知觉心理现象的产生，并不完全以视网膜上的映象为根据。运动知觉的心理现象有三种情形：

(一) 真动知觉

真动知觉(real motion perception)，是指由物体实际移动所产生的运动知觉。真动知觉包括三种现象：

1. 在头不摇眼不动的情形之下，由物体本身移动而造成视网膜上的映象移动，因而对物体产生运动知觉。这是最普通的现象。

2. 物体移动视线也跟着移动时，虽然视网膜上映象的位置没有移动，但事实上也会产生对该物体的运动知觉。例如仰头看飞机时，即使采用“目迎目送”的方式去看，也会觉得飞机在快速地飞行。然而视网膜上映象不动何以会产生运动知觉？生理心理学家的解释是，在此种情形下，大脑据以判断物体移动的讯息不是视网膜上的神经细胞，而是从头部和眼睛的活动所得到的**回馈**所致。

3. 物体本身不动而头部和眼睛转动时，虽然视网膜上映象的位置也因之移动，但对该物体所获得运动知觉，却仍然是静止不动。形成此种现象的原因，与上述第二点相同。

（二）似动知觉

所谓**似动知觉**(apparent motion perception)，是指个体的运动知觉并非因物体实际移动而产生。换言之，似动知觉是在物体静止时所产生的一种运动知觉心理现象。似动知觉的产生，乃是由于物体本身具有**似动**(apparent motion)的特征。似动知觉也是在视网膜位置并不移动的情形下产生的。最典型的似动现象是，在昏暗房间内安装两个相隔 10 厘米的灯泡，然后控制两个灯泡，使之以每隔约 20 分之一秒的时间相继一明一灭，此时将会产生两灯跳来跳去的运动知觉。像此种物体本身并未移动而只是引起知觉的刺激连续交替出现所形成的运动知觉现象，称为 **ϕ 现象**(phi phenomenon)，也称**动景现象**(stroboscope phenomenon)。似动现象系由完形学派创始人韦特海默(见图 1-4)在 1910 年发现。后来电视的卡通与电影电视的制作，都是采用了似动知觉的原理。

（三）诱动知觉

诱动知觉(induced motion perception)，是指某静止物体因其他物体移动而使人对该静止物体产生运动知觉的心理现象。最典型的诱动知觉现象是，在暗室内的墙壁上出现一个静止不动的光点，而后在光点之周围出现由光线形成的方框，并来回移动。此时所得的运动知觉将是，方框静止而光点则向方框移动的反方向移动。在日常生活中，最常见到的诱动知觉现象是天空浮云移动时，反而觉得浮云未动，而浮云后的月亮却在向浮云移动的反方向移动。

四、错　觉

根据以上知觉组织、深度知觉以及运动知觉的讨论可知，个体面对眼前物体凭感官所获得的视知觉经验，是相当主观的，甚至有时是相当失真的。像此种知觉经验与引起此知觉的刺激本身所具客观特征不相符的现象，即称为**错觉**(illusion)。前文中所提到的**主观轮廓**(图 3-18)、**形象与背景**(图 3-19)等，事实上均属错觉现象。在日常生活中不乏视错觉的事例，筷子插入水中看起来像是弯的，水平望月与举头望月时两者面积大不相同。事实上，错觉现象并不限于视知觉(注 3-2)，只是多年来心理学家们对错觉的研究多以视错觉为主题。以下试从两个方面分析讨论有关视错觉的问题。

(一) 错觉现象

多年来心理学家们对视错觉的研究，一般都采用图形为题材。就图形所引起的错觉看，主要有以下三类错觉现象：

1. 固定图形错觉　此类图形错觉的特征是图形固定，而且从客观的标准看，图形中线条所表达的图意都是合理而正确的。然而观察者由之所得的主观知觉经验，却肯定认为是错误的。图 3-21 中的四个图形就是最典型的例子。图 A 为**横竖错觉**(horizontal-vertical illusion)，图中横竖两条直线长度相等，但看起来横线较短；若将竖线减少 20%～30%，才会使受试者相信两线相等。图 B 为**缪勒-莱尔错觉**(Müller-Lyer illusion)，图中的两条横线等长，但看起来下边分叉线向外的横线较之上边分叉线向内的横线长出

注 3-2：除视错觉之外，在日常生活中常见的错觉至少有三种：(1)**温度错觉**(temperature illusion)：同是一盆温水，如从冷水中的手放入时觉得热，如从热水中的手放入时反而觉得冷。(2)**听错觉**(auditory illusion)：在大礼堂听讲时，虽觉得声音来自演讲者口中，事实上声音来自扩音器。(3)**重量错觉**(weight illusion)：手提一千克铁砂和一千克棉花时，虽两者重量相等，但仍然觉得铁砂较重。

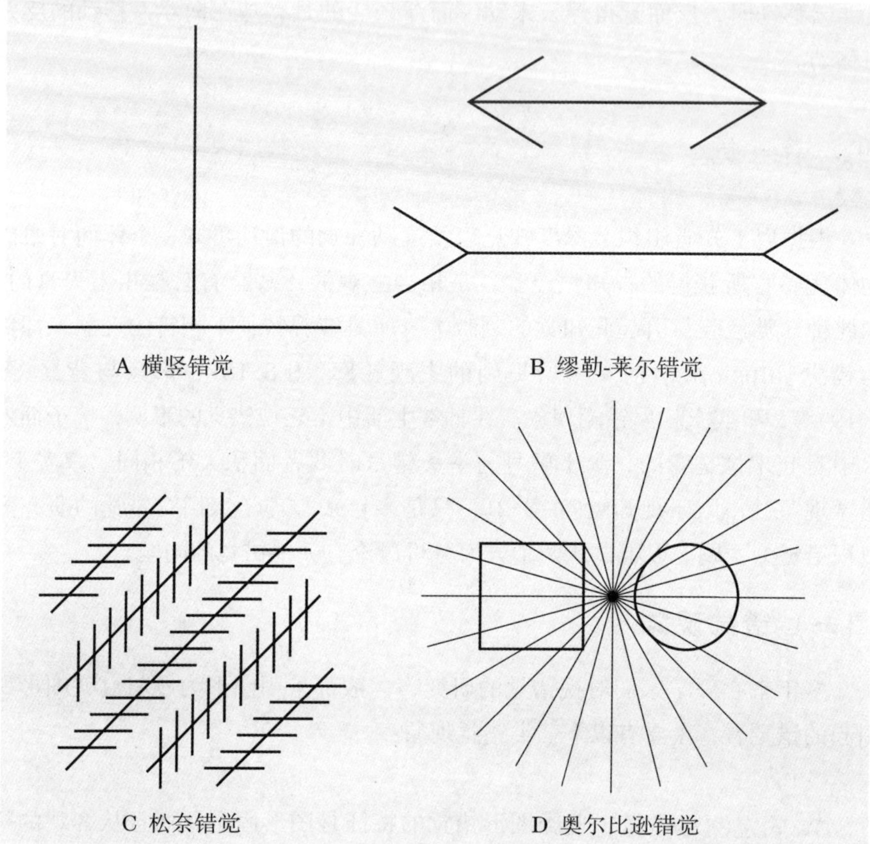

图 3-21 固定图形错觉

很多(一般人肉眼估计长出 25%)。图 C 为**松奈错觉**(Zollner illusion),图中是五条长度不等而等距离的平行斜线,当与其他短线交叉后,则显得既不等距也不平行。图 D 为**奥尔比逊错觉**(Orbison illusion),图中原本是正方与正圆两个图形,但与放射形的线条交错后,看起来则方者不方,圆者不圆。

2. 暧昧图形错觉 **暧昧图形**(ambiguous figure),指引起知觉经验的图形,看起来图形意义极不稳定。图形本身线条间的关系虽然固定,但观察者所得的知觉经验却是暧昧不清。暧昧不定的现象是,同一图形会使人产生两种不同知觉的可能。惟两种知觉不能并存，如确认其中之一，另一种知觉就必须予以否定，而且两种互不兼容的知觉经验是随时转换的，故而也称**可逆图形**(reversible figure)。图 3-22 的 A、B 两个图形就是明显的例子。图 A 是一个透明的立方体，称为**奈克尔立方体**(Necker cube)。方体中 1 与 2 代表方体两个相对的直角。读者如注视此图数秒钟之后，就会发现有时 1 的距离近、2 的距离远，但忽然又变为 2 近、1 远的相反景象。图 B 看起来像是一个横放而带有黑色环纹的圆筒，称为**暧昧筒**(ambiguous tube)。圆筒开口方向给人的知觉是左右不定；有时觉得它的开口向左，有时觉得它的开口向右。随开口方向的不定，所以也觉得桶身的内外两面也随时转换；而且在看到桶身内外转换时，会觉得它的明度也随之改变。

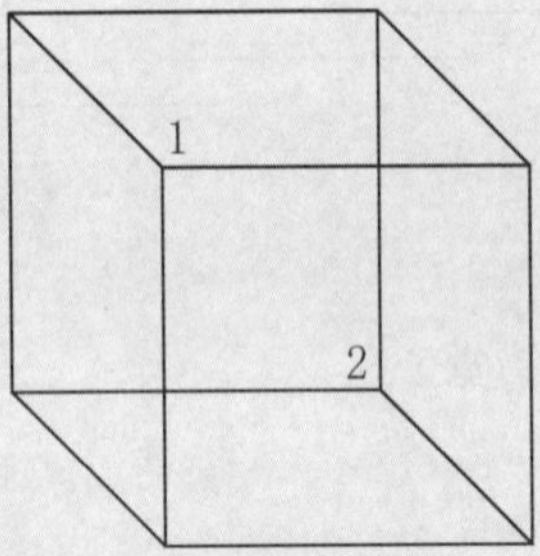

A 奈克尔立方体

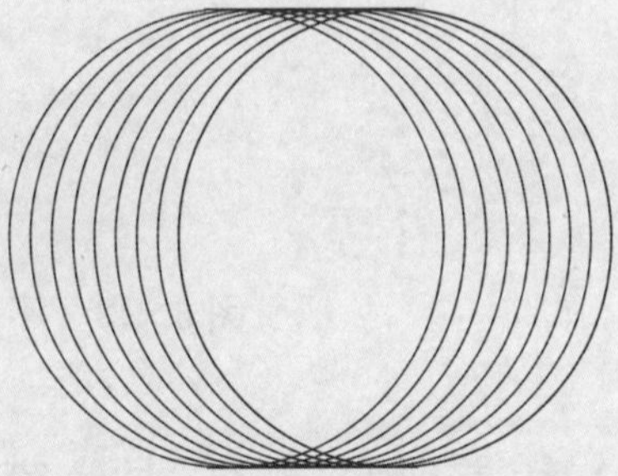
B 暧昧筒

图 3-22　可逆图形错觉

3. 不可能图形错觉　所谓**不可能图形**(impossible figure)，是指心理学家和艺术家根据错觉原理，所绘制的乍看似图形，但细看则属不可能存在的图形。前文讨论知觉组织时，曾提到**整体法则**是形象知觉的特征之一。如果一个图形的各部分合在一起时看不出它的整体性，该种图形在乍看之下虽显示某种意义，但细看之后因与整体法则不符，最后终将发现它是在不合理情形下绘制的一个不可能形成完整知觉的图形。图 3-23 中的三图均属不合理图形引起的不可能图形错觉的例子。A、B、C 三个图形的共同特点是用平面图表达立体图形的意义。但如将各图分别作整体观察，就会发现都是不可能图形。

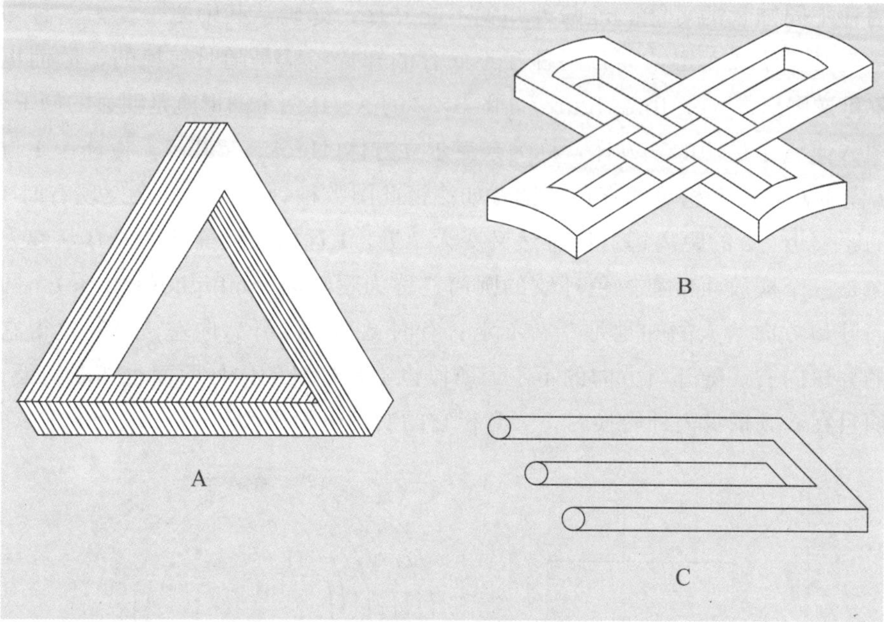

图 3-23 不可能图形错觉

(二) 错觉理论——以月亮错觉为例

由前文介绍的多种图形看，视错觉的现象是十分明显的。甚至可以说，错觉现象是知觉的正常现象，假如有人面对图 3-21 中各种错觉图形时不能产生错觉经验，他的知觉反而是不正常的。问题是，像此等任何人都会经验到的错觉现象应如何解释？对此一问题在心理学上并没有肯定的答案。心理学家们对此问题的唯一共识是，视错觉的产生并非感觉器官的生理作用，而完全起因于知觉的主观心理判断。以图 3-21 中的 A 图为例，横竖两条直线在**视网膜**上形成的映象是等长的，**视神经**传入大脑**视觉区**的讯息自然也是等长的。根据线段等长的讯息而做出不等长判断的心理历程，多年来心理学界迄无肯定的理论。以几千年前即发现的月亮错觉为例，就有多种不同理论解释。**月亮错觉**(moon illusion)的明显特征是，虽然接近地面的圆月和当空的圆月面积相等，而且在视网膜上形成的映象也大小相同，但一般人总是觉得接近地面时月亮较大。心理学家早就发现，一般人判断接近地面的月亮较之当空月亮的面积要大出30%～50%。月亮错觉的现象虽至为明显，但对于形成错觉的原因，一直没有众皆共识的理论。多年来在心理学上对月亮错觉的解释，最具代表性的有以下两种理论：

1. 表面差距假说 **表面差距假说**(apparent distance hypothesis)是美国心理学家考夫曼等人1962年提出的月亮错觉理论(Kaufman, et al., 1962)。此一假说的基本要义是，当远近不同的两个物体在视网膜上构成的映象大小相同时，就会根据经验判断远者较大，近者较小(远处的牛和近处的羊看来一样高时，却知牛比羊大)。月亮接近地面时，由于地面上有很多东西，于是在心理上就会觉得它比在当空时较远。根据远者较大近者较小的心理原则，自然就会判断当空的月亮较小。

2. 相对体积假说 **相对体积假说**(relative size hypothesis)是美国心理学家利斯特里1970年提出的月亮错觉理论(Restle, 1970)。此一假说的基本要义是，人所见到物体体积的大小，并不完全以视网膜上映象为根据，而是同时参照物体周围环境中其他物体而后做出的判断。在参照物体周围环境时，除其他附近物体之外，物体本身所在地周围的空间，也是重要参照标准。月亮接近地面时，其周围空间小，周围空间小就相对地显得月亮特别大(形成对比)。月亮当空时，因为周围空间大，相对地就显得月亮体积较小。

第五节 超感知觉

心理学上研究的知觉，无论是视知觉还是其他知觉，都是以感觉器官所得的感觉为基础的。即使知觉经验中有失实的错觉现象，错觉也是以感觉为基础的。以感觉为基础研究知觉现象，是科学心理学诞生以来一向采取的研究取向。但在科学心理学诞生前和诞生后，很多人对知觉现象却一直存有另外的想法，认为人类可能有某些特殊潜能，不需经由感觉器官去收集讯息，即可获得知觉经验，甚至不需身体接触，即可凭精神力量移动环境中的物体。历来的预言家、星象家、占卜家，无不宣称他们具有此种特异功能。在科学心理学发展初期，一般心理学家对此种想法是持否定态度的。晚近的心理学界，逐渐改变态度，对此事持包容的看法，甚至有些心理学家已开始尝试采用科学方法研究此类问题。此即以下要介绍的心灵学研究。

一、心灵学研究的主题

心灵学(或**心理玄学**)(parapsychology)，指对人类如何单凭精神或心灵活动即有效支配其行为的研究。心灵学的特点是不遵循自然科学法则，不承认传统科学心理学一向主张心理现象以生理历程为基础的看法。心灵学的研究主要是从以下两方面去探讨人类的四种**心灵现象**(psi phenomena)。

(一) 超感知觉

超感知觉(extrasensory perception，简称 ESP)，指不以感觉器官为基础即能获得知觉的心理现象。超感知觉研究主要包括以下三方面：

1. 心电感应 **心电感应**(或**传心术**)(telepathy)指两人之间不经由任何沟通工具或交流管道就能够彼此传达讯息的过程。例如，在两人互不见面的情况下(如两人之间隔以布幔)，其中一人在一边用心注视一张绘有图形的卡片，另一人在布幔的对边静坐；静坐者如果能够知道对方所注视的是何种图形，就可据以推论，他们之间确有心电感应(见后述实验研究)。

2. 超感视觉 **超感视觉**(或**灵觉**)(clairvoyance)，俗称“千里眼”，是一种不靠眼睛即可看到物体的特异功能。如对未启封的钱袋能“看到”袋里的钱数；未翻开的扑克牌能“看到”牌面的图形，即表示具有超感视觉特异功能。

3. 预知 **预知**(precognition)指在别人意见尚未表达之前即已预知，或事件尚未发生之前即可预卜的超人能力。例如，电话铃响起时，未拿起听筒即预知对方是何人。

（二）心灵致动

心灵致动(psychokinesis，简称 PK)是一种不直接动用手脚，不使用任何工具，单凭心理作用或意志，即可使物体移动的特异功能。中国武侠小说中所谓运气退敌的说法，大概就是心灵致动术的运用。在以实验心理学的方法验证心灵致动时，可让表演者当场运气以支配转动的骰子，使之出现他指定的点数；或在相当距离外只凭手势即可翻开电话簿中所指定的页码。

二、超感知觉的实验研究

多年来心理学家对心灵学的研究，主要集中于超感知觉方面。以下简略介绍此类研究的大概情形。

在心理学上，最早采用实验法研究超感知觉者，为美国杜克大学教授莱茵(Joseph Banks Rhine, 1895～1980)。莱茵采用了一副包括五组图形不同的卡片，如图 3-24 所示，每组卡片各 5 张，全套合计 25 张。实验开始时，有两位受试者对面而坐，中间隔以布幔，彼此间不通讯息，也看不到对方的动作和表情。进行时，每人面前各放置一副卡片，先让此方受试以随机方式抽出一张卡片，并注视之(视为心灵发送者)，然后将卡片反面向上置于桌上，接着要求彼方受试者(视为心灵收受者) 凭其直觉指出该张卡片上的图形。如指认正确，即表示两受试者之间有心电感应。

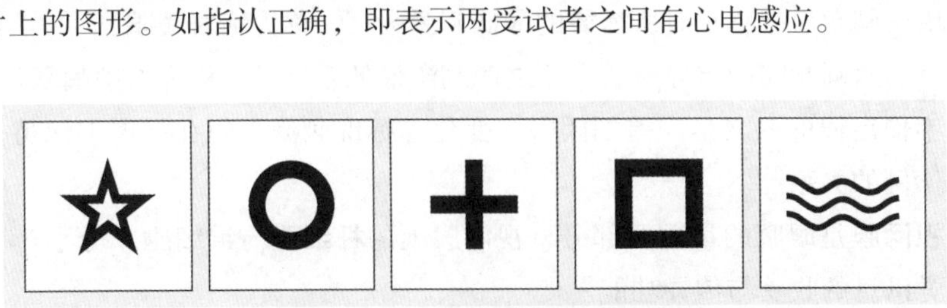

图 3-24　超感知觉实验用卡片

按上述程序实验时，受试者如毫无心电感应能力，纯属猜测答对的机会是 1/5，即 25 张卡片中可能猜对 5 张。如按几率计算，即猜中的几率是 20%。莱茵根据其本人以及其他学者的实验研究，共收集到了数以万计的研究结果。在 1934 年出版的《超感知觉》一书中，莱茵指出数万受试者总平均得分是 7.1(Rhine,1934)。换言之，在超感知觉实验法情境下，受试者答对的几率是 28.4%，远比猜中的几率 20%高出很多。也就是说，人类的超感知觉能力很可能是存在的。因此，即使超感知觉研究不能像一般知觉实验那样，有刺激就会有反应，以致无法根据少数受试者的反应得到验证，但从大量实验资料的统计数字看，心理学家不否定此类研究在科学心理学上仍有研究价值。至于要问：何以人类会有此等超感知觉能力？在科学心理学上迄今尚未找到合于科学法则的解释。

本章摘要

1. **感觉**与**知觉**不同，前者是感官接受外在刺激而产生的以生理历程为基础的心理历程，后者是个体进一步对感觉到的讯息加以选择、组织及解释的纯心理历程。
2. 单一刺激引起感觉时所需要的最低刺激强度，称为**绝对阈限**。
3. 辨别两刺激间的差异时所需要之两刺激最低差异量，称为**差别阈限**。
4. **韦伯定律**的要义是，差别阈限之变化与标准刺激之间在强度上保持一定比例的关系。
5. **视网膜**是眼睛的最重要部分，视网膜上的**杆细胞**与**锥细胞**，分别产生视觉讯息的收受与传导功能。
6. 引起视觉的刺激是光波，惟在整个光谱中，人类眼睛所能见及的光波，只限于 400nm 至 700nm 范围之内。
7. 色觉刺激的三种物理属性是波长、强度和纯度。色觉刺激的三种心理属性是**色调**、**明度**和**饱和度**。

8. 两种不同频率的光相混之后所得的色觉，称为**颜色混合**；两种颜色相混后成为灰色的现象，称为**补色**。
9. 解释色觉现象的理论有二，一为**扬-赫尔姆霍茨三色论**，一为**色觉相对历程论**。
10. 听觉刺激的三种物理属性是**频率**、**振幅**和**复杂度**，听觉刺激的三种心理属性是**音调**、**音强**和**音色**。
11. 解释**音调知觉**的理论有二，一为**部位论**，一为**频率论**。
12. **声源定向**的线索有二，一为**单耳线索**，一为**双耳线索**。
13. **完形组织法则**中包括**接近法则**、**类似法则**、**连续法则**、**闭合法则**、**整体法则**等。
14. **知觉常性**中包括**大小常性**、**形状常性**、**颜色常性**、**明度常性**等。
15. 获得**深度知觉**的线索有二，一为**单眼线索**，一为**双眼线索**。
16. **运动知觉**中包括**真动知觉**、**似动知觉**、**诱动知觉**。
17. **错觉**是知觉经验与感觉讯息不符合的心理现象。心理学上研究的错觉素以视错觉为主。视错觉主要分为三类：(1)**固定图形错觉**；(2)**暧昧图形错觉**；(3)**不可能图形错觉**。错觉现象虽甚为明显，但形成错觉的原因不易解释。
18. **超感知觉**指不以感觉器官为基础的知觉现象。超感知觉包括：(1)**心电感应**；(2)**超感视觉**；(3)**预知**。

建议参考资料

1. 朱滢(主编)(2000)：实验心理学。北京市：北京大学出版社。
2. 杨治良 (1997)：实验心理学。台北市：东华书局（繁体字版）。杭州市：浙江教育出版社（简体字版）。

3. 李中钟(译，1988)：错觉心理学。台北市：大将书局。

4. 罗德望(译，1987)：视觉心理学。台北市：五洲出版社。

5. 奚明远(译，1982)：第六感。台北市：黎明文化事业公司。

6. Bem, D. & Honorton, C.(1994). Does psi exist? Replicable evidence for an anomalous process of information transfer. *Psychological Bulletin*, 115, 4～18.

7. Coren, S., Ward, L. M., & Enns, J. T.(1999). *Sensation and perception*(5th ed.). Fort Worth: Harcourt Brace.

8. Gregory, R. I. (1997). *Eye and brain*(5th ed.). New York: Wold University Library.

9. Gross, R.(1999). *Psychology: The science of mind and behavior*(3rd ed.). London: Arnold.

10. Hers henson, M.(1998). *Visual space perception: A primer.* Boston: MIT Press.

11. Moore, B. C. J.(1997). *An introduction to the psychology of hearing*(4th ed.). San Diago: Academic Press.

12. Schiffman, H. R.(1997). *Sensation and perception: An integrated approach* (3rd ed.). New York: Wiley.

第四章

意识状态

本章内容细目

从19世纪末科学心理学诞生以来，在心理学思想上曾有过多次重大改变，改变的核心问题之一就是“意识”。德国心理学家冯特1879年在莱比锡大学首创心理实验室，尝试以科学方法分析研究意识内容的结构，是为**结构主义**，形成了科学心理学发展初期的第一个学派。结构主义采用意识取代了以前哲学心理学时代的灵魂或心灵，旨在用意识表征“心理”，用以显示心理学的科学性。稍后，美国的**功能主义**兴起，反对结构主义的静态意识内容分析取向，改而主张心理学应研究动态意识历程的功能。迨至20世纪20年代，**行为主义**心理学思想兴起，认为意识是主观的；以主观的意识做为心理学的研究题材，严重违反科学的客观原则，因而大力主张心理学的任务，只限于研究可观察与测量的外显行为。因此，在20至60年代期间，“心理学是研究个体行为的科学”成为心理学的定义后，一向被视为心理学核心主题的意识，即遭到从心理学领域内“驱逐出境”的命运。行为主义所坚持的此种纯科学化的心理学研究取向，被称为“行为革命”。

行为主义所坚持的心理学只限于研究外显行为的取向，到了20世纪60年代**认知心理学**兴起后，逐渐失却影响力。认知心理学所强调的“知之历程”研究取向中，举凡记忆、理解、推理、思维等内在心理活动，在性质上相当于当年意识主题的内容。因此，从60年代以后，曾一度被放逐的意识，又复返回现代心理学的领域。至此，心理学的定义也随之改为“心理学是研究行为与心理历程的科学”。

现代心理学中意识一词涉及的范围甚广。单以本书内容而言，前章讨论的感觉与知觉，可视为意识的基础，后面五、六、七各章有关学习、记忆、思维等主题，可视为意识的运作。本章所讨论者，只限于意识的基本概念及各种意识状态。希望读者研读本章之后能对意识问题获得以下几点认识：

1. 了解意识的性质及其特征。
2. 了解意识状态的自然变化。
3. 了解现代心理学上对睡眠与做梦的研究。
4. 了解改变意识状态的可行而有益的方法。
5. 了解使用药物改变意识状态的不良后果。

第一节　意识的性质与特征

基于前文的说明，可知日常生活中的一切活动，都与意识有密切关系。由于本章内容并不涉及意识主题的全部，故而在本章之初先行说明意识的性质及有关的重要心理作用。接下去再进一步讨论意识状态变化的问题。

一、意识的定义及其主要心理作用

（一）意识的定义

要说明意识的性质，最理想的做法是对意识一词下一个定义。综合心理学家们对意识所下的不同定义，本书对意识的界定是：**意识**(consciousness)是一种觉醒的心理或精神状态。在此状态下，个体不仅对自己身体所处环境中的一切刺激，经由感觉与知觉而有所觉知，而且对自己心理上所记忆、理解、思维、想象、忧虑以及计划或进行中的行为活动，也有所了解。换言之，意识就是个体心身合一对内外世界有所了解并随时做出适当行为反应的复杂内在历程。

上述定义说明了意识的三点特征:(1)意识是经由感觉与知觉对环境中刺激的了解所引起。例如，看见街头车祸学童受伤，会使人产生交通安全意识；听到工厂废水伤害农作物的消息，会使人产生环保意识。(2)意识的主要成分是认知，个体不但知道环境中刺激所代表的意义，而且也知道自己当时在刺激情境下所想的与所做的一切。例如，考生面对试卷时，试卷上的题目是刺激，会做哪一题或先做哪一题的抉择，完全决定于当时的意识。(3)意识中除认知成分外也含有情绪与动机；前者指个体对刺激情境的喜好或忧虑，后者指个体心理上有准备采取行动的内在倾向。例如，某地区因社会动乱政府治安管理失效时，当地居民难免产生带有情绪的忧患意识。如忧患意识久久不能排除，就会引致他们迁居他处的动机。

（二）意识的心理作用

本书之所以采用上述定义，原因是如此界定意识才符合现代心理学研究意识的新趋势。如按一般“意识是个体对自己身心状态的了解”的说法，只能表明意识的性质，不能表明意识的作用。根据现代认知心理学家的看法，在个体行为与心理历程中，意识具有以下两大作用(Kihlstorm, 1984)：

1. 意识的检选作用　意识的检选作用，是指在意识状态下个体对环境中的刺激，并非是全部收受的。人的眼睛不同于照相机，人的耳朵也有异于录音机，在刺激众多的环境中，个体经常是先对刺激予以检查过滤，然后选择收受其中一部分予以处理。第三章内讨论知觉的特征时，对此点已有所说明。显然，从众多刺激中选择出个人所需要的而后进一步处理的心理历程，就是意识的重要作用。现代认知心理学中的**讯息处理论**(见第六章第二节)，对人类在环境中对刺激的处理，即视为个体在意识状态下对刺激检查选择的历程。在意识发挥检选作用时，刺激变化引起个体注意是主要原因。例如，坐在有空调设备房间内连续看书几个小时，很可能意识不到冷气机运作的轻微噪音。如此时电灯未熄而冷气机的声音忽然停止，突如其来的安静，会使你意识到冷气机的机件出了问题。当然，引起个体注意的原因未必全是外在刺激，身体内部的刺激也会引起个体注意从而产生意识。例如，在连续工作几个小时后如觉得口腔干燥，就会意识到有找杯饮料来解渴的必要。

2. 意识的控制作用　意识的控制作用分为两方面：其一是控制支配自己的思想行动，其二是控制意识使其状态产生改变。在此先以进图书馆借书为例，对于第一方面的意识控制作用略为说明。从起意借书至借书到手的一切活动，完全是在个人的意识控制之下进行的。首先确定要借的是哪一类书籍，这是在意识控制下的计划阶段。计划确定后开始行动；从检查电脑索引资料到进入书库找到书本为止，这是在意识控制下的行动阶段。假如此时发现书架上有多册同类的书，除非你事先早就有准备，否则你必须从各书中挑选一本，这是在意识控制下的抉择阶段。在一般情形之下，个体的记忆、思维、想象、选择、判断等，都是在他的意识控制之下进行的心理活动。在意识状态控制作用的第二方面，古今中外流传很多方法，尝试借意识控制去改变别人或自己的意识状态。催眠、生理回馈、静坐等方法，都是其中最常使用的。这些留待第三节内再详细讨论。

二、意识的不同状态

前文对意识一词所下的定义，是指个体在完全清醒时的意识状态而言。事实上，因个体清醒状态程度的不同，意识状态也随时有起伏的变化。平常所说的**白日梦**(daydreaming)，就是个体的一种特殊意识状态。惟在白日梦的意识状态下，个体的意识暂时减弱了原有的检选与控制两种心理作用。有关白日梦意识状态的探讨，读者可参阅补充讨论 4-1。接下去就个体清醒程度的差异，列举四种意识状态，用以做为代表性的说明。

（一）下意识

下意识(或**半意识**)(subconscious)是指个体对其内外环境中一切刺激情境不完全了解的一种精神状态。在不同心理学的书籍中可以发现，下意识一词有三种不同解释:(1)指个体当时对内外环境中刺激带来的讯息未加注意，因而对其所感、所知、所记的一切，均未达到清晰了解的地步；如稍加注意，即很容易恢复到意识状态。有些工作达到纯熟地步，常在下意识状态下操作进行(如在平坦笔直而车少的路上开车)。此种不经意识的动作，在现代认知心理学上称为**自动处理**(或**自动化加工**)(见第六章第四节)。(2)根据**精神分析**的解释，下意识一词与前意识同义，是个体所感、所知与所记的一切，在尚未达到意识层面的一种意识状态。关于前意识的涵义，容后再行解释。(3)有些学者将下意识与**潜意识**视为同一意涵。

（二）无意识

无意识(或**非意识**)(nonconscious)是指个体对其内在与外在环境中一切刺激情境无所感、无所知、无所记的一种精神状态。亦即个体对内在外在环

补充讨论 4-1

白 日 梦

白日梦是意识状态之一，此种意识状态是个体的心理活动暂时对外在刺激失却检选和控制作用。白日梦的意识状态不能视同睡眠。

早期的心理学家将白日梦视同**幻想**(fantasy)，而认为幻想是逃避现实的幼稚行为。弗洛伊德在其《梦的解析》一书中即指出：“快乐的人从不幻想；幻想只是失意者的行为”(Freud, 1908)。晚近心理学家对白日梦的看法已经改变，不但认为白日梦是极为普遍的现象，而且认为白日梦对日常生活利多于弊，甚至就生活适应而言，它具有积极功能。

先就白日梦的普遍性来看。曾有心理学家以 240 位 18～50 岁在大学求学或大学毕业者为调查对象，要他们回答“你是否经常做白日梦”，调查结果发现有 96%的人回答是肯定的(Singer,1976)。像这种凭个人记忆的问卷调查也许不太可靠。另外一项实验研究，在设计上就比较进步。该实验研究是以大学生为实验对象，要他们每人口袋中装一个小型的发声器；发出的声音只有在他意识十分清醒时才能听到，发声后用手指轻按电钮，即行停止。发声的时间不固定，平时是两小时内发声三次。实验结果发现，纵然白天学生们有十几个小时处于非睡眠的清醒状态，但事实上他们却有 1/3 以上的时间是在做白日梦，因为他们对口袋中发声器的声音有 1/3 以上并未察觉(Singer,1978)。如根据此一研究结果推论，上课时如教师讲授方法不够生动有趣，有 1/3 的学生陷入“听而不闻”的白日梦意识状态中，算不上什么怪事。

对白日梦的内容分析，晚近的心理学家一般认为白日梦主要分三种类型：(1)痛苦型，指对工作失败、受人屈辱以及个人无可补救缺陷等所引起的幻想；(2)焦虑型，指对自己生活包括工作、事业、婚姻以及社会事务缺少把握与信心因而产生无力感、不定感以及恐惧感；(3)愉快型，对现实感到满足，对未来方向肯定，因而充满希望的幻想。

至于谈到白日梦在生活上的积极功能，现代心理学家一般认为有三方面：(1)痛苦情绪的缓冲作用，生活中遇到情绪痛苦时，幻想奇迹出现，即使是逃避现实，仍然具有心理健康的意义；(2)单调生活的调剂作用，诸如听上级长篇大论的教条式训话、上课时听教师照本宣科的讲课以及一直重复同一动作的单调工作等，在此等情境下既不能脱身，又无法集中注意，借幻想即可打发时间；(3)扩展思维界限以解决问题，在完全清醒时思维多半受合理知识经验的限制，白日梦中的幻想世界是海阔天空的，你可以幻想当然之事变为不可能，也可以幻想不可能成为可能。事实上著名的文学家、艺术家、科学家的作品与发明，很多是在白日梦的意识状态下获得灵感的。比利时著名化学家凯库尔(Friedrich Kekul, 1829～1896) 研究碳氢化合物苯的环状分子结构时，就是在白日梦中看到一条蛇咬住它自己尾巴打转而发明的。

境中的一切刺激讯息，既没有被动收受，也没有主动处理。从第三章提到的**感觉阈限**的观点言，外在刺激的强度在未达绝对阈限之前，个体不会对之产生感觉与知觉。在此种情境下，自然就不会产生意识。至于内在环境，个体体内由**自主神经系统**所控制的一切器官活动，诸如心脏跳动、血压升降、内分泌运作等，对个体言之也不会产生意识。

（三）潜意识

潜意识(**或无意识**)(unconscious)是精神分析学派的专门术语。按弗洛伊德的说法，人的心，其作用分为三个层次：居上层者为意识，居中层者为前意识(见后文)，居下层者为潜意识。潜意识意指潜隐在内心深处不为个体所知的意识；不为个体自己所知，并不就是“无有”或“不存在”。弗洛伊德认为，潜意识中存在着很多欲望、冲动、痛苦记忆、想象等。潜意识中的一切，之所以不为当事人所自知，主要是由于个体刻意压抑使之无法浮至意识层次的缘故。在个人意识层次的控制力减少时(如在梦中)，潜意识中所存在的一切即可能浮现。其所以潜隐而不显现，有些是因为社会规范的不许可而由个体压抑下去的，有些是属原始性的本能，自始就留存其中的。潜意识虽不为个体所自知，但却影响个体的行为。按精神分析论的解释，精神异常的主要原因就是个体的意识与潜意识之间失却平衡所致。本词如译为无意识，其含义应与前条相同，但不符合弗洛伊德的原意。

（四）前意识

前意识(preconscious)有两种不同的解释：第一种解释来自精神分析论，指前意识是介于意识与潜意识之间的一种意识层面。潜意识层面下所压抑的一些欲望或冲动，在浮现到意识层面之前，先经过前意识。前意识的另一种解释来自**认知心理学**，指以前储存在**长期记忆**中的讯息。此等讯息虽早已储存在长期记忆之中，但在平常不使用时，个人对之并无意识；只有在必要情形下检索使用时，才会有意识产生。例如，在我们长期记忆中，储存着数以千计的文字符号讯息，在平常不使用时，我们并感觉不到此等讯息存放在那里，只有在提取使用时，才会对之产生意识。此等以前学到而储存在记忆中的意识，称为前意识。又此等意识在性质上乃是属于记忆，故而本词也称**前意识记忆**(preconscious memory)。

第二节　不同意识状态的自然变化

凡是有经验的教师都会觉察到，无论教师讲解的内容多么精彩有趣，只要时间一长，学生们就会因注意程度的不同而有各种意识层次：有的全神贯注意识明确，有的精神涣散只有半意识；也有的不听不闻而进入无意识的梦境。此一现象显示了两个问题：其一是意识检选作用与控制作用因人而异；其二是意识层次的变化可能具有周期性，而周期性也可能有个别差异。意识检选与控制两种作用，已如前文所述。接下去要讨论者则是在一般人日常生活中所经验到的两方面意识层次变化问题。

一、意识状态变化的周期性

在世界上不同地区昼夜的时间有很大的差异，一年四季昼夜的长短也有变化。生活在现代工商业社会的人，多半在日间活动，但也有很多人过夜生活。无分地区或行业，在人的日常生活中，人的意识层次是无法一直维持清醒不变的。人的意识状态，除在清醒时有层次起伏变化之外，与清醒期相对的就是睡眠。清醒与睡眠间意识状态的变化是周期性的，每隔 24 小时重复一次。在此周期中的身心变化，自然就成了心理学家有兴趣研究的问题。

（一）身体时钟与工作时间的适应

按一般常识的看法，人类的生活活动是随日光行事的：日出而作，日入而息。事实上，太阳只是一种重要参考线索，除太阳之外，人体本身有一种职司时间感的内在机制。此一内在机制提供讯息，使人知道何时进食、何时休息、何时排泄、何时睡眠。此一内在机制称为**身体时钟**(body clock)，也称**时辰节律**(或**昼夜节律**)(circadian rhythm)。身体时钟的形成，除生活习惯之外，主要是由于 24 小时之内地球周而复始运转所形成的气温变化使然。心理学家研究发现(Foster, 1993)，在一切时间线索被控制(时钟、窗口亮光以及大气温度等因素均予控制）的情境下，人类的身体时钟的作用大致仍能维持，只是略较实际时间稍慢而已。在此情境之下，如受试者被允许按自己的需要而饮食、阅读、睡眠、休息，结果发现他们每天睡眠的时数与往常相似，只是每天上床的时间，比往常稍微延迟。按研究者的解释，此种韵律性延后现象，乃是由于人类的清醒-睡眠周期是在 24.5～25.5 小时之间的缘故。在时辰节律运作的周期中，体温、血压、内分泌状态等均将随之起伏变动。

由于人体内有自动调节身体时钟机制，于是附带产生了两个心理方面的问题：一为飞行时差问题，二为全天候三班制轮班制度下身心调适的问题。

1. 飞行时差的困扰 所谓**飞行时差**(jet lag)，是搭乘超音速飞机时，因飞行速度与地球运转方向间所产生时间上的差异，干扰了身体时钟而形成的暂时身心失调现象。飞行时差的主要现象是身心疲倦、食欲不振、睡眠暂时失常等。飞行时差的困扰程度，因飞行方向而异。如图 4-1 所示，逆地球运转方向飞行时，飞行时差小，较易适应；顺地球运转方向飞行时，飞行时差大，较难适应。对一般人而言，停止飞行三五天之后，飞行时差的困扰就会自动消失。

2. 全天候轮班制的问题 现代化工厂机器的运转都是 24 小时全日无休的，因此工作人员必须配合需要实施轮班制。一般所采轮班制度多为三班制，即每班 8 小时，上午 8 时至下午 4 时为日间班，下午 4 时至午夜 12 时为小夜班，午夜 12 时至翌日上午 8 时为大夜班。三班人员不能固定不变，必须轮流当值，否则长期值大夜班者往往因身体时钟调适困难，导致睡眠不足而影响工作效率。因此，如何三班轮替就成了工业心理学上研究的问题。心理学家根据身体时钟的原理，建议采用**顺延轮班制**(later-shift of work)(Czeisler, et al., 1982)。此制的设计是首轮值日间班，一周后改值小夜班，再一周后再改值大夜班。此制实施后，经研究发现，参与顺延轮班制的工作人员，在身体健康、工作效率、请假时数等方面，均较其他轮班方式为优，其原因与前述逆地球运转方向飞行时的飞行时差较小的原理相同。

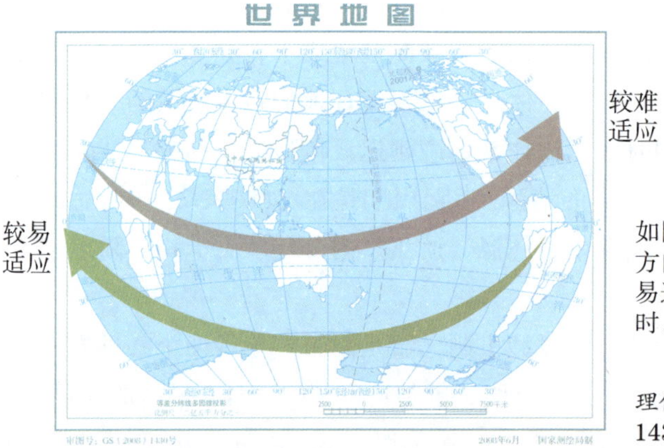

图 4-1　飞行时差

如图中箭头所示，逆地球运转方向飞行时，飞行时差小，较易适应；顺地球运转方向飞行时，飞行时差大，较难适应。

注：本图来源于国家测绘地理信息局，审图号是 GS(2008)1430 号。

(二) 睡眠的必要性与普遍性

在各种不同意识状态中，与清醒意识状态相对者是睡眠。**睡眠**(sleep)一词在心理学上的意义是，对环境刺激不表现反应的无意识状态。根据前文所述，睡眠是受身体时钟支配的，对身心功能而言，睡眠有养精蓄锐和恢复体能的作用，因此人们在生活上十分重视睡眠。心理学家对于睡眠的研究兴趣，一向集中在三方面:(1)睡眠是否确有需要?(2)睡眠期间在生理上有些什么变化?(3)睡眠中常有做梦现象，梦是怎样产生的？接下去先讨论前二问题，关于梦的问题留待下一子题再行讨论。

1. 睡眠的必要性　对人类的生活而言，睡眠是必要的。在 1965 年，美国圣地亚哥举行科学博览会期间，有一名叫葛敦纳的 17 岁中学生异想天开，打算创造一项连续不睡眠的世界纪录。在医生监护下，他维持了 264

小时。虽极度疲劳，但仍未丧失意识，为防止意外，医生要求实验停止。停止实验后，他大睡了 14 小时，醒后即恢复正常(Dement, 1972)。

对一般人而言，睡眠是有必要性的。睡眠之所以必要，除了生活上已养成的习惯之外，主要是受身体时钟机制的支配。按身体时钟在每天 24 小时内的运作中，有两种因素变化会影响人的清醒与睡眠：其一是环境中的温度变低(身体热量势必消耗较多)时；其二是身体中能量消耗到某种程度时。此二因素相互作用，会使人阶段性地感到疲劳。补充精力消除疲劳的方法，除定时饮食之外，就是定时睡眠。每天气温的变化，大致是午夜至凌晨五时左右一段时间最低，人类的体温也正好是在此一时段内降到最低。故而绝大多数的人，晚上 11 点至翌晨 6 点是睡眠时间。

2. 睡眠的普遍性　睡眠不只是人类生活中所必要的，同时在所有动物中，睡眠也是普遍现象。所有动物在每天 24 小时内总有一段时间睡眠，所不同者只是动物所选择的睡眠时间、地点和睡眠方式不同而已。有动物学家观察研究了 170 种不同动物的睡眠时间，结果发现，所有动物或多或少都有睡眠的行为。马、牛、羊的睡眠时间甚短，每天仅需 2～4 小时；蝙蝠与犰狳的睡眠时间，每天多达 19～20 小时(图 4-2)。在睡眠时间分配上，

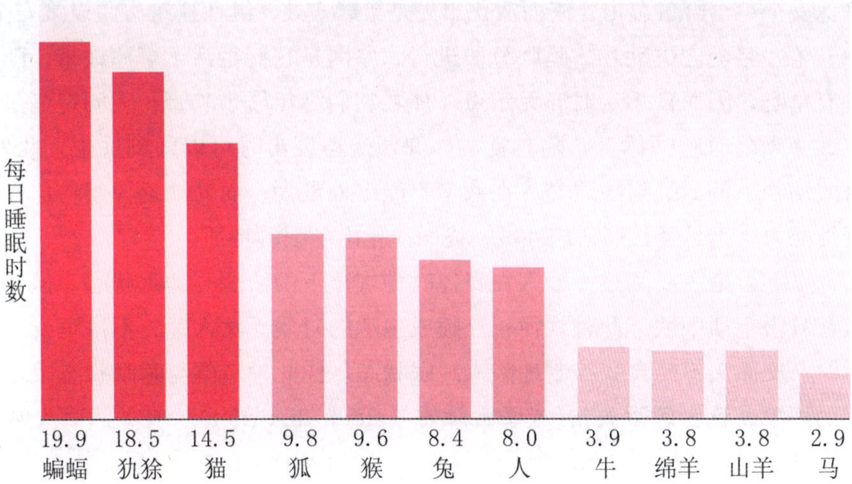

图 4-2　哺乳类动物睡眠时间之比较

(根据 Zepelin & Rechtschaffen, 1974 资料绘制)

各种动物也不相同，多数动物的睡眠是在夜间，也有些动物昼伏夜出；有些动物睡眠时间集中，每天只睡一次，有些动物的睡眠分段进行。家畜中猫与狗的睡眠，就是随时睡随时醒的(Zepelin & Rechtschaffen, 1974)。

人类的睡眠，一般言之有以下三个特征：(1)睡眠多在一定地点，而且还要更换衣服，成为隐私行为的一部分；(2)睡眠的个别差异较其他动物为小，一般成人睡眠，大致在每天 5～9 小时之间，而以 7.5 小时为平均数；(3)人在一生中都需要睡眠，惟每天睡眠时间的长短，随年龄的增加而逐渐减少。根据心理学家的观察研究，新生儿每天睡眠平均 16 小时；六个月后，减为 13 小时；儿童期(2～12 岁)的睡眠时间，约在 10～12 小时之间；青年期(12～18 岁)的睡眠，约为 9～10 小时；成年人的睡眠，一般在 7～8 小时之间；老年人(60 岁以上)的睡眠，一般则减少至 5～7 小时之间(Roffwarg, et al.,1966)。

至于对各种动物睡眠方式各不相同现象的看法，大致说，一般相信进化论的解释。按进化论的说法，个体除了必须睡眠之外，各种动物（包括人)之所以表现出各种不同类型的睡眠方式，其原因主要是在生存过程中长期演化而来的。人类在夜间睡眠，而且有固定地点，原因是人类缺少夜行能力；为确保安全免于野兽袭击，终而演化出先是巢居穴处，继而建筑房屋以策安全。牛、羊、骆驼之类动物，睡眠分段进行，原因是它们生活于草原地带，随时都有草吃，因而食无定时亦无定点。加之它们终年居于旷野，无固定栖身地点，必须随时睡眠休息，随时觉醒，俾便遭遇袭击时可以即刻逃生。此外，有些动物，例如蛙与蛇之类，在寒冬不能出外觅食，而又缺乏像候鸟那样的迁徙能力，于是经长期适应环境，终而演化出冬眠的特征。

以上讨论主要阐述一般人在身体时钟规律下的清醒与睡眠状态。但有些人在日常生活中缺乏此种规律：该睡或想睡的时候无法入睡，不该睡或不想睡时，反而又不能自我控制地陷入睡眠状态。像此种清醒与睡眠状态缺乏秩序的现象，称为**睡眠失常**(或**睡眠障碍**)(sleep disorder)。有关睡眠失常问题，可参阅补充讨论 4-2。

补充讨论 4-2

睡眠失常

睡眠失常自然是指日常生活中睡眠失却常态而言。睡眠失常包括两种现象：其一为睡眠不足，称为**失眠**(insomnia)。失眠的现象是该睡或想睡时不能入睡；入睡后无法进入沉睡阶段，且极易醒来，醒来后很难再行入睡。其二为**睡眠过度**(**或睡眠过多**)(hypersomnia)。睡眠过度的现象是在不该睡或不宜睡时个体无法维持自己的清醒意识状态，而突然入睡。在医学上称睡眠过度为**猝发性睡眠症**(**或嗜眠症**)(narcolepsy)，其主要症状是清醒中情绪强烈时身心猝然松懈而陷入昏睡状态。猝发性睡眠症是稀有现象，在一般人口中所占比率不及万分之二。因此，讨论睡眠失常问题时多以失眠现象为主题。

失眠一词只是一个笼统的概念。有些人可能对失眠概念认识不清而庸人自扰。因为睡眠与失眠是相对的而非绝对的两件事。一个人在一天 24 小时之内究竟需要睡眠几小时？这问题并没有肯定的答案。就成年人而言，有些人夜睡六小时已足，但也有些人非睡八小时不可。一夜睡几小时既然没有客观标准，个人就无须根据别人的睡眠时间来主观核对自己的睡眠习惯。在心理学上有一个名词，称为**良性失眠**(benign insomnia)，意指失眠只是当事人的感觉，事实上他睡眠的时间已足，只是认为多睡对身体有益，而在额外的时间内又无法入睡，因而自认失眠。由此可见睡眠足够与否是品质的问题，而非躺在床上时数的问题。明乎此接下去讨论常见的三种失眠：

1. 情境性失眠　**情境性失眠**(situational insomnia)是一种暂时性的失眠，其成因系由生活情境改变而造成暂时适应困难使然。不过，如生活情境中的困难一直存在，不能解除，暂时性失眠也可能恶化为长期失眠。形成情境性失眠的因素很多，诸如亲友病故、失学、失业、破产、失恋、离婚等生活上遭遇困难，形成个人心理危机时，自然会影响夜晚的睡眠。有时情境改变并不严重，比如改变睡眠环境(如初次住进学校宿舍)，也会产生暂时性失眠。像此种因情境改变而形成的失眠，一般在情境中的危机消除或逐渐适应之后，就会自行恢复正常睡眠。

2. 失律性失眠　**失律性失眠**(arrhythmic insomnia)是指因生活规律改变而形成的暂时失眠。前文所述跨洲飞行的旅客，常会因**飞行时差**而形成睡眠困难，即属失律性失眠。有些人因工作上的需要，有时白天工作，有时夜间加班(如日夜班轮班制加工，赶拍影片的影艺人员等)，也难免因生活缺少规律而形成失律性失眠。

3. 窒息性失眠　**窒息性失眠**(sleep apnea)是一种因呼吸困难造成睡眠障碍的现象。呼吸困难的原因，可能是因气管障碍，也可能因大脑主管呼吸的神经中枢功能失常所致。患窒息性失眠者，夜间经常多次因呼吸困难而醒来，醒后就无法再行入睡。患窒息性失眠者，白天常感精神不振，身心俱疲。此种睡眠失常，多为老年人。对窒息性失眠患者，切忌服用安眠药物；服用安眠药物后非但无效，反而可能因药物对中枢神经的抑制作用导致窒息的情况更行严重。

(三) 睡眠生理心理的脑电波研究

睡眠是心理现象，也是生理现象。睡眠的生理心理学研究，始自 1929 年德国生理学家柏格(Hans Beger, 1873～1941)对**脑波**(或**脑电波**)(brain wave)的研究。柏格为研究大脑皮质各区位的电位变化，发明了一种仪器，可以记录大脑电位变化而形成的波动图形，称为**脑波仪**(electroencephalograph)，在脑波仪上记录下来的脑电波记录，称为**脑波图**(或**脑电图**)(electroencephalogram，简称 EEG)。仪器使用时，系将微弱的电极固定在受试者头皮的不同部位，头皮下大脑皮质相关部位神经细胞的电位变化，即可形成电极上的电流活动。此种微弱电流活动，经由仪器扩大，并经特制的描针绘制在定速的纸带上，或经电脑处理，将之呈现在荧光屏上，即成为如图 4-3 所示的脑波图。

脑波研究技术发明之后，到 20 世纪 50 年代，被心理学家采用做为研究睡眠的重要工具。心理学家根据脑波图分析从清醒到睡眠的整个过程，发现一夜之间的睡眠，因睡熟度深浅不同，可分为五个阶段。如图 4-3 所示，脑波图中有六条曲线，第一条是在受试者入睡前放松阖眼状态下的脑电波活动，此条曲线的特征是频率比较规律(每秒周波数在 8～12 之间)，振幅较小。从第二条曲线以下，依序代表睡眠中的五个阶段。阶段 1 是睡眠的开始，脑波开始变化，频率渐缓，振幅渐增，平常所指昏昏欲睡的感觉，即属此一阶段。睡眠习惯正常的人，阶段 1 只维持几分钟时间。阶段 2 进入正式睡眠，此时脑波渐呈不规律进行，频率与振幅忽大忽小，是为浅睡阶段。阶段 3 与阶段 4，为沉睡期，波形改变很大，频率每秒仅 1～2 周波，振幅则大为增加，呈现缓进曲线。睡眠进入此二阶段，受试者不易被人叫醒。最后一个阶段，称为**快速眼动睡眠**(rapid eye movement sleep，简称 REM sleep)。原因是，此一阶段除脑波形态改变之外，受试者的眼球有快速跳动现象。此时如将受试者唤醒，80%以上的人自称正在做梦。因此，快速眼动睡眠阶段亦即成为心理学家研究做梦的重要根据。与快速眼动睡眠阶段相对的前面四个阶段，因为不出现眼球快速跳动的现象，故而统称之为**非快速眼动睡眠**(nonrapid eye movement sleep，简称 non-REM sleep)。

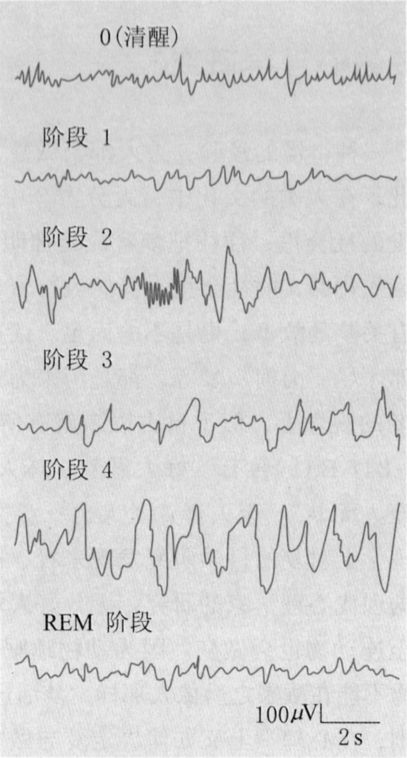

图 4-3　脑波图
睡眠中不同阶段出现不同的脑波形态。图下之拐角线，横线之下数字表示两秒钟内曲线的距离，此段距离内的波动数代表频率，竖线为微伏数，代表振幅。

就一夜睡眠 7～8 小时的整段时间看，属于沉睡期的第四阶段，主要出现在前半夜睡后两个半小时之内。快速眼动睡眠主要出现在午夜以后，大约每隔 90 分钟出现一次，一夜之间出现 4～5 次左右。根据心理学家的实验观察研究，一般大学生的睡眠期间，阶段 2 约占全时间的 50%，阶段 4 约占 15%，快速眼动睡眠则约占 25%。新生儿睡眠时，快速眼动睡眠占时间最多，约占睡眠时间的一半。据此推论，婴儿的梦远比成人要多。中国人早就相信，婴儿睡眠时眼皮跳动是在做梦，此种传统看法已获得科学证实。老年人睡眠时做梦较少，一夜中出现快速眼动睡眠的时间，约在 18%左右(Webb,1975)。

二、梦的心理学研究

梦是一种奇怪的经验，人人都会做梦，但谁也说不出人之所以做梦的究竟。因此，在人类的文化中，无分古今中外，对做梦一事，始终是一个谜。在未开发的社会里，往往把梦看成是神明的指示或魔鬼作祟，固不足为奇。即使在现代化的文明社会里，仍然流行着对梦的诸多迷信。在中国的文化流传中，有关梦的故事，更是不一而足。诸如：庄周梦蝶、黄粱一梦、梦笔生花、江郎才尽、南柯一梦等，都是历来为人津津乐道的梦故事。惟中国与西方在对梦的观念上，似乎自古以来就有所不同。古希腊哲人柏拉图(Plato，约 427～347 B.C.)曾有“好人做梦，坏人做恶”的说法。而中国的祖先却相信“至人无梦”。至人者，圣人也；意指圣人无妄念，所以不会做梦。以今天心理学上对梦的科学研究发现来看，古代中西对梦的看法，存在很多误解。根据现代心理学家的研究，无分好人坏人，无分圣贤愚鲁，人人都会做梦，甚至连动物也会做梦。因为动物睡眠时眼球也会快速跳动。其不同者，只是动物不能在醒来之后像人那样“梦话连篇”而已。

然则，在心理学上又如何界定梦与做梦呢？心理学家们又如何研究梦与做梦呢？所谓**梦**(dream)，在心理学上的一般解释是，梦是睡眠期间在接近无意识状态的情形下所产生的一种自发性的心像活动。在此心像活动中个体身心变化的整个历程，称为**做梦**(dreaming)。接下去我们就看看心理学家们如何研究梦与做梦的问题。

根据两件事可以证明做梦是一种真实的心理活动：其一是人皆承认有过做梦的经验，此点正符合科学上**众言可证性**(intersubjective testability)的原理(众言一致，不证自明)。其二是脑电波显示在快速眼动睡眠阶段正是做梦的时间。只是梦的问题在心理学上不易研究；梦不能直接观察，凭个人内省也不完整。因此，到目前为止对梦的研究仍属理论解释阶段。在心理学上，对梦的解释有很多不同理论，以下介绍最重要的两种理论。

（一）梦的潜意识活动论

在心理学上对做梦现象提出系统解释者，首推精神分析学派创始人弗洛伊德(见图 1-5)。在 1900 年弗洛伊德出版的《梦的解析》，被誉为“改变历史”的空前名著。弗洛伊德为精神病学家，他的一切理论都是根据长期临床经验归纳而来的。因此梦的解析既是一种解释梦的理论，也是一种治疗方法。有关精神分析论的治疗方法，留待第十四章再行讨论，在此只简略介绍梦之解析的理论要义。弗洛伊德的梦之解析是以**潜意识**为基础的，其理论中含有四点要义：

1. 当事人所陈述的梦，只是一种象征性的表达，在象征背后，隐含着另外的潜意识意义。所以当事人所陈述的梦，必须加以解析，否则，连当事人自己也不能了解梦境的真正意义。弗洛伊德发现，经过梦的解析之后，不但可以揭露出精神病患症状背后隐藏的病因，而且也可由之探究一般人潜意识的心理历程。

2. 对当事人所陈述的一切梦的内容，称为**梦境**(dream content)。梦境分为两个层面：一为**显性梦境**(manifest content)，是当事人醒来后所能记忆的梦境。显性梦境是梦境的表面，属于意识层面，是当事人能陈述的。另一为**潜性梦境**(latent content)，是梦境深处不为当事人所了解的部分。此一部分才是梦境的真面貌。属于潜意识层面的梦，其情节是当事人无法陈述清楚的。按弗洛伊德的说法，在人的潜意识层面中，平常存在着一些被压抑的与性有关的冲动或欲望。因此等冲动或欲望不为当事人意识所接受，只有在睡眠时，意识层面的压力放松之际，才会乘机外逸，并以伪装方式形成不为当事人所能了解的潜性梦境。对梦的解析，目的即在根据当事人所陈述的显性梦境为起点，进一步探究潜性梦境中所隐含的真正意义。

3. 当事人醒来之后，他所能陈述的来自意识层面的显性梦境，事实上是由潜意识的潜性梦境改头换面以伪装方式转化而来的。从不为当事人所了解的潜性梦境，转化成为当事人所了解的显性梦境，其间转化的过程，称为**梦程**(dream work)。对梦的研究，目的就是研究潜性梦境转换为显性梦境中间的梦程。

4. 从梦的功能看，弗洛伊德认为梦有两方面的正面作用：其一是梦具有守护睡眠的作用，入梦后可借由梦境中的象征性意识活动，冲淡日间留下来的紧张情绪。其二是梦具有**愿望满足**(wish fulfillment)作用：日间的愿望受到控制无法满足，可借由象征性的梦境中获得满足。

(二) 梦的知觉组织论

前文介绍的精神分析论对梦的理论解释，其最特殊之点是梦生于内心深处，而非由外在刺激所引起。此种说法无异于完全脱离了争议已久的**心身关系问题**。撇开弗洛伊德的理论，改从心身关系的度看，就不能不使人联想到“梦与脑的作用有无关系”的问题。因为一切记忆活动全是脑的功能，梦境既需靠醒后记忆来陈述，可见做梦活动的当时，脑的神经作用是参与其事的。基于此一逻辑，于是近年来产生了梦的生理心理论。根据生理心理论的说法，梦是一种内在心理事件，此一心理事件的形成与清醒时知觉的产生类似，也是经由刺激引起神经活动传入大脑后转化而来的。在转化过程中，大脑试图将由神经传来的讯息，加以选择、组织与解释而形成的知觉，就是梦的内容。所不同者只是睡眠时由刺激引起的知觉较诸清醒时的知觉为模糊而已。此一理论系由美国哈佛大学医学院教授麦卡利与赫伯森(McCarley & Hobson, 1981)二人所提出，称为**激活-综合假说**(activation-synthesis hypothesis)。该一假说认为，梦是大脑综合由刺激引起神经活动而形成的模糊知觉现象。很多人常在梦中梦到自己身陷困境无法逃脱的情景，可能就是当时身体某些部位受到压迫，大脑不能随意支配身体活动而形成的模糊知觉现象。很多人梦到自己的身体会飞起来或是从高处落下。根据激活-综合假说的解释，那是由于内耳的**前庭器官**(见第三章听觉系统及附图)觉察到身体暂时失却平衡的讯息，传至中枢后大脑做出的解释。有些人梦见可怕的情境想逃跑但跑不动的情境。根据激活-综合假说的解释，那是由于大脑支配肢体活动时，肢体回馈因受阻碍(如睡眠姿势关系)不能活动后所做出的解释。

第三节　意识状态的有效控制

在第一节内讨论意识的作用时，曾经提到个体在意识状态下，对自己的行为有控制作用：控制自己该做什么和不该做什么。这是从意识控制支配行为的观点而言的。如果从意识状态改变的本身而言，个体能否控制自己的意识状态使能随心所欲地改变？古今中外有很多人为此一问题寻求答案。原因是生活中有些挥之不去的意识状态，因其存在而使人心神不安，甚至感到痛苦。诸如失眠、头痛、抑郁、紧张、焦虑等，都是一般人常有的经验。为求改变此等令人不安的意识状态，人们从经验中发展出两类方法：一类是运用身心两方面彼此影响的原理，借由自主性的心理运作以改变意识状态，从而调理心身关系，促进身心健康。另一类是借由药物对身体发生的直接效应，使之对心理活动产生间接影响，从而达到改变意识的目的。第一类方法是积极的、可取的，是对意识状态的有效控制，是本节内要讨论的。第二类方法是消极的、有害的，是对意识状态的暂时控制，是第四节讨论的主题。以下介绍三种意识状态有效控制的方法。

一、生理回馈

生理回馈（或**生物反馈**）(**biofeedback**)是根据心身关系中心身彼此影响的原理，借由自主意识改变内在生理活动，从而达到改变意识状态的一种方法。接下去即从学理与应用两方面讨论生理回馈的问题。

（一）生理回馈的基本原理

在第二章内曾经谈到**自主神经系统**的功能。自主神经系统是不受个体意识控制的。自主神经系统分为**交感神经系统**与**副交感神经系统**两个系统（见图2-6）。前者在个体意识警觉与情绪紧张时发生作用，而后者则在意识平静情绪松弛时发生作用。意识警觉和情绪紧张状态与生活情境有关，如在考场应试或球场比赛时短暂的警觉意识与紧张情绪是正常现象，但如应考或比赛过后需要休息时，仍然处于意识紧张状态，就会使人备感疲惫。因此，长期以来曾有很多人提出如下的问题：能否运用个人的意识影响内在自主神经系统，使副交感神经发生作用，从而间接控制自己的意识状态呢？如果只从生理科学的观点看，此问题没有肯定的答案。但如从心身关系彼此影响的观点看，此事就有可能。事实上，人类早就开始运用心身交互影响的原理锻炼身体，只是其中道理尚未经由科学验证与系统解释而已。直到20世纪60年代，心理学家才经动物实验证实，个体可以经由学习的过程，在意识支配下有限度地控制内脏器官活动，从而达到改变意识状态的目的。此种方法就称为生理回馈。

在20世纪60年代开始研究生理回馈之前，心理学家们早就注意到中东地区有些身怀特异功能的人，能控制自己心跳而不窒息，能睡钉板走炭火而不受伤，能插针入腮而不流血；血肉之躯其所以功能异于常人者，必定有其自行控制身体的方法。在心理学上，最早从事心理回馈研究者，是美国心理学家米勒(Miller,1969)。米勒经动物实验发现，白鼠在麻醉的情况下，能经由**操作条件作用**中**负强化**的原理(详见第五章第三节)，学习调整自己的心跳速度以避免电击。管制心跳速度本属自主神经系统的功能。既然白鼠能学到调整心跳速度，人类自然也可以学到。以下举一实例以说明生理回馈方法的运用。

(二) 生理回馈的实际应用

以控制血压和心跳为例，实施时受试者静坐椅上，在身体上加以电子装置，使血压的升降状况与心跳的速率，持续在面前荧光屏上显出记录。此时受试者，可一边观察荧光屏上记录的时时变化，一边仔细体会自己身体内部的状况，并随时注意观察在记录上曲线升降或心跳快慢变化时，自己身体上有何种不同的感受。然后，再进一步尝试制造一些身心变化，比如放松或拉紧肌肉、排除一切杂念，或作深呼吸，或思考某一重要问题，这时留意记录的变化，并分析其与身心变化的关系。如此，荧光屏上所记录随当时身心变化而变化的讯息，就称为生理回馈。按操作条件作用原理，生理回馈乃是身心变化的后果，再按操作条件作用学习的**后效强化**原理，如受试者能够支配身心变化，以制造生理回馈，那就等于达到了自己支配内在生理运作的目的。生理回馈法是一种科学研究，在成为科学研究之前，类此的观念早已有之，中国传统的内功，印度的瑜珈术，以及近年来国内流行的坐禅，在性质上都是试图以心理影响生理，再由生理转而影响心理，从而达到由意识控制意识状态的目的。试想，心跳加速与血压升高时的意识状态都是警觉与紧张的，如能运用心理作用影响生理作用使心跳减缓和血压下降，岂不是反应在意识上也自然呈现了平静而且放松。

二、催眠

前文谈到，睡眠是在日常生活中受身体时钟支配使意识状态改变的自然现象，**催眠**(hypnosis)则是在特殊情境之下，经由催眠师的诱导使意识状态改变的人为现象。由催眠师所设计的特殊情境及其所采用的诱导方法，两者合之即称为**催眠术**(hypnotism)。

(一) 催眠术的由来

催眠术最早由奥地利精神科医师麦斯默(Franz Anton Mesmer, 1734～1815) 所首倡。在 1779 年，麦斯默出版《动物磁力之发现》一书，尝试运用人体的磁场效应，诱导病患的意识进入恍惚的精神状态，从而消除身体上的症状。到 18 世纪 80 年代，麦斯默的动物磁场之说被渲染夸大，以至在巴黎的上流社会大为流行。最后惊动了法王路易十六，于 1784 年下令成立委员会调查此事。当时被聘担任该调查委员会主席者，是美国著名科学家富兰克林(Benjamin Franklin, 1706～1790)。调查结果指出动物磁力说有违科学原理，因而宣布在医疗上禁止使用。

早期麦斯默的动物磁力说虽遭到挫折，但他所提出的由人为方法改变意识状态的构想，却一直不曾消失。直到 1842 年，英国医师布莱德(James Braid,1795～1860)，运用动物磁力说原理，诱导病人进入意识恍惚的近似睡眠状态，然后予以治疗。惟布莱德不再采用原来麦斯默使用的名称，而采希腊神话睡神 Hypnos 之名，称之为“hypnosis”。

到 19 世纪末叶，催眠术在法国医学界又复流行起来。此时奥地利精神病学创始人弗洛伊德(见图 1-5)，采用催眠术治疗**歇斯底里**(见第十三章第二节)，将歇斯底里患者显现在身体上的症状，解释为心理的原因。虽然弗洛伊德后来放弃催眠术改用精神分析来治疗精神疾病，但催眠术却一直流传下来，至今不衰。

(二) 催眠诱导与暗示

在催眠过程中，并非催眠师使用什么法术，将受试者催入意识迷离的状态，而是由于受试者在催眠师的诱导下，接受其暗示自行改变了他的意识状态。因此，催眠能否成功将系于催眠诱导、暗示与催眠感受性三件事。此处先说明催眠诱导与暗示的意义。

催眠诱导与暗示是连在一起的。所谓**暗示**(suggestion)，是用语言告诉受试者他的意识已产生改变(如：你开始要睡了；你的眼睛已阖起来，全身放松，快要睡着了!)。所谓**催眠诱导**(hypnotic induction)，是运用暗示并伴以其他动作，诱导受试者进入催眠状态的过程。在实施时，催眠师除对受试者语言暗示外，并经常使用辅助动作(如在受试者眼前摇摆一物件)。催眠诱导方式虽未必相同，但大体上不外遵循以下顺序：(1)暗示受试者眼睛疲倦，无法睁开；(2)暗示受试者感官逐渐迟钝，将不会感到刺痛(在催眠状态下将失却痛觉，拔牙免用麻醉，即根据催眠原理)；(3)暗示受试者忘却一切，只记得催眠师所讲的话和要他做的事；(4)暗示受试者将经验到**负幻觉**现象(如告以桌上台灯不见了)；(5)暗示受试者催眠过后，醒来时将忘却催眠中的一切经验；(6)暗示受试者醒来后做某些活动(如打开窗子)。此外，催眠效果另与两个条件有关：其一，催眠须在安静的环境下进行；其二，受试者须对催眠师有信心、有安全感，两人之间有良好的默契。

(三) 催眠感受性

前文所述催眠诱导与暗示，只是从催眠师的一面所做的说明。催眠时除用暗示诱导受试者之外，催眠效果还须视受试者催眠感受性的高低而定。所谓**催眠感受性**(hypnotic susceptibility)，是指受试者在心理与行为上自愿接受催眠师暗示的程度。如受试者自愿按照催眠师的暗示去做，即表示他的催眠感受性高，反之即为低。根据心理学家研究发现(Lyn & Rhue, 1988)，催眠感受性与受试者的性格有关，有三种人最容易接受催眠暗示：(1)平常喜欢沉思幻想的人；(2)在生活中善于心向专注而不易因外在刺激而分心的人；(3)希望从催眠中获得新鲜意识经验的人。因催眠感受性的高低系根据接受暗示的程度而定，故而也称**催眠暗示性**。研究催眠的心理学家们，试图采用类似**心理测验**上常用的量表式的工具，用以测量催眠感受性的高低。在这方面最著名者，厥为**斯坦福催眠感受性量表**(Stanford Hypnotic Susceptibility Scale)。该量表包括12个项目，每一项目包括一种活动，由受试者跟随催眠师的暗示语表现出配合动作。表4-1内所列，即为该量表的全部项目与通过标准。

表4-1　斯坦福催眠感受性量表

暗示语	配合动作	通过标准
1. 你弯下身去	姿势改变	不需强迫就自动弯下身去
2. 你的眼皮越来越沉重	阖起眼睛	不需强迫就自动阖上眼睛
3. 你的左手垂下去	手向下垂	在10秒钟内左手垂下6英寸
4. 你的右臂无法移动	手臂定位	在10秒钟内右手举起不超过1英寸
5. 你的手指无法分开	手指并拢	在10秒钟内手指无法张开
6. 你的左臂开始僵硬	手臂僵硬	在10秒钟内手臂弯曲不超过2英寸
7. 你的两手相向合拢	两手合拢	在10秒钟内两手合拢在6英寸之内
8. 你说不出自己的姓名	口语抑制	在10秒钟内无法说出自己姓名
9. 你眼前有一只苍蝇	幻觉现象	受试者挥手试图将之赶走
10. 你无法支配你的眼睛	眼睛失控	在10秒钟内睁不开眼睛
11. 醒后请坐另一把椅子	醒后换位	醒后表现移动的反应
12. 醒来后你将忘记一切	失忆测验	所能记忆的催眠中项目少于三项

(采自 Hilgard, 1965)

斯坦福催眠感受性量表的记分方法是，每通过一个项目获得 1 分，共计 12 分。受试者在该量表上得分之高低，代表他如接受催眠时，可能进入催眠状态的深度。只有得分在 5～12 分之间者，始有可能进入催眠状态，得分在 8～12 分之间者，始有可能进入深度催眠状态。根据量表设计者以 533 个大学生为对象研究结果，具有催眠感受性的人，约占 25%；能进入深度催眠状态者，约占 10%；大约有 10%的人，根本就无法施予催眠(Hilgard, 1965)。由此可见，催眠术并非对所有人普遍有效。

(四) 催眠的效应

在催眠状态之下，受试者遵从催眠师的暗示行事，在行动上陷入一种恍惚而不自主的状态。除此之外，催眠后将出现三方面的行为效应：

1. 知觉行为改变 催眠状态下知觉行为改变的现象，最主要是表现在幻觉。第三章第四节内谈到**错觉**时，曾指出错觉是知觉失实现象。**幻觉**(hallucination)则是完全脱离现实的知觉虚幻现象。幻觉分为两种：一种是**正幻觉**(positive hallucination)，指受试者所说他看到的人形、物体，或听到什么声音，事实上是根本不存在的。另一种是**负幻觉**(negative hallucination)，指受试者所说他看不见的东西或听不到的声音，事实上都是具体存在的。催眠状态下的幻觉现象，最明显的是表现在痛觉的消失。在尚未发明麻醉剂之前，19 世纪起即有医师开始使用催眠术减低外科手术时病人的疼痛(Wallace & Fisher, 1987)。现今外科及牙科医师，仍然对少数易于被催眠的病人，使用催眠术代替麻醉剂。

催眠状态下受试者对痛觉产生的负幻觉现象，完全是意识状态改变后的心理现象，而不同于麻醉后神经暂时失却传导功能的情形。根据心理学家研究发现，强烈刺激下受试者之所以失却痛觉，那是由于他接受催眠师暗示所致。事实上当时生理上的痛觉仍然是存在的，神经系统仍照常将痛觉讯息传至脑部，也照常引起正常痛觉时所伴生的心跳加速及汗腺分泌等现象。所不同者，只是在催眠状态下受试者感受不到疼痛而已(Hilgard & Hilgard, 1983)。稍后讨论催眠理论时再对此现象作进一步说明。

2. 认知行为改变　催眠状态下认知行为的改变，主要表现在记忆增强与催眠后遗忘两种现象。所谓**记忆增强（或超常记忆）**(hypermnesia)，是指催眠后记忆加强，受试者能记起清醒时所不能回忆的往事。1976 年在美国加州破获的一件劫车案，就是靠事后对司机催眠，由其记起歹徒车号而破案的（Smith, 1983）。案情是一辆满载 26 名儿童的旅行车在加州的公路上被歹徒劫持。旅行车司机逃出报警时，声言虽然看到歹徒的车牌，但因一时慌张未能记下车牌上的号码。经由催眠诱导并给予暗示（暗示他看见歹徒车牌号码），结果发现司机在催眠状态下所记忆的车牌号码数字中，只有一个数字是错的。警方即以此线索为根据侦破了劫车案。

所谓**催眠后遗忘**(posthypnotic amnesia)，是指催眠进行时，催眠师给予受试者暗示，催眠过后醒来时，他将忘却催眠状态下所做的一切活动。因此，受试者在催眠过后醒来时，都不记得催眠中所说或所做的一切。

3. 催眠的后续效应　前文所指的催眠后遗忘是在催眠师暗示下所产生的遗忘现象。催眠师既然可以暗示受试者醒来后忘却催眠中的一切，是否也可暗示受试者醒来后从事某种特殊工作？此即催眠后暗示的问题。所谓**催眠后暗示**(posthypnotic suggestion)，是指催眠师暗示受试者，当他醒来时将做些什么事。前述之催眠后遗忘只是催眠后暗示的效应之一，除此之外，研究催眠者尝试从催眠后暗示的观点，从两方面研究催眠能否产生后续效应的问题：一方面尝试研究戒除不良习惯（如催眠时暗示受试者醒来后将不再吸烟），另一方面尝试研究催眠会不会被利用来暗示受试者醒后做出伤害别人的事。前一项研究是属于精神医学的催眠治疗问题，后一项研究涉及催眠师的专业伦理问题。到目前为止，这两方面的研究尚未获致肯定的结论。

（五）催眠理论

催眠是一种特殊的意识状态。催眠既不同于清醒状态，也不同于睡眠状态。催眠不同于睡眠，可由两点事实证明（Zangwill, 1987）：其一是肌肉并未放松，如将一把钥匙塞在受试者手中，他将握住钥匙不放；但如将钥匙塞在熟睡者手中，他将放松手指任让钥匙滑落。其二是催眠状态下脑波的形态不同于睡眠，而同于入睡前的意识松弛阶段（见图 4-3 脑波图）。对此种似睡非睡特殊意识状态的形成，在心理学如何解释？此一问题的解答，正是催眠理论的问题。到目前为止，解释催眠现象的理论，有以下两种：

1. 新离解论　**新离解论**(neodissociation theory) 是美国心理学家希尔加德(Ernest Ropiequet Hilgard, 1904～2001)1977 年提出的一种解释催眠现象的理论。此一理论的要义是，经催眠后的受试者，在意识上离解为两种不同的意识状态：一种状态是失去自主意识，完全受催眠师的支配；另一种状态是未失去自主意识，仍然了解自己当时的身心状况，未陷入精神恍惚的境界。希尔加德称离解后的第二种状态为**隐秘观察者**(hidden observer)(Hilgard,1977)，为了验证此一理论，希尔加德曾设计如下的实验(图 4-4)。

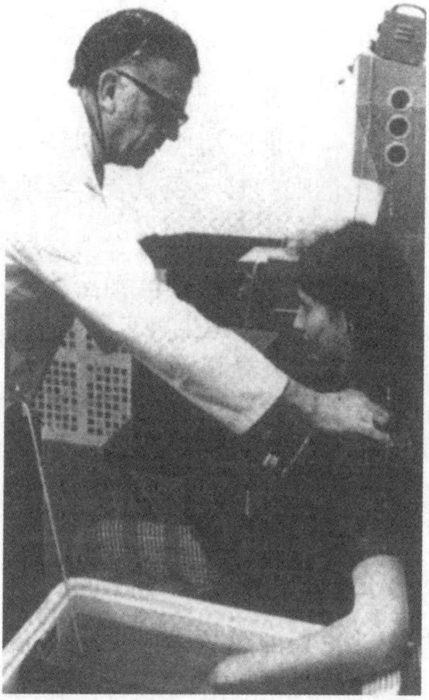

图4-4　隐秘观察者
在催眠状态下仍然有一半意识未失去自主能力。
(采自 Hilgard，1977)

按图 4-4 所示，实验时让受试者将左手插入有冰块的冷水中，并暗示冰水不会使他感到刺痛(事实上会感到尖锐刺痛)。当受试者进入催眠状态后，如问他有无刺痛感觉，他会按催眠师的暗示回答说“没有”。但如让受试者用右手书写回答时，由于右手书写活动不在催眠师的暗示范围内，结果他书写了“有”字。此一现象说明了当时受试者的意识离解成了两半，一半受催眠师的支配，另一半仍然受他自己支配；一半因暗示使认知改变，另一半隐秘观察了解实情(Hilgard, 1979)。

2. 社会角色论 对催眠后意识状态变化的理论解释，晚近的心理学家们大多倾向于社会角色论的看法(Spanos, 1991；Kinnuen, Zamansky, & Block, 1994)。所谓**社会角色论**(social role theory)，是指催眠后受试者之所以遵照催眠师的暗示行事，完全是受试者自主自愿地全心投入扮演一种催眠师要他扮演的新角色。即使新角色与他本人原来的言语行动不尽相符，他也会尽量按照催眠师所暗示者去合作配合。这像戏剧表演一样，只要演员肯全心投入，力求演好剧情中的角色，他就会暂时改变自己言行原貌而沉浸于忘我的意识境界之中。显然，社会角色论解释，是以受试者与催眠师之间的良好社会关系为基础的。催眠术之所以只能对少数人有效，只有少数人能与催眠师建立良好社会关系，是主要原因。这少数人不但相信催眠术的效果，相信催眠对自己有益，而且诚心诚意接受催眠师的暗示去扮演新的角色。如此，催眠的效果就可能在这少数人身上发生。虔诚的宗教信仰所共识的“诚则灵”信条，当可视为催眠社会角色论的补充说明。

三、静　坐

静坐(或**坐忘**)(meditation)是在盘腿端坐时，运用心理作用，放松身体，集中注意，排除杂念，使身心进入忘却物我意识境界的一种方法。中国传统气功养生术中所讲的“入静”，其意涵相当于静坐。静坐是一种有益于身心健康的自主性意识状态改变方法。以下三点是对静坐的简单说明。

（一）静坐的要义

静坐起源甚早，自古以来世界上有许多不同宗教或门派，诸如印度教、伊斯兰教以及中国的道教乃至儒家等，都采用静坐来做为修行的基本方法。现在流行的静坐方式，除坐禅与瑜伽之外，成为心理学研究主题的则是**超觉**

静坐(注 4-1)。其实，各种静坐虽名称有别，然其基本原理则大同小异，都是旨在经由身体的平稳坐姿达到意识状态入静的目的。只要意识状态达到入静的忘我境界，身心的能量就会自然恢复。因此静坐之后常感身心舒畅，精神愉快。

中国自古重视养生之道，中国人的养生，特别强调意念集中，宁神入静的功夫。宁神就是心安气定，毫无杂念；入静就是忘却物我的意识状态。《庄子内篇·大宗师第六》载有庄子转述颜回回答孔子询及“坐忘”的意义时所说：“堕肢体、黜聪明、离形去知，同于大通，此谓坐忘。”由此可见如养生臻于“坐忘”的境界，个人的意识也就在自我控制下达到了目无所视、耳无所闻、体无所感、心无所想的“四无”浑然入静状态。静坐或坐忘的目的就是在自我控制下使内心的意识活动，暂时变为平静状态。

图 4-5 静坐

静坐虽有多种方式，惟在静境中端坐，而又在坐中入静是基本原则。

注 4-1：**超觉静坐**(transcendental meditation，简称 TM）是一种简化了的瑜伽，由印度教士马哈瑞希(Mahesh Yogi Maharish)于 1959 年传入美国，设立学校广为推行。超觉静坐须拜师学习，由教师传给信徒不同的**咒语**(mantra)。静坐时除身心放松外，口中一直默念咒语，旨在排除环境的影响，使意识超越感觉的干扰，从而达到心境全然净化的目的。准此而论，超觉静坐的原理与本节内稍后介绍的入静方法大致相似。

（二）入静的方法

如何经由静坐使活跃的意识状态转为入静？对此问题，可以给予原则性的回答谓：如能做到前文所说的“四无”，就会自然入静。然而原则说来简单，实践则十分不易。不同宗派的静坐，采不同的入静方法，惟大体上都与中国传统气功养生法的入静方法类似。气功养生法开始时，先在安静之处坐下来使身心活动进入“气功态”。气功态即入静的预备状态。气功态指在自主意识控制下先做三种活动：(1)面带笑容使脸部放松；(2)深呼吸使内脏放松；(3)沉肩松手使全身关节放松。气功态形成之后，即可采以下五种方法之一练习入静。

1. 意守法　意守法旨在练意，经由意识的运用使一切纷杂的意念归于宁静。练意也称调心，即调理心境，使活跃的意念趋于平静。进行时可将意念集中于体内某一部位，如丹田穴（肚脐下）或涌泉穴（脚掌）等。也可将意念集中于外在某一物体（如一个花瓶或一幅图画）。惟采用物体为意念集中目标时，不宜过分注意，只将之当做留住意念而不致分心的焦点，在付出的注意力上，只是似守非守，不即不离。

2. 随息法　随息法旨在将意念集中在呼吸时气息的流动上，从而留住意念排除杂念的入静方法。呼吸时要平静自然，注意吸气绵绵，呼气微微，只须感觉即可，不须特别用力。

3. 数息法　数息法是默数自己呼吸次数从而使意识进入静境的一种方法。数息法目的不在默数呼吸的次数，而是借默数时心无旁骛，使感官敏锐度降低，以便达到目无所视、耳无所闻、体无所感、心无所想的目的。

4. 默念法　默念法是借口中念念有词的方式达到入静的一种方法。用做默念的材料，可用一两个单字，也可用一套口诀。练中国气功养生术者，在入静前常于呼气时默念“松”，吸气时默念“静”。古人练入静时常用来默念的口诀如“夜阑人静万虑抛，意守丹田封七窍；呼吸徐缓搭鹊桥，身轻如燕飘云霄”。默念单字或口诀的目的，是试图用一念代万念，用正念代邪念，从而达到入静的目的。

5. 听息法 听息法是借由耳朵听自己呼吸声音的专注方式达到入静的一种方法。静坐时自己呼吸的声音甚为微弱，非集中注意不易辨别。专注于呼吸声音时，其他刺激的干扰将大为减低。在此情境下自然容易入静。

根据经验者谈，采用意宁法较易入静。因为其他四种方法在使用时总难免或多或少付出注意，以致使意识状态得不到真正的宁静。建议有兴趣的读者，可尝试将注意力集中于脚掌心，采用意守涌泉穴的原理入静。

（三）静坐的效应

近几十年来，由于社会变迁与都市工业化的快速改变，使居住在大都市的人，一般都感到工作忙碌，情绪紧张。长期忙碌紧张的后果，难免就形成头痛、失眠、血压升高等身心相连的疾病。因此，原本源于东方的静坐，就在二战之后传入了西方各国，到 20 世纪 60 年代以后，在美国大为流行。很多人试图借练习静坐来纾缓情绪，使紧张的身心获得休息，从而恢复精力。虽然很多练过静坐的人都说静坐对身心健康有益，但单靠主观经验，仍然不足以证明静坐的正面效应。以下采用科学研究的资料，用以说明静坐对身心的效应。

1. 静坐的生理效应 美国心理学家华莱士与宾逊（Wallace & Benson, 1972)，经实证研究发现，静坐确能臻于入静状态者，就会在生理上达到如下的效果:(1)脑波改变，出现入睡前频率减缓振幅增大现象，这表示静坐时的意识进入松弛的状态;(2)呼吸及心跳速度均降低，这表示静坐时的情绪趋于平静;(3)呼吸时氧气的消耗量降低，由平常时的每分钟平均约 250cm^3(立方厘米)，降低到每分钟平均约 210cm^3(图 4-6 中黑色曲线)。这表示静坐时身体内部只需较少氧气即可维持生理运作，也等于节省能量，能量得以节省，自然保存精力;(4)呼气中二氧化碳排出量减少，由平常时的每分钟平均约 220cm^3，降低到每分钟平均约 190cm^3(图 4-6 中咖啡色曲线)。这表示静坐期间呼吸时消耗的氧气和排出的二氧化碳都减少；二者减少对身体有益。

以上研究，等于使热衷静坐者找到了科学根据，因而在 20 世纪 70 年代更为流行。后来心理学家经研究发现，除静坐可得以上效应外，改采身心放松训练法，也可得到类似的效应（Holmes, 1984）。

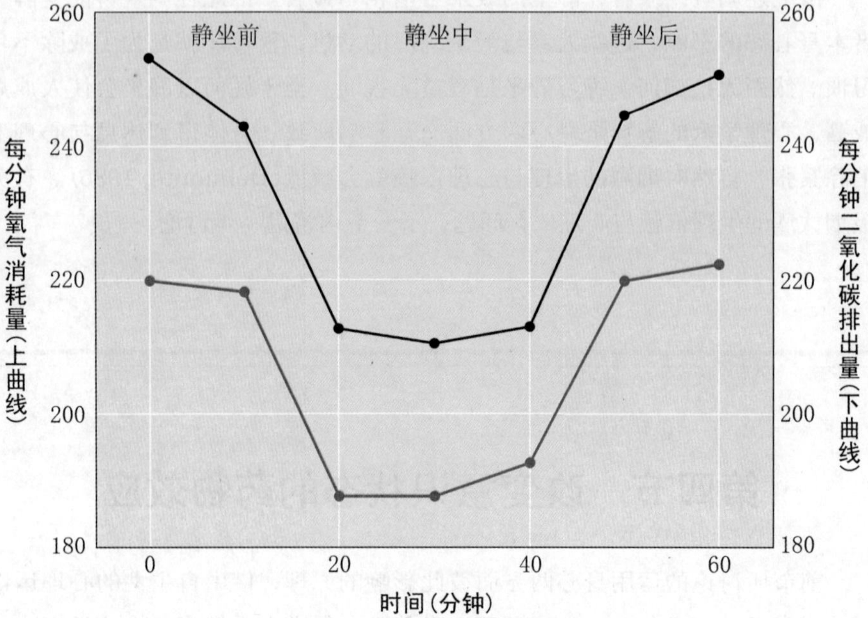

图 4-6　静坐的生理效应

图中上曲线代表氧气消耗量的变化，下曲线代表二氧化碳排出量的变化，两边数字代表每分钟两种气体的体积(以每分钟立方厘米计算)。
(采自 Wallace & Benson, 1972)

2. 静坐的心理效应　研究静坐心理效应者，一般集中在探讨两方面的问题：其一是验证是否像宣传静坐所说那样，除纾缓焦虑外更能促使智力发展、提升学业成绩、调适心理障碍，甚至可以增进人际关系。在这方面的研究，尚未获得一致的定论。其二是验证静坐是否对戒除烟酒毒品的习惯有正面效应。这方面的研究，可用美国哈佛大学医学教授宾逊的调查研究为代表(Benson,1975)。该研究以参与超觉静坐练习者 1,800 人为对象，旨在调查静坐对吸烟、吸食大麻及饮酒者的心理效应。结果发现：(1)自称静坐前有吸烟习惯者有 48%，练习静坐一年之后，自称仍然吸烟者减为 16%；(2)自称静坐前有饮酒习惯者有60%，练习静坐21个月之后，自称仍然饮酒者减为4%;(3)自称静坐前吸食大麻者有78%，练习静坐6个月之后，自称仍然吸食者减为37%。

由上述调查结果看，静坐的效果可谓相当显著。惟此种调查可能受静坐者本身心态的影响，这些人参与静坐练习的动机，很可能就是为了戒除不良习惯。然而无论如何，练习静坐是有益无害的。至于说何以静坐会使人戒烟戒酒，心理学家的解释是身心两方面交互影响所致。身体得到休息与心理上消除紧张，自然对烟酒的生理与心理依赖就会减低(Delmonte, 1985)。有关吸烟饮酒的生理依赖与心理依赖问题，下一节内将进一步讨论。

第四节　改变意识状态的药物效应

前节所讨论的运用身心两方面彼此影响的原理，借由自主性的心理运作以改变自己的意识状态，从而调理心身关系，促进身心健康。惟此类方法行之不易，而且必须持之以恒，长期练习方始有效。本节所要讨论的改变意识状态的药物效应，则是试图借由药物的效应迅速达到意识状态改变的目的。生活在变化无常竞争激烈的现今社会里的人，无论是求学就业或经商从政，在追求成就的路上，总是顺心如意者少，挫折失败者多。因此，有人称现代人为“焦虑的现代人”。长期焦虑不安的意识状态，是形成心理失常的主要原因。在无法从现实中克服困境解除挫折焦虑时，就难免借用药物来解除因焦虑而产生的痛苦。此即现社会中药物之所以滥用的原因。惟此处所指药物，并非指医师为病人处方所用的一般药物，而是指当事人经非法途径取得的药物。此类药物一般称之为精神药物。所谓**精神药物**(psychoactive drug)，是指服用后能改变精神状态的药物，亦即能改变意识状态的药物。精神药物虽有暂时改变意识状态纾缓焦虑的效应，但却严重伤害服用者的身心，故而通常称之为毒品，并立法严格取缔。

一、精神药物的共同特征

目前流行的精神药物，按其效用不同大致分为**抑制剂**、**兴奋剂**、**致幻剂**三大类。三类精神药物中各类的代表性药物名称及效用，留待稍后再分别讨论，在此先简略说明三类精神药物的共同特征。

（一）药物成瘾

凡是精神药物，一旦服用后即不能停止，停止就会无法忍受。此种现象称为**药物成瘾**(drug addiction)。服用药物一旦成瘾，就会连带出现**耐药力**(或**抗药性**)(drug tolerance) 现象；药物服用者对药物的敏感性减低，抵抗力增强，必须逐渐增加药量始能维持药物的效力。

（二）药物依赖

服用精神药物一旦达到药物成瘾的地步，随即出现药物依赖现象。所谓**药物依赖**(drug dependence)，是指每逢感到身心不适时，非靠药物无法纾解。药物依赖有两种现象：一种为**生理依赖**(physical dependence)，指药物成瘾后一旦停止，生理方面即产生极为反常的现象，使当事人感到非常痛苦。因为所有精神药物都会对中枢神经系统的某些部位发生作用，一旦药物停止，该等部位即运作失常，因而在生理上表现出异常现象，诸如打哈欠、流眼泪、恶心、呕吐、出汗、失眠、颤抖等现象均属之。另一种是**心理依赖**(psychological dependence)，指服用者有依赖药物纾解痛苦的经验之后，进而养成习惯；需要时如不服用，在心理上即会坐立不安，以至无法忍受。生理与心理两种依赖现象，在药物缺乏或试图戒绝时，情形尤为严重。两种现象合而称为**戒断症候群**(或**戒断综合征**)(withdrawal syndrome)。服用精神药物者一旦达到药物成瘾与药物依赖地步，其心理与行为即将被药物需求所控制而失却自主能力。因此现代精神病学视服用精神药物为**心理异常**之一。有关其他心理异常的问题，留待第十四章内讨论之。

二、抑制剂

药物中凡是对中枢神经产生抑制作用者，统称**抑制剂**(或**镇静剂**)(depressant)。人之所以使用抑制剂，主要是在情绪紧张精神压力过大时，试图借药物效用来使自己的身心获得休息。事实上，抑制剂只能对中枢神经产生麻醉，使用后有严重副作用，无法助人达到真正身心休息的目的。抑制剂是这一类药物的总名称，现今社会中使用最多的有以下两种：

(一) 酒　精

酒精(alcohol)是所有抑制剂中使用最多的药物。因为酒类买卖使用并不违法，所以社会上饮用者非常普遍。酒精本身并非绝对的毒品，酒精对人的身心是否有害，关键在于用量的问题。偶尔小酌几杯，酒精有兴奋作用，饮用过量就会使中枢神经的活动产生抑制作用。由此可见酒精对改变意识状态具有正负两面作用。正的方面言，酒精可使人精神振奋，灵感畅通，三杯入腹会使人有飘飘欲仙之感。负的方面言，酒精会使人成瘾；一旦成瘾后会发生生理依赖与心理依赖，并随之出现耐药力现象；嗜饮成习至于酗酒后，终而恶化为**酒精中毒症**（alcoholism)。酒精之所以使人中毒，主要是饮酒过量后对中枢神经系统产生了抑制作用。酒精中毒的主要症状是记忆力减退、知觉敏锐度减低、意识状态模糊、思考效率减退、身体动作失调等。如强迫其戒酒，即可能出现**震颤谵妄**(delirium tremens)症状。震颤谵妄是戒断症候群之一，其主要症状是幻觉、记忆障碍、定向障碍、全身颤抖、心跳加速以及出汗、头痛、恶心、呕吐等。此外，酒精中毒者如系怀孕的女性，其所怀胎儿则有罹患**胎儿酒精症候群**(见第八章第二节)的危险。

酒精过量不仅直接危害身心健康，而且间接构成社会不安。交通事故中因酒后驾车而肇事者，中外均占极高比率。因此，世界各国都定有血酒浓度检查办法，做为限制酒后驾车的标准。所谓**血酒浓度**(blood alcohol concentration，简称 BAC)，是指每 100 毫升血液中所含酒精的量。对酒后驾车违规一事，世界各国标准不一，美国多数州将血酒浓度定为 0.10%，而英国则定为 0.08%。一般人达此标准时，其手眼协调的灵活度就会降低，不宜再担任驾驶任务。

(二) 麻醉剂

属于麻醉剂的药物以鸦片剂为主，故而**鸦片剂**(或**鸦片制剂**)(opiate)即成为具麻醉作用药物的总名称。鸦片剂一类药物的共同特性是，服用后对中枢神经产生抑制作用，会使服用者意识恍惚，动作迟缓，故而一般称其为**麻醉剂**(narcotic)。鸦片剂系由罂粟花未成熟果实内的汁液提炼而成，其中含有多种化学物质，而主要为**吗啡**(morphine)和**可待因**(codeine)。在医师处方中，可待因可作为止痛剂、止咳剂或镇静之用，少量使用尚无太大副作用。吗啡及其衍生品海洛因，服用后则有极大副作用。由吗啡转制成的海洛因，是另一种麻醉药物。**海洛因**(heroin)一向被列为违法的药物，可吞服、注射，也可以混在香烟中吸食。服用后数分钟会有飘飘然欣快之感，稍后则感到身体僵硬、意识模糊、丧失胃口也丧失性欲，终而陷入极度困倦状态。海洛因极易成瘾，即使服用时间甚短，也很快就会出现生理依赖现象。海洛因服用后的耐药力特别强，有几次服用经验后，即必须增加剂量，否则无法产生预期药效。长期服用海洛因可导致死亡，原因是海洛因的药效能抑制神经系统中的呼吸中枢，以致发生窒息现象。由于染上服用海洛因的恶习后戒绝困难，如长期药费来源难以为继，难免导致服用者犯罪。

三、兴奋剂

兴奋剂(stimulant)是刺激中枢神经系统，从而提升身心活动效率的药物。目前社会上使用普遍而为害最大的是安非他命与可卡因。

(一) 安非他命

安非他命(或**苯丙胺**)(amphetamine)是一种性质强烈的兴奋药物，成品为类似冰糖的结晶粉末，服用后立即产生精神振作与精力恢复的效果；特别是在工作劳累或心情沮丧时服用，它会立即使人精神倍增充满信心。正因为安非他命具有立即效应，故而符合现今社会因工作压力过重而备感劳累者的需求，以致成为禁不胜禁的毒品。学生因功课压力而服用安非他命，长途汽车司机为保持清醒而服用安非他命，减肥者为减少睡眠而服用安非他命，情形虽有不同而靠它保持清醒维持体力的目的则一。

安非他命的立即兴奋效果，吸引很多人使用。惟药力过后，迅即使人陷入疲劳沮丧的低潮。为了重新提振精力，自然重复使用。数度循环之后，很快就会出现药物依赖与耐药力增加的现象。持续服用安非他命，一般呈现于身体及行动上的症状有：瞳孔扩散、食欲丧失、兴奋、口干、呼吸困难等；长期服用后果终将导致高血压、心脏麻痹、脑功能障碍。如系采用多量静脉注射者，更难免恶化成为心理疾病。

（二）可卡因

可卡因(或**古柯硷**)(cocaine)系由中美洲的西印度群岛生产的一种植物的叶子提炼而成。在几十年前，可卡因并非违禁药物，美国著名可口可乐公司出产的饮料，早年的配方中即含有可卡因的成分。现在多数国家都将可卡因列为禁用药物之一。

与安非他命相比，可卡因是一种较缓和的兴奋剂，吸食后能使人感觉精神振奋，体力旺盛，并充满信心。然一旦药力过后随即出现严重副作用，服用者产生视幻觉，原因是可卡因的化学作用会伤害感觉神经元的传导功能。服用可卡因之后，极易出现药物成瘾及药物依赖现象，在身心两方面很快出现瞳孔扩散、焦躁不安、全身抖动等现象。如孕妇服用可卡因，除其本人受害之外，复将严重伤害胎儿的发育，导致胎儿神经系统及生殖器官的发育失常。如采用注射的方式使用可卡因，将有传染**艾滋病**(见注 9-1)的可能。

四、致幻剂

药物中凡服用后使人产生幻觉现象者，通称为**致幻剂**(hallucinogen)。服用致幻剂之后，使人感觉到内在世界与外在世界都产生奇妙的改变，平常所见的颜色与平常所听的声音，都突然变得大不相同，好像置身于另一奇幻世界之中。目前社会上的非法药物中使用较多的是迷幻药与大麻。

（一）迷幻药

在致幻剂中，服用后使人意识状态改变最大的是**迷幻药**（或**麦角酸二乙酰胺**）(lysergic acid diethylamide，简称 LSD)。迷幻药原为治疗精神病的药物之一，最初是由瑞士制药厂在 1943 年无意中发现。迷幻药是无色、无味、无嗅的药物，服用方法有多种：可以吞服，可用鼻吸，也可与香烟混合吸食。服用后约半小时即会发生效用，而其产生的身心影响，却能维持 10～12 小时之久。迷幻药最奇特之处是使人意识境界扩大，使人感觉像是飘浮在空中；视觉与听觉串联，好像看见声音的颜色，听见颜色的声音；周围环境中人像与物像都扭曲变形，像是从哈哈镜看世界一样。迷幻药的药效使人的意识与现实脱节，因而丧失了时间感与空间感，好像进入了神秘的幻境。惟在一阵兴奋快感之后，随即转入另一意识境界；感到极度悲伤、恐惧、恶心、呕吐、全身肌肉疼痛，严重到无法忍受时，可能会跳楼自杀。服用迷幻药之后，和其他精神药物一样，很快就会出现药物成瘾、药物依赖及耐药力增加等现象。

（二）大　麻

大麻(marijuana)是由一种学名印度大麻的叶与花烘干制成的一种致幻剂；形状很像烟卷，可以像香烟一样吸用，也可口嚼食之，故而通常称为大麻烟。大麻原为中国的草药之一，自古即用来治疗头痛与溃疡之用。直到 20 世纪 30 年代才被世界各国列为禁药。大麻的药效与酒精相似，服用后产生两阶段截然不同的效应。先是使人产生飘飘然的陶醉感，继而陷入昏睡状态。吸用大麻之后，除产生快感之外，意识状态也随之改变，对周围世界中的人与物产生幻觉；对一切刺激变得极为敏感，对声音、颜色、气味等，都改变了原来的感受；丧失空间感与时间感；丧失对空间距离判断的能力，故而服用大麻后驾驶将导致严重的交通问题。在心理学研究上早就发现，吸食大麻之后，对学习与记忆产生两种不利影响(Darley, et al., 1973)：(1)影响**短期记忆**（详见第六章第三节），说话时上下句无法相连，丧失短期记忆中的**运作记**

忆功能；(2) 影响学习效率，无法将短期记忆经由复习后转入**长期记忆**(详见第六章第四节)。因此，学生读书时如希望借由大麻的刺激提振精神增加读书效果，其后果绝对是适得其反。吸食大麻之后，和其他精神药物一样，很快就会出现药物成瘾、药物依赖及耐药力增加等现象。

本章摘要

1. **意识**是指个体的一种觉醒状态，在意识状态时个体对其外在环境刺激及内在心理活动均有所了解。
2. 意识有两种重要作用：其一是对环境中刺激做出反应时具有检选作用；其二是对内在心理活动具有支配与控制作用。
3. 心理学家们研究意识时，除觉醒状态的意识之外，一般按意识作用的不同，将之分为**下意识**、**无意识**、**潜意识**、**前意识**等不同层次。
4. 在日常生活中，个体的意识状态呈周期性变化，心理学家对意识周期变化的研究，多集中于探讨**睡眠**与**做梦**两个主题。
5. 包括人类在内的哺乳类动物，睡眠不但具有普遍性，而且更具有必要性。
6. 目前研究睡眠的科学方法是在自然睡眠的情况下记录**脑电波**的活动；根据脑波振幅与频率的变化，以确定从浅睡到沉睡的不同程度。
7. 根据脑波变化研究的结果，个体的睡眠呈现五阶段式的周期变化；做梦的时间主要在第五阶段。五阶段式周期大约每隔 90 分钟循环一次，因此一夜之间可能做到 4～5 个梦。
8. 对梦的解释有两种不同理论：(1)梦的潜意识活动论；(2)梦的知觉组织论。
9. 由于意识对个体身心具有控制作用，故而自古以来就不断有人构想，如何运用自己的意识状态去改变自己身体中原来不能自由支配的活动。
10. 目前在心理学上被认为有效的意识状态控制方法主要有三种：(1)**生理回**

馈;(2)**催眠**;(3)**静坐**。

11. 在心理学研究上，确有证据显示禅坐、瑜珈、静坐等活动，对纾解身心有正面效用。但如希望经由各种静坐治疗痼疾或得到幸运，在心理学研究中仍然缺乏充分证据。

12. 在心理学上解释催眠现象的理论，主要有两种：一为**新离解论**，另一为**社会角色论**。

13. **精神药物**是指服用后能改变精神(或意识)状态的药物。精神药物虽有暂时纾缓紧张焦虑的效应，但服用后会对身心造成伤害；故而一般视为毒品而禁止使用。

14. 精神药物的共同特征有二：一为**药物成瘾**；二为**药物依赖**。

15. 根据精神药物的性质，大致分为三大类:(1)**抑制剂**，其中**酒精**与**麻醉剂**二种是最主要的;(2)**兴奋剂**，其中**安非他命**与**可卡因**两种是最主要的;(3)**致幻剂**，其中**迷幻药**与**大麻**两种是最主要的。

建议参考资料

1. 李明滨(译，1976)：催眠研究。台北市：杏文出版社。

2. 洪祖培、林克明(1979)：睡眠及其障碍。台北市：水牛出版社。

3. 黄正仁(1988)：甜蜜的睡眠：失眠自疗法。台北市：大洋出版社。

4. 黄世贤(译，1983)：图解临床脑波检查法。台北市：合记图书出版社。

5. 程群(译，1975)：超觉冥思：消除压力，发挥潜能。台北市：芊芊出版社。

6. Beloff, J. (1993). *Parapsychology: A concise history.* London: Athlone Press.

7. Hilgard, E. R.(1968). *The experience of hyponosis*. New York: Harcourt Brace.

8. Hobson, J. A. (1995). *Sleep.* New York: Scientific American Library.

9. Julien, R. M.(1992). *A primer of drug action: A concise, nontechnical guide to the actions, uses, and side effects of psychoactive drugs*(6th ed.). New York: Freeman.

10. Moorcraft, W. (1993). *Sleep, dreaming, and sleep disorders: An introduction* (2nd ed.). Landon, MD: University Press of America.

11. Sommer hoff, G. (2000). *Understanding consciousness: Its function and brain processes.* London: SAGE Publications.

第五章

学习原理

本章内容细目

始自古代哲学心理学的六大争议问题中，人类**知识来源问题**是其中争议最大的问题之一。自 17 世纪以来持续了一百多年的**理性主义**与**经验主义**之争，争议焦点即知识来源问题。此一时期的哲学心理学思想，对以后科学心理学的发展，产生了巨大影响。经验主义解释感官经验形成知识时，采取了古代联想的看法，并加以扩充，终于在 19 世纪形成了联想主义。**联想主义**(associationism)的基本概念是，知识来自感官经验，而感官经验形成知识乃是经由观念联想的历程。**观念联想**(association of ideas)是代表两个事件的观念之间所产生的联想(如看到闪电立刻联想到雷声)。

科学心理学兴起后采用科学方法研究学习心理时，虽原则上采取了联想主义的理念，但在解释上却改变了原来联想主义的本意。当时科学心理学家认为，知识并非来自代表两个事件观念的联想，而是来自影响个体的刺激与个体对该刺激表现的反应之间所建立的关系。换言之，科学心理学所指的联想，不再是两个观念的联想，而是刺激与反应的联想。而且刺激与反应联想的形成，是直接的、自动的；在刺激与反应之间不带有内在的心理历程。以刺激与反应联想取代观念联想，是 20 世纪 20 年代兴起于美国的**行为主义**所持的主张。此一主张影响美国心理学界的学习心理学思想达 40 年之久。直到 20 世纪 60 年代**认知心理学**兴起后，对行为主义所持刺激与反应间自动形成联想的主张，提出质疑，终而影响学习心理学的理论，而导致对刺激与反应联想的解释改变了方向。本章内容即在探讨科学心理学多年来对学习心理所从事的实验研究，以及根据研究结果所建构的学习理论。希望读者在研读本章后对下列概念获得明确的认识。

1. 对学习心理研究取向的概括认识。
2. 联想学习两大类型的异同。
3. 经典条件作用的研究方法与理论要义。
4. 操作条件作用的研究方法与理论要义。
5. 认知学习的研究方法与理论要义。
6. 认知学习中的观察学习。

第一节 学习的性质

在第一章内讨论到科学心理学诞生后心理学定义的演变时曾经提到，先是“心理学是研究行为的科学”，后来变成“心理学是研究行为与心理历程的科学”。导致心理学定义改变者，学习心理学思想的演变是主要原因。因此，在讨论各家学习理论之前，先对学习的性质略加说明，借以帮助读者对理论内容易于获得明确概念。

一、学习的定义及其相关概念

要了解学习的性质，最直接的方法是了解学习一词在现代心理学上的定义。**学习**(learning)是因经验而获得知识或使行为产生较为持久改变的历程。此一定义中含有三个重要概念，尚须补充说明。

(一) 学习因经验而产生

经验(experience)一词有两种含义：其一是指个体在生活活动中所经历到的一切事情，亦即指经验是活动的结果；其二是指个体在生活中为适应环境要求所从事一切活动的本身，亦即指经验是活动的历程。学习只能在这两种经验中产生，从来没有经历过的事情不会产生学习。

(二) 在经验中学到知识或行为改变

个体在生活经验中所学到的是知识或者是行为改变。知识的获得是学到了“知”，行为的改变是学到了“行”。在经验历程中可能二者全都学到，也可能只学到知与行二者之一。

至于**知识**(knowledge)与**行为**(behavior)二词在心理学的解释，前者指个体为适应生活环境所拥有的一切讯息，后者指个体所表现的一切活动；而个体的知识也可能包含在他的行为活动之中。惟知识非人类所独有，从动物的觅食、筑巢、储粮、避难等各种行为看，不能不承认它们和人类一样拥有适应环境的讯息或知识。一切知识的获得须靠经验，殆无疑问，然是否一切行为改变也必须靠经验？心理学家对此问题的看法是肯定的，惟本能或成熟因素所产生的行为改变(如雏鸭不学而能浮水)，不在此限。

(三) 学习是行为持久改变的历程

上述定义中，特别指出学习是行为产生较为持久改变的历程。之所以如此说法，原因是有些暂时的行为改变，虽然也与经验有关，但不能视之为学习。诸如因工时过长而疲劳，因疲劳而工作效率减低，表面上也都是因经验而产生行为改变，但因只是暂时性改变，原因消失后行为改变的现象即不复存在。此外，定义中特别强调学习是历程，是行为反应或心理活动的历程，不是学习活动的结果。心理学家对学习心理的研究，即旨在探讨学习历程中知识如何获得与行为如何改变的问题。

二、对学习历程的不同理论解释

在现代心理学领域内，以学习心理为研究主题的心理学家，对前述定义中强调学习是一种历程的概念，大致具有共识。惟对“学习究竟是一个什么样的历程”的问题，不同理论取向的心理学家之间在理论诠释与研究方法上，仍然存有很大的争议。大体言之，现代心理学家不外采取以下两种取向去探讨学习历程的问题。

(一) 学习历程的联想学习观

联想学习是从哲学心理学中联想主义演变而来的一种学习理论。前文曾经提到，在联想主义中的联想，是指代表两个观念的联想，而现代科学心理学上的联想，则是指环境中影响个体的刺激与个体对该刺激所做的反应两者之间的联想。因此，现代心理学上所说的**联想学习**(或**联结学习**)(associative learning)是指在学习情境中，经由刺激与反应构成联想而产生学习的历程。联想学习是美国行为主义对学习心理所持的中心理念。第二、三两节将分别讨论联想学习的研究方法与系统理论。

（二）学习历程的认知学习观

以联想学习为理论基础的经典条件作用与操作条件作用研究，虽然在实验设计与理论建构上达到了自然科学所要求的**客观性**、**验证性**、**系统性**的地步，但如将行为主义以动物为研究对象所建构的联想学习理论来推论、解释人类复杂学习行为时，显然欠缺说服力。行为主义的联想学习理论，只能说明刺激与反应间形成联想的外显事实，不能解释刺激与反应间形成联想的内在原因。在某种刺激情境下个体之所以向该刺激表现反应，除外在因素之外，个体本身的内在心理活动，更是影响其反应与否或如何反应的重要原因。惟其如此，在行为主义的联想学习理论之后，持认知论取向的心理学家们即提出质疑，继之也根据动物实验研究建构了异于联想学习的理论，称为认知学习。**认知学习**(cognitive learning)指个体在刺激情境下之所以对该刺激反应，乃是由于个体内在心理上对该刺激情境有所认知，而后在辨识、选择、期盼、预测等心理活动之下做出行为反应。换言之，在基本上认知论者并不否定刺激与反应联想会产生学习。但他们认为，刺激与反应之间能否构成联想，必须考虑刺激与反应之间的认知作用。有关认知学习的实验研究与理论解释，将在本章第四节内详细说明。

第二节 经典条件作用

行为主义在联想学习理念之下，不仅从事了系统的学习心理实验研究，而且也根据研究结果建构了系统的学习理论。行为主义的实验研究和系统理论，按其性质分为两方面：一方面是本节讨论的经典条件作用，另一方面是

第三节将讨论的操作条件作用。

一、巴甫洛夫的经典条件作用实验

在讨论经典条件作用之前，容先说明条件作用一词之含义。所谓**条件作用**(conditioning)，是指在某种条件下个体学习到刺激与反应联结的历程。亦即，在某种刺激原来并不引起个体某种反应的情形下，经过训练之后，即可使之对该刺激表现出固定的反应。因此，条件作用一词所指者亦即前文所说的**联想学习**。惟在行为主义者看来，条件作用历程中动物之所以学到向某种刺激表现固定反应，并不带有“联想”的意义，只是刺激与反应间的联结而已。一般之所以称此类学习为联想学习，主要是由于该词出自联想主义传统的缘故。接下来介绍巴甫洛夫的经典条件作用。

所谓**经典条件作用**(或**古典制约作用**)(classical conditioning)，包括两种含义：其一是指一种实验设计，经由此种设计即可产生刺激-反应联结式联想学习。其二是指一种基本学习理论，将学习视为刺激-反应联结的历程。由于此种实验设计与理论体系是由俄国生理学家巴甫洛夫(图 5-1)所首创，

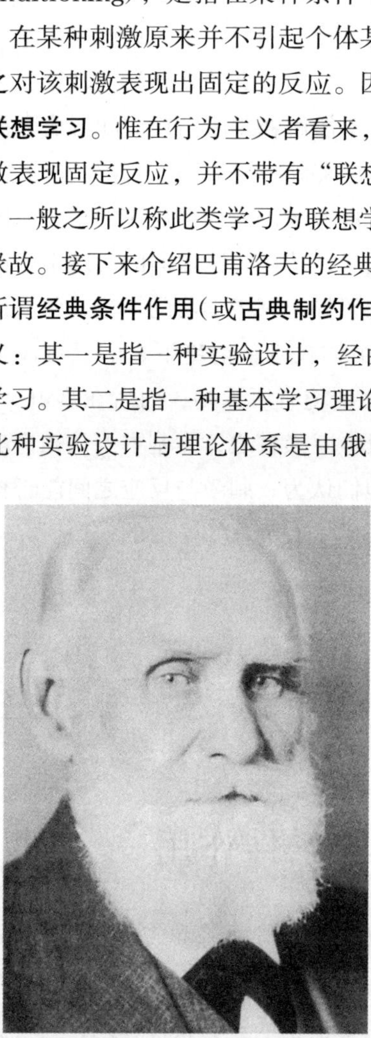

图 5-1　巴甫洛夫

(Ivan Petrovich Pavlov, 1849～1936) 是 20 世纪初俄国著名生理学家和心理学家，是经典条件作用学习理论的建构者，是 1904 年生理学诺贝尔奖得主，也是传统心理学领域之外影响科学心理学发展最大的人物之一。

而且经久不衰，故而通常以“经典”名之。

巴甫洛夫为20世纪初俄国著名生理学家，由于长期研究消化系统的杰出成就，曾荣获1904年诺贝尔生理学奖。巴甫洛夫在以狗为实验对象研究其消化腺分泌的变化时，意外地发现，狗的消化腺分泌量的变化，与外在刺激的性质以及刺激出现时间等因素有密切关系。如让饥饿的狗吃到食物，或置食物于狗的面前时，它的唾液就会增加分泌，这是自然现象不足为奇。但巴甫洛夫在实验中发现，有时其他本来与唾液分泌毫无关系的中性刺激(如脚步声)与食物相伴或稍前出现多次，以后单独出现时也会引起狗的唾液分泌现象。针对此一现象巴甫洛夫创始了他著名的经典条件作用实验(图5-2)。

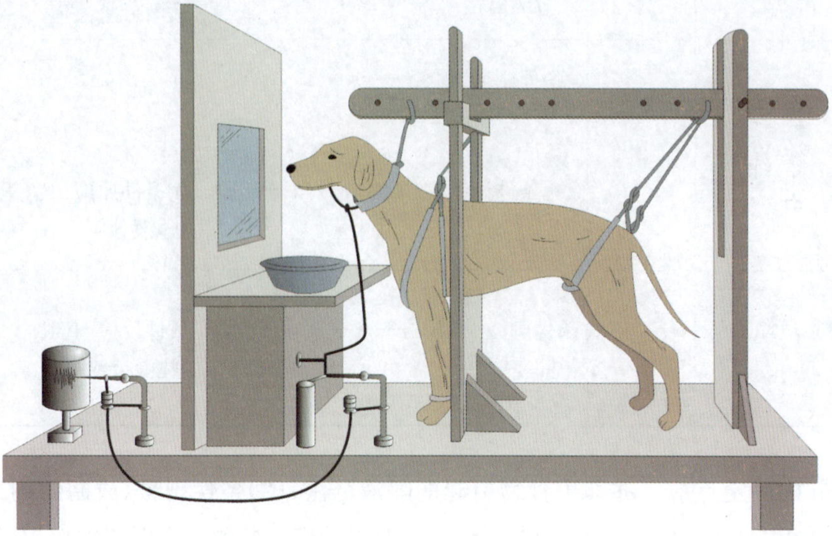

图5-2　巴甫洛夫经典条件作用实验

显然，本来与唾液分泌无关的中性刺激，之所以同样引起唾液反应，乃是由于该刺激在与食物相伴或稍前出现的时间条件有以致之。后来，巴甫洛夫进一步采用食物之外的各种刺激，如铃声与灯光等，并严密控制其出现时间，仔细记录唾液分泌量的变化，终于建立了经典条件作用理论。按巴甫洛夫的实验，经典条件作用之形成，系于以下四个**变项**之间的关系(表5-1)：(1)

无条件刺激（或**非制约刺激**）（unconditioned stimulus，简称 UCS），指本来就能引起个体某固定反应的刺激，亦即引起唾液分泌的食物；(2) **无条件反应**（或**非制约反应**）（unconditioned response，简称 UCR），指由无条件刺激

表 5-1　经典条件作用的实验设计

时间与程序		刺激与反应的关系	
条件作用前	1	无条件刺激（UCS）（食物） →	无条件反应（UCR）（唾液分泌）
	2	条件刺激（CS）（铃声） →	引起注意，但无唾液分泌反应
条件作用中（多次练习）	3	条件刺激（CS）（铃声） ＋ 无条件刺激（UCS）（食物） →	无条件反应（UCR）（唾液分泌）
条件作用后	4	条件刺激（CS）（铃声） →	条件反应（CR）（唾液分泌）

引起的固定反应，亦即由食物引起的唾液分泌；(3) **条件刺激**（或**制约刺激**）（conditioned stimulus，简称 CS），指原来的中性刺激，亦即与食物相伴或稍前出现的铃声；(4) **条件反应**（或**制约反应**）（conditioned response，简称 CR）（注 5-1），指条件作用形成后由条件刺激引起的反应，亦即铃声引起的唾液分泌。综上所述，经典条件作用的基本原理可陈述为：原属中性的条

注 5-1：巴甫洛夫在其俄文著作中，原本称狗对食物的唾液分泌为**无条件反射**（unconditioned reflex），称狗对铃声的唾液分泌为**条件反射**（conditioned reflex）。后来美国行为主义心理学家将反射改为反应。反射是生理为基础的活动，反应的含义较反射为广，除生理活动外也包括心理活动。

件刺激，经过条件作用之后，即可取代无条件刺激的作用，引起原来无条件刺激所引起的反应。

在巴甫洛夫的实验设计中包括四个变项，无条件刺激与条件刺激二者均属**自变项**；无条件反应与条件反应二者均属**依变项**。在巴甫洛夫的实验中，各个变项的处理就是按照表 5-1 的时间与程序安排的，如按照表中所列时间与程序进行，即可形成经典条件作用式的学习。

二、经典条件作用的行为法则

巴甫洛夫的实验研究，虽原本旨在探讨消化腺的分泌问题，惟因其实验结果证实了条件刺激与条件反应之间的关系，确能在适当安排下形成新的联结。从学习心理的观点看，某中性刺激原本引不起个体某种固定反应，但经由经典条件实验设计程序，即可使该中性刺激与反应形成新的联结。新的联结由反应表现出来，故而**条件反应**即可解释为学习。因此，巴甫洛夫的经典条件作用自然被心理学家们视为学习的基本原理。因为巴甫洛夫开创性的实证研究证实了刺激与反应新关系的建立，影响所及，使流传已久的以刺激与刺激间**观念联想**解释知识来源的传统理念，产生了改变，代之而起的就是刺激-反应联结式的**联想学习**。

正因巴甫洛夫的经典条件作用富有学习心理的意义，所以在学习心理学上就将其实验过程中与条件反应形成的有关现象，均视为学习的基本原理。以下即经典条件作用学习原理中的重要术语。

（一）强化与强化物

强化(reinforcement)一词是指在条件作用中，影响刺激-反应联结强度或增强条件反应出现频率的一切程序。在上述经典条件作用中，安排与条件刺激同时或稍后呈现食物，因而增强了以后条件反应的出现频率，即为强化。在此情况下，强化系因食物而产生，故食物即为**强化物**(reinforcer)。因强化物具有刺激的性质(无条件刺激)，故也称之为**强化刺激**(reinforcing stimulus)(广义言之，凡是能够满足个体需要者均可视为强化物)。

（二）类化与辨别

1. 类化 **类化**（**或泛化**）(generalization)是指经条件作用的实验程序形成条件反应后，与实验中所采用过的条件刺激相类似的其他刺激(如灯光)，也会引起相似的条件反应。此一现象乃是由于类似刺激所引起，故而也称**刺激类化**(**或刺激泛化**)(stimulus generalization)。

2. 辨别 **辨别**(discrimination)或称**刺激辨别**(stimulus discrimination)是指在条件作用中所显示的与上述类化相反的现象。即个体所学到的条件反应，只对条件作用中受到强化过的条件刺激作反应，不对其他刺激反应。类化是趋同，辨别是辨异，两者交互运用，才能构成准确精密的学习。

（三）习得、消弱与自然恢复

1. 习得 在经典条件作用中，**习得**(**或获得**)(acquisition)是指经由条件刺激与无条件刺激相伴出现多次后，前者逐渐取代后者的作用，最后终于单独由条件刺激即可引起条件反应。换言之，习得一词即指条件反应建立的历程。

2. 消弱 **消弱**(**或消退**)(extinction)是指经典条件作用中条件反应形成后，如单独重复出现条件刺激，而不呈现无条件刺激，原来形成的条件反应，将会因之而逐渐减弱，最后终于消失。此一现象称为消弱。

3. 自然恢复 **自然恢复**(spontaneous recovery)系指消弱现象出现之后，有时不再出现无条件刺激予以强化，条件反应也会自行恢复。此现象称为自然恢复。惟自然恢复后的条件反应较前为弱，而且如长期不再强化，已形成的条件反应终将消失。此一原理的含义是，学习后的遗忘可能是暂时的，即使未再经练习有时也会恢复记忆。惟欲期持久不忘，仍须再加练习，并再度实施强化。

（四）次级条件作用与次级强化

1. 次级条件作用 **次级条件作用**(**或次级制约作用**)(second-order conditioning)是指经条件作用形成条件反应后，原来的条件刺激(如铃声)

具备了无条件刺激的作用，进而与另一条件刺激(如灯光)，形成另一个刺激-反应的新联结。像此种以原有条件作用为基础，进而形成新条件作用的现象，称为次级条件作用。在次级条件作用中，充当无条件刺激的原条件刺激，因经学习而具有了强化物的性质，故而称为**次级强化物**(secondary reinforcer)。

2. 次级强化 次级强化(secondary reinforcement)是经条件作用形成条件反应后，以原来的条件刺激当做次级强化物使用，从而形成次级条件作用的程序。准此而论，前述第一项所指的强化，按其性质则称为**原级强化**(primary reinforcement)。

三、经典条件作用与行为主义

(一) 巴甫洛夫是行为主义的先驱

在20世纪20年代兴起于美国的行为主义，在理论取向上主张采自然科学方法研究可观察测量的外显行为，而在实际方法上则遵循了巴甫洛夫的经典条件作用路线。所不同者，只是行为主义创始人华生(见图1-3)用条件反应取代了巴甫洛夫本来的条件反射。因此，巴甫洛夫乃是行为主义的先驱。

巴甫洛夫的经典条件作用实验在20世纪初已有极大的成就，而经典条件作用研究中，有以下三点促进了行为主义的发展：

1. 经典条件作用实验是以动物为对象，实验研究结果证明，动物可以经由强化、类化、辨别等历程学到新的反应。

2. 经典条件作用的实验设计完全符合科学原则；按照一定过程控制安排无条件刺激与条件刺激，即可形成条件反应。条件反应即可视为学习，而学习就是行为改变或新行为建立的历程。

3. 经典条件作用下所产生的行为改变是可以观察测量的，也是可以量化的；故而完全符合当时由自然科学影响而盛行的实证主义理念。20世纪20

年代兴起于美国的行为主义，原本即以采用自然科学方法从事心理学研究为号召，巴甫洛夫的理论与方法传到美国后，立即被行为主义采用来做为理论的根据。

正因为行为主义的心理学研究理念符合当时科学化的风潮，所以自 20 世纪 20 年代开始，一向重视研究人类内在心理历程或精神作用的心理学传统，一变而为根据动物行为的研究结果去推论、解释人类的行为。在 20 世纪 20 至 60 年代，行为主义将心理学视为纯自然科学与只研究外显行为的主张，不但在美国心理学界形成了所谓的“第一势力”，甚且影响到全世界。因此，在此一时期，“心理学是研究行为的科学”就成为了心理学的定义。影响所及，“学习”的定义也变成了“学习是因练习而使行为改变的历程”，亦即“学习是刺激-反应联结的历程”。

（二）行为主义揭橥的科学心理学取向

在科学至上的观念与巴甫洛夫经典条件作用研究影响下，华生首创的行为主义，很快即将美国心理学带上了自然科学的取向。心理学史学家认为，华生当时揭橥的行为主义，具有以下四个特点（Schultz & Schultz, 1987）：

1. 心理学要想成为一门科学，必须采用科学方法研究个体表现于外的行为；巴甫洛夫所创用的经典条件作用实验，其方法与原理正符合当时行为主义所强调的心理学科学研究主张。

2. 行为主义者认为，经典条件作用研究所得到的原理原则，不但可用以了解动物行为，而且也可用以解释人的行为。

3. 行为主义者认为，人类一切行为构成的基本要素是反应，复杂行为乃是多种反应的组合；而该等反应中，除少数是生而具有的反射之外，其他全都是个体在适应环境时，与其环境中各种刺激之间，经由经典条件作用的学习过程所形成的。

4. 行为主义者认为，只要能了解环境中刺激与个体反应的关系，即可设计环境，控制刺激，而后经由条件作用的方法，建立起所要建立的反应，并可进一步根据条件作用原理，改变人的既有行为。在心理治疗上的**行为治疗**

(见第十四章)，就是在此一理念下发展出来的。

四、经典条件作用原理的应用

巴甫洛夫经实验研究建构了经典条件作用的原理，经由华生的行为主义采用来做为联想学习的理论依据，并用以扩大解释人与动物的一切行为。惟从现代心理学的理论与应用看，经典条件作用原理主要用于解释情绪学习与心理治疗两方面，不能用于解释复杂的知识学习。

在情绪学习方面，华生曾根据巴甫洛夫经典条件作用的实验设计程序，以 11 个月大的婴儿为对象，从事情绪反应的学习，借以验证巴甫洛夫的理论改变人类行为的可行性。华生预定要婴儿学习的情绪反应为恐惧、啼哭，用来引起婴儿恐惧的无条件刺激为重击钢板发出的大声。华生预定要婴儿学习的条件反应，就是使原本婴儿不对之表现恐惧的中性刺激，使婴儿对之表现恐惧反应。华生用来做为条件刺激的是婴儿原本喜欢的白鼠，每次看到白鼠出现在面前，即用手触摸并表示欢喜。

该实验的实验程序与表 5-1 巴甫洛夫的实验类似，使重击钢板的大声和婴儿触摸白鼠的活动同时发生。此时的婴儿即表现出舍弃触摸白鼠而只表示出恐惧啼哭的反应。几次重复之后，即使白鼠单独出现而不伴随重击钢板声时，婴儿也会表现出恐惧啼哭的反应。至此地步，也就是表 5-1 巴甫洛夫实验中的第四阶段；单是条件刺激(白鼠)，即能引起条件反应。这表示婴儿的恐惧反应是可以经由经典条件作用的历程学得的（Watson & Rayner, 1920）。

在心理治疗方面，现在广为采用的**行为治疗**，其理论根据之一即经典条件作用。顾名思义，行为治疗是以改变个体的异常行为为治疗目的。根据早期行为主义者的看法，所谓**心理异常**事实上也就是行为异常，而行为异常并非什么复杂内在心理因素所造成，而只不过是个体在生活历程中学习到的不良习惯而已。按经典条件作用原理，个体不良习惯的养成，乃是原本不会引起固定反应的**条件刺激**，经由与本已引起固定反应的**无条件刺激**相伴出现数次后，前者即逐渐取代后者的作用，引起后者原本引起的反应。此一取代性的反应，就是**条件反应**。基于此义，所谓行为异常，事实上也就是个体在某种情境下学习到一种不当的条件反应。行为治疗的目的，就是运用经典条件作用原理消除个体学习到的不当条件反应。运用经典条件作用原理的行为治疗方法有多种。其中最常用的是**系统脱敏法**和**厌恶治疗法**。此二种治疗方法的实际运用，详见本书第十四章第二节。

总结以上对联想学习主题之下经典条件作用原理的讨论，大致可以获得如下的认识：如果单从科学心理学研究方法和有限度应用的观点看，行为主义早期所标榜的自然科学取向，是有相当贡献的。但如从学习心理研究应着眼在人类知识问题探究的观点看，行为主义只根据经典条件作用原理来解释如何预测和如何控制人类的行为，显然有很大的局限，关于此点，留待联想学习主题下操作条件作用讨论过后，再行一并说明。

第三节　操作条件作用

在联想学习主题下，前节讨论的经典条件作用学习历程中有两个特点：其一，学习是在刺激代替的过程中产生的；先是由于条件刺激与无条件刺激相伴出现(刺激与刺激的联结)，然后条件刺激取代无条件刺激的作用，而引起了无条件刺激所引起的反应(刺激与反应的联结)。其二，个体在学习情境中是被动的，只是在刺激变换下表现出反应。如果从个体适应环境时随时可能从活动经验中学习到生存能力的观点看，经典条件作用的学习原理，显然只能解释少数的学习现象。因此，行为主义发展到 20 世纪 30 年代时，在学习理论思想上，产生了操作条件作用学习的理念。惟在说明此一新理念的起源之前，应先追溯到与巴甫洛夫同时代的心理学先驱桑代克的研究。

一、桑代克的效果律

约在巴甫洛夫用狗做实验建立经典条件作用理论的同时，美国心理学家桑代克(Edward Lee Thorndike, 1874～1949)，用猫为对象所做的学习实验，一般认为是操作条件作用实验研究的先驱。桑代克将饥饿的猫置于特别设计的**迷箱**(puzzle box)(图 5-3)中。箱外置有食物，使猫在箱内可见可闻，只因箱门关闭，非用前爪踏到开门机关，无法跑出箱外取得食物。实验研究的目的是，观察动物在有目的活动(出箱取食)中，如何学到解决困难问题。经多次重复观察，实验者发现，猫初进箱时其动作是紊乱的，在紊乱活动中，偶然踏到机关，门自动开启，获得食物。以后重复练习时，即发现猫在箱中的紊乱动作随重复练习次数的增加而逐渐减少，但踏到机关的动作则逐渐增多，最后，终于学到一进箱就会踏机关开门外出取食的地步。

图 5-3　桑代克实验用的迷箱

(根据 Thorndike, 1898 资料绘制)

根据上述猫学习开启迷箱外出得食的实验，桑代克建构了他的刺激–反应联结学习理论。桑代克的学习理论有以下两大要点(Thorndike, 1911)：

1. 学习是经由尝试与错误的历程，在问题情境中，个体表现出多种尝试性的反应，直到其中有一个正确有效反应出现，将问题解决为止。多种尝试性的反应中，能有效解决问题获得满足结果的反应，就是在该刺激情境中学习到的特定反应。在某刺激情境中学得某特定反应之后，其他尝试而无效的反应，即逐渐消失。此种从多种反应中选择其一并与特定刺激固定联结的学习历程，称为**尝试错误学习**(trial-and-error learning)。

2. 在尝试错误学习历程中，某一反应之所以能与某一刺激发生联结，是因该反应能够获致满足的效果。这是尝试错误学习能否建立的基本原则，桑代克称此原则为**效果律**(law of effect)。效果律是桑代克学习理论的中心思想。除以效果律做为联结学习的基本原则之外，桑代克又提出两个附属原则，用以解释影响刺激与反应之间联结之强弱：一为**练习律**(law of exercise)，指刺激与反应之间的联结，随练习次数的增多而加强。另一为**准备律**(law of readiness)，指刺激与反应间的联结，随个体本身准备状况而异；个体在准备反应的状况下，遂其反应，则感满足，有过满足经验，以后遇到同样情境时，自会使个体继续作出同样反应。

在桑代克的尝试错误学习理论中，由于他将刺激与反应之间的联结视为学习历程，故而他的理论被称为**联结主义**(connectionism)。

二、斯金纳的操作条件作用

美国行为主义心理学发展到20世纪30年代以后，兴起了一派异于早年华生行为主义思想的**新行为主义**(neo-behaviorism)。相对的，华生早年的思想就被称为**古典行为主义**(classical behaviorism)。新行为主义有两点特征：其一是在基本理念上仍然信守古典行为主义所强调的客观、控制、预测与量化等原则以研究外显行为的传统。其二是对于刺激–反应联结学习历程的解释，学者之间出现了不同的看法。有的认为学习是刺激–反应联结，但联结并非个体被动地在刺激代替的过程中产生，而是在个体主动反应中产生的。有的认为学习虽可视为刺激–反应联结，但两者的联结并不是直接的，而是在刺激与反应之间有一段内在心理活动历程。第二种看法留待本章第四节认知学习时再行讨论，接下去先说明由第一种看法发展而成的操作条件作用。

（一）操作条件作用的特征与实验设计

操作条件作用学习理论，系由20世纪30年代美国心理学家斯金纳(图5-4)根据动物学习实验所建构的。所谓**操作条件作用**(或**操作制约作用**)(operant conditioning)，指个体在环境适应中主动向某刺激反应时，如反应后带来有效的后果，个体即将学到以后对该刺激继续反应。如此界定斯金纳的操作条件作用学习，从形式上看，与桑代克的效果律极为相似，但斯金纳的操作条件作用学习理论，不采用桑代克效果律中原有的“目的”或“满足”等概念。在斯金纳看来，此等概念涉及个体主观的内在活动，不符合科学心理学所持的客观研究取向。接下去先从斯金纳的操作条件作用的特征和实验设计讨论起。

图5-4 斯金纳
(Burrhus Frederick Skinner, 1904～1990)，是20世纪美国心理学家，是操作条件作用学习理论的建构者，是极端行为主义的代表，也是20世纪60至80年代心理学家中对学校教育影响最大的人。

1. 操作条件作用的特征 与经典条件作用相比，斯金纳的操作条件作用具有一项明显特征。经典条件作用是刺激替代性的学习历程，在此历程中，个体的无条件反应是被动的，是由无条件刺激引起的，而且以后经条件刺激替代而表现的反应，也是被动性的。故而斯金纳称之为**反应性条件作用**(respondent conditioning)，斯金纳提出的操作条件作用历程中，个体学到的反应并非被动地为某特定刺激所引起，而是在个体主动操作其环境时，因主动向某刺激反应并带来有效后果，从而强化了个体以后再向该刺激做出同样反应，故而斯金纳称之为**操作条件作用**(operant conditioning)。

2. 操作条件作用的实验设计 斯金纳从事动物实验，并从而建立其操作条件作用学习理论的仪器，称为**斯金纳箱**(Skinner box)(图 5-5)。其设计有如桑代克的迷箱，惟附有精密电动装置，以便自动记录动物正确反应的次数及频率。箱内之一边有活动压板，饥饿的白鼠置诸其中，因饥饿不安而活动，如果出现压压板的反应，该反应结果即带来少量食物，白鼠得而食之。以后继续活动，白鼠偶尔压压板得食的反应-刺激联结，自然也会再度发生。几次之后，因反应而带来食物(强化物)，自将加强白鼠在以后同样情境下再表现同样反应。斯金纳箱的设计，说明了个体一切行为改变(学习)，虽然是决定于个体本身行为表现的后果，但仍然是受外在因素所控制的。

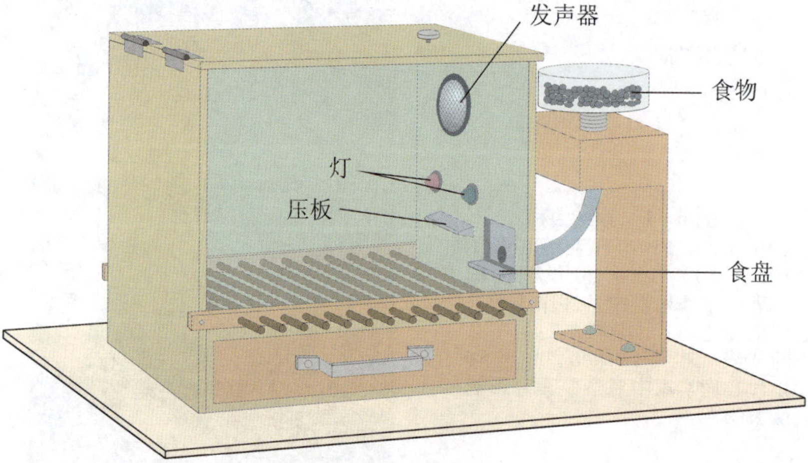

图 5-5 斯金纳箱

(二)操作条件作用的行为法则

以斯金纳箱为实验情境,以动物(主要为白鼠与鸽子)在实验情境中自发性地操作其环境以取得食物为学习主题,经过多年研究所得到的操作条件作用学习原理,是相当复杂的。以下所述是其中最基本的要义。

1. 后效强化 所谓**后效强化**(或**相倚强化**)(contingent reinforcement),是指个体活动时,因偶然表现某一有效反应而受到强化,从而形成刺激-反应联想学习的历程。在操作条件作用中,个体自动表现多种反应,惟只在其表现某一正确反应之后,方始出现食物。食物是强化物,食物出现在反应之后,因此反应与食物之间变成了因果关系,食物因反应而出现,食物的出现自然对个体所表现的该反应产生了强化作用。基于此义,斯金纳的后效强化原则,与前述桑代克的效果律具有相似的意义,只是斯金纳为使其实验设计更为科学客观而改以强化作用一词代替之。斯金纳在操作条件作用的实验设计中将强化物及其所产生的强化作用分为两类:一类为**正强化物**(positive reinforcer),指当个体反应之后,在情境中出现的任何刺激(如食物),其出现有助于该反应频率增加者谓之。由正强化物所形成的强化作用,称之为**正强化**(positive reinforcement)。另一类为**负强化物**(negative reinforcer),指当个体反应后在情境中既有刺激的消失(如触及开关而停止电击),其消失有助于该反应频率增加者谓之。由负强化物所形成的强化作用,称之为**负强化**(negative reinforcement)。固然负强化物是个体所厌恶的,但由负强化物所形成的负强化作用,却不同于惩罚。惩罚是施予个体所厌恶的刺激,目的在消除学得的不良反应。负强化则是借由刺激的消失而强化了新学习的反应。

2. 强化程式 **强化程式**(或**强化程序**)(schedule of reinforcement),指采用后效强化原理从事操作条件作用学习实验时,在强化物出现的时间上做各种不同的安排,从而观察个体正确反应的出现率与强化物出现时间的关系。强化程序有很多种变化,其中最重要者有两类方式:(1)**立即强化**(immediate reinforcement)与**延宕强化**(或**延迟强化**)(delayed reinforcement)。前者指个体表现正确反应后立即提供强化物，后者指个体表现正确反应后过一段时间才提供强化物。根据实验观察，前者效果优于后者。(2)**连续强化**(continuous reinforcement)与**部分强化**(partial reinforcement)。前者指每次个体出现正确反应后均提供强化物，后者仅选择在部分正确反应之后，提供强化物。根据实验研究，后者效果优于前者。

3. 行为塑造 **行为塑造**(shaping of behavior)或简称**塑造**(shaping)，指按照操作条件作用的后效强化原理训练动物学习包括多个刺激-反应活动的一种技术。以训练狗用鼻子按电铃为例，狗用鼻子按电铃虽可视为自发性的操作性行为，但此行为不可能未经训练即可自动在定时定点发生。行为塑造的原理是，将动物学习此一行为的过程分段实施：最初，狗表现趋近电铃反应时施予强化(给予食物)；继而，偶然间狗表现用鼻子去闻电铃反应时即施予强化；最后，狗表现用鼻子按触电钮时即施予强化。如此逐步进行使动物学到包括多个刺激-反应在内的连续性动作，即称为行为塑造。因为行为塑造是经过多个阶段连续形成的，故而也称此种学习历程为**渐进条件作用**(approximation conditioning)。

4. 连锁作用 **连锁作用**(chaining)也是根据操作条件作用原理训练个体学习包括多个刺激-反应活动的一种技术。惟连锁作用的学习程序与前文所说的行为塑造相反，它不是从一连串反应的前端开始，而是从一连串反应的最后一个正确反应开始，经由后效强化原理，先对最后一个正确反应施予强化，然后等倒数第二个正确反应出现时施予强化。如此继续进行，直到学会最初一个正确反应为止。以训练心智不足儿童穿衣服与扣扣子为例，先帮他穿上上衣只留最上端一个扣子，让他自己扣上并予以鼓励。等第二次穿衣时留上端两个扣子让他自己动手完成并予以鼓励。如此继续进行，直到学会扣上所有扣子为止。连锁作用的原理可用以解释行为中一连串反应形成联结的历程。从表面看，行为活动中观察所见者只是一个反应连锁接另一个反应。而事实上，其中每个反应都是刺激-反应的联结；第一个反应之后引起第二个反应的刺激就是第一个反应。换言之，前一个反应完成之后，随即变成引起第二个反应的刺激，如此继续进行，终而形成连锁作用。基于此义，在斯金纳看来，语言中一连串音节的联结，或技能学习中一连串的动作，都是经由连锁作用形成的。连锁作用又称**连锁反应**(chained responses)，也称**行为连锁**(behavioral chaining)。

除以上四点为操作条件作用的特征之外，其他在经典条件作用中所发现的类化、辨别、消弱、自然恢复、次级条件作用等法则，也同样存在于操作条件作用的学习历程之中。

5. 负强化与学习 前述各点均在说明在正强化的情境中产生的学习。按斯金纳的操作条件作用学习原理，个体的很多行为是在负强化的情境下学得的。根据动物实验研究，采用负强化原理可以使动物产生两种学习:(1)**逃避学习**(escape learning)，指动物学习到从惩罚的情境中逃离，以免继续受苦。此类实验多半用白鼠为研究对象。将白鼠置于中间有半截隔板的箱中，隔板的高度，可容白鼠跳得过去。实验时先置白鼠于箱之一边，然后在箱底通电使白鼠受到电击。如白鼠此时跳过隔板进入箱的另一半，自然就可脱离困境，免于电击痛苦。此类实验证明，几次练习之后，白鼠就会从紊乱的反应中产生逃避学习。如改变设计换在箱的另一半通电，白鼠同样也会逃避学习。(2)**回避学习**(avoidance learning)，指逃避学习形成后学到回避惩罚的一种更复杂学习。以上述逃避学习为例，在白鼠学会以跳过隔板逃避之后，在通电流之前先出现一个讯号，结果发现，在白鼠受到电击之前，只要有讯号即引起它逃避反应。像此种惩罚情境未出现前的回避动作，即称为回避学习。上述两种学习，虽然都可采用负强化的原理来解释，但如进一步分析即可发现，在性质上，逃避学习属于操作条件作用学习虽无问题，回避学习中因增加了一个讯号，故而在性质上应属经典条件作用的学习历程。

(三) 操作条件作用原理的应用

斯金纳根据动物实验所建构的操作条件作用学习理论，在20世纪30～60年代，曾被学校教育与精神病院等各方面广为采用，希望借以提升教学效果或促进**心理治疗**功能。有关操作条件作用原理在治疗上的应用，留待第十四章第二节内再行讨论，在此先说明此一学习原理在教学上的应用。

1. 编序教学 编序教学是20世纪70年代盛行**个别化教学**(individualized instruction)(按学生个别差异而施教的教学方式)时，采用斯金纳操作条件作用原理所研发的一种教学设计。**编序教学**（**或程序教学**)(programmed instruction) 是将学校教科书改编，使之合于后效强化原理，使学生在自动式的学习过程中获致较好学习效果的一种教学方法。编序教学的主要工作是**编序**(programing)，将原属课本式的教材，按一定的顺序改变为编序教材，以便实施编序教学。从编序教材到编序教学所根据的原则和学习心理学原理，可归纳为以下五点:(1)将教材所订的整个教学单元，细分成很多小单元，并按各小单元的逻辑顺序(何者宜先，何者宜后)，依次编列，形成由易而难的很多层次或小步阶。(2)编序中的每一个小步阶，代表一个概念或问题，每一问题须预先确定正确答案。第一个问题的答案是学习第二个答案的基础，第一与第二问题的答案是学习第三个问题的基础；层层而上，如登台阶然。此一设计是根据斯金纳操作条件作用学习理论中的连续渐进条件作用的原理。(3)编序教材可采测验卷形式，也可做成其他形式，以便于使用**教学机**(teaching machine)。对每一问题的回答，可采填充、是非或选择等方式。回答之后立即出现正确答案，可使学生从**回馈**(**或反馈**)(feedback)中得以核对自己的反应。(4)编序教学之实施，原则上是一种个别化教学方式；每个学生可按自己的步调完成作业。如此可免除班级中因学习速度不同而产生的情绪压力。(5)编序教学之构想，基本上是想让学生在自动的情境下，每个人均能确实学到预定要他学习的知识或技能。

2. 电脑辅助教学 电脑辅助教学是20世纪80年代电脑设备普及化以后，由编序教学演变成的一种个别化教学设计。**电脑辅助教学**(**或计算机辅助教学**)(computer-assisted instruction，简称 CAI)，是使用电脑代替编序教学所用教学机的一种新设计。

三、联想学习理论的贡献与局限

联想学习理论是行为主义思想的核心，因此谈联想学习理论的贡献，也就是谈行为主义的贡献。行为主义联想学习理论的发展，大致可分为古典行为主义(1913～1930)与新行为主义(1930～1960)两个阶段，前段以创始人华生所奉行的巴甫洛夫经典条件作用原理为代表，后者以斯金纳所主张的操作条件作用原理为代表。以下就从华生与斯金纳两人的学习心理思想，简略讨论行为主义的贡献。

(一) 联想学习理论的贡献

在20世纪之初心理学学派对立之际，华生所提倡的行为主义之所以异军突起，气势胜于其他学派，在美国心理学界独领风骚达40年之久。一般认为乃是由于时代精神的效应所致(Schultz & Schultz, 1996)。所谓**时代精神**(Zeitgeist)，是指划时代的学术思想或领袖人物之所以产生，乃是由于该时代文化演变、政治趋向、经济发展以及社会变迁等多因素所形成的综合效应。19世纪科学发展的空前成就，造成西方文化在20世纪初“科学万能”的时代精神效应。一般认为，科学研究不仅使改变物质环境以为人类享用成为可能，而且也可采用科学方法研究人性，从而改变人性。哲学时代的心理学家，都是用抽象的概念对人性从事思辨的解释，所有的心理学理论，也都不是经由客观验证的科学原则建构的。即使19世纪末冯特已开始科学心理学研究，但因所研究主题为意识，所采用方法为内省，两者仍属主观者，无法得到客观结果。真正的科学研究必须符合主题具体性、方法精密性和结果验证性三项科学要件。就在这样的共识之下，华生以纯科学方法研究外显行为的思想，就掀起了心理学史上的**行为革命**。在此新思想影响之下，传统心理学所探讨的感觉、知觉、意识、认知、思维以及动机、自由意志等概念所涉及的内在心理活动，在行为主义心理学的研究中全部遭到排除。

古典行为主义所奉行的经典条件作用原理，到20世纪30年代斯金纳的操作条件作用理论提出后，联想学习理论的内容得以扩大，足可解释更多的学习现象。复以斯金纳在其以心理科学造福人群的雄心下，极力将操作条件作用的理念推广到儿童养育、学校教学、精神疾病治疗等方面去实际应用(Schultz & Schultz, 1996)，终于在此后30年期间，使斯金纳在美国心理学界得到史无前例的荣誉：1958年获美国心理学会杰出科学贡献奖；1968年获被视为科学界最高荣誉的美国政府国家科学奖章；1971年获美国心理学基金会金质奖章，并成为《时代》杂志封面人物；1990年获美国心理学会心理学终身贡献奖。这些荣誉，代表美国政府和心理学界对斯金纳学术成就的肯定，自然也代表对他所主张的刺激–反应联想学习理论贡献的肯定。

（二）联想学习理论的局限

讨论行为主义联想学习理论的局限时，一般批评行为主义心理学，只将可观察的外显行为作为研究主题，将分析了解影响行为变化的环境因素，从而预测与控制行为作为研究目的，此种理论取向显然窄化了心理学的原意。心理学原本以研究心理现象为目的，外显行为只是内在心理现象的表象，行为主义为迁就科学方法，舍弃内在心理活动而只重视外显行为的取向，显然是将手段当了目的，是不适当的。在20世纪60年代以前心理学定义为研究行为的科学时代，此种批评不为一般人接受，但在60年代心理学定义改为研究行为与心理历程之后，此种批评就被认为是中肯的。基于此义，试从以下两点分别说明联想学习理论的局限性：

1. 从知识来源问题看联想学习理论的局限性 现代科学心理学对学习心理的研究，原本旨在经由科学方法探究人类获取知识的心理历程。"知识"一词的含义虽然广泛，但从学习心理的观点言，其概念不外包括个体在学习活动中学到的"知"与"行"。"知"与"行"两者是相互依存的，有时是"在行中学到知"(如儿童学语言)，有时是"从知中学到行"(如成人学外语)，有时是"从知中学到知"(如根据旧知识学新知识)，也有时是"从行中学到行"(如婴儿学步)。无论如何，只从外显行为着眼，是无法了解人类知识来源问题的。职是之故，联想学习理论之外乃有认知学习论的兴起。

2. 从科学研究目的看联想学习理论的局限性 在本书第一章第一节内曾经提到，科学研究的终极目的是根据事态变化的表象，探究表象背后的真相。个体在学习情境中所表现的外显行为，从表面看，固然是刺激引起的反应。但如进一步探究"某种刺激为何引起某种反应"问题时，就不能单纯根据行为主义刺激接近(经典条件作用)或后效强化(操作条件作用)来解释。以对弈为例，甲方落子(构成刺激)乙方回应(引起反应)，在此情形下，乙方的反应很难采行为主义的机械观点来解释。棋盘上的攻防之战是千变万化的，弈者面对刺激情境反应时，都是经过深思熟虑而后才下的决定。因此在刺激到反应之间，一定有一段内在心理活动历程，这段内在心理活动历程才是构成刺激-反应关系的真相。行为主义的联想学习理论忽略此点，显然有失心理科学的原意。

第四节 认知学习

认知学习是解释学习历程的另一种学习理论。前文曾经数度提到，在基本理念上，认知学习论虽然同意学习是刺激反应间新关系的建立，但反对联想学习论的刺激与反应联想的解释。认知学习论者认为，在学习情境中个体之所以向某刺激反应，乃是由于个体对该刺激所代表的意义产生了认知。换言之，刺激与反应间新关系的建立既非决定于刺激间的接近(指经典条件作用)，也非决定于反应后的强化(指操作条件作用)，而是决定于个体对两者间关系的认知。不过，此处所指认知学习论，在意涵上与后来的**认知心理学**(见第六章)并不相同。认知学习论是在行为主义盛行期间(20 世纪 30～60 年代)，少数心理学家为反对联想学习所提出的学习理论。认知心理学则是 70 年代兴起的另一种心理学思想。反对联想学习论的少数心理学家，有的出身于新行为主义，有的是完形学派的代表。认知学习论者开始反对联想学习时所提出的理论证据，也是根据动物学习的实验研究；直到晚近认知学习论中观察学习论提出时，才改以人为对象从事学习实验研究。接下去先介绍认知学习论对学习历程解释提出的异于联想学习理论的意见，然后再介绍认知学习理论的实验研究和系统理论。

一、联想学习历程中的认知作用

行为主义主张的联想学习论，对学习历程解释的理论，是以经典条件作用与操作条件作用为根据的。两种条件作用的共同特征是，个体在学习情境中学到的都是机械式的反应。认知学习论针对此点提出以下反对意见。

（一）经典条件作用学习中的认知作用

经典条件作用的核心观点是，在学习情境中，如在时间上使条件刺激与无条件刺激接近出现多次，前者就会取代后者，自动引起个体原来对无条件刺激的反应。认知学习论者对此看法提出质疑，他们认为，动物在经典条件作用实验情境中，未必完全是在被控制的情形下只能被动地表现出机械式反应。事实上，动物可能对实验情境有所了解；了解到条件刺激(铃声)是一种讯号，此一讯号出现后，紧接着无条件刺激(食物)就会来临。换言之，在经典条件作用中，个体所学到的未必只是被动式的反应，而很可能是由之学到一种认知和预期。在人类的日常生活中，有很多类似的学习情境。以下课铃声为例，按行为主义的解释，铃声只是一种条件刺激。根据学生与教师的经验，铃声所引起者并非机械式的下课反应；铃声代表一种讯号，该讯号将引起学生与教师在心理上有不相同的认知和预期(知道下了课做什么)。因此采行为主义机械论看法解释联想学习，在理论与实际上都有困难。

（二）操作条件作用学习中的认知作用

按斯金纳操作条件作用的原理，个体之所以学到某种反应，主要是受**后效强化**原则的支配。因此，操作条件作用学习历程中所产生的刺激-反应联结学习，在性质上也是机械式的。持认知学习论的心理学家则认为，在操作条件作用中，个体学到的也可能是预测或期待，预测或期待他的反应之后，即将带来何种后果。如后果使他满足(快乐增加或痛苦解除)，他就会继续反应；如后果得不到满足，他可能就不表现反应。以下的学得无助感实验研究，即可用以说明操作条件作用中实际上带有认知作用。

所谓**学得无助感**(**或习得性自弃**)(learned helplessness)，是指个体经由操作条件作用学习到的一种对环境无能为力的心理状态。学得无助感一词起于美国心理学家塞利格曼(Seligman, 1975)的研究。该研究乃是根据操作条件作用原理，以狗为实验对象，以电击为负强化刺激，研究动物的逃避学习时所发现的一种现象。如果将实验情境控制为使个体无法逃避，结果发现个体经过多次尝试失败之后，即放弃逃避反应；即使将情境改变让个体可以轻易逃避，个体也不再做逃避尝试。塞利格曼将学得无助感现象解释为个体对情境的认知作用；个体已从经验中了解到努力逃避是无济于事的。学得无助感是一个重要概念，既被教育上用来解释惩罚的不良后果，也被用来解释为**心理异常**形成的原因之一。

二、认知学习的动物实验研究

行为主义之所以采用经典与操作两种条件作用为解释学习历程的理论依据，主要是企图在严密控制的实验情境下研究动物的学习行为，从而达到心理学科学化的目的。行为主义研究动物学习行为时，强调动物在条件作用过程中所学到的只是行为(条件反应)而非认知的看法，认知学习论者提出质疑，此点已于上述。除此之外，即使在行为主义盛行之时，认知学习论者同样以动物为实验研究对象，用以证明在某些情境下动物和人类一样，是靠思维方式学习到新的知识。而且，动物在复杂的学习情境中即使学到了知识，也未必完全表现于外显的行为。认知学习论者所从事的实验研究，正值行为主义的强势时期，其影响虽较少，但却为以后认知心理学的兴起奠下了根基。以下是 20 世纪 20～30 年代两项代表性的动物认知学习实验研究。

(一) 柯勒的顿悟学习实验

在第一章内我们曾提到 20 世纪初学派对立时兴起于德国的完形学派，在立场上完形学派是反对行为主义机械论的。当时著名的完形心理学家之一柯勒(图 5-6)，即采取认知学习的观点，以黑猩猩学习如何取到食物为实验主题。经观察发现，黑猩猩在求食目的受阻情境中学习解决问题时所做的

图 5-6 柯 勒

(Wolfgang Köhler, 1887～1967) 是 20 世纪德裔美国心理学家，是完形学派的代表之一，是认知学习论的先驱，也是将完形心理学理论系统化的功臣。

表现，并不像桑代克**效果律**或斯金纳**后效强化**原则所说的那样被动地受控于环境，而是主动地洞察问题的整个情境，在发现情境中各种条件之间的关系后，才采取行动。柯勒称黑猩猩对问题情境经过观察思考而后决定采取行动的历程为顿悟。**顿悟**(insight)是内在的认知心理历程；在经由顿悟而表现外显行动之前，顿悟的内在认知历程是看不见的；事实上，在个体表现行动之前，顿悟即已产生。此后心理学上即称此种学习方式为**顿悟学习**(insight learning)。显然，就顿悟学习的性质看，行为主义所主张的刺激-反应学习是不完整的。因为学习未必表现于外显行为，在一般情境下，学习多半是内在心理历程。

柯勒研究黑猩猩的顿悟学习时，曾设计过很多不同的实验情境，其中最著名的是黑猩猩换杆取食的实验(图 5-7)。实验时，饥饿的猩猩被关在笼中，笼外远处放置食物。食物与笼之间横放着两条长短不同的木杆，两条木杆的位置都超过猩猩前爪接触到的距离。另外笼内也放一木杆，但其长度也不足以用来够取食物。猩猩必须学习解决的问题是：如何设法取到三条木杆中最长的一条，用以够取笼外的食物？实验者观察发现，黑猩猩面对此一复杂的问题情境时，在行动上并不是盲目的乱动，在几次使用笼内短杆取食失败之后，突然显出领悟的神情，先用笼内短杆够来笼外的木杆，然后选取其中最长的一条够到了食物(Köhler, 1925)。

图 5-7 柯勒的顿悟学习实验情境

(采自 Köhler, 1927)

(二) 托尔曼的方位学习实验

美国心理学家托尔曼(图 5-8)，在心理学思想上虽属新行为主义，但其学习理论主张却与同时代的斯金纳大不相同。托尔曼原则上接受行为主义以行为当做心理学研究主题的主张，也同意根据反应去解释行为。但他对学习历程的解释，却提出了两点独到的见解：其一，在学习情境中个体表现于外的反应现象，不等于学习的真相；个体所学到的一切，未必全部表现于外在的反应，有时学习虽已产生，但隐而不显，托尔曼称此种学习为**潜在学习**(latent learning)。潜在学习可能在以后某种情况下(如危急)无意中表现于反应。其二，在某刺激情境下个体学到的反应，不是被动的机械反应，而是主动的选择性反应。主动选择的原因，是个体对刺激情境有所认知。换言之，学习不是刺激接近或反应后强化被动式的，而是个体主动决定的。托尔曼的学习心理思想，由以下方位学习的实验得到验证。**方位学习**(或**位置学习**)(place learning)是指个体在生疏的环境中对多条通路的辨别、认识、选择，从而达到目的物所在的位置。

图 5-8 托尔曼

(Edward Chase Tolman, 1886～1959) 是 20 世纪美国心理学家，是新行为主义的代表之一，是认知学习论的先驱，也是潜在学习理论的建构者。

托尔曼的实验设计是一个三路迷津(见图 5-9)，训练白鼠学习选择一条近路达到取得食物的目的。实验分预备练习与正式练习两阶段。在预备阶段，先让白鼠有机会熟悉整个环境，环境熟悉后，训练阶段按以下三步骤进行：(1)在白鼠饥饿时，让它由出发处进入迷津，经几次练习后，它学习到舍弃第二、三通路，独选第一通路，直奔食物箱，这表示白鼠在学习情境中学习到第一通路是最近的。(2)达到上述程度后，如在 A 处将第一通路设下路障，发现白鼠迅速退回，改选第二通路，这表示白鼠在学习情境中学习到第一、二两通路之间的关系。(3)达到上述程度后，如在 B 处将第一通路再设下路障，发现白鼠迅速退回，改走最远而练习最少的第三条通路达到目的，这表示白鼠在学习情境中学习到三条通路之间的相对关系。

训练阶段达到上述学习程度后，再以**随机分派**的方式设置路障(即设置位置不定)，用以测试白鼠的方位学习。结果发现，白鼠对三条通路随路障而

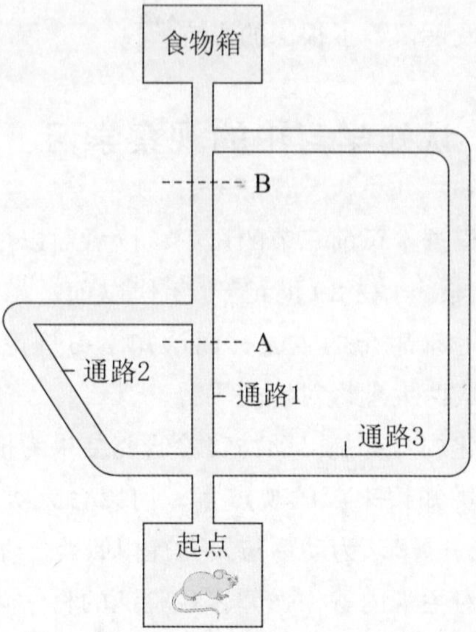

图 5-9　方位学习

白鼠在迷津中寻找食物有如计程车司机寻找地址，能按路况变化随时改变行程达到目的。(采自 Tolman & Honik, 1930)

改变的局势，全部了然，有如开车多年的计程车司机，对大街小巷的路况十分熟悉；能因时制宜因地制宜，随机应变达到目的。根据托尔曼的解释，白鼠在迷津中，经过到处游走之后，已学到了整个迷津的**认知图**(cognitive map)(Tolman & Honik, 1930)。白鼠学到了认知图之后，就会按图索骥循序找到目的物所在的方位。由此可见，白鼠在三路迷津中学到的是一种认知能力，不是左转右转的习惯性反应。托尔曼所指的认知图是无法从个体外显行为中观察可见的，故而称之为潜在学习。

在 20 世纪 30 年代行为主义当红期间，托尔曼的认知图理论，提供了反对联想学习理论的有力证据。在以后的实验研究中，托尔曼观察发现，白鼠在迷津中遇到近路受阻，不得已而选走远路之前，会暂停下来并表现一些左右探索的小反应。托尔曼认为这表示此时白鼠正在“考虑”如何选择路途以达到目的地；他称此种不显著的活动为**替代性尝试错误**（vicarious trial-and-error，简称 VTE)(Tolman, 1948)。替代性尝试错误在人的行为中是随时可见的。对弈时举棋不定的现象，就表示当事人正在采替代性尝试错误方式，以内在思维活动替代外显的反应。在行为主义强势之下，虽然托尔曼的学习心理思想，没有受到普遍重视，但他的认知图主张，却对以后认知心理学的发展留下了很深的影响。

三、认知学习中的观察学习

根据本章前三节的讨论，读者对以往学习心理的研究，可能获得两点认识：其一，在 20 世纪 60 年代以前，虽然行为主义所持的联想学习理论是学习心理思想的主流，而认知学习理论却能在此一主流之下异军突起，终至形成两大理论对峙的局势。其二，无论是联想学习或认知学习理论，其理论的建构全都是以动物实验研究结果为根据的。然从研究学习的目的旨在探究人类知识来源的观点言，何以舍人类而研究动物？对此一问题的合理解释是，除了认为动物与人类有相似处之外，主要还是在反**结构主义**的余波中，因反对主观内省，强调客观验证的科学化思想影响所致。然而，对人类的心理与行为而言，学习的含义至广，除对简单的刺激学到反应与认知之外，也包括人际关系与复杂的知识和技能；只根据动物研究所得行为法则去推论、解释人类的学习心理，其效度毕竟是有限的。因此，从 60 年代开始，学习心理的研究，已由动物实验转而改为以人为对象的研究。本节所要讨论的观察学习以及以后第七、八两章的内容，尽皆如此。接下去就讨论认知学习理论中的观察学习。

观察学习是美国斯坦福大学教授班杜拉(图 5-10)在 20 世纪 60 年代提出的一种学习理论。**观察学习**(observational learning)指在社会情境中，个体只凭观察别人的行为及其行为后果（行为后得到奖励或惩罚），不必自己表现出行为反应，即可学习到别人行为的学习历程，此一理论称为**观察学习论**(observational learning theory)。因为观察学习是在社会情境中对别人行为模仿而产生的，模仿出于认知，故而又称**社会认知论**(social cognitive theory)。

（一）班杜拉观察学习论要义

在心理学思想上，班杜拉虽属新行为主义，而且原则也同意斯金纳所持

图 5-10 班杜拉
(Albert Bandura, 1925～)
是20世纪美国心理学家，是观察学习论(社会学习论)的创始人，是综合联想学习与认知学习两种理论，从而建构了更适合解释人类复杂行为的学习理论的心理学家。

后效强化可以改变行为的观念，但他所提出的观察学习论，却与斯金纳的思想有三点不同:(1)他摆脱行为主义动物学习研究的传统，改以人为研究对象;(2)他超越学习时个体必须直接向刺激表现反应始能产生学习的观念，认为单凭个体在旁观察别人的反应，即可间接产生学习;(3)他既认为直接向刺激情境反应非属学习所必需，又认为反应后的强化作用并不是构成学习的必要条件。由此可见，班杜拉的观察学习论，不但扩大了早期联想学习和认知学习研究的范围，而且丰富了学习心理学的内容，使学习原理应用在教育心理学和社会心理学等方面，能解释更多的心理现象。以下简述观察学习论的要义。

1. 学习并非单纯决定于外在环境 在基本上，班杜拉的学习理论是反对斯金纳的**环境决定论**的。班杜拉强调，单是环境因素并不能决定人的学习行为。除环境因素之外，个人自己对环境中人、事、物的认识和看法，更是学习行为的重要因素。换言之，在社会环境中，环境因素、个人对环境的认知以及个人行为三者，彼此交互影响，最后构成学到的行为。人的行为表现不纯是内在力量的驱使，人所学到的行为也并非纯因行为表现后受到外在环境的控制。人受环境中别人的影响，也能影响环境中的别人。正由于班杜拉的观察学习论中包括环境、个人与行为三项因素，故而被称为**学习三元论**(triadic theory of learning)。

2. 学习得自对楷模的观察与模仿 班杜拉的观察学习论，其重点强调个体新行为的获得，不必一定要在学习情境中直接反应，只凭个体观察别人行为即可学到同样的行为。班杜拉的观察学习论主要用于解释人类社会行为的学习，故而在教育心理学与社会心理学上，一般称他的理论为**社会学习论**(social learning theory)。观察学习论在解释学习历程时，班杜拉采用观察与模仿两个概念予以说明。观察时个体只是以旁观者的身份，观察别人的行为表现（自己不必实地参与活动），从而获得学习的历程。此一解释，为教育上经常举办的示范教学、观摩教学以及教学演示等措施，提供了理论根据。观察学习并不仅限于经由观察别人行为表现的方式（如说话的姿态）而学到与别人同样的行为，且甚进一步体认到别人行为的后果（得到奖惩后的苦乐），亦足以设身处地地获得间接的经验。例如，幼儿见到别的幼儿因打针疼痛而啼哭(刺激–反应)，他只靠观察就会学到对打针一事表现恐惧。像此种只从别人的经验即学到新经验的学习方式，称之为**替代学习**(vicarious learning)。替代学习是不需要经过客观的刺激–反应联结的学习的，故而班杜拉称之为“毋需练习的学习”(Bandura, 1986)。

模仿(modeling)，是指个体在观察学习时，对社会情境中某人或团体行为学习的历程。模仿的对象称为**楷模**(或**榜样**)(model)；家庭中的父母与学校中的教师，一向被视为儿童模仿的楷模人物。因此，在教育上重视教师的“以身作则”，正是提供楷模让学生模仿学习之意。

3. 观察与模仿并非机械式的反应 按斯金纳学习理论中后效强化原则，谓个体在刺激情境中所学到者，不是自主性反应，而是机械式反应。既然个体学到的是机械式反应，自然是同样情境下的不同个体，均会学到同样的反应。此即斯金纳主张学习理论应具备的“客观”与“预测”的条件。班杜拉的观察学习论，反对此种机械论的看法，他认为，即使众人所观察的情境相同，而其所表现的反应也未必一致，原因是每个人的反应都是经过他认知判断之后才表现于外的。换言之，人在学习情境中观察模仿时，由接受刺激到表现出反应之间，有一段**中介作用**(mediation)；中介作用所指的，就是内在认知历程。

按班杜拉的解释，学习情境中的某种刺激，对学习者而言，具有两种不同的性质或意义(Bandura, 1977)。其一为**名义刺激**(nominal stimulus)，指刺激所显示的外观特征，是客观的，是可以测量的。名义刺激的特征，对情境中每个人来说，都是一样的。其二为**功能刺激**(functional stimulus)，指刺激引起个体对之产生的内在认知与解释。功能刺激的特征，对情境中每个人来说，未必相同。班杜拉曾以幼儿为受试者，从事观察学习实验，以验证上述中介作用的理念。该实验的设计是，先让幼稚园儿童观看影片，影片中显示一愤怒成年人打击一充气的橡皮假人。看过后，带领幼儿到另一放置充气橡皮假人的实验室，让他模仿看过的成人动作向假人攻击。结果发现不同幼儿的攻击方式各不相同；他们并不直接抄袭成人的动作(如先出右拳后出左拳)进行攻击，而是各自表现其自己的攻击行为(Bandura, 1969)。班杜拉模仿学习的中介作用的说法，在教育上深具意义；当教师设计学习情境时，必须考虑到学生的心理需求与认知能力上的差异。

4. 模仿随情境变化而有不同方式 根据班杜拉的社会学习论，学习者经由观察学习对楷模人物的行为进行模仿时，将因学习者当时的心理需求与所学到行为的不同而有四种不同的方式：

(1) **直接模仿**(direct modeling)：是一种最简单的模仿学习方式，人类生活中的基本社会技能，都是经由直接模仿学习来的。诸如幼儿学习使用筷子吃饭与学习手执毛笔写字等，都是经由直接模仿学习的。

(2) **综合模仿**(synthesized modeling)：是一种复杂模仿，学习者经模仿历程而学得的行为，未必直接得自楷模一人，而是综合多次所见而形成自己的行为。例如，某儿童先是观察到电工踩在高凳上修电灯，后来又看到母亲踩在高凳上擦窗户，他就可能综合所见，学到踩在高凳上取下放置在书架顶层的故事书。

(3) **象征模仿**(symbolic modeling)：指学习者对楷模人物所模仿者，不是具体行为，而是他的性格或行为所代表的意义。电影、电视、儿童故事中所描述的偶像型人物，他们在行为背后隐示着勇敢、智慧、正义等性格，即旨在引起读者象征模仿。

(4) **抽象模仿**(abstract modeling) 是指学习者观察学习所学到的是抽象的原则，而非具体行为。算术解题时，学生从教师对例题的讲解中，学到解题原则，即为抽象模仿。

(二) 观察学习的心理机制

观察学习之产生既非由于外在控制与强化作用，个体本身的心理特征、个体与楷模间的关系以及学习情境等，自然都是影响观察学习的重要因素。根据班杜拉的研究发现（Bandura, 1977），影响观察学习的心理因素，可以分为以下两方面：

1. 影响观察学习的社会因素 根据班杜拉的研究，对一般人而言，在以下三种社会事件或社会情境之下，观察学习比较容易产生。

(1) **楷模人物的人格特征**：由于观察学习是个体向楷模表现学习行为，楷模人物在性别、年龄、容貌、性格、气质、态度、服装以及一切言行举止上的特征，自然都会对观察学习者产生很大的影响。以服装流行而言，电视广告上的服装表演，设计者必须针对不同的观众考虑上述各项条件；买洗发精者必须以长发美女做广告，买奶粉者必须让健康活泼的婴儿上电视，才会达到正面效果的观察学习。

(2) **个体本人的心理特征**：个体本人性格独立者，在行事做人方面比较自有主张，故而对别人行为纵有所观察，但不一定有样学样地直接模仿。性格独立的人，可能多表现在象征模仿和抽象模仿。

(3) **观察学习的社会情境**：观察学习多半是在社会情境不太确定的情况下产生。所谓**社会情境**(social situation)，是指人与人之间彼此影响的情境。教室内师生教与学活动是一类社会情境；很多人在球场看球或在餐厅用餐，也都是社会情境。在社会情境中，个体经常凭观察别人的行为而学到别人的行为；惟在此种情境下的观察学习，多半是对所学习的知识或技能不太肯定时，才容易产生。以在西餐桌上使用刀叉为例，如果你早已习惯于用刀叉吃饭，你就不会对别人如何使用刀叉加以注意。但是如果你是初次使用刀叉，你就会注意观察别人的动作，用心学习。

2. 观察学习的心理历程　观察学习的产生，不是环境中外在因素所决定的，而是个体在社会情境中，受楷模影响而做出的主动性与选择性的反应。因此，观察学习在表现出外显的模仿行为之外，主要是一个内在心理的活动历程。根据班杜拉的解释，观察学习的产生，要经过以下四阶段的心理历程(Bandura, 1977)：

(1) **注意阶段**：注意是观察学习的第一阶段，此时，个体必须注意楷模所表现的行为特征(名义刺激)，并了解该行为的意义(功能刺激)。否则无从经由模仿而成为自己的行为。

(2) **保持阶段**：保持阶段即记忆阶段，指个体观察到楷模的行为之后，必须将行为之表现转换为表征性的心像(把楷模行动的样子记忆下来)，或表征性的语言符号(能用语言描述楷模的行为)。如此始能将观察所见保留在记忆中，不致随时遗忘。

(3) **再生阶段**：再生阶段指个体对其所学达到了解并能够表现出来的阶段。个体对楷模的行为表现观察过后，能靠记忆所及将模仿过的楷模行为，用自己的行为表现出来。

(4) **动机阶段**：动机阶段指前段学得的行为表现，系出于个体主动。此时个体不仅经由观察模仿从楷模身上学到了行为，而且也愿意在适当的时机将学得的行为表现出来。幼儿喜欢在客人面前唱歌表演以博取众人掌声的情形，就是如此。

四、认知学习理论的贡献与局限

联想学习与认知学习两派理论的发展，大致与整个科学心理学发展趋势相似：先是彼此对立，而后趋于融合。在从对立到融合的过程中，认知学习理论由早期的少数弱势转变为后来居上的优势。认知学习理论之所以后来居上，乃是由于以下的贡献获得了心理学界的肯定：

1. 认知学习理论对学习情境中刺激-反应联结产生学习这一表象背后的真相，提出了较诸联想学习理论更为合理的解释。联想学习理论认为刺激-反应学习是外在条件控制下被动联结产生的，认知学习理论则主张刺激-反应学习是个体对刺激性质有所认知而主动表现的选择性反应。证诸人类或动物的学习行为，联想学习理论只能解释少数“行而不知”的习惯性行为，认知学习理论则能解释更多的复杂行为。

2. 从历史演变中的时代精神看，行为主义以外显行为为学习心理的主题，以客观验证的要求为研究方法，固然符合了“科学万能”的时代精神，但却因主题迁就方法的结果而使研究对象窄化，而丧失了研究学习心理乃是旨在解答人类知识来源问题的原意。就此观点言，认知学习理论以“认知”来解释刺激-反应的学习历程，正好弥补了联想学习理论不能合理解释人类知识来源问题的缺点。惟其如此，由于认知学习理论的主张，而促成了后来20世纪70年代认知心理学的诞生。现代认知心理学正是以研究人类知识获得历程为目的的。由此观之，认知学习的主张也是符合时代精神的。

3. 受认知学习理论影响的观察学习论，将认知学习的原理扩大到对人类社会行为的研究，不但大大超越了行为主义联想学习理论所强调的反应或反应后的强化是学习要件的观念，而且在心理学上对社会角色、道德行为以及学校的行为规范教育等方面，提供了理论根据。

4. 如果要检讨认知学习理论的局限，可得而言者是指当时对“认知”的解释仍未完全摆脱抽象的缺点。诸如“顿悟”与“认知图”等名词，就不易使人获得明确的概念。后来兴起的认知心理学，比拟电脑处理讯息的方式研究解释刺激-反应间的认知历程，就克服了早先认知学习理论的缺点，此点留待下一章内再详细讨论。

本章摘要

1. **学习**是因经验获得知识或使行为产生较为持久改变的历程。
2. 在现代心理学的理论中，解释学习历程者有两大理论:(1)**联想学习**;(2)**认知学习**。
3. 在联想学习理论中，又有**经典条件作用**学习理论与**操作条件作用**学习理论之分。
4. 巴甫洛夫经实验发现，经典条件作用学习历程中有四项重要行为法则:(1)**强化与强化物**;(2)**类化与辨别**;(3)**习得、消弱与自然恢复**;(4)**次级条件作用与次级强化**。
5. 经典条件作用是**古典行为主义**解释行为改变的理论基础。
6. 桑代克根据动物实验所建构的**尝试错误学习**理论有三个学习律:(1)**效果律**;(2)**练习律**;(3)**准备律**。
7. 斯金纳将条件作用学习分为两大类:(1)**反应条件作用**;(2)**操作条件作用**。前者指经典条件作用，后者是他本人的主张。
8. 斯金纳经实验发现，操作条件作用学习历程有五项重要行为法则:(1)**后效强化**;(2)**强化程序**;(3)**行为塑造**;(4)**连锁作用**;(5)**负强化**。
9. 操作条件作用的学习原理，在教育上主要应用于两方面:(1)在教学上的**编序教学**;(2)**电脑辅助教学**。
10. 按认知学习理论的解释，无论是经典条件作用，或是操作条件作用，其学习历程中均含有认知作用。
11. 早期的认知学习理论，和行为主义一样，也是采用动物为学习实验的对象的。在这方面的重要研究有二，一为柯勒的**顿悟学习**实验；另一为托尔曼的**方位学习**实验。
12. 按班杜拉的**观察学习论**，**模仿**可以分为四种不同方式:(1)**直接模仿**;(2)**综合模仿**;(3)**象征模仿**;(4)**抽象模仿**。

13. **观察学习**的形成，有四个必要阶段:(1)注意阶段;(2)保持阶段;(3)再生阶段;(4)动机阶段。
14. 影响观察学习的社会因素有四:(1)楷模人物的人格特征;(2) 个体本人的心理特征;(3)观察学习的社会情境;(4)观察学习的心理历程。
15. 认知学习论的最大贡献是，使行为主义只重视外显行为的偏颇思想，得以补充纠正，让心理学又恢复研究心理现象的传统。

建议参考资料

1. 张必隐(2003)：学习心理学。台北市：东华书局(繁体字版)。杭州市：浙江教育出版社(简体字版)。
2. 张春兴(1994)：教育心理学。台北市：东华书局(繁体字版)。杭州市：浙江教育出版社(简体字版)。
3. 张厚粲(1999)：行为主义心理学。台北市：东华书局(繁体字版)。杭州市：浙江教育出版社(简体字版)。
4. 彭聃龄、张必隐(1999)：认知心理学。台北市：东华书局(繁体字版)。杭州市：浙江教育出版社(简体字版)。
5. 廖克玲(1982)：社会学习论巨匠——班杜拉。台北市：允晨文化事业有限公司。
6. Domjan, M. & Burkhard, B. (1986). *The principles of learning.* Monterey, CA: Brooks/Cole.
7. Garnham, A. & Oskhill, J.(1994). *Thinking and reasoning.* Oxford: Blackwell.
8. Mazur, J. E.(1994). *Learning and behavior.* Englewood Cliffs, NJ: Prentice-Hall.
9. Reed, S. K.(1996). *Cognition: Theory and application*(4th ed.). Boston: Brooks/Cole.
10. Schwartz, B.(1989). *Psychology of learning and behavior*(3rd ed.). New York: Norton.
11. Sternberg, R. J.(1996). *Cognitive psychology.* Fort Worth: Harcourt Brace.

第六章

记忆与遗忘

本章内容细目

综合前章介绍过的联想学习与认知学习两派理论，可知两派理论都是经由实验研究获得客观验证的结果，据以发现原则而建构的系统理论。惟从学习心理研究旨在探讨人类**知识来源问题**的观点看，两派理论对学习历程的解释，均有两点不足之处：其一，两派理论均只能解答“学习是如何产生的?”的问题，而对“学习历程中究竟产生了如何的内在心理变化”的问题，则未能充分解答。联想学习只重视外显反应，不重视内在历程；将学习视为刺激-反应的联结，而刺激-反应的联结，则决定于接近原则或强化作用。认知学习重视学习的内在心理历程；将学习视为个体对学习刺激情境的了解，而整个刺激情境的了解则决定于个体的认知能力。由此观之，两派理论所指的学习，事实上都离不开刺激情境下产生的反应。惟两派理论虽各自对刺激情境下学到反应一事提出不同解释，但对从引起学习的刺激出现，到代表学习结果的反应表出，其间经过的内在心理历程，则均未提出完整的说明。其二，两派理论的建构，均以动物实验研究结果为依据，根据动物实验所建构的学习理论，能否用以推论、解释人类复杂的知识学习，不无问题。

学习理论的上述缺点，虽一向为以学习理论为基础的教育心理学家所诟病，但迄至20世纪60年代，情况一直未见改善。直到60年代以后，一方面受到通讯科学讯息传递技术进步的影响，另一方面受到电脑科学上输入、译码、储存、输出等观念的启发，终于诞生了以**讯息处理**为主的**认知心理学**，形成了所谓的“认知革命”。本章之内容即以讯息处理的理论为主题，从而分析讨论学习心理研究中学习、记忆、遗忘三个彼此关连的问题。希望读者研读过本章之后，能对学习心理研究的新取向，获得以下的认识：

1. 学习、记忆、遗忘三者间的密切关系。
2. 记忆测量的各种方法。
3. 现代认知心理学兴起的时代背景。
4. 讯息处理论的要义及其价值。
5. 讯息处理历程中三类记忆的特征及其间的连带关系。
6. 如何运用讯息处理论原理以增进记忆。
7. 如何运用讯息处理论原理增进阅读技巧以提升读书效率。

第一节　记忆是学习心理问题的核心

无论是从日常生活的经验看，或是从学习心理的实验研究看，学习、记忆、遗忘三者间的密切关系是显而易见的；而且，在此三者的密切关系中，记忆是学习心理问题的核心。惟其如此，在进入讨论本章主题之前，容先举例说明学习、记忆、遗忘三者间彼此的关系。

一、学习、记忆、遗忘之间的关系

学习与遗忘的产生，都是隐而不显的内在心理历程，要想了解学习或遗忘之有否产生，唯一的根据就是记忆。所谓**记忆**(memory)，是指在学习情境中刺激(形象或声音)消失之后，在心理上仍保持下来所代表原刺激的讯息。因此，记忆也称**保持**(retention)。以练习 10 遍学会 50 个英文单字为例，在练习期间一般的情形是，所能记忆的单字数量随练习次数增加而增加。惟在整个练习过程中，每次练习后所记得的字数未必完全相同。而且，每次练习后所记得的单字也未必完全相同，有的连续几次测量都能记得，有的虽已记得，但又可能暂为其他单字所取代。一直继续练习下去，如第十次练习结束后测量时全部记得，就等于达到了 50 个单字 100%记忆无误的地步。学习达到 100%的记忆之后，如分别在练习停止后隔 1、3、5、7 天连续测量所能记忆单字的数量，就会发现，时间隔得愈久所能记得的单字数量愈少；几个月之后，可能对 50 个单字，全部不复记忆。根据此一简单例子，可以看出有关学习、记忆、遗忘三者之间存有如下的关系：

1. 记忆是学习的表征　学习是隐而不显的内在心理历程，学习因经验而产生。上例中的练习就是经验，练习停止后测到的单字数量就代表记忆量；练习期间所能记忆的单字数量随练习次数增加而增加的过程，也就是因经验而产生学习的历程。由此可见，记忆与学习是一体之两面，记忆是学习的表征，只有根据记忆，才能了解学习。惟学习因练习而增加的实际情形，尚须视测量记忆的方法而定。

2. 记忆产生在学习当时，也保留在学习之后 在练习期间，所能记忆的单字数随练习次数增加而增多的现象，显示在学习当时产生了记忆。停止练习后在不同时段所记得单字数随时间延长而递减，此现象显示学习后仍保留着部分记忆。惟比较学习时与学习后两时段的记忆性质，前者因练习而增加，后者随时间延长而减少。

3. 记忆是评估遗忘的指标 **遗忘**(forgetting)与学习是相对的内在心理历程；学习代表知识的获得，遗忘代表学得知识的消失。惟遗忘与学习相同，同样是不能直接观察与测量的内在历程。要想了解学习之后遗忘了多少，只能根据当时测得的记忆量去推估。按前例，如练习停止五天后还记得20个单字，即表示原来学得的资料已遗忘了60%。惟采用记忆做为遗忘的指标时，只能推估遗忘的大概情形，不能肯定学习后遗忘的确切程度。原因是遗忘的程度与测量记忆的方法有密切的关系。仍以前述学习50个单字为例，学习后10周不再练习而实施测量时，如果要求受试者写出所学的单字，可能不复记忆；但如将原来50个单字混在另100个单字中让他指认出来，可能指认出多个学过的单字。由此可见遗忘是不易确切了解的心理现象。关于记忆的测量，下一段将作说明。

除以上三点外，尚须补充说明的是，一般总以为遗忘只产生在练习停止之后，事实上，遗忘也产生在练习过程之中；学习期间也会发生一边学习一边遗忘的现象。关于遗忘的原因，留待第三节再行讨论。

二、记忆的测量

基于前文所述记忆是学习表征的概念，可知记忆的测量事实上也就是学习的测量。在学习心理研究上，心理学家所设计的记忆测量方法包括两个方面：第一个方面是为测量学习结果而设计的；亦即经过练习之后，受试者能使用口语、文字或操作以表达其学得知识或行为时所使用的。在这方面，最常采用的有三种方法:(1)回忆法;(2)再认法;(3)再学习法。另一方面是为测量学习历程而设计的,亦即在学习历程中,受试者对学习材料尚未学到能用语文或操作表达的地步时使用的。在这方面最常采用的方法,就是反应时间法。以下是四种方法的简略说明。

(一)回忆法

回忆法(recall method)是测量记忆时最常用的方法。回忆法使用的最简单程序是,先提供一种学习材料(如 50 个英汉对照的陌生单字)让受试者在限定时间内阅读之后,要他全凭记忆将所学得的单字用口述或笔写报告出来,然后与原资料核对,以评定其所记得的成绩。

回忆法用途最广,不仅适用于实验室内控制下的学习,也可用于日常生活及教育情境中的学习。单凭记忆(不查资料)用文字或口头陈述人名、地名或书本内容的方式,是属回忆法。在日常生活中,无时无地不在使用回忆法去回忆记忆中的知识以处理问题。不过,在日常生活中也会出现暂时失却回忆的奇特现象。在众人聚会场所遇见极为熟悉的朋友,谈话时突然忘却对方姓名的尴尬场面,就是如此。也许稍后无需任何提示,突然又恢复了记忆。像此种"话到唇边记不起"的现象,在心理学上称为**舌尖现象**(tip-of-the-tongue phenomenon)。根据一般经验,不但谈话时会有舌尖现象,书写时也会有"笔尖现象";俗语说"提笔忘字",就是如此的情形。

在实验室研究语文学习的记忆时,为求了解许多语词中每个语词学习后记忆的差别情形,可将这些语词顺序排列为一个语词表,要求受试者依序记忆。学习后采回忆法测量记忆并分析比较每个语词回忆的情形,就会发现位在表之两端者记忆量较高,位在表之中间者记忆量较低。正如同看榜上名单时,名列前茅者与名列榜尾者均较易记得,而名居中间者则较难记忆。像此种因序位关系而影响记忆的现象,称为**序位效应**(或**系列位置效应**)(serial position effect)。位在语词表前端者之所以较易记忆,乃是由于开始学习时受到其他单字的干扰较少所致,故而称为**初始效应**(或**首因效应**)(primary effect)。位在语词表后端者之所以较易记忆,乃是由于较晚学习,仍在记忆之中,故而称为**时近效应**(或**近因效应**)(recency effect)。

除上述序位效应外，影响学习后回忆的另一因素是练习方式。如果学习材料较长，需要多次练习始能达到熟练程度时，学习时间或练习次数的分配方式，对学习后的记忆是会有影响的。练习方式有两种，一种为分散练习，另一种为集中练习。所谓**分散练习**(distributed practice)，是指将全部用于学习活动的总时数，划分为多个时段，各时段之间插入短暂休息。所谓**集中练习**(massed practice)，是指在练习期间内不分时段，中间不插入休息时间。就一般的情形而言，分散练习的效果优于集中练习(对幼儿学童学习时尤然)。然此原则尚需考虑以下因素:(1)学生的条件：高智力的学生较适于集中练习，智力一般学生则较适于分散练习。(2)学习材料的性质：学习材料本身连贯性较少者(如单字)，较宜采分散练习；学习材料具有连贯性者(如诗歌)，则较宜采集中练习。

(二) 再认法

再认法(或**辨认法**)(recognition method)是测量记忆最常用的另一种方法。学校中使用的一切测验或考试中的是非题或选择题，在性质上均旨在采再认法以测量学生学习后对教材的记忆。再认法的优点是，使用时省时简便，既可用于练习过程中对学习进步情形的了解，也可用于学习后对学过材料记忆的情形。尤其在学习未达熟悉地步或学习后时间甚久无法用回忆法测量时，再认法最为有效。

再认法之所以测量到较高的记忆量，主要是因为对受试者提供了比回忆法为多的线索。回忆法只凭问题为线索，而问题本身又找不到答案的线索。以英、美、德、法、日五国的首都名称做为命题材料为例。如命题方式为要求受试者写出五个国家首都的名称，命题中只有五国名称的线索，各国的首都名称则全靠回忆。如命题方式改为：东京、华盛顿、巴黎、伦敦、柏林五大都市，分别是英、美、法、德、日五个国家的首都，试分别说明国名与首都名称的正确关系。在这种情形下，全部正确答案均隐含在命题之中。受试所要回答者，只是正确辨认而已。显然，再认法所测量的记忆是旧经验的核对，不是旧经验的回忆。不过，如果以前学习时印象模糊，所学得的旧经验不够确实，使用再认法测量记忆时，也会出现错误。此即回答是非题试卷时仍难获得满分的原因。此外，在法庭审讯时，目击者出庭做证未必可靠的原故，也是由于旧经验不够确实所致。

（三）再学习法

再学习法是在记忆法或再认法均不便用来测量记忆的情形下所使用的一种方法。**再学习法**(relearning method)也称**节省法**(saving method)，指重新再学习以前学过而现在已遗忘的材料，计算再学习时达到和以前同样熟练程度所需时间或练习次数，再与以前初学习时所需时间或练习次数相比，从节省的时间或练习次数去推断记忆的一种方法。以背诵一篇文章为例，初学习时如阅读八遍可达背诵无误的地步，半年之后已不能背诵，此时如只需阅读四遍即可恢复初学习时的程度，这表示半年来对该篇文章，在记忆中仍保存了 50%。

就上例看，采再学习法测量记忆，表面看来颇似合理，但实际上行之不易。因为前后两次学习的程度与练习次数(或时间)的资料，不易齐备。因此在实验室采用再学习法测量记忆时，改采**配对组设计**(见第一章第三节)来处理。实施时采能力经验近于相等之两组进行，一组为**实验组**，是以前学过的，要该组受试者再来学习以前的材料，并计算其分数(达到标准所需练习次数或所需时间)。另一组为**控制组**，是以前未学过的，要该组与实验组以完全相同的方法学习同样的材料，并计算其分数。然后，比较两组分数，将实验组所节省的练习次数(或所需时间)化为百分数，即可由之推论实验组所保留的记忆。使用再学习法时分数的计算，按以下公式：

$$\text{节省的百分数}=\frac{(\text{初学习练习次数})-(\text{再学习练习次数})}{\text{初学习练习次数}}\times 100$$

（四）反应时间法

前述三种测量记忆的方法，都是用于学习后过一段时间，或是在学习期间每次(或数次)练习之后的记忆测量。前文曾指出，记忆是学习的表征，学习后的记忆自然代表测量记忆之前的学习，学习正在进行或学习刚刚开始时，学习的产生与否，也必须靠记忆才能推估出来。因此，在严密控制的实验室中，为求了解在极短时间内产生的学习，乃有反应时间法的设计。

反应时间法(reaction-time method)简称**反应时间**(或**反应时**)(reaction time，或 response time)，是指根据从刺激出现到反应表出所经时间来推估学习的一种记忆测量方法。在第五章内曾多次提到，无论是哪种学习理论，在解释学习心理历程时，无不以刺激情境之下引起反应做为探讨的主题。各派理论之差异，端在对刺激引起反应中间所经心理历程解释有所不同而已。换言之，先有学习材料而后有学习是大家共识的，学习者如何将学习材料经由学习活动转化为他的知识或行为，各派心理学家则有不同理论。采用反应时间做为测量记忆的方法，即旨在了解当刺激出现后极短时间内引起反应的情形下所产生的学习。反应时间所测量的记忆，多属以分秒计算的视觉或听觉学习经验，故而常用于实验室中控制情境下的简单学习。试举一例以说明反应时间如何用于测量记忆，从而推估学习。

以街头十字路口红绿灯为例，红灯亮时立即止步，绿灯亮时立即前行，两者都是在刺激情境下学到了适当的反应。如果将红绿灯光分别改为红与绿两个大字，并改在实验室内进行实验：让受试者将左右手分别放在两个电钮上，要他看到红字灯亮时按下左手电钮，看到绿字灯亮时按下右手电钮，并分别由自动计时器记录从刺激到反应的精确时间。实验结果也许发现中间所需时间只有十分之一秒。然而从学习心理的观点言，在这瞬间之内事实上已经产生了以下三种心理作用:(1)视觉器官(眼睛)发现到刺激的出现;(2)视觉作用辨别出发亮的是红字还是绿字;(3)经意识判断并支配左右手做出适当的行动。在此实验中，红与绿二字与红绿两种颜色的辨认当然不需要重新学习，受试者所要学的是在适当刺激之下表现适当的反应。

在上述例子中，受试者一般在极短时间内即可学到正确反应。假如改变实验设计，将红色灯光改换成“绿”字，将绿色灯光改换成“红”字，在此种颜色与字义交错矛盾的情况下，如仍采用左右手按电钮的方式判断红绿二色灯光时，受试者在反应时间上就会大为延长。原因是，在此种情境下受试者必须使用更多的心理运作去重新学习，才能配合新的刺激情境，做出适当的反应。

根据上述两个例子，可以了解到学习虽然是隐而不显的内在历程，但仍可根据记忆的行为表现去推估学习历程的大概情形。在短暂学习时，反应时间愈短即表示学习愈容易，反应时间愈长，即表示学习愈困难。在日常生活中，阅读的经验是如此，口语对话的经验也是如此。上课时教师所用口语能配合学生的学习能力；教师随时解说，学生随时理解，使学生学习时反应时间力求缩短，显然是教学成功的基本要则。

第二节　记忆研究的讯息处理取向

在20世纪60年代以前，虽然认知学习理论为反对联想学习理论视刺激–反应联结即代表学习的理念，提出了刺激与反应间关系之所以建立乃是由于认知的主张，但对个体从感受到刺激到表现出反应之间如何产生认知的问题，仍未提出详细而合理的解释。直到60年代末期讯息处理论兴起之后，对此一久悬未决的问题才算获得了共识。自从60年代讯息处理论兴起以后，其理论与方法很快就取代了当红多年的行为主义学习理论，而成为现代心理学思想的主流。虽然从兴起到现在时间并不太久，但讯息处理论的内容已极为丰富。本节及以后两节内，即简要介绍此一新兴理论的要义。

一、认知心理学的兴起

讯息处理论（或**信息加工论**）(information-processing theory)，简称**讯息处理**（或**信息加工**）(information processing)，是现代**认知心理学**(cognitive psychology)的一种重要理论。顾名思义，认知心理学是以研究人类如何认知，或如何获得知识的心理科学之一。讯息处理所研究者全是人类获取知识的心理历程，因此，从狭义的观点言，讯息处理论与认知心理学意义相近，故而有时也称认知心理学为**讯息处理心理学**(information-processing psychology)。基于此义，接下去先简单说明认知心理学是如何产生的，然后再进一步讨论讯息处理论的基本要义。

(一) 认知心理学的诞生

在基本理念上，认知心理学所研究的主题是人类知识如何获得的问题。关于人类知识的来源，自古以来就在哲学心理学上争议不休。科学心理学兴起后，在专书中最早对人类认知历程提出系统解释者，是美国**功能主义**创始人詹姆斯(见图 1-2)。詹姆斯 1890 年出版的《心理学原理》一书中，列有四章分别讨论与人类认知心理有关的注意、记忆、想象、推理等问题。到了 20 世纪 20 年代，完形学派的心理学家们最早提出认知学习论的理念；完形学派重要人物柯勒根据**顿悟学习**实验(见图 5-7)，在 1925 年出版的《人猿之心智》一书中，强调动物都会学到洞察情境运用思维解决问题。只因 20 世纪 60 年代以前，行为主义思想一直是心理学的主流，认知心理学的思想虽已萌生，但因环境所限未能得以发扬。

认知心理学正式诞生的时间是 1967～1968 年间。在此一期间内，有三位心理学家先后发表的两种著作，为以讯息处理为中心思想的认知心理学，竖立了新的里程碑。在 1967 年，尼塞(Ulric Neisser, 1928～　)的《认知心理学》出版，在该书中作者为认知心理学所下的定义是："认知心理学是对感官接受刺激(讯息)后，如何经由转化、减约化及精致化等心理运作，而获得知识、储存知识以及使用知识等内在历程的科学研究"(Neisser,1967)。由此可见，尼塞所指的认知心理学，事实上也就是讯息处理心理学。

尼塞的《认知心理学》出版后的第二年，阿特金森与希夫林(Atkinson & Shiffrin, 1968) 二人联合发表的《人类的记忆》论文中，对人类如何经由不同阶段的记忆处理其所获讯息的问题，提出一套系统的解释。此一系统解释不仅对人类记忆的内在心理历程提出了合于经验的假设，从而启发无数的验证性研究并获得肯定，而且也将记忆与学习两个概念结合在一起，从记忆的历程说明了学习的历程。换言之，阿特金森与希夫林的讯息处理论，事实上也是超越以往认知学习论的一种认知学习理论。此一理论的内容要义，留待稍后以图示方式(见图 6-1) 进一步解说，接下去容先说明以讯息处理论为中心思想的认知心理学诞生的时代背景。

(二) 认知心理学诞生的时代背景

从时代背景看，一般心理学家咸认认知心理学的诞生，有以下四项因素(Sternberg, 1996；Solso, 1988)：

1. 行为主义思想式微 行为主义因主张采纯科学方法而兴起，却也因受科学方法所限，只研究外显行为而忽略内在心理历程的缺失而导致学派思想式微。行为主义以外显行为做为心理学研究主题时，以动物代替人类为实验对象，将学习解释为刺激-反应联结的历程。在此历程中，刺激是外显的，是可以观察测量的；反应也是外显的，也是可以观察测量的。如此，控制刺激变化而观察反应变化，即可获得与自然科学中物理化学类似的行为变化法则。然而，根据动物实验，所得到的行为法则，对人类复杂行为而言，在应用上毕竟有限。行为主义不研究认知，因为认知属于内在心理历程，不属于外显行为。但根据经验，认知确实存在，而且以认知为基础的思维、想象、推理、判断等高级心理活动，也都是存在的。关心人类认知心理研究的心理学家们，在不满于行为主义只重科学方法不顾事实需要的情形下，自然容易接受并支持新的思想。

2. 通讯理论的影响 在第二次世界大战(1939～1945)期间，由于通讯的需要及通讯技术的精进，结果发展出了有关通讯研究的**通讯理论**(或**沟通理论**)(communication theory)。通讯理论研究的内容，主要包括三方面：(1)构成讯息的条件：包括讯息来源，讯息传递管道(电话、电报、雷达等)以及讯息传递对象等；(2)讯息传递历程：指讯息发送者与收受者间的交互关系以及讯息的转化(如电报译码等)与理解的心理历程；(3)讯息的功能：指对讯息如何被发觉、注意以及转化为意义等问题的研究。显然，通讯理论所探讨者，也正是后来讯息处理论所探讨的问题。

3. 现代语言学的冲击 自从**新行为主义**者斯金纳(见图 5-4)在 20 世纪 30 年代提出了他的极端行为主义理念之后，他不仅以**操作条件作用**的原理，解释动物如何学习到获取食物的适当反应，而且他也以刺激-反应联结的原理，推广、解释人类语言的学习；认为人类的语言是刺激-反应的多重联结形成的**连锁**。

到了50年代，斯金纳的语言心理思想，受到了现代语言学家乔姆斯基(NoamChomsky, 1928～)语言理论的挑战。乔姆斯基在1957年出版《语法结构》一书中，对斯金纳以操作条件作用形成连锁作用原理解释人类语言的看法，提出了强烈的批评(Chomsky, 1957)。乔姆斯基认为，人类生而具有学习语言的能力，此种天赋的语言学习能力中，本就存有一种认识语言中句型语法的先天性结构。此种结构与人类的语言结构相符合，故而称之为**语言获得装置**(language-acquisition device，简称LAD)(Chomsky,1964)。按此义，人类与生俱来的语言获得装置，与耳目口鼻等器官相似；眼睛能识别颜色，耳朵能听辨声音，都是与生俱来的能力。乔姆斯基的语言心理思想，正符合认知心理学家所要探求的讯息处理问题。如果将感官收受刺激开始到反应表出为止的内在心理历程视为讯息处理，则个体如何经由心理运作去处理讯息，在基本上是不需另外学习的。显然，由现代语言学思想的冲击，使认知心理学的发展产生了复古倾向，又将17世纪解释知识来源问题时所主张的理性主义思想，带入了讯息处理论的思想之中。因此，乔姆斯基的语言心理思想被称为**天赋理性主义**(nativistic rationalism)。惟其如此，一般认为20世纪60年代认知心理学的发展，在理念上并非全然创新，而是“新瓶装旧酒”的旧思想复苏。

4. 电脑科学的启发　自从20世纪50年代电脑取代了早期的电动计算机以后，电脑不再只是一种高效率的机器，而是成了能够控制其他机器运作的机器。尤其是发展到**人工智能**(artificial intelligence，简称AI)之后，电脑已发展成一门**电脑科学**(computer science)。由于电脑科学的研究，电脑已能模拟人脑，替人控制机器、处理资料，甚至代人思维、推理、解题和判断。电脑的设计既然得自对人脑的模拟，电脑的运作过程自然被心理学家借用来做为解释人类获取知识的依据。因此，电脑中使用的输入、编码、记忆、储存、输出等术语，全被讯息处理论所采用。接下去的讨论，将对此有进一步的说明。

二、讯息处理的多重历程观

在20世纪60年代以前的学习理论，无论是联想学习论，或是认知学习论，在解释学习时都将学习解释为单一历程；联想学习论将之视为刺激-反应联结的历程，认知学习论将之视为认知或理解的历程。学习单一历程观的特点是，学习一旦产生，其历程都是一样的。而且代表学习的记忆，都是以学习后的反应为根据。阿特金森与希夫林二人在1968年所提的讯息处理理论，则是采取多重历程处理的观点来解释人类学习与记忆（Atkinson & Shiffrin, 1968）。所谓**多重历程处理**（multiprocess processing），是指在讯息处理时，人类的记忆不是单一历程运作，而是将收受的讯息分为数个阶段处理，每阶段的记忆方式各不相同，各自形成一段讯息处理的历程。多重历程处理理论，是现行认知心理学中的主流理论（注6-1），接下去我们采用图示的方式予以说明。

（一）讯息处理中的记忆与遗忘

图6-1代表阿特金森与希夫林二氏讯息处理论的主要内容。按该图所示，在此先做简单的综合说明如下：

1. 人类的记忆，按其产生的时间先后分为感觉记忆、短期记忆、长期记忆三种不同类型。每类记忆的性质、功能以及心理学家的研究发现，留待第三、四节内再做进一步分别说明。

2. 三类记忆间的先后关系，代表讯息处理的历程。最先是由外在刺激影响感官产生瞬间的感觉记忆；产生感觉记忆后如加以注意，即将讯息进一

注6-1：除本文所讨论的多重历程处理理论之外，另有一种新的理论称为**平行分布处理**（parallel distributed processing）理论。此一新理论产生的背景是根据人脑神经网路及电脑通讯网路的设计提出的一种假说。人脑处理讯息时，是多渠道平行并进的，而且将每一种讯息都分散到大脑皮质的不同神经中枢，分别做不同处理。电脑通讯系统亦复如此，飞机场的塔台在同一时间内接收到四面八方的讯息，借由电脑之助，也可以同时平行分散处理。因此，在研究讯息处理时，在理论上应该考虑平行分散处理的问题。惟到目前为止。此一理论尚难经由实验方法予以验证（Rumelhart, 1989）。

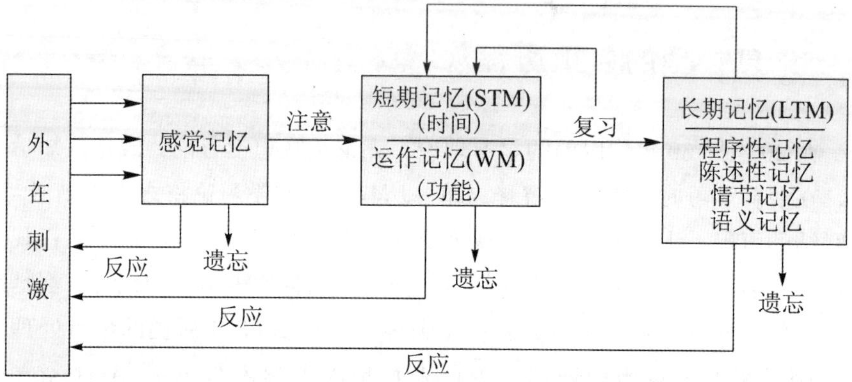

图 6-1　讯息处理中的记忆与遗忘

(根据 Atkinson & Shiffrin, 1968 资料绘制)

步处理，从而产生短期记忆。如未对讯息加以注意，则立即遗忘。短期记忆维持时间仍短，产生之后如加以复习，即可将讯息输送进入长期记忆。

3. 三类记忆之间的关系，可由箭头指示的方向看出，是一种双向式的前后交互关系。感觉记忆经注意而形成短期记忆之后，一方面需要复习才会进入长期记忆，另一方面要靠长期记忆中已有知识(反向箭头)的帮助，处理短期记忆中的新讯息(利用旧知识吸收新知识)。

4. 三类记忆产生后，都会表现出反应。从学习与记忆一体两面的关系看，记忆的反应即代表产生了学习。

5. 三类记忆产生后，都可能产生遗忘现象。遗忘是根据记忆推估的；记忆的消失即表示遗忘的产生。三类记忆中遗忘的原因各不相同。

(二) 讯息处理中的心理历程

上述五点只是对图 6-1 内所列三类记忆间关系的简单说明。图 6-1 只能从记忆的不同类型着眼，尚不能了解从刺激引起感觉记忆到长期记忆之后表现出反应之间，在心理上究竟产生了什么变化。换言之，如将外在刺激视为一种新的讯息，个体接到此一新讯息时，究竟在心理上如何处理，才会将此种新讯息吸收后变为他的知识。前文曾经提到，电脑科学的发展是讯息处理论催生的原因之一。因此，电脑科学上的重要术语，也被认知心理学家采用来解释讯息处理时的内在心理历程。所不同者只是前者用来解释电脑的运作，后者用来解释人脑的运作而已。以下是此类术语的简单说明：

1. 输入与输出 所谓**输入**(input)，是指从接受刺激当做讯息从而产生感觉记忆开始，一直到将讯息送入长期记忆为止中间所经过的心理运作历程。基于此义，可知输入所指者也就是学习。所谓**输出**(output)，是指将输入储存在记忆中的讯息借由反应表现于外的历程；亦即学习产生后将学习结果表现于外的历程。图 6-1 中向右方的箭头，即表示输入；三类记忆之下向左方的箭头(反应)，即表示输出。

2. 译码、编码、解码 所谓**译码**(coding)，是指为了便于处理，将具体讯息转化为另一种抽象形式以便记忆的心理历程。在译码过程中，由讯息的一种形式所转换成的另一形式，称为**代码**(code)。以幼儿学习认识苹果为例，苹果本身是一具体的实物，"苹果"二字的声音以及其所代表的意义，则是抽象化了的译码(此例为声码与义码)。幼儿根据苹果的实物，学到"苹果"一词的概念；从实物变为概念的心理历程，也就是译码。所谓**编码**(encoding)，是指接受刺激输入时的译码历程，亦即前例由实物学到概念的抽象化历程。像此种将外在具体事物转化为另一种内在抽象形式，而便于心理运作的历程，称之为**心理表象**(mental representation)，或简称**表象**(representation)。所谓**解码**(decoding)，是指与编码呈反方向运作的心理历程。亦即将记忆中所记的抽象概念，在需要时针对实物刺激而做出适当反应的历程。在幼儿学习苹果概念的例子中，如果学后过一段时间向儿童出示一个苹果，并要他回答"这是什么"的问题时，他如能用口语说出"苹果"二字，即可了解他能按实物解码输出他以前学到的概念。由此可见，编码与解码二者同属译码范围，惟前者用于讯息的输入，后者用于讯息的输出。

3. 储存与检索 **储存**(storage)是将编码输入的讯息在记忆中保存的心理历程。按图 6-1 所示，在感觉记忆、短期记忆、长期记忆中都会有记忆储存，所不同者只是储存时间的久暂而已。关于此点留待以后分节讨论各种记忆的研究时再加说明。所谓**检索**(retrieval)，是指在需要时将编码储存在记忆中的讯息，予以解码输出并经反应而表现出来的历程。按图 6-1 所示，三类记忆之下都会表现出反应，这表示检索的心理活动在三类记忆中都会发生。反应来自检索，检索来自记忆，记忆来自编码储存，编码起自外在刺激，由此一连串的心理历程看，可知讯息处理论所分析探讨的认知历程，也正是前章联想学习论与认知学习论所指的刺激与反应新关系建立的历程。因此，讯息处理论所解释的记忆历程，事实上也就是学习历程。

第三节　感觉记忆与短期记忆

讯息处理论原本是比拟电脑处理资料的方式解释人类认知学习的心理历程。认知学习是隐而不显的内在历程，所以在20世纪60年代阿特金森与希夫林初次提出此一理论时，只称之为对记忆系统的假设性解释。经过无数学者实验验证之后，咸认此一多重历程的讯息处理论，对人类的实际记忆心理运作的经验而言，是符合的。本节与下一节即根据具有代表性的实验研究，分别讨论三类记忆的特征。

一、感觉记忆

在心理学上，感觉心理的研究虽为时甚早，但迄至20世纪60年代讯息处理论出现之前，研究学习与记忆的心理学家们，并未将感觉视之为一种记忆；而是只将感觉视为学习情境中刺激引起反应的必要条件而已。第三章之初曾提到的从刺激到反应之间所经过的三个阶段，其中由物理事件(刺激)引起生理事件(第一阶段)，而后再由生理事件引起心理事件(第二阶段)，心理事件所指者就是感觉。惟当时只称此种心理历程为感觉经验，而不称之为感觉记忆。对同一现象而有不同解释的原因，主要是由于对记忆解释的理论与研究方法的今昔不同有以致之。

（一）感觉记忆的储存与编码

感觉记忆(sensory memory)或称**感觉储存**(sensory storage)，也称**感觉登记**(sensory register)，是指引起感觉之刺激消失后瞬间所留下的记忆。从刺激引起感觉的心理历程看，在一般情形下，感觉虽因刺激而引起，但所引起的感觉，却不随刺激的消失而立即消失。按第一节所下的定义"记忆是刺激消失后在心理上保持下来的代表原刺激的讯息"。因此，感觉的心理历程被讯息处理论者视为一种记忆。

在日常生活中，感觉记忆的事例甚多。如在暗室中手持点燃的香头在空中挥舞，所看到的不是香头亮光的定点，而是香头过后留下一条光带；香头移动后好似留下一条长长的尾巴，在视觉中短暂停留而后才会消失。香头移动后，在定点上的光刺激本已消失，光点消失后留下的光带感觉，就是感觉记忆。天上流星过处留下一条光带，也是感觉记忆的例子。大家都知道，电影影片是由无数的定像胶片连成的。在放映时因每两个定像胶片接连出现的时间配合适当，看起来就会产生连续移动的感觉。如影片放映速度太快，看起来将变得漆黑；如影片放得太慢，银幕上的影像就会产生跳动现象。视觉记忆如此，听觉记忆亦复如此。听人讲话时之所以产生多个字音连成一句话的感觉，就是因为句中每个字字音刺激消失之后留下的听觉记忆所致。换言之，说话时一连串的字音虽然是间断的，而听起来却是连续的。

以上所举刺激消失而感觉延续的例子，在感觉心理上称为**后觉**(aftersensation)。在第三章内所提到的**后象**，即后觉现象之一。在讯息处理论中既将感觉视为一种记忆，感觉中研究最多的是视觉与听觉，故而感觉记忆又有**形象记忆**(**或图象记忆**)(iconic memory)与**声象记忆**(echoic memory)之分。形象记忆是视觉刺激消失后所保持的瞬间记忆，所以也称**视觉记忆**(visual memory)；视觉记忆保持时间约在四分之一秒至一秒之间。声象记忆是声音刺激消失后所保持的瞬间记忆，所以也称**听觉记忆**(auditory memory)；听觉记忆保持时间约在四秒钟之内。

根据前文对图 6-1 的解释，三个阶段的记忆均各有其编码、储存、检索、遗忘等心理历程。由于感觉记忆是以生理事件为基础的，故其编码带有将原刺激“复印”的特征，亦即在感觉记忆中仍然保持原刺激的特征。引起感觉的刺激如系形象，在感觉记忆中留下的代码就是**形码**(iconic code)；引起感觉的刺激如系声音，在感觉记忆中留下的代码就是**声码**（echoic code)。因感觉记忆时间太短，不易在其储存时限内检索输出，只能从第二阶段的短期记忆中去探索得知。只有在短期记忆中发现有关感觉记忆的讯息，才能确定感觉记忆的讯息没有消失。因此，感觉记忆虽时间短暂不易掌握，但它却是构成以后短期记忆与长期记忆的必要条件。至于感觉记忆的遗忘，其现象至为明显。在日常生活中，随时随地都产生感觉记忆，但绝大多数都像走马观花一样，随时记忆也随时遗忘；只有对某种刺激特别予以注意时，才会将感觉记忆转化为短期记忆。**注意**(attention)是选择性的**意识**集中，从而对刺激获得更明确**知觉**的历程。关于感觉记忆如何输入短期记忆的问题，稍后再做说明。接下去要讨论的是如何经由实验过程研究感觉记忆的问题。

（二）视觉记忆的实验研究

视觉记忆的实验研究，最早开始于美国哈佛大学博士班研究生斯珀林在1960年的研究(Sperling, 1960)。在斯珀林的实验研究之前，心理学家们只能凭假设性的解释，认为视觉记忆中只能储存极为有限的讯息。斯珀林经实验证明，视觉记忆不但容量极为有限，而且记忆维持时间也只能在转瞬之间。以下是斯珀林实验研究的大概情形：

实验材料为随机选取的12个英文字母，按**随机分派**原则，将之列为三排，每排4个字母，成为一个如图6-2的方阵形式：

N　B　F　Q ------------------------ 高声音

Z　R　E　P ------------------------ 中声音

K　D　V　G ------------------------ 低声音

图6-2　视觉记忆实验设计

(采自 Sperling, 1960)

实验进行时，实验者使用**速示器**(tachistoscope)(一种可以控制刺激出现时间的仪器)，以50毫秒的短暂时间，让受试者看一遍之后要求他们报告出看到的所有字母。结果发现，多个受试者所报告的平均成绩约在4～5个字母之间，但他们却自称看到的是12个字母。换言之，受试者的视觉所见是12个字母，而事后凭记忆所能报告出来的却不及半数。

斯珀林对此种视觉记忆现象，提出一种假设，认为那是由于视觉记忆保持时间极短，如果要求受试者将所看到的字母全部报告出来，因受时间的限制，报告到4至5个字母时，其他字母来不及报告即行遗忘。基于此一假设，斯珀林改变实验设计，不再采取**全部报告法**(whole-report method)，而改以部分报告方式进行。**部分报告法**(partial-report method)是指每次看过12个字母之后，只要求受试者报告其中一排的4个字母，各排的选择仍采随机指定方式，而指定的信号则是在看过12个字母之后出现一声音；出现高声音时报告第一排，出现中声音时报告第二排，出现低声音时报告第三排。结果发现，每一排报告的平均正确率是3.3个字母，三排合计则为9.9个字母。换言之，受试者同样是在50毫秒时间内看过12个字母，分排报告后合起来计算所记忆的量就超过了总字母数的四分之三。部分报告法之所以增加记忆量，原因是受试者能在尚未遗忘的短时间内将一排四个字母报告完毕。此一实验结果的意涵是，在一瞥之下视觉神经系统的**感受器**，可能将刺激带来的讯息全部登记下来，惟因登记后保持时间太短，无法在反应中全部表现出来。由此可见，由刺激到反应的三阶段历程中，由物理事件引起的生理与心理事件，在数量上将多于由心理事件引起的行为事件。

二、短期记忆

按图6-1所示，短期记忆是讯息处理论中所指的第二阶段的记忆，亦即紧接在感觉记忆之后的记忆。所谓**短期记忆**(或**短时记忆**)(short-term memory，简称STM)，是指初次接受的讯息消失后（没有机会重复练习)能保持20秒左右的记忆(不超过一分钟)。在日常生活中，经验到短期记忆的机会极多；读书阅报时的浏览，电话簿上查阅电话号码，看电视字幕或听广播新闻，凡是只看一遍或只听一次的语文讯息之后所留下的短暂记忆，均属短期记忆。以查电话簿为例，从查到所需号码到在键盘上按钮所需不到半分钟时间，就是靠短期记忆。按钮过后除非你有意将电话抄录下来，否则立即遗忘。浏览报纸的情形亦复如是。报上刊登新闻及广告事项，数以百计，看过一遍之后除少数较熟悉者能记得之外，多数是随看随忘。如果报上有则广告符合你的兴趣与需要(如新书广告)，此时你将从长期记忆的旧经验中检索出相关讯息，与之核对、解释（如新书作者姓名及出版社等)。在此情形之下，等于是在短期记忆阶段对新讯息的处理增加了一番思维工夫，所以称为**运作记忆**(或**工作记忆**)(working memory，简称 WM)。在短期记忆阶段经过一番心理运作，等于是加强了对讯息的记忆。所以短期记忆经过运作者，容易输入长期记忆。

以上是短期记忆的概括陈述。以下再就短期记忆的编码、储存、检索、遗忘四项特征分别进一步说明。

(一) 短期记忆的编码

经感觉器官接受外界刺激而形成讯息时，刺激本身多半具有形象或声音两种特征。刺激原形的特征，帮助感觉记忆将之编成了形码或声码；这两种代码在短期记忆中发挥重要作用。惟短期记忆阶段形码与声码的使用并不相同，先用形码而后改用声码是此阶段的主要心理特征。以查电话簿为例，如查到的电话号码是23517864。此一号码本来是用数字表现的形码代表电话用户的，可是当你查到号码后到按钮通话之前所保持的短期记忆，却是不自觉地将形码转化为声码，暂时留在记忆中。甚至在按钮时口中念念有词，重述代表数字的声音。此一经验性事实，说明了短期记忆的编码是以声码为主的。此一现象也经心理学家以实验研究予以证实(Conrad, 1964)。该实验设计是，要求受试者看过一连串英文字母之后立刻回答。结果发现，字母中发音相似者错误较多(如 T 与 C)，而字母中形状相似者错误较少(如 Q 与 O)。原因是受试者对字母的短期记忆是记字母的声音；声音相似者彼此易于混淆，故而产生较多错误。

上述短期记忆编码以声码为主的原理，在教育上颇具应用价值。查阅英文字典记忆单字时，多属短期记忆性质。欲期增进单字记忆效率，不宜只记字形，除字形外记忆单字的正确读音，才是最好的方法。

（二）短期记忆的储存

短期记忆的时间很短，是明显的事实。在短期记忆时限内，能够储存多少讯息呢？前文讨论感觉记忆时，曾经指出，在 50 毫秒的视觉经验后，只能记下 4～5 个项目，短期记忆既然可以使用较长的时间做一遍练习，练习之后在 20 秒之内，能记下多少项目呢？对此问题的答案是 7±2，亦即 5～9 个项目，其平均数为 7。此即世界各国的电话都不超过 7 至 8 位数字的主要原因。而且根据实验研究结果，无分种族文化，一般成人的短期记忆平均数，都是七个项目左右。此一事实，为美国心理学家米勒(Miller, 1956)所证实。米勒的论文题目《神秘的七，加减二》，就变成了研究短期记忆者的基本共识。

所谓“七个项目”，究竟指的是什么？指什么都可以，可以是七位数字，可以是七个人名，可以是七个国名，也可以是七件事。唯一的原则是七个项目之间不能有任何逻辑关系，以免产生联想或推理而影响了短期记忆。从事短期记忆的实验，甚为简单，只需控制受试者，不使有机会重复练习即可。构成记忆的独立项目称之**意元**(或**组块**)(chunk)，意思是讯息中可以处理并记忆的单元。可以想见的是，同样的讯息，对不同经验的人而言，意元的大小是不相同的。例如，如下的八个英文字母，UOYKNAHT，对一般人来说，这是八个项目(字母间彼此无关)，亦即八个意元。如将这八个字母的顺序倒向书写，变为 THANKYOU，对懂得英文者而言，就成了两个意元。同理，以下 12 位数字，886223890915，对一般人而言，它是 12 个意元，但对知道台北市东华书局电话号码的人来说，则只有四个意元。此即一般将电话写成 886-2-2389-0915 形式的原因，如此写法之后，四个意元中的数字，都不超过 7±2 的范围。由此可见，所谓 7±2 的原则，是根据受试者主观的意元数量计算的，不是按资料本身的客观特征计算的。短期记忆的储存数量，称为**记忆广度**（memory span）。一般人的记忆广度，大致接近 7±2 个意元。

基于以上讨论，对短期记忆可以获得以下两点认识：其一，对吾人日常生活而言，如对话、阅读、听讲等吸收讯息方面，短期记忆是极为重要的。惟短期记忆的能量有限，只能储存 7±2 个意元。所谓“一目十行”的说法，并不实际。其二，短期记忆储存的能量虽然有限，但每一意元的长度，仍然可以借经验的帮助使之增加。经验是来自长期记忆，因此，如何运用长期记忆中的讯息，组合小意元而成大意元，从而扩增意元长度，借以间接增加记忆广度，仍然是可以做到的(如前文例子)。像此种靠经验将分离的小意元组合为大意元的心理过程，称为**意元集组**(或**形成组块**)(chunking)。

(三) 短期记忆的检索

检索是从记忆中找出所需讯息，从而经**输出**表现于外的心理历程。在讯息处理历程中，三种记忆的检索方式不同，此处所指者是短期记忆的检索。

前文所指 7±2 个意元，是指短期记忆储存的容量；也就是指只经一遍练习后所能记忆的量只有七个项目左右。短期记忆的检索，则是试图进一步探究，受试者究竟如何在心理活动上，把他所储存的短期记忆表现于外。类此问题，看似简单，实则很难研究。直觉的想法是：短期记忆既然是受试者所意识到的，而且又是立即学到的，按理，只要是在短期记忆的时限之内，所记得的七个项目，随时都可表现于外在的反应。

事实上并非像直觉所想的那么简单，经心理学家实验研究发现，短期记忆中储存的项目，与检索时所需要的时间，两者之间成正相关(Sternberg, 1966)。该实验的设计很简单，先让受试者在短时间内看一个载有不同位数数字组的数字表，如 8、27、316、7051、14682……然后出现一组数字，接着又出现一个单位数字，要受试者凭短期记忆去检索核对，并立即按电钮 Yes 或 No 回答该数字是否包括在刚才出现的数字组之内。以原来的数字组 316 为例，出现后，再出现的单位数字是 6，受试者立即按 Yes 电钮，如出现的是 2，则立即按 No 电钮。分数的计算按受试者按对电钮所需时间为标准。结果发现：出示之数字组内位数愈多，核对所需时间愈长；出示之数字组是单位数字时，检索所需时间约为 400 毫秒；若数字组增至六位数字时，检索所需时间约为 650 毫秒。此一结果显示的意义是，短期记忆中的数字是序列的；依序检索需要时间，数字组越长，检索需时也越长。

（四）短期记忆的遗忘

综上所述，可知短期记忆有两个明显特征：其一是所记的容量有限，一般不出七个项目左右。其二是记忆保持的时间甚短，只能保持 20 秒的时间。由此可见，由视觉或听觉收到讯息后，如果不立即重复练习或采用笔录方式登记下来，转眼之间即行遗忘。查英汉字典时，都有随查随忘的经验。要想查后不忘，只得多重复读几遍，或是将单字的英汉对照写在单字簿上，使短期记忆的讯息输入长期记忆，否则短期记忆的遗忘势在难免。对于短期记忆遗忘的原因，心理学家有两种理论：一种理论为**取代论**(displacement theory)，谓因短期记忆容量有限，新的讯息不断输入，有如潮水般后浪推前浪，新的讯息取代了旧的讯息，因而产生遗忘。此种经验，在日常生活中随时可见。如果听到别人只讲一句话，你可能听后不忘，如果听到的是连续很多句，你所记下来的可能只是大意，而无法一字不差地记下多句话的内容，原因是后句话取代了前句话的记忆。解释短期记忆遗忘的另一种理论是**衰退论**(或**消退说**)(decay theory)，谓刺激激起神经冲动传导至中枢而产生记忆后，像车过留痕一样将在神经组织中留下一道痕迹，称为**记忆痕迹**(memory trace)。时间稍久，记忆痕迹就会自行衰退，因而产生遗忘。至于说记忆痕迹衰退何以如此之快，那是因为只有一次练习所留痕迹太浅所致。

第四节　长期记忆

综合前节感觉记忆与短期记忆的讨论，当可对这两类记忆的性质获得三点认识:(1)感觉记忆是短期记忆的基础，必先有感觉记忆而后才会有短期记忆；而感觉记忆之所以能够转化为短期记忆，其关键在于注意。(2)两种记忆均为时短暂，感觉记忆只能保持在一秒钟之内，而短期记忆也只能保持 20 秒左右；这说明两种记忆产生后均极易遗忘。(3)在讯息处理上，两种记忆各自有不同的编码方式。感觉记忆的编码多半保持刺激的原形（保持原刺激的形象与声音），而短期记忆的讯息处理则是以声码为主，形码为辅。以语文中字形、字音、字义三特征而言，感觉记忆在瞬间所见者是字形，而短期记忆所记忆者则是字音。

基于以上三点认识，进而讨论由短期记忆转化成的长期记忆。**长期记忆**（long-term memory，简称 LTM）的储存时间远较感觉记忆和短期记忆为长；在时限上是按时、日、月、年计算的，故而又称**永久记忆**（permanent memory）。长期记忆是日常生活中最重要的记忆，学得的知识与技能，在使用时之所以能按需要表现出来，都是靠长期记忆。在讯息处理论兴起之前的学习心理研究上，一直是以长期记忆研究为主的。此情形尤以学校中知识与技能学习为然。以下是长期记忆的编码、储存、检索、遗忘四项特征的分别说明。

一、长期记忆的编码

短期记忆中所储存的讯息，在时间上只能保持 20 秒钟左右，超过此一时限，讯息就会从记忆中消失而产生遗忘。要想使讯息免于遗忘并适时输入长期记忆，除前文提到在短期记忆阶段使用**运作记忆**之外，最常用的方法是立即复习。所谓**复习**（或**复述**）(rehearsal)，是指对学习中的材料经由不停的默读或朗读以保持不遗忘的心理历程。按现代讯息处理论的解释，从短期记忆到长期记忆之间的复习有保持复习与精心复习之分（Greene,1987），两种复习的编码方式不同，影响此后长期记忆的品质。

（一）保持复习与精心复习

所谓**保持复习**（或**维持性复诵**）(maintenance rehearsal)，是指经由默读或朗读重复短期记忆中的讯息，使之保持不忘，并在熟练后输入长期记忆以便长期储存的一种复习方式。从编码的观点看，保持复习过程中仍保持短期记忆中声码为主形码为辅的心理特征。因此，只靠保持复习而输入长期记忆中的讯息，在将来检索使用时未必准确精细。在日常生活中有很多事例，对某一事项虽有记忆，但所记忆者未必符合该事物的确实状貌。以自己家门的钥匙为例，虽然每天都用它开门，但未必能描绘出钥匙的确实形状。曾有心理学家研究发现，美国大学生中，有半数以上记不清日常使用频繁的铜质一分硬币正面的图案(Nickerson & Adams,1979)(见补充讨论 6-1)。像此种虽经无数次复习而记忆仍不准确的现象，主要是由于在保持复习时只将讯息输入长期记忆，而未予以精心复习所致。

所谓**精心复习**(elaborative rehearsal)，是指对所学习材料，一方面经由短期记忆中的运作记忆，加以思考而加深印象，另一方面从长期记忆中检索出相关旧经验与输入的新知识核对、比较、分析，从而获得意义。因此，精心复习过程中的编码过程，是将短期记忆中的声码或形码转化为义码，期使便于记忆。所谓**义码**(或**语义码**)(semantic code)，是指用事物的抽象意义代替事物本身形象。以语文学习为例，感觉记忆与短期记忆所记得的是字形和字音，而长期记忆中所记得的则是字义。对一个单字，如能由字形学到字音，然后再由字音学到字义，自然在以后使用时就会正确无误。因此，语文学习时能学到字义，才算是真正的学习。以教师教学童学习“重”字为例，“重”字为多音字，有两个读音。如只教学童“重”字的两种读法，学童很难理解其真正的意义。在此种情形下，教师应举例句说明，用于“重要”时与用于“重复”时读音不同。如此，“重”字始能经由语义编码成为长期记忆中的知识。除单字学习之外，学习阅读的情形更是如此。阅读时不能单靠认识书页上的单字和由单字组合成的一连串声音，而更重要的是理解整句甚至整段文字所代表的意义。只有将书页上的文字由形码和声码转化为义码，才能成为个人的长期语文记忆。关于此点，稍后讨论长期记忆储存时再补充说明。

(二) 处理层次论要义

显然，前文所说的精心复习，在性质上并非只是重复练习，而是在重复练习中多加了心理运作，使讯息处理的编码历程改变，由本属形码与声码的

补充讨论 6-1

熟悉的事物未必容易记忆

要想对学习的材料保留长期记忆，必须先将学习材料予以编码并储存之。编码之前先须注意，而熟悉之事物是引起注意的原因之一。不过，熟悉并非引起注意并产生学习的唯一原因。有很多事例足可用以说明，生活中极为熟悉的事物，几乎天天在重复练习，但事实上却未必有清楚记忆。天天上下楼梯的台阶，你能记得有几层吗？天天穿脱的衣服，你能记得有几个纽扣吗？像此类在表面上来说极为熟悉的事物，一般人都不会记得清楚。按记忆的原则看，原因是空有保持复习，而未予精心复习，以致在长期储存中未能留下明确的记忆。

熟悉的事物未必容易记忆的现象，曾有心理学家(Nickerson & Adams, 1979)以大学生为对象，以再认法测量其对美金一分硬币的辨认记忆。实验用材料如图 6-3 所示，在十五个硬币图案中，只有 A 图是正确的。以随机排列的方式，将十五图全部呈现，要美国大学生指认。结果发现，一般美国大学生几乎全用猜测的方式回答，答对的人数尚不到 10%。为什么会有这种现象呢？原因是一般人觉得没有必要去注意细节，虽在日常生活中有过无数次练习，但未留下深刻记忆。

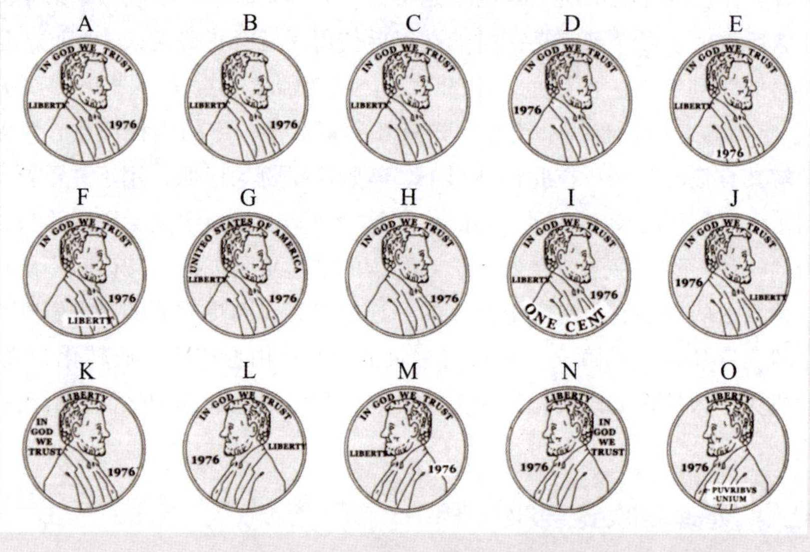

图 6-3　美国一般大学生不能辨识美金一分硬币图案

(采自 Nickerson & Adams, 1979)

讯息，经过精心复习后改编为义码，得以便于输入长期记忆中做永久储存。基于此一原理，认知心理学家提出了处理层次论，用以解释精心复习效果之所以优于保持复习效果的原因(Craik & Lockhart,1972)。**处理层次论**(或**加工水平说**)(levels of processing theory)，是对阿特金森和希夫林早期讯息处理论的一种补充解释。按早期讯息处理论的说法，在三阶段的讯息处理历程中，感官记忆的讯息经注意后输入短期记忆；短期记忆的讯息经复习后输入长期记忆。此一说法，只能就量的观点说明，从感觉记忆开始到长期记忆结束时共处理了多少讯息，或是只能说明有多少讯息经处理之后储存在长期记忆之中。但却无法从质的观点说明，在讯息处理历程中是否采用了最佳的编码方式，以及以最佳的储存方式储存在长期记忆之中。

按处理层次论的解释，三阶段记忆中讯息处理品质的高低，决定于在心理上对讯息处理的层次；讯息处理的层次愈深，代表编码愈完整，输入长期记忆后，也就会有愈深刻愈完整的记忆。如果对某种讯息的处理只达到感觉或知觉的浅层地步，或是将外界刺激输入的讯息，只在感觉记忆与短期记忆阶段编为形码或声码，然后只经保持复习即输入长期记忆，此种处理方式就是浅层处理。前文讨论短期记忆的意元集组时，曾举出 886223890915 一组数字的例子，如果只采用保持复习方式去记忆这组数字，只能机械式地强记 12 个阿拉伯数字的字形或字音。但如改采精心复习的方式予以深层处理，将这组数字分为 886-2-23890915 三个**意元**，每个意元，与长期记忆中既有知识做有意义的联想，就会形成高品质的长期记忆。学习一首歌曲时也是如此。如只是随调子哼唱，对歌词讯息的处理就是浅层的。如果除调子之外，也能体会到歌词的抒情和表意，那就是歌词讯息的深层处理。

二、长期记忆的储存

在长期记忆中储存的讯息，在原则上是分类处理的。惟对各类讯息，究竟如何分类处理，分类后又如何储存，在心理学上，迄今尚未十分了解。按目前认知心理学家们的解释(Tulving, 1985)，人类的长期记忆中，储存着两类不同的记忆：

(一) 程序性记忆

程序性记忆(procedural memory)，是指对具有先后顺序之活动的一类记忆。程序性记忆中主要包括认知与动作技能两部分，它是经由观察学习与实地操作练习而学得的行动性记忆。个体自幼学习的动作技能，诸如骑车、写字、操作工具等，都是他将学到的“如何按程序操作”活动，长期储存在记忆，以后遇有需要，随时检索出来应用，不必重新练习。程序性记忆储存后，经久不忘，6岁学会骑脚踏车，以后20年不骑仍然不会忘记。乐器演奏及打字等，都是如此，因为此等技能都是按程序学习的。

程序性记忆是按一定程序学习来的。在学习后记忆检索初期，必须受意识支配，清楚地意识到按程序进行活动。但到了纯熟阶段，程序性记忆检索引起的回忆就会自动出现，不需刻意留心自己的反应(如乐器演奏不需注意手指活动)。程序性记忆到此地步即为**自动处理**(或**自动化加工**)(automatic processing)。程序性记忆的资料表现于外时，即成了个人的**程序性知识**(procedural knowledge)。程序性知识是学校技能教学的主要目的。

(二) 陈述性记忆

陈述性记忆(declarative memory)，是指对事实性资料的记忆；举凡对人名、地名、名词解释以及定理、定律等，均属陈述性记忆。陈述性记忆的特征是，在需要时可将记得的事实陈述出来。根据陈述性记忆所陈述者，即代表个人在该方面的知识，故而又称为**陈述性知识**(declarative knowledge)，陈述性知识是学校知识教学的主体。陈述性记忆内，按所记讯息性质之不同，又分为以下两类记忆：

1. 情节记忆 **情节记忆**(episodic memory)系指有关个人生活经验上的记忆。情节记忆的特征是，个人对以往生活中与个人有关的诸多事项，将时间、地点、人物、情境以及当时个人所知所感的一切，结合在一起，编码记录下来，永远储存在长期记忆之中。个人所写的自传式文章，其内容主要就是以陈述的方式表达其经历的情节记忆。因此，情节记忆又称为**自传式记忆**

(autobiographical memory)。

2. 语义记忆 语义记忆(semantic memory)系指个体对周围世界中一切事物意义的记忆，特别是对代表事物之抽象符号意义了解的记忆。在语义记忆中，语文意义的储存是其主体。语文或符号均代表某种意义，个体经讯息处理而学到语文符号与意义的关系之后，再遇到同样的语文符号时，不需重新学习即可知其意义。语义记忆是人类一切知识的基础；举凡语言、文字、概念、原则等知识与应用，无不有赖语义记忆。语义记忆与情节记忆之区别，主要在于语义记忆属知识意涵的记忆，情节记忆属事项情节的记忆。

陈述性记忆与程序性记忆两者，在学习时的讯息处理上有所不同；前者偏重认知，后者认知之外还须参与操作活动。因此，大体说，前者属“知”的记忆，后者在知之外加上“行”的记忆。一般认为，陈述性记忆与程序性记忆分别储存于大脑的不同部位。脑部不同部位的病变或伤害者，有的只丧失其中一种记忆的表现(如只记得会说，不记得会做)，即可说明大脑在记忆储存上分区专司的功能。

在长期记忆的储存上，虽有程序性与陈述性之分，但在凭记忆表达于外显的知识时，两种记忆却是分工合作的。以学习物理、化学等科目为例，其学理部分虽属陈述性知识，但操作实验部分则属程序性知识；要真正学到物理或化学的知识，必须要靠两种知识的相互配合。教育上一向强调“手脑并用”与“知行合一”，其用意即在于此。

基于以上讨论，对长期记忆可以获得两点概念：其一，长期记忆以义码为主；其二，长期记忆中语义与语文二者是构成长期储存的主要原因。这两概念的提出，对多年来一直存在的“何以三岁以前的记忆不能长期储存”的问题，得到了较为合理的解释。关于此点在补充讨论 6-2 中有所讨论。

(三) 语义组织理论

长期记忆有三个特征：(1)在时间上具有永久性；(2)在容量上具有无限性；(3)在性质上是语义为主。根据这三个特征可以想象的是，如果输入长期记忆中的无数讯息毫无组织地堆积在一起，势必像未经分类编目的图书馆一样，难以查到想看的资料。前文提到，长期记忆中储存的讯息是以义码为主的，

补充讨论 6-2

人为什么不能记得三岁以前的事？

从年龄与学习效率和记忆保存两者关系看，多年来心理学家们即注意到了一个奇怪或矛盾的现象。三岁以前的幼儿，对事物最感好奇，事事好问求知，是一生中学习效率最高与学习事物最多的一段时期。然而，到了成年之后，很少有人能清楚记得三岁以前的事。因此，在心理学就出现了所谓**幼年经验失忆症**（或**婴儿期遗忘**）(infantile amnesia) 这个名词。幼年经验失忆症，也称**童年经验失忆症**(childhood amnesia)。

幼年经验失忆，是不是事实？如果是事实，应如何解释？即使幼年经验失忆是事实，应否视之“失忆症”？这三个问题是本文所要讨论的。

对这三个问题的讨论次序，我们稍做一点调整。首先看看以往学者怎样解释，然后看看新近研究发现的事实，最后再看看新近的解释。

最早使用幼年经验失忆症这个名词的学者，是精神分析论的创始人弗洛伊德。弗洛伊德发现，当病人回忆生活经验时，都无法说出三岁(甚至五岁)以前的旧事。按弗洛伊德的解释，这段时间正是**恋母情结**或**恋父情结**形成的阶段，儿童因心理冲突而生的**压抑**(见本书第十一章)，结果导致了对记忆的压抑。此一解释相当勉强，恋亲情结所引起的压抑，只限于“性冲动”一方面，有关性冲动之外的经验之失忆，又如何解释呢？除精神分析论的解释之外，一般常识的看法是，时间太久冲淡了记忆。此种说法也不完全合理。原因是，18 岁的人不能记得 3 岁以前的事，如果说是因为时隔了 15 年；但何以再过 40 多年之后，60 岁的人反而能清楚记得 18 岁的事呢？

新近的研究，确认了人类 3 岁以前的经验于成年后不能记忆的事实。即使有些人声称他能记忆，那也是 3 岁以后别人告诉他的。该研究以大学生中有弟妹者为对象，以一份包括 20 个题目的问卷为工具，问卷内的题目全是关于他们弟弟或妹妹出生前后的事。诸如：你弟弟(妹妹)出生前，你母亲何时去的医院？你曾否到医院去看过你母亲？你新生弟弟(妹妹)是何时回到家的？经调查他们的弟妹出生时间，是在这群大学生的 1～17 岁之间。结果发现：大学生中其弟妹出生时间在他们 3 岁以下者，20 题中没有一题是答对的。这表示，人在 3 岁以前确实留不下长期记忆。过了 3 岁，分数就直线上升，在 9 岁左右弟妹出生者，平均答对 15 个题目(Sheingold & Tenney, 1982)。

按现代认知心理学中讯息处理论的解释，人在 3 岁以前并非没有长期记忆，只是因为幼儿在当时对讯息处理时，尚不能使用语文做为心理表象的工具，致使其未能在长期记忆中储存在语言讯息之中，因而不能用语文去检索记忆以回答问题。此外，生理心理学家认为，3 岁前大脑未臻成熟也是重要因素。

而且是以分类的方式储存的。事实上，分别属于程序性与陈述性的两种知识范围仍然极广，没有人能够记忆全部知识的内容。人类所能记忆的可能是一种具有组织性的系统；使用长期记忆中的知识，按组织系统即可检索到所需要的讯息。这像图书馆对所有入馆资料加以组织系统化之后，使用者不需到数以万计的书库中去寻找，只需按书名或作者姓名查到电脑编号，即可以书号为线索找到所需资料。

长期记忆中语义讯息是如何组织储存的？对此问题，心理学家们曾提出多种不同理论。以下介绍两种语义组织理论。

1. 阶层组织论 阶层组织论(hierarchical organization theory)是指长期记忆中储存着多数的语义概念，按性质不同自行分类组合，形成多个阶层性的系统组织。图 6-4 所示，就是在矿物这个主要概念之下所形成的阶层概念组织(Bower, 1970)。

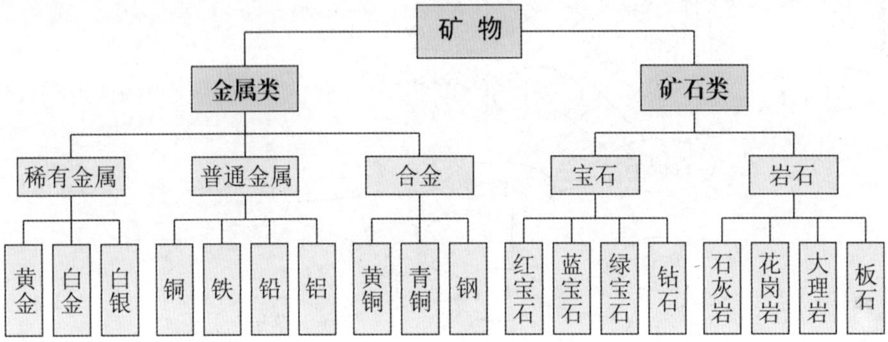

图 6-4 阶层组织论图示

(采自 Bower, 1970)

就长期记忆中储存的语义概念而言，图 6-4 显示三点意义:(1)图中所列 26 个概念，在类别上隶属四个阶层;(2)阶层愈高者概念范围愈大，最高层"矿物"的语义涵盖了所有以下的次级概念;(3)这 26 个语义概念形成一个组织，保存在长期记忆之中，以后检索使用时，即可按阶层系统，很快地找到所需的概念（如提到黄金，只需从第三层稀有金属类中去检索即可）。图6-4只是一个例子，可以想象的是，在成年人的长期生活经验中，必然储存着无数类似的阶层组织（如食物、家具、化妆品等概念之下均各有其阶层组织）。

2. 激活扩散论 **激活扩散论**(spreading activation theory)是对前述阶层组织论的补充。原则上，激活扩散论也认为长期记忆中储存的语义概念是有组织的，惟对语义组织的形式，则认为未必一定是阶层性的。激活扩散论提出一种**语义网络**(semantic network)的说法，认为每一语义概念，均可视为网络上的一个结节；很多结节就联结形成一个大的网络。结节之间联线的长短，代表概念之间的关系；联线愈短即表示关系愈密切。

激活扩散论所强调者是语义的激活扩散作用。激活扩散的意思，可以拿投石子入水池的例子来说明。水池平静时，可以比做心理平静未从事任何记

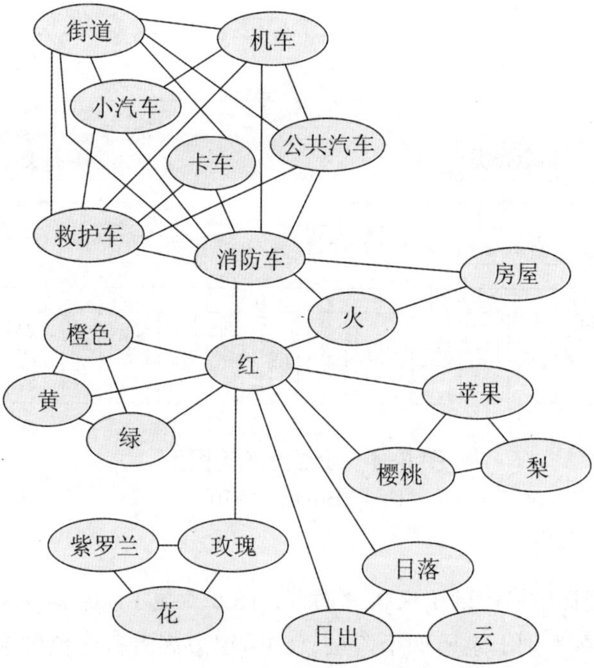

图 6-5 激活扩散论示意图
(采自 Collins & Loftus, 1975)

忆活动。如将一块石子投向水面，就会立即激起涟漪，而且向外扩散，激动周围水面的波动。长期记忆的活动也是如此，一旦针对需要而检索某一语义概念时，其他周围的相关概念，也会相应激起活动。图 6-5 所示即为“红色”概念所引起的激活扩散的例子(Collins & Loftus, 1975)。“红色”概念一旦出现时，周围的相关概念即被激活，并向四面八方去扩散。由图中圆圈与直线所示，概念的激活与扩散包括原语义概念的多种特征；由“红色”所激活的“火光”、“苹果”、“消防车”、“樱桃”等概念，都是基于类似颜色概念的特征。由“红色”所激活的“绿色”、“黄色”与“橙色”等概念，则非由于红色所引起的联想，而是基于不同颜色类别语义的联想。同理，在网络周围的“街道”是由“救护车”辗转激活的；“梨”则是由红色“樱桃”联想到的水果类而激活的。总之，激活扩散论试图说明的是，长期记忆中储存的讯息不是个别孤立的，而是成为网络形态而有组织的。网络形态的构成与运作，则是每个结节上语义概念所发生的激活扩散作用。

三、长期记忆的检索与遗忘

长期记忆中储存的讯息，既然是永久性的，需要时随时检索出来使用，应该没有困难才是。但事实并非如此，我们在第一节内提到的舌尖现象，就是说明长期记忆有时检索不易的例子。如此看来，长期记忆中储存的讯息或知识，到需要检索出来使用时，也会产生检索失败的遗忘现象。接下去即讨论长期记忆的检索与遗忘问题。

（一）检索线索

基于以上说明，可知长期记忆检索成败的关键在于检索线索。所谓**检索线索**(retrieval cue)，是指做为检索用的刺激或指引，根据该刺激去追踪检查，即可在长期记忆中找到所需要的讯息。进图书馆借书的情形就是如此。要想借到所需要的书，必须先行查看所需书籍的书号、书名、著者、出版年代等，这些都是所需书籍的线索。惟其中最重要的是书号，因为每一本书都有一个书号，书号即具有准确的线索作用。

长期记忆检索时需要检索线索，检索线索本已储存在长期记忆的讯息之中，由检索线索之助而引起对相关讯息的记忆。因此检索线索也可用前文扩散激活的概念来解释。提示“红色”做为刺激字要求受试者做联想反应时，这“红色”二字就是检索线索。受试者在反应时有的可能联想到“火光”、“消防车”与“樱桃”，也有的可能联想到“玫瑰”、“橙色”、“绿色”与“黄色”；其间差异可能与个人由经验所储存的记忆不同有关。基于此义，心理学家从检索的观点将记忆分为两类:(1)**情境依赖记忆**(或**场合依赖记忆**)(context-dependent memory)，指在什么情境下所从事的学习，将来在同样或类似情境之下比较容易记忆。此种说法与习惯性反应概念相似。(2)**状态依赖记忆**(state-dependent memory)，指检索时与身体状态有关；如检索时的身体状况与学习时身体状况相似，长期记忆的检索就比较容易。准此推论，如学习时饮用咖啡或服用药物使身体形成一种特殊状况，以后检索时仍须饮用咖啡或服用药物，才会产生较好的检索或回忆。综合以上情境依赖记忆与状态依赖记忆两种概念，显示了学习时知识的获得，并不是单纯的刺激与反应之关系的建立。换言之，在感官接受某种刺激当做讯息处理时，在编码处理的过程中，并非只限于该刺激本身的特征，而是连带产生刺激的情境特征与当时个体身体状况，也一起包括在编码之内。如有一次在花园里看到绿叶丛中一朵红花的经验(学习)，以后再回到该花园的情境时，红花连绿叶的旧经验，就很容易检索出来。像此种学习时关联的条件成为以后检索线索的情形，心理学家(Tulving & Thomson,1973)称之为**编码特定原则**(encoding specificity principle)。

(二) 长期记忆遗忘的原因

长期记忆为永久性记忆，讯息一旦进入长期记忆之后，按理说不会再产生遗忘。惟根据经验，长期记忆的遗忘确是明显的事实。单以学习到的文字为例，从小学到大学的十数年间，所学过的单字数以千计。如果要你将学到的单字凭记忆默写出来，默写的数量很可能只有学过的十分之一。针对长期记忆遗忘现象，心理学家们除了采用前文解释短期记忆遗忘的衰退论之外，另外尚有三种理论解释:

1. 干扰论 **干扰论**(interference theory)的基本理念是，长期记忆中的记忆并未消失，只是在检索时因与其他记忆彼此干扰所产生的抑制作用所致。其他记忆所产生的抑制作用分为两种:(1)**顺摄抑制**(或**前摄抑制**)(proactive inhibition)，是指以前学到的记忆抑制了新学得的记忆。例如，新换电话号码初期，旧号码的记忆常会干扰对新号码的记忆。(2)**倒摄抑制**(retroactive inhibition)是指新学得的记忆抑制了旧学得的记忆。例如，读英文书时如只查一个单字，查后较易记忆；如事后又查了几个单字，原先的单字就很容易忘记。

2. 动机性遗忘 **动机性遗忘**(motivated forgetting)，是指当事人心理上不愿记忆而形成的遗忘。在日常生活中所经验到的事，有的是愉快的，有的是痛苦的；愉快的经验乐于记忆，而痛苦的经验则不自觉地予以压抑，因而易于遗忘。此一理论为精神分析论创始人弗洛伊德所主张。有关**压抑**一词的进一步解释，留待第十一章讨论弗洛伊德的人格理论时，再补充说明。

3. 线索依赖论 **线索依赖论**(cue-dependence theory)，是指长期记忆的遗忘，并非储存讯息的消失，而是由于检索记忆的线索不当有以致之。回忆时线索不当的情形有两种：一种是线索不足，在缺乏线索的情形下，无从记忆。例如，当偶遇老友记不起对方姓名而产生**舌尖现象**的尴尬局面时，如对方提供一点线索(如：我们是小学同学)，可能立即想起对方的姓名。另一种情形是线索错误，错误线索无法在语义组织中找到所储存的记忆。例如，到图书馆查书时抄错了书号，将代表教育心理学的书号错抄成了教学心理学。即使书库中确有此书，查了半天仍然无法找到。

四、如何增进记忆并减少遗忘

除少数事例(如暂时查用一电话号码)外，学习知识的目的是在于长期记忆。此一原则尤以学校教育中知识与技能学习为然。因此，如何增进长期记忆，有效使用学得的知识与技能，自然是学习心理学家们所关心的问题。当然，如何增进长期记忆的问题，在范围上涉及太广。以下的讨论，只限于从学生在校求学时有效读书方法的观点，提出以下两方面的建议：

(一) 循讯息处理论原理学习新知识

讯息处理论的最大价值，端在此一理论对人类获取知识的心理历程提出了合理的解释，而且得到了相当程度的验证。因此，如何遵循讯息处理论的原理从事学校中学科知识的学习，自然是讨论过讯息处理论之后应该思考的问题。回答此一问题，本书提出以下四点建议：

1. 三阶段与三类型记忆原理的应用 讯息处理论的最基本要义是，将学习历程中的记忆分为前后连续的三个阶段，分别称为三种记忆：(1)**感觉记忆**；(2)**短期记忆**；(3)**长期记忆**。这三类记忆之间的关系是：感觉记忆是感官接受外界刺激时留下瞬间记忆，只有在个体对引起感觉记忆的刺激加以注意时，才将之当做讯息而输入短期记忆。短期记忆储存时间仍短，经过心理运作与复习后再输入长期记忆。上述原理对读书求知者的启示是：想要增进长期记忆，势必先从感觉记忆开始；先对引起感觉记忆的刺激加以注意，而后才会产生短期记忆，有了短期记忆而后才会产生长期记忆。

2. 多重编码原理的应用 针对外界刺激的特征予以编码而后进入记忆中储存，是讯息处理论第二个重要概念。惟所编的代码不止一种，就人类所学习的语文知识而言，就有**形码**、**声码**与**义码**三种。根据一物或一字兼具多重编码的原理，读者从而获得的启示是：要想对所学知识记忆深刻，最好在学习期间对各种编码同时并重。以学习英文单字为例，首先注意字形(哪几个字母拼成的)，继之记下正确读音，最后记下字义。经过三种编码，等于是对同一单字做了三次复习；多次复习是加强记忆的必要条件。

3. 认识短期记忆的重要性 短期记忆是20秒左右的短暂记忆。在学校教学上一向注重长期记忆，忽视短期记忆。事实上短期记忆与长期记忆同样重要，甚至可以说前者比后者更为重要。从讯息处理的整个历程看，真正的“学习”是在短期记忆阶段产生的。长期记忆只不过是将短期记忆学习结果予以长期储存而已。直接善用短期记忆，可间接增进长期记忆。在做法上建议遵守两项原则：(1)发挥**运作记忆**的功能；(2)发挥**意元集组**的作用。

4. 兼顾陈述性与程序性两种记忆 陈述性记忆是指对事实性资料组

成知识的记忆，程序性记忆是指对既理解事件的程序又能按程序动手操作的技能性知识的记忆。基于此义，可知陈述性记忆所代表的知识偏重于“知”，而程序性记忆所代表的知识是“知行合一”。传统学校教学偏重背诵（重陈述性记忆）的做法已不合时宜。只有陈述性与程序性两种记忆并重的“手脑并用”学习，才能达到最佳的求知目的。

（二）学习合于心理原则的读书技巧

有人说：“读书无技巧，读书的不二法门就是一读再读。”从认知心理学的观点言，这话并非绝对真理。心理学家们确曾研究过读书技巧的问题，而且也已发展出几种有效的原则，其中最具代表性的是美国爱荷华大学创用的 SQ3R 原则与康奈尔大学创用的 OK4R 原则。其实，这两种原则大同小异。SQ3R 代表的意义是：浏览（S＝survey）、质疑（Q＝question）、阅读（R＝read）、回忆（R＝recite）、复习（R＝review）。至于 OK4R 代表的意义是：浏览（O＝overview）、要点（K＝key ideas）、阅读（R＝read）、回忆（R＝recall）、反诘（R＝reflect）、复习（R＝review）。以下试以 SQ3R 五步骤读书法为一模式，参以著者个人读书经验，逐步讨论并希望能对读者有所帮助。

1. 浏览　在正式开始逐字逐句精读一本书之前，宜先对全书作一番浏览工作。浏览工作分为两个层次，一为浏览全书，一为浏览章节。通常一本学术性的大学用书，都包括序言、目次、正文、注解、参考资料、索引等六部分。浏览全书时就是大约翻阅一遍这些部分，根据这些部分，读者即可大致对书的性质及主要内容获得一个粗略概念。浏览章节是大致了解某些章节对某些问题是否有深入探讨。

2. 质疑　浏览时及浏览后，读者一方面对全书获得粗略的概念，另一方面也自然会因概略的印象而引起很多问题。读者如能随时掌握掠过意念中的问题，稍事思考并以自己的经验给予一个假设性的答案，然后在阅读时再随时注意自己的假设是否成立。如此，则无异是以一手抓住问题一手找答案的方式去读书。这样，在心理上是有准备的、是主动的、是批判性的、是时时注意的。假如阅读后发现自己的假设与著者论点不谋而合，就会因“英雄所见略同”而深感得意；假如自己的假设为著者所否定，也会因著者“出乎意外”的高明而倍增赞佩。果如此，你阅读后是一定会有心得的。

3. 阅读 古人读书，讲求眼到、口到、心到、手到。四到之说论述已多，本书不再赘述。现在我们要讨论的是四到之外的一些实用技巧。

(1) **专门术语** 读学术性的书籍时，有时对书中文字虽都认识，但不了解其中含义。这是因为读者对文字组成专门术语所表达之特殊意义不能了解所致。因此，从阅读一本专门书籍之始，即须注意了解每一专门术语的确切意义；并用笔记或画线方式将之特别标出，借以加强记忆。如此做法，虽在阅读之初速度较慢，但为长久之计，所花费时间是有代价的。所谓“读书不求甚解”的态度，在大学里读专门性书籍是不适当的。任何一个专门学科，其专门术语总是有限的。如果能在读入门的专门书籍时即对其中专门术语有所了解，继续阅读同类书籍时，将会发现同科目内新的专门术语会随阅读经验的增加而逐渐减少。

(2) **内容要点** 常听说读书要“把握要点”。然则，要点何在？如何把握？都是很难回答的问题。不过，书读多了有经验了，自然会领悟到要点之所在，而且也自然会了解把握之道。任何著者在写一本书时，他对章、节、段中材料的处理，大体上都先有一个逻辑的组织。一般言之，书之一章讨论一个大问题，每节讨论一个较小的问题，每段讨论小问题的一个层面。在习惯上，著者多是在章之初把问题提出，在章之末对问题做一结论。因此，每章首末两段内容常是最重要的，不可不精读。同理，每节每段文字，凡是叙述的一件事成为一个思想的单元时，开头的一两句话与最末的一两句话往往是最重要的。阅读快的人，语文能力强与理解力高固然是主要原因，但如能领会到著者写书时的心理历程而迅速抓到要点，将更能提高读书的效率。

(3) **生字注解** 大学生开始读外文专门书籍时，查生字与在书页上注解中文的习惯是不能避免的。生字加注中文的目的在加强对该生字的记忆，是不得已的办法；最后必须克服困难，需要时查生字，但尽可能不加注中文。如非加注中文不可，著者建议采用如下的方式：在书页边缘空白处注解中文并编列号码与文中的生字相呼应。即先在生字之旁编一小号码，然后在边缘空白处写同一号码并注中文，号码编列可限于一页为原则。此法优点有二：其一，可保持书页整洁；其二，可避免再读时注意分散或依赖心理。阅读时如不能记忆生字的意义，按号查照立即可得。采用此法持久不变，过些时日如发现书页上生字数量减少，此时的成就感对自己是很大的鼓励。

(4) **圈点画线** 阅读时，为了标明要点与加强记忆，常在书页上圈点画线。阅读时画线，目的有二：其一，在阅读时把要点标出借以加强记忆；其二，在复习时可依之为线索唤起对整个概念的回忆，以节省复习的时间。要想达到这两个目的，画线的技巧就必须考虑。以下三点是著者的建议：①对内容有了概念之后再画线。每段文字最好能读两遍，第一遍略读，发现要点准备画线；第二遍精读，边读边画，如此所画者才是真正的要点。②画线在精不在多。一段文字的内容要点，常常落在其中一句话或几个关键性的词语之上，如能把握住此种关键，即能获得全段内容所表达的概念。如能适当画线标示出此种关键，将来即可由之唤起记忆中的整段概念。③线用手画不用直尺。画线时，应是笔随目转，心从线移，每遇要点，边读边画，画时虽速度缓慢，但因注意力集中，可使印象加深。如用直尺，则注意力分散，全句一笔画过，反而使关键部分无从显示。

4. 回忆 读书时最重要的一点是边读边回忆。回忆的目的有二：其一是加深理解；其二是避免遗忘。根据前文介绍的讯息处理论，遗忘最易发生的时间是在感觉记忆与短期记忆两个阶段。只有将这两个阶段的记忆保留下来，才能将学习的知识输入长期记忆。感觉记忆为时极短，在时间上来不及回忆。保留感觉记忆的方法是注意，读书时如能集中注意，对书页上的文字加深印象，在心理上自然就会将讯息输入短期记忆。短期记忆只能保持 20 秒左右，在此短暂时间内必须经由心理运作对讯息加以编码处理，始能输入长期记忆。此一心理运作处理过程，就是回忆。因此，读书时要想读后长期不忘，除一开始就集中注意之外，短期记忆阶段的回忆是特别重要的。

5. 复习 此处所说的复习与前文讯息处理论中所指的复习稍有不同。讯息处理论中所指复习是在短期记忆与长期记忆之间的复习；此处所指的复习则是长期记忆之内的复习。学校考试所考的知识，不属短期记忆，而属长期记忆。就大学生在校所学知识而言，长期记忆的复习可分为两种：一种是课后复习，即课堂上学到知识之后短期内的复习。另一种是考前复习，即为应付期中或期末考试所做的复习。从学习原理的观点言，课后复习较考前复习重要。理由是刚学过的知识最易遗忘，课后复习可加深长期记忆。省略课后复习只做考前复习时，其复习效果将是事倍功半的。可是很多大学生忽略了这一点，很多人只是在考前临时抱佛脚式的复习功课应付考试。

就修习学科的性质而言，主修理工类科的学生，因课后多半附有作业，课后作业就具有课后复习的意义。主修文史社会类科的学生，因少有课后作业的规定，故而多数倾向于只做考前复习。此即文教社会类科大学生程度参差不齐的主要原因。因此，笔者对有志研究文教社会类科且希望学有所成的大学生们建议，最理想的读书方法是:(1)课前预习，从浏览到质疑以形成读书的心理准备;(2)上课时注意，边学习边思维以加深短期记忆;(3)课后复习，在课后记忆犹新时即时复习，借以巩固新输入的长期记忆;(4)考前复习，统合整理新旧知识，以为考试取胜的准备。

本 章 摘 要

1. **记忆**是学习心理研究的核心问题；不仅要根据测到的记忆去研判学习，而且也只能根据记忆去推估遗忘。
2. **记忆**是学习的表征，测量记忆即等于测量学习。用来测量记忆者有四种方法:(1)**回忆法**;(2)**再认法**;(3)**再学习法**;(4)**反应时间法**。
3. 自从20世纪60年代**认知心理学**兴起以后，学习心理学上对记忆的研究，就采取了**讯息处理**的取向。
4. 认知心理学是对感官接受刺激讯息后，如何经由转化、减约化及精致化等心理运作，从而获得知识、储存知识以及使用知识等内在历程的科学研究。

5. 以**讯息处理论**为中心的认知心理学，其诞生的原因乃是由于四项时代背景：(1)**行为主义**思想式微；(2)**通讯理论**的影响；(3)**现代语言学**的冲击；(4)**电脑科学**的启发。

6. 按现在流行的**讯息处理论**，将人类的记忆分为**感觉记忆**、**短期记忆**、**长期记忆**三类；三类记忆前后连成一气，分工合作处理由外界刺激输入的一切讯息。

7. 讯息处理是一种复杂的心理历程，在此历程中所处理的讯息，要经过**输入**、**编码**、**储存**、**检索**、**解码**、**输出**等多项程序。

8. 不同阶段的记忆，编码方式也不相同；感觉记忆以**形码**与**声码**为主，而短期记忆与长期记忆则分别以**声码**与**义码**为优先。

9. 短期记忆的容量有限，一般人只能一次记忆 7±2 个不同项目。但如善用**意元集组**原理，则可扩大**记忆广度**。

10. 由短期记忆输入长期记忆的必要条件是**复习**。复习分为两种，一种为**保持复习**，另一为**精心复习**。

11. 按**处理层次论**的解释，讯息处理品质的高低，决定于讯息处理的层次；讯息处理层次愈深，编码愈为完整，输入长期记忆后也愈能完整记忆。

12. 在长期记忆中储存的讯息，有**程序性记忆**与**陈述性记忆**之分。陈述性记忆中又分**情节记忆**与**语义记忆**。

13. 语义记忆中所记忆的语义讯息，不是零乱的，而是有组织有系统的。解释语义组织的理论有多种，本书介绍了**阶层组织论**与**激活扩散论**。

14. 长期记忆虽名为**永久记忆**，但在检索时需靠**检索线索**始能记忆。就检索线索而言，长期记忆有**情境依赖记忆**与**状态依赖记忆**之分。

15. 对长期记忆遗忘的解释，有四种理论：(1)**衰退论**；(2)**干扰论**；(3)**动机性遗忘**；(4)**线索依赖论**。

建议参考资料

1. 张必隐(2003)：学习心理学。台北市：东华书局(繁体字版)。杭州市：浙江教育出版社(简体字版)。

2. 张春兴(编)(1982)：怎样突破读书的困境。台北市：东华书局(繁体字版)。北京市：世界图书公司(1994)(简体字版)。

3. 郑昭明(1993)：认知心理学——理论与实践。台北市：桂冠图书出版公司。

4. 彭聃龄、张必隐(2000)：认知心理学。台北市：东华书局(繁体字版)。杭州市：浙江教育出版社(简体字版)。

5. Bruning, R. & Schray, G.(1999). *Cognitive psychology and instruction.*(3rd ed.). Englewood Cliffs, NJ: Prentice-Hall.

6. Herrman, D., Weingartner, H., Searlman, A., & McEvoy(Eds.)(1992). *Memory improvement: Implicantion for memory theory.* New York: Springer-Verlay.

7. Howe, M. J. A.(1999). *Intelligence and cognitive psychology.* Cambridge, UK: Cambridge University Press.

8. Medin, D. L., Ross, B. H., & Markman, A. B.(2001). *Cognitive psychology.* (3rd ed.). New York: Harcount Brace.

9. Norman, D. A.(1982). *Learning and memory.* San Francisco: Freeman.

10. Reed, S. K.(1988). *Cognition: Theory and application*(4th ed.). Pacific Grove, CA: Brooks/Cole.

11. Schacter, D. L.(1996). *Searching for memory.* New York: Basic Books.

12. Sternberg, R. J.(1996). *Cognitive psychology.* New York: Harcount Brace.

第七章

思维与问题索解

本章内容细目

第五章内介绍的联想学习与认知学习理论，分别以不同的观点解释了知识来源问题的三种学习理论。第六章介绍的讯息处理理论，更进一步说明了知识之获得乃是经由内在三个阶段不同记忆类型交互作用的心理运作历程。如果只从多年来知识来源老问题的观点言，上述三种学习理论的发展，至此已相当完整。但如进一步观察人类在应付千变万化的环境中发生的问题时，就会发现，单靠学得后储存在长期记忆中的知识是不够的。长期记忆中储存的很多知识，犹如图书馆典藏着数以万计的图书，如馆内的藏书不供人借阅或不供人研究，再多的藏书也无异于一堆废纸。人类的求知也是如此，求知的真正目的不在于增加记忆中知识的储存量，而是在于将学得的知识灵活运用，将死的资料性知识转化为有生命的智慧，从而解决超越既有知识范围的问题。否则，即使记忆中储存着很多知识，满腹经纶而无智慧表现，也只能算是个两脚书橱。因此，自从 20 世纪 60 年代**认知心理学**兴起以来，心理学家们已经摆脱以前**行为主义**主张按机械法则学习知识的思想，开始主张学校教学乃是让学生从书本知识中学到智慧，而不是只教授学生呆板地记诵书本内容。从知识转化为智慧的心理历程中，思维是必经的桥梁。孔子的名言“学而不思则罔”（《论语·为政》），正说明求知时思维的重要性。思维的心理活动主要是在面对问题情境时产生的，所以心理学家研究思维时都是将思维与问题索解连在一起；此即本章采用思维与问题索解做为主题的原因。希望读者研读本章之后，除对主题所述获得以下七点概念外，更能在增进个人思维能力方面有所启发。

1. 思维的性质及其构成要素。
2. 概念辨别的法则及概念形成的心理历程。
3. 意象在思维活动中所发生的作用。
4. 在思维历程中演绎与归纳两种推理方法在功效上的异同。
5. 在问题索解时定程法与直观推断法的特征与不同功能。
6. 除方法对错之外，影响问题索解效果的心理因素。
7. 创造思维的心理学研究。

第一节　思维的性质及其构成要素

历来心理学家对思维一词的解释，颇不一致。本书采现代认知心理学的观点，对本词给予如下的定义：**思维**(thinking)是内在的心理认知历程，在此历程中，个体将心理上所认知的事件，经表象过程予以抽象化，以便在心理上运作处理，从而对事件的性质得以理解并获知其意义。此一定义包括以下三个要点:(1)思维只是内在心理活动，而非外显的行为表现;(2)思维系由认知事件所引起，引起思维的认知事件很多，可能是对目前的困难问题情境，可能是对往事的检讨，可能是对未来的计划，也可能是对世事的忧虑;(3)思维是心理运作的历程，而在心理上所运作者，不是认知事件的本身，而是经表象过程予以抽象化的心理活动。然思维时究以何种抽象化作为心理运作处理的基础？此即接下去首先要讨论的思维构成要素的问题。

思维的构成要素，系指思维活动时在心理上运作处理的要素。根据一般心理学家的看法，在思维的构成要素中，概念与意象二者是最重要的。

一、概　念

概念是构成思维的第一要素，如果思维时没有概念，就等于算术题中没有数字；没有概念做基础，有系统的思维活动就无从产生。概念一词颇为抽象，为便于讨论起见，先对概念一词给予如下的定义：**概念**(concept)是指对具有共同属性的一类事物的概括认识。以此定义为基础，接下去进一步讨论有关概念研究的两个基本问题。

（一）属性与法则

根据前文所述概念的定义，可以看出两点要义：其一，概念中所包含的事物是指某一类事物，而非不成类属的单一事物。像“车辆”与“家具”等，都是概念，而此等概念中均各包括一类事物，车辆一类中又有火车、汽车、机车、脚踏车之别；家具一类中又有桌、椅、厨具之分。像太阳、月亮、地球等就不是概念，因为所指者都是唯一的物体，但若概括地称星球则又成为概念。其二，概念是对一类事物的概括认识，而将这很多事物归属于同一类的根据，则是属性。所谓**属性**(attribute)是指可以对事物辨认的各种基本而共同的性质或特征，举凡事物所具有的形状、大小、颜色、质料以及个体的身心特征等，均称为属性。人在认识他周围的事物时，就是根据事物本身的属性加以分类处理的。对很多事物分类处理之后，不但易于储存，而且也易于检索使用。惟属性有很多变化，有的属性是固定不变的，如以性别来区分人类，则只有男与女两种属性；有的属性是不固定的，是连续变化的，如颜色的深浅、物体的轻重、时间的久暂等，都是连续性的属性。

基于以上讨论，可知属性是构成概念的基本要素。兹举简单实验为例，用以说明儿童对形状、体积、颜色的三种概念。实验时可在儿童面前放置三种形状(圆、方、三角)、三种体积(大、中、小) 与三种颜色(红、白、蓝)的27块积木。要他按照自己的意思将积木分为几堆。在此情境下，幼儿可能表现三种不同的反应:(1)他可能按照积木的颜色将之分为红、白、蓝三堆。果如是，可知他在思维时是以颜色的概念为基础的；而颜色中的红色、白色与蓝色，就是他据以分类的属性。(2)他可能按照积木的体积将之分为大、中、小三堆。果如是，可知他在思维时是以体积的概念为基础的；而体积的大、中、小的差别，就是他据以分类的属性。(3)他可能按照积木的形状将之分为圆、方、三角三堆。果如是，可知他在思维时是以形状的概念为基础的；而积木的圆、方、三角不同形状，就是他据以分类的属性。除上述三种可能的反应之外，也有可能出现第四种反应：那就是幼儿不能理解问题的意涵，毫无章法地将积木分为几堆。果如是，可知幼儿在思维能力上尚缺少做为思维要素的概念。

基于以上讨论，可知概念与属性之间具有密切关系；必须根据属性，才能了解概念。惟属性与概念之间的关系不是紊乱的，而是有法则可循的。以“狗有四条腿”与“鸟有两个翅膀”二语为例，其中“四条腿”与“两个翅膀”虽都是属性，但前者只能用于狗类的概念，后者只能用于鸟类的概念。

如此看来，用属性描述概念时，必须考虑属性的适切性。否则就无从获得确切的概念。根据属性的适切性以确定概念的心理过程，称为**概念识别**(concept identification)；而在概念识别时，分析面对事物的属性是否合于某概念的标准，则须根据以下四项法则(Haygood & Bourne, 1965)：

1. 肯定法则　所谓**肯定法则**(affirmative rule)，是指某些属性用于界定某概念时，是适切的；则以该属性来界定该概念时，概念的意涵是肯定的。

2. 否定法则　所谓**否定法则**(negative rule)，是指某些属性是不包括在某概念范围之内的；采用此等属性来界定该概念时，是不适切的。因此，在陈述某一概念时，此等属性是排除在外的。

3. 连言法则　所谓**连言法则**(conjunctive rule)，是指用于界定某概念所采用的属性，是同时或连续出现的；亦即数个属性同时出现使用，才能肯定该概念的确切意涵。根据连言法则所形成的概念，称为**连言概念**(或**合取概念**)(conjunctive concept)。

4. 选言法则　所谓**选言法则**(disjunctive rule)，是指用于界定某概念所采用的两个属性间带有二者选一或二者兼备的情形。根据选言法则所形成的概念，称为**选言概念**(或**析取概念**)(disjunctive concept)。

以上介绍的四项法则，可能因说明不够详尽，无法使读者完全理解。接下去采用心理学家用于概念研究的图示方法(Bourne, 1970)(注 7-1)，分别对上述四项法则做补充说明。

此一实验所用的实验材料是三种图形(圆、方、三角)和三种颜色(红、白、黑)组合成的九张卡片。卡片的形状和颜色都是用来界定概念的属性。实验时分两步骤进行。

第一步：主试者先从九张卡片中取出一张红色方形卡片(图 7-1 最左边用虚线框起者)，然后问受试者他之所以取此张卡片是基于什么样的概念。如受试者回答说“红色与方形”，他的回答即合于连言法则。理由是主试者在

注 7-1：在内文所介绍的原研究中，除连言法则与选言法则外，尚包括**条件法则**(conditional rule) 与**双条件法则**(biconditional rule)，因意涵复杂故而在此省略。

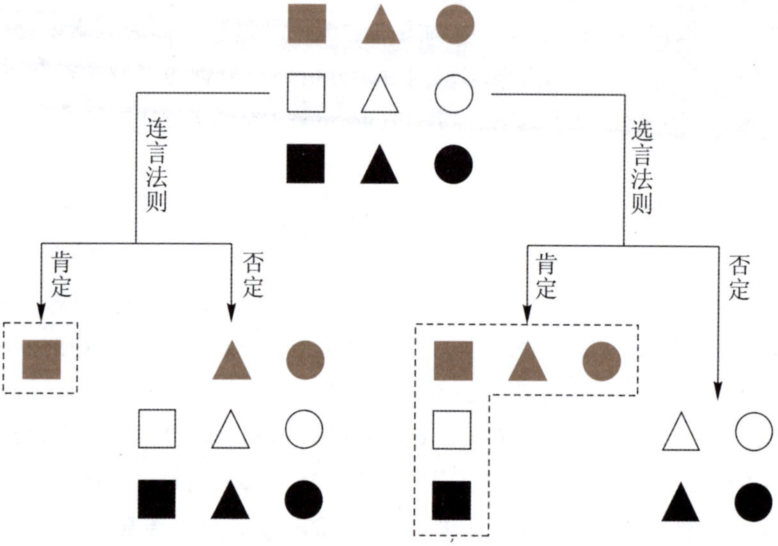

图 7-1　属性界定概念示意图
(采自 Bourne, 1970)

决定取出此张卡片时，他是将“红色”与“方形”两个属性连在一起考虑的。在此实验的例子中，用“红色与方形”来界定概念是适切的、肯定的，故而合于肯定法则。然而对旁边未被取用的其他八张卡片而言，它们的所有属性，都不适于此一概念，故而被排除在概念范围之外。像此种以属性不合而排除于概念范围之外的原则，就是否定法则。

第二步：主试者从九张卡片中取出五张(图 7-1 右边用虚线框起者)，然后问受试者，他之所以取出这五张卡片是基于什么样的概念。如受试者回答“红色或方形”或“红色又方形”，他的回答即采用了选言法则。表面上看来，五张卡片包括了圆、方、三角、红、白、黑六种属性，事实上它只是“红色”与“方形”两种属性的不同组合而已。如采取“红色或方形”为属性，是在横排三张(红卡片)与直排三张(方卡片)两组中二者选一使用。如采取“红色又方形”为属性时，则包括了全部五张卡片。无论如何组合，都符合根据选言法则所形成的选言概念，因为都包括了所有红色及所有方形的卡片。在日常生活中，使用选言法则表达选言概念的例子很多。棒球裁判对所谓“好球”的认定，就是采用“二者选一或二者兼备”的选言法则。在前例中，采用红或方和红兼方两种属性来界定概念是适切肯定的，故而合于肯定法则。对未被取用的四张卡片，因不具有红色与方形的属性，是采用否定法则，将之排除在概念范围之外。

以上分析讨论，大致说明了概念与属性的关系；根据属性界定概念时，必须所有属性齐备，才能确定概念的意涵。然而就日常生活中所表达的概念看，事实上并非如此简单。有很多事例显示，使用文字表达概念时，文字所指属性有时不够明确，不尽周延。以“鸟”的概念为例，“有羽毛”、“有翅膀”、“会飞”、“筑巢而居”等是鸟的重要属性。惟以此属性来界定所有鸟类时，就会发现有不少困难。例如，麻雀是鸟，因为麻雀具备上述所有属性。但如拿上述所有属性来界定鸵鸟时，就不无困难；因为鸵鸟并不会像麻雀那样飞翔自如。正因如此，在心理学上乃有概念形成的研究。

（二）概念的形成

对具有共同属性的一类事物产生概括认识而得概念的事实，在日常生活经验中甚为明显。人类究竟如何根据事物属性归类以形成概念？为求解答此一问题，在心理学上乃有概念形成的研究。所谓**概念形成**（concept formation），是指根据学得经验，辨识事物所具属性，予以归类处理（类化），抽取其共同之点（抽象化），综合归纳从而获得概括认识（概念）的心理历程。在概念形成这个主题之下，我们从以下两个子题进行分析。

1. 逻辑概念与自然概念　前文讨论属性与法则时，曾经提到概念有连言概念与选言概念之分。从概念形成的观点言，连言与选言两种概念，都是根据逻辑法则形成的。肯定法则（哪些属性可采用）与否定法则（哪些属性被排除），就是形成概念的逻辑法则。像此种根据逻辑法则形成的概念，称为**逻辑概念**（logical concept）。在数学与科学上所采用的定义，全是逻辑概念。以三角形与正方形两概念为例，由三条直线相接而构成的封闭图形，即为三角形；由四条等长直线相接而构成的四边形中各角均为90°的封闭图形，即为正方形。根据逻辑法则形成的逻辑概念，其边沿是明确的，其意涵是肯定的。因为逻辑概念所根据的逻辑法则是人为的，故而逻辑概念也称**人工概念**(artificial concept)。逻辑概念的形成，系以逻辑法则为根据。人为的逻辑法则有时候未必与日常生活经验相符合。以番茄为例，它是属于蔬菜类还是水果类？一般菜场将番茄与白菜、萝卜等其他蔬菜放在一起，可见一般人将它看成蔬菜。但植物学家却将番茄归属水果类，理由是番茄与其他水果(如苹果、橘子等)具有共同属性(有皮有种子)。显然，植物学家之所以将番茄归属水果类，主要是根据事先确定的逻辑法则。

根据日常生活处理事物的经验，单靠逻辑法则去形成概念，显然是不够的。因为有些事物的属性并不明确，很难在众多事物中找出属性做为归类形成概念的依据。虽然如此，人类仍然会根据经验对环境中的事物分类处理，形成概念。像此种只根据经验而不根据逻辑法则所形成的概念，称为**自然概念**(natural concept)。自然概念的事例很多，以“家具”一词的概念为例，一般人虽在日常语言中经常使用，但很难使用属性来界定什么是家具。单以家具类中的“桌子”一词为例，很难用属性来界定什么是桌子。如果将桌子界定为“木制的四条腿的家具”，显然不足以表示所有桌子的共同属性。理由是，木制的桌子之外，尚有铝制、玻璃制甚至塑胶制的桌子。桌子固然以四条腿的居多，但也有三条腿甚至一条腿的桌子。

2. 概念形成的理论　日常生活中的很多事物，虽然无法根据其明确属性予以分类，但人类在心理上处理此类事物时，却能根据他自己的判断形成自然概念；无论桌子的质料形状如何变化，他自然就会知道那是桌子。对此种不按属性界定就能形成自然概念的心理现象，心理学家罗斯奇等(Rosch, 1975; Rosch & Mervis, 1978)提出了原型的理念予以解释。所谓**原型**(prototype)，是指同类事物中最具有代表性或典型性的事物。例如，椅子是最具典型的家具，故而椅子就是家具概念的原型；鸡是最具典型的家禽，故而鸡就是家禽概念的原型。罗斯奇等经实验研究发现，受试者在面对大同小异的多种事物时，他会以最具代表性的事物(原型)为标准，将多种事物按与原型相似的程度，排成等级，等级愈高者，愈接近原型，表示受试者由之所得概念愈清楚。实验者提供受试者 20 种属于家具类的物品，要求受试者以家具概念为基础，将之排成等级（Rosch,1975）。结果发现，排在最高三级者分别是椅子、沙发和桌子，排在最后三级者分别是衣橱、花瓶和电话。由此结果看，椅子是家具概念的原型。

在形成自然概念时，受试者如何决定某一事物较另一事物更具有概念的代表性？换言之，受试者在根据家具概念排列 20 种物品时，何以将椅子看成远较电话具有家具概念的代表性？按罗斯奇的解释，受试者之所以如此处理是根据事物之间的族群相似性。所谓**族群相似性**（family resemblance），是指在同类事物中，某一事物的属性与其他事物属性相似性愈大者，就愈被视为同类事物形成概念之代表。准此而论，椅子之所以被视为家具的代表，是因在家具概念之下，椅子较其他物品具有较多的相似属性。

二、意　象

意象也是构成思维的要素。**意象**（image）也称**心象**（mental image），是感觉经验的心理表象，是指将外在世界中事物编码转化后储存在长期记忆中的意识图象。从意象与思维的关系看，心理学家在基本上集中探讨有关意象的两个问题：

（一）意象的形成

按前述之定义，意象即是感觉经验的心理表象，可知意象是学来的，而意象的学得则是经由讯息处理的历程。感觉经验得自感觉记忆，感觉记忆中的讯息，经过注意、编码、复习之后，即由短期记忆输入长期记忆。因此，感觉记忆虽为时极短，但经过继续处理之后，也和语义记忆一样，永远不会消失。大家都会有遇到大雷雨的经验，在雷雨交加时，闪电的时间也许只有一两秒钟，可是在事后作文描述时，你会凭记忆将当时情境写得绘声绘影，使人读来有身临其境的感觉。由此例可知，在雷雨交加的当时，个人经由感官将当时的刺激情境记录下来，形成以意象为主的感觉记忆，而后再经短期记忆输入长期记忆。以后作文时因题目的需要，再从长期记忆中检索解码输出，做出了绘声绘影的描述。

在日常生活中，做为思维基本成分的意象是多方面的。凭各种感觉器官都会形成感觉记忆，感觉记忆是长期记忆的基础，故而在长期记忆中，自应储存着多种属于意象的记忆。从事建筑设计与造型艺术的人，必须靠立体意象做为思维的元素，音乐家必须靠声音的意象才能作曲，艺术家必须靠颜色的意象才能绘画。对于能够提笔一挥即画出一幅竹林美景的人，一向誉其为“胸有成竹”；“成竹”所指者就是意象。

（二）意象的作用

在思维过程中意象发生什么作用？在日常生活中可以找到很多例子，用以回答此一问题。如果要你凭想象分别说出苹果、香蕉、凤梨三者的特征，思维时不但须要从长期记忆中分别检索出三种水果形状的意象，而且同时也联想到三种水果色、香、味的意象。由此可见意象是思维运作的重要元素。心理学家如何研究意象在思维中的心理作用？以下试举两例做为说明。

曾有心理学家(Intons-Peterson & Roskos-Ewoldsen, 1989)以假设的情境，要求受试者凭自己的意象，回答以下的问题：设有两组士兵，分别携带不同的物品行走同样一段路程。其中一组士兵每人手中只拿一个气球，另一组士兵则每人肩上扛一个炮弹。试想最先到达终点的是哪一组？结果发现，受试者一致回答先到终点者是手中拿气球的士兵。根据研究者的解释，受试者在思维此一问题时，都将记忆中气球与炮弹两种物体的意象，加入了思维运作之中。炮弹的重量远大于气球，携重物者走路较慢，故而延缓了行程。

另有心理学家研究发现(Shepard & Metzler, 1971)，在思维过程中，意象不但使记忆中的情境重现而有助于思维，而且能够更进一步在心理上直接运作处理意象，从而达到思维的目的。该实验的设计如图 7-2 所示。有A，B，C 三组立体图形，其中 A B 两组中两个图形的结构完全相同，所不同者只是两立体图形放置角度不同，使人形成两种不同意象而已。另外第三组 C 中的两个图形，则彼此各不相同。实验研究的目的旨在观察受试者如何判断哪一组中两个图是结构相同而方向不同的。研究者发现，受试者采用心理旋转的方法处理此一问题。所谓**心理旋转**(mental rotation)，是指受试者在比对各组中之两图形的异同时，凭心理运作固定其中一图的角度，然后

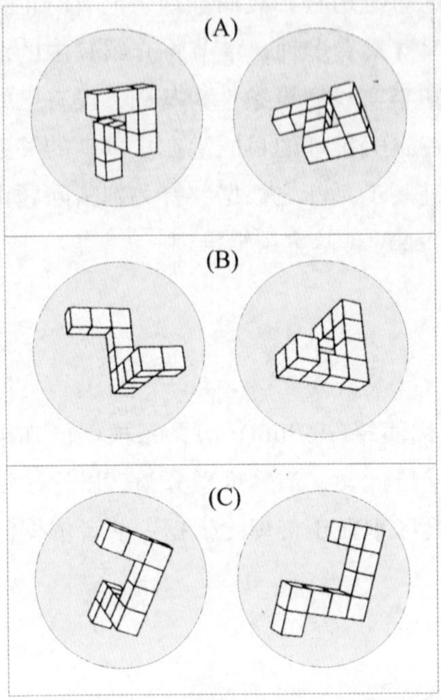

图 7-2 心理旋转实验示意图
(采自 Shepard & Metzler, 1971)

根据意象在心理上旋转另一图形，并随时比对，以决定其是否相同。研究者发现，当受试者从事心理旋转时，在比对上所花的时间，与两图在角度上差异的大小有密切关系。如两个立体图放置的角度完全相同，受试者可以立即判断两者相同；如两立体图放置的角度相差甚大，受试者就得使用较长的时间才能做成判断。准此推理，在两图放置角度不同的情形之下，两图的意象不同，以其中之一为准而旋转另一意象与之比对时，难度自将增加而延长了思维的时间。又根据研究发现，如果两图放置角度完全相同，受试者判断所需时间平均不到两秒钟；如将其中一图旋转 100 度，判断所需时间则平均超过三秒钟；如将其中一图旋转 180 度，判断时间则需五秒钟。

第二节 推理历程

讨论过构成思维元素中的概念与意象之后，接下来即以概念与意象为基础，进而讨论有关思维运作时推理与判断的问题。所谓**推理**(reasoning)，是指在思维时遵循某种逻辑法则，以已知事实或假设条件为基础，推演出有效结论，从而对事理间之关系获得理解的历程。此一定义中含有三点要义尚须稍加解释:(1)推理是遵循逻辑法则进行的思维历程，故而推理一词有时也称**逻辑推理**(logical reasoning)，逻辑推理方式有多种，本节将介绍其中的演绎推理与归纳推理两种;(2)推理是以已知事实或假设条件为基础，没有已知事实或假设条件做根据，推理将无从进行;(3)推理的目的旨在从事理的关系中获得结论，做为对事理的是非对错作进一步判断之根据。有关判断问题留待第三节讨论，在此先分别说明演绎与归纳两种基本逻辑推理。

一、演绎推理

演绎推理(deductive reasoning)简称**演绎**(deduction)，系根据已知事实或假设条件推演出结论的推理方式。基于此义，演绎推理分为三段论法演绎推理与假设演绎推理两种方式。两者之区别在于推理之依据：前者依据的是公认事实，后者依据的是假设条件。

(一) 三段论法演绎推理

三段论法演绎推理(syllogistic-deductive reasoning)是典型的演绎推理。所谓**三段论法**(syllogism)，系根据一个普遍原则（或公认的事实）为前提，推演到某一特殊事例，从而得到一个肯定结论的推理方式。此种推理方式之所以称为“三段”，是因为推理过程中包括三个阶段:(1)确定普遍原则;(2)举出特殊事例;(3)做出肯定结论。兹举例说明三段论法之应用，并附带说明有关的几个名词。

凡金属皆为原质；
铁是金属；
故铁为原质。

以上推理中包括三个语句，三个语句均属平述句，分别表述一件事理，在逻辑上，这三个语句称为三个命题。所谓**命题**(proposition)，是指含有主词与宾词的一句完整语句。这三个命题因为在推理中出现的顺序不同而有不同的名称。表述普遍原则的第一个命题，称为**大前提**(major premise)；表述特殊事例的第二个命题，称为**小前提**(minor premise)；表述结论的第三个命题，称为**结论**(conclusion)。三个命题连在一起所形成的推理陈述，称为**论证**(argument)。按照此等逻辑术语，前例即可写为：

大前提：凡金属皆为原质；
小前提：铁是金属；
结　论：故铁为原质。

基于以上举例说明，可知此种演绎推理思维方式，有两个基本要件：

1. 三段论法推论之结论，必须根据两个前提推演而来；而且小前提之主词在概念上不超出大前提主词概念的范围之外。

2. 只有大小两前提所述事实为真时，推理所得结论才会为真。像此种前提为真而结论亦为真的推理方式，称为**有效论证**(valid argument)。

（二）假设演绎推理

前述三段论法的主要特点是，只要两个前提为真，所得结论就一定是肯定的、有效的。在日常生活中，有很多事例无法循三段论法的方式去推理获得肯定结论，甚至有很多情况下找不到普遍原则做为推理的依据。因此，在三段论法之外，乃有假设演绎推理的研究。

假设演绎推理(hypothetico-deductive reasoning)是指根据一个假设性前提推演出一个结论，借以做为判断依据的思维历程。先看以下的例子：

如果天下雨，我就带伞。
现在天下雨；
所以我就带伞。

就逻辑形式看，此例也是采用了三段论法中根据大小前提推演出结论的方式。惟其中的大前提不同，它不是一个普遍原则的陈述，而是采用了假设的语气，由前后两个命题，说明了“如果……就……”的条件关系。

在“如果……就……”的条件关系中，由“如果”二字起始的命题称为**前项**(antecedent)；包括“就”字在内的命题，则称为**后项**(consequent)。前项可视为原因，后项可视为结果；根据假设的因果关系进行推理，从而获得结论。因此，**假设演绎推理**也称**条件推理**(conditional reasoning)。

回到前例来分析**假设演绎推理**的过程。“如果天下雨”是前项，“我就带伞”是后项，在小前提内“现在天下雨”的事实陈述，确定了大前提的前项；也就是说大前提中“如果天下雨”的情形确已发生。因此，最后得到的结论便是有效论证。

以上所述，是根据小前提所述事实肯定前项得到结论的例子。采**假设演绎推理**时，也可根据小前提所述的事实否定后项，从而获得有效的论证。试看以下的例子：

如果买到机票，我就坐飞机去。
现在没有买到机票；
所以我就不坐飞机去。

(三) 影响演绎推理的心理因素

演绎推理是一种合理的或合逻辑的思维方式。了解演绎推理的法则，可以使人思维周密，从而做出正确的判断。惟在运用演绎推理时，有时难免因误用逻辑法则而做出错误的推理与判断。此即影响演绎推理心理因素问题。影响演绎推理的心理因素很多，在此简单介绍以下两种因素。

1. 形式谬误的影响 演绎推理时，形式上的谬误多发生在三段论法的推理；在表面上虽合于三段论法的形式，但前提与结论之间则缺乏必然的关系。试看以下的例子：

大前提：所有的狗都是动物；
小前提：有些动物是水生动物；
结　论：所以有些狗是水生动物。

表面看来上例合于三段论法形式，但推理的结论却形成谬误(fallacy)；原因是陈述不合于三段论法的基本法则，小前提的主词在概念上并非出于大前提的主词。图 7-3 可以说明此一推理谬误的原因。大圆可用以代表所有的动物，大圆中次大的圆代表水生动物，小圆代表狗类。两个小圆彼此间毫无关系，所以不能肯定“有些狗是水生动物”结论是对的。

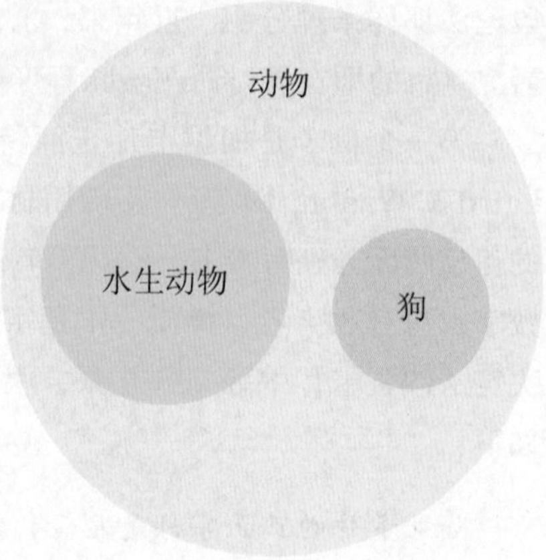

图 7-3　三段论法推理谬误图示

2. 命题暧昧的影响　因命题暧昧而导致的演绎推理谬误，主要有两种情形：其一是因对后项的不当肯定所形成的谬误；其二是因对前项不当否定所形成的谬误。先看以下对后项不当肯定所形成的例子：

如果天下雨，地上就会有水。
现在地上有水；
所以就知道天下了雨。

这是一个对后项不当肯定所形成推理谬误的例子。此例错在根据“地上有水”就判定“天下了雨”，不能使结论成为有效论证。理由是天下雨不是地上有水的唯一原因。再看以下对前项不当否定所形成推理谬误的例子：

如有大台风，学校就不上课。
现在没有大台风；
所以就知道学校会上课。

显然，此一推理所得结论也非有效论证。理由是学校上课与否并非只根据有无大台风来决定；遇到周末假日，学校也是不上课的。没有大台风就上课的概念，显然是对前项“有大台风”的不当否定。

条件推理之所以容易发生谬误，主要由于条件推理的命题暧昧，不像三段论法那样条理分明。近年来，心理学家们以条件推理为主题做过很多验证研究，目的即在探讨命题暧昧程度对推理的影响。兹举二例如下以为说明。

第一个例子是根据卡片正面特征推理该卡片反面特征的实验(Johnson-Laird & Wason, 1977)。实验用材料如图 7-4 所示，有四张卡片，每张卡片的正反两面分别写着 E，K，4，7，并告诉受试者：写有字母者，背面一定是数字；写有数字者，背面一定是字母。实验时要求受试者凭思维推理，然后决定从四张卡片中翻阅哪几张，就可验证以下条件式的陈述是否为真，陈述如下：

如果卡片的正面字母是元音，该张卡片的背面就一定是偶数。

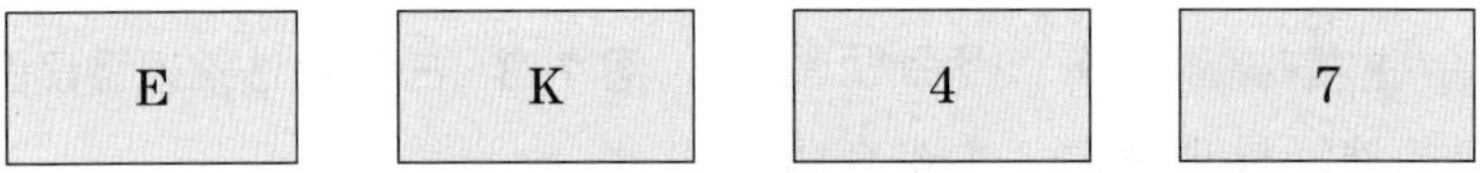

图 7-4 命题抽象的条件推理示意图

(采自 Johnson-Laird & Wason, 1977)

此一问题的正确答案是正面 E 和 7，然而一般大学生却绝大多数想不到同时翻阅这两张卡片。实验结果发现有 46%受试者翻阅 E 和 4；有 33%受试者只翻阅 E；有 17%受试者翻阅其他与正确答案无关的卡片；只有 4%的受试者翻阅 E 和 7。换言之，有 96%受试者没有答对。

从假设演绎推理的逻辑法则看，前文的条件式陈述中提供的原则是“如果卡片的正面字母是元音，该张卡片的背面就一定是偶数”，正符合“如果……就……”的条件关系。在此陈述中，一张卡片的“正面字母是元音”是前项，该张卡片的背面“就一定是偶数”是后项。E 和 7 两张卡片之所以为正确答案，其理由是：(1)翻阅 E 来验证，是采用“肯定前项”以验证条件式陈述是否为真的策略。E 是元音，如果陈述为真，E 的背面就一定是偶数(即 4)。翻阅结果如果发现不是偶数，即可判定陈述不真。(2)翻阅 7 来验证，是采用“否定后项”以验证陈述是否为真的策略。7 是奇数，如果陈述为真，7 的背面就一定不是元音。除了翻阅 E、7 两张卡片的正确答案之外，其他翻阅方式均不足以用来验证陈述是否为真的问题。

由以上实验研究的结果看，用做此类推理的命题是相当困难的。受试者之所以感到困难的原因，主要是命题意涵不清楚。命题中提到元音，元音可使受试者想到从 E 着手去从事正面验证。此一推理思维比较容易，所以有33%的表现正确反应。命题中只提到偶数，未提到奇数，受试者很难想到从 7 着手去做反面验证。基于暧昧命题影响思维推理的心理现象，曾有心理学家（Cheng & Holyoak, 1985）按前述实验中条件推理的形式，也采用四张卡片，所改变者只是使命题内容与日常生活的用语较为接近。受试者同样被要求按推理翻阅几张卡片，从而验证主试者的陈述是否为真。例如：

如果看见一个人在喝啤酒，就可断定他超过 19 岁。

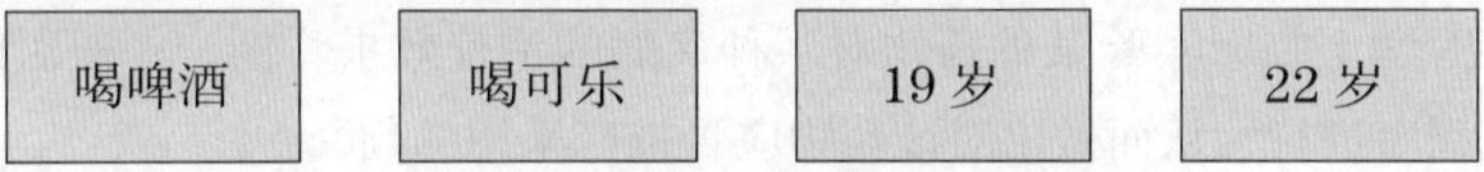

图 7-5　命题明确的条件推理示意图

（参与此一实验的受试者均来自美国的佛罗里达州，
按当时该州法律规定，未满 19 岁不得喝啤酒。）
（采自 Cheng & Holyoak,1985）

实验者发现，在受试者之中有 74%的人正确地翻阅了写有“喝啤酒”与“19 岁”的两张卡片。按实验者的解释，此一条件式推理情境之所以较为容易，主要是命题内容与日常生活有关，易于使实验者形成清楚概念。

二、归纳推理

归纳推理(inductive reasoning)简称**归纳**(induction)，乃是以观察所见多个事例所得经验为基础，归结出一个概括性的结论，借以做为解释或预测类似事件可能发生之根据的思维历程。准此定义，可知归纳推理所得结论与前述之演绎推理不同；演绎推理所得结论是肯定的，是必然的，归纳推理所得的结论是不肯定的，是或然的。不过，如果从根据经验获得知识的观点言，经由归纳推理获取知识的机会，反而远较演绎推理为多。在学校教育中，学生们从书本上学到的知识，绝大多数是得自演绎推理。此种现象尤以学习科学知识为然。以学习数学为例，多半是根据已知的定理定律为基础，推理求解个别的习题。像此种根据演绎推理寻求肯定答案的求知方式，离开教室后在日常生活中使用起来有很大的限制。原因是个人在适应日常生活中一切事件变化时，很难找到普遍原则来做为演绎推理的依据。以上街购物为例，如只进一家商店购买某一物品时，你可能无法判断该物品的价格是否公道。如果你连续到几家商店去观察同一物品的售价，你就可以根据观察比较的结果，归纳推理出哪家商店售价较为公道。俗语说“货比三家不吃亏”，这句话就是从购物经验中归纳推理得到的结论。

归纳推理不但在日常生活中广为运用，在科学研究上更是获得科学知识的重要方法。凡是科学上试探性的实验研究，无不采用归纳推理思维方式进行。以医学上临床实验某种药物对某种疾病的治疗效果为例，一般医师都是按以下程序进行，从而做出对该药物应否推广采用的判断：

> 第一个罹患某种疾病患者服用该药物后有效；
> 第二个罹患类似疾病患者服用该药物后有效；
>
> ---------------------------------
> ---------------------------------
>
> 对一般罹患类似疾病患者服用该药物后有效。
> 归纳推理得出结论：该种药物对治疗该种疾病有效。

根据上例，可以想见的是，即使罹患类似疾病，其病因与病情未必完全相同；而且所谓“有效”也未必完全相同。因此经归纳推理所得的结论，不能像演绎推理的三段论法那样称为**有效论证**，而只能称为**类推论证**(argument by analogy)。类推论证的意思是指根据类似情形所得到的结论。

显然，以上讨论是将演绎推理与归纳推理分开来说明的。事实上，在人类经由思维运作获取知识的整个历程中，演绎推理与归纳推理二者是交互使用的；有时演绎在前，归纳在后；有时归纳在前，演绎在后。凡是科学上的定理定律，都是科学家经过对个别事例多次重复观察验证所得到的结论。定理定律形成之后，即做为普遍原则用于对个别事例进行演绎推理，从而获得肯定性的结论。

第三节　问题索解

前两节讨论的是思维活动中概念与推理等问题，接下来本节所要讨论的是如何运用概念与推理以从事问题索解的问题。所谓**问题索解**(**或问题解决**)(problem solving)，是指在不能仅凭既有经验直接处理当前事物以达目的的情境下，经由思维运作得以了解问题性质并寻得解决途径，从而达到目的的心理历程。准此定义，可知问题索解乃是起于有目的而缺乏手段或方法的问题情境。如果没有目的，问题情境自然不会发生，惟问题情境千变万化，因而在问题索解时未必有普遍有效的唯一方法。在千变万化的问题中，大致可按问题情境分为两大类：一类是有固定答案的问题，只要用对了方法，就可得到答案；另一类是没有固定答案的问题，对此类问题索解的目的，不是寻求唯一正确答案，而是在多个可能答案中选择最佳答案。接下去先行讨论问题索解时常用的两类方法。

一、定程法

所谓**定程法**(**或算则法**)(algorithm)，是指在问题索解时按一定程序，逐步进行，最后即可得到正确解答的一类方法。定程法是学习书本知识的主要方法。在学校的教学科目中，诸如数学中的演算、物理学与化学中的按定理定律进行的实验，全部都是按定程法进行的；甚至极复杂的电脑操作，在性质上也是定程的。定程法的优点是原理明确，方法固定，只要了解原理，学会解题方法，循序进行，最后一定得到正确答案。惟从思维与问题索解的心理历程看，“定程”所指者未必只是单一定程，有的问题是“一题两解”或“一题数解”的。完形心理学家韦特海默(见图 1-4)，在其所著《创作式思维》一书中(Wertheimer,1959)，提到德国数学家高斯(Karl Friedrick Gauss, 1777～1855)六岁便展现其数学天才的故事。故事的大意是说，教师出了一道连加法演算的数学题，要全班学童比赛看谁演算得最快，题目是：1+2+3+4+5+6+7+8+9+10=？在全班学童按连加法从头算起尚未得到结果之前，高斯举手报出答案。教师询问何以如此快速？高斯的回答是他不喜欢采用连加法计算，他改采了如下的方法：1+10=11，2+9=11，3+8=11，4+7=11，5+6=11；然后将五个11加起来，得到总和55。高斯的方法虽与其他学童所用的传统连加法不同，但在运算上也是定程的。只是此一新定程法系由高斯独创而已。

问题索解单一定程的例子很多，相传三国诸葛亮发明的九连环是其中最复杂者。九连环是相连的九个金属圆环(图 7-6)，由一金属剑柄贯穿，求解目的是逐环卸下，最后使九环全部与剑柄分离。解答时左手执剑柄，右手操作；解答虽有定程，但极为繁琐，要341步才达到目的，其步骤为：

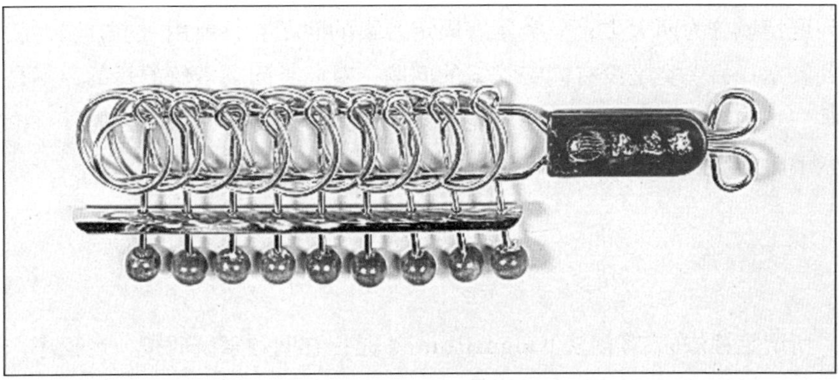

图 7-6　九连环

1. 卸下第一环；
2. 剑柄左拉卸下第三环；
3. 套上第一环；
4. 卸下第一、二两环；
5. 剑柄左拉卸下第五环；
6. 套上第一、二两环；
7. 卸下第一环套上第三环；
8. 按照3、4两步骤卸下第四环；
9. 按照6，1，2三步骤卸下第三环；
10. 按照3，4两步骤卸下第七环；
11. 运用上述要领继续穿梭，先卸下第九环，然后再继续反复穿梭将八、七、六……环全部卸下，至此即告成功。

欲将九连环恢复原状，可运用6，7……等步骤反复穿梭，直到将九个圆环全部套上剑柄为止。

二、直观推断法

直观推断法(**或探索法**)(heuristic) 是指面对问题情境无法按既有程序解决，只能凭个人经验径而进行直观(或直觉)推断以求取答案的一种方法。准此定义，可知直观推断法具有以下两个特征:(1)此种方法多半是在没有定程法可用的问题情境之下采用;(2)采用此种方法解决问题时既无一定程序可循，故而使用的结果不能保证得到正确答案。答案既不能保证，何以要用此种方法？针对此一问题可做以下的解释：在日常生活中有些问题不仅没有定程法可用，而且也没有肯定答案。以下棋为例，下棋虽有输赢的标准，但对如何下法才会赢棋的问题，却没有一定的方法。除此之外，在极为复杂的问题情境中，即使有定程法可用，但因时限紧迫不容许按部就班使用定程法时，直观推断法就不失为应急的解题方法。直观推断法一词所指者并非只限于一种方法，以下介绍其中两种较常用的方法。

(一) 手段-目的分析

所谓**手段-目的分析**(means-end analysis)，是指在问题情境中，针对求解目的与问题起始状态(已知条件与限制)之间的差距，进行分析研判，找出可供缩小差距的手段，从而达到最后目的的一种方法。准此定义，可知采用手段-目的分析所解决的问题，都是较为复杂而无法按简单程序进行解决的问题。采用手段-目的分析，一般都是在问题的起始状态与目的状态(最后答案)之间设定几个可以达成的次目标；达成第一个次目标之后，接着进行第二个次目标。如此逐步进行，等到所有次目标次第达成时，问题索解的最后目的即告达成。在手段-目的分析过程中，设定的次目标可视为有助于达成最后目的的手段；此一手段即称为**次目标分析**(subgoal analysis)。兹举著名的**河内塔问题**(Tower of Hanoi problem)为例，用以说明如何采用次目标为手段分析解决复杂的问题。

如图 7-7 所示，有 A，B，C 三支立柱，在 A 柱上套有一叠按大小直径排定的三个圆环(上图)。求解的问题是将A柱上的三个圆环全部移至C柱上(下图)。移动时可以借用B柱之助，但必须遵守两点限制：其一是每次只能移动一个圆环；其二是任何两个圆环接触时，必须保持小者在上大者在下的顺序。

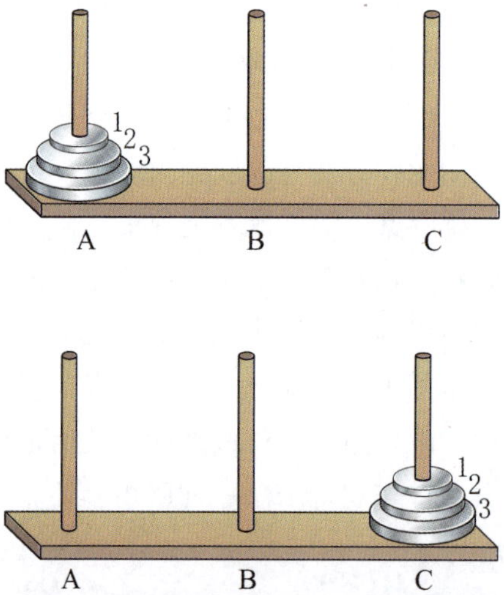

图 7-7　河内塔问题

本图所示三层圆环，是河内塔问题的最简单形式。相传河内塔问题系由越南首都河内附近某佛寺内一位老和尚所发明。原先的河内塔本有64层，老和尚预言，一旦有人解得此题，就是世界末日。所幸解题高手迄未出现。

河内塔问题之所以困难，主要是目的虽明确但不易直接达到，必须分析问题情境中如何利用中间立柱做为达到目的的手段。以下是当有三层圆环时解题的七个步骤(如圆环增为五层就相当困难，读者不妨一试)：

1. 将1环移到C柱；
2. 将2环移到B柱：
3. 将1环移到B柱；
4. 将3环移到C柱；
5. 将1环移到A柱；
6. 将2环移到C柱；
7. 将1环移到C柱。

(二) 类推法

类推法(或**类比法**)(analogy)是将以往经历过类似问题的经验用于解决目前问题的一种方法。类推法之有效必须符合两个要件：其一是新问题与旧经验确有类似之处；其二是以往的经验是成功的。在性质上，类推法属直观推断法之一，都是在只有目的而缺少方法的问题情境下使用的。以下先介绍多年前德国柏林大学心理学家邓克(Duncker,1945)以大学生为受试者从事问题索解实验研究的例子，然后介绍晚近心理学家的补充实验研究，用以说明类推法的使用。邓克在实验研究时，要求受试者思维解决如下的问题：

> 某胃癌患者，经医师诊断确定，不能开刀切除。唯一可能的治疗方法，是用放射线破坏癌体组织。然在采用放射治疗之前，遇到的困难是：若放射线强度不够，不足以破坏癌体组织；如强度足够，则在破坏癌体组织之前，必先伤害到光线所经过部位的健康组织。在此两难情况下，如何在不伤害健康组织的原则下达到治疗的目的？

就上述问题的两难情境看，要想达到既能治病又能保健的双重目的，极为困难。解决此一两难问题的唯一可行方法是，从不同的方向投入多条较弱的放射线，使其焦点集中在癌体组织上以破坏之。根据邓克研究结果，大学生中能想出此办法者只有5%。晚近心理学家(Gick & Holyoak, 1980)改用类推法重做邓克的实验。实验时分控制组与实验组；控制组与邓克的实验相同，实验组则是在提供问题之前，先让受试阅读一段如下的故事：

> 某军官受命攻击一个敌人的军事要塞。该要塞周围有多条呈放射状的小路可达，而小路之两边均散居乡民。军官考虑的问题是：如集中火力从单面攻击，附近乡民将受严重伤害。于是决定分散兵力，从各小路进攻，并约定时间，一俟接近要塞时，火力齐发，合力攻击。结果此计奏效，攻击成功。

实验者如此设计的目的是，让实验组的受试在解决问题之前先学到与问题性质类似的经验。实验结果发现，实验组10位受试，全部都能从“分进合击”故事的经验类推想出正确答案，而控制组的受试者则全部失败。

三、影响问题索解的心理因素

凡是构成问题的情境都是陌生的。问题既是陌生的，在求解时自然感到困难。问题索解失败的原因很多，除问题本身的客观条件之外，求解者个人的主观心理因素，也是影响问题索解成败的重要关键。多年来心理学家对影响问题索解因素的研究很多，以下列举两方面的研究以为说明。

(一) 心向作用

心向(mental set)是指个人在经由思维解决问题时的一种不自觉的习惯性心理倾向。心向的形成与个人以往处理事物时的成功经验有关，成功的经验会使他习惯性心向加强，以后遇到类似的问题情境时，他将重复采用以前经验过的方法去解决问题。因为问题的情境是千变万化的，如面对问题不能随机应变，只是墨守成规依赖旧经验，其结果自将难免因此心理因素影响而导致问题索解失败。心理学家卢钦斯(Luchins, 1942) 多年前所做的一项著名实验，可以用来说明心向作用对问题索解的影响。

该项实验的设计是：以设想用水桶量水的方式，要受试者凭意象计算出所求的水量。表 7-1 中，A, B, C, D 各栏，均代表水桶大小的容量。七题中，每题所用水桶大小不等，但所求解的目的则是一样，都是要受试者自行设法，如何运用盛水工具，求出 D 栏各题所求的水量。

此类问题并不困难，小学中年级都会求得结果。以第一题为例，先装满

表 7-1　心向作用实验用题

题号	水桶容量			所求水量
	A	B	C	D
1	21	127	3	100
2	14	163	25	99
3	18	43	10	5
4	9	42	6	21
5	20	59	4	31
6	23	49	3	20
7	28	76	3	25

(采自 Luchins, 1942)

B 桶(127)，然后减去一 A 桶(127－21＝106)，最后再用 C 桶盛出两桶(106－3×2＝100)，即求得所需要的水量。第 2，3，4，5 各题，都可采用同样的方法。如将之写成一个公式，那就是：D＝B－A－2C。

该实验的目的是观察受试者如何解答第六题与第七题。显然第六题可采用两种方法达到目的：一是仍采 D＝B－A－2C，另一是改采 D＝A－C。至于第七题，前法不能使用，只能采 D＝A－C。实验结果发现：有 80%的受试者仍采 D＝B－A－2C 的公式求解第六题；而对第七题，竟有三分之二的受试者，因无法套用公式而放弃。此一结果所显示的意义是：因前五题用同一方法解题成功所形成的习惯性心向，影响到后来面对新的问题情境时，因思维方式僵化而不能摆脱公式的框架，结果导致失败。

因心向作用而影响问题索解的事例很多。以下再举九点方阵与火柴排图两个问题做为补充说明(图 7-8)(题意与求解见图下说明)。

此二问题看似简单，但做起来并不容易。不容易的原因是受知觉经验所形成心向作用的影响，会使人遇到超乎知觉经验问题时，很难跳出知觉旧经验的框限做出创新思维。左图中的 9 个点，很容易使人在知觉上构成一个封闭的四边，故难以突破知觉经验，想到将四段直线必须延伸到 9 点构成的区域之外才能达到目的。右图中的 6 根火柴是在平面上排列的，想在平

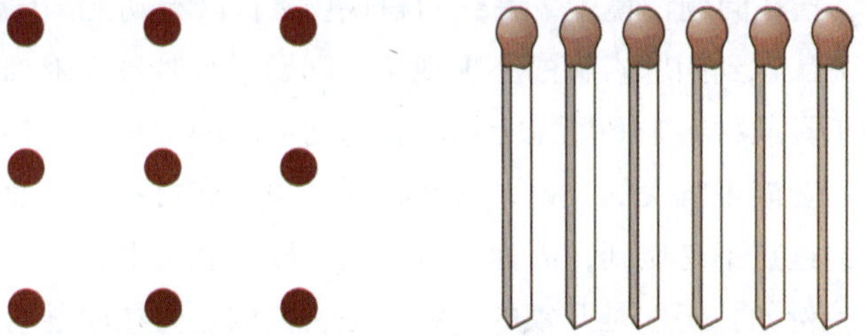

试从左上角黑点起画一四折直线贯串九个点

试用六根火柴做成四个彼此连接的三角形

图 7-8　心向作用影响问题索解示例

面上排成四个连接的三角形，6 支火柴无法达到目的。唯一的可能是将 6 支火柴架成立体(图 7-9)。

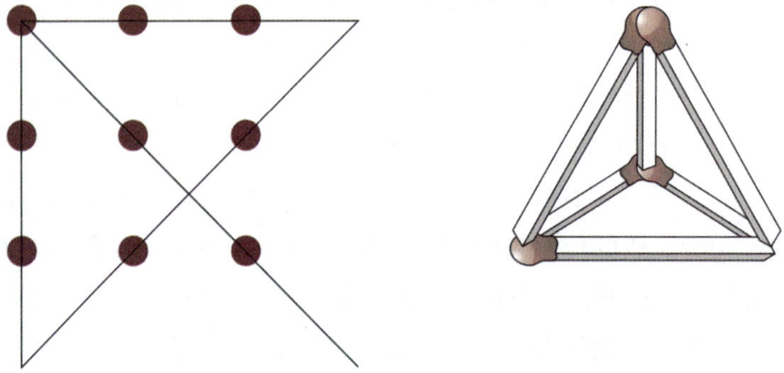

A　　　　　　　B

图 7-9　前图两题的答案

（二）功能固着

功能固着是影响问题索解的另一心理因素。所谓**功能固着**(functional fixedness)，指在问题情境中，因受问题现场条件既有功能的限制不能变通运用，以致无法达到问题索解的心理现象。问题索解时最为困难的是条件不足；现有的工具或材料未必能派上用场，急切需要的工具和材料，则感到阙如。因此，问题能否解决的关键，端在将现场中既有材料的变通使用，从而达到目的。但这点不易做到，因为在习惯上一般人总是把各种工具分别赋予其固定功能。例如，钥匙是开锁的，刀子是切割的。但在问题情境中，现场可资运用的材料，绝不可能像一把钥匙开一把锁那么容易。有了钥匙开锁的问题就不存在了，丢了钥匙不能开锁才构成待解的问题。钥匙不在手中，却一直想到钥匙，是一种功能固着心理；不尝试运用现场材料以代替钥匙，是另一种功能固着心理。刀子是切割用的，但必要时也可以变通，用来撬开罐头或拧紧螺丝；老虎钳是拔钉与剪断铁丝用的，必要时也可变通一下，代替钉锤的功用。善于解决难题的人，其最大特征就是能突破功能固着的心锁，针对需要，善择手段以达到目的。以下介绍两项实验研究，用以说明功能固着对问题索解的影响。

先介绍的第一种实验是德国心理学家邓克所设计的墙壁上点蜡烛的实验(Duncker, 1945)。不用蜡烛台在墙壁上点蜡烛本属不可能之事，由不可能变为可能才是真正的凭思维解决问题。该实验所设计的问题情境是(图 7-10)，桌上放置一盒图钉，一盒火柴，两支蜡烛和一把剪刀，受试者的任务是自行设法将点燃的蜡烛固定在墙上，使它继续燃烧。此一实验设计的目的是验证功能固着心理因素对思维的影响，因此将受试者分为两组：一组将图钉与火柴原封不动，都留在盒内(目的是使其保持原有功能)，另一组则将图钉盒盖打开，让图钉与盒子内部都显露在受试者面前(目的在减少其原有功能)。实验结果发现，两组受试者最后都能将问题解决；都能利用图钉盒为烛台，用图钉将之钉在墙壁上，达到墙壁上点蜡烛的目的(图 7-11)。所不同者是第一组在解决问题时花费较长的时间。根据实验者解释，那是因为受试者在面对问题时受“图钉盒是盛图钉用的”功能固着影响所致。

图 7-10　墙壁上点蜡烛问题情境

(根据 Duncker, 1945 资料绘制)

另一种实验是美国心理学家梅尔经多年设计的一项摆荡结绳的实验，用以验证功能固着现象(Maier, 1931)。该实验设计的问题情境是在一个空房间内，由天花板上垂下两条绳，要求受试者设法将之连结在一起。实验室的一边放置一张椅子及一把钳子和其他东西(图 7-12)。问题是两条垂绳间距离太远，受试者无法同时用两手将之连结。实验设计的目的旨在观察受试者能否

图 7-11 墙壁上点蜡烛问题答案
（根据 Duncker, 1945 资料绘制）

突破功能固着，利用现场所陈列的材料，借以达到问题索解的目的。此一问题的理想答案是将钳子拴在一条垂绳上，并推动钳子使垂绳摆动，摆动期间有时两绳间的距离缩短，然后用两手同时抓住两条垂绳，即可结在一起。实验结果发现，一般大学生只有39.3%的受试者，想到采用上述方法以达到问题索解的目的。显然，多数受试者未能想到钳子可以用做摆锤，可能他们认为，钳子的功能是拔钉或剪断铁丝用的工具。

图 7-12 摆荡结绳问题
（根据 Maier, 1931 资料绘制）

在日常生活中遇到问题需要解决时，经常会遇到功能固着的心理困境。以上两项功能固着实验研究结果，希望能对本书读者有所启发。在日常生活遇到的问题中，有很多是因为不能突破旧思维的框限，一直钻牛角尖而贻误良机。俗语说："穷则变，变则通"，变通是有效思维的心理基础。

四、问题索解的合理思维

经由前文的分析讨论可知，针对问题情境进行合理思维才是解决问题的重要关键。怎样思维才是合理思维？心理学家们提出以下四点建议(Seifert, et al., 1986)。

1. 厘清问题性质　面对问题情境时，合理思维的第一步是，耐下心来针对当前情境弄清楚面对的是什么样的问题。要厘清问题性质，宜从三方面考虑:(1)要想达到的目的是什么;(2)当前情境中有何可资利用的条件;(3)如何运用现有条件想出方法以达到目的。三方面考虑的结果，第一、二两方面可能有所厘清，第三方面尚须进一步思维。

2. 拟定解决方案　厘清问题情境时所考虑的第三方面，不易立即得到答案。如考虑的结果没有现成的定程法可用，不妨采直观推断法冒险一试。前文介绍的河内塔问题，在手段-目的分析时起始状态与目的状态代表前条中第一、二两方面的考虑；如何利用中间立柱达到目的，即属第三方面方法思维问题。

3. 执行既定方案　根据三方面考虑拟定方案后随即执行，并从而验证方案的可行性。如方案可行，问题即告解决，如方案不可行，即需回头配合前两方面考虑，重新研拟可行方案。

4. 检讨解决结果　问题索解得到答案，虽然目的达成，但需进一步检讨所得答案是否为最好答案。因为有时候“一题数解”，数解中最省时、省事、省力者才是最好答案。如前文所举水桶问题中第6、7两题，采简略方法的答案就是最好答案。

第四节　判断与决策

第三节内所讨论的问题索解，无论是采**定程法**，或是采**直观推断法**，其最终的目的总是求取正确的答案。有正确答案的问题情境，虽可用来做为学校中教学生学习的知识，但学生学过之后却很少能用之于日常生活中解决实际问题。因为在日常生活中遇到的问题多半是没有正确答案的，诸如投资、选学校、购房屋、择偶结婚等重要问题，均无法肯定怎样做法才是正确的。面对此等缺乏正确答案的问题情境时，当事人只能就问题情境中所具备的条件加以分析判断后再形成决策，以期达成最佳选择的目的。

在面对缺乏正确答案的问题情境时，如何判断与决策，自然就成了心理学家关心研究的问题。所谓**判断**(judgement)，是指根据问题情境所具备的条件，加以分析研判从而获得结论的心理历程。准此定义，可知第二节所讨论的推理历程，在性质上也是判断的一种形式；只是该节所指的推理是根据逻辑法则进行的。所谓**决策**(decision making)是指在不确定情境中进行问题索解时，根据已知条件分析判断，从而达成最佳选择的心理历程。由此定义看，可知决策乃是问题索解的方法之一。

在缺乏正确答案的问题情境中，判断决策之前有两点必须考虑：其一是判断与决策所带来预期效果的可能性；其二是判断与决策所带来预期效果的价值性。在可能性与价值性两者兼备的情况下，容易做成决策；在二者缺一的情况下，决策时就会感到困难。以买奖券为例，中奖的可能性很低，而中奖后带来的后果却具有极高的价值性。惟其如此，应不应该购买奖券？这问题因个人主观判断不同，所以奖券市场不致形成抢购现象。

基于以上对判断与决策二者的认识，接下去就分别从决策后带来预期效果的可能性与预期效果的价值性两方面进行讨论。

一、决策正确可能性的推断方法

基于前文讨论可知，在判断决策前所考虑的预期效果的可能性与价值性二者，都是最后决策的根据。如何运用二者达到决策正确的目的，显然是不易回答的难题。不过，唯一肯定的是，不能采用第三节所介绍的定程法去寻求确定性答案，只能采用直观推断法去推断得到正确答案的可能。根据心理学家研究发现(Kahneman & Tversky,1972；1982)，一般人在不确定情境下从事判断决策时，倾向于采取以下两种策略去推断决策后是否能获得正确后果。

（一）经验直观推断法

所谓**经验直观推断法**(availability heuristic)，是指根据个人经验中最熟知而且容易联想到的事例为基础，用以推断决策后带来正确后果之可能性的一种思维取向。如果在缺乏事实性统计资料的情形下，要你说出目前都市人的离婚率有多高，你只能根据熟知的离婚事例做直观推断。直观推断的离婚率与事实性的离婚率愈接近时，就代表此推断结果的正确性愈高。惟就此例可知，经验直观推断法是相当主观的；主观的判断与决策后果，自然难免会发生误差。

曾有心理学家以美国大学生为实验对象，要他们根据自己的主观经验，推断在一般英文单字中以R起头的单字(如read)多，还是以R做为第三字母的单字(如cartoon)多。结果发现，有69%的受试者认为以R起头的单字较多。但事实上，两者相较R居于第三字母的单字反而较多(Tversky & Kahneman, 1974)。为什么美国大学生的判断会发生如此大的误差？原因是R在起头的位置易为人所觉知，R在单字中居其他位置，则不易引人注意。

由以上实验研究结果看，靠经验直观推断所做成的判断与决策，可能有很大的误差。形成推断误差的原因，除受个人经验因素影响之外，事件本身的特征，也是主要原因。在每年意外死亡人口中，死于车祸者的人数可能超过死于空难者多至数百倍，但一般人总是高估了空难者所占的死亡率。原因是每有空难事件时，大众媒体广加报道，无形中强化了大众的记忆。

（二）常例直观推断法

常例直观推断法（或**代表性推断**）(representativeness heuristic)是指根据已知某类事件中最具代表性特征为基础，用以推断同类事项中某一事件发生可能性的一种思维取向。在问题情境不能确定时，此种方法经常使用，但推断结果未必正确。曾有心理学家以大学生为受试者，要他们对下述的情况做出推断(Kahneman & Tversky, 1972)：

> 某城市调查了全市内有6个子女且男女各半的家庭。经分析后发现，这些家庭中子女性别排序多半属于三种类型:(1)男、女、男、女、男、女;(2)男、男、男、女、女、女;(3)女、男、男、女、女、男。你认为这三种类型中哪种类型占大多数?

研究结果发现多数受试者回答第一种类型。事实上三种类型(此外尚有其他类型)的几率相等。一般人之所以选第一类型，原因是觉得第一种类型合于常例，最具代表性。

依常例直观推断时，如果遇到看似不合常例的情境，就难免做出错误的判断。以投掷一颗骰子为例，按几率计算，骰子每个面向上的可能性，都是1/6。如果一颗骰子连掷四次都是6点，赌徒们对下一次结果的推断，多数认为不可能再出现6点。原因是他们认为连续出现四次6点已不合常例，不可能第五次再出现6点。像此种不合科学的心理现象，称为**赌徒谬误**(gambler's fallacy)。推断错误的理由是，每次投掷出的结果都是独立事件，前后两次之间没有任何因果关系；每次出现6点的几率同样是1/6。

二、判断决策与预期价值

前文所述，旨在说明决策后带来正面后果可能性的两种推断方法。接下来再进一步说明决策后带来预期价值问题。**预期价值**(expected value)是指在判断决策过程中，个人对决策后带来正面后果所具价值的预先推估。在理论上讲，预期价值是按数学上的几率计算的。按数学上几率计算的预期价值是客观的。然而，一般人在判断决策时因受主观心理因素影响，对预期价值的看法，却未必是客观的。因此，对同一事件判断决策时，就会有以下两种预期价值：

（一）客观预期价值

正如前文所言，**客观预期价值**（objective expected value）是按数学的几率计算的。兹举掷骰子定输赢为例，用以说明客观预期价值的计算方式。在投掷骰子之前，如果双方同意的游戏规则是：(1)如果你投掷的结果是六点向上，你赢50元；其他各点向上时，均不计算；(2)每投掷一次，你付服务费10元。如按照几率来计算，赢钱的几率是1/6，赢得的钱数是40元，输钱几率是5/6，输的钱数是10元。在此情形之下，可用以下方法计算出客观预期价值：

$$\begin{aligned}\text{客观预期价值}&=\text{赢钱几率}\times\text{赢的钱数}+\text{输钱几率}\times\text{输的钱数}\\&=\frac{1}{6}\times(50-10)+\frac{5}{6}\times(-10)\\&=-\frac{10}{6}\approx-1.7\text{元}\end{aligned}$$

以上计算结果显示的意义是，如按游戏规则长期参与骰子赌博，平均每次要赔1.7元。中国有句俗语“久赌无赢家”，就客观预期价值计算结果是负值来看，这句话是合乎科学原理的。照理说一般人不会参与此种输多赢少的游戏才是。然事实不然，很多人照样乐此不疲。惟其如此，赌场才会永远生意兴隆。为什么会有如此现象？此即下面要讨论的主观预期价值问题。

（二）主观预期价值

由人类的赌博行为看，客观预期价值的理念未必能预测人的决策行为。因此，对此等心理现象必须采主观预期价值来解释。个人的**主观预期价值**（subjective expected value），决定于个人在决策时对事件后果在心理上的主观看法，而非决定于事件后果在物质上的得失。如果一个人喜欢赌博过程中那种挑战性气氛，他就不会在意一点金钱的损失。如果一个人把赢钱的兴奋感看得比输钱的失意感重要，他也就不会牢记输钱的痛苦。准此推理，上述等式即可改变内容而得正值。改变内容的可能是，个人不将赢后实际得钱数视为 40 元，而是将之视为 60 元。代入等式后的结果是：

$$\text{主观预期价值}=\frac{1}{6}\times 60+\frac{5}{6}\times(-10)$$

$$=\frac{10}{6}\approx 1.7\text{ 元}$$

基于以上讨论，可知反对赌博的人，自然会秉持客观预期价值的观点不参与赌博。但爱好而且经常赌博者，也并非真正不了解客观预期价值原则下“久赌无赢家”的道理。他们是“明知故犯”，因受主观预期价值的支配，即使政府禁赌，也仍然我行我素。反赌与好赌都是人性，以人性为研究对象的心理科学，不能单从客观理性观点了解人性，而应同时考虑人的主观感情因素。此即本书第一章内一再强调的心理学是“主观而客观，客观而主观”的“超科学的科学”的理由。

三、判断决策的题型效应

在一般情形下，需要个人做出判断决策的时机，都是由于不确定的问题情境。问题情境的特征多半是由语文表述的。由语文表述问题情境时，其表述的方式自然会影响到个人的判断与决策。此种现象称为**题型效应**(framing effect)。假如有一天你去看电影，电影票价是每张 50 元，你买好票准备进场时，忽然发现电影票丢了，此时你是否愿意再花 50 元另外买一张票？在此情境下你的决策很可能是不再买另一张票，理由是你觉得花双倍钱看一场电影是件不值得的事。

如果上述情境改变为，你准备买票的 50 元在路上丢了，你是否愿意再花 50 元买张电影票？对此问题多数人的答案是肯定的。

以上两种情境都需要做出决策。如果单是从经济的观点言，两者都是愿否多花 50 元的问题。可见两者决策之不同，并不是钱数多少的问题，而是对问题情境表述或认知上的差异。换言之，因两者的题型不同而影响了决策行为。第一种情境下你决定不买另张电影票，是因为你将之解释为“不值得”。第二种情境下你决定再花 50 元买票，是因为你将之解释为丢钱与看电影根本是两回事。曾有心理学家卡曼尼与特夫茨基以如下的问题情境要求受试的 150 个大学生做出模拟性决策（Kahneman & Tversky, 1982）：

> 在某地区突然流行一种稀有的严重疾病，如恶化蔓延可能导致 600 人死亡。当地政府为应付危机，研议后提出了 A、B 两个方案。如果实施方案 A，将有 200 人保住性命；如果实施方案 B，600 人中可能有 1/3 的人保住性命，但可能有 2/3 的人会死亡。如果要你做决策，你采哪一方案?

研究者发现，多数人选择方案 A。他们选 A 案的理由是，避免 B 案实施后 2/3 的多数人可能死亡。事实上，A、B 两案实施后预期的后果完全相同，只因题型表述不同而使决策者的心理受到影响。后来研究者仍以同一问题为基础，惟改变为如下的表述方式：

> 为防止流行病恶化，当地政府拟订 C 与 D 两个方案。如果实施方案 C，400 人可能死亡。如果实施方案 D，600 人中可能有 1/3 的人获救，另 2/3 的人则可能死亡。如果要你做决策，你采哪一方案?

研究者发现，同样问题改变表述时，多数人选择方案 D。他们选 D 案的理由是，避免 C 案实施后 400 人可能死亡。事实上，C、D 两案实施后所预期者完全相同，只因题型表述不同而导致决策者的心理受到影响。

卡曼尼为美国普林斯顿大学心理学教授，他在 20 世纪 80 到 90 年代对人类在不确定情况下价值判断研究所发现的心理现象，对经济学理论提供了新的思维方向。传统经济学家一向认为，投资者总是在几率逻辑原则下唯利是尚的，卡曼尼的研究结果则显示，一般人对利害得失判断时并非完全根据几率逻辑客观推理，而是基于对情境认知的主观判断。如当事人认知到投资后获利机会较大时，他倾向于做出避免风险的判断；如当事人认知到投资后损失机会较大时，他倾向做出接受风险的判断。卡曼尼的认知心理学理论，经由美国乔治梅逊大学经济学教授史密斯在金融市场验证后提出的经济学理论，使他二人共同成为2002年经济学诺贝尔奖得主。

第五节　创造思维

虽然众人咸认为创造是人类最高智慧的表现，而且在人类文化传承中对前人在文学、艺术、科学乃至政治制度等方面创造之成果，无不珍而贵之。然而，不但在学校教育上一向忽视对学生创造能力的培养，就是专门研究人性的心理学，多年来对创造心理也甚少研究。本书鉴于创造的重要，试根据心理学上有限资料探讨创造思维的问题。

一、创造与创造思维

在进入讨论创造思维的心理学研究之前，容先说明创造与创造思维的定义以及创造思维与问题索解思维的异同。

（一）创造与创造思维的定义

创造一词有不同的诠释，本书所采用的定义是：**创造**(creativity)是一种解决问题的超常、创新而有价值的认知能力；此种认知能力表现于科学发明、文学艺术创作、旧知识之新观念、老问题之新方法以及生产工具新发明等多方面。此一定义中，“超常”指超乎平常；“创新”指不墨守成规；而“有价值”则指创造的方法或创造的结果具有实用价值、学术价值、道德价值或审美价值而言。如创造只是超常与创新而缺少价值，创造的方法或结果就不能对日常生活和社会文化有所贡献(如创造杀人武器)。

所谓**创造思维**(creative thinking),是指面对问题情境时,个人在思维上能摆脱传统窠臼、超越成规限制以及突破习惯约束的认知心理历程。基于此义,可知创造思维与前述创造一词之含义相似;同样强调超常与创新两种认知心理特征。两者不同之处端在前者指认知心理能力的表现,后者指认知心理活动的历程。

(二) 创造思维与问题索解思维的异同

在第三节开始讨论问题索解的概念时,曾经指出问题索解是面对问题情境时所产生的思维运作心理历程。如果单从这一点看,创造思维与问题索解思维两者是相同的。惟从两者所面对的问题性质及求解目的看,创造思维显然与问题索解思维有很大的差异。

第三节内所讨论的问题索解思维与所举的多种例题,其中有一个共同特征,那就是问题的情境与求解的目的都是明确的,面对问题情境时之所以感到困难,端在条件限制下一时想不出解决的方法。事实上,方法未必没有,只是隐藏在有限的条件之后等人去发现而已。以河内塔为例,问题的起始状态与目的状态两者均属明确,其困难在于条件限制下一时想不出合于条件的方法。最后想出的方法终究还是达到了目的。由此可知,经问题索解思维所求解的问题,总是有答案的。问题索解常用的定程法与直观推断法的差别,只是后者缺少解题的固定程序而已。

创造思维与问题索解思维最大的差异是,后者在有限制的条件下寻求达到预定目的的方法,而前者则是除了条件限制之外,既不能确知目的状态,也缺少有效的方法。即使根据问题情境确定定程法或直观推断法可用,对具有高创造能力的人而言,他们也不会墨守成规去采用;他们旨在运用思维的更高境界,希望得到“前无古人”的结果。历来科学家、艺术家、思想家之所以能有“空前”的贡献,全都是超越问题索解思维而经由创造思维得到的结果。在心理学上,精神分析理论创始人弗洛伊德在1900年出版的《梦的解析》一书之所以被后人誉为改变历史的书之一,乃是由于他超越前人对梦的一切解释(如日有所思夜有所梦等),提出了潜意识活动的空前看法。在生物学上，美国的华生(James Watson, 1916～)与英国的柯利克(Francis Crick, 1928～)两人在1953年之发现DNA(见第二章第一节)，也是在其他科学家采用各种方法探索多年之后而创用新的方法才发现的。DNA是一切生物生命的本元，由于DNA的发现，使得生物遗传理论得到突破性的发展。因此，这两位科学家共同获得了诺贝尔奖的荣誉。著者从事教学时，常鼓励学生读书时宜从三个等级评定书品的高低:(1)平凡的著作是见人所见，言人所言;(2)超水准的著作是见人所见，言人所未言;(3)划时代的著作是见人所未见，言人所未言。后两级著作都是具有高度创造性见解的著作。

二、创造思维的心理机制

创造思维是一种心理活动历程，在创造思维历程中个体心理上究竟产生一些什么样的活动? 此一问题在心理学上的研究极少；原因是创造不是短时间完成的，科学家或文学艺术家的伟大创作，多半是经过积年累月努力之后才完成的。惟其如此，在实验室内很难研究创造的心理历程。目前在心理学上主要有以下两种理论对创造思维心理提出了解释：

(一) 创造思维历程阶段观

最早从事创造思维心理历程研究而提出系统理论者，首推英国心理学家华莱士(Graham Wallas, 1885～1932)。华莱士在1926年出版的《思维的艺术》一书中，对整个创造思维的心理活动历程提出如下四个阶段的解释(Wallas, 1926)：

1. 准备期 所谓**准备期**(preparation)，是指创造思维形成之前，对问题相关知识的理解与累积。有了求解问题的先备知识，然后才能从已知条件中发现新关系，从已有方法中发现新方法。一般认为创造靠天才，事实上长期努力和专注研究才是构成创造的主要因素。据说大科学家爱因斯坦的相对论，在撰写时虽只花了五周时间，但动笔前花在准备和探索上的时间却有七年之久。诗圣杜甫有言“读书破万卷，下笔如有神”，由此可知创造前准备的重要性。

2. 酝酿期 所谓**酝酿期**(或**孕育期**)(incubation)，是思维创造准备期得不到结果而将问题暂时搁置，此期间所产生的内在心理变化阶段。对问题努力钻研难获结果感到身心俱惫时，如将问题暂时搁置，改而从事其他较轻松的活动(如听音乐、钓鱼、散步等)，亦即是将问题引起的心理困惑暂时排除于意识之外。在这种情形下，问题引起的创造思维表面看似乎停止，但事实上它仍潜伏在意识之下的酝酿中进行。

3. 豁朗期 所谓**豁朗期**(或**明朗期**)(illumination)，指经过潜伏性酝酿期之后，具有创造性的新观念可能突然出现在意识之中。此一现象也就是平常所说的灵感。灵感的来临，可能是戏剧性突如其来的；它可能产生在半睡半醒中，可能产生在沐浴时，也可能产生在旅行途中。总之，灵感多半是在与创造无直接关系的活动中产生。灵感可遇而不可求，它是创造思维导向创造结果的关键。

4. 验证期 所谓**验证期**(verification)，是指在豁朗期得到解题灵感之后，将灵感形诸具体意见与实际解题程序进行验证。直到反复验证无误，创造思维的历程才算结束。

华莱士的创造历程四阶段说，虽然在心理学界广为流传，但多年来一直无法经科学实验得到证据。心理学家只能就创造发明卓然有成的著名人物的访问或传记中，了解创造思维的心路历程。其中最具代表性的一位人物是法国数学家潘卡锐(Jules Henri Poincare, 1854～1912)。潘卡锐发明同构函数理论的经过，几乎完全符合华莱士所说的四阶段历程。潘卡锐所研究的数学问题，长期思维得不到结果(准备期)后，决定暂时搁置与朋友到外埠旅行。在旅行期间已将数学难题完全置诸脑后(酝酿期)。路经一个小镇搭乘公车时，在举步上车的一刹那，求解的答案突然在脑际出现(豁朗期)。上车后继续思维写下草稿，回家后详细整理发现，正是他久思不得其解的答案(验证期)。

（二）思维运作特殊能力观

科学心理学研究人的心理与行为时，总离不开将研究的问题付诸实验或观察测量的观念。前述华莱士的思维历程四阶段理论既不易付诸实验，于是心理学家们就尝试改从观察测量的取向去研究创造思维的问题。在这方面努力最有成就者，当推美国心理学家吉尔福德(见图 10-6) 在 20 世纪 60～80 年代长期研究的贡献。吉尔福德在智力理论上提倡**智力结构论**(详见第十章第三节)。在智力结构中，他把智力视为包括思维内容、思维运作、思维产物三个维度的心智活动(见图 10-7)。思维运作中包括六种不同的思维运作方式。其中与问题索解思维和创造思维有关的是**辐合思维**与**发散思维**。前者指根据一切可能条件或线索逐渐缩小范围集中思维，从而解决问题，前文所指**定程法**的运用，即属辐合思维；后者指缺少既有方法或思维规范时思路广阔，在想到的众多观念中，针对问题出奇制胜。基于此义，可知吉尔福德乃是将创造思维视为整个智力结构中的一种特殊能力，亦即发散思维能力。

（三）创造思维能力的测量

创造思维既可视为一种认知能力，研究创造思维的心理学家们，自然尝试采用心理测验的方法测量创造思维能力。自 20 世纪 60 年代以后，心理学家已编制了多种形式的创造思维能力测验，惟在基本理论上均不出吉尔福德智力结构论中发散思维的理念。以下简单介绍具有代表性的两种测验。

1. 托兰斯创造思维测验 美国心理学家托兰斯(Ellis Paul Torrance, 1915～)根据吉尔福德智力结构论中发散思维的理念，在 1974 年编的**托兰斯创造思维测验**(Torrance Test of Creative Thinking，简称 TTCT)，是应用最广的创造能力测验。该测验包括语文与图形两类题目。语文部分由七种不同作业组成:(1)发问;(2)猜测原因;(3)猜测结果;(4)产品改造;(5)不寻常用途;(6)不寻常疑问;(7)试作假想。测验结果的评分标准乃是以吉尔福德研究创造思维时发现的四项特征为根据:(1)**流畅性**(fluency)：心智灵活顺畅，能在短时间内表达多个不同的观念，能使用较多的文字，能形成较多的联想；

(2)**变通性**(flexibility)：思考方式变化多端，能举一反三，触类旁通，能随机应变，不墨守成规;(3)**独创性**(originality)：思想表现超越，对事物处理能提出创新办法，对疑难问题能提出独特见解;(4)**精密性**(elaboration)：惯于深思熟虑，遇事精密分析，力求臻于完美周延的地步。

2. 远距联想测验　美国心理学家梅德尼克(Mednick, 1962)，根据吉尔福德智力结构论发散思维的流畅性和变通性两个特征，编制了语文式思维创造能力测验，称之为**远距联想测验**(Remote Associates Test，简称 RAT)。远距联想测验的基本构想是，创造思维能力强的人，由某一事件引起的联想远较一般人广阔；看见"笔"未必只联想到"纸"；看见"红花"未必只联想到"绿叶"；他可能对一个语词，很快就联想到很多很远很奇怪的概念。例如，梅德尼克的远距联想测验中有这样一个题目：试就已知三个语词去自由联想，然后想出一个和三者都有关联的语词填在后面；如:(1)Roman, (2) arithmetic,(3)one,(4)______. 此题适当的答案是 numeral。原因是三者都与数字有关。同理，如:(1)鞋子,(2)松树,(3)高楼,(4)______。"地面"一词可能就是适当的答案。原因是三者都离不开地面。

(四) 创造力高者的心理特征

多年来，心理学家虽也企图采类似智力测验的方式测量创造力，但公认在性质上创造力不同于智力。智力通常指个人的综合能力，而创造力则指个人某方面的特殊能力。杰出成就的音乐家，未必懂得高深数学。因此，研究创造力高者的心理特征时，只能从他们所表现的异于一般人的心理特征，推论解释他们之所以展现超人创造力的原因。

美国心理学家葛敦纳(见第十章第三节)曾调查分析 20 世纪创造文化的重要人物，其中包括弗洛伊德(心理学家)、爱因斯坦(物理学家)、毕加索(画家)、葛兰姆(舞蹈家)、艾略特(诗人)、甘地(思想家) 等，在他们的生命历史中，葛敦纳发现有以下四点相似之处(Gardner,1993)：

1. 有反传统倾向，对众所信守的传统规范存疑，因而在个人作为上不墨守成规，时思有所改进而臻于更新更好的境界。

2. 对自己关心的问题肯深入钻研，在展现出超人的杰出成就之前，对相关问题研究所付出的心力，至少连续了10年甚至20年。

3. 在年轻时多半受到前人思想的启发及师长的指导与鼓励，因而立志上进，历经无数挫折失败，而终告成功。

4. 在个人生活上属于感情层面者较少，多半时间用于潜心研究，牺牲奉献，甚少享受安适的家庭生活。

除此之外，心理学家也研究创造力与智力关系的问题。对此问题的一般看法是，创造力高的人智力也高，但两者的正相关只限于智商在120以下的人。换言之，智商高于120以上的人，未必有较高的创造力。美国物理学家诺贝尔奖得主菲恩曼(Richard Feynman,1918～1988)，中学时代测得的智商只有124；按智力**常态分布**（见第十章第二节)看，只能算是优秀，不能算是杰出。由此可见不能根据智力预测创造力。

本 章 摘 要

1. **思维**是内在的心理认知历程，在此历程中个体将心理上所认知的事件，经表象化过程予以抽象化，以便在心理上运作处理，从而对该事件的性质得以理解并获知其意义。
2. **概念**是指对具有相关共同属性一类事物的概括认识。
3. **概念识别**时分析面对事物的属性是否合于某概念的标准，一般根据四项法则:(1)**肯定法则**;(2)**否定法则**;(3)**连言法则**;(4)**选言法则**。
4. **意象**是感觉经验的心理表象，是将外在世界中事物编码转化后储存在长期记忆中的意识图象。
5. **推理**是指在思维时遵循某种逻辑法则，以已知事实或假设条件为基础，推演出有效结论，从而对事理间关系获得理解的历程。

6. 逻辑推理有多种，其中最主要者有**演绎推理**与**归纳推理**两种；而演绎推理又有**三段论法演绎推理**与**假设演绎推理**之分。

7. **问题索解**是指在不能仅凭既有经验直接处理当前事物以达到目的的情境下，经由思维运作得以了解问题性质，并找到解决途径，从而达到目的的心理历程。

8. 问题索解的主要方法有二：一为**定程法**，二为**直观推断法**。而在使用直观推断法解决问题时，又有**手段–目的分析**与**类推法**。

9. 影响问题索解的主要心理因素有二：一为**心向作用**，二为**功能固着**。

10. 决策正确可能性的推断方法有二：一为**经验直观推断法**，二为**常例直观推断法**。

11. **预期价值**有两种：一为**客观预期价值**，二为**主观预期价值**。

12. **创造**是一种解决问题的超常、创新而有价值的认知能力。

13. **创造思维**是指面对问题情境时，个人在思维上能摆脱传统、超越成规、突破习惯的认知历程。

14. 在心理学上对创造思维有两种看法：一为**创造思维历程阶段观**，一为**思维运作特殊能力观**。

15. 创造能力测验一般都是根据吉尔福德**智力结构论**中**发散思维**的理念编制而成的。

建议参考资料

1. 朱智贤、林崇德(1986)：思惟发展心理学。北京市：北京师范大学出版社。
2. 陆祖昆(1988)：创造心理学。台北市：五洲出版社。
3. 廖元辉(译)(1988)：思维心理学。台北市：五洲出版社。

4. Beach, L. R. (1997). *The psychology of decision making*. London: SAGE Publications.

5. Bransford, J. D. & Stein, B. S. (1984). *The ideal problem solver: A guide for improving thinking, learning, and creativity*. New York: Freeman.

6. Gardner, H. (1993). *Creating minds*. New York: Basic Books.

7. Garnham, A. & Oakhill, J. (1994). *Thinking and reasoning*. Oxford, England: Blackwell.

8. Kahneman, D., Slovic, P., & Tversky, A. (Eds.) (1982). *Judgment under uncertainty: Heuristics and biases*. New York: Cambridge University Press.

9. Simonton, D. (1994). *Creativeness: Who makes history and why*. New York: Guilford.

10. Sternberg, R. J. (Ed.) (1994). *Thinking and problem solving*. San Diego: Academic Press.

11. Weisberg, R. (1986). *Creativity: Genius and other myths*. New York: Freeman.

第八章

生命全程的身心发展

本章内容细目

从成年人的身心特征看，无论是身体方面的特征（如身高、体重、肤色等），或是心理方面的特征（如能力、性格、兴趣等），都有很大的个别差异。如以此现象为主题去探求形成个别差异的原因，可能的答案有两种解释：一种解释认为一切出自天性，另一种解释则认为环境的影响使然。自古以来，这两种不同解释一直并存但相悖，形成古代哲学心理学六大争议中的**天性与教养问题**及**恒常与变异问题**的争议（见第一章）。惟古代哲学家们的争议，只是各持主观哲学观点的思辨，而非根据客观的事实。因此，从现代科学心理学的观点看，只能说天性与教养及恒常与变异的争议孕育了现代发展心理学的观念，不能说是发展心理学的开端。发展心理学的科学基础是从 19 世纪达尔文在 1859 年出版《物种原始》一书后奠立的。在该书中，达尔文所主张的物竞天择、优胜劣败的演化论，指出了人与动物都是在先天遗传与后天环境交互作用中生长发展的。

发展心理学正式成为心理学领域中的一个学科，是在 20 世纪之初；此后多年来，发展心理学在研究取向上产生过两方面的重大改变：其一是由**年龄常模**(agenorm)(代表每一年龄身心特征发展的水准，见第十章)的研究，改变为更进一步发展理论的建立。其二是由偏重儿童阶段心理发展的研究，扩展为**生命全程发展**（或**毕生发展**）(life-span development)的研究。本章内容虽不能涵盖发展心理学的全部，但各节内容大致包括现代发展心理学中两大研究取向上所探讨的重要问题。除在生命全程发展原则下说明各年龄阶段身心发展特征之外，并介绍心理发展的重要理论与发展心理学研究方法。希望读者在研读本章之后，能对发展心理学有所认识，并获得以下概念：

1. 人类生命全程中身心发展的基本特征。
2. 解释心理发展的重要理论。
3. 研究身心发展的主要方法。
4. 产前胎儿期发展概况与孕妇保健常识。
5. 婴幼儿期的身心发展特征与育儿观念。
6. 青年期的身心发展特征及辅导理念。
7. 成年期的身心发展特征及生活适应原则。

第一节　身心发展研究的基本概念

根据前文所述，可知心理学上所谓的**发展**(development)，是指在生命全程中个体身心特征随年龄增长而改变的历程。在进入讨论生命全程中各年龄阶段的身心发展之前，容先就人类身心发展的基本特征、有关心理发展的重要理论与基本研究方法，分别略加说明，用做以后各年龄阶段身心发展讨论的参照架构。

一、身心发展的基本特征

发展心理学在研究身心发展时虽然以个体为对象，但其研究目的却旨在从身心发展与年龄改变的关系中，探求原理原则，从而做为解释或预测一般人身心发展现象之依据。以下四点即多年来发展心理学研究发现的最基本的特征。

(一) 连续历程中有阶段现象

个体的身心发展，基本上是一个连续不断的历程，在此连续历程中，个体在生理或心理上的一切变化，都是随年龄增长而改变的。此一现象是恒常与变异问题争议中的一项共识。然而，研究身心发展的心理学家却多半采分期分段的方式进行研究；而且所有解释心理发展的系统理论，也都是采用分期分段的取向(见后文)。心理学家们之所以采分期分段解释身心发展历程的原因，并非单纯是为了研究方便，而是根据多年来研究发现的两点阶段性现象：其一，在身体发展方面，个体身体成长与年龄之间并非呈现平滑曲线的形式，而是有些器官发展较早，有些器官发展较晚；有的生理变化只是在某一年龄才会出现(如青春期的性生理变化)。有的行为表现按一定顺序呈阶段性变化；如婴儿的动作发展，都是遵循先会坐而后爬，先会走步而后跑跳的顺序进行。其二，在心理发展方面，无论是认知发展或是社会发展，其发展过程中虽显示个体心理随年龄增长而益趋成熟，但从幼稚到成熟的心理发展并非只是量的增多，更重要的是质的改变，所以不同年龄儿童在心理需求与思维方式上各不相同。正因为个体身心发展历程中具阶段性现象，所以在世界各国的教育制度中，对成年之前的教育阶段，都有入学年龄与入学后按年龄编排年级的规定。

（二）遗传与环境的交互作用

在个体身心发展的历程中，就个体在身心各方面显现的特征而言，究竟是决定于先天遗传，抑或是决定于后天环境，此即始自哲学心理学一直争议不休的天性与教养问题。经过多年来发展心理学家的研究，一般不再坚持上述两极端看法，而多数主张遗传与环境并重；认为在发展历程中任何时期的身心特征，都是由遗传与环境交互作用所形成。此种理念即称为**交互作用论**(interactionism)。

（三）发展模式下有个别差异

在发展历程中兼具连续性与阶段性的原则下，无论是发展心理学家从事理论性研究，或是教育家将发展心理研究发现的原理原则用于学校教学，对身心发展的看法多半是采取阶段性的观点。惟发展心理学上所指的阶段性，是指个体身心发展，大体上是按阶段的顺序进行的，而非指某同一年龄的个体必将出现同一种身心特征(并非指满周岁的婴儿一定都开始会说话)。原因是个体身心发展的阶段性，只可视为发展的模式，在发展模式之下，实际上有很大的个别差异。

（四）身心变化及于生命全程

在20世纪50年代以前的发展心理学家，一般将身心发展的研究界定在自出生前生命的开始，到出生后20岁以前的青年期为止。当时如此界定发展期，主要是基于两原因：其一是研究资料不足，对人类身心发展真实情况尚不能完全了解。以智力发展为例，在20世纪初刚开始使用**智力测验**

(见第十章)时，一般相信智力的发展在 16 岁左右即告停止。现在发展心理学家经过研究证实，智力的发展一直延伸到中年期 50 岁以上(见图 8-15)。其二是社会文化变迁，人类寿命延长，生命历程中身心变化增多，有待研究的问题亦加多。往昔社会少有变迁，人类生活单纯而寿命较短，其身心特征容易定型。近几十年来，一般发展中国家，平均寿命已显著增加。以台湾地区为例，20 世纪初的平均寿命不到 50 岁，目前已增长到 75 岁。在以上两大因素影响下，生命全程研究的趋势已成为心理学家的共识。

二、心理发展的重要理论

在第一章提到的现代心理学五大理论中，如果单独从对个体心理变化与年龄关系的系统解释看，精神分析论与认知论这两派心理学家的理论最为完整。惟在精神分析与认知论两派理论中，各心理学家对心理发展现象所采的观点及理论解释，彼此间各不相同，有的偏重于认知发展，有的偏重于人格发展，有的偏重于道德发展。以下的讨论即以此三方面的主张为主题，分别对四位心理学家的理论要义做概略介绍。待稍后讨论各时期心理发展时，再随时提出详细说明。

(一) 皮亚杰认知发展理论要义

认知发展(cognitive development)是指个体自出生后在适应环境的活动中，对事物的认识及面对问题情境时的思维方式随年龄增长而逐渐改变的历程。对认知发展的系统理论解释，以瑞士心理学家皮亚杰(图 8-1)的**认知发展阶段论**(stage theory of cognitive development)最为著名。惟皮亚杰本人经常称其理论为**发生知识论**(genetic epistemology)；意谓他所研究的认知发展，乃是旨在为历来争议的**知识来源问题**寻求答案。皮亚杰的认知发展论有以下两点要义：

1. 组织与适应　所谓**组织**(organization)，是指个体在认识周围事物时，能统合运用其身体与心智的能力，从而达到认知目的的一切心理历程。

图 8-1 皮亚杰

(Jean Piaget, 1896～1980) 是20世纪瑞士心理学家，是发生知识论的创始人，是认知发展阶段论的建构者，也是20世纪影响全世界教育的著名心理学家之一。

例如三个月婴儿看见一个玩具(视觉认识)，然后用手抓取来放在口中吸吮(身体动作)，正代表他将认识与动作组织起来获得认知的身心活动历程。按皮亚杰认知发展理论的解释，个体之所以有组织能力，乃是因为他具有一种天赋的**认知结构**(cognitive structure)(如婴儿的颜色知觉不需学习)；皮亚杰称之为**基模**(或**图式**)(schema)。基模是个体用以认识周围世界的基本能力。随个体年龄的增加，基模也更形复杂化。

所谓**适应**(adaptation)，是指个体的基模因环境的限制而自动改变的心理历程(注意此义与感觉适应或生活适应不同)。个体在经由适应获取知识时，将因应环境的需要而产生两种彼此互补的心理历程:(1)**同化**(assimilation)是指个体只需运用其既有基模，即可将所遇见的事物纳入其认知结构中，使新知识与旧知识相融合;(2)**调适**(或**顺应**)(accommodation)是指既有基模不能直接同化新知识时，个体为了因应环境的要求，自动调整其基模，因而得以吸收新知识的心理历程。例如，三岁幼儿可用单手拿一个小杯子喝水，如杯子太大单手不能握持时，他会自动改用双手，这就是调适。

2. 各时期发展不同 对认知能力随年龄增长而发展的现象，皮亚杰提出了超越前人的阶段性看法。婴儿期到青年期的十余年间分为四个阶段，分述认知发展不但显示出阶段性的特征，而且在自幼而长的历程中，个体的认知思维能力呈现出质的改变，而非单纯是知识数量的增加。皮亚杰的认知发展阶段论具有高度的权威性，惟从20世纪90年代以来，后继者经重新验证研究后发现，皮亚杰的理论仍有美中不足之处（见329页注8-1）。以下表8-1所列为皮亚杰的认知发展分期及各期基模功能的简述，关于各时期的认知发展，留待稍后分期讨论时再做说明。

表8-1　皮亚杰的认知发展分期

期　别	年　龄	基 模 功 能 特 征
感觉动作期	0～2岁	1. 凭感觉与动作以发挥其基模功能 2. 由本能性的反射动作到目的性的活动 3. 对物体认识具有物体恒存性概念
前运思期	2～7岁	1. 能使用语言表达概念，但有自我中心倾向 2. 能使用符号代表实物 3. 能思维但不合逻辑，不能见及问题的全面
具体运思期	7～11岁	1. 能根据具体经验思维以解决问题 2. 能理解可逆性的道理 3. 能理解守恒的道理
形式运思期	11岁以上	1. 能做抽象思维 2. 能按假设验证的科学法则解决问题 3. 能按形式逻辑的法则思维并解决问题

（采自 Piaget & Inhelder, 1969）

（二）维果茨基认知发展理论要义

与瑞士心理学家皮亚杰同时，但理论观点不相同的是苏联心理学家维果茨基（图8-2），在20世纪30年代提出的**社会文化历史认知发展论**（socio-cultural-historical theory of cognitive development）。维果茨基采取了社会文化历史的观点，解释人类的认知发展。他将人类的心理功能分为基本心理功能和高级心理功能两种。前者为人类与动物所共有，主要包括感觉、知觉、辨别与记忆等；后者为人类所独有，主要包括语言、思维、逻辑推理与工具制作使用等。个体基本心理功能之获得，是生物进化的结果，而人类高级心理功能的形成则是社会文化历史发展的产物。因此他认为，认知发展就是从基本心理功能转化到高级心理功能的过程。在此转化过程中，历史传承、社会规范、家庭和学校教育所教给儿童的语言、文字、符号、解决问题的方法以及工具制作和使用等，都是影响儿童认知发展的因素。人类高级心理功能，既是社会文化历史发展的产物，研究儿童认知发展问题时就不能忽略两点认识：其一是人类社会文化随历史发展而演变，在不同时代成长的儿童，其认知发展将不尽相同；其二是人类的社会文化有很大的个别差异，同时代而不同文化形态下成长的儿童，其认知发展历程亦将有所差异。以下简述维果茨基的认知发展理论的两点要义：

图 8-2　维果茨基

（Lev Semenovich Vygotsky, 1896～1934）是 20 世纪初苏联心理学家和教育家，也是心理学思想中社会文化历史学派的创始人。

1. 语言的认知发展功能　维果茨基认为，语言对儿童的认知发展具有两方面的功能：其一是在文化传承中，成人将生活经验和思维解决问题的方法经由语言传递给儿童；其二是儿童以学得的语言为工具，用于适应环境和解决问题，从而促进以后的认知发展。基于此义，维果茨基认为，语言与思维的关系是，前者为因，后者为果；此因果关系说明了语言具有促进儿童认知发展的功能(Vygotsky, 1962)。

2. 从实际发展区到最近发展区 基于社会文化促进认知发展的理念，维果茨基进一步提出学校教育可提升儿童认知发展水平的主张，此即他的最近发展区理论。所谓**最近发展区**(zone of proximal development)，是指从儿童实际认知发展水平到他可能认知发展水平之间的差距。某一儿童的实际认知发展水平，可由他独自思维操作解决问题时所表现的成就来决定。某一儿童的可能认知发展水平，并非指他此时此地所表现的实际能力，而是指在成人或教师适当协助之下他可能达到的成就。是故，实际发展区代表儿童认知发展的实力，最近发展区的上限代表儿童认知发展的最大潜力。维果茨基认为，无论是从事儿童认知发展研究，或是教儿童学习知识，均不宜只重视儿童的实际发展区，而应特别重视他的最近发展区。由于他相信文化与教育具有促进认知发展的功能，因此维果茨基提出**鹰架**(scaffolding)概念，建议父母和教师适时给予儿童间接性帮助(如指引)，从而提升儿童自行进入最近发展区的能力(Vygotsky, 1978)。

(三) 艾里克森人格发展理论要义

从心理发展的观点探讨社会行为随年龄增长而改变的理论中，最有系统且影响最大者，首推美国**新弗洛伊德主义**心理学家艾里克森(图 8-3)20 世纪 70 年代提出的**心理社会期发展论**(psychosocial stage theory of development)。艾里克森虽在早年接受过精神分析心理学的训练，而且他的理论也与弗洛伊德一样解释人格发展，但他二人的理论有三点不同:(1)弗洛伊德的理论是以人格异常者的心理特征所建构的，艾里克森的理论是以正常人的心理特征所建构的;(2)弗洛伊德的理论只重视幼稚期的人格发展，艾里克森的理论则重视生命全程的发展;(3)弗洛伊德的理论主要限于对人格结构中不同层面内在冲突的解释，艾里克森的理论则是扩大对人格发展中社会关系的解释。因此，在生命全程身心发展的原则下，我们在此只介绍艾里克森的理论，关于弗洛伊德的人格理论，留待第十一章时再行讨论。

图 8-3 艾里克森
（Erik Homburger Erikson, 1902～1994）是 20 世纪在德国出生的美国心理学家，是新弗洛伊德主义代表之一，是心理社会期发展论的创始人，是弗洛伊德之后对人格理论贡献最大的人，也是 20 世纪最具权威的青年心理学家。

艾里克森的心理社会期发展论，在立论上是以弗洛伊德精神人格结构理论中的**自我**为基础的。他认为个体自幼在社会环境互动中，一方面由于他自我成长的需求，希望从人际关系中获得满足，另一方面又不得不受社会的要求与限制，因而形成他心理适应上的困难。艾里克森称此种心理上的困难为**发展危机**(developmental crisis)。发展危机是随年龄而改变的，每一年龄阶段各有其不同性质的发展危机。在生命全程的发展中，个体的自我发展主要是学习克服每个时期的发展危机。艾里克森将生命全程分为八个时期(见表 8-2)，他认为每一时期的发展危机均发生于个体心理上两极性冲突的不易化解。八个时期之间的发展危机具有连续效应；前一时期的危机适时化解，有助于后一时期的发展。表 8-2 所列者即为艾里克森理论的简略说明。关于各时期的社会发展，留待稍后分期讨论时再进一步讨论。

（四）柯尔伯格道德发展理论要义

道德(morality)一词在心理学上的涵义是，个体用以判断行为是非善恶的标准。在心理学上以儿童为对象从事道德发展研究者，始自 20 世纪40 年代的皮亚杰。皮亚杰采用说故事的方式与儿童讨论故事中儿童行为对错

表 8-2　艾里克森理论的心理社会期

期别	年　龄	发展危机	发展顺利者的心理特征	发展障碍者的心理特征
1	0～1岁	信任对不信任	对人信任，有安全感	面对新环境时会焦虑不安
2	1～3岁	自主独立对羞怯怀疑	能按社会要求表现目的性行为	缺乏信心，行动畏首畏尾
3	3～6岁	主动对愧疚	主动好奇，行动有方向，开始有责任感	畏惧退缩，缺少自我价值感
4	6～11岁	勤奋对自卑	具有求学、做事、待人的基本能力	缺乏生活基本能力，充满失败感
5	青年期	自我统合对角色混乱	有了明确的自我观念与自我追寻的方向	生活无目的与方向，感到彷徨与迷失
6	壮年期	亲密对孤独	与人相处有亲密感	与社会疏离，感到寂寞孤独
7	中年期	爱心关怀对颓废迟滞	热爱家庭关怀社会，有责任心有义务感	不关心别人与社会，缺少生活意义
8	老年期	完美感对沮丧绝望	随心所欲，安享余年	悔恨往事，徒呼负负

(采自 Erikson, 1963)

的问题(如甲童打破两个杯子，乙童打破三个杯子，谁的过失较大?)。结果发现，在五岁以前的儿童，对行为的表现尚不能做对错的判断。五岁以上儿童道德的发展，大致分为两个阶段(Piaget, 1932):(1)五至十岁儿童对是非判断所采的标准是**道德现实主义**(或**道德实在论**)(moral realism)，指此一年龄阶段的儿童作是非判断时，是以成年人所定规范为标准的，故而也称**他律道德期**(heteronomous morality stage);(2)十岁以上儿童对是非判断所采的标准是**道德相对主义**(moral relativism)，指此一年龄阶段的儿童对是非判断的标准，除了考虑社会规范之外，也考虑到规范未必是绝对的，规范的订定必须合理。此时期儿童的道德判断有了自主性，故而也称**自律道德期**(或**自主道德阶段**)(autonomous morality stage)。

美国心理学家柯尔伯格(图 8-4)的道德发展理论，原则上采取了皮亚杰理论的精神，在 1963 年提出**道德发展阶段论**(stage theory of moral development)，将道德发展解释为三个时期，而每一时期又各自包括两个阶段(Kohlberg, 1969)。柯尔伯格也采用说故事的方式，与儿童讨论故事中人物在行为表现上对错的问题。在评定儿童道德发展水准时，柯尔伯格采取了**习俗**(conventionality)的观念；习俗是社会上众所公认的行为标准，合于习俗的行为，就是符合道德的基本条件。表 8-3 即柯尔伯格道德理论中三期六段的简单表示。关于各期各段的详细陈述解释，留待稍后分期讨论时再进一步说明。

图 8-4　柯尔伯格

(Lawrence Kohlberg, 1927～1987)是 20 世纪美国心理学家，是道德发展心理学系统理论的建构者，他的理论与方法对以后道德心理学的研究产生了极大的影响。

三、发展心理学的研究方法

发展心理学是现代心理学领域内的一个分支学科，此一分支的特征是专门研究个体的身心变化与其年龄的关系。基于此一特征，发展心理学家在进

表 8-3 柯尔伯格道德发展理论中的三期与六段

期	别	发展阶段		心理特征
一	前习俗道德期（10 岁以下）*	1	避罚服从取向	只从表面看行为后果的好坏；盲目服从权威，旨在逃避惩罚
		2	相对功利取向	只按行为后果是否带来需求的满足，以判断行为的好坏
二	习俗道德期（10 ～ 20 岁）	3	寻求认可取向	寻求别人认可，凡是成人赞赏的，自己就认为是对的
		4	遵守法规取向	遵守社会规范，认定规范中所定的事项是不能改变的
三	后习俗道德期（20 岁以上）	5	社会法制取向	了解行为规范是为维持社会秩序而经大众同意所建立的，若经大众共识社会规范亦可以改变的
		6	普遍伦理取向	道德判断系以个人的伦理观念为基础；个人的伦理观念用于判断是非时，具有一致性与普遍性

* 表内所列年龄不是严格划分，只是概约区别。
（采自 Kohlberg,1969）

行研究时，就必须从两方面考虑：其一是采用何种方法搜集个体身心变化的资料。其二是采用何种设计进行研究，从而分析了解个体身心变化与其年龄的关系。以下就从方法选择与研究设计两方面，分别略做说明。

（一）适用于发展研究的一般方法

如果单从研究某年龄阶段个体身心的特征着眼，在研究方法选择上，发展心理学与其他心理学科并无太大差异。只要合于研究目的，心理学上的一般研究方法，均可采用。第一章第三节内所介绍的心理学研究法，无论是属**描述研究**、**相关研究**或**实验研究**三类中的哪一类，均可采用来做为搜集个体身心发展方面资料之用。其惟一不同之点是，研究个体身心发展时必须考虑到研究对象的年龄。以研究探求中学生社会适应与其家庭中亲子关系之间的相关为例，可采用**测验法**，也可采用**调查法**。但研究的对象如改为幼稚园儿童，则只能采用描述研究中的**观察法**。

（二）适用于发展研究的特定方法

发展心理学的研究，其最大特点不在于搜集资料的方法，而在于以年龄变项做为主要考虑的研究设计。在发展心理学的研究中，有以下三种设计：

1. 纵贯研究 **纵贯研究**(或**纵向研究**)(longitudinal study)是以单一个体或同一组个体(如同年级儿童)为研究对象，就某方面的行为，自幼小到长大的岁月中，持续观察测量，从而探究其年龄增长(自变项)与身心变化(依变项)两者之间的关系。从研究目的而言，纵贯法是最适当的研究方法。因为从同一(或同组)个体的身心发展中，观察其前后变化，分析其成长历程，始能发现其前因后果的关系。因此，在理论上纵贯法是最适合于发展研究的方法。

纵贯研究有其理论上的优点与价值，但实际使用时仍有以下的缺点与限制:(1)时间太长，研究对象难免流失;(2)测量工具的标准确定，用于测量儿童的工具，如以后重复用来测量成人，所得结果就很难比较;(3)因为社会变迁，使影响个体身心发展的环境因素改变，根据一项长程纵贯研究结果，不易做为模式去推论解释当时社会的一般现象。

2. 横断研究 **横断研究**(或**横向研究**)(cross-sectional study)是以不同年龄之个体或团体为研究对象，就某方面行为发展为主题，使用类似观察测量工具，在同一时间内，即可获得不同年龄组的同类资料。比较分析不同年龄组的身心发展特征，即可据以了解，身心发展随年龄增长而改变的大概情形。

从发展研究的目的而言，横断研究只具有使用方便的优点，并不具备从研究结果可以建立发展模式的学理价值。因为，根据横断研究所得资料，只能分析比较不同年龄组之间的差异，而不能根据差异遽而论断乃是由于发展因素所致。换言之，横断研究所得结果不能用做因果关系推论的依据。

3. 同侪-连续研究　**同侪-连续研究**（cohort-sequential study）是一种将纵贯与横断两种设计合而为一，使之兼具两者优点而避免两者缺点的一种研究方法。同侪-连续研究的特征是，在研究对象选择上，同时做两方面的考虑：(1)选定一段期限较短程的年龄组距，如9～12岁的四个年龄组的小学儿童，先采横断法同时取得各年龄组身心发展某方面（如身高或智力）的资料；(2)继而对各年龄组儿童分别进行纵贯研究，连续以同样方法，获得此后三年内同方面的身心发展资料。最后再将由两种方法获得的资料合在一起分析比较，即可对9～12岁的儿童在此后三年期间身心发展的情形有所了解。由于连续设计中包括了纵贯与横断两种设计的精神，故而又称为**横断-纵贯法**（cross-sectional longitudinal method）。

第二节　胎儿期与婴儿期的身心发展

在第二章第一节内曾提到，个体的生命开始于**受孕**，而受孕则是精细胞与卵细胞结合而形成**受精卵**的过程。受精卵形成后约5～6天，经输卵管进入**子宫**(uterus)，并随即附着在子宫壁上，即成为**胚胎**(embryo)。胚胎开始后的八周内，称为**胚胎期**(embryonic period)。人类在胚胎期的形状与其他脊椎动物无异，直到第八周才粗具人形（图8-5）。从受孕后第九周开始一直到出生期间，称为**胎儿期**(fetal period)，而其个体称为**胎儿**(fetus)。出生后的新个体称为**婴儿**(infant)；在发展心理学上，一般将出生到两周岁的一段时间，称为**婴儿期**(infancy)。以下简略说明胎儿期与婴儿期的主要身心发展。

一、胎儿期的发展

发展心理学家通常从两个角度说明胎儿在母体内九个月期间的发展情

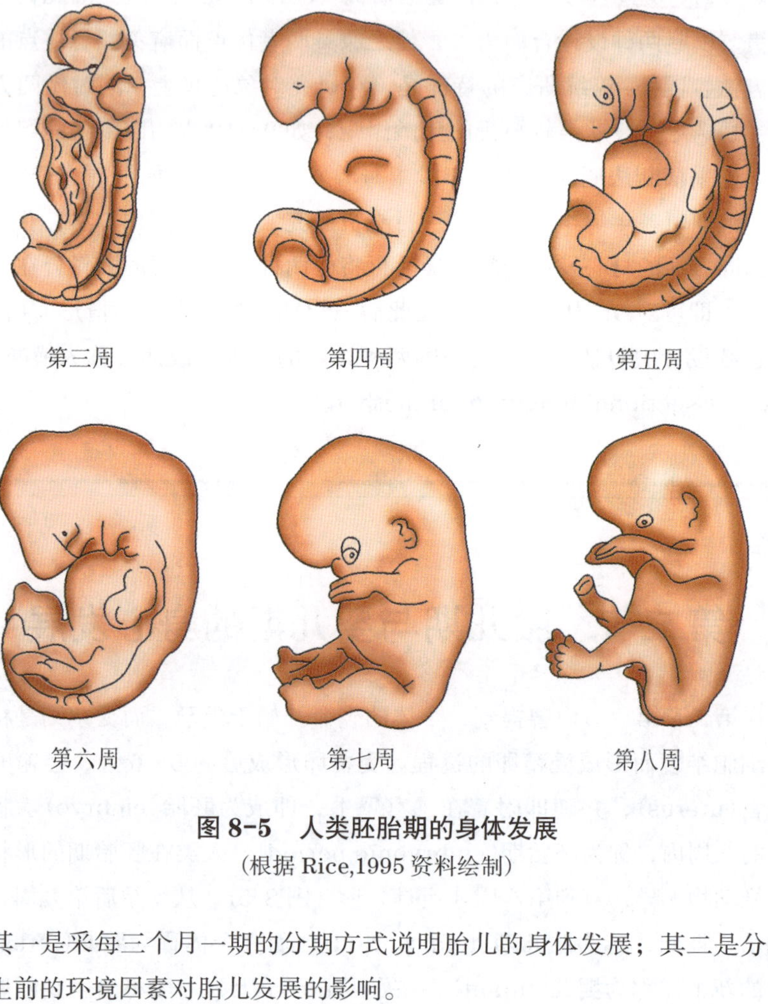

图 8-5　人类胚胎期的身体发展

（根据 Rice,1995 资料绘制）

形：其一是采每三个月一期的分期方式说明胎儿的身体发展；其二是分析胎儿出生前的环境因素对胎儿发展的影响。

（一）胎儿期的身体发展

1. 胎儿初期的身体发展　胎儿初期包括受孕后第一阶段的三个月，此一时期包括受孕、胚胎、胎儿三个阶段。在胚胎形成之前，约在受孕后25天左右，心脏已具雏形，到满两个月时已略具人形，身体各器官开始形成，进入胎儿期。胎儿在子宫中充满羊水的羊膜内，羊膜是囊状封闭物，胎儿靠脐带（umbilical cord）与胎盘（placenta）连结。胎盘具有两种重要功能：其一是将母体血液中的营养输送给胎儿，以维持生命；其二是将胎儿的排泄物输送至母体。母亲的血管并不直接与胎儿连接，母亲与胎儿之间的生命关系的维持，完全靠胎盘。胎盘与胎儿之间的连结则是靠脐带。脐带有三条血管，一条负责将母亲血液中的氧气与营养经胎盘输送给胎儿，另两条负责将胎儿的血液与排泄物经胎盘输送回母体。脐带上没有神经细胞，因此出生时切断脐带时婴儿不会感到疼痛。

2. 胎儿中期的身体发展　三个月以后的胎儿，在子宫内迅速成长，第四个月时身长可达 10 英寸，此时孕妇会感到胎儿活动。此后 5～6 个月之间，胎儿每月身长增加两英寸。到中期结束满六个月时，胎儿的呼吸器已经成熟。此时脱离母体时有存活可能。

3. 胎儿后期的身体发展　胎儿期的最后三个月，身体发育已渐趋成熟，七个月会有反射动作，如此时出生即具有呼吸与吸吮的能力。绝大多数的胎儿，到八个月后出生均能存活。因此，早产儿生存困难者，并非单纯是日期问题，而多半是怀孕期间母亲营养不良导致胎儿体重不足所致。现在医学界多以出生时体重低于 2,500 克（5.5 磅）者为早产儿。由此可见，八个月的新生儿如体重在 6 磅左右者，虽时间上视为早产，但生存能力上可能相当正常。图 8-6 所示，即胎儿后期出生前在子宫中的位置。

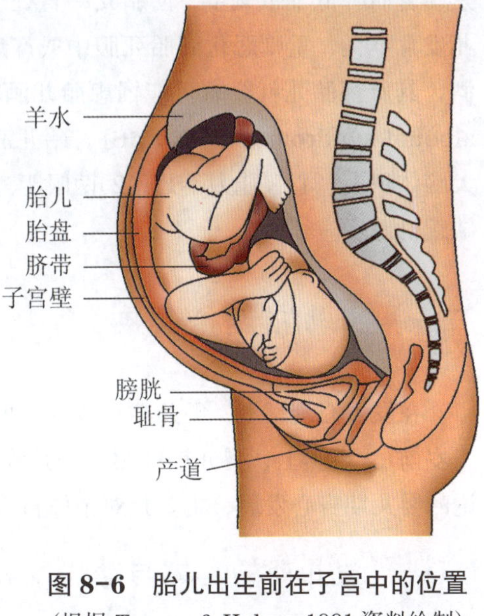

图 8-6　胎儿出生前在子宫中的位置

（根据 Turner & Helms, 1991 资料绘制）

（二）产前环境对胎儿发展的影响

产前环境是指胎儿出生前在子宫中的生存环境。前文曾提到胎儿的生命靠母体的血液维持，母亲血液中的养分、氧气、激素、化学物质等，自然会直接影响胎儿的发展。一般相信，怀孕期间如母亲营养不良，将会影响到胎儿脑细胞的成长。据生理学家估计(Winick,1976)，孕妇严重营养不良，其所怀胎儿的脑细胞数量，可能低于正常者20%。营养不良不只是食物不足的问题，更重要的是食物品质(营养)的问题。如食物中严重缺乏各种维生素，即使孕妇每餐吃饱，而对胎儿身体发展仍然不利。除了饮食之外，怀孕期间孕妇吸烟与饮酒的习惯，对胎儿的发展也会构成不利影响。

孕妇吸烟之所以会危害胎儿发育，是因为尼古丁可使孕妇血管收缩，形成血液流量减少，对胎儿的养分供应量亦随之减低。再加上一氧化碳与血红素结合而降低了带氧量，使胎儿一直处于缺氧的状态之中；结果轻则导致胎儿发育不良，重则恶化到胎死腹中或产后死亡。在怀孕期间，如孕妇经常饮酒，其所怀胎儿就会有可能罹患**胎儿酒精症候群**(或**胎儿酒精综合征**)(fetal alcohol syndrome，简称FAS)。胎儿酒毒症候群的主要症状是:(1) 头小、大脑体积小、心智能力不足;(2)两眼距离近、上唇薄、鼻梁低;(3)动作迟缓，缺乏机警反应等。

二、婴儿期的身心发展

在发展心理学上，**婴儿期**一般指自出生至两岁(有的指周岁前，也有的指三岁前)。事实上，婴儿期的第一个月称为**新生儿**(neonate)。因此，以下讨论的婴儿期身心发展，主要是对个体自出生到两岁身心发展的概略说明。

（一）婴儿期的身体与动作发展

婴儿期的身体与动作发展，主要是受身体的成熟程度所支配，而非靠学习或练习的结果。婴儿期的身体与动作发展随神经系统发展顺序而有先后之分。神经系统的发展是先头部而后躯干，由躯干而后四肢；动作的发展亦复如此。从以下两方面现象，可看出婴儿期身体与动作发展的大致情形：

1. 身体各部位随成长而改变　个体自出生前胚胎期粗具人形开始，直到出生后至成年为止，其身体各部位的比例产生了很大的改变。如图 8-7 所示，在胎儿两个月时，头部占整个身长的二分之一，到五个月时改变为三分之一，出生时改变为四分之一，两岁时改变为五分之一，六岁时变为六分之一，12 岁时变为七分之一，到 25 岁成年时变成了八分之一。

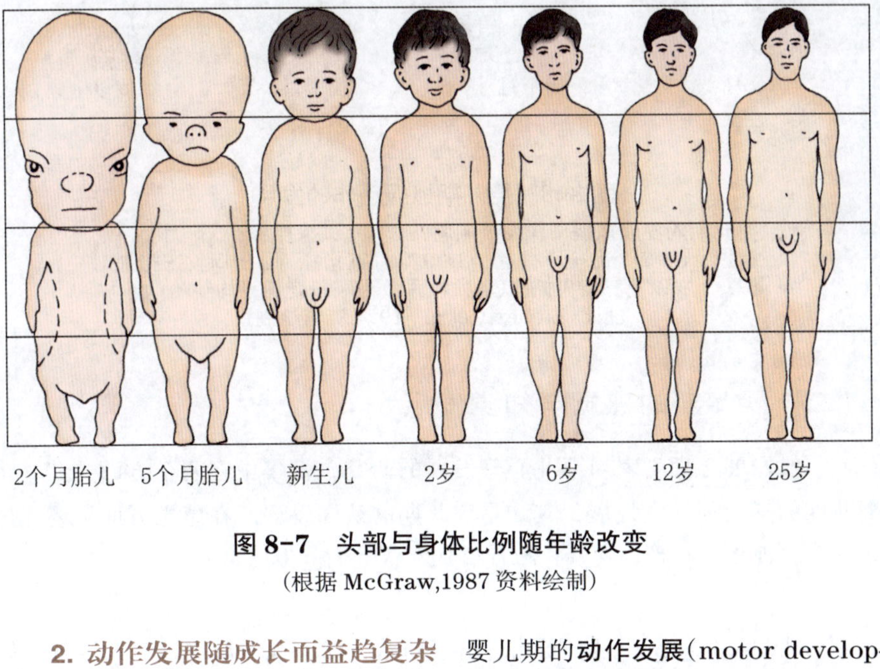

图 8-7　头部与身体比例随年龄改变

(根据 McGraw,1987 资料绘制)

2. 动作发展随成长而益趋复杂　婴儿期的**动作发展**(motor development)，大致遵循三个法则:(1)由头部到下肢的发展;(2)由躯干到四肢的发展;(3)由整体到特殊的发展(大肌肉发展在前，小肌肉发展在后)。发展心理学家研究婴儿动作发展时，常用抓握动作与全身动作做为评定发展水准的标准。图 8-8 与图 8-9 即分别表示婴儿期抓握动作与全身动作发展的一般情形。

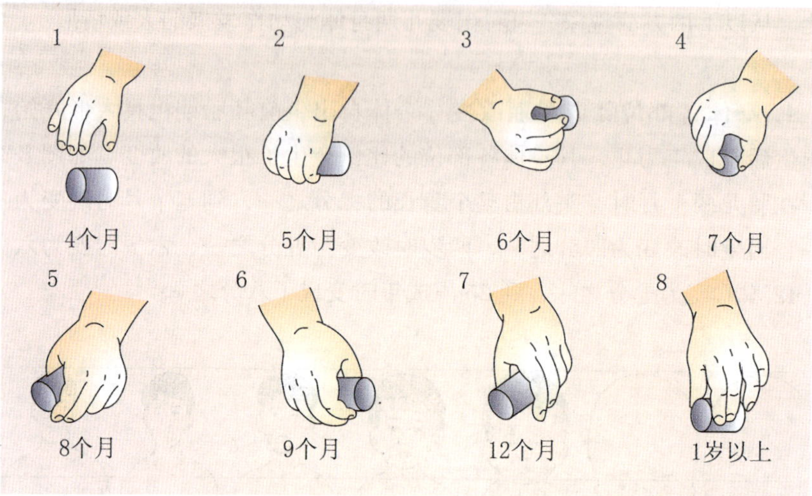

图 8-8　婴儿期抓握动作的发展

婴儿期周岁前抓握动作发展顺序：4 个月试探抓握；5 个月手掌抓握；6～7 个月全手握起；8～9 个月五指抓握；1 周岁三指抓握；1 岁以上三指尖抓握(各阶段月数为一般婴儿平均年龄)。
(根据 Lieberty,et al., 1974 资料绘制)

(二) 婴儿期的感觉与知觉发展

一般发展心理学家对婴儿心理发展的研究，多集中在两个方面：其一是婴儿期的感觉与知觉发展，其二是婴儿期的认知发展。在感觉方面，婴儿出生不久，视觉、听觉、味觉、嗅觉等基本感觉均已发展良好。

1. 婴儿的视觉发展　婴儿自出生开始，即有视觉反应，只是视觉的敏锐度较逊于成人。根据心理学家观察发现，甫降生而尚未离开产房的婴儿，即能对光线表现出注视的反应。惟新生婴儿对光线之反应有两点显著特征：其一是初生婴儿的**视敏度**(visual acuity)(对物体细部辨别的能力)不若成人。引起初生婴儿注视的光线，其强度均须大于成人，否则引不起婴儿的注视。其二是初生婴儿的**明视距离**(visual distance)(即明晰视物的距离)小于成人。如以看清楚同一物体的最远距离为标准，新生婴儿与成年人的比是 20/200；

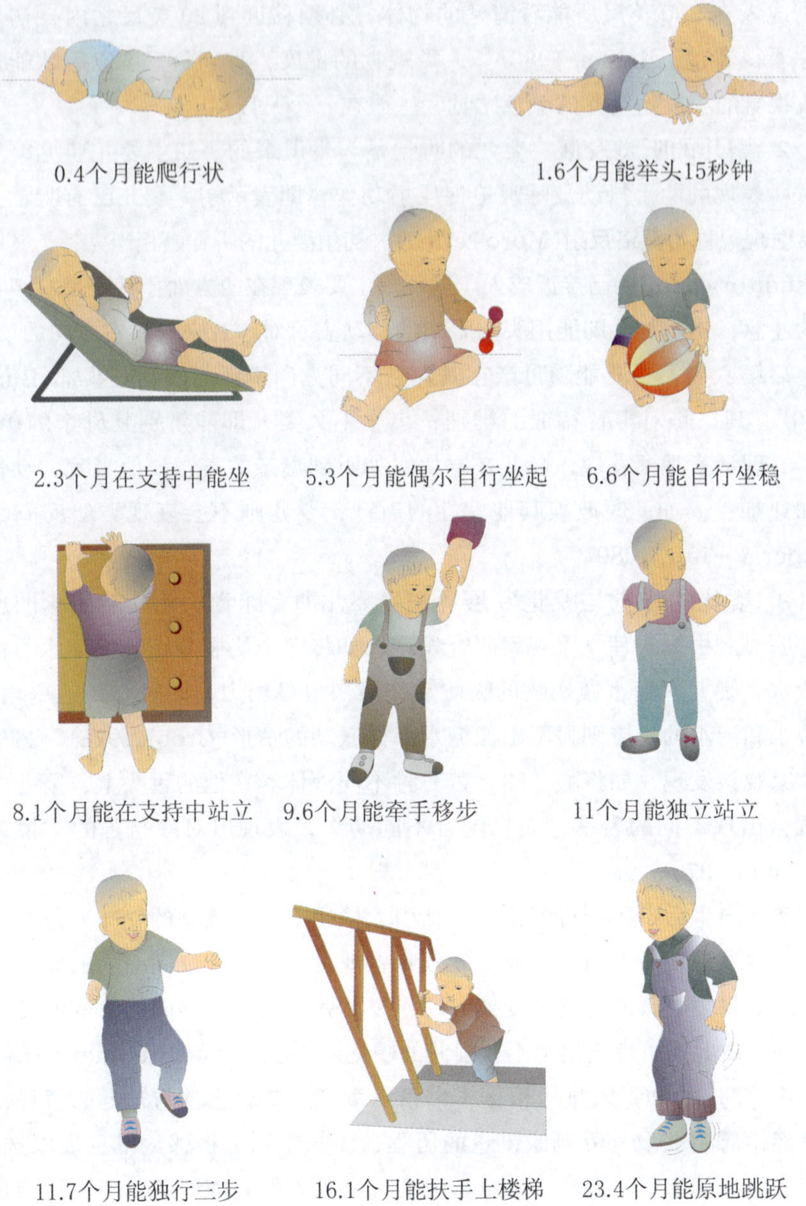

图 8-9　婴儿期全身动作发展顺序

（图中月数为平均年龄；根据 Bayley, 1969 资料绘制）

意谓成人在200英尺所能看清楚的物体，必须移近到20英尺之内，初生婴儿才看得清楚（Banks, 1983）。人类视觉的发展，直到两三岁以后才能达到成人视觉的程度。婴儿的颜色感觉，一般在三个月以后。

2. 婴儿的听觉发展 婴儿的听觉是与生俱来的。初生婴儿遇见突然大声时所表现的两手抖动及呼吸迫促反射动作，即表示初生婴儿已有听觉。此种反射现象称为**莫洛反射**(Moro reflex)。初生婴儿的听觉已相当完备，其**听敏度**(auditory acuity)已接近成人。这现象主要表现在两方面：其一是对声音来源的注意；初生婴儿即能用头与眼睛的移动表示对声音来自左右方向的反应。出生后第六周，婴儿能随母亲在其左右不同方向说话而摆动其头部(Bundy, 1980)。其二是对声音特征的辨别；出生不久婴儿即能辨别其母亲的声音。根据心理学家观察发现，婴儿在吃奶时如听到母亲的声音，他吸吮的动作就会加速加重。如此时改换其他女性的声音，婴儿则不会表现类似反应(DeCasper & Fifer, 1980)。

3. 婴儿的味觉与嗅觉发展 初生婴儿即有味觉，尤其对甜味的反应更为明显。根据心理学家观察研究发现，如将三个奶瓶分别装盛清水、糖水和盐水，婴儿对糖水瓶奶嘴的吸吮动作最快也最用力，同时心跳速率增加；对盐水和清水的反应则显不出像糖水那样激动的情形(Crook,1978)。另外心理学家观察发现，如将酸、甜、苦三种不同液体滴在他的舌头上，婴儿的面部就会出现不同的表情；而且配合不同动作，表现出对酸与苦的不悦表情(Steinner,1979)。

婴儿出生后不久即有嗅觉，包括引人愉快或令人厌恶的气味。曾有心理学家观察发现，一点阿摩尼亚水的气味，即可使出生后仅满一周的婴儿摆头逃避。如将婴儿厌恶的气味变换方向，婴儿就会随气味方向的改变而转动他的头部。由此当可肯定出生不久婴儿的嗅觉发展已很完备(Steinner,1979)。

4. 婴儿的知觉发展 根据本书第三章第一节对感觉与知觉的解释，感觉是经由感官获取外界刺激讯息的历程，而知觉则是将感觉讯息加以选择、组织、解释的历程。因此，感觉是以生理为基础的心理现象，而知觉则是纯属心理作用。历来心理学家对人类知觉现象中婴儿视知觉的**深度知觉**感兴趣，原因是眼睛**视网膜**为平面，平面视网膜的讯息产生立体感的深度知觉，就成了不易解答的问题。早期的心理学家对此问题未获共识，有的认为深度知觉得自后天学习，有的认为来自先天本能。晚近心理学家已实验证明，婴儿的深度知觉能力是与生俱来的。

最早从事婴儿深度知觉实验研究者，是美国心理学家吉布森与沃克多年前所做的一项视崖实验(Gibson & Walk, 1960)。**视崖**(visual cliff) 是一种用来观察婴儿深度知觉的实验装置。装置的中央有一个能容纳婴儿自由爬行的平台。平台上覆盖一层透明厚玻璃，玻璃之下铺有黑白相间的方格布料；惟除平台中央部分及一端的玻璃与布料紧贴之外(看起来是平的)，平台的另一端玻璃与布料相隔数英尺，看起来像个悬崖(图 8-10)。实验时将 6 个月刚会爬的婴儿放置平台一端，让他母亲站在平台旁边向他召唤。实验结果发现，如母亲站在看起来不像是悬崖的两边，婴儿就会一直爬到母亲面前；如母亲站在看起来像是悬崖的对面，婴儿爬到悬崖边即停止不前。这现象显示 6 个月婴儿就有深度知觉判断。由此可以推论人类的深度知觉是与生俱来的，不是学习的。

图 8-10　视崖实验情境

婴儿爬到人工设计的悬崖边，即使母亲向他招手，也仍然停止不前。
(采自 Gibson & Walk,1960)

(三) 婴儿期的认知发展

在第一节内我们已简略介绍过皮亚杰认知发展理论的要义及各年龄阶段认知发展的特征。在此再进一步说明他理论中有关婴儿期(0～2 岁)感觉动作的认知发展。

感觉动作期(**或感知运动阶段**)(sensorimotor stage) 是指婴儿期对其周围环境的刺激，主要是靠感觉与动作的历程获得认知的。前文已指出，婴儿期的感觉系统已有良好发展，只是动作的发展尚属缓慢。因此，皮亚杰的研究系以婴儿期动作的表现为指标，用以说明婴儿期的认知发展。因为自出生至两周岁之间婴儿的身心成长很快，变化很大，故而皮亚杰又将感觉动作期细分为以下六个阶段 (Piaget, 1950)：

1. 反射性活动期 **反射性活动期**(reflexive activity stage) 是指 0～1 个月期间的婴儿，靠反射性的动作了解其周围环境的最原始认知发展阶段。由于此时婴儿的大脑尚未发展成熟，他只能靠吸吮、手抓、注视等反射动作适应环境中的刺激。初生婴儿嘴边接触到任何物体，他都吸吮不停，到满月后他会选择对母亲乳头或奶瓶一看见就表现吸吮动作。

2. 第一循环反应 **第一循环反应**(**或初级循环反应**)(primary circular reactions) 是指 1～4 个月期间婴儿所表现的重复性反应现象。在此期间，如果婴儿无意中出现一种动作 (如手指放进嘴里)，而且由之带来快感，他将不停地重复出现该一动作。惟循环反应中的动作，只带给婴儿愉快，不含有主动的目的。

3. 第二循环反应 **第二循环反应**(**或二级循环反应**)(secondary circular reactions) 是指 4～8 个月期间婴儿所表现有目的的重复反应现象。婴儿如无意中用手碰到摇篮边的铃铛，发出悦耳的声音，他将有目的地继续用手去碰触铃铛，让它不停地发出声音。由此种循环反应显示，此一期间的婴儿已了解到事件发生的因果关系了。

4. 第二基模结合 **第二基模结合**(combination of secondary schemes) 是指 8～12 个月期间婴儿开始运用其**认知结构**，以调适既有**基模**而吸收新知识的认知历程。如在婴儿面前将一个小玩具置于枕头之下时，八个月以下的婴儿，多半认为玩具不见了，不会到枕头底下去寻找。8～12 个月的婴儿则相信玩具仍然存在，只是暂时被藏在枕头之下而已。这表示此一阶段的婴儿对玩具的认知结构 (即基模) 随环境的需要而有所调适。婴儿的认知发展达到此地步，已由对物的具体知觉，发展到对物体存在的概念。皮亚杰称此概念为**物体恒存性**(**或客体永存性**)(object permanence)。认知发展达到物体恒存性水准时，也就是他智力发展的开端。

5. 第三循环反应　**第三循环反应**(tertiary circular reactions) 是指12～18个月期间婴儿重复结合不同基模，从而达成其活动目的感觉动作配合阶段。此一阶段的婴儿，一般都能够自由活动，且手眼协调良好。如茶几上有三本书不能一次搬动时，他会改变原来一次取来物体的习惯，改用三次拿取。此时期的婴儿，对解决问题已略具手段与目的关系的概念。

6. 表征期的开始　**表征期的开始**(beginning of representation) 是指18～24个月期间的婴儿开始使用简单抽象概念，代替具体的活动。如要求此时期婴儿回答"一个人有两只手，两个人有几只手"的问题时，一般都不需要扳动手指计数，只靠想象即可回答。个体的认知发展达到表征期开始的水准，即开始具备使用语言从事简单思维的认知阶段。

(四) 婴儿期的社会发展

打从婴儿期开始，个体即进入了人的社会；先是完全无助地接受成人对他的一切对待，而后逐渐与成人之间开始建立彼此的社会关系。在婴儿期社会发展这个子题之下，我们将从两方面做简单说明。

1. 婴儿期社会发展的心理特征　在第一节内曾简略介绍过艾里克森的心理社会期发展论。艾里克森理论中所指的第一个时期(0～1岁)与第二个时期(1～3岁)，正是个体出生后的婴儿期。艾里克森称第一个时期社会发展的心理特征是**信任对不信任**(trust vs. mistrust)。信任或不信任是人际间最基本的社会心理倾向；如对人信任，他会有安全感；如对人不信任，他就会有恐惧感。婴儿期信任感的养成，主要是来自父母的养育方式。婴儿的一切需求完全从父母的抚养关爱中获得满足。父母能使婴儿的需求得到满足，婴儿就会对父母有信任感，对家庭环境有安全感；得不到满足时其需求仍然存在，因而对父母就会产生既倾向信任又无从信任的心理冲突。只有父母的关心爱抚，才会使婴儿在信任对不信任的心理冲突上得以化解，以后的发展也会顺利。如婴儿期的心理冲突不能适时化解，因心理冲突而产生的**发展危机**，也将留存下来，形成以后发展的不利因素。

艾里克森理论中的第二时期(1～3 岁)是**自主独立对羞怯怀疑**(或**自主性对羞怯疑虑**)(autonomy vs. shame and doubt)。独立自主与羞怯怀疑两者，也是一种相对的心理冲突；此种两极性心理冲突的存在，形成此一时期的另一个发展危机。一岁以后的婴儿，在动作与语言方面已发展到能自主活动与自行表达意见的地步，如父母在管教上容许他适度自动自主，婴儿在社会发展上就会倾向于自主行动。如父母管教过严或对婴儿过度保护，使婴儿的自主能力无从发挥，就难免使他养成以后畏首畏尾的习惯。第二时期的心理冲突所形成的发展危机若不能适时化解，则势将对以后的社会发展产生不利影响。

2. 依附行为在婴儿期的重要性　**依附行为**(或**依恋行为**)(attachment behavior) 也称**社会依附**(social attachment)，是指人对人在情感上的亲密与依赖行为。人类的依附行为始自婴儿期，其表现的行为特征是，母亲(或抚养他的人)出现并与他接近时，就显得愉快；母亲离开时，就显得焦急或啼哭。显然，婴儿的依附行为代表人类社会行为中亲密关系的开始。婴儿对母亲的依附行为的养成，母亲的抚养关爱使婴儿身心需求获得满足，自然是主要原因。前文艾里克森理论中所指的婴儿对母亲的信任感，也正是婴儿依附行为的心理基础；婴儿信任母亲，与母亲同处时感到安全，所以说他依附于母亲。

第三节　儿童期的身心发展

在发展心理学上，**儿童期**(childhood)是指婴儿期过后到青年期之间的一段时期。在年龄上则是指 2～12 岁左右(因青春期开始时间有很大个别差异，见第四节)的一段时期。因为儿童期长达十年之久，个体的身心变化自然很大，因此发展心理学家在从事实际研究时，又将之区分为**儿童早期**(early childhood)(2～6 岁)、**儿童中期**(middle childhood)(6～9 或 10 岁)和**儿童后期**(later childhood)(9～10 到 12～14 岁)。由于篇幅所限，以下的讨论仅只对整个儿童 10 年期间的身心发展做概略的说明。

一、儿童期的身体发展

在长达十年之久的儿童期，个体的身体发展迅速，从两岁的幼稚状态，发展到青年期之前，接近成熟的阶段。按前节图 8-7 所示，儿童期身体各部分的比例，产生了三方面的改变:(1)头部与身长的比例变小;(2)躯干部分占身长比例减小;(3)下肢与身长比例变大。以上三方面的改变，显示由婴儿期胖圆形的身体，改变为接近青年期的修长型的身体。以上资料只说明了儿童期身体明显特征的发展概况，以下再分别从个体内部的生理发展及外显动作技能方面，分别说明儿童期的发展情形。

(一) 儿童期的生理器官组织发展

由前节图 8-7 所显示的现象，可以看出从胎儿到成年身体外形的发展是不一致的；身体上各部位有的发展较早较快，有的发展较晚较慢。此一成长期间个体内在生理器官与各重要组织的发展，也同样显示不一致的现象。图 8-11 中各条曲线的形式，正可用做发展不一致现象的说明。

图 8-11 中的四条曲线，分别代表体内各器官组织随年龄增长而发展的几点特征:(1)头与脑的发展最早，儿童期已发展接近成年人的水准;(2)生殖系统发展最晚，直到儿童期过后才开始发展。这现象与**青春期**的开始有密切关系;(3)体内其他器官（如呼吸系统、循环系统等）的一般发展，大致在儿童期呈先快后慢趋势，儿童期之后则快速上升;(4)淋巴组织的发展特殊，在儿童期快速发展，到儿童后期到达顶峰，其体积几近于成年人的两倍。此一现象与呼吸器官的免疫功能有密切关系。

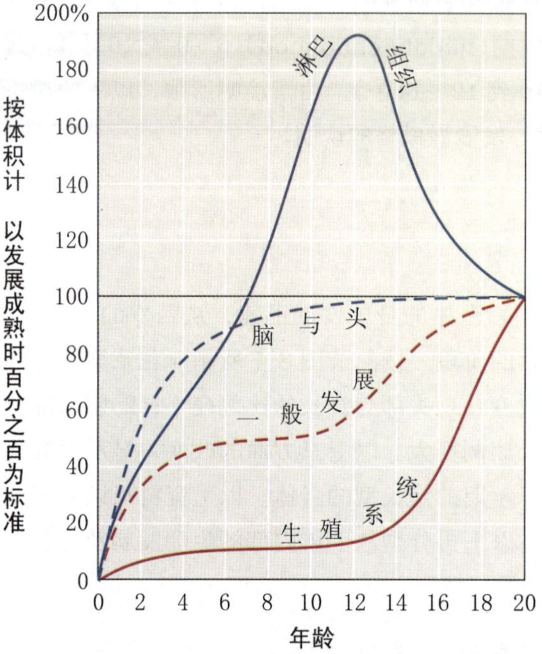

图 8-11
生理器官组织的发展
人体内各器官组织发展程度，以发展成熟时百分之百为标准；呈现快慢不一现象。
（采自 Jackson,1928）

（二）儿童期的动作技能发展

儿童期的动作技能发展是随其肌肉的发展而发展的。儿童早期偏重在大肌肉的发展，故而在动作技能上也只能做粗枝大叶的表现。儿童后期小肌肉发展良好，故而在动作技能上也有精密技巧的表现。表 8-4 的内容，即系对儿童期各年龄阶段动作技能发展的简要说明。

二、儿童期的认知发展

在儿童期的心理发展方面，我们将分为认知发展与社会发展两个子题来讨论。在此先行讨论儿童期的认知发展。根据皮亚杰的认知发展论，儿童期的认知发展包括以下两个阶段：

表 8-4　儿童期动作技能的发展

年 龄	动作技能发展的水准
2岁	独立步行后开始学跑；能以每次一步的方式走上楼梯； 会做踢球动作；能跳远12英寸
3岁	能单脚站立；能两脚交换上楼梯；能从楼梯最低层台阶跳下
4岁	能骑幼儿三轮车；会用手丢球；跑步动作熟练；能单脚跳跃
5岁	能循一直线行走；能两脚交换下楼梯；能接住别人缓慢丢来的球
6岁	能做跳跃动作；能做攀登动作
7岁	能骑二轮脚踏车
8岁	在急速活动时能控制身体平衡
9岁	能遵守规则参加团体性运动
10岁	能做金鸡独立动作15秒钟；能接住别人快速投给他的球
12岁	出现动作拙笨现象（因青春期前，骨骼肌肉生长速度失衡所致）

（采自 Sahler & McAnamey, 1981）

（一）前运思期的认知发展

前运思期（或**前运算阶段**）（preoperational stage）是指2～7岁的一段时期。此一时期儿童在认识环境时虽然能将自己和别人或物体分开，但对事物判断时并不按逻辑；只凭知觉，不凭事实，故而被称为前运思期（指合理思维之前的时期）。根据皮亚杰实地观察发现（Piaget,1950；1970），在2～7岁的前运思期，儿童的认知发展主要表现以下两点特征：

1. 自我中心　所谓**自我中心**（egocentrism），是指学前儿童在面对某种别人在场的社会情境时，只从自己的观点看问题，不考虑别人的意见。当一个四岁幼儿站在电视前而母亲要他走开时，他并不了解要他走开的理由。儿童期的自我中心倾向，常表现在与其他小朋友谈话时，各说各话，彼此间互不考虑对方说话的内容。皮亚杰称此种现象为**集体独白**（collective monologue）。类似现象也可在幼儿们游戏中见到，两三个幼儿在一起游戏时，多半是各玩各的，彼此间互不沟通。皮亚杰称此类游戏为**平行游戏**（parallel play)。面对问题情境时，常因自我中心思维方式的影响，只能看到事象变化的单一层面，不能顾到事象变化的整体。根据皮亚杰研究发现，在前运思期儿童面前摆放完全相同的两杯果汁，当他确认两杯相等之后，再当面将其中一杯倒入另一广口大杯之内，因果汁的水平面降低，多半儿童认为大杯中的果汁较少。皮亚杰将儿童们此种不能顾及事象整体的心理现象，称之为**中心化**(centration)；而形成中心化的原因，则是由于自我中心的影响。

2. 象征作用 **象征作用**(或**符号功能**)(symbolic functioning)是指2～4岁幼儿在认知上所表现的一种以象征代表实物的思维方式。此时期的幼儿，已会使用语言，语言是以一连串的声音代表事物或活动；在功能上语言就是象征作用。幼儿们对象征作用的心理特征，表现最清楚的是他们的**虚构游戏**(或**假定游戏**)(make-believe play)。此时期的幼儿会将脸盆放在浴池中当做船，把他的玩偶当做乘客，从事虚构式游戏。

(二) 具体运思期的认知发展

具体运思期(或**具体运算阶段**)(concrete operational stage)是指7～11岁的一段时期。此一时期儿童的思维方式已大致合于逻辑，故而一般在学校接受正式教育中语文或数理方面的知识，都没有问题。惟在此一时期儿童思维推理时，只能以眼前的具体事物为根据，尚不能像成年人那样从事抽象式的逻辑思维。根据皮亚杰研究发现，此时期儿童的认知发展，主要显示以下四点特征：

1. 守恒 **守恒**(conservation)是一种概念，意指对物体数量的认知不随其形式改变而改变的恒常心理。一块陶泥压成一个饼或团成一个球，陶泥的形状虽有所改变，而在认知上仍保留着同量陶泥的概念。前述前运思期儿童之所以不能正确判断大小两杯中果汁相等的原因，正是由于尚未发展到守恒的认知阶段。

2. 分类 **分类**(或**分组**)(classification)是一种概念，意指对事物认知时，能按事物的属性予以类别处理的心理历程。惟具体运思期儿童的分类能力，只能按事物的具体属性分类(如按大小、颜色、形状等)，尚不能做抽象分类(如按书籍内容分类)。分类时有主类次类之别(如家具是主类而沙发、茶几、餐桌等是次类);主类中包含次类,但次类不能包含主类。此种心理运作称为**类包含**(class inclusion)。如以 5 朵白花与 3 朵红花摆在儿童面前并问他:"红花多还是白花多?"对学前儿童来说,都能正确地回答。但如接着问他:"白花多还是花多?"学前儿童多半不能正确回答。原因是学前儿童尚缺乏分类概念中类包含的能力。

3. 序列 **序列**(seriation)也是一种概念,意指按事物某种属性(如长短、大小、轻重等)予以序列安排的认知能力。例如:将十根火柴剪成不同的长度,要儿童按最长到最短的顺序排列,认知发展到具体运思期的儿童,才会正确处理此类问题。儿童的认知发展达到序列概念的水准时,不但能按事物的属性做序列安排,也会处理序列中个别事物之间前后的关系;只要他知道张三比李四高,李四又比王五高,他就会推理知道张三比王五高。皮亚杰称此种简单推理思维方式为**转换推理**(transductive reasoning)。

4. 可逆性 **可逆性**(reversibility)是一种概念,意指可将思维顺序反转过来的推理思维能力。例如,根据全班学生总人数,即可由此推知,全班学生数减去男生人数就等于女生人数。

三、儿童期的社会发展

由于儿童期有十年之久,在社会行为发展方面,自然会有很大的改变。由于篇幅所限,以下只就儿童期社会发展的三个重要方面略做说明。

(一)儿童期的人格发展

解释儿童期人格发展的理论,最主要的是前文谈到的艾里克森的**心理社会期发展论**。按艾里克森的心理社会期发展论的分期,与儿童期有关的三个时期是(见表 8-2):属于第二期(1~3 岁)的自主独立对羞怯怀疑;属于第三期(3~6 岁)的主动对愧疚;属于第四期(6~11 岁)的勤奋对自卑。因为在年龄上婴儿期占了第二期的一半,故而在第二节内已提前讨论了此一时期幼儿自主独立对羞怯怀疑的人格发展特征。接下去要补充说明的是艾里克森理论中的第三、四两期的人格发展。

主动对愧疚(或**主动性对内疚**)(initiative vs. guilt)是艾里克森理论中所指的人格发展第三个时期。此一学前阶段的儿童，在身体发展上已能独立行动，在语言发展上能表达自己的意见，对周围环境中的一切充满好奇心，故而爱探索，好发问。为父母者如能善于配合儿童好动好问的心理特征，引道并鼓励儿童从事适于其能力的身心活动，儿童就会向主动的方向发展。反之，如父母对儿童的语言行动严格限制，说错一句话或做错一点事，动辄得咎，儿童在人格发展上就难免形成心理冲突；既有主动的需求，又因愧疚感而无从使需求得到满足。因心理冲突而形成的**发展危机**，对以后的人格发展将产生不利影响。

勤奋对自卑(industry vs. inferiority)是艾里克森理论中所指的人格发展第四个时期。6～11 岁的此一时期，正值儿童入学接受基础教育的重要阶段。儿童们接受学校教育，在生活上受到团体规范的约束，在知识学习上受到及格标准的限制，在精神上受到成功与失败感的压力，凡此种种，如适应困难，就难免形成此一时期人格发展的危机。此时期发展危机的特点是，即使儿童自己希望能勤奋进取，而失败的经验却使他自贬自卑。在此一危机下的心理冲突如不能适时化解，对以后的发展将有不利影响。

(二) 儿童期的道德发展

第一节内曾简单介绍过皮亚杰与柯尔伯格的道德发展理论。他们的道德发展理论，虽然都是经由实地观察研究结果所建构的理论，但理论中所指的“道德”，只能算是道德判断，不能称为道德行为。按皮亚杰的理论解释，儿童期的道德发展要经过两个时期；在十岁以前是**他律道德期**，十岁以后是**自律道德期**。从十岁以后一般儿童所表现的道德行为看，皮亚杰的理论也许过于乐观。惟他所发现的先由他律而后自律的道德发展规律，确是富有教育意义的。柯尔伯格的道德发展理论系以不同社会文化的受试者为对象，经实地观察研究后，将道德发展分为三期六段(见表 8-3)。按表 8-3 的内容，儿童期的道德发展相当于柯尔伯格理论的第一、二两期内的前三个阶段；兹分别简略说明于后。

1. 前习俗道德期　**前习俗道德期**(或**前习俗道德水平**)(preconventional level of morality) 指十岁以下儿童的道德判断，尚带有自我中心倾向；凡事必先考虑行为的后果是否满足自己的需求，尚不能兼顾行为后果是否符合社会习俗的要求。此时期内又按道德发展水准的高低分为两个阶段，分别代表两种不同的心理取向：第一个阶段为**避罚服从取向**(punishment obedience orientation)，指对某种行为的对错，不从行为本身看，而是从行为带来的后果看,行为之后受到惩罚者，该行为就是错的；服从规范而得以免于惩罚的行为就是对的。第二个阶段为**相对功利取向**(instrumental relativist ori--entation)，指遵守规范的目的乃是为了获得回报,是一种利益交换的心态，得到别人帮助，就应帮助别人。

2. 习俗道德期　**习俗道德期**(或**习俗道德水平**)(conventional level of morality) 指十岁以上者的道德判断，一般都能遵从世俗或社会规范。此一时期又按道德发展水准的高低分为三、四两个阶段：第三阶段为**寻求认可取向**（或**好孩子定向**)(good boy-nice girl orientation)，指个人的道德判断是以社会习俗或社会规范为依据；社会大众认可的行为就是对的，社会大众反对的行为就是错的。第四阶段不属于儿童期的道德发展，在此省略，等稍后讨论青年期社会发展时再行说明。

(三) 儿童期的性别角色发展

在儿童期的社会发展历程中，其性别角色的发展，大致上分为两个阶段(Turner & Helm, 1991)：

1. 性别认同　**性别认同**(sexual identity)是指两岁以后儿童能够认识并承认自己是男生或女生。儿童之所以能够认识自己的性别，主要是受到两种因素的影响：其一是父母的教养。自新生婴儿开始，一般父母即按性别的差异分别对子女予以不同方式的教养；在服装、玩具甚至亲子间说话的方式等均各不同。其二是儿童按其身体的性别特征发现自己是男生或女生。

2. 性别角色　**性别角色**(sex role)是指社会大众视为代表男性或女性典型的或适当的行为与态度。基于此义，性别角色一词含有两点意义：其一是指一般人对男性或女性行为与态度的实际看法。此种看法多半带有传统习俗的色彩（如男刚女柔的看法），故称为**性别角色刻板印象**（sex-role stereotype）。其二是代表一般人对男性或女性行为与态度的一种期待，其中带有相当的理想色彩（如男主外女主内的看法），故称为**性别角色规范**（sex-role norm）。个人的性别角色，就是在现实与理想交互影响下逐渐形成的性别相联的行为与态度。一般儿童的社会发展至六岁左右，已开始从成人社会中学习到如何扮演自己的性别角色。

第四节　青年期与成年期的身心发展

在生命全程身心发展过程中，青年期是一个最为特殊的时期。青年期之所以特殊，是因为此一时期适值从依赖父母的儿童到独立生活的成人之间的过渡。在此过渡期，一方面由于自身生理空前变化带来的困扰，另一方面由于对未来成人生活准备的缺乏认识，使青年人在心理上难免受到压力，而使其在情绪上常表现不稳定现象。因此 20 世纪初美国心理学家霍尔（Granville Stanley Hall, 1844～1924）称青年期为**狂飙期**（或**疾风怒涛时期**）（storm-and-stress period）。晚近心理学家则持不同看法，认为此种压力未必一定形成青年期情绪冲动，对多数青年而言，青年期因身心变化所带来的困扰是可以经由教育与心理辅导予以化解的。基于上述理念，接下去简略讨论有关青年期身心发展的问题。

一、青年期的身心发展

在发展心理学上，青年期是一个最特殊的阶段。青年期的特殊主要显现在两方面：其一是青年期的界限不以年龄为划分标准；其二是青年期是个体身心变化最大的阶段。基于此一认识，以下讨论青年期身心发展要义。

（一）青年期的年限界定

在讨论青年期身心发展之前，有必要先对青年期一词之意涵稍做说明。**青年期**(adolescence) 并非以年龄为标准界定的；对青年期年龄界限的一般看法是，界于儿童期与成年期之间约 10 年期间称为青年期。至于青年期跨越的年龄，目前一般发展心理学家咸认为，自青春期开始至心智发展接近成熟为止的一段期间为青年期。如果从年龄去考虑，只能大致地说 12～21 岁之间的 10 年期间为青年期。

（二）青年期的身体发展

青年期既然以代表性成熟的青春期做为年龄起点，所以青春期自然也成为个体发展的重要阶段。所谓**青春期**(puberty)，是指个体性器官发育成熟而在功能上能生育新个体的阶段。青春期开始的主要特征有二：其一是**主性征**(或**第一性征**)(primary sex characteristics)的显现；男性的睾丸可生产精子且能射精，女性的卵巢开始排卵而有月经且能怀孕。其二是**次性征**(或**第二性征**)(secondary sex characteristics)的显现；男性开始长胡须、腋毛及肩部长宽，女性开始乳房隆起、臀部长宽。青春期开始的年龄不但有性别的差异，而且随社会文化的变迁也有所改变。现代社会中成长的新世代，女性青春期开始的平均年龄是 12～13 岁，男性青春期开始的平均年龄是 13～14 岁。青春期的出现，主要是内分泌系统中**垂体腺**所分泌的性腺激素刺激有以致之（见第二章第四节）。

根据心理学家的研究发现，近一百多年来人类青春期的开始时间已有很大的改变；现代女性青春期的开始年龄较之 120 年前平均提早了将近四年(见图 8-12)(Tanner, 1973)。中国现代女性青春期开始的年龄与西方相似；根据学者的抽样调查发现，台湾女性平均开始年龄是 12.82 岁(江千代等，1988)，大陆女性的平均年龄是 13.04 岁(刘达临，2000)。现代女性青春期提前的原因，与食物营养、医学卫生、文化刺激等因素有密切关系。

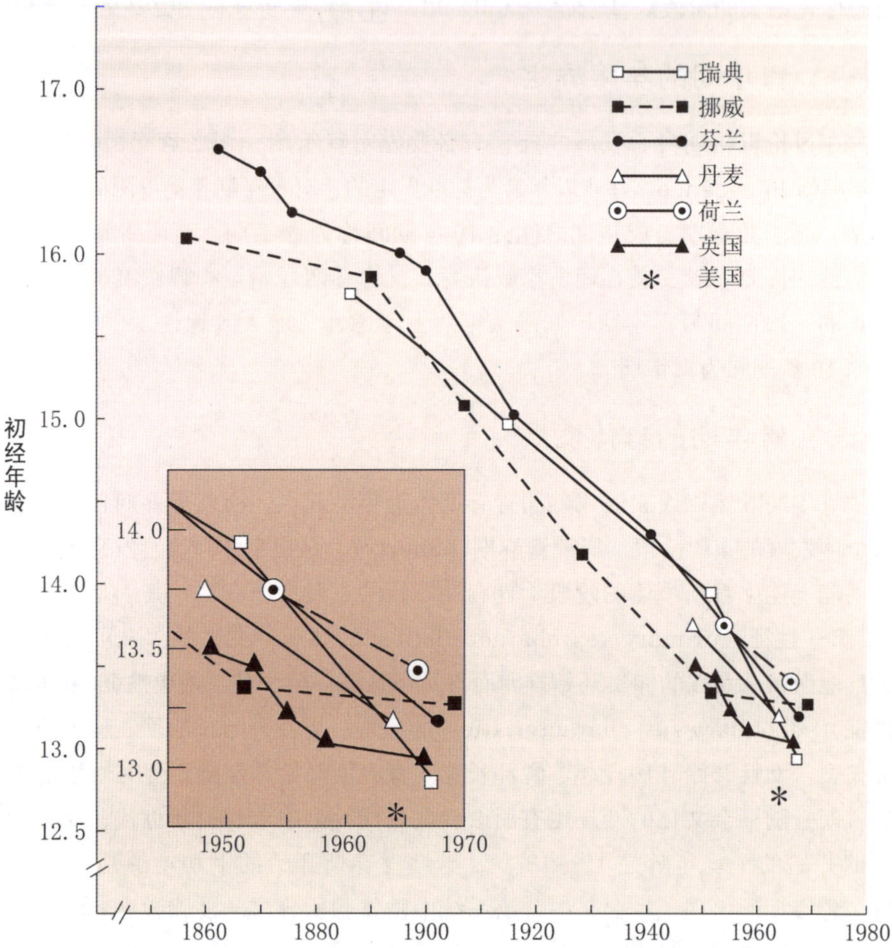

图 8-12　1860～1970 年西方七国女性初经年龄渐趋提前趋势

* 图中的小图是特别对晚近 1950～1970 年之间的补充说明

(采自 Tanner, 1973)

在青春期开始之前，个体的身高会出现快速增加的现象，称为**青春期生长陡增**(**或青春期的快速生长**)(puberty growth spurt)。青春期生长陡增开始与结束年龄有性别差异。女性约在 10 岁左右开始，12～13 岁之间达到高峰，此后增长速度变缓，到 17 岁左右的身高，即达到其成年身高的地步。男性的生长陡增一般开始在 13 岁左右，此后增长速度变缓，14～15 岁之间达到高峰，到 21 岁左右的身高，即达到其成年身高的地步(Tanner, 1966)(图 8-13)。正因女性的青春期陡增开始年龄较早，故而在 10～12 岁之间会出现女性身材较男性稍高的现象。

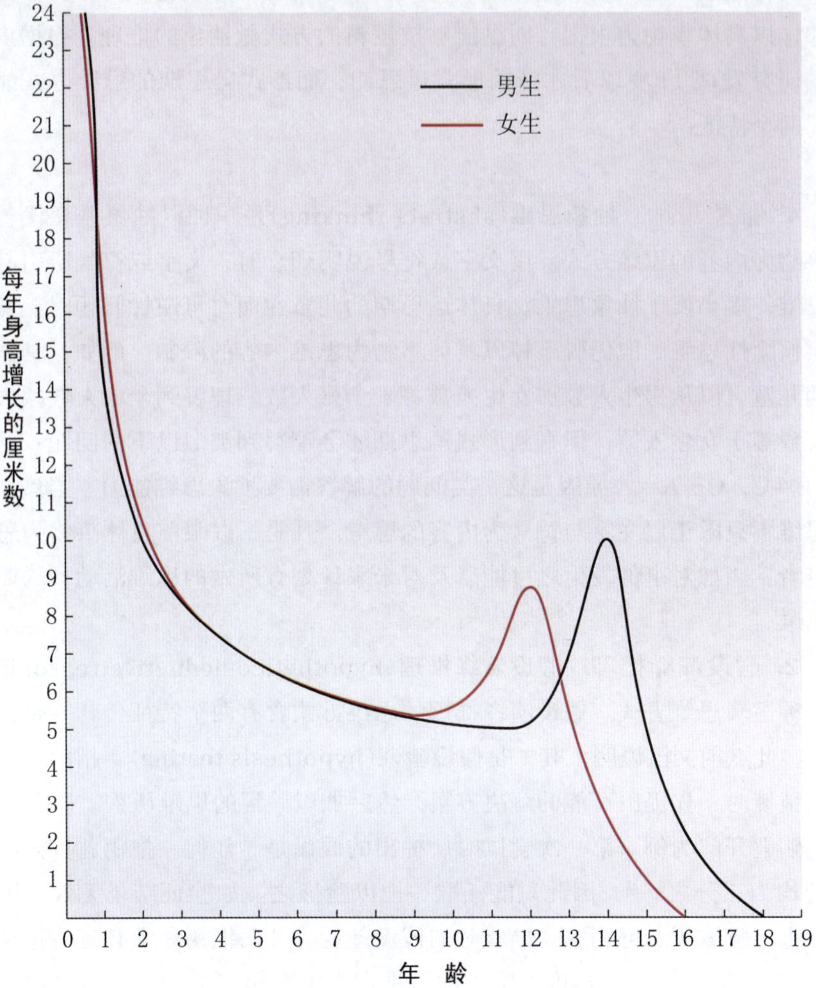

图 8-13　青春期生长陡增现象

(采自 Tanner, et al., 1966)

（三）青年期的认知发展

根据第一节简略介绍过的皮亚杰的认知发展论，青年期的认知发展属第四阶段的**形式运思期**（或**形式运算阶段**）(formal operational stage)。形式运思期的特点是，认知发展达到此一时期，个体的思维方式已不再像**具体运思期**那样以具体事物为根据，而是能够按逻辑的方式做抽象的推理。根据皮亚杰的研究发现 11 岁以后才开始形式运思期；而形式运思期的思维方式显示以下两个特征：

1. 抽象思维 **抽象思维**(abstract thinking)是一种以抽象概念代替具体事物为内容的思维方式。用文字或符号说明理念时，文字或符号所引起人的思维，多半属于抽象思维。具体运思期的儿童在面对**可逆性**问题时，虽可从事概念性思维，但仍脱不掉以具体事物为思维内容的限制。例如，具体运思期儿童可以从男生人数加女生人数等于全班人数，理解到全班人数减去男生人数等于女生人数，但直到形式运思期才会理解到类似以下的问题：已知 A＋B＝C，C－A＝？原因是这一类问题的解答需要抽象思维能力。当然，抽象思维不只限于以文字与符号为内容的思考。凡是不以眼前具体事物为思维内容者，诸如对事件发生之可能以及对未来计划等所做的思维活动，均属抽象思维。

2. 假设演绎推理 **假设演绎推理**(hypothetico-deductive reasoning)是一种逻辑思维方式。假设演绎推理的思维方式含有两个特征：其一是抽象思维，此点前文已说明。其二是**假设验证**(hypothesis-testing)，指面对待决问题情境时，先提出可能的解决方案，然后加以验证的思维历程。以手中有三把钥匙开门为例。第一次尝试时所提出的假设是“任何一把钥匙打开门的机会均为三分之一”，因此只能任取一把以验证之。如验证结果无效，则舍第一把，尝试第二把钥匙。惟此时的假设却变为“两把钥匙中必有一把是对的”。如果第二次尝试再度失败，即可推理肯定是第三把钥匙。假设演绎推理是成年人惯用的思维方式。根据皮亚杰的研究发现，只有认知发展达到形式运思水准者才会具有此种思维能力。皮亚杰将形式运思期定为 11 岁以上，认为 11 岁以上智力发展成熟的青年人和成年人，其思维方式一般遵循形式逻辑推理历程。皮亚杰的此种论断，经晚近兴起的**新皮亚杰主义**(neu-Piagetian) 心理学家重新验证后发现，成年人解决问题时未必遵循形式逻辑(见注 8-1)。

(四) 青年期的社会发展

青年期是从儿童到成年的过渡时期。惟从社会变迁的观点言，现代社会中青年人所经历的过渡期，与往昔传统社会中前人所经历者有两点不同：其一，往昔青年人身体成熟较晚，心理成熟较早(因提早参与成人生活)；现代青年人的身心发展成熟的相对年龄，则恰与前人相反。现代青年人身体成熟提前而心理成熟延后的结果，自然使得青年期延长；由往昔的三五年，延长到现代的十年之久。其二，传统的社会文化是纵向传递的，青年人的社会生活经验与思想观念，多半向成人学习；不是子承父业，就是师徒相传。因此，在传统社会中由儿童到成年的过渡期，青年人不会有生活适应上的困难。现代青年人几乎全部集中接受学校教育，其生活方式与成人社会脱节，其行为规范与价值观念受同侪团体的影响反而大于成人。影响所及，在青年期的社会发展中，难免因成人社会要求与同侪价值标准不一致而导致心理适应困难。基于以上理解，我们接下去讨论有关青年期社会发展的两个子题。

1. 青年期的人格发展　按第一节内艾里克森的**心理社会期发展论**，

注 8-1：新皮亚杰主义指 20 世纪 90 年代以来，以皮亚杰的**认知发展阶段论**为基础，经重新验证后提出的修正认知发展历程的主张。新皮亚杰主义并非单一理论体系，而各家意见也不尽相同，其相似之处是他们采较严谨的方法，选取较具代表性的**样本**，重新验证皮亚杰的研究。总括他的意见，大致可归纳为以下两点 (Basseches, 1984; Labouvie-Vief, 1980)：(1)他们认为皮亚杰的解释，低估了儿童的思维能力，而高估了青少年的思维能力；他们观察发现，出生满 6 个月婴儿即具有**物体永存**概念 (皮亚杰则认为要到 8 个月之后)；有些 11 岁以上青少年，甚至成年人在思维能力上尚未达到**形式运思期**的程度。(2)他们认为，从生命全程发展的观点看，皮亚杰的四阶段理论，不能涵盖人类认知发展的全部历程。他们研究发现，成年人在日常生活中遇到缺乏固定答案的问题时 (如求职、择婚、投资等)，在思维时并非经过形式逻辑的历程去寻找唯一的正确答案，而是改采**辩证思维** (dialectical thinking) 的历程，从问题的正反两面去分析研判，权衡利害得失之后，选出较好的答案。因此他们主张，在形式运思期之后增加第五个阶段，并标明以**后形式思维**(postformal thinking) 做为第五阶段成年人思维的特征。

青年期的人格发展属于第五期的特征是**自我统合对角色混乱**(或**同一性对角色混乱**)(identity vs. role confusion)。自我统合与角色混乱是青年期人格发展中相对的两极倾向；在此两极之间有着不同程度的**统合状态**(identity status)。自我统合是正向发展达到的理想状态。角色混乱是负向发展后的困境。虽然多数青年的人格发展状态介于两极之间，但可确定的是，对缺乏生活经验的青年人而言，在思考以下六方面的问题时，每个人都会在心理上感到疑难:(1)我是谁?(2)我希望做个什么样的人?(3)过去我做的一切对不对?(4)现在的我有何优缺点?(5)我希望自己未来向什么方向去发展?(6)在别人(包括父母、教师、朋友等)的眼中我是个什么样的人? 此六问题都是以“自我”为中心的，只有对此等问题已有腹案的青年人，才能算是发展到了**自我统合**(或**自我同一性**)(self identity) 的理想状态。

青年人考虑到自我的一切问题时，自然也同时考虑他现在及未来扮演的社会角色。**社会角色**(social role) 是指个人在社会情境中被认为适当的态度与行为。如果青年期自我统合困难，不清楚自己的现在，不知道自己的未来，就难免因自我迷失而陷入**角色混乱**(或**角色混淆**)(role confusion)。按艾里克森理论所指，处于自我统合与角色混乱两极之间的青年期，如对自己的处境不满意而又无法克服困难时，势将面临青年期特有的**发展危机**。青年期的发展危机如不能适时获得辅导帮助，得到化解，势必影响以后成年期的心理发展。正因青年期的发展危机不易自行化解，故而现今社会青年人在生活适应上显示比前人有较多的困难。

美国心理学家马西亚(Marcia, 1967) 以大学生为对象进行调查发现，大学生的自我统合状态分为四种类型:(1)**定向型统合**(identity achieve- ment)，指在自我追寻中找到生活方向者;(2)**未定型统合**(identity moratorium)，指仍处于自我追寻中尚未定向者;(3)**早闭型统合** (identity foreclosure)，指未来生活方向由别人安排而无自我主张者;(4)**迷失型统合**(identity diffusion)，指自我统合失败而陷入角色混乱者。著者曾以台湾大学与辅仁大学一至四年级的学生 1117 人为对象，经调查他们对未来就业问题的考虑，结果发现:(1)属定向型统合者占 25.8%;(2)属未定型统合者占 45.0%;(3)属早闭型统合者占 16.4%;(4)属迷失型统合者占 12.8%(张春兴，1983)。由此结果看，大学生中能确定自己未来方向者，只不过四分之一。此一现象所显示的意义是，在急速变迁的现代社会中成长的青年人，希望从自我追寻中确定自己的方向，并不是一件容易的事。

2. 青年期的道德发展 根据柯尔伯格的道德发展理论，青年期的道德发展，应该属于**习俗道德期**中的第四阶段，与**后习俗道德期**(postconventional level of morality) 中的第五与第六阶段(见表 8-3)。第四阶段的道德心理特征是**遵守法规取向**(law-and-order orientation)的，是一种相信法律权威、重视社会秩序的心理取向。道德发展达到此一水准的人，在心理上认同社会规范，遵守社会纪律，是他律道德的最高境界。

后习俗道德期中第五阶段的道德心理特征是**社会法制取向**(social-contract orientation) 的。道德发展达到此一水准的人，了解行为规范是为了维持社会秩序而经大众同意所建立的。只要大众有共识，认为有改变之必要时，社会规范是可以改变的。第六阶段的道德心理特征是**普遍伦理取向**(universal-ethical orientation)的。道德发展达到此一水准的人，其道德判断系出于他个人的伦理观和价值观，而非人云亦云地唯他人马首是瞻。道德发展达到此一水准的人，其人格发展已臻于独立自主的最高境界。

如根据柯尔伯格所指青年期的道德发展，检视现社会一般中学生的道德行为，不难发现柯尔伯格的理论未免陈义过高。柯尔伯格道德理论之所以推论应用困难，可能有两种原因：其一是柯尔伯格的道德理论是 20 世纪 70 年代建构的。70 年代以后社会文化变迁极大，现今青年的成长过程与心理状态与前人大不相同，故而从前的道德标准很难适用于现在。其二是家庭父母的管教方式与学校制定的行为规范，未能随社会文化变迁与配合青少年身心需求做适当调整，致使现社会中成长的青少年，在道德发展上未能经由他律道德阶段顺利转化到自律道德阶段。惟从学理的观点，就柯尔伯格的创始性研究方法及其道德发展分期分段的构想而言，柯尔伯格的理论仍然有很大的贡献。

二、成年期的身心发展

成年期(adulthood)一词的涵义十分笼统。在发展心理学专书中，通常有两种划分方式来界定成年期。其一是将青年期以后的人生岁月概括分为两段：21～65 岁之间为成年期，65 岁以上为老年期。其二是将青年期以后的人生分为三段，21～45 岁为**壮年期**(young adulthood)，45～65 岁为**中年期**(middle adulthood)，65 岁以上为**老年期**(later adulthood)。在普通心理学上讨论成年期身心发展时，多因篇幅限制而将青年期以后直到晚年的漫长岁月，笼统地视为成年期，只在文字中说明成年期各年龄阶段身心的发展。本书采此种取向简略讨论有关成年期身心发展的四个问题。

(一) 成年期的身体发展

人类身体的发展，从体能表现看，一般在青年期后的 10 年达到高峰，30岁以后即出现下降趋势。因此，运动场上的剧烈运动诸如篮球、足球、棒球、游泳、径赛等，参赛的运动员多数在 30 岁以后即行退休。30 岁以后体能的改变，最主要是显示在肢体反应的力量、敏度和速度的降低。除了运动场上体能表现改变之外，成年人一般在 40 岁以后，即将发现身体的很多方面开始改变，诸如皮肤弹性减少，体重逐渐增加，头发渐渐脱落，视觉敏度渐失，听力渐不如前。因此，45 岁以上的中年人，阅读小字书籍时多半需靠老花眼镜；60 岁的中年人，有些要靠助听器才听得清楚。成年期体能的改变，与生理功能的改变有密切关系：成年人身体中钙质流失因而骨质疏松，心脏与肺的活动力下降因而减少血液中氧气的供应量。

以上所述只是成年期身体发展随年龄增长而改变的一般趋势。至于从壮年到老年的过程中，身体机能究竟产生何种程度的改变？图 8-14 所显示的 20～80 岁各种生理机能改变趋势，即可用做对此一问题的解释。

图 8-14 所显示的含义是，**老化**(aging)并非始自老年期；事实上，青年期过后老化即已开始。有史以来人类虽想尽方法寻求长生不老，但老化现象是无法阻止的，人之所能为者只有设法调理生活与预防疾病，借以减缓老化的速度。从生理学的观点看，人体老化的基本原因是中年后神经细胞的逐渐流失。脑细胞流失到某种程度，自将导致感官敏锐度降低。脑细胞流失又与血液与氧气供应量减少有关，因此改进生活方式以强化心与肺的功能，才是健身防老的可行途径。曾有生理心理学家提出注意日常生活的“三不四要”

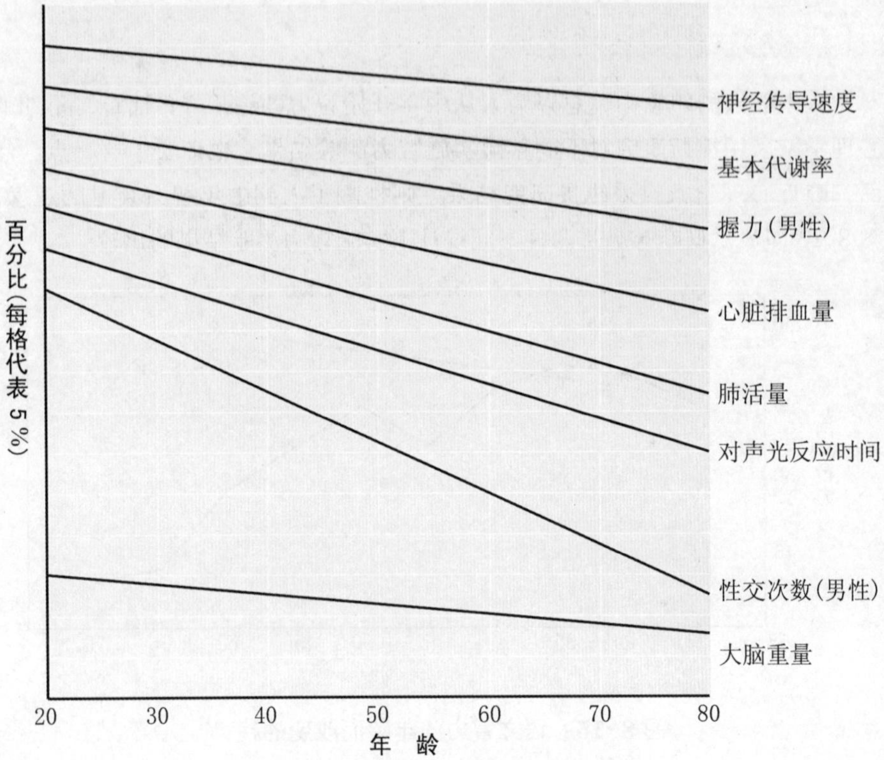

图 8-14 成年期生理机能的发展

成年后主要生理机能均呈随年龄增长而下降的趋势；其中视力与听力及性生理机能下降最多，大脑功能下降最少。
(采自 Lindey, et al., 1988)

七点建议（Belloc & Breslow, 1972)：(1) 不吸烟；(2)不酗酒；(3)不吃零食；(4)要吃早餐；(5)要经常运动；(6)要睡眠正常；(7)要保持体重。像此类简单易行的建议，关心身体健康的中老年人，不妨一试。

以上是成年期身体变化的一般情形。女性到 45～55 岁之间月经将自行停止，称为**停经期**(或**绝经期**)(menopause)。停经期的出现代表女性生殖能力的终止，本属自然现象，惟过去有些错误观念，认为停经后会使女性情绪变得反常事实上那只是个别案例，而非普遍现象(Neugarten, 1976)。

(二)成年期的认知发展

在一般人的印象中,总以为人从中年开始智力即趋下降;而且,早期的心理学家采用**横断研究**对不同年龄实施智力测验结果,也证实了这一点。然而,晚近心理学家改采**纵贯研究**结果,则推翻了人到中年智力衰退的观念。图 8-15 即表示横断与纵贯两种不同设计下实施智力测验结果的比较。

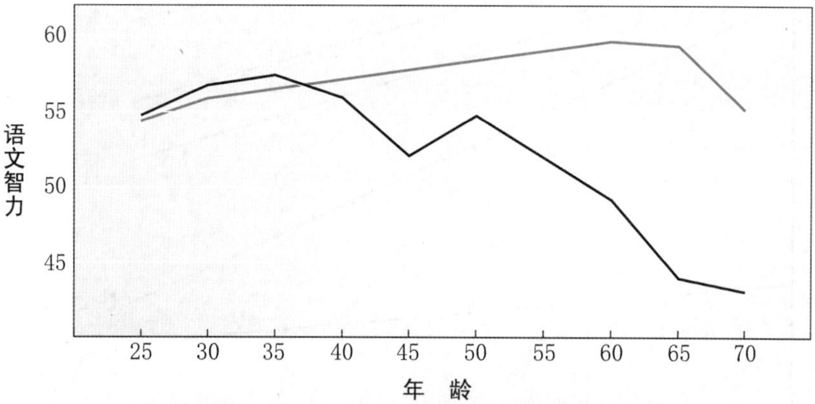

图 8-15 语文智力随年龄而改变的趋势

(根据 Schaie & Strother, 1968 资料绘制)

图 8-15 中两条曲线代表两种设计下实施智力测验的结果。横断研究的资料(黑色曲线)系在 1960 年以后以同样语文智力测验对 25 岁以上不同年龄组同时施测结果。曲线的形式显示成年后语文能力的发展,在 35 岁左右即达到顶峰,50 岁以后急剧下降。纵贯研究的资料(红色曲线)系得自对同一群人 1930 年最早受测者的追踪研究;在他们 25 岁以后的不同年龄阶段连续施测所得的结果。由曲线的走势看,在 25～65 岁由壮年到中老年的 40 年之间,语文智力非但未显衰退,反而呈现出随年龄而递增的趋势(Schaie & Strother, 1968)。

图 8-15 中两条曲线显示如此大的差异,对中老年人智力是否衰退的问题而言,究竟何者最接近事实?从研究方法的观点言,在纵贯研究方式获得的资料,较为接近事实。理由是纵贯研究下施测对象是同一群人,在不同年

龄阶段所测得的结果，确能代表这群人的智力随年龄增加而改变的情形。1960年以后同时对不同年龄组施测结果之所以显示中老年智力下降，原因是当时的中老年人与当时40岁以上的人，在教育程度上不能相比。当时的中老年人年轻时受教育较少。教育程度低者自青年期开始即较少接受以语文为主的文化刺激，致使语文能力不能随年龄增长而继续发展，故而到中老年时不能在语文智力测验上表现成绩。

由以上研究资料看，对中老年人智力是否衰退的问题仍无肯定答案。心理学家们对此问题一般看法是，中老年人智力是否衰退与智力测验的性质有关。美国心理学家卡特尔(见图11-7)曾提出流动智力与固定智力的理论，**流动智力**(或**流体智力**)(fluid intelligence) 指针对问题思维敏锐快速反应的能力，**固定智力**(或**晶体智力**)(crystallized intelligence)指运用知识经验深入思考的能力(Cattell,1963)。在生命全程中，这两种智力的发展大不相同。如图8-16所示，流动智力的发展，到35岁以后即开始衰退，而固定智力的发展则直维持到70岁以上。平常智力测验所测量者属流动智力。显然不适用于解释中老年人智力的发展。

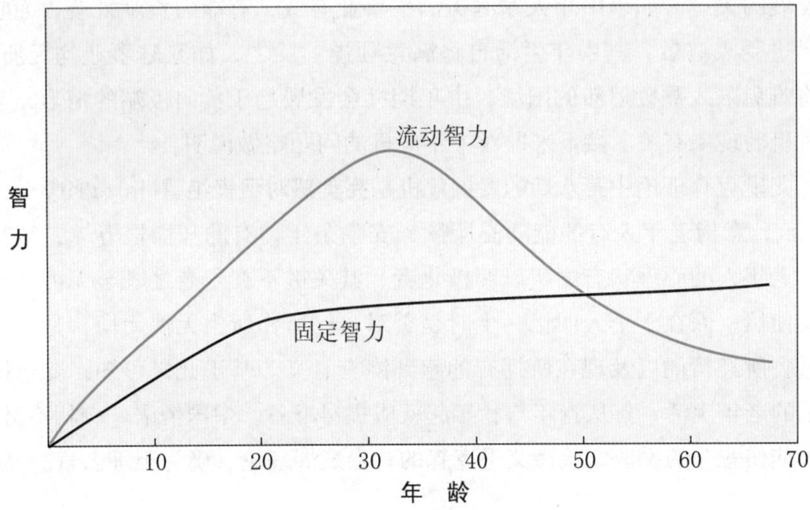

图8-16　流动智力与固定智力

(根据 Cattell,1963 资料绘制)

（三）成年期的社会发展

在成年期的社会发展方面，因受篇幅限制，以下的讨论只就艾里克森心理社会期的理论观点，说明成年期社会发展的特征。

按艾里克森**心理社会期发展论**，成年期正是艾里克森所指的人生全程中第六、七、八三个时期。第六期的发展危机是**亲密对孤独**(intimacy vs. isolation)，意指家庭生活与家庭以外的人际关系，是壮年期社会发展的关键性问题。家庭中夫妻间的爱情关系与亲子间的亲情关系，都是由壮年人主导而建立的。家庭以外壮年人参加的职业性、社会性或娱乐性的团体活动，在在都需要与人相处的亲和能力。如果壮年期婚姻美满家庭和乐、工作顺利，其壮年生活自将幸福满意。反之，如婚姻失败、亲子不和、工作环境人际关系恶劣，则势将难免陷入孤独疏离的困境；非但壮年生活适应困难，抑且影响以后中年期的发展。

艾里克森理论中第七期的发展危机是**爱心关怀对颓废迟滞**(generativity vs. stagnation)，意指热爱家庭、关心社会且事业心强烈与否，是中年人社会发展的关键。如果中年人家庭美满、事业有成，有能力贡献社会，而且提拔后进受人尊敬，其中年生活自将满意顺遂。反之，如家庭事业均无所成，势将难免陷入颓废迟滞的困境。中年期社会发展趋于负向极端的情形，与中年危机的现象有关。接下来即对中年危机的问题略做说明。

艾里克森理论中第八期的发展危机是**完美感对沮丧绝望**(integrity vs. despair)，意指老年人有的能随心所欲，安享余年，有的却悔恨万端，徒呼负负。老年人的心理状态之所以两极化者，其关键不在于老之既至无可奈何的现实使然，而在于个人回忆一生时是否对自己所作所为无愧无悔，是否对自己过去所经历的以及现在所拥有的感到饶有意义。基于此义可知，要想拥有快乐的老年生活，打从青年与壮年起就应提早准备。中国俗语“少壮不努力，老大徒伤悲”的说法，验诸艾里克森的社会发展理论，确为至理名言。

（四）中年危机与空巢症候群

在发展心理学上，有两个与成年期身心发展有关的名词，常常引起人们误解；认为两者都是中老年人经历的必然现象。这两个名词即中年危机与空巢症候群。

所谓**中年危机**(midlife crisis)是指人到中年(45～65 岁)时在心理上产生的危机感。对某些人而言，中年危机现象确实存在。但对另一些人而言，中年期未必产生危机感。两者间差别之形成，可能与以下三个因素有关：(1)中年期以前各期的社会发展顺利者，到中年期将不致产生危机感；(2)更年期心理适应良好者，到中年期不致产生危机感。所谓**更年期**(climacteric)，与前文讨论成年期身体发展时提到的停经期，在含义上大同小异。惟停经期只可用来表示女性的更年期，更年期则是指男女两性而言。惟男性的更年期出现较晚(约在 55～65 岁之间)，而且不如女性明显。对女性而言，更年期因不再有生育能力，难免会有“青春不再”的失落感。对男性而言也可能因性能力减低所产生的无力感；(3)空巢症候群因应良好者，到中年期不致产生危机感。所谓**空巢症候群**(或**空巢综合征**)(empty nest syndrome)，是指子女成年后纷纷离家而形成父母的孤独感与寂寞感。惟此种现象是否必然产生，端视亲子感情关系与子女是否成材而定。亲子关系良好者，不因亲子分离而疏远彼此感情关系；子女成材者会带给父母希望，因而亦将不致产生空虚感。

在人生旅程，到中年期已走过大半。回首前尘，青少年时期的多少雄心壮志与憧憬理想，如未能实现，总难免有时不我予之感。中年人在事业上已有成就者，很难再创高峰；而事业失败者，更难旗鼓重振。当面对未来不确定的退休后生活如何规划的问题时，若无法确定个人及其家庭未来生活的保障，则中年期的危机感将在所难免。准此而论，要想避免中年危机，很难从已陷入中年危机者去考虑。避免中年危机的策略宜从个人教育与社会制度两方面着手。前者自青年起接受生涯辅导，以培养生涯规划的能力。后者建立社会福利制度，使中年期以后的人均可得以老有所终。

本章摘要

1. 在心理学上所谓**发展**，是指在个体**生命全程发展**中身心特征随年龄增长而改变的历程。
2. 心理学家研究发展，特别重视身心变化的四点特征：(1)连续历程中有阶段现象；(2)遗传与环境的交互作用；(3)发展模式下有个别差异；(4)身心变化及于生命全程。
3. 在皮亚杰的认知发展理论中，**组织**与**适应**是两个重要概念；前者说明个体运用**基模**吸收知识，后者说明个体交互使用**同化**与**调适**以提升认知能力。
4. 皮亚杰将人类认知发展分为四个时期：(1)**感觉动作期** (0～2 岁)；(2)**前运思期**(2～7 岁)；(3)**具体运思期**(7～11 岁)；(4)**形式运思期**(11 岁以上)。
5. 在发展心理学上有三种不同的研究设计：(1)**纵贯研究**；(2)**横断研究**；(3)**同侪-连续研究**。
6. 个体出生前在母体子宫内的成长，要经过**受孕**、**胚胎**与**胎儿**三个时期。
7. 按皮亚杰的**认知发展阶段论**，婴儿期的认知发展属**感觉动作期**，而在此期内的认知发展又分为六个时期。
8. 按艾里克森的**心理社会期发展论**，婴儿期的社会发展属**信任对不信任**的心理冲突期。
9. 按皮亚杰的认知发展论，儿童期的认知发展表现出**自我中心**、**象征作用**、**守恒**、**分类**、**序列**、**可逆性**等特征。
10. 按艾里克森的心理社会期发展论，儿童期的人格发展包括两个时期：(1)**主动对愧疚**；(2)**勤奋对自卑**。
11. 按柯尔伯格的道德发展论，儿童期的道德发展包括两个时期：(1)**前习俗道德期**；(2)**习俗道德期**的前半。
12. 按皮亚杰的认知发展论，青年期的认知发展表现出**抽象思维与假设演绎**

推理的特征。

13. 按艾里克森的心理社会期发展论，青年期的人格发展属**自我统合对角色混乱**的心理冲突期。

14. 所谓**中年危机**与**空巢症候群**，并非中老年人都会经历到的必然现象。

15. 中老年人智力的衰退不是必然现象，就**流动智力**与**固定智力**的不同性质言，中老年人运用知识经验的深入思考能力，可维持到 70 岁以后。

建议参考资料

1. 朱智贤、林崇德(1986)：思维发展心理学。北京市：北京师范大学出版社。

2. 许淑莲等(1987)：老年心理学。北京市：科学出版社。

3. 张日升(1993)：青年心理学。北京市：北京师范大学出版社。

4. 张春兴(2002a)：心理学思想的流变——心理学名人传(修订版)。台北市：东华书局(繁体字版)。上海市：上海世纪出版集团教育出版社(简体字版)。

5. 林崇德(2000)：发展心理学。台北市：东华书局(繁体字版)。杭州市：浙江教育出版社(简体字版)。

6. Berk, L. E.(1997). *Child development* (4th ed.). Needham Heights, MA: Allyn and Bacon.

7. Kohlberg, L.(1984). *Psychology of moral development: The nature and validity of moral stages.* New York: Harper & Row.

8. Kroger, J.(1999). *Identity development: Adolescence through adulthood.* London: SAGE Publications.

9. Phillips, J. L. Jr. (1981). *Piaget's theory: A primer.* Sa Francisco: Freeman.

10. Rice, F. P. (2001). *Huma development: A life-spa approach* (4th ed.). Upper Sadde River, NJ: Prentice-Hall.

11. Thomas, R. M.(2000). *Recent theories of huma development.* London: SAGE Publications.

第九章

动机与情绪

本章内容细目

心理学是研究行为与心理历程的科学。心理学家研究个体的外显行为或内在心理历程时，其目的与自然科学相同；同样是根据外显表象，探求表象背后的真相。表象与真相间的关系，最简单的看法是，真相是原因，表象是结果。水之汽化与结冰，温度使然；这是自然科学研究物性变化所持因果法则观。心理学家研究人性变化时，对外显行为与内在心理活动背后的原因如何解释呢？此即本章要讨论的动机问题。第一章讨论六大争议时，曾提及**自由意志与决定论问题**是争议之一。自由意志与决定论所争议者，在于人类行为的原因。持自由意志论者认为，人的行为决定于内在的自由意志，这是人性异于物性的看法。持决定论者认为，人的行为决定于外在环境，这是人性同于物性的看法。现代心理学家对行为原因的解释，不再持两极对立的观点，而多采折衷的看法。像饮食(行为)与饥渴(原因)的关系，虽然可用决定论来解释，但求学、就业、择偶等行为的原因，就不得不考虑自由意志的问题。惟其如此，本章内将分别介绍各种不同动机和各种动机理论。

与动机有连带关系的是情绪，情绪是喜、怒、哀、乐的总称。情绪的产生与动机有关，动机满足时的情绪多属于欢喜与快乐；动机挫折时的情绪多属于烦恼与痛苦。惟情绪与动机二者之间有两点不同：其一，动机的起源主要由于内在的需求，其次由于外在的诱因；而情绪则是只缘于刺激。其二，动机产生后如未获满足，其所促动之行为将持续活动下去；甚至，如生理性动机长时间得不到满足，将影响个体生存。情绪则不然，强烈情绪即使不获发泄机会，久之也可能自行淡化或消失。本章对动机与情绪的性质及理论解释分别说明，希望读者们读本章之后对以下概念有所认识：

1. 从动机的定义到与动机有关概念的认识。
2. 从人类行为的复杂性了解各类动机的功能。
3. 各种动机理论对行为原因的不同解释。
4. 从情绪的定义到与情绪有关概念的认识。
5. 情绪状态时的身心反应。
6. 心理学家对表情研究的概况。
7. 不同观点的情绪理论。

第一节　动机的性质

在心理学研究上，动机是一个性质特殊的主题。从前面各章讨论过的内容看，诸如感觉、知觉、意识、学习、记忆、思维、发展等主题，不是讨论个体的外显行为，就是分析外显行为所代表的内在心理活动。动机这个主题所代表的意义，既不是外显行为现象，也不是内在心理活动，而是产生外显行为或内在心理活动的原因。单是研究外显行为及外显行为所代表的内在心理活动，本已不易，要想进一步探究其原因，自然更为困难。因此，在心理学上一向视动机研究为高难度的主题之一。基于此一认识，接下去先行说明动机一词的定义及其相关概念。

一、动机的定义

动机(motivation)是因某种内在状态，促使个体产生某种外显行为活动，并维持已产生之活动朝向某一目标进行的内在历程。此一定义中含有几点概念尚须稍加解释。

1. 动机是内在状态　动机是内在状态，不是外显行为。内在状态是个体的身心状态。在什么样的身心状态之下会促发个体的外显行为活动？回答此一问题，有些心理学家借用生理学上均衡作用的概念来解释。所谓**平衡状态**(或**稳态**)(homeostasis)，是指身体内部维持平衡状态的一种自动调整作用。像天热出汗、天冷血管收缩以维持体温不变，就是平衡状态的例子。如果身体内部缺乏某种物质，就会使平衡状态失去平衡。失衡的结果，就会促使个体产生某种活动，如因缺水而渴，因渴而有寻求水源的活动；因缺营养而饥饿，因饥饿而有寻找食物的活动。生理状态之外，心理的内在状态亦复如此，因缺乏安全感而寻求保护，因不甘居于人下而力争上游，都是因维持心理平衡状态而发生的动机作用。

2. 动机是隐而不显的 动机虽然是促发外显行为活动的原因，但动机本身却是无法直接观察的内隐历程。心理学家们研究动机时，一般都是根据个体所表现的外显行为去推理解释其内在动机。见人狼吞虎咽地进食，就会据以推理他有很强烈的饥饿动机。见人拼命从事参选议员的竞选活动，就会据以推理他有强烈的权力动机。虽然单就因果的关系看，一切行为均有其原因，而行为的原因就是动机，然而对动机与行为的因果关系解释时，却很难肯定某种行为的产生确是出于何种动机。根据某人的饮食行为，虽可推理解释为因饥饿动机使然，但根据青年人吸食药物行为，就很难推理解释究竟出于何种动机。

3. 动机对行为具有促发、维持及导向作用 动机不仅是促发行为的原因，而且在促发行为之后，更具有维持该行为朝向某一目标进行的内在动力作用。以动物觅食行为活动为例，动物之所以觅食，原因起于饥饿动机。饥饿动机一旦促发了动物的觅食行为，动物就一直表现出朝向有食物的目标进行活动。在食物获得之前，该行为一直维持，直到目标达成饱食之后，行为活动始告终止。人类的行为更是如此；学生求学、商人营利及官员求名，无一不是在动机促使之下从事长程目标的追求。

二、动机的相关概念

在心理学的书籍中，有很多名词在概念上的意涵与动机有关。以下几个概念是最常见的。

（一）本能

本能(instinct)一词意涵复杂，在心理学上至少有四种解释：(1)本能是指同一属种所有个体所共同表现的不学而能的行为反应，像蚕吐丝、蜂酿蜜、蜘蛛结网、青蛙两栖等行为，都称为本能；(2)本能是指某一属种生而具有的行为潜势或倾向；由于行为潜势或倾向所形成的内在作用，即促发同属种个体表现出不学而能的同样行为模式；(3)本能是指某一属种的个体在其生命中某阶段所表现的某种特殊行为模式；像毛虫变为蛹，蛹再变为蝶的阶段性行为模式，即为该属种动物的本能；(4)本能是指促发人类某种行为但不为当事人所知的内在力量。这是**精神分析**创始人弗洛伊德的独特看法。弗洛伊德在解释**潜意识动机**时，将人类的性冲动与攻击性行为视为人类的两种本能，而促动性冲动与攻击两种行为者，则是**生之本能**与**死之本能**两种动机(见第十一章第一节)。

由以上说明可知，将本能解释为不学而能的行为时，在动物界容易得到验证。但从人类所表现的复杂行为看，很难采用“同一属种所有个体所共同表现的不学而能的行为反应”来加以概括性说明。惟从生物学与生理学的观点看，人类行为仍然具有相当成分的本能因素。

(二) 需求与驱力

需求与驱力是两个概念，但彼此之间有连带关系。**需求**(或**需要**)(need)是指因缺乏某种东西而产生的内在紧张状态。需求状态包括生理与心理两方面。因营养缺乏而需求食物，属于生理需求。个人在孤立无援时需求安全，属于心理需求。**驱力**(或**内驱力**)(drive)是指因某种内在紧张状态促发个体活动，并借活动结果使紧张状态得以消失的历程。准此定义，驱力有两种意涵：其一指驱力因需求而产生；因缺乏而生需求，因需求而生驱力。因身体内部缺乏营养而有食物需求，因食物需求而有饥饿驱力，因饥饿驱力而有求食的活动，因求食得食而使饥饿驱力消失。其二指驱力就是促发个体活动的内在动力；渴驱力而驱使个体饮水，饥饿驱力而驱使个体进食，都是明显的事实，但驱力的产生却未必一定由于生理需求。例如罹患肥胖症的人时时感到有饥饿驱力，但在他的身体上并没有因缺乏营养而形成生理需求。由此可见驱力也包括生理与心理两方面，在一般心理学的书籍中，驱力一词常冠以形容词用以表示两方面的动机：其一为**原始驱力**(或**基本驱力**)(primary drive)，指因生理需求而产生的驱力(如饥饿)。其二为**学得驱力**(或**习得驱力**)(acquired drive)，指因经验而学得的驱力(如嗜赌)。

（三）诱　因

前述之需求与驱力，从广义的观点言，皆可视之为促发个体活动的内在动机。惟个体的活动未必完全是由内在因素促发的，也可能是由外在因素诱发而产生。接下来要说明的诱因，就是如此。所谓**诱因**(incentive)，是指诱发个体行为反应的外在原因。而外在原因所指者，可能是事物，也可能是刺激情境。外在事物或情境之所以成为诱发个体行为的原因，主要是因为个体在经验中学习到该等事物或情境能够满足他的需求。基于此义，可知水是渴者的诱因，食物是饥者的诱因，财富是贪者的诱因，社会地位是好名者的诱因，高的分数、奖状、奖金是追求成就者的诱因。

就诱因所诱发的行为看，诱因分为两种：凡是引起个体趋近或接纳并由之获得满足者，称为**正诱因**(positive incentive)；凡是引起个体躲避或逃离并由之获得满足者，称为**负诱因**(negative incentive)。正诱因与一般所说的**价值**(value)相近；金钱、财富、权力、地位等之所以成为很多人追求的对象，是因为这些东西都是使人满足的正诱因；而这些东西之所以能使人满足，是因为一般人在心理上觉得这些东西有价值。

（四）意　志

前文所提到一些有关动机的概念，都可用来解释人与动物行为的原因。只有意志是人类独有的一种复杂动机，所谓**意志**(will)，是指促使个体自愿选定目标并自愿努力达成预定目标的内在心理动力。因此也称意志为**自由意志**(free will)。在此定义中，有两个重要概念尚须进一步略作说明：其一，意志虽也是促动个体行为的内在力量，但意志所促动的某种活动，特别具有自愿与选择两种特征。凡意志坚强的人，其所表现的不屈不挠行为，均出于自愿与选择。其二，意志虽也是促动个体朝向某一目标行动的内在力量，但在意志动力下所追求的目标，较之一般动机下所追求的目标，具有较高的理想性。在意志促动下所追求的目标，是个人认为在所有选择中具有最高价值的。因为他自认最有价值，所以他甘愿接受挑战，克服困难，全力以赴，以期达成他所设定的理想目的。

第二节　生理性动机与心理性动机

人类的行为极为复杂，要想了解人类行为背后的动机，在研究上自然也难找到单一的取向与方法。因此，心理学家们在研究人类的动机问题时，都是将动机分为不同类别来解释。一般心理学家多倾向将人类的动机分为两大类，惟两大类的名称则不尽相同。有些学者将之分为**原始性动机**(primary motives)与**衍生动机**(secondary motives)两大类；有的学者将之分为**生物性动机**(biological motives)与**社会性动机**(social motives)两大类；也有些学者将之分为**生理性动机**(physiological motives)与**心理性动机**(psychological motives)两大类。本书对各种动机的分类讨论，将采最后一种分类方式。因为，将动机大致分为生理与心理两大类来看，与心理学上一向兼顾身心两方面问题的取向比较一致。

一、生理性动机

顾名思义，生理性动机是指以生理变化为基础的动机。研究生理性动机的目的，旨在了解生理上如何变化以形成内在状态，从而促发外显行为。以生理变化为基础的动机有很多种，诸如痛、渴、饥饿、性、母性等，均属生理性动机。因篇幅所限，在此只就心理学上研究最多的饥饿与性两种动机，分别讨论于后。

（一）饥饿动机

民以食为天，这话说明了食物对人的重要性。人为什么需要吃饭？这问题的最简单答案，人尽皆知是因为饥饿。因此，**饥饿动机**(hunger motive)或**饥饿驱力**(hunger drive)，自然就成了解释吃饭行为的原因。不过，从学理的观点看，我们对“吃饭是因为饥饿”一事，可以说是行易知难；虽然大家对“饿了就吃”与“吃了就不饿”的原则人人可行，但对以下看似简单的三个问题，在心理学中却迄未找到肯定的答案:(1)究竟是什么原因使个体产生饥饿感?(2)如果说，吃饭是由于生理上的需求，为何有人会超过生理需求而猛吃不停以致造成肥胖症?(3)如果说进食是维持身体健康所必需，为何有人因惧食而患厌食症？接下去就依次讨论这三个问题。

1. 饥饿的生理心理学解释 生理心理学家研究饥饿动机，旨在寻求两个问题的答案:(1)饥饿动机产生时会有饥饿感，饥饿感是如何产生的?(2)饥饿则需进食，进食到某种程度时即因饱的感觉而停止进食，“饱感”的生理变化，究竟受身体内何种器官管制?

生理心理学家对第一个问题的研究分为两个阶段。第一个阶段是 20 世纪 50 年代以前流行的血糖水平的说法。此种说法认为，在**下丘脑**部位(见图 2-5)有一个职司调节体内血液中葡萄糖(俗称血糖)水平的神经组织。血糖降低到某一水平时即产生“饿感”而需要进食；血糖水平升高时，即产生“饱感”而停止进食。1955 年生理学家梅耶(Mayer,1955)提出一种新的理论，指出血糖水平降低并非构成饥饿感的唯一原因；缺乏内分泌系统胰腺分泌的**胰岛素**(见第二章第四节)，才是主要原因。胰岛素的功能是帮助体细胞吸收葡萄糖并转化为身体所需的热能。胰岛素分泌不足时血液中的葡萄糖就不能被吸收利用，而随尿液排出体外，这是糖尿病的主要症状。糖尿病患者时常感觉饥饿，血糖水平高反而感到饥饿，可见单是血糖水平降低并非饥饿的主因。由此可见，“饿感”的产生是葡萄糖与胰岛素二者交互作用的结果。每当胰岛素的化学作用将葡萄糖转化为热能以促进新陈代谢时，葡萄糖被利用而需要补充，因而形成饥饿感。

至于对第二个问题的研究，生理心理学家们多年来一直认为在下丘脑部位有两个神经组织，分别控制进食与停止进食的反应。第一个神经组织在下丘脑的外侧，主控个体的进食反应，称为**进食中枢**(或**摄食中枢**)(feeding center)。第二个神经组织在下丘脑的腹内侧，主控个体停食反应，称为**饱食中枢**(或**饱中枢**)(satiety center)。在 20 世纪 50 年代即有生理心理学家(Hetherington & Ranson, 1940) 以白鼠为实验研究发现，如破坏下丘脑外侧的进食中枢神经组织，白鼠即停止进食；如破坏下丘脑腹内侧的饱食中枢神经组织，白鼠即贪食不厌，结果会使身体重量遽增三倍之多（图 9-1）。

图 9-1　破坏饱食中枢后白鼠体重遽增三倍
（采自 Hetherington & Ranson,1940）

2. 肥胖症现象及成因　在从前穷困社会里，肥胖代表富态、福相，但在现代富裕社会中，肥胖却成了很多人挥之不去的梦魇。肥胖不仅带给个人行动不便，影响个人自尊、自信，而更严重的是，肥胖是健康的敌人，它是糖尿病、高血压、心脏病等主要成因。在一般医学检查上，个人体重超过应有体重 20%者，可视为体重超常，如体重超过 30%，即可视为**胖肥症**（obesity）。身高为 170 厘米左右之男性的理想体重为 65 公斤左右，如体重超过 85 公斤，即可视为肥胖症。单就男性而言，体重超过 20%者的死亡率，较之体重正常者，超出 25%（Worchel & Shebilske,1995）！可见肥胖是祸根，不是福气。

近年来心理学上对肥胖症的问题，一般都是从生理与心理两方面寻求解答。对肥胖症的生理学解释，目前公认有两种理论，一种理论是将人体内脂肪细胞的数量与大小视为形成身体肥胖的原因。持此理论者认为，每个人身体内的脂肪细胞数量是与生俱来的（遗传的）。脂肪细胞数量的多寡，将决定个人进食行为；脂肪细胞多者食量大，脂肪细胞少者食量小。惟脂肪细胞数量多只可视为形成身体肥胖的主要原因，但非唯一决定性因素。因为脂肪细胞体积的大小也是形成肥胖的另一原因；而脂肪细胞体积的大小则与自幼饮食习惯有关。体内脂肪细胞数量较多，而自出生即营养丰富的婴幼儿，大概在两周岁以前已使其体内脂肪细胞迅速肥大，奠定其一生肥胖的基础。准此而论，成年后所采取的一切节食减肥措施，其效果只能使体内脂肪细胞体积缩小，并不能使脂肪细胞数量减少。由于体内具有保持均衡状态的自律功能，缩小体积之后的脂肪细胞，随时有恢复原状的倾向；只要遇到有摄取含脂肪食物的机会，就会迅速吸收以恢复原来的体积。这就是很多减肥者效果不易维持的原因。要想减肥有效，必须节食与运动双管齐下，并持之以恒；使脂肪细胞的体积得不到复原的机会。

解释肥胖症的另一生理心理学理论是定值论。所谓**定值论**(set-point theory)，是指个体的肥胖表现在体重超常，而每个人的体重决定于初生及幼年体内脂肪细胞的定值数量(Keesey, 1980)。在个体一生中，脂肪细胞的数量只增不减。脂肪细胞的体积随时变化；过时不食，脂肪细胞缩小，即感饥饿，多食则使脂肪细胞涨大，而感到吃饱。如吃进过多食物，脂肪细胞将过度肥大，肥大后即不再回缩，因而长期贪食者的定值将随脂肪细胞的扩大而提升，提升后即不再下降。根据脂肪细胞定值论推论，希望借节食达到减肥的目的，是很困难的，原因是身体内部为维持平衡状态而具自动恢复定值的趋势。即使勉强节食使体重短时间下降，长期下去一旦恢复正常饮食，体重立即急剧增加再回到原来的定值。根据调查统计，有90%的节食减肥者后果是如此。

除上述生理因素外，个人的生活习惯(如缺少运动)及美食的诱惑也是现代人肥胖的重要心理因素。节食减肥对少数人有效，少数人所指者即是内在心理因素构成肥胖的人。

3. 厌食症与贪食症 以上所述肥胖症虽然使人感到烦恼，但从身体功能需要食物营养的观点言，总还不能视之为进食异常。所谓**进食异常**(eating disorder)，是在没有身体疾病的情形之下，个人进食习惯完全异于常人的心理异常现象。目前心理学上研究的进食异常有两种，一为神经性厌食症，另一为神经性贪食症。

神经性厌食症（anorexia nervosa)是一种节食不当所引起的严重体重失常。如无其他生理上的原因，单是由于患者厌恶进食而导致正常体重骤然下降25%者，即被视为厌食症的症状。厌食症情况严重者，有可能因拒食而导致正常体重下降50%以上，至此地步即有丧失生命的危险。

厌食症的主要症状，除体重急遽下降之外，患者对食物极度厌恶，先是忍着饥饿不吃食物，后来变成食物当前，也不感饥饿，甚至被别人劝进食物之后，他以自行引导的方式，将吃下的食物呕吐出来。至此地步患者已由厌恶食物演变为恐惧食物。因为神经性厌食症纯属心理异常现象，故而可在病情尚未十分严重时经心理治疗获得复原。

神经性厌食症是美国近年来青年问题之一，据调查统计，有高达30%的患者最后因严重缺乏营养而死亡(Gilbert & Deblassie,1984)。因此，青年人因爱美而厌食的作为，无异是自杀行为。

神经性厌食症患者多为15～30岁的青年女性。她们之所以厌食拒食，主要是因过分注意身材，认同“瘦就是美”的时代风尚而流行的一种价值观念。这与古时（无分中外）“肥才是美”的观念相似，都是社会文化变迁的结果。

与上述神经性厌食症相反的另一种进食异常现象，是为神经性贪食症。所谓**神经性贪食症**(bulimia nervosa)，是指进食时极为贪吃(每餐吃下食物可产生2000卡路里热量)，但饭后又极端恐惧因贪吃而肥胖。显然，神经性贪食症患者有严重的心理冲突：一方面极端贪吃，借进食活动获得心理上的满足；另一方面又极端恐惧自己身体肥胖，故而再将食物呕吐出来。根据心理学家调查研究发现，在美国的大学生中患此症者约占13%，较之前述神经性厌食症多出三倍以上(厌食症的罹患率是3.8%)，其中女生占多数，占87%。患者虽然仍能保持正常体重，不因贪吃而肥胖，但因不正当的方法养成饭后呕吐习惯，所以多数患有肠胃疾病(Dunn & Ondercin, 1981)。

对神经性厌食症与贪食症两种进食异常的原因及治疗问题，目前尚无肯定答案。因为这两种疾病均出现在青少年阶段，故而一般的看法是，青少年过分重视自己的身体形象，但未养成食物与健康关系的正确观念。

（二）性动机

性动机(sexual motive)通常称为**性驱力**(sexual drive)，是人与动物**性行为**(sexual behavior)的内在促动力。从生物学的观点看，性动机是原始性或生理性的动机之一，但如只就人类的性行为而言，其动机的成分中，除生理基础之外，其中含有相当大的社会文化因素。人类的性行为含广狭二义：狭义言之，只限于个体性器官成熟后两性间的性交行为；广义言之，个体自幼所表现的与其性别角色及两性交往有关的一切行为，统称性行为。因篇幅所限，本文只限于探讨人类性动机的生理基础及两性间相吸与相斥两方面的问题。

1. 人类性动机的生理基础 人类的性动机虽然在性质上和饥饿动机相似，都是具有生理基础的，但除此之外，性动机与饥饿动机尚有以下四点差异：(1)饥饿动机是终身存在的，只要个体活着，他就必须饮食，但性动机却只在某段时间发生；(2)饥饿动机如长期不获满足，终将危及生命，但性动机即使不获满足，也可能会自行消失；(3)饥饿动机的满足方式，主要是个体单独的，而性动机的满足则须有对象；(4)饥饿驱力之产生源于身体组织中匮乏后的需求，而性驱力之产生则源于内分泌中**性腺激素**的刺激。

个体到青春期性器官发育成熟后，其**主性征**与**次性征**相继出现。此时男性睾丸内分泌一种**雄性激素**，女性卵巢内则分泌一种**动情激素**。两性各具的性腺激素，是刺激两性之间彼此吸引并发生性行为的主要内在动力。

性激素虽然是促动男女两性之间彼此吸引以发生性关系的内在驱力，但对人类性行为而言，性激素的作用异于动物，它不能完全决定人类的性行为。单就雄性动物言，如将雄性动物的睾丸切除，使之不能分泌雄性激素，该动物对异性的性追逐行为，将自行消失。对人类而言，虽不能从事类似动物的实验，但有些特殊情形，如因病或伤害致使雄性激素不再分泌者，有的减低了性的兴趣，但有的照常与异性发生关系。再就雌性动物而言，如将雌猴的卵巢切除，使之不能分泌动情激素，雌猴的性活动亦将自行消失。对人类的女性而言则并非如此。女性过了**更年期**，其卵巢即停止分泌动情激素，但其对性的兴趣，未必减低；甚至由于更年期后不需考虑避孕的烦恼，其对性的兴趣反倒有增强的趋势。

总之，对人类性行为背后的性驱力而言，其原动力不全是受到性激素的控制。换言之，人类的性行为，并不像动物那样以生理的变化为基础。这现象显示出人类性行为的复杂性；在人类性行为的复杂性之中，可能包括着个人的心理因素和社会文化因素。接下去要讨论的两性间相吸相斥的问题，将对人类性行为的复杂性做进一步说明。

2. 人类两性间的相吸与相斥　从自然界一切动物的生活看，一切动物的性行为，都是发生在雌雄两性之间。人与动物有相似之处，因此自古就有“饮食男女，人之大欲存焉”的观念。然而就人类所表现的性行为来看，并不完全符合“异性相吸”自然法则。在两性关系上违反异性相吸自然法则者有两种变异，一为变性症，另一为同性恋。

所谓**变性症**，是指个体的生理性别与其心理性别不相符合，而一心想改变自己身体生理的异常现象。亦即生为男儿身者一心想做女性，生为女儿身者，一心想做男性；而变性症以男性占多数。变性症的成因迄今未能完全了解；可能与遗传、性激素分泌失衡、幼年性别心理发展阶段的**性别认同**有关(见第八章第三节)。如两岁以后的儿童不能正确认识并承认自己的性别，他就可能会因心理冲突而陷入**性别认同障碍**。变性症者虽然可经由医学手术改变他的性器官，帮助他变为他所希望的性别(见图 13-1)，但如从变性后两性生活的适应看，变性者既不能生育，也不能和正常人一样在性生活上得到满足。

所谓**同性恋**(homosexuality)，是指性动机促动的性行为不以异性为对象，而是同性别之间彼此吸引的现象。同性恋者之间的性行为，多以拥抱、口淫、鸡奸、彼此抚摩、彼此手淫等方式为之，从而获得性的兴奋与满足。在人类历史上，同性恋古已有之，所谓“断袖之癖”即系指汉哀帝与其宠臣董贤之间同性恋的故事。

在西方基督教文化传统中，一向认为同性恋违反上帝旨意而加以禁止；在精神病学上也一向将同性恋视为变态行为来处理。直到 20 世纪 70 年代，一方面由于性观念开放，另一方面由于全世界同性恋者发起人权运动，结果使一向视同性恋为病态的**美国精神病学会**，从 1980 年起即在《心理异常诊断统计手册》(第三版)中，将同性恋从心理疾病名单中删除。自此之后，即使同性恋者行为方式未必为一般人视为正常现象，但至少不再视为变态行为。惟自 80 年代初发现**艾滋病**(AIDS)(注 9-1)与同性恋行为有密切关系之后，社会上一般人又对同性恋者的行为转而持否定的态度。

二、心理性动机

前述生理性动机说明了由生理因素所形成的行为内在动力。接下来要讨论的心理性动机，则旨在说明由心理因素所形成的行为内在动力。心理性动机与学习经验有密切关系，其复杂性远超过生理性动机。惟心理学家在研究人类心理性动机时，通常多将亲和动机、成就动机、权力动机三者分别列为研究主题。

(一) 亲和动机

所谓**亲和动机**(affiliative motive)，是指个体与别人接近的内在动力。此种内在动力出自个体心理上对人的需求，能与他需求的人在一起时，他的亲和动机才会获得满足。人世间的亲情、友情、爱情等所有人际关系维系的原动力，就是亲和动机。

在日常生活中寂寞与孤独是难以避免的；人在孤独寂寞时就会产生较强的亲和动机，按心理学家的解释，孤独时之所以使亲和动机增强，乃是由于孤独情境使人焦虑，焦虑使人感到恐惧不安。如在此时有人相伴，即可使焦虑减低。基于此一推理解释，曾有心理学家(Schachter,1959)以实验的方法，研究大学女生在不同焦虑情境下的亲和动机。

该实验将受试者分为**实验组**(32 人)与**控制组**(30 人)，约定时间，分别到实验室听取研究者对她所做的说明。研究者对实验组的受试是先让她们看到

注 9-1：**艾滋病是后天免疫缺乏症候群**(acquired immune deficiency syndrome，简称 AIDS) 的简称。该症为传染病，其传染途径主要为同性恋、多异性对象、共用注射器及血液等。艾滋病是 1981 年发现的一种绝症，发病后死亡率几为百分之百。

一些外形丑陋甚至令人望之生惧的仪器，并告以将使用该等仪器在她们身体上实施一种只有痛苦但无伤害的电击。对控制组的受试者，不让他们看到仪器，也不告以电击的事。研究者如此处理的原因，是借由不同的情境，制造两组受试者在心理上产生不同的焦虑程度；预计实验组的焦虑高，控制组的焦虑低。研究者如此分别处理之后，分别告诉两组受试者，实验之前必须提前到达实验室等候，惟前来等候时，可自由选择是个人单独来或是与其他受试者结伴而来。经分析受试者自由选择结果发现，实验组的受试者，在 32 人之中有 20 人选择与人结伴，而在控制组 30 人之中只有 10 人作同样的选择，此一结果表示，在引起较高焦虑的情境之下，个体与别人亲近的心理需求（亲和动机），就会增加。

（二）成就动机

所谓**成就动机**(achievement motive)，是指个人在设定的目标之下追求成就的内在动力。进一步分析，成就动机含有三点意义:(1)指个人追求进步以期达成希望目标的心理倾向;(2)指从事目标追求时，个人自我投入精益求精的心理倾向;(3)指个人在不顺利的情境中，冲破障碍克服困难奋力达成目标的心理倾向。成就动机是人类所独有，正因为人类有成就动机，所以人类才会不断地改善生活，创造文明。在心理学的研究上，成就动机是重要主题之一，自 20 世纪 30 年代起，有关成就动机研究的成果已相当丰富。本文因篇幅所限，以下只讨论有关成就动机的两个重要概念。

1. 成就需求与失败恐惧 在心理学上最早对成就动机从事系统研究的学者，是 20 世纪 30 年代美国心理学家默瑞与麦可利兰(David C. McClelland, 1917～)。他们两人都将成就动机视为一种持久性的人格特质，并称之为**成就需求**(need for achievement)。在人格上显示成就需求较高的人，当面对难易不同的工作或任务时，喜欢选择较难者去接受挑战；而且在选定之后即全力以赴，从而达成理想的目标。此种人格特质与学习有关，儿童阶段的家庭教育是养成此种人格特质的主要原因。

到 20 世纪 60 年代，美国心理学家阿特金森(Atkinson, 1964)，对成就需求提出了相对心理倾向的解释。认为追求成就行为的背后，并非只是成就需求的内在动力，而是另外存在着一种**恐惧失败**(fear of failure)的反方向内在动力。这两种内在动力相对抵消的结果，形成了个人的成就动机。准此而论，在凭观察发现某人在外显行为上是否努力工作以推理解释其成就动机强弱时，必须考虑到他内在心理上相对方向的两种动力。换言之，在追求成就行为的背后，同时存在着方向相反的两种动机：一为追求成功的动机，二为逃避失败的动机；只有在前者的力量大于后者时，个人才会表现出追求目标的外显行为。从日常生活的经验看，将成就动机解释为"求成与避败"的看法，显然是符合事实的。以参加论文比赛为例，在参加前一定会同时考虑到比赛成功与失败后果的问题。如果最后个人决定参加，其行为的内在动力乃是由于求成心理大于避败心理所致。然从决定不参加比赛者来讲，在心理上未必完全没有成就动机；只是他们在考虑参加与否时，其避败心理大于求成心理而已。

2. 外在动机与内在动机 根据前节所述成就动机的定义，成就动机是个人在所设定目标之下追求成就的内在动力。在此定义中，端看目标所指为何，如目标所指者是高分数、奖状或奖金，此类目标即可视为引起个体成就动机的外在**诱因**。由外在诱因引起的行为动机，称为**外在动机**(extrinsic motivation)。反之，如果目标所指者只是个人自愿的一种活动，除了从活动过程中获得满足之外，不带有其他目的；只因活动本身带来满足，即可促动个体继续活动。像此种不带有其他目的的动机，称为**内在动机**(intrinsic motivation)。从成就动机所促动行为的持久性来看，内在动机促动个体追求成就的行为，其持久力远大于外在动机所引发的行为。成年人的事业成就是如此，儿童们的游戏作业是如此，甚至连动物的活动也是如此。

曾有心理学家以幼儿园的幼儿为对象，从事实验研究，从而观察比较不同动机情境对幼儿自动绘画活动的影响(Lepper, et al., 1973)。该实验以**随机分派**的方式将幼儿分为 ABC 三组，让他们从事两阶段的绘画活动。第一阶段为实验阶段，此阶段对三组幼儿做如下之不同处理：对 A 组只提供绘画材料，不做其他要求；对 B 组除提供同样绘画材料外，并在绘画结束之后给予每人一份事先并未告知的奖品；对 C 组则是在绘画开始前先说明画完后会有奖品。如此设计的目的是基于以下的假设：A 组幼儿的绘画活动没有外在诱因；他们要是喜欢绘画，那是由于内在动机的关系。C 组幼儿绘画活动的外在诱因明显，在此情形下，他要是喜欢绘画，很可能是受了外在动机的影响。第一阶段结束后，每天提供三组与实验等长的自由活动时间，儿童们在自由时间内可以自由选择绘画，也可以自由选择其他游戏活动。实验者只是从旁观察记录三组儿童自行选择绘画活动时占用的时间。如此连续观察两周之后，结果发现，C 组儿童（事前说明给奖）自动绘画时间最短，只占用全部自由活动时间的 8.6%；B 组儿童（给奖但事先不知）自动绘画时间最长，占用全部自由活动时间的 18.1%；A 组儿童（没有给奖）自动绘画时间次长，占用全部自由活动时间的 16.7%。此一实验结果的教育涵义是，在设计的教育情境中要儿童从事某种学习活动时，内在动机的效应远大于外在动机。心理学家曾以动物为对象做过类似实验，结果发现影响猴子行为活动者，其内在动机大于外在动机（见图 9-2）。

图 9-2　动物的内在动机

（根据 Harlow,et al.,1950 绘制）

猴子操弄图中仪器时，可以学会：(1)拔出铁闩；(2)拉开铁钩；(3)打开铁制盒盖。如完成后再关起来，它将继续操弄不休。但如完成后获得盒内的葡萄干，第二次完成后若得不到报酬，它将不再操弄。这显示内在动机支配行为的力量大于外在动机。

（三）权力动机

所谓**权力动机**(power motive)是指个体在行为上的所作所为，其背后隐藏着一种内在力量；而此种内在力量，乃是由于个人所怀的一种强烈的影响别人或支配别人的欲望所促动。此说法似乎颇像一般人所谓“权力欲”，但在心理学上的意涵，两者并不完全相同。

根据心理学家研究发现，凡是对社会事务有浓厚兴趣，而且极愿以自己作为影响大众的人，其行为背后均存有强烈的权力动机。惟从个人的外显行为去推测，可将权力动机分为两种：一种是**个人化权力动机**(personalized power motive)，另外一种则是**社会化权力动机**(socialized power motive)(Lynn & Oldenquist, 1986)；前者是为了自己，后者是为了别人。

个人化权力动机强的人，在行为表现上多显示三种特征:(1)喜欢参与社会活动，尽量利用机会去表现自己；在团体中如有才能相当或胜于自己的人，就会拿他当做假想敌人，非将之击败，绝不罢休。表面看来，此种人热心社会事务，事实上他是利用社会形象，达到满足私欲的目的。(2)热衷追求权位，惟在追求权位过程中，以手段当做了目的，甚至不惜以卑劣手段达成目的。(3)视物质条件为最高价值，不仅尽情享受物质生活，而且也竭尽所能去聚积物资；并企图借优于别人的财富条件，炫耀自己的社会地位，从而达到影响别人甚至控制社会的目的。

社会化权力动机强的人，在行为表现上也显示三种特征:(1)关心社会但不实际争取掌权的职位，只就在个人专长与专业范围内，以传播知识观念的方式，试图影响别人、帮助社会。这种人在社会上多数从事医师、教师、作家、记者、画家、音乐家的工作。他们的正义感与对社会的关怀，多靠他们言行的示范或作品的流传以影响社会。(2)关心社会也走入社会，他们以自己的专长实际地服务人群；或是解除别人的痛苦，或是维护社会安全，从而达到影响别人与帮助社会的目的。(3)担任以服务为目的的团体领袖，他们爱人类、爱社会，对社会公益事项与人民福祉，怀有很深的使命感，试图以其才能领导大众，从事改革，借以达到影响别人与帮助社会的目的。像此种公而无私的领袖人物，不仅政府机关需要，其他任何公私团体也都需要。虽然居于团体领袖地位者是拥有权力的人，惟从社会化权力动机的概念言，他们不重视行使权力的当时得到的个人满足，而重视在行使权力之后所产生的利民效果，借此而实现自己的理想。

第三节　动机理论

所谓**动机理论**(theory of motivation)，是指心理学家对动机产生的原因及其对行为发生的作用等所做的理论性解释。科学心理学诞生后的一百多年来，心理学家们提出过多种观点不同的动机理论，本章第一节内提到过的**本能**的解释，就是20世纪之初流行一时的动机理论。由于本能论在解释人的行为时只涉及与生俱来的简单行为，不足以解释人类日常生活中的很多复杂行为。因此，本节所介绍的动机理论，乃是在本能论之外的心理学三大理论的三种动机理论；即行为论者所倡议的驱力减降论，认知论者所倡议的期望论，以及人本论者所倡议的需求层次论(注 9-2)。

一、驱力减降论

驱力减降论是美国行为主义心理学家赫尔(Clark Leonard Hull, 1884～1952)在 1943 年所提出的一种动机理论。**驱力减降论(或内驱力降低说)**(drive-reduction theory)的基本要义是，动机是促发个体行为活动的内在动力，而内在动力的产生，则是由于个体内在生理上各种需求得不到满足时所形成的内驱力。当内驱力存在时个体内在的生理运作即失却均衡。失却均衡即使个体感到紧张不安，为了消除紧张不安，个体乃有寻求满足需求的外

注 9-2：本章所介绍的动机理论，只是偏重于解释一般行为动机的理论，除本章所列几种动机理论之外，有关社会行为的动机理论，请参阅本书第十二章第一节的**归因论**。

显行为活动。体内缺乏养分时，个体内在即产生食物的需求，在此情形下即将产生饥饿驱力。由于饥饿驱力的促发，个体乃有寻求食物与进食的外显行为活动。

赫尔在20世纪40年代提出的驱力减降论，主要是用来解释个体(尤其是动物)的学习行为。赫尔认为(Hull,1943)，个体在学习情境中之所以产生学习，该活动结果能使其内在需求获得满足，从而减低其驱力乃是主要原因。基于此义，即可按以下步骤训练狗用前脚与主人握手的动作:(1)先使狗缺食一段时间，让它形成饥饿驱力;(2)手持狗喜欢的食物，并保持狗直立起来才能吃到的高度;(3)每次狗直立取食时，主人即握住它的前脚，并随即给它食物;(4)在每次训练时，主人一边唤狗的名字，并口说“握握手”。几次练习之后，“握握手”的讯号(刺激)与狗直立起来用前脚与主人握手(反应)两者即产生联结。在此刺激-反应联结过程中，食物是影响联结的主要因素。按赫尔的驱力减降原理来解释狗学得跟主人握手的行为，那就是：因食物需求而产生饥饿驱力，因饥饿驱力而产生求食与进食行为，因获得食物而使需求满足，因需求满足而使饥饿驱力减降，饥饿驱力减降的后果，就会使“握握手”和“直立起来用前脚与主人握手”行为获得强化。在以后遇到同样情境时（饥饿驱力再度发生时)，就会出现同样的行为。

显然，赫尔的驱力减降论，与第六章斯金纳的**后效强化**原理具有同样意义。都是以个体本身条件(生理需求)与外在环境(食物)做为决定个体行为的必要因素。在本章之初曾经指出，动机问题的探讨，源于古代哲学心理学时代六大争议中**自由意志与决定论问题**的争议。赫尔的驱力减降论，在性质上属于**决定论**。从决定论的观点解释动物行为的动机虽无不可，但很难用来概括解释人类的复杂行为。因此，在20世纪60年代以后，驱力减降论随行为主义势力的式微而失却了影响力；代之而起的是不同论点的动机理论。

二、期望论

前述驱力减降论是以行为论的观点出发解释行为动机的，接下来所介绍的期望论，则是从认知论的观点解释行为的动机。所谓**期望论**(或**期望理论**)

(expectancy theory)，是指人的所作所为都是有目的的。在目的追求的行为活动中，总是期望达到自己预设的目的。以大学生选修心理学为例，其选修的理由虽因人而异，但每个选修者都各有其自己的目的。有的人选修心理学是期望获得这方面的知识；有的人选修心理学是期望借此了解别人和了解自己；也有的人选修心理学是期望借此增加他帮助别人的能力。总之人的一切行为决定于他的期望，期望自己的行为活动能够达成某种预期的目的。

期望论是以认知论的观点解释行为动机的。在某种情境下个体之所以表现某种行为，是因为个体对情境的特征有所认知；认知到他所寻求的目的物在哪里，要买书籍时就去书店，要买衣物时就去百货公司。在认知活动中，个体所寻求的目的物，都是他认为有价值的东西。此有价值的东西也就是本章之初所提到的**诱因**。诸如奖状、奖金、荣誉、财富、地位、权力等都是诱因，也都是众所期望寻求的目的物。

在工业心理学与组织心理学上，多引用期望论的观点来解释工作动机。所谓**工作动机**(work motivation)，是指从事职业性工作者行为背后的内在动力。人为什么要工作？在什么条件之下工作人员才会努力工作？这些都是属于工作动机的问题。根据期望论的解释，人之所以工作是因为他期望从工作中达到他所寻求的目的；诸如金钱报酬、生活保障、社会地位等均属之。至于人何以努力工作的问题，可以解释为他期望借工作活动达到比别人更高的目的；诸如奖金、加薪、升迁等均属之。

三、需求层次论

前述驱力减降论与期望论两种动机理论，是分别代表行为论取向与认知论取向两派心理学思想的动机理论。接下来介绍的是代表人本心理学思想的动机理论，即马斯洛(见图 1-6)的**需求层次论**(need hierarchy theory)。马斯洛将人类的动机视为由多种需求形成的层次性的系统；系统中各层次需求分别具有促动与该层次所指行为活动的内在动力，而由低而高各层次形成的整个系统，则代表个体人格成长发展的内在动力。因此在现代心理学上，马斯洛以需求层次来解释人类动机的理论，也被视为是解释人格发展的重要理

论。马斯洛在1970年出版的《动机与人格》一书中将人类的需求分为七个层次(Maslow,1970)(图9-3):

(1)**生理需求**(physiological need),指维持生存及延续种族的基本需求;(2)**安全需求**(safety need),指受到保护与免于遭受威胁从而获得安全的需求;(3)**隶属与爱的需求**(belongingness and love need),指被人接纳、爱护、关注、鼓励及支持等需求;(4)**自尊需求**(self-esteem need),指获取并维护个人自尊心的一切需求;(5)**知的需求**(need to know),指对己对人及对事物变化有所理解的需求;(6)**美的需求**(aesthetic need),指对美好事物欣赏并希望周遭事物有秩序、有结构、顺自然、循真理等心理需求;(7)**自我实现需求**(self-actualization need),指在精神上臻于真善美合一人生境界的需求,亦即达到个人所有需求或理想全部实现的目的。

根据马斯洛的解释,各种需求层次之间存在有以下的关系:(1)各层需求之间不但有高低之分,而且有前后顺序之别;只有低一层需求获得满足之后,

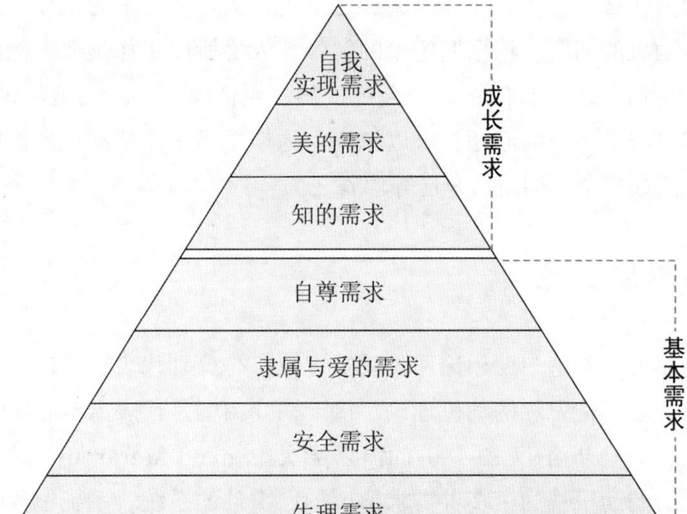

图9-3 需求层次论图示

(采自 Maslow, 1970)

高一层的需求才会产生;(2)七层需求分为两类：较低的前四层称之为**基本需求**(basic needs)，较高的后三层称之为**成长需求**(growth needs)。基本需求有一共同性质，为均系由于生理上或心理上有某些欠缺而产生，故而又称**匮乏性需求**(**或缺失性需要**)(deficiency needs)。

在心理学上，马斯洛的需求层次论不但是解释动机的重要理论，而且也是解释人格的重要理论。关于此点，留待第十一章第三节内再行说明。

第四节　情绪的性质

在本章之初曾经提到动机与情绪有密切的关系，两者之间有相似之处，也有相异之处。由于动机性质复杂，有生理性动机与心理性动机之分，故而在心理学上一直将动机视为最重要但也是最难研究的主题之一。如将情绪与动机相较，前者的复杂度与困难度较诸后者尤有过之。每提到情绪，就会想到喜、怒、哀、惧、爱、恶、欲七情的说法。可以想见的是，要想了解七情中每种情绪产生的原因及产生后的心理变化与外显行为，无疑是极为困难之事。虽然心理学家们咸认情绪的研究和动机的研究同样重要，但两者相较，前者的成就显然落在后者之后。本节与下节的内容，即简略介绍心理学家对情绪研究的大概情形。

一、情绪的定义

所谓**情绪**(emotion)，是指由某种刺激事件引起的生理激发状态；当此状态存在时，个体不仅会有主观感受和外露表情，而且会有某种行为伴随产生。在此情绪定义中，有四个要点尚须进一步说明。

1. 情绪系由某种事件所引起 情绪系由某种事件所引起，引起情绪的事件，多半属外在刺激。在日常生活中，个人的情绪常随环境中所面对刺激情境的变化而改变。笑声、哭声、风声、雨声、歌声、读书声，会令人产生不同的情绪，鸟语花香的山林美景和喧哗拥挤的菜市场，也会使人产生不同的情绪。引起情绪的事件，也可能是内在的。单凭回忆与想象，就会产生多种不同情绪。所谓“往事不堪回首”者，即指回忆时会令人产生悲痛的情绪。当然也有人从“甜蜜回忆”中，唤回愉快的情绪。此外，想象时也会产生不同的情绪。有人凭想象编织自己未来的美梦时所产生的情绪就会是喜悦的，有人想象着可能会被人陷害时，就可能产生恐惧情绪。

2. 情绪状态下伴随产生生理反应 情绪是由某事件引起的生理激发状态，生理激发状态显示在身体生理方面多种反应。以恐惧情绪为例，心跳加速、血压升高、呼吸急促、内分泌改变、瞳孔放大等，都是明显的生理反应。第三章之初曾经提到个体接受刺激至表现出反应之间，要经过一个三阶段的身心变化历程。由某事件引起生理激发状态，就是由刺激事件引起生理事件的第一阶段。在情绪的生理反应阶段，中枢神经系统中的脑与外周神经系统中的自主神经系统，联合发生重要作用。此点稍后再进一步说明。

3. 情绪状态下产生心理反应 情绪状态时当事人不但自我觉察到情绪的变化，而且也能辨别自己当时感受到的是何种情绪。喜、怒、哀、惧等不同情绪，就是个人在引起情绪的情境之下所得到的感受。惟在心理反应上所感受到的情绪经验，纯然是主观的。因此，数人面对同一事件时，未必产生同样的情绪。以观赏甲乙两队球赛为例，任何一队赢了，观众席上都会有人欢呼，有人叹气，原因是观众们均各持有自己的立场。不同立场自然就会对同一事件有不同解释，因而有不同情绪的心理反应。这就是第三章之初曾经提的从刺激到反应三阶段中的第二阶段，亦即由生理事件转化为心理事件的阶段。关于情绪状态下产生心理反应从而获得情绪经验的问题，留待稍后再做进一步说明。

4. 情绪兼具行为与动机两种特征 情绪状态形成时，不仅产生内在生理与心理两方面的反应，而且同时产生情绪性行为反应。情绪行为反应称为**情绪表达**(或**情绪表现**)(emotional expression)；在情绪状态下的面部表情、语言表意以及身体动作等，都是情绪性行为反应。惟从促发行为的原因看，情绪性行为背后的原因并非前文所说的动机，而是情绪。因此，情绪本身兼具行为与动机两种特征。以恐惧情绪为例，如个体因恐惧而逃避，逃避即属**情绪性行为**(emotional behavior)。与情绪性行为相对而由动机引起的行为，则称为**动机性行为**(motivated behavior)。

二、情绪历程中的身心反应

前述情绪定义中所指四点中的后三点，正是心理学家研究情绪时所探讨的主题。这三方面主题包括了情绪历程中的身心反应。

（一）情绪的生理反应

根据前文情绪定义，情绪的第一个特征是由某种事件引起的生理激发状态。此处生理激发状态所指者，是某种事件(或刺激)引起**神经冲动**(见第二章第二节)后所产生的一连串生理反应。情绪状态下的一切生理反应，都是由神经系统中的**自主神经系统**与**脑**两个部位的神经组织所主控。

情绪状态时，当事人虽能自我觉知，但不能自我控制情绪的发生。个人不能控制的原因，是因为主控情绪的自主神经系统是不受个人意志支配的。自主神经系统包括**交感神经系统**与**副交感神经系统**。两者功能相反，前者是在情绪状态时发生作用，后者是在情绪平静时发生作用。诸如心跳加速、血压升高、呼吸加速、瞳孔放大、肾上腺增加分泌等生理反应，都是由交感神经系统发生作用时所引起的生理反应。而这些反应又都是在情绪状态之下产生的。

现在**司法心理学**(forensic psychology)上的**测谎器**(lie detector)的设计，就是根据情绪状态下个人不能控制其生理变化的原理。测谎器的装置，主要测量呼吸、汗腺及心跳等个体不能自行控制的反应。各种反应记录，均经震动式描针记录在定速移动的纸带上(图 9-4)。研究者即可根据受测者在回答问话时的各条曲线的变化，作为推测其是否说谎的依据。自动记录多条曲线的仪器，称为**多项记录器**(polygraph)。

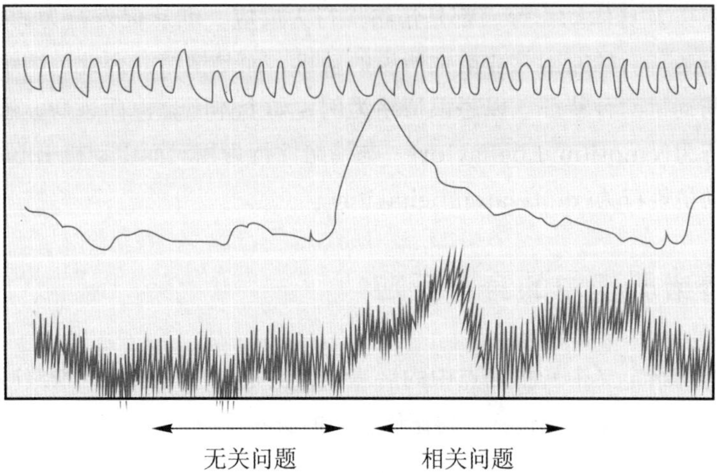

图 9-4 测谎器记录图

图为多项记录器上显示的呼吸、汗腺及心跳记录曲线随问题性质变化的情形。
（采自 Raskin, 1982）

在实际进行时，研究者可以向受测者不定时地询问两类问题。一类是与案情无关的平常问题，一类是涉及案情的相关问题。如此设计旨在引起受测者不同程度的情绪反应，从而记录其生理反应。图 9-4 中的三条曲线即表示两类问题下受测者在呼吸频率、汗腺分泌及心跳速度三方面反应随问题性质变化的情形。由记录图中可以看出，受测者对两类问题的反应有明显的不同。研究者即可根据此种测谎器记录，分析研判受测者撒谎的可能。测谎器虽在法警界广为采用，但效果仍有局限；由于情绪反应有很大的个别差异，对情绪敏感者较难使用。

（二）情绪的心理反应

情绪的心理反应，是指当事人在情绪状态时的主观感受，感受到是快乐的还是痛苦的。情绪的主观感受，称为**情绪经验**（或**情绪体验**）（emotional experience）。情绪经验既是主观的，自然就很难找到客观标准确定何种刺激情境之下产生何种情绪反应（不同的人对同一情境未必产生相同的情绪）。

因此，心理学家在研究情绪的心理反应时，一向是采取**自陈法**(self-report method)，让受试者凭自己的感受描述在某种情境下会产生什么样的情绪经验。采自陈法研究的结果，多半发现受试者在某种情境下所自陈的情绪经验不止一种，而是多种情绪的混合。曾有心理学家(Schwartz & Weinberger, 1980)，以大学生为对象，要他们针对假设的四种情境，描述自己可能产生的情绪。研究者列出每种情境下可能产生的五种不同的情绪，每种情绪的强度又分为五个等级，分别用 1, 2, 3, 4, 5 表示之(5 表示最强，1 表示最弱)。

研究结果列为表 9-1。

表 9-1 不同情境下的情绪经验

引起情绪的假设情境	快乐	哀伤	恐惧	焦虑	抑郁
你考取了理想中的大学	4.18	1.14	1.96	3.04	1.09
你从一所理想大学毕业了	4.09	2.74	2.57	3.40	2.36
你受到别人的关爱	4.78	1.28	1.19	1.57	1.19
你正与异性热恋中	4.58	1.20	2.00	3.06	1.33

(采用 Schwartz & Weinberger, 1980)

就表 9-1 的内容看，可以发现三点意义:(1)按四种情境的性质，都应该引起正面的 (愉快的)情绪才是，可是正面的情绪之外，也附带产生了负面情绪;(2)任何生活情境都不会产生单一情绪，而是同时正负两面的多种情绪，其不同者，只是各种情绪间有强弱之分而已;(3)在四种情境中，居然有三种情境会产生相当的焦虑情绪。此种现象正符合中国人常说的一句话“一则以喜，一则以忧”。

(三) 情绪的行为反应

情绪经验虽然是内在的主观感受，但个人的内在情绪感受通常是在“情不自禁”的情形下由行为表露出来；此即心理学家所研究的**情绪表达**。情绪表达的外显行为有很多变化，诸如，攻击、逃逸、讲话、笑声、哭泣、面部表情、眼神表情、肢体动作表情等都属之。多年来心理学家对情绪表达所做的研究，多集中在后三种非语言行为的研究。所谓**非语言行为**(nonverbal behavior)，是指人际交往时不以语言为中介即可达到彼此间情意沟通目的的行为方式。以下是心理学家对三种非语言行为情绪表达研究的大概情形。

1. 面部表情 情绪状态时最容易被别人看出来的，是**面部表情**(facial expression)。通常个人的喜、怒、哀、惧等各种情绪变化，都是由面部表情显示出来的。所谓“愁眉苦脸”、“眉开眼笑”等成语，都是由面部表情来说明个人的内在情绪感受。从图 9-5 的六张照片中，不难辨别喜悦、愤怒、哀伤、恐惧、惊讶、厌恶六种情绪。古代罗马哲学家西赛罗(Marcus Tullius Cicero, 106～43 B.C.)曾有一句名言说：“脸是灵魂的影子。”古人所说的“灵魂”，就是现代心理学家所指的“心理”。如将西赛罗的说法，翻译为心理学的语言，那就是：“面部表情是心理感受的表征。”

在所有的非语言行为的情绪表达方式中，面部表情是最重要的。惟其如

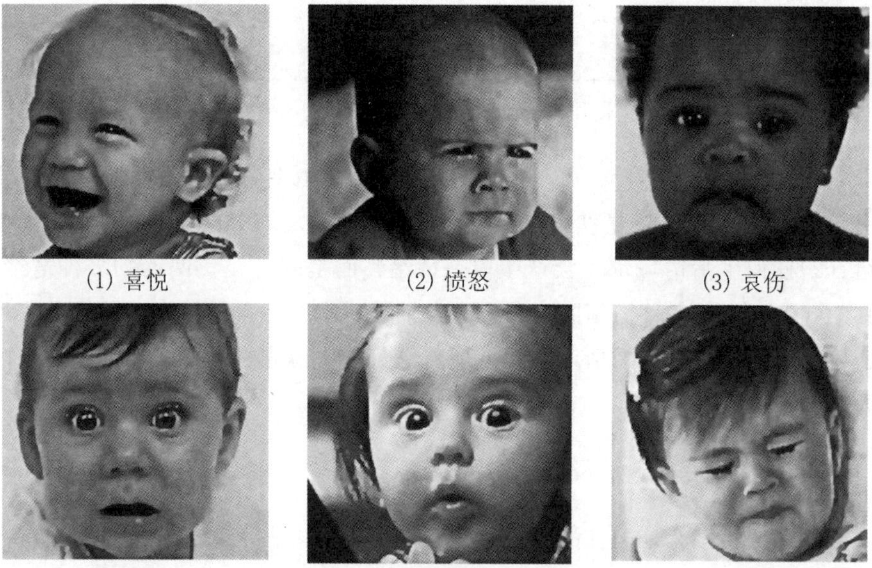

(1) 喜悦　(2) 愤怒　(3) 哀伤

(4) 恐惧　(5) 惊讶　(6) 厌恶

图 9-5　婴儿面部表情

(采自 Izard, 1977)

此，儿童自幼即学到察言观色看成人脸色行事。辨认别人的情绪虽然要经过学习，但他自己所表达的喜、怒、哀、惧等基本情绪，根据心理学家研究发现，却不是学习的；而且这些基本情绪在面部表露时，显露在面部的特征，全世界的人类是一样的（Ekman & Friesen, 1971），而且婴儿的表情与成人表情同样的丰富(图 9-5)。

根据心理学家观察发现，出生不久的婴儿，不但面部表情丰富，而且也能辨认甚至会模仿别人的表情。为什么婴儿不需学习即有表情的能力？此一问题在心理学上很难解释。现在一般心理学家的看法是，人类情绪表达能力是与生俱来的(Izard,1977)。人类之所以生而具有表情的能力，是与人类的生存需求有关。婴儿微笑会讨人喜欢，从而获得成人关爱；婴儿有恐惧、厌恶的表情，当会引人注意，从而保护他免于危险。成年人的面部情绪的表达，基本上与婴儿相同。读者试比较图 9-5 与图 9-6，即可发现成人与婴儿的表情，在基本上是一样的。

根据一般经验，有人面部表情比较丰富，有人面部表情比较刻板，于是就产生了“喜怒不形于色”的人是否善于情绪自我控制的问题。根据心理学家研究发现(Best & Queen,1989)，人脸两边的表情是不一样的：左半脸要比右半脸的表情来得明显而多变化。原因是大脑两半球交互控制所致。右半脸表情之所以较为刻板，是因为受到大脑左半球神经系统所控制。人体两半边的一切活动，都是受大脑两半球交叉管制的；而且对一般人而言，左半球的控制力较右半球为大，故而一般人都是右半身受到较大的控制。整个身体是如此，面部表情自然也是如此。基于此义，左半脸的表情较为自然，故而面对面谈话时，要想根据对方面部表情推测他内在的情绪，不妨多注意对方的左脸，借以了解他说话时真正心情。

2. 眼神表情　如果与人面对面谈话时发现对方戴着深色眼镜，除了仔细听对方说话的语调外，很难看出他的面部表情。因此，眼睛所表露的神采才是面部表情的焦点。俗语说“眼睛是灵魂之窗”，这句话，显示了两点意涵：其一是个人借眼神的变化把内心的情绪变化表露出来；其二是别人从他的眼神变化中了解到他内心的情绪感受。当然眼神再伴随着面部表情时，将更明确地表露出情绪。以面对面的谈话情境为例，如果对方目光向你正视并

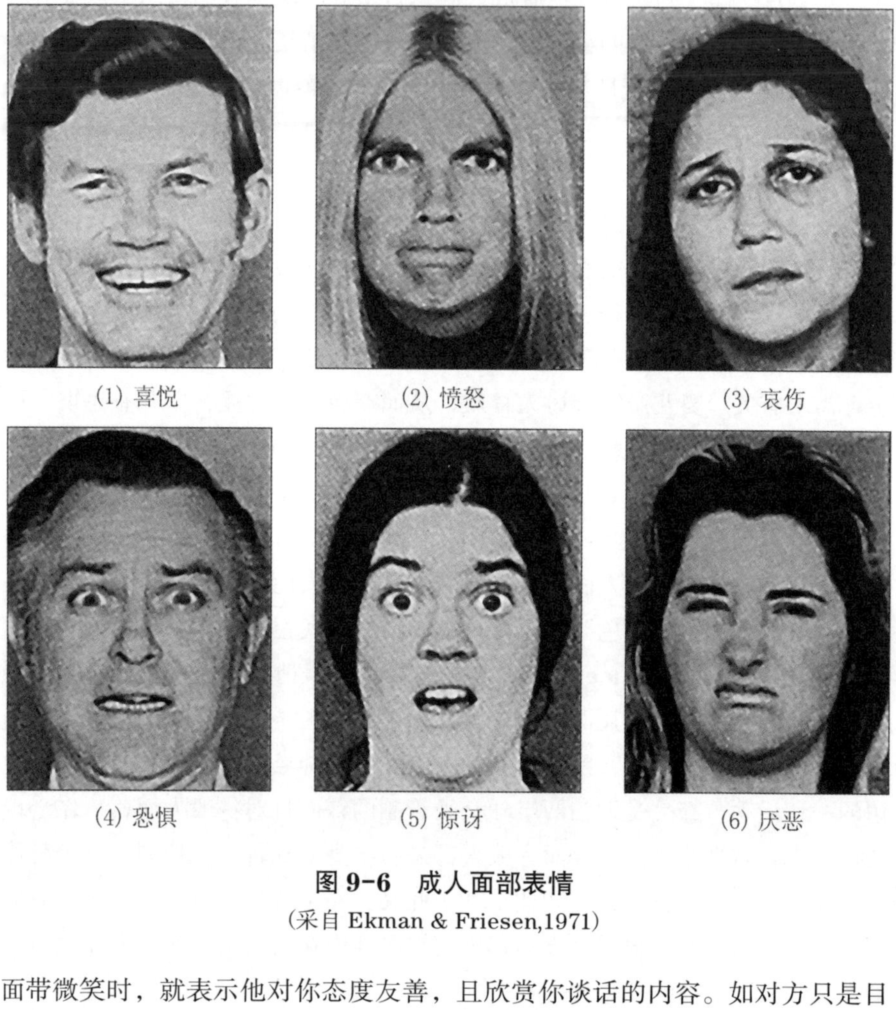

(1) 喜悦　(2) 愤怒　(3) 哀伤

(4) 恐惧　(5) 惊讶　(6) 厌恶

图 9-6　成人面部表情

(采自 Ekman & Friesen,1971)

面带微笑时，就表示他对你态度友善，且欣赏你谈话的内容。如对方只是目光正视而对你的谈话毫无反应时，就有可能表示他对你不太欢迎(Kleinke, 1986)。当然在目光相对的情形之外，也会有“侧目而视”的表情。侧目而视的表情可能有三种意涵：一是表示敬畏；二是表示嫉视；三是表示怒视。

3. 动作表情　动作表情是指借身体的动作表露内心情绪感受的一种行为反应。中国文化中有很多成语用来描述人的动作表情。诸如：“手舞足蹈”是用来形容极度快乐的样子；“指手画脚”是用来形容得意忘形的样子；

"抓耳挠腮"是用来形容焦急不安的样子；"拂袖而去"是用来形容极为愤怒的样子；"摊手耸肩"用来形容无奈的样子；"摇头晃脑"用来形容得意轻狂的样子。由于个人借由身体的不同动作可以表露不同情绪，而别人也可根据他身体的不同动作了解他所表露的内心感受。由此可见，动作表情在人际交往时就产生了类似语言的功能。因此心理学上就称动作表情为**肢体语言**(或**体态语言**)(body language)。曾有心理学家做过这样一个实验，让大学生在暗室看一个舞蹈的录像带。此一录像带的特点是，舞者所穿的衣服上挂满了小灯泡，起舞时在全暗的舞台上表演，台下人看不到舞者的面部表情，只看到灯光活动所代表的身体动作。舞蹈本来就是借由身体动作表达内心的感情。实验者如此设计，旨在将面部表情和舞者体态状貌等影响因素消除，借以观察受试者是否仍能辨别舞者身体动作所要表达的感情。结果发现，在此种情境下，大学生们仍然能够根据舞者身体动作正确辨别其所表达的情绪(Walk & Homan, 1984)。

第五节 情绪理论

所谓**情绪理论**(theory of emotion)，是指心理学家对情绪产生的原因及情绪状态时的身心变化等所做的系统性理论解释。根据前文的讨论，情绪历程中包括生理、心理、行为三方面的反应，虽为大家所共识，但如进一步追问三种反应中究竟存在着何种因果关系时，历来心理学家却有极不相同的解释。接下去简单介绍三种论点互异的情绪理论。

一、詹姆斯-郎格情绪论

心理学上最早对情绪提出系统理论解释者，当推19世纪末美国**功能主**

义创始人詹姆斯(见图 1-2)在 1884 年对情绪历程的系统解释。稍后，丹麦生理学家郎格(Carl Georg Lange, 1834～1900)，在 1885 年又提出与詹姆斯类似的情绪理论。因此，后人将两人的理论合一，称为**詹姆斯-郎格情绪论**(或**詹郎二氏情绪说**)(James-Lange theory of emotion)。

詹姆斯-郎格情绪论的最大特点是与一般人对情绪的常识看法不同。一般人对情绪的常识性看法，总是认为先有刺激情境(如遇强盗)，引起情绪经验(如恐惧)，然后再产生生理变化(如心跳)。然而，詹姆斯-郎格情绪论却不按此常识看法解释情绪。此一理论认为：刺激情境先引起生理变化，由生理变化再引起情绪经验。换言之，路遇强盗时，先引起心跳，而后才产生恐惧。

二、坎农-巴德情绪论

詹姆斯-郎格情绪论提出之后的许多年间，引起很多心理学家的重视，并尝试以实验的方式从事验证性研究，期能建立更合理的情绪理论。其中，美国心理学家坎农(Walter Bradford Cannon, 1871～1945)与其弟子巴德(Philip Bard, 1898～1977)在 1927～1929 年间提出的理论，是为**坎农-巴德情绪论**(或**坎巴二氏情绪说**)(Cannon-Bard theory of emotion)。

按坎农-巴德情绪论的看法，认为詹姆斯 -郎格情绪论所持情绪经验起于身体生理变化的论点，是错误的。他们根据实验研究的结果，提出了两点理由(Cannon, 1927):(1)情绪状态时身体上会产生生理变化，虽然是肯定的事实，但个体并不能单靠对生理变化的觉知，就可以辨别自己产生什么样的情绪。因为在很多情绪激动或兴奋情况下，个体的生理变化是一样的。以心跳为例，恐惧时固然会心跳，愤怒时也会心跳，甚至在性爱高潮时也会心跳。个体又怎能单凭心跳的觉知，即确定自己是在恐惧呢?(2)个体觉知生理变化而产生情绪经验的说法，不合乎生理学原理。因为，就人类而言，吾人平常对自己内部的生理变化，并不全然觉知。恐惧或愤怒时心跳气促的变化虽能知悉，但情绪状态时可能引起的内脏收缩及各种内分泌的变化（如肾上腺等)，个体本身并不觉知。动物经由手术将体内某些组织或器官功能阻隔，结果并不影响情绪经验如何产生的问题。坎农-巴德情绪论的论点是，前脑的**丘脑**(见图 2-4)发挥重要作用。当外在刺激影响感官引起**神经冲动**后，经**脊髓**神经传至丘脑部位的神经组织，而后由丘脑将传进的神经冲动，分为两路，一路上传至**大脑皮质**，从而产生主观的情绪经验；一路经由**自主神经**系统下传至内脏各器官、腺体以及肌肉各部，从而激发生理反应。因此，坎农-巴德情绪论是将情绪的心理反应与生理反应视为同时发生；而不将两者视为前后的因果关系。显然，对詹姆斯-郎格情绪论所提出的生理变化是形成情绪经验前因的论点，坎农-巴德情绪论是持反对立场的。固然，坎农-巴德情绪论的论点受到心理学界的支持，惟以后的研究更发现，除丘脑部位被确认为主控情绪的主要神经组织之外，其他**下丘脑**与**边缘系统**，也同样与情绪变化有密切关系 (Lindzey, et al.,1988)。

三、沙克特-辛格情绪论

前述詹姆斯-郎格情绪论与坎农-巴德情绪论，虽然二者对情绪产生的原因论点相反，但有一点却是相同的，那就是两种理论都强调生理因素的重要性。接下来介绍的另一种情绪理论，则是改采认知取向对情绪产生的原因提出的理论解释。此一理论系由美国心理学家沙克特(Stanley Schachter)与辛格(Jerome Singer)在 1962 年提出，称为**沙克特-辛格情绪论**(Schachter-Singer theory of emotion)。根据此一情绪理论的解释，个人在情绪状态时，虽然自己会对情绪的原因有所解释(他恐惧是因为什么)，但在解释时并不完全将情绪的产生归因于生理变化(不一定说因心悸而恐惧)。他们认为个人解释自己的情绪经验时，主要是参考引起情绪反应外在情境中事件的性质。因此，在看到某人表现某种情绪反应时，除非你了解他当时置身的情境，否则就不会真正了解他情绪中所含的意义。基于此义，在丧礼中哭泣的人，固然可以推测他是由于心中哀伤；但在女儿出嫁时看见母亲哭泣，就只能猜想她可能是“喜极而泣”。由于沙克特-辛格情绪论将情绪的产生归于生理变化与个人认知两方面的因素，故而该一情绪理论又称**情绪二因论**(two-factor theory of emotion)。

以上介绍的三种情绪理论，詹姆斯－郎格情绪论与坎农–巴德情绪论二者都强调生理作用是产生情绪的主要原因。因此这两种情绪理论，在性质上都被视为**情绪生理论**(physiological theory of emotion)。沙克特–辛格情绪论对情绪产生原因的解释，则是归因于个人的认知。因此，在性质上此种理论被视为**情绪认知论**(cognitive theory of emotion)。图 9-7 即三种情绪理论的比较说明。

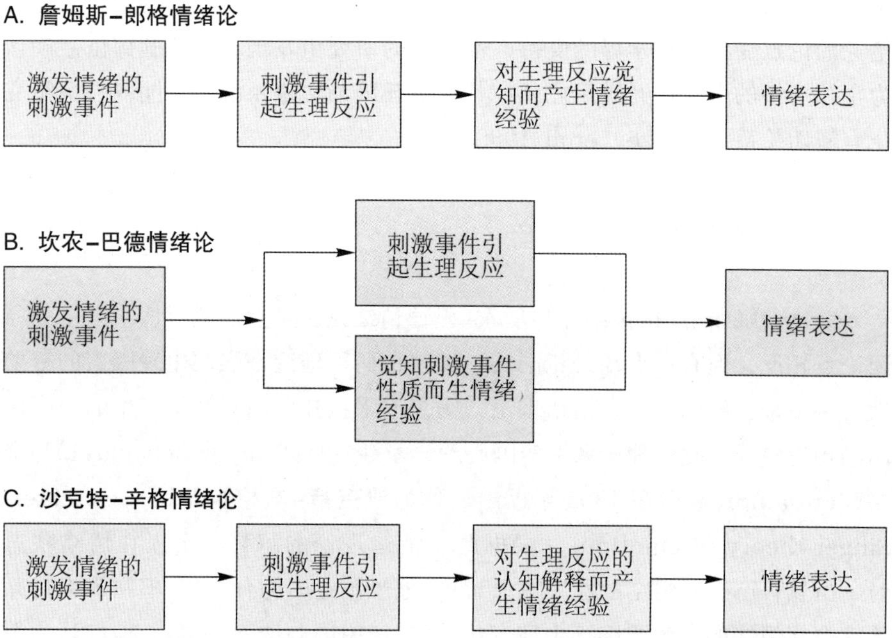

图 9-7 三种情绪理论之比较

(采自 Darley et al., 1991)

本章摘要

1. **动机**是因某种内在状态，促使个体产生某种外在活动，并维持已产生之活动朝向某一目标进行的内在历程。
2. 讨论动机问题时，**本能**、**需求**、**驱力**、**诱因**及**意志**等，在意涵上都是与动机有关的重要概念。
3. 饥饿是最主要的生理性动机。饥饿感如何而生一直是多年来科学家研究的问题。最新研究发现，胰岛素分泌的变化是产生饥饿感的主要原因。
4. 肥胖是现代人的烦恼之一。按身高体重配合比例计算，体重超过 20%者，谓之体重超常；超过 30%者，称为**肥胖症**。
5. 性动机是人与动物**性行为**的内在驱力。性动机虽是生理性动机之一，但它与饥饿动机不同；性动机的产生除了阶段性的特征之外，对人类言，也有社会文化因素。
6. **成就动机**是指存在于个人目的性行为之后，奋力达成目的、力求表现以及克服困难等内在动力。
7. **亲和动机**是指个体对与别人亲近的一种心理需求。每当个体处于孤立、无助、焦虑情境时，亲和动机即随之增强。
8. **权力动机**是指个人在团体情境中，在心理上所怀有的一种强烈的影响别人或支配别人的欲望。权力动机按性质分为两种：一种是**个人化权力动机**，另一种是**社会化权力动机**。
9. 不同学派的心理学家，持有不同的动机理论：**行为主义**者提出了**驱力减降论**，**人本心理学**家提出了**需求层次论**，**认知论**者提出了**期望论**。
10. **情绪**是指由某种刺激事件引起的生理激发状态；当此状态存在时，个体不仅有主观的感受和外露表情，而且会有某种行为伴随而生。
11. **法律心理学**上**测谎器**的设计，是根据情绪状态时个人不能控制其身心变化的原理。

12. 心理学上研究**情绪表达**时，主要探讨三方面的问题:(1)面部表情;(2)眼神表情;(3)动作表情。

13. 按**詹姆斯-郎格情绪论**的解释，情绪乃是由于个人在刺激情境下觉知身体变化而后产生的。

14. 按**坎农-巴德情绪论**的解释，情绪乃是由个人对刺激情境的认知而产生的。

15. 按**沙克特-辛格情绪论**的解释，情绪乃是由个人对刺激情境与身体变化两方面认知而产生的，故而又称**情绪二因论**。

建议参考资料

1. 江汉声(1985)：性与你。台北市：健康世界杂志社。
2. 应平书(1987)：现身说法减肥成功。台北市：文经出版社。
3. 张春兴(1979)：同性恋的是是非非。载于张春兴(1979)，青年的烦恼与出路。台北市：东华书局(繁体字版)，229～255 页。北京市：世界图书出版公司(简体字版)(151～178 页)。
4. 林奇荣(译，1990)：从吃改变人生。台北市：健康出版社。
5. 詹益宏(1985)：性医学：正确的性知识。台北市：牛顿出版社。
6. Buck, R. W. (1984). *The communication of emotion*. New York: Guilford.
7. Capaldi. E. D.(Ed.)(1996). *Why we eat and what we eat*. Washington D.C.: American Psychological Association.
8. Logue, A. W. (1991). *The psychology of eating and drinking* (2nd ed.). New York: Freeman.
9. MeClelland, D. C. (1987). *Human motivation*. New York: Cambridge University Press.
10. Spence, J. T.(1983). *Achievement and achievement motivatives*. New York: Freeman.

第十章

智力与智力测验

本章内容细目

个别差异是现代心理学研究的八大主题之一(见第一章第二节)。所谓**个别差异**(individual difference),系指个体在成长过程中,因受遗传与环境的交互影响,使不同个体之间在身心特征上所显示的彼此各不相同的现象。个别差异的了解与鉴别,一向在教育上与社会上均甚受重视。盖以教学上的因材施教与社会上的适才适用,向来就被视为选人与用人的理想原则。个别差异现象,表现在很多方面,若从个体身心两方面所表现的特征来看,举凡年龄、性别、容貌、体能、性格、能力、兴趣、态度、观念等等,个体之间都会有明显的差异。惟一般心理学上研究的个别差异,并不包括个体身心两方面的所有特征,而是主要限于两方面:其一为有关智力方面个别差异的研究,这是本章所要讨论的;其二为智力之外有关人格方面个别差异的研究,这是下一章将要讨论的。心理学家对人类智力高低的研究,基本上是探讨两方面的问题:其一为探讨智力如何测量的问题;其二为对智力的理论解释问题。本章前三节将分别对此两方面问题做概要说明。

从心理学上历来就有的六大争议看,人类智力的个别差异涉及天性与教养及恒常与变异两方面的问题。从**天性与教养问题**看,个人智力的高低究竟决定于先天遗传,还是决定于后天环境?从**恒常与变异问题**看,在个体生命全程的心理发展过程中智力的高低是否维持不变?本章第四节将对此问题做详细讨论。

多年来心理学家为了确切了解人类智力个别差异的现象与真相,一方面设计了各种测量智力的科学工具,称为智力测验。另一方面建构了智力理论,用以解释智力的性质及其构成因素。希望读者在研读本章之后,对以下重要概念均能有所认识。

1. 智力的定义及其相关概念。
2. 心理测验应具备的条件。
3. 智力测验发展简史及有关概念的演变。
4. 现在通用且具代表性的智力测验的形式和特征。
5. 智力的性质及其构成因素的各家理论。
6. 影响智力个别差异与团体差异的因素。

第一节 智力与智力测验的基本概念

智力与智力测验是本章的主题，在讨论本主题之初，容先简略介绍智力一词的意涵以及智力和智力测验的相关概念。

一、智力的定义

智力一词虽是日常生活中熟知的概念，但很难说出智力一词所指者究竟是人类何种心理特质。此种现象不仅对一般人说是如此，就是对心理学家而言，也是如此。被誉为教育心理学之父的美国心理学家桑代克(见第五章第三节)，曾在 1921 年的一次学术研讨会上，以智力定义的问题征询 14 位心理学与教育学者的意见。结果发现在 14 个定义中居然没有两个是完全相同的(Thorndike,1921)。惟在当时不同定义中，有三种不同的主张较为受到此后讨论智力定义者的重视:(1)智力是抽象思维的能力;(2)智力是学习的能力;(3)智力是适应环境的能力。在此之前，心理测验创始人法国心理学家比奈(详见本章第二节)，主张智力是理解、判断、推理的能力(Binet & Simon, 1915)。在此之后，美国著名心理测验学家韦克斯勒(详见本章第二节)，综合各家不同主张，将智力界定为有目的的活动、合理思维及有效适应环境的综合性能力(Wechsler,1958)。

为了便于读者对智力问题获得明确的概念起见，本书对智力一词提出如下的定义：**智力**(intelligence) 是综合性的能力，此种综合性能力是在个体对其生活环境适应时，由其运用经验、学习与支配知识以及因应困境从事抽象思维以解决问题的行为活动中表现之。此一定义将智力视为包括四种能力的综合性能力。四种能力分别是:(1)活用经验的能力;(2)学习知识与支配知识的能力;(3)因应环境的能力;(4)解决问题时抽象思维的能力。除此之外并特别说明这四种能力均系由外显行为活动表现之，理由是四种能力均属内在心理历程，只有在心理历程经行为活动显现于外时，才可据以评定智力的高低。关于此点留待第二节讨论智力测验时再进一步说明。

二、智力与智力测验的相关概念

谈到智力与智力测验时，有几则与智力及智力测验相关的重要概念，必须先行加以说明。

（一）能力、成就、性向、智力

根据前文所述，智力是包括四种能力的综合性能力。此种说法只能表明智力的性质，但却不能将智力概括地解释为能力。心理学上所指的能力，其范围远较智力为广，而智力只是整个能力范围中的一类能力。在心理学上，**能力**(ability) 一词义同**心理能力**(mental ability)，是指根据能力测验所测到的能力，在此原则之下，心理能力含有两种意义：其一是指个人现在实际上“所能为者”；其二是指个人将来“可能为者”。个人现在“所能为者”是指到目前为止个人在实际作业上所表现出来的能力。诸如中学生中有的数理科成绩优异，有的语文科成绩甲等，都说明该等学生具有较高的能力。像此种由实际行为表现出来的具体能力，系属学习或训练之后学习或训练效果之显现，在心理学上称为**成就**(achievement)。至于个人将来“可能为者”，则是指个人在尚未参与某种学习或接受某种训练之前，在相关行为上所展现的一种潜能。所谓**潜能**(potentiality)，是指到目前为止尚不能在行为上表现出来的潜在能力。如果将来有机会学习或接受训练，他将会表现出这方面的能力。平常所谓的“天分”或“可造之材”，都是指某人在某方面所具有的潜在能力而言的。像此类属于个人的潜在能力，在心理学上则称之为**性向**(aptitude)。性向又分两类：一类为**普通性向**(general aptitude)，指一般性的潜在能力；另一类为**特殊性向**(specific aptitude)，指在某方面的特殊潜在能力。具有普通性向的人将来有机会学习历练后，可能成为一位通才。具有某方面特殊性向的人，有机会学习历练后，则可能成为该方面的专才。显然，从社会上选用人才与教育上培育人才的观点而言，了解一个人在实际能力上所表现的成就与他的潜在能力上所具有的性向，是同样重要的。

综合以上讨论，可见能力、成就、性向三词所指者都是人的能力；所不同者只是范围大小不同而已。性向中的普通性向，也称**普通能力**(**或一般能力**)(general ability)；普通能力也就是一般所指的智力。

（二）心理测验、能力测验、智力测验

本章所要讨论的主题之一是智力测验。前文业经指出，智力是能力中的一类能力，因此，智力测验在性质上自应属于能力测验。如将范围再放大一层，能力测验在性质上又属于心理测验中的一种测验。基于此义，在此补充说明心理测验、能力测验以及智力测验三者间的关系。

心理测验(mental test，或 psychological test)是各种心理测量工具的总名称。凡是经过心理测验编制程序完成标准化（见后文)用以测量心理特质的一切工具，均称为心理测验。因此，心理测验有很多不同的类型。最简单的分类方式是，将心理测验概括分为两大类：一类为包括智力测验在内的能力测验，另一类为测量人格特质的人格测验。关于人格测验的问题，留待第十一章内再行讨论。此处只就能力测验与智力测验的关系略做说明。

所谓**能力测验**(ability test)，是指心理学家研究能力上的个别差异时，特别设计来鉴别个体能力高低的一类科学工具。能力既如前文所指分为**成就**(实际能力)与**性向**（潜在能力)，能力测验自然也就对等地分为两类，一类为**成就测验**(achievement test)，另一类为**性向测验**(aptitude test)。成就测验因使用目的不同，而又有**学业成就测验**(academic achievement test)与**职业成就测验**(vocational achievement test)之分；前者用于学生在校学业成绩的鉴定，后者用于从业人员工作绩效的评量。性向测验通常也分两类，一类是**学术性向测验**(scholastic aptitude test)，另一类是**职业性向测验**(vocational aptitude test)；前者用于测量学生的学术潜力，以观其是否适合将来从事某方面的学术研究工作，后者用于测量从事某种职业之前所应具备的潜力，以观其是否适合于该类职业。以上分类只是一种最简单最概括的分类法。成就测验类内又有**普通成就测验**(general achievement test)与**分科成就测验**(specific achievement test)之分；性向测验类内也有**普通性向测验**

(general aptitude test)与**特殊性向测验**(special aptitude test)之别；前者测量一般性潜在能力，后者测量某方面的潜在能力(如语文、音乐、艺术、机械等特殊才能)。本章所讨论的**智力测验**(intelligence test)，在性质上即属于能力测验中的普通性向测验。

讨论过成就测验与性向测验的概念之后，读者可能会提出如下的问题：成就测验所测者是受试者现在"所能为者"的实际能力，此种能力可按以往学过的学科内容(学业成就)或工作性质(职业成就)为根据，从而编制测验，然后施测，自然可以获得鉴定成就的结果。性向测验所测者既是受试者将来"可能为者"，受试者对将来的事目前尚缺经验，采用何种资料为根据施测以评定其性向之高低呢?

对于上述问题，心理测验学家处理的方法是，无论是成就测验或性向测验，在测验题目上都采用受试者学过的知识或经验。其不同之点只在于使用测验的目的，如测验使用之目的纯在评定过去学习结果，那就是成就测验；如测验之目的在从多数人中甄选少数人预备施以某种特殊训练，以测验结果做为选择并预估标准者，在性质上该测验即属性向测验。

三、心理测验应具备的条件

基于以上讨论，可知心理测验、能力测验、智力测验三者均属测量心理特质，从而评定个别差异的科学工具。称得上科学工具者，必须具备精确、可靠以及便于使用等重要条件。准此而论，任何良好的心理测验(包括人格测验在内)，均须具备以下四个条件：

(一) 标准化

一个良好的能力测验，在编制时必须经过标准化的过程。所谓**标准化**(standardization)，是指测验编制时所经过的下列三个标准化的步骤：

1. 选定测验中所需要的测验题 测验题的选择必须符合两个原则：其一，必须与计划编制的测验在性质上相符合；测量数学能力者，选择具有代表性的数学题；测量语文能力者，选择具有代表性的语文题。其二，必须与设定对象的年龄相符合；用于小学中年级的能力测验，在题目的难度上就不能包括中学生所学习的知识。选定题目之后，按顺序编成测验本的形式。

2. 选定试测对象　选定的试测对象，对计划将来普遍使用该测验的对象来说，必须具有代表性。将来普遍施测的对象是**总体**，选定试测的少数对象是**样本**；样本必须具有代表性，根据样本试测的结果编制的测验，始可推展到总体去使用。因此，这个从总体中抽出来做为试测对象的样本，就称为**标准化样本**(standardization sample)。

3. 从试测结果中建立常模　根据对标准化样本试测结果，对所有受试者的分数，经统计分析，整理出一个系统性分数分配表，按高低排列，所得平均数，就称之为**常模**(norm)。因此简单言之，在编制测验标准化时，标准化样本的平均数，就是该测验的常模。常模的功用是对以后其他受试者单独施测时，可以做为比较的标准。以编制适用于小学中年级算术成就测验为例，从各小学抽取具有代表性的三、四年级小学生 1,000 人，做为样本予以试测。试测后 1,000 个学生所得分数的平均数，就是该测验的常模。有了常模，以后再拿该测验去测量其他小学中年级少数学生时，所得的分数即可与常模比较，从而评定其算术能力的高低。

（二）信　度

信度(reliability)是测验可信赖的程度。一个能力测验必须有高的信度，而后才能使人相信并采用来评定某种能力的个别差异。一个测验的信度代表它具有一致性，而一致性有两种意义：其一是重复施测结果所得分数相当一致时，即表示该测验具有高的信度。此种检定测验信度高低的方法，称为**重测法**(或**再测法**)(test-retest method)。由重测法建立的测验信度，称为**重测信度**(或**再测信度**)(test-retest reliability)。其二是各测验题目在功用上应具有相当的一致性，故使用测验题目中之一半（单数或双数)分别试测而分数相当一致时，即表示该测验具有高的信度。此种检定信度高低的方法，称为**折半法**(split-half method)。由折半法建立的信度，称为**折半信度**(split-half reliability)。用以表示信度高低者，称为**信度系数**(reliability coefficient)。

信度系数的大小，由统计上的**相关**计算法(见补充讨论 10-1)来决定。重测信度的信度系数，由前后两次施测结果求其相关而决定。折半信度系数可按题目的两半各得分数求其相关而决定。一般的能力测验，如信度系数高于 0.80，大致即被认为是可以信赖的。

(三) 效　度

效度(validity)一词，系指一个测验所测得分数的正确度。一个测验的效度愈高，即表示测验结果愈能代表它所想要测量的心理特质。以小学中年级语文成就测验为例，施测后每个三四年级学童所得的分数，如能果真代表他学得的语文能力，即表示该测验具有效度。因此对测验使用者来讲，在选择测验时，首先考虑的就是效度问题。因为缺乏效度的测验，施测之后无法达到预期的目的。与前文所述的**信度**比较，效度比信度更为重要，原因是只有信度的测验，可能没有效度，没有效度就达不到施测目的。例如，用磅秤量体重，所得数量代表个人体重；如连续多次测量数量相近，这表示磅秤做为测量体重的工具而言，既有效度，也有信度。但如以磅秤测得数量做为身高的代表时，即使多次重复施测结果一致，显示具有极高的信度，终因体重不能代表身高，而肯定认为磅秤对测量身高而言，是没有效度的。

能力测验必须有效度，能力测验效度建立的方法，将视其性质而定。在教育上所编制的各种学科成就测验，因为测验题目的选择，必须根据教科书的内容，而在题目的数量、范围及难度，均须具有代表性，否则，施测后的分数即不足以有效地表示学生学得的成就。像此种按教材内容的代表性为标准所建立的测验效度，称为**内容效度**(content validity)。

有些能力测验，在编制时并无可资选题之用的具体内容或范围，而且所编测验是为职场选人才或为个人选职业之用，而不在评定受试者以往学习的成就。以打算编制一套用来甄选高中毕业生参加电子器材装配训练的测验为例，因为训练尚未实施，既不能按电子器材装配的实际作业为标准来命题，也不能按高中各科内容为标准来命题。在此种情形之下，测验编制者可根据以下四个原则去选择题目并建立效度：(1)先按照现在电子器材装配员在实际作业时所需要的重要能力，实施**工作分析**(job analysis)，从而选定装配员在作业时所需的基本能力与基本知识。诸如视听力敏锐度、手指灵巧度、手眼协调度以及对空间方位与时间长短之判断等，可能就是这方面的基本能力。再如高中程度的理化、数学、语文等，可能就是这方面的基本知识。(2)根据工作分析结果，选择题目，编成测验，对应征的高中毕业生施测，获得训练前的一组分数，然后即参加训练。(3)训练结束后从事实际作业时，再按个人在工作表现记录其成绩，从而获得训练后的另一组分数。(4)最后将训练前后的两组分数并列，再按统计分析算出**相关系数**(见补充讨论 10-1)。此一相关系数的大小，即代表所编测验的效度，故而也称为**效度系数**(validity coefficient)。

在上述情形下建立测验的效度，训练后的一组分数，在性质上是供做检定以前所计划编制测验的标准，故而称为**效度标准**(validity criterion)，或简称**效标**。像此种能力测验，因为它的效度是根据以后的行为表现为标准而建立的，而其使用目的乃是用来预测未来能力高低的，所以此种能力测验的效度就称为**预测效度**(predictive validity)。

由上例可见，预测效度的建立需要很长时间。因此，有的测验编制者改采其他方法去建立效度，从而达到相同目的。例如，选择一种已被公认具有相当效度的既有测验，由新编测验与既有测验同时（时间前后接近)对受试者施测，得到两组分数，然后求其相关系数以定其效度。此种方法所定的效度，因为新编测验分数与做为效标的既有测验分数是同时得到的，故而称为**同时效度**(concurrent validity)。

上述预测效度与同时效度，都是根据新编测验与另一效标之间的相关而建立的，故而又称此类效度为**效标关联效度**(criterion-related validity)。

除上述内容效度与效标关联效度两类之外，另有一种称为构念效度。**构念效度**(construct validity)是指该测验之编制，系以心理学上某种理论的构念为基础。例如，有的智力测验，在内容上只包括数字、语文、空间知觉三类题目。其所以然者，乃是编制者在理论上认为，人的智力基本上就是包括数字、语文与空间知觉三种因素，故以该三类题目来测量人的智力。

补充讨论 10-1

几个统计学上的重要概念

以下所介绍的几个名词，只限于本书内所涉及的几个统计学上的重要概念。惟此处的解释只及于描述统计的层次，读者要想进一步探讨，可参阅有关推论统计的书籍。

1. 平均数(mean, M)系**算术平均数**(arithmetic mean, AM)的简称。将 n 个量数之和，以该 n 数除之，所得之商即为算术平均数。

2. 相关(correlation)指两个(或两个以上)**变项**之间的共变关系；其中一变项变动时，另一变项也因之发生变化。构成相关变项之关系，只知变项间有共变关系，不能肯定其间的因果关系。设 X 与 Y 为两变项，如 X 值由小变大时 Y 值也随之由小变大时，称为**正相关**(positive correlation)。如 X 值与 Y 值的变化完全一致时，称为**全相关**(perfect correlation)。如 X 值的变化与 Y 值的变化各不相干，称为**零相关**(zero correlation)。如 X 值由小变大而 Y 值因之由大变小时，称为**负相关**(negative correlation)。用来表示相关程度高低的数值，称为**相关系数**(correlation coefficient)。所有相关系数都介于＋1与－1之间。因此一般相关系数都是小数。

3. 标准差(standard deviation, SD)指以平均数为标准，拿全部量数中每个分数与平均数相比较，将所得之差平方之后，求其总和，而后以全部量数 N 除之，最后求其平方根，即为标准差。其计算公式为：

$$SD=\sqrt{\frac{\Sigma(X-\overline{X})^2}{N}}$$

SD：标准差　　X：个别分数

$\overline{X}$：平均数　　N：全部量数

标准差所表示者，是常态分布基线上的一段距离。按统计原理，常态分布基线上平均分为八个标准差；平均数上下各占四个(见图 10-4)。标准差的数值愈大，表示常态分布中各分数之间的差异愈大。

4. 标准分数(standard score)指将个人在测验上的**原始分数**(raw score)，用标准差做为单位来表示，借以观察该分数在团体平均数之上或之下有几个标准差，从而确定个人在团体中的相对位置。因此，标准分数是一种换算后的分数。换算后的标准分数通常用 Z 表示，称为 Z 分数。其计算公式为：

$$Z=\frac{X-M}{SD}$$

Z：标准分数　　X：个别原始分数

M：平均数　　SD：标准差

由于 Z 分数会产生负值，故而有时再经换算，以平均数为 50，标准差为 10，换算成另一种标准分数，那就是 T 分数。T 分数的换算公式为：

$$T=10Z+50=\frac{10(X-M)}{SD}+50$$

（四）实施程序与记分方法

上述**标准化**、**常模**、**信度**、**效度**各点，对**能力测验**以及任何**心理测验**而言，均属不可或缺的条件。而且，此等必备条件均须在测验编制时即予以建立，否则无从提供数据，让使用者据以选用以达目的。除了此等基本条件之外，任何能力测验，必须在编好的测验实施手册内，详细载明测验实施的程序与记分方法。

先就实施程序言，测验编制者必须在手册内详细而明确地举出指导语；规定施测者必须对受试者说些什么话（如时间限制、作答方式等），在测验时他必须做些什么事（如怎样发卷、如何收卷、如何回答受试者提出之问题以及如何控制时间等）。就前文所述标准化的广义观点言，实施程序的明确规定，也可视为标准化的条件之一。

至于测验的记分是属施测之后的结果整理工作。一个测验的记分方式必须在手册内详细说明：如何计算**原始分数**（按答对题数为准的分数），如何转换为其他种分数（如将原始分数转换为**智力商数**等），均须在手册内有所说明。无论采用何种记分方法，在使用时均须遵守以下四项原则：

1. 客观　测验的评分标准，必须有明确的规定；受试者所得分数的高低，绝不因阅卷者的主观因素而有任何影响。

2. 正确　无论对单一题目的记分，或是对全部分数的统计，必须按一定的方法与步骤，务须使可能产生的错误，减少到最低限度。

3. 经济　阅卷与记分过程，务须做到符合省时、省力、省钱的经济原则，使施测之后在最短期间内即得到最正确的结果。为求合于经济原则，故而一般测验均采试卷与答案纸分离的办法。要求受试者按题目代号，在答案纸上作答。如此既可节省试卷，留供以后重复使用，又可便于统计整理。

4. 实用　测验的目的本在用以做为解决问题的工具。因此，对测验分数的解释与应用，必须顾到使用者的条件；不需要太多专深的知识，即可获得测验结果并借以解决问题。

第二节 智力测验的发展

前文提到，多年来心理学家对人类智力的研究，一向集中在探讨智力理论与智力测验两方面的问题。从历史发展的观点看，智力测验发展在智力理论之前；早期的智力理论，几乎全都是根据智力测验结果发展出来的。因此在讨论智力理论之前，先行讨论多年来智力测验的发展。在过去一百多年的智力测验发展过程中，心理学家自始即试图建立一种兼具客观与量化(化质为量用数字表示)的测量工具，用以评定智力的高低。回顾以往智力测验发展的经过，大致可以分为三个阶段;(1)智力测验诞生前智力个别差异的研究;(2)智力测验诞生后的早期发展;(3)智力测验的晚近发展与现况。

一、智力个别差异研究的开端

在心理学史上，最早采用客观与量化取向研究人类智力高低从而解释个别差异者，首推19世纪中叶英国心理学家高尔顿(Francis Galton, 1822～1911)。在1869年，高尔顿出版《遗传的天才》一书，在书中他根据当时英国社会精英多自成家系(优秀人才代代相传)的现象，肯定人类智能高低的个别差异系来自遗传。固然高尔顿的解释中忽略后天环境的影响是其缺点，但他所采用的客观与量化方法对他解释所做的验证工作，被后人肯定是智力个别差异研究的开端。高尔顿是著名生物学家达尔文的表弟；他采取了达尔文进化论中“物竞天择，适者生存”的理念，相信人类智力的高低，可以从其感觉器官的敏锐度来鉴定。感官的功能得自遗传。动物中感官敏锐者较易生存的事实，可以用做感官敏锐就是智力较高说明。因此，1884年高尔顿在伦敦设立了一座研究室，以感官敏锐度为指标，以线条长短(视觉)和声音强弱(听觉)的判断为试题，从而测量推估智力的高低。像此种以生理上感官为基础测量智力的方法称为**生物统计法**(biometric method)。虽然高尔顿的验证研究结果未臻理想，受测试人数虽多达万人以上却未能证明感官敏锐度与智力有关，但他所采用的客观与量化研究取向，确实为以后从事智力研究者开启了先导之路。

二、智力测验的早期发展

由于高尔顿的生理计量法未臻理想，故而以后的心理学家改采心理计量取向尝试编制评定智力高低的工具。历史上正式的智力测验诞生于20世纪之初。智力测验诞生后的前40年，可视为智力测验的早期发展。从智力测验的形式、内容以及测验结果的解释而言，此一时期又分为三个阶段。

（一）心理年龄阶段

放弃高尔顿的生理计量取向，改采心理计量取向编制智力测验者，始自20世纪之初法国心理学家比奈(图10-1)。比奈的智力测验是从实用目的开始的。1904年法国教育部，为了要设计一种鉴别学童能力的工具，用以在一般学童中区别出学习能力薄弱者，编入特殊班级内因材施教，使之获得较

图10-1　比奈
(Alfred Binet, 1857～1911）是20世纪初法国心理学家，是智力测验之父，是运用智力测验帮助解决学校教育问题最早也最有贡献的心理学家。

适切的教学效益，比奈与另一学者西蒙(Theódore Simon, 1873～1961)受政府之聘，于1904年编成第一个智力测验，是为著名的**比奈-西蒙智力量表**（Binet-Simon Intelligence Scale),简称**比西量表**。最初的比西量表中计有30个题目，按难度由浅而深排列，以通过题目的多寡为鉴别智力高低的标准。后来1908年修订，增为50个题目，并按年龄分组，适用于3～13岁的儿童。

比奈-西蒙智力量表有三个特点:(1)放弃高尔顿的生理计量法，改采**作业法**(performance method)，让受试者根据语文、算术、常识等题目实际作业，从作业结果所获的分数多寡，判定其智力的高低。(2)创用**心理年龄**(或**智力年龄**)(mental age，简称MA)代表智力的高低。就题目的难度按年龄分组，三岁儿童均能通过的题目归在一起，是为适合于三岁组的题目；五岁儿童均能通过的题目归在一起，是为适合于五岁组的题目。依此类推，直到十三岁。如此设计，是将各年龄儿童在量表上通过的题数，代表他的心理年龄。换言之，这是一种采用心理年龄与**实足年龄**（chronological age，简称CA)对比方式表示智力高低的观念；心理年龄高于其实足年龄者，智力较高；心理年龄低于其实足年龄者，智力较低。比奈所创用的心理年龄观念，在智力测验编制原理上，一直沿用到现在。(3)不采用高尔顿所持智力高低完全决定于遗传的理念，改而在学校教育理念下鉴别儿童智力的高低，从而达到因材施教并促进儿童智力发展的目的。由此一观点看，比奈不但是智力测验的创始者，而且也是现代特殊教育的先驱。

(二) 比率智商阶段

比奈-西蒙智力量表问世后，迅即传至世界各国，后经美国斯坦福大学教授推孟(图10-2) 在1916年加以修订，是为著名的**斯坦福-比奈智力量表**(Stanford-Binet Intelligence Scale)，简称**斯比量表**，也是应用最广最具权威的个别智力测验。斯比量表的最大特征是采取了德国心理学家斯特恩(William Stern,1860～1955)的观念，改变原来的心理年龄，而以**智力商数**(简称**智商**)(intelligence quotient，简称IQ)来表示智力。智商代表心理年龄与实足年龄间的比值，故而亦称**比率智商**(ratio IQ)，其计算公式为:

$$IQ=\frac{MA}{CA}\times 100$$

IQ：代表智商(intelligence quotient)

MA：代表心理年龄(mental age)(根据通过的测验题数决定)

CA：代表实足年龄(chronological age)(根据生日计算)

(公式内乘以100的目的在于消去小数)

图10-2 推 孟

(Lewis Madison Terman, 1877～1956) 是20世纪美国心理学家，是斯坦福-比奈智力量表的编制者，是对现代智力测验发展贡献最大的人物之一，也是最早采纵贯法研究天才儿童最成功的人。

(三) 离差智商阶段

自从斯比量表采用比率智商以后，按智商数字的大小判定智力高低的理念，已广为接受。然而，采用$IQ=MA\div CA\times 100$的公式来解释不同年龄的智力高低问题时，在使用上难免会有限制。因为对接受测验的人来说，*MA*与*CA*之间不可能一直保持固定的比值；成年后*MA*将停止增加，而*CA*却继续成长，势必出现儿童期智力高，到成年后智力变低的不合理现象。设有15岁学生的心理年龄为20岁，他的智商就是$IQ=20\div 15\times 100=133$；这表示在同年龄层智力分布上他属于最高3%的资优学生。等他到40岁时如仍维持其心理年龄不变，他的智商就变成$IQ=20\div 40\times 100=$

50。智商 50 属于智力分布中的最低 3%智能不足的层次。为了解决此一问题，美国心理测验学家韦克斯勒(图 10-3)，采用了另一心理测验学家瑟斯顿(见后文)的意见，创用了离差智商。**离差智商**(deviation IQ)的基本原理是，按每年龄阶段内全体人智力为**常态分布**（或**正态分布**)(normal distribution)为根据，将个人的分数在其同年龄组分布中离开**平均数**的距离，用**标准差**来表示之。换言之，以个人在同年龄组分布中所在的位置为基础，先换算成**标准分数**（见补充讨论 10-1)，然后看他的位置离开平均数的距离有几个标准差，从而判定他智力的高低。此即离差智商一词的由来。

图 10-3　韦克斯勒

（David Wechsler, 1896～1981）是 20 世纪美国心理学家，是成人智力测验创始者，是最早采用离差智商表示智商高低的人，是 20 世纪心理测验学界代表人物，是比奈之后对智力测验发展贡献最大的人。

图 10-4　就是采用标准分数表示的离差智商常态分布。在此常态分布之下，智商的平均数为 100，标准差为 15。平均数上下(正负)一个标准差之间，包括了全部受试者的 68.26%；平均数上下两个标准差之间，包括了全部受试者的 95.44%；平均数上下三个标准差之间，包括了全部受试者的 99.72%。如此，等于是全部受试者之中任何一个人，只要将他在智力测验上得到的原始分数，换算成标准分数之后，就可以按照平均数上下标准差找到他的智商居于总体中的什么位置。设有某儿童经智力测验及得到的离差智商

是 115，按图 10-4 所示，115 正好是平均数以上一个标准差的位置。由此即可推知，该儿童的智力在同年龄组中高于其他 84.13%的人。由于离差智商在使用上优于比率智商，因此，斯坦福－比奈智力量表自 1960 年第三次修订时起，即一直改采离差智商，以迄于今。

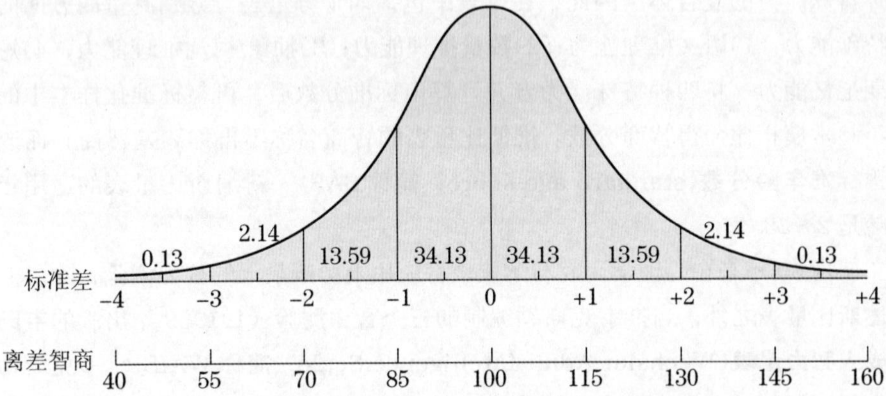

图 10-4　用标准差表示的离差智商常态分布

三、智力测验的晚近发展

(一) 个别智力测验的改进

综上所述，在智力测验发展早期的 40 年期间(1905～1945)，根据测验结果以表示智力高低的方法，大致可分为三个阶段：最早比奈编制比西量表时，创用心理年龄法；此后推孟将比西量表修订为斯比量表时，改用比率智商；再后韦克斯勒又加改进，创用离差智商。直到现在，以智商高低代表智力的观念虽然未变，但智商的计算已不再采用原来的方式。

另外从智力测验本身发展来看，从 20 世纪 40 年代以来，智力测验在性质及功能上，也产生了如下的改变:(1)由于智力理论的影响，改变以往视智力为单一普通能力，而咸认为智力为包括多因素的综合能力;(2)由以文字为主的**文字智力测验** (verbal intelligence test)，增编了**非文字智力测验**

(nonverbal intelligence test);(3)由早期只以儿童为对象的智力测验，增编了也适用于成年人的智力测验。

斯比量表自 1916 年以后因时代需要已经做过多次修订。目前通用的斯比量表为 1986 年第四次修订版。第四次修订版的特点是将智力视为包括多种特殊能力的复合体。因此，在量表中包括四个分量表，分别测量四方面的特殊能力:(1)语文推理能力;(2)数量推理能力;(3)抽象/视觉推理能力;(4)短期记忆能力。将四种特殊能力合并计算出标准分数后，再与标准化样本中的年龄常模相比而得智商分数。惟斯比量表的智商名称不再称离差智商，而改称**标准年龄分**数(standard age score，简称 SAS)。新编斯比量表的适用年龄是 2～23 岁。

近 50 年来在心理学研究与学校教育应用上影响最大的智力测验，除了上述斯比量表之外，当推韦克斯勒编制的三个智力测验:(1)1939 年出版的**韦氏成人智力量表**(Wechsler Adult Intelligence Scale，简称 WAIS)。韦克斯勒之所以编制成人智力量表，乃是鉴于斯比量表的两点不足之处：其一是当时的斯比量表只适用于儿童，不适用于成人；其二是斯比量表偏重于语文能力的测量，不适用于未接受良好语文教育的人。基于此二原因，韦克斯勒编制了适用于成人的智力量表。复经 1981 年修订后使用至今。该量表包括语文与作业(非语文)两个分量表，适用年龄为 16～74 岁。(2)1949 年初编1974 年与 1991 年两次修订的**韦氏儿童智力量表**（Wechsler Intelligence Scale for Children，简称 WISC)，内容包括语文与作业两个分量表，适用于 6.5～16 岁。(3)1967 年出版的**韦氏学前智力量表**(Wechsler Preschool and Primary Scale of Intelligence，简称 WPPSI)，内容包括语文量表与作业量表两部分，适用年龄为 4～6 岁。

以上所介绍的斯比量表与韦克斯勒智力量表，虽全系由美国心理学家发展编制而成，惟就智力测验的基本原理而言，此等智力量表所代表的理论与方法，具有世界通用性。惟其如此，无论斯比量表，或是韦氏智力量表，自初版开始到以后多次修订，在台湾地区曾有中文修订版本通行(图 10-5)。

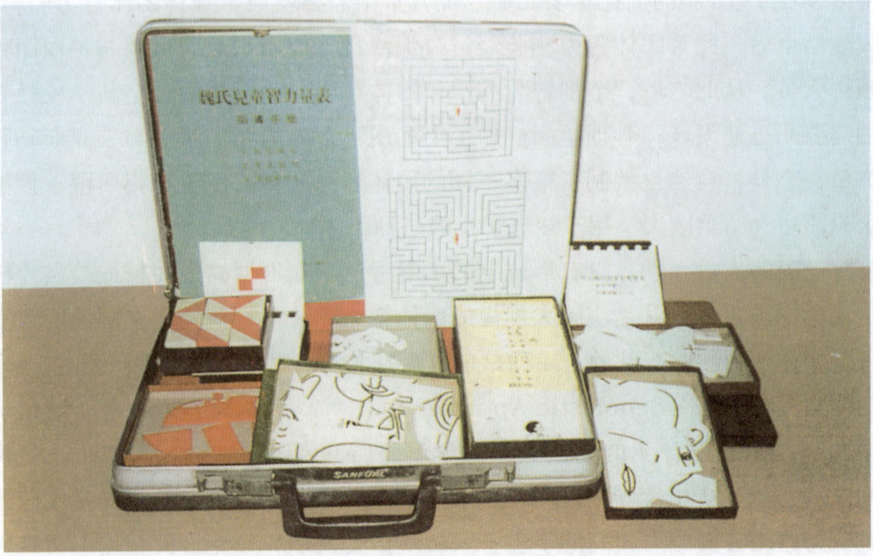

图 10-5　魏（韦）氏儿童智力量表中文修订版

（采自台湾师范大学特教中心，1979）

（二）团体智力测验的兴起

前文介绍的两种智力测验，因施测对象只限于一个人，故而称为**个别智力测验**(individual intelligence test)。因为个别智力测验是在主试者与受试者面对面的情境下进行的，所以主试者可以根据对受试者随时观察所见做出诊断。惟在短时间内需要了解团体中智力的个别差异时，就无法使用个别智力测验。因此，在斯比量表问世后不久，随之诞生了可以同时测量多数人的**团体智力测验**(group intelligence test)。团体智力测验可同时施测多数人是其优点，但在施测时不能顾到个别的情况(如不了解施测目的或缺乏受测意愿等)，则是其缺点。因此，在学校教育上采用智力测验以了解学生智力高低时，宜于采取两种措施；先采用团体智力测验以了解团体智力分配的大概情形，然后再采用个别智力测验以了解某些学生特殊情况。

团体智力测验始自 1917 年。时值第一次世界大战(1914～1918)末期，为了美军当局甄选不同兵种人员(如机械、通讯、驾驶等)的需要，心理学家们继续在 1916 年的斯比量表之后，配合军中需要发展了数种团体智力测验。大战结束后，此等团体智力测验经过改编修订，使用于政府机关与工商团体甄选人员。从此之后，个别智力测验与团体智力测验同样随社会与学校教育的需要而迅速发展；心理学家们除了上述用于个人的斯比量表与韦克斯勒智力量表之外，自然也编制了很多不同的团体智力测验。由于篇幅所限，接下去只简略介绍美国大学用于甄选学生的三种团体智力测验。

美国的大学入学，没有形式上的入学考试。除根据高中在校成绩做为核定入学标准之外，就是实施大规模的团体智力测验。目前美国全国性的大学入学团体智力测验有两种：一种是东西两海岸各州通用的**学术性向测验**（或**学业能力倾向测验**）（Scholastic Aptitude Test，简称 SAT），另一种是通用于中西部及东北部各州的**美国大学入学测验**（American College Test，简称 ACT）。学术性向测验包括语文能力测验与数学能力测验两部分，其基本假设是认为这两方面能力较高的学生，入学后接受大学的各专科教育均不会有太大的困难。美国大学入学测验包括英文、数学、社会科、自然科四个分测验。计算分数时，除按四科总分数评定学生智力的高低之外，并兼顾学生各科专长，从而分析学生入学后适于向哪一专科发展。

除上述甄选大学生的智力测验外，另有一种特别用于甄选研究生的智力测验，称为**研究生入学测验**（Graduate Record Examination，简称 GRE）。研究生入学测验包括普通性向与专科性向两个分测验；前者旨在测量学生的一般智力，后者旨在测量学生对某一学科的潜在能力。研究生入学测验结果按总分换算成标准分数计算；标准分数的平均数为 500，标准差为 100。一般大学的入学录取标准多定在 500 分以上。

第三节　智力理论

前文介绍过的各种智力测验，其目的均在以智力测验为工具，用以测量智力的高低。在此目的之下，自然会产生如下的问题：智力测验的结果能否真正代表人类的智力？以最著名的斯比量表为例，施测结果得到的总分，称为IQ。试问：一个人在智力测验上所显示的IQ，是否能真正代表他的智力？IQ高的人是不是在其读书、求学、处事、为人等各方面也会具有高人一等的能力？为了解答此等问题，乃有智力理论的研究。

所谓**智力理论**(theory of intelligence)，是指心理学家对人类智力的性质所做的理论性与系统性的解释。由于各家对智力的定义不同，所以历来各家所提出的智力理论也甚为分歧。本节的讨论将从历史发展的观点，介绍具有代表性的各家理论的要义，借供读者了解智力理论演变的大概情形。

一、心理测量取向的智力理论

从智力理论发展的历史看，自20世纪之初到20世纪之末，智力理论的建构大致分为两个阶段。在20世纪前半段，心理学家们多半采用归纳方式建构其智力理论，即根据对智力测验结果经**因素分析**(见注10-1)技术分析归纳之后，从而确定人类智力的性质。在20世纪后半段，心理学家们多半改采演绎方式建构其智力理论，即对人类智力的性质先提出一个理论架构，而后再分析验证人类智力内涵所包含的心理特质。此一新的取向与当时新兴的**认知心理学**思想有密切关系。因为认知心理学以讯息处理与生活适应的概念来解释人类求知思维的心理历程，心理测验学家即以此概念为根据，认为智力理论的建构必须以人类心智活动历程为基础。因此，晚近

注10-1：因素分析(factor analysis)是一种颇为复杂的统计技术。在心理学上，因素分析主要用于智力测验或人格测验理论的建构，其目的是根据多种测验结果彼此之间相关程度的高低，化约抽离出较少而仍具代表性的因素，从而推论解释多种测验所测的心理特质。例如，将20种测验对300名受试施测结果所得20组分数，将20组分数中每一分数与其他19种分数求相关，即可得到190个相关。将这些相关列成矩阵之后，可能会发现相关数字有集丛趋势，即几种测验之间相关高(或低)者有共同趋势。此一现象代表这几种测验所测者属共同心理特质。在此情形下，即可用一个概括性的名词来表示此种心理特质。以单字联想、词义辨别、语句重组、文义理解四种测验为例，如施测结果发现四者之间存有高度的相关，即可用“语文能力”一词，概括表示四种测验所测的能力。经过因素分析大致可将多种测验化约抽离为五或六个因素，根据因素分析化约抽离出的少数因素，即可用以推论解释，从而建构智力理论或人格理论。

的智力理论是以讯息处理论与生活适应为取向的。接下去先介绍心理测量取向的三种智力理论，然后再介绍讯息处理与生活适应取向的两种理论。

（一）智力二因论

智力二因论（two-factor theory of intelligence），简称**二因论**（two-factor theory），系由英国心理学家斯皮尔曼（Charles Edward Spearman，1863～1945）1904年所倡议。此后斯皮尔曼采用因素分析法分析数个不同智力测验，结果发现在智力测验上所表现的智力，包括两种因素（Spearman，1927）：其一为**一般因素**（general factor），简称**G因素**（G-factor）。智力的一般因素，其心理功能是表现在一般性的活动上。其二为**特殊因素**（specific factor），简称**S因素**（S-factor）。智力的特殊因素，其心理功能只表现在特殊性的活动上。按斯皮尔曼的解释，人类智力的个别差异，既表现在一般因素上，也表现在特殊因素上。惟两种因素之间的关系，并不是一定的。有的人在一般因素方面的智力较高，而特殊因素方面的智力也较高；像有的学生语文科成就高数学科成就也高的情形，就是如此。也有的人在一般因素方面的智力不高，但在特殊因素方面的智力却很高；像有的学生一般学科成就平平而数学成绩特优的情形，就是如此。不过，斯皮尔曼认为，一般因素是人类智力的基础，先有一般因素，而后才有特殊因素。一般因素方面智力太低的人，不会有太高的特殊智力。又因为一般因素的智力表现在生活活动的多方面，故而一般智力测验所测量者，多属一般因素方面的智力。

（二）智力群因论

美国心理测量学家瑟斯顿（Louis Leon Thurstone,1887～1955）反对斯皮尔曼以普通智力为主的二因论解释，根据他实地测量的结果，认为智力内涵中并无所谓一般智力与特殊智力之分，而是由一些彼此独立的**基本心理能力**（primary mental ability）组合而成。因此，瑟斯顿的智力理论被称为**群因论**（或**群体因素论**）（group-factor theory）。瑟斯顿的智力群因论是1938年提出的，其基本要义是谓人类的智力是由七种基本心理能力组合而成的（Thurstone, 1938）：（1）语文理解（verbal comprehension，简称V），属理解语文涵义的能力;(2)语词流畅(word fluency，简称 W)，属语言迅速反应的能力;(3)数字运算(number，简称 N)，属迅速正确计算的能力;(4)空间关系(space，简称 S)，属方位辨别及空间关系判断的能力；(5)联想记忆(associative memory，简称 M)，属将两事件相联结的机械式记忆能力；(6)知觉速度(perceptual speed，简称 P)，属凭知觉迅速辨别事物异同的能力;(7)一般推理（general reasoning，简称 R)，属根据经验做出**归纳推理**的能力。瑟斯顿 1941 年根据他发现的七种基本能力所编制的智力测验，称为**基本心能测验**(Primary Mental Abilities Test，简称 PMAT)。

(三) 智力结构论

智力结构论(structure-of-intellect theory)系由美国心理学家吉尔福德(图 10-6)1959 年所倡议。按智力结构论的解释，人类的智力乃是复杂思维的表现。在思维的整体心理活动中，包括三类事件:(1)引起思维的材料所决定的思维内容(content);(2)思维活动时心理上的思维运作(operation);(3)经由思维运作所获致的思维产物(product)。思维过程中的三类事件，可视为立体结构的三个维度。图 10-7 的立体图解，即代表吉尔福德的智力结构理论。

图 10-6 吉尔福德

(Joy Paul Guilford, 1897～1987)是 20 世纪美国心理学家，是智力结构论的创始人，也是最早在智力结构中确定创造力性质的心理学家。

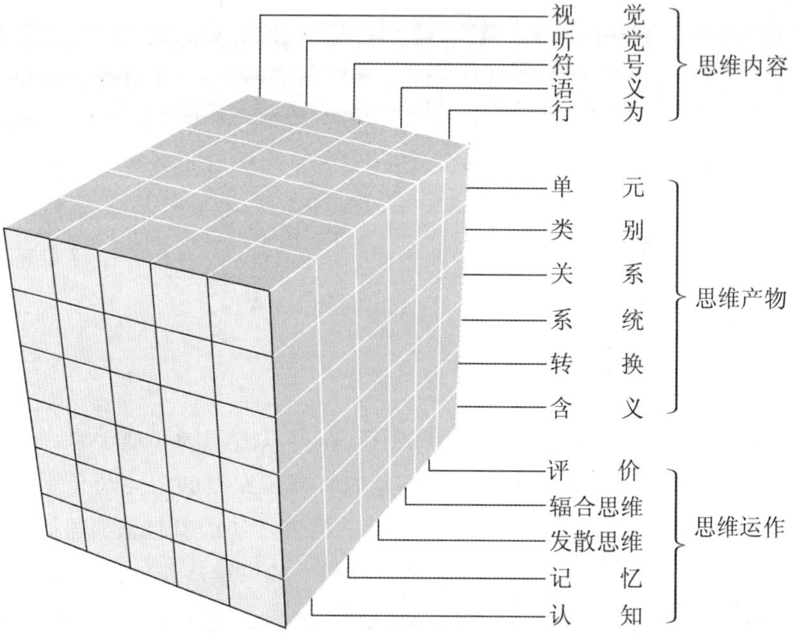

图 10-7 吉尔福德智力结构论图示

(根据 Guilford,1988 绘制)

按图 10-7 所示，构成智力的三大类要素内，每大类要素又各自包括多个次级要素。如此在整个智力结构中，在理论上就可按三大要素的乘积，得到 5(不同内容)×5(不同运作方式)×6(各种思维产物)=150 种能力(注 10-2)。换言之，人类的智力是由 150 种不同的能力建构而成的。在思维内容维度上，

注 10-2：1959 年吉尔福德首度提出智力结构理论时，他是采用 4（内容）×5（运作）×6（产物）=120 种能力说法。当时他将思维内容分为形状、符号、语义、行为四类，将思维运作分为评价、辐合思维、发散思维、记忆、认知五类，将思维产物分为单元、类别、关系、系统、转换、含义六类（Guilford, 1959）。1985 年吉尔福德修正了他的理论，将原来思维内容中的形状一类，改为视觉讯息与听觉讯息两类，结果使智力结构变为 5（内容）×5（运作）×6（产物）=150 种不同能力(Guilford, 1985)。到 1988 年吉尔福德将其理论再做修正，将思维运作中记忆一类改为**记忆收录**(memory record- ing)与**记忆保存**(memory retention)两类，结果形成 5（内容）×6(运作)×6(产物)=180 种不同能力(Guilford,1988)。惟一般介绍吉尔福德智力结构论者，多以其 1985 年 150 种能力的说法为根据。

引起思维的材料或讯息（即刺激），包括五类：(1)视觉(讯息)，指经视觉器官(眼睛)直接观察可见的具体形象；(2)听觉(讯息)，指经由听觉器官（耳朵）直接听到的声音；(3)符号（讯息），指带有含义的文字、数字、图案等符号；(4)语义(讯息)，指由语文传达的观念；(5)行为(讯息)，指对别人外显行为的主观解释（属社会性智力）。在思维运作的维度上，包括五类不同思维运作方式：(1)**认知**(cognition)，指对引起思维讯息的认识与理解；(2)**记忆**(memory)，指对需要思维的讯息立即予以收录并储存；(3)**发散思维**(divergent thinking)，指思路广阔，从不同角度思考并进一步提出创意的超常思维方式；(4)**辐合思维**(或**聚合思维**)(convergent thinking)，指根据已有经验循逻辑途径寻求固定答案的思考方式；(5)**评价**（evaluation），指在对各种讯息处理时，对讯息的性质及其适切度之选择与取决过程。在思维产物的维度上，包括六类不同思维结果：(1)单元，指思维结果是可以采用单位计算的(如多少单词)；(2)类别，指经思维后按事物特征类化，得到类别的认知(即概念)；(3)关系，指经思维之后了解到事物之间的关系（如一定体积的水比同体积的冰重)；(4)系统，指经思维后了解到复杂事物的系统结构（如自来水从何处来)；(5)转换，指经思维后能将某种事物转换成另一种形式（如水遇热转化为蒸汽)；(6)含义，指经思维后能从现实事物的表象得到启示，并用做对同类事物的解释与预测的依据。

吉尔福德的智力结构论有三点重要意义：(1)智力并非单一能力，而是由多种能力交互作用形成的复杂结构；(2)智力不是静态的知识运用能力，而是适应环境的动态思维历程；(3)智力不只是知的能力，而是包括了知识之上的创造能力。

二、讯息处理与生活适应取向的智力理论

（一）智力三元论

前文所介绍的各家智力理论，虽然在解释人类智力的性质时论点互有差异不尽相同，但在基本取向上却大致雷同；同样是根据受试者在智力测验上

所表现的分数，去分析、推论、解释形成智力的因素或智力的整体结构。像此种以心理测验为取向所建构的智力理论，等于是确认了智力测验所测到的能力就代表智力。换言之，采心理测验取向所建构的智力理论，无异于将IQ与智力两个概念视为同一意义。迨至20世纪60年代以后，开始有些心理学家对此种IQ等于智力的看法提出质疑。质疑的最基本问题是，传统智力测验的内容多半都是包括语文与数学两类试题，一个人在此两类试题上所表现的分数，是否真正代表他的智力？换言之，人类的智力是否只限于传统智力测验所测量的语文与数学两种能力？在此期间适值以讯息处理为取向的认知心理学兴起，受其影响终于产生了以讯息处理为取向的新智力理论。

采取讯息处理取向建构智力理论的心理学家，当以美国耶鲁大学教授斯腾伯格(图10-8) 为主要代表人物。在1985年出版的《IQ不等于智力》一书中，斯腾伯格首先提出了智力三元论的初步主张(Sternberg, 1985)。其后又在1988年出版的《一体三面的心》一书中修改补充(Sternberg,1988)，是为目前最具代表性的一种新智力理论。所谓**智力三元论**（triarchic theory of intelligence)，指人类的智力是由三个不同维度形成的复合体。他分别称

图10-8 斯腾伯格

(Robert J. Sternberg, 1949～)是20世纪美国心理学家，是认知心理学家，是从讯息处理论的观点首创智力三元论的心理学家，也是根据同样理论提倡爱情三元论的人。

智力的三个层面为三种智力：(1)**组合智力**(componential intelligence)：指善于记忆、辨别、分析、判断从而找出问题答案的能力。此种能力代表个人讯息处理的能力，传统智力测验所测到的能力，在性质上即属组合智力。(2)**经验智力**(experiential intelligence)：指善于从经验中得到启发与领悟，从而形成个人的创造性能力。用于测量普通性向的传统智力测验，测量不到此种属于特殊性向的经验智力。(3) **情境因应智力**(contextual intelligence)：指因应环境需要而随机应变的能力，情境因应智力高的人，在生活适应时既能改变自己适合环境要求，也能改变环境条件从而达到自己追求的目的。情境因应智力是生活上的实用能力，传统智力测验也测量不到此一维度的智力。

从智力的个别差异观点言，智力三元论中三种智力的分配因人而异，有的人长于组合智力，有的人长于经验智力或情境因应智力。斯腾伯格曾举耶鲁大学的三个研究生为例，用以说明三个研究生分别长于三种智力所显示在行为上的差异(Sternberg, 1988)。第一个研究生大学成绩杰出，轻易获得入学许可后，第一年修读各种学科时，表现出优异的推理、分析、思辨的能力。惟进入第二年需要自己研拟设计独立研究时，该生显示出缺乏突破旧观念的创新能力。第二个研究生大学成绩中上，未能获得入学许可。惟因该生具有创造力而获得其大学部教授极力推荐，结果得以进入研究所担任研究助理。后经斯腾伯格赏识，认为他是难得的独立研究人才。第三个研究生获准入学后，在学业表现上虽不突出，但各科成绩均衡。与其他两研究生相比，他的特点是随机应变，能够将自己分内的所有工作做到尽善尽美的地步。显然，第一个研究生长于组合智力，而第二与第三两个研究生则分别长于经验智力与情境因应智力。一向用 IQ 来代表智力的传统智力测验，所测量到的能力只能视为组合智力，而不能测量出其他两种智力。惟其如此，斯腾伯格批评传统智力测验的最大缺点是窄化了智力；IQ 不等于智力，IQ 只能视为人类智力中的一个层面。

显然，斯腾伯格的智力三元论，指出了传统智力测验的两项限制：其一是 IQ 不能代表整个智力；其二是 IQ 除预测学生学业成就之外，很难用之于预测事业成就(见补充讨论 10-2)。

补充讨论 10-2

高智力者何以在事业上未必有高成就

自 20 世纪初心理学家创用了智力测验以后，学校中和社会上就普遍接受了两种观念：其一，智力测验得到的 IQ 就代表个人的智力。其二，根据 IQ 的高低，不但可短期预测学业成绩的优劣，而且也可长程推估将来事业成就的高低。惟多年来心理学家研究发现，如以团体学生为对象来考查，学生的 IQ 与其学业成绩之间，确实存在正相关关系，即 IQ 高者一般会有高的学业成绩。然根据 IQ 推估个人未来事业发展时，智力高者却未必较一般人更有成就。形成此现象的主要原因有二：其一，IQ 之所以与学业成绩正相关，是因为智力测验的题目素来以语文和数理知识为主，而此类知识多半是学校书本中间接学来的。其二，智力之所以不能推估个人未来事业成就，是因为以后事业上所需要的能力，与智力测验上所测到的 IQ 是不同的。IQ 高者可能善于读书，但未必擅于事业上所需要的待人处事、随机应变等社会能力。清代诗人龚自珍的名句“百无一用是书生”，正说明了个中道理。

在心理学文献中记载了一个智力极高而事业一无所成的故事（Wallace, 1986）。故事的主角叫塞底斯（William J. Sidis,18948～1944），出生于纽约的一个美籍白俄家庭，两岁开始读书，五岁能说俄、德、法、英四种语言，六岁入学后，一年之内读完了一至七年级的课程，并展露出他在人体解剖学上的知识已达大学医科入学的水平。11 岁以天才儿童身份入哈佛大学，入学不久即以第四维度为题在数学俱乐部演讲，震惊了美国数学界，被誉为旷世奇才。未料好景不长，大学毕业进入研究所后，塞底斯的表现却一落千丈。中途退学转任中学教师，任教又复失败。此后穷困潦倒，46 岁去世时，竟然身无分文。

上述塞底斯的故事，正符合了中国成语“小时了了大未必佳”的意涵。也许塞底斯的例子过于特殊，惟大致可确定的是，单是根据读书能力不足以做为推估事业成就的唯一根据。读者或问：“除 IQ 之外关系事业成败者另有哪些因素？”对此问题仅介绍两位心理学家的看法。一位是美国心理学家斯腾伯格（Sternberg,1986），他在 1986 年出版的《应用智力》一书中指出，高智力者之所以事业失败，乃是由于智力测验测量不到以下 10 项人格特质：(1)缺乏成就动机；(2)缺乏恒心毅力；(3)不能自我控制；(4)不敢勇于尝试；(5)过分自我原谅；(6)尚空想缺行动；(7)专有余而博不足；(8)失败得不到教训；(9)不能延后享乐；(10)缺乏独立性格。

另位解释此一问题的是美国心理学家戈尔曼，他在 1995 年出版的《情绪智力》一书中，提出智力之外个人掌控自己情绪的能力，才是事业成功的要素。戈尔曼称此种能力为**情绪智力**（emotional intelligence）。戈尔曼认为情绪智力包括五种能力（Goleman, 1995）：(1)觉知自己情绪状态的能力；(2)控制自己情绪的能力；(3)情绪低潮时自我激励的能力；(4)体谅别人情绪的能力；(5)与别人建立并维持深厚感情的能力。《情绪智力》一书出版后，其他心理学家根据戈尔曼提出的情绪智力概念，相继编制了多种测量情绪智力的测验。对测验结果的计算与解释，则比照传统智力测验计算**智商**的方式，称为**情绪智商**（emotional quotient，简称 EQ）。

(二) 智力多元论

基于上述讨论可知，斯腾伯格的智力三元论在理念上已超越传统智力测验的狭隘解释，且进而拓宽了智力一词的概念。约在同时，美国心理学家加德纳(Howard Gardner, 1943～)在 1983 年出版《心之组成》(Gardner, 1983)，继而于 1993 年出版《多元的智力》(Gardner, 1993)，在这两本专书中，加德纳采取生活中多方面心智活动才代表智力的观点，提出**智力多元论**(theory of multiple intelligences)。加德纳与斯腾伯格一样，放弃从传统智力测验结果(如 IQ)的观点去分析智力的性质，改而从人类的脑神经组织、儿童发展以及实际生活中各种行业杰出人才的表现中，去思考人类智力之中究竟应该包括哪些内涵。像杰出的文学家、艺术家、音乐家、运动员、社会领袖等，无可否认这些人均各具有超乎常人的能力，但如只从传统智力测验的观点言，这些人很可能在智力测验上获得的分数，未必是高人一等。果真如此，这些人的智力不是不高，而是窄化了的智力测验测不出这些人所具有的智力。职是之故，加德纳提出了全能取向的智力多元理论。

所谓“多元”是指包括人类生活中有效适应环境时所需要的一切能力。加德纳在他的智力多元论中指出，人类的智力是在遗传与环境两种因素交互作用之下逐渐发展而成的。智力发展达到成熟阶段时，在人类智力的整个领域内，将发展出八种不同的智力(Gardner, 1993)：(1)**语文智力**(linguistic intelligence)，指学习语文与使用语文的能力；(2)**数理智力**(logical-mathematical intelligence)，指数学运算与逻辑推理的抽象思维能力；(3) **空间智力**(spatial intelligence)，指辨识方位判断距离远近的能力；(4)**音乐智力**(musical intelligence)，指音律欣赏及表达的能力；(5)**体能智力**(bodily-kinesthetic intelligence)，指支配肢体以完成精密作业的能力；(6)**社交智力**(interpersonal intelligence)，指了解别人并与别人建立合作及亲密关系的能力；(7)**自知智力**(intrapersonal intelligence)，指了解自己的优缺点及动机、兴趣、欲望等，从而选定合于自己的目标并努力追求实现的能力；(8) **自然智力** (naturalist intelligence)，指理解大自然现象并适应自然环境的能力。

按加德纳的解释，以上八种智力合成的整体，才能代表人类的智力。传统智力测验所测到的IQ，只能算是人类八种智力中的前三种智力；IQ之中不包括后五种智力。因此，IQ不等于智力。当然，人未必能八种智力样样高超，多数人是在八种智力上长短不齐。有的人长于语文与数理，但短于音乐与社交；有的人长于音乐与社交，但短于空间与体能。基于此义，在根据学生智力的个别差异预测其未来的成就时，就必须从八种智力所构成的整体智力去考虑。既然传统智力测验测得的结果，只代表了人类智力中的三种智力，自然不能有效预测学生未来在社会上的成就。由于传统智力测验的编制自始即偏重采用语文与数学的题目，故而在学校中采用智力测验结果预测学生的学业成就，是相当有效的。学生毕业后参与社会竞争时，其生活适应的成败，就得看他是否具备传统智力测验之外另外的诸项智力。这也就是学生时代智力与学业表现杰出的所谓“高才生”，走出校门后在生活事业上未必有超常成就的原因。

第四节　天性与教养对智力的影响

根据图10-4智力常态分布的现象看，人类智力有高低之分的个别差异现象，是明显的事实。惟对形成智力高低个别差异原因的解释，自古以来尚无定论。在哲学心理学时代，有天性与教养孰重的争议，现代的科学心理学时代，则有遗传与环境何者影响较大的问题。本节的讨论将以多年来心理学家研究发现为根据，以持平的观点，分析讨论遗传与环境两大因素分别对智力个别差异的影响。

一、遗传影响智力的证据

在第二章第一节讨论遗传的过程时，即曾提到打从受精卵开始，胎儿的男女性别即已决定。由此可知男女性别完全是由遗传所决定。除性别之外，属于身体的特征，诸如肤色、发色、眼睛虹膜等种族特征，也是由遗传决定的。遗传既然决定人类的性别与身体特征，然则与身体具有密切关系的心理特征，是否也由遗传的因素所决定？为了解答此一问题，多年来心理学家们不断试图从以下两方面探讨遗传影响智力的证据。

（一）孪生子研究的证据

所谓**孪生子研究**(twin study)，是指采用孪生子为对象，从孪生子的不同类型，先确定他们之间遗传的近似程度，继而观察孪生子出生后的生活环境，以了解可能影响其身心发展的后天因素。最后以智力测验的结果做为依据，并分析比较孪生子之间智力的相似或相异的程度。

孪生子是在受孕时，精子与卵子结合过程中形成的。因精子与卵子结合的情形不一，而使一对孪生子之间在遗传关系上因相似程度不同而有两种可能情形：一种为**同卵孪生子**(identical twins)，是由单一精子与单一卵子受精后分裂发育而成的。一种为**异卵孪生子**(fraternal twins)，是由两个(或数个)精子分别与两个(或数个)卵子受精后分别分裂发育而成的。就遗传的关系而言，同卵孪生子的**染色体**相同，染色体内部的**基因**相同，所以他们之间的遗传基础是完全相同的。异卵孪生子之间的遗传关系，和与其他兄弟姊妹的关系相似，其不同于一般兄弟姊妹者只是在胎儿期间一起发育而已。因此，研究同卵孪生子智力的**相关**(见补充讨论 10-1)，并与其他不同程度血缘关系者比较，即可据以推论遗传对智力所产生影响的程度。表 10-1 所示，即心理学家分析多年来 111 项孪生子研究的结果。

根据表 10-1 的内容，从遗传问题的孪生子研究中，可以对遗传与环境孰为重要的问题，得到以下五点认识：

1. 从遗传相同的同卵孪生子(无分共同生活与否)间的智力相关高于其他所有关系之间的相关看，遗传显然是决定智力高低的重要因素。

2. 除同卵孪生子之外，从属于血缘最近的异卵孪生子、同胞关系、亲子关系三方面的相关多半高于其他两种关系的现象看，也显示遗传是决定智力

表 10-1 孪生子与各种不同血缘关系者智力相关比较

不同血缘关系	生活环境	相关
同卵孪生子	出生后共同生活者	0.86
	出生后分离生活者	0.72
异卵孪生子	出生后共同生活者	0.60
同胞关系	出生后共同生活者	0.47
	出生后分离生活者	0.24
亲子关系	出生后随父母共同生活者	0.40
领养亲子关系	出生后随养父母共同生活者	0.31
堂(表)兄弟姊妹	出生后分离生活者	0.15

(采自 Bouchard,1996)

高低的重要因素。

3. 从同卵孪生子出生后分离生活者智力相关低于出生后共同生活者智力相关的现象看，环境显然是遗传之外影响智力的另一因素。

4. 从同胞兄弟姊妹出生后共同生活与否而有智力相关显著差异的现象看，除了遗传不同是原因之外，环境也是影响智力的因素之一。

5. 毫无血缘关系的领养亲子间智力的相关高于有血缘关系的堂兄弟姊妹间智力相关的现象看，环境显然是影响智力的重要因素。

综合以上五点，对智力决定于遗传或环境的争议，大致可获如下结论：遗传是决定智力高低的第一因素，而环境则是影响智力发展的第二因素。

（二）脑功能研究的证据

无论是从常识的观点或是从生理科学的观点看，人类智力的高低与脑的生理功能之间，必然是存在着密切的关系。平常说某人“脑筋灵活”，意思就是指某人智力较高。其中“脑筋”二字所指者，就是我们第二章内所说的脑神经。人类的一切生理器官是遗传的，脑神经系统的构造，也是遗传的。准此推理，由脑神经在传导讯息时所发挥的功能，自然也是遗传的。

基于以上推理，生理心理学家近年来已开始研究神经传导速度与智力的关系(Reed & Jensen, 1992)。该项研究的实验设计是:(1)从视觉刺激出现引起视觉**神经冲动**开始，直到大脑两半球管制视觉的神经中枢**视觉区**做出反应为止，其间所经过的时间做为脑神经功能的指标；时间愈短者，表示神经传导愈快，亦即表示脑神经的功能愈强。此一构想与平常以“头脑敏捷”代表聪明和“反应迟钝”代表愚笨的说法，颇为符合。(2)以**瑞文渐进推理测验**(见图 10-11) 测到的 IQ 分数做为智力高低评定的根据。(3)以 147 个成年人为受试者，以瑞文渐进推理测验中的图形试题做为引起神经冲动的视觉刺激。根据以上设计，即可测量到所有受试者的神经传导速度与 IQ 两组分数。统计两组分数间的相关程度，即可推知脑神经功能与智力的关系。此一研究所得结果与事先的假设及平常的说法完全符合，即脑神经功能与智力测验结果呈现**正相关**的关系。亦即脑功能愈强者，其 IQ 愈高。

二、智力遗传现象的误解

经过心理学家们的多年研究，对智力高低究竟决定于先天遗传或后天环境的争议，大致上已获得如下的共识：遗传是决定智力高低的第一因素；在遗传法则下，决定了个体智力的最高和最低限度。环境是决定智力的第二因素；在个体所被赋予的遗传限度之内，在心理特质上所展现的实际智力，其高低变化将因个体生长环境的影响而有差异。

虽然心理学界对影响智力的遗传与环境两因素的争议已有上述共识，但对遗传影响智力的看法，多年来的争议却未平息。此一争议的关键问题是：因遗传因素所形成的智力高低差异现象，究竟是只可视为同一种族内个体之间的**个别差异**，或是也可视为不同种族之间的**团体差异**？由于不同种族间在由遗传决定的身体特征上存有明显的团体差异，因此在自 20 世纪之初智力测验在美国流行之始，即被美国政府与部分心理学家用来做为解释种族间智力差异的根据，甚至演变成了以后种族歧视的借口。这就是接下去要讨论的智力遗传现象被错误解释的问题。

(一) 智力的种族差异现象

不同种族之间因不同遗传所形成的身体特征，在外形上的确存在着明显的差异。此种差异不需借任何测量工具即可直接观察辨认。属于心理特征的智力，固然主要由遗传因素所决定，但智力的高低无法直接观察辨别，只能靠智力测验的结果间接推理评定。根据多年来心理学家采用智力测验对不同种族施测的结果，不同种族之间在智力上确实存在着差异现象。

早在 1912 年，由于欧洲移民大量涌入美国，当时的美国联邦政府移民局，特别邀请心理学家戈达德(Henry Herbert Goddard, 1866～1957)对移居纽约市的欧洲各地移民实施智力测验。施测结果被列为**低能**者(注 10-3)，在犹太人中占 83%，在匈牙利人中占 80%，在意大利人中占 79%，在俄国人中占 87%。在后来以《心理测验与移民》为题的报告中，戈达德向美国政府建议严格限制这些国家的移民(Goddard,1917)。约在同时，因修订比西智力量表为斯比量表而著名的推孟(见图 10-2)，在其 1916 年出版的《智力测验》一书中，也明确指出“黑人与墨西哥人儿童，其 IQ 较白人儿童为低；而此种因种族遗传因素所形成的智力差异，是永远无法靠教育方法补救的”(Terman,1916)。

在第一次世界大战(1914～1918)期间，团体智力测验首度被用来做为甄选军中人员之用。当时美国军人中包括早期欧洲不同种族的后裔，经实施团体智力测验后发现，其中英格兰、苏格兰、加拿大及北欧各地移民后裔的 IQ 最高，而来自意大利、波兰、犹太等族群后裔的智力最低 (Yerkes,1921)。此一军中团体智力测验结果，成为后来美国国会辩论移民政策的根据；辩论的结果终于通过了 1924 年限制各国配额的移民法案。

以上所述是 20 世纪 30 年代以前智力种族差异现象研究的大概情形。对此一问题的晚近研究，一般都集中在对美国境内黑白两个种族间智力差异

注 10-3：**低能** (feeble-mindedness)一词，是心理学上早期的用语，现在已弃置不用，而改称**心智不足**(mental retardation)。被列为心智不足者，其 IQ 均在 70 以下，约占全人口的 2.5%(见图 10-4)。

的问题。根据智力测验结果比较美国黑白两种族智力的差异，多年来已公认黑人的 IQ 平均数比白人要低 10～15 个分点(Loehlin et al., 1975)。这是一项事实，此一事实可由图 10-9 显示出来(Anastasi,1958)。

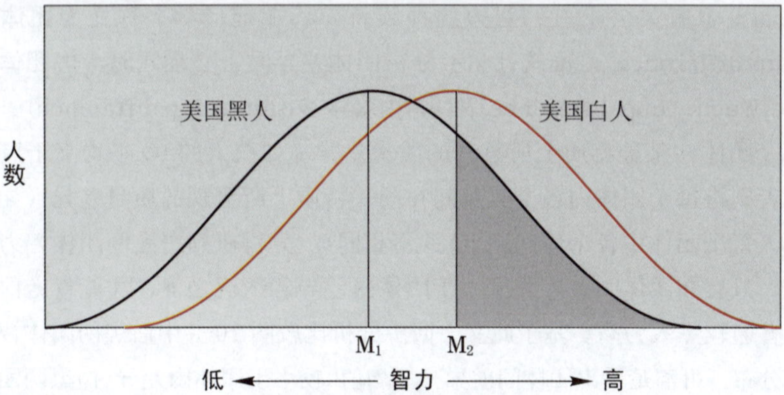

图 10-9 智力的种族差异

(采自 Anastasi,1958)

(二) 智力种族差异现象的误解

图 10-9 两条曲线所显示的意义是，白人与黑人两个族群中智力的常态分布是不相同的；这表示白人族群的智力显然高于黑人。对形成黑人智力平均低于白人现象的解释，早期的美国心理学家倾向于将之归因于种族遗传。心理学界持此论点者，主要是美国加州大学心理学教授金森(Arthur R. Jensen, 1923～)的主张。金森对 1965 年美国国会为改善黑人教育环境通过实施的**启智计划**（注 10-4），提出强烈批评；认为黑人智力较低是种族遗传使然，国家花费大量资源去谋求补救，是徒劳无功的(Jensen,1969)。金森的主张虽然引起其他心理学家的批评，但他的理论却也提供了当时一些人做为种族歧视的借口。

不同种族间智力有高低之分，虽然是明显的事实，但如单纯将形成此种

注 10-4：**启智计划**（Head Start Project），是美国第 36 届总统詹森（Lyndon B. Johnson,1908～1973)在“向贫穷宣战”的号召下所推行的改善黑人教育计划。计划的主旨在加强学前教育，使家庭环境不良的黑人儿童得到智力的良好发展。

事实的原因解释为遗传，在理论上显然有两点可议之处：(1)评定不同种族智力所用的工具是根据同样的智力测验。在美国通用的智力测验多属语文测验，同一语文智力测验，用于不同文化背景的各个种族时，即使经过翻译，其试题意涵上也有欠公平。(2)智力的种族差异，在统计学上称之为**团体差异**(group difference)。惟统计学上分析团体差异时，必须同时考虑**团体间差异**(between-group difference)和**团体内差异**(within-group difference)；前者指两个团体在某种特质上所显现的质量差异（如白人的 IQ 平均高于黑人），而后者则指每个团体内各个成员间在同一特质上所显现的质量差异（如白人或黑人每个团体中各个体间的 IQ 并不相同）。分析研判白黑两团体智力的差异时，只有在团体间差异明显大于团体内差异的情况之下，才能肯定白人的智力普遍较黑人为高。基于此义，回头分析比较图 10-9 中白黑两团体智力高低的分布，可清楚看出团体间差异（平均值）较小于团体内差异(白黑两团体中均各显示极大的个别差异)。而且在黑人智力分布中，智力高于白人平均智力者，也占有相当成分(深色部分)。

再从遗传影响智力的观点来看同一问题。遗传是决定智力高低的主要因素，这原则绝不只适用于解释智力的种族间差异，而同样可适用于解释同一种族内的个别差异。图 10-9 中白人与黑人智力分布的两条曲线，分别代表每个种族成员间的智力高低，二者都有很大的个别差异，而此种明显个别差异的形成，环境当然也是一个重要因素。因此，以往将种族遗传视为智力差异唯一因素的观点，显然是一种错误的解释。

三、影响智力发展的环境因素

不同种族间智力有高低的差异，是一项明显的事实。此一事实既不能归因于遗传，那么，应如何给予合理的解释呢？此即接下去要讨论的环境因素对智力发展影响的问题。

（一）养子女研究的证据

除亲子间的遗传是决定子女智力高低的主要因素之外，家庭环境中父母对子女的教养方式，自然是影响子女智力发展的另一重要因素。一个人智力的高低是根据智力测验结果评定的，而个人在智力测验上所表现出来的能力(多为语文数学能力)，则是他出生后在生活环境中逐渐学习发展出来的。因此，儿童自幼在家庭中的成长，正如一棵树在山林中成长一样，除了遗传是先决条件之外，必须有适于成长的环境，才能使先天遗传的优良特质得以显现。自然环境中有良好土壤，充足的水分与阳光，才会使一粒种子长成一棵大树，家庭环境中有良好的教养，才会使儿童的天赋潜能获得充分发展。

以上所述家庭环境因素影响儿童智力发展的理念，从表 10-1 内领养亲子关系间存在相当高的相关现象看，即可得以证明。领养亲子之间本来毫无遗传关系，他们之间智力的相关程度应该接近**零相关**才是。事实上两者间相关系数高达 0.31。此一现象的形成，除养父母教养的影响之外，没有其他的原因。惟表 10-1 中所列资料，只说明养父母对养子女的智力发展具有影响作用，未说明影响的程度究竟有多少。此一问题可由另一项养子女的研究得到答案(Scarr & Weinberg,1976)。该项研究的对象是被白人家庭领养的 99 个黑人儿童。开始领养的时间，有些是在出生之后一周岁之前，有些是在一周岁以后不同的年龄。等数年后实施智力测验的结果发现:(1)就全部 99 个领养儿童的智力发展看，其平均 IQ 为 105，此一数值远较一般黑人儿童的平均 IQ 为高 (黑人儿童平均 IQ 在 90 左右);(2)单就周岁以前即被领养儿童的智力发展看，其平均 IQ 为 110，此一数值恰与美国中产阶级儿童的平均 IQ 相当。由此可见，美国黑人智力一般低于白人的现象，绝非由于不同遗传，而是由于自幼生长的不良环境使然。

(二) 教育与文化差异研究的证据

前述家庭环境影响儿童智力发展的事实，是属于个别性的。除家庭环境对个别儿童智力发展产生影响之外，社会文化的差异也是影响同社会同文化下儿童智力发展的重要因素。在这一方面的研究资料很多，以下仅举两项研究发现，用以说明不同学校环境及不同社会文化对儿童智力发展的影响。

一项研究是以以色列的儿童为对象的。以色列是集合世界各地犹太人而成立的一个新国家。世界各地犹太人的生活背景并不相同，因而人口素质自然也参差不齐。以色列政府的教育当局调查发现，来自欧洲犹太人的智力，一般较来自阿拉伯国家的犹太人为高；其间在IQ上的差异程度，相当于美国境内白人和黑人之间的差别(相差10～15个分点)。以色列政府为了均衡和提高人口素质，于是设立一种类似公社的特殊学前教育机构。儿童出生后不由父母养育，而集中在公社的幼儿园中，由受过专业训练的保姆负责统一教养。在此种教育环境中，儿童的生活方式及智力发展，自然是受亲生父母影响者小，受学校教育影响者大。经研究发现，此等儿童的父母因来自不同地区所显示的团体智力差异，已不复存在；只是仍然保有智力上的个别差异（Smilansky,1974）。

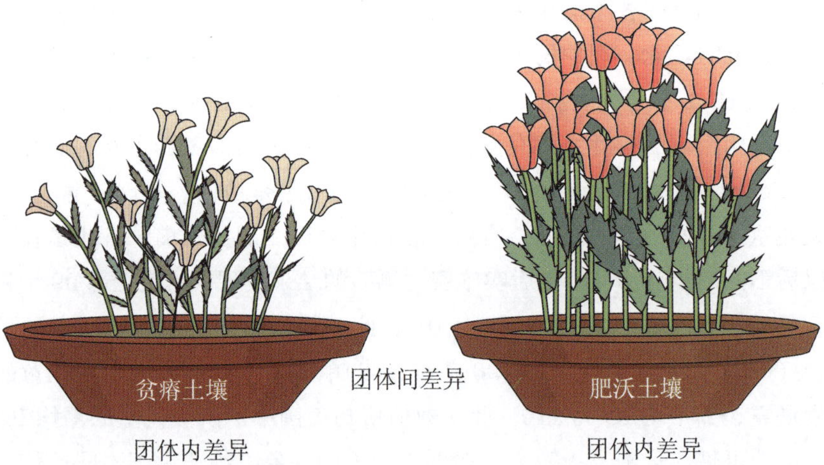

图10-10 影响人类智力发展的环境因素

(根据 Lewonton, 1976 资料绘制)

另一项研究是以日本的儿童为对象的。第二次世界大战(1939～1945)以后的50年间，日本不仅迅速发展为经济大国，而且在人口素质上也大幅上升。心理学家研究发现(Lynn,1982)，日本儿童的平均智商是全世界最高的。以6至16岁中小学学生智力测验结果做为比较的标准，欧美各国学童的平均IQ均以100为标准，而日本同年龄学童的平均IQ则为110。换言之，日本儿童的平均IQ，与其他国家儿童平均IQ比较，要高出10个分点。

除了一般儿童的智力较其他国家为高之外，在整个儿童人口中属于**资优儿童**(gifted child)者，也较其他国家为多。根据智力测验结果，IQ 在 130 以上被视为资优儿童。在其他国家的资优儿童所占比例，一般都是 2%～4%，而在日本则是 10%。像日本这样人口素质的大幅提高，绝不能归因于种族遗传，只能解释为教育与文化环境的因素。

综合以上讨论，可采图 10-10 所示，同类种子在不同土壤的生长情形，用以说明影响人类智力发展的环境因素。

四、免文化影响测验的构想

基于以上讨论，对于多年来心理学家们试图用智力测验为工具，以鉴别个体间或团体间智力差异的努力，看来仍然未获肯定的结论。诚然，无论是个体之间，或是团体之间，智力有高低之分，是不争的事实。然而，智力高低的真相，是否单靠用文字与数字为题目所编的测验即可鉴定的问题，却一直存疑。文字与数字所陈述者，都偏于学得的知识，这对同文化而不同社会阶层的人来说未必公平。如果测验的编制是以某一文化环境下的人为根据，而用于测定另一文化环境下的人，并比较两者之高低，这对后者来说更不公平。惟其如此，有些心理学家，尝试编制**免文化影响测验**(或**超文化测验**)(culture-free test)，用以解决上述的问题。免文化影响测验的构想是，采用图形做为智力测验的题目，借以排除学得知识的影响。事实上，个体智力的高低乃是遗传与环境交互作用的结果，文化就是环境因素，完全排除文化有关的题目，很可能智力的高低就无从测量。以圆圈为例，它是一个简单图形，对此一图形的认识是否有文化的影响？曾有心理学家发现，不同文化下的儿童，对圆圈有不同的联想；有的想到太阳，有的想到风车，有的想到洞口，有的想到钱币。不同的联想反应，显然是受不同文化的影响。因此，晚近的学者不再用“免文化影响”的字样，改以**文化公平测验**(culture-fair test）的名称来代替。图 10-11 即此类测验的题目之一。

舍免文化影响而求文化公平的尝试，在智力测验编制取向上，也许是正确的。然而，为迁就所谓公平，只能在选题上遵守“大家都有机会学到的”

与“大家都未学过的”两个原则。惟在此等原则之下，可能因求取公平而忽略本质。因为，符合公平原则的题目，其所测量者是否足以代表智力，仍是问题。此即前节各家智力理论之所争议未决的原因。

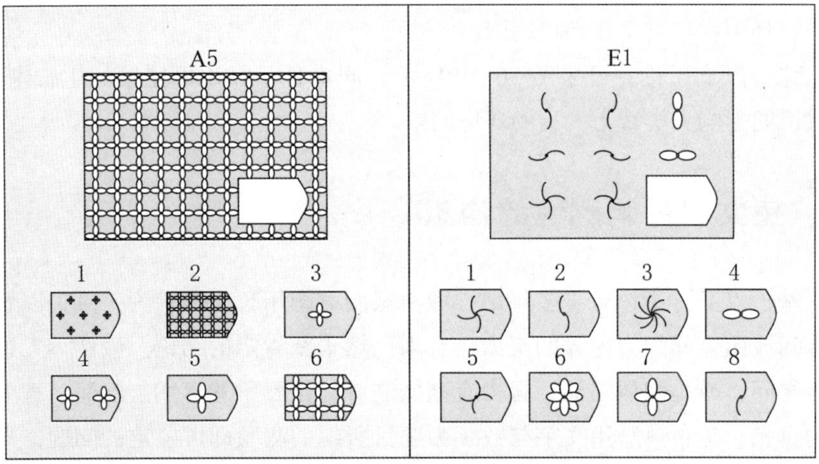

图 10-11　文化公平测验题目示例

受试者按上图缺口的特征，从下列六或八个小块中选出适合者作答［本题系英国学者瑞文（J. C. Raven）1938 年所编**瑞文渐进推理测验**（Raven's Progressive Matrices）题目之一。］（采自 Anastasi, 1967）

本 章 摘 要

1. **智力**是综合性的能力，此种综合性能力是在个体对其生活环境适应时，由其运用经验、学习与支配知识以及因应困境时从事抽象思维以解决问题的行为活动中表现之。
2. **心理能力**是指根据**能力测验**所测到的能力。心理能力分为两类：一为实际能力；二为潜在能力。前者称为**成就**，后者称为**性向**。性向又有**普通**

性向与特殊性向之分。

3. **能力测验**分为**成就测验**与**性向测验**两大类；前者又分为**学业成就测验**与**职业成就测验**两类，后者也分为**学术性向测验**与**职业性向测验**两类。

4. 任何能力测验，均须具备四个条件:(1)**标准化与常模**;(2)**信度**；(3)**效度**;(4)**实施程序与记分方法**。

5. 在测验编制时，根据标准化样本施测结果，对所有受试者的分数，经统计分析，整理出一个系统性分数分配表，按高低排列，所得平均数，即为该测验的**常模**。

6. **信度**代表测验一致性，可靠性。建立信度的方法有**重测法**与**折半法**；按前法建立者称**重测信度**，按后法建立者称**折半信度**。

7. **效度**指一个测验所测得结果的正确度，亦即所测得结果与要想测量的目的之符合程度。

8. 测验的效度，因编制时所采效度建立方法的不同而分为四种:(1)**内容效度**;(2)**预测效度**;(3)**同时效度**;(4)**构念效度**。

9. 用以测量智力的能力测验，称为**智力测验**。智力测验的编制始自法国的**比西量表**，但智力测验的观念却源于英国。从智力测验发展的历史看，其理论与方法经过数度改变；从**生理计量法**到**心理年龄**，而后再从**比率智商**到**离差智商**。

10. 比奈与推孟之后，在**个别智力测验**研究编制上贡献最大者，当推韦克斯勒及其编制的三个智力测验:(1)**韦氏成人智力量表**;(2)**韦氏儿童智力量表**;(3)**韦氏学前智力量表**。

11. **智力理论**，指心理学家对智力的性质所作的理论性与系统性的解释。历来言智力理论者，在立论上不外两大取向：其一为心理测量取向，在此取向下又分**智力二因论**、**智力群因论**及**智力结构论**；其二为讯息处理取向，在此取向下代表性的理论有**智力三元论**与**智力多元论**。

12. 智力三元论是针对传统智力测验缺点提出改进的一种理论。智力三元论强调，人类的智力应包括三类能力:(1)**组合智力**（认知能力）;(2)**经验智力**(解决问题能力);(3)**情境因应智力**(随机应变能力)。传统智力测验所测量者，只属于第一类智力。

13. 智力多元论主张，人类的智力包括生活适应中的八种能力：(1)**语文智力**；(2)**数理智力**；(3)**空间智力**；(4)**音乐智力**；(5)**体能智力**；(6)**社交智力**；(7)**自知智力**；(8)**自然智力**。

14. **天性与教养问题**由来已久，用于解释智力差异时，是为遗传与环境的争议，迄今仍无定论。目前一般的看法是，影响个体智力高低者，遗传是第一因素，环境是第二因素，两者交互影响，决定智力的高低。

15. **文化公平测验**，也称**免文化影响测验**，是为求排除学习经验或文化因素影响，不以语文或数理知识为题目，改以图形动作为题材所编的测验。

建议参考资料

1. 危正芬(译，1999)：心理测验。台北市：双叶书廊。
2. 张春兴(2002a)：心理学思想的流变——心理学名人传(修订版)。台北市：东华书局(繁体字版)。上海市：上海世纪出版集团教育出版社(简体字版)。
3. 张厚粲、龚耀先(2003)：心理测量学。台北市：东华书局(繁体字版)。杭州市：浙江教育出版社(简体字版)。
4. 林清山(1992)：心理与教育统计学。台北市：东华书局。
5. 郭生玉(1985)：心理与教育测验。台北市：精华书局。
6. 漆书青、戴海崎、丁树良（1998)：现代教育心理测量学原理。台北市：师大书苑(繁体字版)。南昌市：江西教育出版社(简体字版)。
7. Aiken, L.(1988). *Psychological testing and assessment* (6th ed.). Allyn and Bacon.
8. Gardner, H.(1983). *Frames of mind: The theory of multiple intelligence.* New York: Basic Books.
9. Sternberg, R. J.(1985). *Beyond IQ: A triarchic theory of human intelligence.* New York: Cambridge University Press.
10. Sternberg, R. J. & Grigorenko, F. L.(2000). *Intelligence applied*(2nd ed.). New York: Oxford University Press.

第十一章

人格与人格测验

本章内容细目

前章讨论的是个别差异中智力差异的问题，本章将讨论的是人格差异的问题。智力与人格两方面的个别差异有所不同：一般对智力一词的概念较具共识，多半同意根据智力测验即可评定个人智力的高低。心理学家虽也设计了人格测验，但根据人格测验所测得的人格特征，只能用以鉴别人格差异的倾向，而不能用以评定人格的高低。然从学校育才与社会选才的观点言，了解人格差异与了解能力高低是同样重要的。

人格一词在心理学上一向缺乏共识，人格虽是心理学上研究的重要主题之一，但对此主题迄无统一定义。曾有心理学家发现，在诸多心理学家著作中竟有多达 50 个不同的定义(Allport, 1937)。虽然如此，为使读者获有较为明确概念起见，本书乃综合各家理念予以如下之定义：**人格**(或**性格**、**个性**)(personality)是指个体在生活历程中对人、对事、对己及对整个环境适应时所显示的独特个性；而此一独特个性，系由个体在其遗传、环境、成熟、学习等因素交互作用下，表现于动机、兴趣、态度、自我观念、生活习惯以及行动等身心多面的特质所组成，由多种特质所形成的人格，在心理与行为表现上，具有相当的统整性与持久性。

上述人格定义所显示的意涵是，人格研究是个既复杂又困难的问题。惟其如此，多年来心理学家们对人格形成与人格发展的解释，理论极为纷歧。本章内容主要包括人格理论与人格测验两大部分：人格理论部分，分别介绍精神分析、特质、人本主义以及行为主义等不同取向的人格理论；人格测验部分，分别介绍自陈量表式与投射技术式两类人格测验。希望读者研读本章之后，能对以下概念有所认识：

1. 人格一词的定义及其所含概念。
2. 精神分析取向的人格理论要义。
3. 人格特质取向的人格理论要义。
4. 人本主义取向的人格理论要义。
5. 行为主义取向的人格理论要义。
6. 自陈量表式人格测验的形式与施测目的。
7. 投射技术式人格测验的形式与施测目的。

第一节　精神分析取向的人格理论

在心理学的众多人格理论中，理论提出最早、内容最完整而且影响最大者，当推由精神分析学派创始人弗洛伊德(见图 1-5) 在 20 世纪初提出的精神分析 (见注 1-2)。人格心理学思想原为弗洛伊德精神分析思想的一部分，后经继承者修正补充，演变成与弗洛伊德本人思想不尽相同的多家人格理论。因此，本节除狭义地介绍弗洛伊德本人的人格理论之外，更从广义的观点分三个阶段介绍精神分析取向的各家人格理论。

一、弗洛伊德的正统精神分析

所谓**正统精神分析**(orthodox psychoanalysis)，是指由弗洛伊德在 20 世纪初创始的精神分析理论。从心理学理论的发展与演变看，虽然晚近的精神分析思想已与当年弗洛伊德领导精神分析学派时的理念有所改变，但弗洛伊德对人性解释所提出的革命性思想，直到现今在心理学的理论中，仍然具有无与伦比的影响(见注 11-1)。事实上，晚近兴起的精神分析理念，在基本上仍是导源于弗洛伊德的思想。因此，接下去先介绍弗洛伊德本人人格理论的基本理念，然后再说明在他之后精神分析取向人格理论的演变。

(一) 三个基本理念

弗洛伊德的精神分析有三个基本理念。这三个基本理念，一直被后人视为弗洛伊德对人性解释的中心思想(Phares,1984)：

注 11-1：曾有心理学家以美国各大学心理学教授及研究生为调查对象，要他们列出“谁是对当代心理学思想影响最大的心理学家?”结果发现名列第一者正是弗洛伊德；科学心理学创始人冯特(见图 1-1)与功能学派创始人詹姆斯(见图 1-2)，则分别居于第二、三位(Davis,Thomas, & Weaver,1982)。

1. 精神决定论　在本书第一章讨论自古以来对人性本质探讨的六大争议问题时，曾经指出**自由意志与决定论问题**是争议问题之一。而决定论又有**物质决定论**与**精神决定论**之分。弗洛伊德的精神分析思想属精神决定论。他认为人不能按个人的自由意志支配自己的行为。从因果关系看，一个人过去所作所为的一切是因，现在所作所为的一切是果；幼年的生活经验是因，成年后的生活经验是果；前因决定后果，对自己的命运，个人无法改变。

2. 潜意识动机　在第九章内曾提到动机是促发行为朝向目标活动的内在动力。此种说法，基本上是指意识动机（个人自知他想什么)而言。弗洛伊德所说的**潜意识动机**(unconscious motivation)，是指个人自己并不全然了解其所作所为。潜意识动机并不同于意识状态的意识层次，而是出自意识层面之下的**潜意识**层次(见第四章第一节)。潜意识既不为个人所自知，由潜意识所促动行为背后的动机(包括欲望、需求、恐惧等)，自然也不为个人所自知。准此而论，个人的行为表现只可视之为表象，表象背后所隐藏的真相，连当事人自己也不清楚。

3. 本能观　在第九章讨论动机时曾提到**本能**一词。惟当时对本能的解释是一般心理学家的看法。弗洛伊德对人类的本能，另有一种独特的见解，他将本能视为与生俱来的**精神能量**(psychic energy)，此种精神能量是促动行为的最原始内在动力。弗洛伊德将人的本能分为两种：(1)**生之本能**(life instinct)，指促动个体追求生存行为的基本内在力量，弗洛伊德称此种求生的内在基本力量为**欲力**(或**力比多**)(libido)。由欲力所促动的行为，其目的除寻求生理需求(如饮食)的满足外，更重要的是寻求性冲动的满足。因此弗洛伊德以希腊神话中爱神的名字厄洛斯(Eros)代表生之本能。(2)**死之本能**(death instinct)，指促动个体攻击与破坏行为的基本内在力量；而攻击的对象除外在的人与物之外，也包括他自己(如自杀)。因此，弗洛伊德以希腊神话中死神的名字塔那托斯(Thanatos)代表死之本能。

（二）人格结构

按弗洛伊德的理论，人格是一个包括三个层次的整体结构。人格结构中的三个层次，分别代表三个不同的“我”；三个我之间的一切交互冲突、协调，就形成个体的一切行为。

1. 本我 **本我**(id)是人格结构中最原始的部分。人格结构中的本我有两个特征:(1)本我的一切活动受本能所支配，在生之本能促动下，个体寻求生理需求(如饥思食，渴思饮)与性冲动的立即满足。故而本我的活动是受**快乐原则**(pleasure principle)支配的;(2)本我的一切活动受潜意识所支配，个体自己并不了解活动的原因与目的。

2. 自我 **自我**(ego)是人格结构中的中间部分，人格结构的自我有三个特征:(1)自我是从本我中发展出来的，其层次较本我为高；当本我的生理需求与性冲动无法获致立即满足时，自我将迁就现实限制，改变自己去适应环境，从而获致需求的满足。因此，自我的活动是受**现实原则**(reality principle)支配的。(2)自我的大部分活动受意识支配，个体了解自己活动的原因与目的。(3)自我介于本我与超我之间，在整个人格结构中发挥调和作用；对下层本我的冲动有约束作用，对上层超我的控制有缓冲作用。

3. 超我 **超我**(superego)是人格结构中最高层部分，是由个体在生活里接受社会文化中道德规范的教养逐渐形成的。超我中有两个重要部分：一为**自我理想**(ego-ideal)，是要求自己行为符合自己理想的标准；二为**良心**(conscience)，是规定自己行为免于犯错的限制。个体所作所为，合于他的自我理想时，就会感到骄傲；反之，如所作所为违反了自己的良心，就会感到愧疚。因此，超我是人格结构中的道德部分，从支配人性的原则看，支配超我的是**完美原则**(**或至善原则**)(perfection principle)。

本我、自我、超我三者，如能彼此交互调节，和谐运作，就会形成一个发展正常适应良好的人。如果三者失却平衡，或彼此长期冲突，就难免导致个体生活适应困难，甚至导致心理异常。关于此点留待第十三章再行讨论。

(三) 人格发展

在第八章第一节内曾介绍过艾里克森的**心理社会期发展论**，并指出艾里克森的理论系以弗洛伊德人格理论中所指的**自我**为基础的。弗洛伊德理论中所指的人格发展，除了包括人格结构中本我、自我、超我三个层面之外，特别将本我中本能的性冲动，视为人格发展的基本潜在动力。因此，弗洛伊德的人格发展理论有两大特征：其一是成年的人格系由其幼年生活经验所决定(即前述之精神决定论)。其二是将人格发展分为五个时期，每个时期皆以**性感区**(erogenous zone)(身体上性敏感的区域)名之。故而弗洛伊德的人格发展理论被称为**性心理期发展论**(psychosexual stage theory of development)。以下是人格发展五个时期的简略说明：

1. 口唇期 **口唇期**(或**口欲期**)(oral stage,0～1 岁)是人格发展的第一个时期。从出生到一岁之间之所以称为口唇期，是因为此一时期婴儿本能性的需求主要是靠口唇的活动得到满足的。婴儿除吃奶时的口唇活动之外，也靠口唇活动以探索周围的世界（如抓到东西就放进口)，从而得到乐趣。按弗洛伊德的说法，此时期口唇活动如受到限制，可能会留下后遗性的不良影响。成人中有所谓的**口唇性格**(oral character)者，可能就是口唇期发展不顺利所致。在行为上表现贪吃、酗酒、吸烟、咬指甲等，甚至在性格上悲观、依赖、洁癖者，都被认为是口唇性格的特征。

2. 肛门期 **肛门期**(analstage, 1～3 岁)是人格发展的第二个时期。此一时期的发展特征是，幼儿从大小便排泄时所产生的快感得到满足。为了养成良好生活习惯，父母们在此时期多半对幼儿实施卫生教育，教导孩子学习控制自己，不随时随地便溺。惟按弗洛伊德的说法，如果此时父母管教过严，难免留下后遗性不良影响，形成所谓的**肛门性格**(anal character)。成年人在行为上表现冷酷、顽固、刚愎、吝啬等性格者，可能与其幼年时肛门期未能良好发展有关。

3. 性器期 **性器期**(phallic stage, 3～6 岁)是人格发展的第三个时期。此一时期发展的特征是，儿童的兴趣集中在他的性器官；从玩弄自己的性器部位获得原始性冲动的满足。按弗洛伊德的说法，幼儿自三岁开始就会有性的幻想；将父母中之异性者当做自己性爱的对象。于是出现了男童以父亲为竞争对手而爱恋母亲的**恋母情结**(Oedipus complex)。同理，女童以母亲为竞争对手而爱恋父亲的**恋父情结**(Electra complex)。按弗洛伊德的说法，当此时期儿童发现自己的性器官与异性不同时，就可能在潜意识中产生一种恐惧的幻想。女童幻想自己原本有阴茎，因爱恋父亲遭到母亲惩罚而被阉割；男童则幻想自己的阴茎可能会因爱恋母亲遭到父亲惩罚而被阉割。弗洛伊德称此时期儿童的心理现象为**阉割情结**(castration complex)。像此种既爱恋母亲又畏惧父亲的男童心理冲突，稍后将会自行化解，从原来的敌对转而以父亲为楷模，向他学习、看齐，这现象称为**认同**(identification)。类似的心理历程在女童身上也会发生；一俟女童稍长了解现实之后，她就会自行化解心理上的冲突，转而以母亲为楷模，向母亲认同。

4. 潜伏期　**潜伏期**（latency stage, 6 岁～青春期），是人格发展的第四个时期。此一时期的儿童开始接受学校教育，生活空间扩大，由自己的身体和对父母的感情，转变到周遭的事物。故而从原始的欲力来看，呈现出潜伏状态。此一时期的男女儿童情感较前疏远，团体活动多呈男女分离趋势。

5. 两性期　**两性期**(或**生殖期**)(genital stage，青春期延长到成年)，是人格发展的第五个时期。到了两性期，由于性器官的成熟，前一期潜伏着的性兴趣重新活跃起来。惟此一时期的性需求满足的对象由父母转向同年龄层的异性，故而开始与异性交往，而有了婚姻家庭的意识。至此地步，人格的发展与性心理的发展渐臻于成熟。

按弗洛伊德的人格发展理论，个体自小长大所经过的五个时期是前后连续的。对个人的人格健康而言，每个时期的性心理发展都是极为重要的。前一时期发展顺利与否，将影响后一时期的发展。如果在某一时期因不良环境因素影响，就很可能导致发展迟滞。以 3～6 岁的性器期为例，如此时期儿童的恋父或恋母情结，因父母角色扮演不当不能使他们转化为向父母角色认同，就可能将恋父或恋母情结持续留存下来。像此种人格发展的迟滞现象，称为**固着**(fixation)。前文所指的口唇性格与肛门性格等，在性质上都是因人格发展不顺利而留存的固着现象。由于弗洛伊德的人格发展理论特别强调性心理的重要性，故而被称为**泛性论**(pansexualism)。

(四) 自我防卫

在弗洛伊德的人格结构理论中，介于本我与超我中间的自我，在功能上兼具上承超我中带来的社会规范限制，与下受本我中原始欲力冲动所生压力的调协作用。惟在很多情形下，本我中欲力冲动的压力太强，难免使自我因调和困难而感到焦虑不安。个体为了减缓心理上的焦虑，于是只好以**自我防卫**(ego defense)的方式去适应环境，从而保持心理的平衡。为了达成自我防卫免于焦虑的目的，个人从生活经验中学习到一些自我防卫的手段，称为**防卫机制**(或**防御机制**)(defense mechanism)。用做自我防卫的防卫机制，虽然由当事人的自我所使用，但在使用时却是潜意识性的，个人不自觉知，而且多半是偏离现实甚至是扭曲现实的。因此，即使防卫机制对减免焦虑痛苦可收一时之效，但如过分使用将难免导致心理异常。根据弗洛伊德观察所见，以下所列是一般人常用的防卫机制：

1. 压抑 **压抑**(repression)是个人在心理上，对自己的一些起自本我而不为社会接纳的欲望、意念、冲动、记忆等予以压抑，使之留存在潜意识层面，不让它浮现到意识境界，从而免于因与超我冲突而产生焦虑不安的痛苦。在弗洛伊德的自我防卫理论中，压抑是最基本的防卫机制；其他防卫机制都是在压抑的基础上衍化出来的。

2. 否认 **否认**(denial)是由压抑衍生出来的一种防卫机制。采用否认方式做为自我防卫，主要是在心理上不承认已发生的事实。对现实困境予以否认，即可自认为其不存在，而不必面对生活中那些无法解决的困难，从而减缓心理上的压力。

3. 投射 **投射**(projection)是指个人不自觉地把自己的过失或不为社会接纳的欲念加诸他人身上，借以减轻自身缺点所带来的焦虑不安。

4. 合理化 **合理化**(或**文饰作用**)(rationalization)是指个人对自己不合理的作为或缺点，非但不予承认，反而加以扭曲，找出理由给予合理的解释。因此合理化只是一种心理作用，只是拿一种“好理由”来代替“真理由”的自我防卫方式。所谓“酸葡萄心理”正是合理化心理作用的说明。

5. 转移 **转移**（或移置）(displacement)是指个人无法面对引起焦虑的对象而转移目标，选择较易处理的对象，从而消除焦虑获得满足的一种防卫机制。公司职员受上司责难不敢反抗，回家对妻子发脾气的作为，就是如此。

6. 反向作用 **反向作用**(reaction formation)是指个人对自己不为社会接纳的欲望、意念、冲动等，除了给予压抑之外，在行为上反而表现出与所压抑者相反的作为。有的人内心对人怀恨，但表面却对人极其友善；所谓“伪君子”者，正是反向作用心理使然。在反向作用心理下所表现的反向行为，多半是夸张性的；有外遇的丈夫，在口头上反而特别夸耀他妻子如何贤淑，就是如此。

7. 补偿 **补偿**（compensation)是个人自认本身某方面条件不足或有缺陷时，转而力求发展其他方面的长处，从而达到维持自尊的目的。如盲者力求发挥听力而成音乐专才，即属补偿成功的例子。在防卫机制中如补偿适当，不失为健康心理。

8. 升华作用 **升华作用**(sublimation)是将起自本我不为社会接纳的欲望、意念与冲动等，转化为社会能接纳的行为方式表现出来，不但借以避免因心理冲突所生焦虑的痛苦，更可进而获致心理需求上的满足。因此，升华作用是所有防卫机制中最健康的一种自我防卫方式。诸如艺术与文学的创作，音乐、舞蹈、体育的表演，均可借由升华作用，在社会接纳的条件下发抒感情，从而获致心理需求的满足。

二、维也纳学派解体后的精神分析

弗洛伊德的精神分析论发表之后，吸引了不少欧洲学者到维也纳向他学习。他们自 1902 年起每周三集会，称为**周三晚间学会**(Wednesday Evening Society)。在聚会者之中，除弗洛伊德本人之外，阿德勒与荣格两人是最为重要的成员。周三晚间学会演变到后来，就成了世称的**维也纳学派**(Vienna school)。后因阿德勒与荣格两人在思想上与弗洛伊德的理念不合，分别脱离弗洛伊德而自立门户，各成一家之言，终而使维也纳学派解体。接下去即介绍维也纳学派解体后阿德勒与荣格两人的人格理论。

(一) 阿德勒的个体心理学

阿德勒(图 11-1) 系医科出身，1895 年得维也纳大学医学博士后，成为眼科医生。因仰慕弗洛伊德而于 1902 年加入精神分析学派的行列。惟后因与弗洛伊德意见不合，于 1911 年分裂，另立门户独创**个体心理学**(individual psychology)。

图 11-1 阿德勒
(Alfred Adler,1870～1937) 是 20 世纪奥地利精神病学家，是弗洛伊德最早支持和反对者，是个体心理学的创始人，也是当代辅导心理学的先驱。

阿德勒之不满意于弗洛伊德对人性之解释者，主要在于以下两点：其一是反对以性冲动为主的**欲力**观念。阿德勒认为**快乐原则**并非人类生存的基本目的，人类所追求者乃是力争上游以超越自己。其二是反对潜意识主导一切行为的看法，他认为个人之外的社会环境才是影响人性的重要因素。阿德勒的人格理论，对以后美国心理学的发展影响甚大。除人格心理学之外，在以后的心理治疗与心理辅导发展上，阿德勒都具有先驱者的贡献。综观阿德勒在个体心理学上的主张，其中要义可归纳为以下四点：

1. 人性自主 阿德勒反对弗洛伊德精神分析论中潜意识支配人性的**精神决定论**观点。他认为，人性不是盲目的，人的行为并非被动地受制于本我与潜意识内的欲力冲动。人性是具有相当自主倾向的；人是理性动物，人在自主意识支配之下，能决定自己的未来，创造自己的生活。人类生而带来一些基本需求，此等需求所形成的内在力量，不是盲目的冲动力，而是有目标的导向力；人类会在行为上遵循目标行进，从而获得需求的满足。在这一点上，阿德勒的人格理论，远较弗洛伊德为乐观。弗洛伊德强调过去的童年经验，强调个人行为的被动性；阿德勒重视未来希望，强调个人行为能够在目标之下自主表现。

2. 追求卓越 按阿德勒的看法，人在目标导向的生活活动中，有一种与生俱来的内在动力，他称之为**追求卓越**(striving for superiority)。惟阿德勒所说的追求卓越，并非单指在社会情境中战胜别人，而是指个人在生活目标之下求全求美的心态。拿现代心理学的观点来说，追求卓越的概念与**成就动机**相似。由此可见，追求卓越可视为人类的基本需求之一。

3. 自卑情结 人类有追求卓越的基本需求，凡事希望尽善尽美，在现实生活中自然难免遭遇困难。因此，阿德勒提出了另一个相对的概念，那就是**自卑感**(inferiority feeling)。自卑感是面对困难情境时，由无力感与无助感所交织成的一种无法达成目标时对自己的失望心态。形成自卑感的因素很多，童年经验、身体缺陷、能力不足等，都可能导致个人产生自卑感。

自卑感产生后，自然会形成个人一种内在压力，使人在心理上失衡与不安。失衡与不安的后果，就会促使个体为寻求平衡，奋力发挥自己的优点以弥补自己的缺点，以期克服自卑感的痛苦。阿德勒采用弗洛伊德**防御机制**之一的**补偿**来解释个体的此种作为。因身体条件有缺陷而有自卑感者，可在心智活动上寻求补偿；因缺乏社交能力而有自卑感者，可在体能活动上寻求补偿。人生不可能十全十美，任何人都有短缺之处，偶尔感到自卑，是正常现象，因自卑感而适度补偿予以克服，更合于心理健康。惟如补偿不当，就难免形成**自卑情结**(inferiority complex)。按阿德勒的解释，有自卑情结者，可能在行为上表现两种倾向：一种是以补偿方式奋发图强，寻求另一方面的满足，借以消除因原来缺点所造成的自卑感；阿德勒称此种积极性心理倾向为**权力意志**(will to power)。第二种倾向是在自卑情结驱使下，以不择手段的方式去达到消除自卑感的目的，阿德勒称此种消极性的心理倾向为**过度补**

偿(overcompensation)。因身材过矮而自卑者取得权位后变得格外盛气凌人，就是过度补偿的例子。过度补偿是心理不健康的表现。

4. 生活格调 按阿德勒的个体心理学理论，追求卓越虽是人类与生俱来的共同人格特质，但在实际生活过程中，由于每个人使用的追求方式以及追求的后果不同，因而逐渐形成了每个人各具特色的**生活格调**（或**生活风格**）(style of life)。按阿德勒的说法，一般人生活格调的形成，大约在四至五岁之间。影响个人生活格调形成的因素，主要系于个人追求卓越时如何处理自卑感（指适度补偿抑或过度补偿）。个人的生活格调一旦形成，就不易改变；对以后处理生活经验，对未来世界事物的觉知、学习、认识，以及对设定目标与达成目标的行为方式，都离不开他生活格调的限制。例如，自幼娇生惯养的孩子，在他的生活格调中，可能只知道饥则张口吃饭，寒则伸手穿衣；长大后，在他的生活活动中，他仍然期望别人像他的家人一样，随时伺候他穿衣吃饭。再如，自幼未得关爱，甚至遭受虐待长大的孩子，在他的生活格调中，可能充满了对人仇视，与社会敌对的态度与观念。

（二）荣格的分析心理学

荣格（图 11-2）是由仰慕转而反对弗洛伊德的第二位精神分析心理学家。荣格出身医科，1900 年获巴塞尔大学医学博士学位后在瑞士行医。因受弗洛伊德 1900 年出版的《梦的解析》一书之影响，于 1907 年加入维也纳精神分析学派，与弗洛伊德和阿德勒合作，成为当时该学派的三大师。当时荣格的地位仅次于弗洛伊德，在弗洛伊德支持之下，于 1909 年当选为国际精神分析学会第一届主席，成为公认的弗洛伊德的继承人。惟好景不长，终因与弗洛伊德意见不合而于 1914 年分裂。分裂后，荣格在瑞士自立门户，称为**苏黎世学派**（Zürich school），并倡导异于弗洛伊德精神分析的**分析心理学**(analytical psychology)。

荣格的人格理论，最主要的是针对弗洛伊德理论中五种理念的批评与修正:(1)过分强调人格结构中的本我、超我与自我间的冲突;(2)过分强调人格动力中本能的消极性和破坏性;(3)过分强调人格动力中以性为欲力的本源;(4)过分强调潜意识对人格的支配性;(5)过分重视个体童年生活及过去经验对

图 11-2 荣 格
(Carl Gustav Jung, 1875～1961) 是 20 世纪瑞士精神病学家，是弗洛伊德早期追随者而后又成为反对者之一，是国际精神分析学会首届主席，是苏黎世学派的建立者，也是分析心理学的创始人。

人格发展的决定作用。针对他对弗洛伊德所提出的五点批评，荣格在他的分析心理学中，提出了以下四大论点：

1. 自我的功能 荣格的人格理论中也讲自我，惟他所说的自我指的是 Self，与弗洛伊德所说的 ego 不同。弗洛伊德所说的 ego 是人格结构的一面，是与 id 和 super ego 相对的，但其功能却不一样。荣格所说的 Self，不是从原始性**本我**分化出来的，也不是夹在**本我**与**超我**之间只发生中介作用的(因此他特用大写字母起头)。他认为自我是人格发展成熟时个人人格的整体，自我有其独立性、连续性与统合性；此三种特性，是个体自幼在生活经验中逐渐发展而形成。自我之内虽然也有意识与潜意识之分，但两者并不是冲突的，而是调和的。一个自我发展正常的人，也就是人格健康的人。

2. 两种潜意识 个体的自我结构中包括两种潜意识，即个人潜意识与集体潜意识。按荣格的说法，**个人潜意识**(personal unconscious)与弗洛伊德理论中所指者相似；有的是从意识境界中压抑下去而不复记忆者，有的是出自本我而强度不够，不为个体所觉知者。无论属于何种情形，潜意识中的不愉快经验，积压多了就会形成**情结**(complex)。至于**集体潜意识**(collective unconscious)，则不属于个人所有，是人类在演化中长期留传下来的一种普遍存在的**原始意象**(primordial image)。荣格称此等原始意象为**原型**(archetype)。原型代代相传，成为人类累积的经验，此类经验留存在同族人甚至全人类的潜意识中，成为每一个体人格结构的基础。每个种族集体潜意识中的原始意象，显现在他们的象征性标记中，而各个种族的象征性标记，又往往存在着一些相似之点(图 11-3)。

（采自刘励中，1988）

（采自台湾原住民雕刻展）

图 11-3　不同种族集体潜意识雷同

左图为西藏佛寺的法轮，右图为台湾原住民排湾族的图腾。两地虽相隔数千里，社会文化传统截然不同，但由艺术作品所表达的原始意象却颇为相似；都是采用圆轮做为崇拜的象征。根据荣格原型理论，这显示不同种族的各自集体潜意识中，同样都含有对整体与完美追求的意象。

3. 人格内动力　荣格将人格结构视为由很多两极相对的内在动力所形成。诸如意识与潜意识相对，升华与压抑相对，理性与非理性相对，个性内向与个性外向相对。既有相对，自然就会产生紧张、不安与不平衡的情形。此即荣格人格结构的内在动力观念。人格结构内相对力量系来自**欲力**(但欲力并非以性为本源)，欲力促动的结果，自然会使个体人格结构中有时失衡。因此，一般人在性格上总是或多或少有些偏向的。在两极相对的许多人格倾向中，荣格特别重视内向与外向两极相对的性格倾向。所谓**内向**(或**内倾**)(introversion)，是指个体的欲力所促动的生命力，使他在性格上表现沉静、含蓄、内敛，较多关心自己的修持，较少注意外在的事物；不喜欢社交，对知识性思考性的工作较有兴趣。所谓**外向**（**或外倾**）(extroversion)，是指个体的欲力所促动的生命力，使他在性格上表现着活泼、好动、好表现、善言辞，关心周围的一切，喜欢参与社会活动。

4. 人格的发展　荣格不采取弗洛伊德以性为本的人格发展观念，既不采取分期的看法，也不采取幼年决定一生的观点。荣格认为，人格发展是连续化、统合化、个别化的成长历程。在成长发展历程中，最重要的是将两极相对的内在动力，逐渐调和而趋于成熟：潜意识的成分渐减，意识的成分渐增；压抑的情形渐减，升华的情形渐增；非理性的成分渐减，理性的成分渐增；外向的成分渐减，内向的成分渐增。个体发展由内在的两极相对达到两极融合的地步，即表示其人格发展已臻于成熟。荣格认为，人格发展臻于成熟的年龄，不在儿童期与青年期，而在30岁以后的成年期。

三、新弗洛伊德主义

弗洛伊德的精神分析思想，不但20世纪之初在欧洲发生极大的影响，到20世纪30年代也影响到美国的心理学界。此后数十年间，弗洛伊德的思想在美国广为流传，形成了所谓的**新弗洛伊德主义**(neo-Freudian)。在同属新弗洛伊德主义的心理学家中，虽各家思想不尽相同，但基本上均各继承了弗洛伊德精神分析的基本理念。接下去我们介绍新弗洛伊德主义中具有代表性的两个人的理论（注11-2）。

（一）霍妮的基本焦虑论

与前文介绍过的阿德勒与荣格相比，霍妮(图11-4)的人格理论虽被列为新精神分析论，但在她的学术生涯中，并未直接参与过由弗洛伊德领导的精

注11-2：新弗洛伊德主义也称**新精神分析**(neo-psychoanalysis)，泛指虽承袭弗洛伊德精神分析的基本理念，而在对人性解释及心理治疗时，则扩及社会、文化及人际关系等层面的多位心理学家。除本章介绍的霍妮与沙利文及第八章介绍过的艾里克森三人外，弗罗姆(Erich Fromm,1900～1980)与赖希(Wilhem Reich, 1897～1957)二人也被视为新弗洛伊德主义者。至于最早服膺弗洛伊德思想而稍后又自立门户的阿德勒与荣格，则一向不被列为新弗洛伊德主义旗下的成员。

图11-4 霍 妮

(Karen Horney, 1885～1952)是20世纪德国出生的美国心理学家，是新弗洛伊德主义代表之一，是基本焦虑论的创始人，是近代女性心理学家的先驱，也是男女性别心理研究的启蒙者。

神分析学派。霍妮出生于德国汉堡，柏林大学医科毕业后，入柏林精神分析研究所从事研究13年之久。1934年赴美国，参与纽约精神分析研究所工作，以迄1952年去世。在人格理论的基本理念上，霍妮不同于弗洛伊德者有以下三点：(1)反对弗洛伊德**生之本能**与**死之本能**的人性论点；(2)反对弗洛伊德**恋母情结**重男轻女的看法；(3)反对弗洛伊德幼年生活经验影响个体一生的看法，因而强调个体成长中社会因素的重要性。基于此义，接下去讨论霍妮人格理论中的三个重要概念。

霍妮的人格理论，主要载于她出版的两本书：一为《现代人的神经质性格》(Horney, 1937)，另一为《人的内心冲突》(Horney, 1945)。从两本书的书名看，即可了解霍妮的理论偏重于对人格异常者心理历程的解释。在霍妮的人格理论中，有以下三个重要概念：

1. 基本焦虑 基本焦虑是霍妮人格理论的中心观念，故而称她的理论为**基本焦虑论**(basic anxiety theory)。所谓**基本焦虑**(basic anxiety)，是指个体自出生后因缺乏安全和温暖的环境之影响所形成的一种恐惧感。在幼儿的脆弱心灵中，一方面因生理上的需求而极需父母的抚养以利成长，另一方面因心理上的需求而极需父母的关爱以获得安全。惟从一般家庭的育儿方式看，绝大多数父母，无法针对幼儿的身心需求设置有利其成长的理想环境。甚至有很多父母，对幼儿的行为，不是过分苛求，就是过分溺爱，使幼儿无法在充满爱意与安全的环境中成长。因此，个体自幼在生活经验中所形成的基本焦虑，是多数人无从避免的普遍现象。由此可见，霍妮所指的基本焦虑虽始自个体幼年，但与弗洛伊德所强调之以欲力为基础的本能观论点大不相同；霍妮所强调的基本焦虑，乃是起因于个体与别人间的社会关系。

2. 神经质需求 基本焦虑始自婴儿期的亲子关系。如基本焦虑得不到化解，等长大成人后因社会复杂而产生的不安全感与无助感，将使原来的基本焦虑继续下去。最后个体为避免焦虑的痛苦，个人学习到一些固定式的反应。霍妮称此等避免焦虑的固定反应为**神经质需求**(neurotic need)。她将发现的10种神经质需求，按其性质分为三类，每类代表一种性格：(1)**依从性格**(compliant character)，指个体缺乏独立、强烈需求别人关爱且依赖别人情感支持的性格，在表面上是亲近人，而在潜意识中却是借依从消除焦虑感；(2)**攻击性格**(aggressive character)，指个体对人持敌对攻击态度，借以攻为守策略来取得别人的重视；(3)**离群性格**(detached character)，指个体不与人亲近的性格；表面上是独善其身，而潜意识中却是对人际感情敏感怀疑，借离群索居以保安全。

3. 理想化自我 对自我的解释，霍妮不采用弗洛伊德**本我**、**自我**及**超我**三层次的人格结构观，而是将自我视为个人在生活经验中所形成的**自我意象**(self-image)。个人的自我意象代表他对自己的看法。她认为，由于个人生活经验不同而有三种不同的自我意象：(1)**现实自我**(actual self)，指个人某时某地身心特征的总和，代表个人的实际面貌；(2)**真实自我**(real self)，指个人可能成长发展达到的地步，代表个人人格发展的内在潜力；(3)**理想化自我**(idealized self)，指个人脱离现实而凭空虚构的自我意象，代表个人舍真实自我追求，试图化解内心的冲突与焦虑的心理作用。理想化自我表现的方式是设想自己具备胜于他人的十全十美的条件。霍妮认为理想化自我是一种心理异常现象。对此种心理异常者治疗时，最重要的是帮助他重新评估自己，认识自己，从而放弃理想化自我而改从真实自我去发展自己。

（二）沙利文的人际关系论

在新弗洛伊德主义中，沙利文(图 11-5)是美国出生，接受美国教育而后成为 20 世纪 40 年代在美推动精神分析运动的主要领导人。沙利文虽曾受过完整的正统精神分析训练，但他的思想却与弗洛伊德大不相同。兹摘要说明其思想的四点要义如下：

图 11-5 沙利文

(Harry Stack Sullivan, 1892～1949) 是 20 世纪美国精神病学家，是新弗洛伊德主义代表之一，也是人格心理理论中人际关系论的创始人。

1. 人性在社会情境中显现 沙利文不像正统精神分析那样从抽象的理念分析人性，而是主张在社会情境中人际关系的层面观察人的行为，据以解释其人性。他在 1953 年出版的《精神病学人际关系论》一书中，对人格一词所下的定义是："一个人的人格就是他在社会情境中与人相处时经常表现的生活方式。"(Sullivan, 1953) 惟其如此，沙利文的人格理论称为**人际关系论**(或**人际理论**)(interpersonal theory)。

2. 自我动力形成自我体系 在沙利文的人际关系论中，他用自我动力做为人格研究的基础。所谓**自我动力**(或**自我动能**)(self-dynamism)，是指个人在社会情境中影响自己与人互动行为的动机。在社会情境的人际关系中，有的是安全的，也有的是威胁的；在威胁性的人际关系下会使人感到焦虑。

个体为了维护自我安全，避免焦虑，逐渐从与人交往中学到适应的心理机制，沙利文称之为**自我体系**(或**自我系统**)(self-system)。在性质上，自我体系与弗洛伊德的**防卫机制**类似；适度用之有效，过度使用有害。

3. 人格发展系于认知经验 沙利文将认知经验视为人格发展重要因素，此点与弗洛伊德的**性心理期发展论**的观点大不相同。沙利文将个体成长的认知经验分为三类:(1)原始经验，指婴儿仅凭感觉和知觉所觉知的简单的人际关系，但不理解其中意义;(2)零碎经验，指儿童期所认知的人际关系，但尚不理解社会事件中的逻辑关系;(3)社会经验，指青年期以后对人际关系的意义有所理解，从而形成自己的态度和价值观。

4. 参与观察式的心理治疗 沙利文一生从事精神病医师专业，但他采用精神分析理念从事治疗时，不采正统精神分析惯用的方法(见十四章第一节)，而采用晤谈的方式进行。让患者参与一个小组讨论，心理师亦以参与者身份参与。如此形成一个情境，让患者在社会情境中自由与别人交谈，根据患者在人际关系中显现的人格特质，进而设法予以矫治。

第二节 特质取向的人格理论

前节所介绍的精神分析取向的各家人格理论，在对人格解释的理念上虽有所差异，但其间有一相同之处，那就是各家都从行为背后的心理深处去分析探讨人格的问题。本节所介绍特质取向的各家人格理论，则是以观察可见的行为特质为基础所建构的人格理论。所谓**特质**(trait)，是一个人在行为上所经常表现的特征。平常说某人直爽、某人慷慨、某人吝啬、某人和气等，其含义均指当事人在言语或行动上所表现的异于他人的特征。因此，用特质一词来描述人格时，其意涵与**人格特质**(personality trait)相同。与人格特质一词含义相似但不相同者是**人格类型**(personality type)。接下去分别介绍采人格特质与人格类型观念建构的几家人格理论。

一、奥尔伯特的特质论

特质论(trait theory)是**人格特质论**(personality-trait theory)的简称。特质论的基本理念古已有之(Phares, 1984)，在现代心理学上持人格特质理念建构系统人格理论者，首当推举美国心理学家奥尔伯特(图 11-6)。在其所著《人格的心理学诠释》一书中，奥尔伯特指出(Allport, 1937)，人格是由多个彼此相关联、能互动的特质所形成的整体。此一整体亦即平常所说的自我；而形成个人自我的各种特质，则是个人自幼在生活经验中学习发展的结果。

图 11-6　奥尔伯特

(Gordon Willard Allport, 1897～1967) 是 20 世纪美国心理学家，是人格特质论的建构者，也是早期创用科学方法测量人格的心理学家之一。

按奥尔伯特的说法，世界上没有两个人的个性是一样的。即使两人面对同样的刺激情境，每个人的反应也必然各不相同；其原因乃是由于每个人的人格特质有所差异所致。因此，他认为心理学家要想研究人格问题，必须先从构成人格整体的人格特质入手。而对人格特质的解释，奥尔伯特在其理论中提出以下两点说明：

（一）构成人格的两类特质

人格整体系由多种人格特质所构成，而构成人格的不同特质，则可按团体与个人的区别分为以下两类：

1. 共同特质　所谓**共同特质**(common trait)，是指属于同一族群或同一行业的人在人格特质上具有一些相同之处。平常说男人个性较刚，女人个性较柔；商人爱金钱，政客尚权术；英国人保守，法国人浪漫等等，都是意指不同族群的人分别具有其共同的人格特质。

2. 个人特质　所谓**个人特质**(personal trait)，是指属于个人独有的人格特质。平常说某人坦率、某人诚实、某人吝啬、某人慷慨等，都是指个人所具有异于别人的人格特质。个人特质是形成人格上个别差异的主要原因。

（二）个人特质的三个层次

前述构成人格的两类特质是按个人与团体的标准划分的。如单从属于个人的各种人格特质着眼，奥尔伯特又将个人特质分为三个层次：

1. 主要特质　**主要特质(或基本特质)**(cardinal trait)是影响个人一切行为的人格特质。具备主要特质的人，其人格特质不但影响他的言行与思想，甚至主宰他的信仰与生命。凡是在历史上留名的人物，无论是流芳千古或是遗臭万年，无一不是各自具备异于常人的主要人格特质。罗贯中在《三国演义》中对人物描写生动，使人读后对诸葛亮、关羽、赵云、曹操四人会不约而同地认为，他们分别代表忠、义、勇、奸四种人格特质。主要特质并非众人都具有，众皆具有的是以下两种特质。

2. 中心特质　**中心特质(或核心特质)**(central trait)是指代表个人性格的几方面的特征。中心特质是构成人格特质的核心部分，故名。按奥尔伯特的说法，每个人的中心特质，大约在5～7个之间。平常批评某人时常用的所谓诚实的、勤奋的、乐观的、开明的、自私的、怯懦的等等形容词，其所指者即其中心特质。

3. 次要特质 **次要特质**（或**二级特质**）(secondary trait)是指代表个人只有在某些情境下表现的性格特征。有些人虽然喜欢在少数人面前高谈阔论，但在大庭广众场所则沉默寡言。从后一情境看他的性格表现，就只能说沉默寡言是他的次要特质。

按奥尔伯特的解释，三种人格特质中，最常被用来说明个体性格者是中心特质。

二、卡特尔的因素论

卡特尔(图 11-7)的人格理论，虽在基本上也采特质取向，但因其所采方法与奥尔伯特不同，故而被称为**人格因素论**(factorial theory of personality)。卡特尔的人格理论主要载于 1950 年出版之《人格的系统理论与因素研究》(Cattell, 1950)。在他的人格理论中，他是将智力也视为人格特质之一的，惟其理论重点乃是基于其所指称的另外两类人格特质。卡特尔采用客观的测验统计方法，经过两种程序，从实际得到的数据中分析归类，最后求得两类特质：一类称为**表面特质**(surface trait)，另一类称为**根源特质**(source trait)。两类特质在性质上有层次之分，前者是表面的，是根据表现于外的行为而认

图 11-7 卡特尔

(Raymond Berna rd Cattell, 1905～1998) 是 20 世纪美国心理学家，是人格因素论的创始者，是首先采用因素分析法研究人格特质的心理学家，也是 16 种人格因素量表的编制人。

定的；后者是内蕴的，是根据表面特质推理设定的。按卡特尔的解释，只有根源特质才是构成个体人格的基本特质。

卡特尔采用的两种程序，其方法是，先用数以千计的描述一般人性格的形容词，使之两两对立，其形式如：(1)活泼的——安静的；(2)善言的——沉默的；(3)急进的——温和的。然后编成包括很多题目的问卷，以此类编好的问卷，让很多人用以评定他们熟悉的朋友。然后以统计分析方法求出各形容词之间的**相关**并采用**因素分析**(见注 10-1)技术将多种相关归纳化约抽离出少数几个因素，用以代表根源特质。以上列相对形容词为例，如统计分析结果发现，沉默的、温和的、安静的等表面特质之间存有高度相关，即可以**内向**一词概括之，做为被评定者的根源特质。卡特尔编制的**十六种人格因素问卷**(Sixteen Personality Factor Questionnaire，简称 16PF)(用以测量 16 种根源特质)，即其采用因素分析法所编制的人格测量工具(注 11-4)。

三、艾森克的类型论

采人格类型观点建构人格理论的是英国心理学家艾森克(图 11-8)。艾森克的人格理论不称特质论，而称**人格类型论**(personality-type theory)。原因是艾森克认为分散的人格特质不足以用来解释一个人的性格，只有根据统计学上的因素分析法找出由多个特质类聚而成的少数几种人格类型，方可用以说明一个人在性格上异于他人之处。

艾森克 1916 年生于柏林，因逃避纳粹统治移居英国，18 岁进伦敦大学研习心理学，1940 年获博士学位后，自 1955 年起一直担任伦敦大学精神病学研究所教授。在心理学领域内，艾森克的贡献是多方面的：除了建构人格类型论并编制**艾森克人格量表**(Eysenck Personality Inventory)之外，他曾采用**行为主义**的**条件作用**学习原理(见第五章)创用了**行为治疗**(见第十四章第二节)。艾森克的人格理论主要载于其 1952 年出版的《人格的科学研究》

注 11-4：十六种人格因素问卷所要测量的 16 种人格根源特质是：开朗性、聪慧性、稳定性、支配性、兴奋性、有恒性、勇敢性、敏感性、怀疑性、幻想性、机灵性、忧虑性、试验性、独立性、自律性、紧张性。

图 11-8　艾森克

(Hans Jurgen Eysenck, 1916～1997) 是 20 世纪英国心理学家，是人格类型论的创始人，是艾森克人格量表的编制者，也是在心理治疗上行为治疗法创始人之一。

(Eysenck,1952)。

艾森克的人格类型论，是根据人格测验的实际资料建构的。经由对大量人格测验数据因素分析之后，艾森克将所有人格特质归纳为具有连续性的两大维度。这两大连续性的维度分别是情绪稳定性与内外向性。意思是说，一方面可从情绪稳定性与否看出人的性格，另一方面也可从个性的**内向或外向**看出人的性格。惟此二大类型并非各自独立，而是交互相关构成两个维度的平面(图 11-9)。

根据艾森克的解释，一般人的性格均将包括在两大维度形成平面的四个象限(共 32 种特质)之内。人与人之间性格上的差异，只是在四个象限中所居位置不同而已。由图 11-9 所列可见，居于第一象限(右上)者，在性格上是属于个性较外向而情绪较不稳定的急躁型人格；居于第二象限(左上)者是属于个性较内向而情绪较不稳定的抑郁型人格；居于第三象限(左下)者是属于个性较内向而情绪较稳定的冷静型人格；居于第四象限（右下)者是属于个性较外向而情绪较稳定的乐观型人格。

图 11-9 所表示的两维度人格理论，是用来解释一般心理正常人的人格理论。为了解释心理异常者的人格，艾森克又在情绪稳定性与内外向性两个

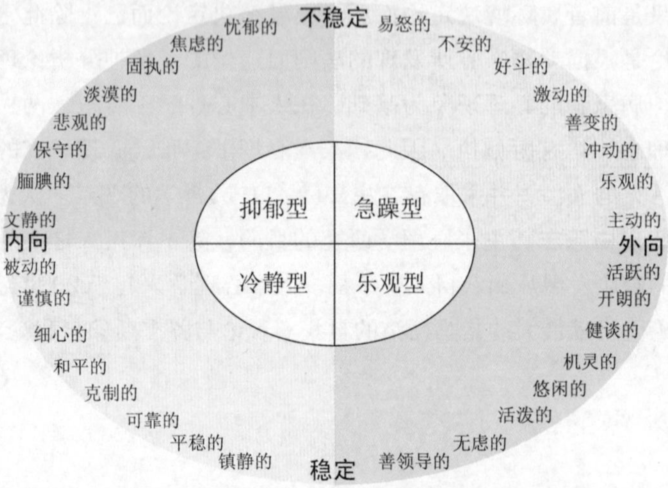

图 11-9　艾森克的两维度人格类型论图解

(采自 Eysenck, 1970)

维度之外，增加了第三个维度，代表第三种人格类型(Eysenck,1975)，可视为正常与精神病倾向。惟第三个维度并非独立于原来的两个维度之外，而是三者彼此关联的。个性内向而又情绪不稳定的人(第二象限)，其精神病倾向的可能性，就较诸其他象限的人为高。

第三节　人本主义取向的人格理论

本节所介绍的人本主义取向的人格理论，旨在简要说明两位人本心理学家所提倡的人格理论。在第一章第二节内曾提到人本心理学号称第三势力。所谓**第三势力**者，主要是指在对人性解释上不同于**行为主义**与**精神分析**两大势力的理念而言。行为主义与精神分析对人性的解释，均采**决定论**的看法；所不同者只是前者属**环境决定论**而后者属**精神决定论**而已。除此之外，行为主义的理论是根据动物实验所发现的法则而建构的，精神分析论理论的建构则是以精神病患者的心理现象为基础。在人本心理学家看来，两大势力对人性解释的理念，均有所偏执。因此，人本心理学主张，心理研究的对象是人性，是正常人的人性；并采取**存在主义**(注 11-5)哲学的观点，认为人的行为决定于他的**自由意志**。主张心理学研究的目的，除了探讨人性之外，更进而促进人性的健康发展从而获得人生幸福。人本心理学兴起于 20 世纪 60 年代，在人格理论上贡献最大的是马斯洛的自我实现论与罗杰斯的自我论。

一、马斯洛的需求层次论

在第九章第三节讨论动机理论时，曾简单介绍过马斯洛的**需求层次论**。从心理学理论的观点言，马斯洛的需求层次论除解释动机之外，更适合于解释人格成长。因此，在人格心理学上，一向将马斯洛的需求层次论视为重要人格理论之一。马斯洛(见图 1-6)是美籍犹太人，1908 年出生于纽约市一个俄国移民家庭，自幼遭受种族歧视，少年生活并不愉快。进威斯康星大学后，1934 年获心理学博士学位。在求学过程中，马斯洛本来是行为主义的拥护者，后因感于第二次世界大战期间德国纳粹主义者的残忍暴行，并鉴于行为主义对人性解释的过分简化，而改变其学术取向，从事研究如何启发人类善良本性的问题。对行为主义将人类行为过于简化的问题，马斯洛在其所著的《动机与人格》一书中曾这样写着：

> 我的第一个孩子出生后，观察到初生婴儿的复杂行为，使我大吃一惊。看到婴儿的一些不学而能的奇妙表现，简直令我这个心理学家

注 11-5：**存在主义**(existentialism)为当代哲学思想之一。诸家理论不一，其共同之处在于解释人性时，咸认吾人乃生于一个无目的无理性的宇宙之中，人的生存须靠个人的自由意志，始能掌握真正的自己；反对盲从和外力干预，惟主张个人必须对自由决定的后果负责。

感到渺小而愚蠢。我敢说，任何人有过养育婴儿的经验之后，就不会再相信行为主义心理学。(Maslow, 1954)

(一) 自我实现是人格成长的基本动力

马斯洛的需求层次论(见图 9-3)，表面上看是七个层次不同的需求，而实际上却含有两点更深的意义：

1. 人生而具有趋向健康成长从而发挥其潜力的内在动力。对每一个体而言，此一内在动力就是他的成长动机；也可视为他的成长意志。惟在个体成长过程中，他的成长动机是为多个层次寻求满足的。因此，图 9-3 中所列的七个需求层次，不代表七种不同的需求或动机，而代表在总的成长动机促动之下所呈现两阶段的连续关系：即个体的**基本需求**中的四种需求次第获得满足之后，才会依序出现高层**成长需求**中的三种需求。由此观之，马斯洛的需求层次论是借由多种需求的层次关系，用以说明健康人格成长的过程。此一理念正如一棵植物的生长过程一样，每棵大树都是由一粒种子长成。种子内蕴藏着将来长成一棵大树的一切潜力。惟在从一粒种子长成一棵大树的过程中，它必须先行获得有利于生根、发芽、长枝叶等基本环境条件，如土壤、水分、肥料、阳光等，然后才能展现其为大树的成长需求。

2. 自我实现是成长的动力和目的。在马斯洛的人格理论中，自我实现一词是一个重要概念。所谓**自我实现**(self-actualization)，是指个体生而具有的内在潜力经由成长过程得以充分展现。基于此义可见，马斯洛在需求层次论中虽将自我实现列为最高一层，看起来好像将之列为人格成长的目的。事实上，自我实现的本意，除了视为成长的目的之外，也是包括七层需求在内的整个成长的基本动力。前文第一点所说的人生而具有趋向健康成长从而发挥其潜力的内在动力，在含义上即指自我实现而言。换言之，自我实现就是个体人格成长的基本动力。再以前文所举植物生长为例，打从一粒种子置于土壤内生长之初，它就开始在“自我实现”的内在潜力促动之下，向预期长成一棵大树的目的去“实现自我”。至于说，何以社会现实中多数人不能自我实现？按马斯洛理论的解释，乃是由于做为自我实现需求前一阶段的基本需求未能获得满足，而使高层的成长需求无从展现的缘故。

(二) 自我实现者的心理特征

基于前文讨论，可知自我实现乃是人格成长的理想境界。自我实现是一个抽象的概念，从行为表现或心理特征言，怎样才算是自我实现的人？马斯洛曾就38位被公认为是自我实现者的代表人物为对象(包括富兰克林、林肯、罗斯福、史怀哲、爱因斯坦等)，从他们的生活事迹中分析归纳出16个心理特征，视之为这些名人自我实现的条件(Maslow, 1967)：(1)了解并认识现实，对世事持有较为实际的人生观；(2)悦纳自己、别人以及周围的世界；(3)在情绪与思想表达上较为自然；(4)有较为广阔的视野，就事论事，较少考虑个人利害；(5)能享受自己的私人生活；(6)有独立自主的性格；(7)对平凡事物不觉厌烦，对日常生活永感新鲜；(8)在生命中曾有过引起心灵震动的**高峰经验**(注11-6)；(9)爱人类并认同自己为全人类成员之一；(10)有至深的知交和亲密的家人；(11)具民主风范并有尊重别人的态度；(12)有伦理观念，能区别手段与目的，绝不为达到目的而不择手段；(13)心胸广阔，能容忍异己且有幽默感；(14)有创见，不墨守成规；(15)对世俗事物，和而不同；(16)能超脱意识框架，不以两极性的二分法（非此即彼）处理争议性的问题。

二、罗杰斯的自我论

罗杰斯(图11-10)与马斯洛同为人本心理学的创始人，同样主张自我实现是人性的本质。惟在理论取向上，两人有所不同。马斯洛主要是解释个体经由各种需求的获取与满足以达于自我实现境界的历程，而罗杰斯主要是说明个体自我实现境界之不易达到的原因。罗杰斯除在人格理论上有创见之外，也是著名的心理治疗学权威，所以他的看法较诸偏重理论的马斯洛多了一个

注11-6：所谓**高峰经验**(或**高峰体验**)(peak experience)，是指在人生追求自我实现的历程中，历经基本需求(见图9-3)的追寻并获致满足之后，在自我实现需求层次中，臻于顶峰的一种超时空与超自我的心灵满足感与完美感。此种心灵上的满足与完美经验，只有真正的自我实现者，才会体验得到。

图 11-10　罗杰斯

(Carl Ransom Rogers, 1902～1987) 是 20 世纪美国心理学家，是人本主义心理学的创始人之一，是人本治疗学派的宗师，是非指导性谘商理论与技术的倡导者，也是自弗洛伊德以后对心理治疗理论取向影响最大的人。

实践层面。因为罗杰斯的人格理论是以个体的自我为中心理念的，故而一般称之为**自我论**(self theory)。罗杰斯 1902 年出生于美国伊利诺伊州橡园镇的一个富有的宗教家庭。1919 年初进威斯康星大学时，先学农业，后来改修历史。是因三年级时参加在中国北京举行的世界基督教青年联合会，发现人类文化的多样性，因而回国后改学历史。后来到纽约进哥伦比亚大学研习临床心理学，1931 年获博士学位。此后，罗杰斯曾先后在芝加哥大学与威斯康星大学任教，并从事心理治疗工作。罗杰斯的贡献，除在人格理论上提倡自我论成为一家之言外，由他创始的**非指导性谘商**(见第十四章第一节)，也使他成为人本治疗学派的一代宗师。罗杰斯的著作偏重在心理治疗方面，专门讨论人格的著作主要是 1961 年出版的《论人格成长》一书。在人格理论上，除了基本理念与马斯洛同样认为自我实现是人格成长的基本动力之外，罗杰斯的自我论有以下两个重点(Rogers,1961)：

(一) 自我是人格的核心

在罗杰斯的人格理论中，他采用了**完形心理学**所提出的现象场概念，用以解释自我是人格的核心。所谓**现象场**(phenomenal field)，是指个人在意识中所经验到的此时此地的环境。换言之，现象场是个人凭其主观所知觉到的心理世界，而非客观的物理世界；在某时某地的客观物理世界虽然只有一个，但置身其中的不同个人则各自有其不同的主观心理世界。惟个人的现象场并非一成不变，而是随生活经验逐渐改变与扩大；在改变与扩大的过程中即产生了个人的自我。罗杰斯所说的**自我**，乃是指个人对“我是谁”问题的回答。个人的自我包括在他的现象场之内，表示个人对自己长相、能力、生活目标、人际关系、成败经验等各方面的看法与评价。因此，在罗杰斯的人格理论中，他采用**自我概念**(或**自我观念**)(self-concept)一词来说明自我的含义。自我概念即包括在个人的现象场之内，可知自我概念所表现的个人对自己的看法，自然也是主观的。某人所表现的言行举止，在别人看来他是骄傲自大的，而在他本人心理感觉上也许是谦逊卑微的。罗杰斯认为，要想了解一个人的性格，唯一的途径是了解当事人对他自己的看法，此即罗杰斯的人格理论之所以称为自我论的原因。

根据罗杰斯的解释，随年龄的增长与生活经验的加多，个人的自我概念也随之改变与扩大，因而形成两个自我；一个是真实自我，另一个是理想自我。所谓**真实自我** (real self)，是指个人在心理上对自己的主观看法，亦即前文所述个人现象场内自我概念中的自我。故而罗杰斯所说的真实自我，也称**现象自我**(phenomenal self)。所谓**理想自我**(ideal self)，是指个人在想象中希望做的另一个我，诸如希望将来做科学家、音乐家、文学家等等，均属个人的理想自我。一般言之，个人的理想自我与其真实自我之间总会存有或多或少的距离。只有在理想自我接近而稍高于真实自我的情形下，个人的人格结构才比较稳定，才不致因理想脱离真实而导致心理冲突。罗杰斯称理想自我与真实自我之间的无冲突状态为**和谐**(congruence)；他认为人之所以心理异常，理想自我与真实自我之间缺乏和谐是主要原因。

(二) 自我实现有赖无条件积极关注

在基本理念上，罗杰斯的自我论与马斯洛的理论相同，都是采人性本善的观点，将自我实现视为人格发展的基本内在动力。惟与马斯洛相较，罗杰斯的理论更进一步解释有些人在人格发展上之所以不能臻于自我实现境界的原因。

对人性本善和自我实现的解释，罗杰斯采取了与马斯洛同样的理念，认为世界上所有生物均各生而具有天赋的生长潜力。一颗大树的种子，在尚未落入土壤之前，种子内即蕴藏了将来成为大树的潜力。一旦种子落地后，只要土壤、水分、阳光等生存环境许可，就会自行生长，不需外力帮助就会将原来种子内的潜力展现出来，长成一棵大树。人类也有生而具有的天赋潜在能力，只是人类出生后缺乏独立生存的能力，他必须有赖父母或其他成年人的养育保护，才能生存成长。如此，人类幼稚期受到父母的抚养、关爱、接纳、保护等，自然就形成了个体人格成长的基本需求。对此等基本需求，罗杰斯称之为**积极关注需求**(need for positive regard)；而积极关注需求的满足与否，关系到个体自我的发展。就此点而言，罗杰斯的自我论与马斯洛的需求层次论的基本理念是相似的。惟在解释上，两人的理论有所不同。马斯洛认为，属于较低层次的基本需求逐一满足之后，居于最高层次的自我实现需求才会出现。而罗杰斯则认为，积极关注需求满足之后，自我实现的需求才会产生。

显然，个体积极关注需求的满足，必须有赖于社会环境中别人的给予。此即人与其他生物成长历程不同之处；其他生物的成长纯然系于自然环境的条件，而人类的成长则必须靠社会环境中别人的帮助。问题是成人们在给予婴幼儿积极关注时，常是基于教育的观点加以有条件的限制。例如，婴儿饥饿时，父母未必随时喂奶，理由是要养成婴儿定时进食的习惯；稍长，父母对幼儿大小便的处所也加限制，理由是养成幼儿良好的卫生习惯。此外，父母在教养子女时，在饮食起居、日常生活、待人接物、读书求学等各方面，无不对儿童的行为给予有条件的限制；符合父母所订的条件，就会获得父母的接纳，从而获得积极关注需求的满足，否则就难免会遭到拒绝甚至受到处罚。这也就是所谓**社会化**(socialization)(意谓从一个自然人变为一个社会人)。经由社会化的历程使缺乏社会规范观念的儿童，变为循规蹈矩的社会成员，从教育的理念而言虽为一般所共识，但在罗杰斯看来，有条件的社会化，对成长中的儿童而言，缺乏真正积极关注的意义。罗杰斯称之为**有条件积极**

关注(conditional positive regard)。对人格发展臻于自我实现的理想境界而言，有条件的积极关注是发展的阻力，而不是发展的助力。以儿童入学后在校成绩为例，如果孩子在主学科(如数学、语文等)方面得甲等，而在副科方面(如体育、音乐等)得乙等，父母会因而高兴并给予赞赏。但如反过来孩子的副科表现优于主科，父母很可能在不满意之余限制孩子要他减少副科方面的活动。如果孩子的真正禀赋就在副科，而且他自己也从体育与音乐学习中得到快乐，为父母者这种有条件的积极关注，不但不会有助于孩子主科成绩的提升，反倒阻碍了他天赋才能的发展。更重要的是，父母的有条件积极关注，不利于孩子自我概念的健康发展。原因是在此种情形下孩子如果为了迎合父母所设定的条件，放弃现实自我，去追求一个不符合自己经验的理想自我，就会因失去自我和谐而陷入痛苦。

基于上述理念，罗杰斯提出了**无条件积极关注**(unconditional positive regard)的理念。意思是说，为父母者在养育子女时，配合孩子人格成长的需求给予积极关注时，是没有任何条件的。无论孩子的表现是成功还是失败，无论孩子的行为表现是否符合社会规范，父母对他们的关爱、接纳、支持等，均不附带任何条件，只有在这种无条件积极关注的社会气氛下，孩子的人格才会得到健康发展，从而使他得以自我实现。不过，对罗杰斯的无条件积极关注理论不能产生误解，不能将之误解为对孩子溺爱或放任。罗杰斯所指“无条件”的真正意思是对孩子的人格而言。为父母者对孩子的错误行为当然应该纠正，只是在纠正孩子错误行为时不要附带任何条件。如此，在“对事不对人”的情形下管教子女，才不致因条件限制而伤害了孩子人格的发展。笔者在多年前对学校辅导工作所提出的“爱的教育”理念，正是采取了罗杰斯无条件积极关注的观点(张春兴，1983)。在正常教育上，罗杰斯主张以此理念来辅导学生，在心理治疗上，他也主张以此理念对病患进行谘商。关于后者，留待第十四章内再行讨论。

第四节 行为主义取向的人格理论

前述精神分析与人本主义两种取向的人格理论，在理念上虽不相同，但对内在因素影响人格形成与人格发展的看法上，却大致相似。本节所要介绍的行为主义取向的人格理论，在理念上则与前述两种取向大不相同。行为主义心理学思想中有两点基本概念：其一，人的一切行为完全是后天学习的产物，而所有行为的学得，则是不外经由**经典条件作用**或**操作条件作用**两种历程。其二，经由两种条件作用学习一切行为时，个体行为均受**强化**作用所控制，故而所学到的一切，并非出自个人自由意志的选择。人格只不过是复杂行为的组合，因此人格也是后天环境因素所决定的。以上两点是行为主义在解释人类行为改变时所持的基本论点。我们在第五章第四节内曾经提过，到20世纪30年代新行为主义兴起以后，有些心理学家将原来行为主义的狭义理念扩大，并在学习历程中加入了社会与认知因素。本节内所要介绍的两种人格理论，就是新行为主义者采取社会和认知理念所建构的理论。

一、班杜拉的社会学习论

在第五章第四节内，我们曾经介绍新行为主义班杜拉(图5-10)的**观察学习论**。在基本理念上，观察学习论与现在要介绍的**社会学习论**(social learning theory)大致相似。惟从人格理论的观点言，两者稍有不同。社会学习的含义较广，而观察学习可视为社会学习的历程；亦即，个体人格之形成乃是在社会情境中经由对别人行为表现观察而学得的。按班杜拉的人格社会学习论有以下三点要义：

(一) 交互决定论

所谓**交互决定论**(reciprocal determinism)，是指个人的性格表现在他的行为(包括一切思想与行动)，而个人的行为则是由个人与环境二者交感互动而产生。惟班杜拉在解释行为、个人、环境三者之间的关系时，他不采用一般心理学家的看法。一般心理学家常把个人与环境二者视为**自变项**，而将个人所表现的行为视为**依变项**(见第一章第三节)；亦即，将个人的性格和环境的特征视为原因，而将个人在环境中的行为表现视为结果。以某人在酒吧与人打架行为为例，参与打架的人多半带有攻击性格，喜欢逞强斗殴，而酒吧则是容易发生人际冲突的环境。班杜拉不采取此种看法，他认为行为不是个人与环境二者互动的结果，而是行为、个人、环境三者之间彼此影响而呈交感互动的关系。换言之，行为不纯是由个人或环境决定的，而是由行为、个人、环境三者交互影响而决定的。按交互决定论的理念，酒吧打架事件即可解释为：个人具有攻击性格特征；酒吧的环境提供了表现个人攻击的机会；攻击性行为表现后获得满足；因满足而强化个人再去酒吧的倾向；在酒吧的环境中再度与人打架……如此交感互动，终而形成个人的独特性格。班杜拉的交互决定论可用图 11-11 表示之。

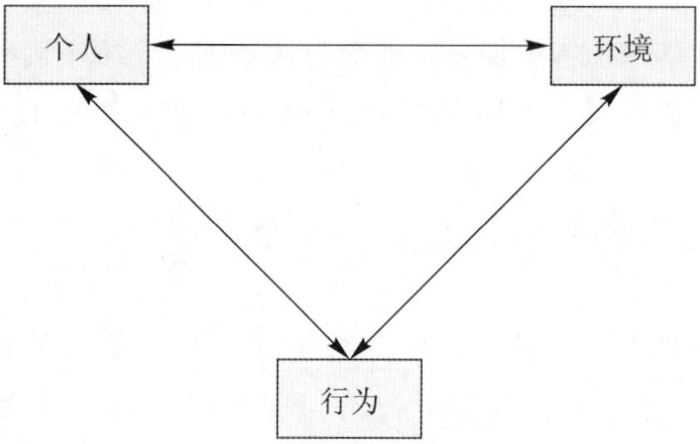

图 11-11　班杜拉的交互决定论

(采自 Bandura, 1978)

(二) 行为自律

班杜拉的社会学习论虽然重视社会环境对人格形成的影响，但他反对激进行为主义者斯金纳视行为完全决定于环境的论点。在第五章第三节内曾提到斯金纳的**操作条件作用**学习原理。按此原理推论，所谓人格者，不过是在强化原则之下环境因素对个体**行为塑造**的结果；个体的行为完全决定于行为的后果是否得到强化而定；个人在环境中是被动的，个人的人格也是在奖励与惩罚的条件下建立的。班杜拉的人格理论中虽然也采取强化的理念，但他反对斯金纳所持个人完全被环境控制的说法。因此，在他的人格理论中提出了行为自律的看法(Bandura,1988)。所谓**自律**(self-regulation)，是指个人的行为是自主的，何时何地该做什么系由个人自己决定，不为外在环境所控制，而个人自律行为之表现，则决定于个人的需求、意愿以及对自己行为表现达到期望的标准。行为表现后如自觉满足其需求，符合其期望，该行为表现即获得强化。显然，此种强化并非来自环境中的外在原因，而是来自个人觉得自己行为表现符合预期的标准，班杜拉称此种强化为**自我强化**(self-reinforcement)；而个人的行为自律，正是经由自我强化的历程逐渐养成的。

（三）自我效能

前述各种人格理论，在理念上虽各不相同，但无不将“自我”视为一个重要概念。班杜拉的社会学习论也不例外，惟班杜拉在他的人格理论中，特别采取认知心理学的观点，提出了自我效能的概念(Bandura, 1977b)。所谓**自我效能**(self-efficacy)，是指个人对自己处事能力、工作表现、挫折容忍等人格特质的综合评价，亦即个人自认在某些特定情境中能够有效地表现出适当行为的一种信念。自我效能是个人对自己的看法，是个人对自己适应环境能力的评估。在参与社会性活动之前，只有根据自我效能的高低，而后才能做出如何行动以达目的之判断。以参加一项竞争激烈的考试为例，自我效能高的人，他在考前即对自己考试成败提出评估，根据评估而决定如何加强准备以达到目标。惟自我效能并非普遍性的，而是特殊的；一个学生在某一学科(如数学)上具有高度自我效能者，在另一学科(如体育)上却未必具有同样高的自我效能。

根据班杜拉的解释，个人的自我效能是在社会情境中从直接经验与间接经验学习来的。直接经验是指个人在实际从事活动中学得的成败经验。在实际活动中如成功的经验多于失败的经验，个人的行为即可获得自我强化；而自我强化的后果，即可形成个人的自我效能。个人从间接经验中学习自我效能时，主要是在社会情境中观察别人的行为表现而产生的模仿学习。如果在小学的弟弟看到在中学的哥哥对自己学业信心满满，而且屡屡成功，他就可能由之间接学到对自己求学行为的自我效能。

二、罗特的社会学习论

基于前文讨论，可知班杜拉的社会学习论，虽然采取了极端行为主义者斯金纳学习理论中强化原则的观念，但他将强化的概念扩大，不将强化单纯视为外在环境的控制因素，而加入个人认知因素，将之解释为经由自我强化而形成自我效能。接下来介绍的罗特(图 11-12)的社会学习论，在基本理论上与班杜拉的理论有相似之点；在解释经由社会学习而形成个人性格时，同样重视强化与认知两种因素。罗特在 1916 年生于纽约市的一个奥地利犹太移民家庭。由于幼年饱受种族歧视的痛苦经验，在少年时代即立志从事临床心理研究，希望将来从事助人工作。1941 年获印第安纳大学临床心理学博士学位后，曾先后在数所大学任教，自 1963 年出任康乃狄克大学教授以迄退

图 11-12　罗　特

(Julian Rotter, 1916～　) 是 20 世纪美国心理学家，是新行为主义代表之一，是心理治疗学家，也是在人格理论上首倡制控信念理论的心理学家。

休。罗特的人格社会学习论的主要理念，载于其1954年出版的《社会学习与社会心理学》一书。以下是他人格理论中两点要义：

（一）影响行为的两大因素

罗特采社会学习的观点建构其人格理论时，提出了一个异于其他人格理论的理念，他认为人格理论的价值，端在能预测人的行为。心理学家在建构人格理论时，不能单凭学理的观点去解释人格结构中包括哪些因素，而应从一般人在行为表现中，分析影响个人决定表现何种行为的心理因素。了解影响行为决定的心理因素之后，才能有效地预测人的行为。基于此一理念，罗特举出某一大学毕业生选择就业机会为例，用以说明影响个人抉择行为的两大心理因素(Rotter,1954)。设有一大学毕业生同时申请符合自己专长的两个工作机会，第一个机会的年薪是15,000美元，另一个机会是29,000美元。如从客观立场预测，该生自应按工作报酬高低而申请第二个机会。但罗特认为行为预测没有如此简单。罗特指出，在此情境之下预测人的行为时，必须同时考虑两种因素：(1)报酬价值的高低：在报酬价值高低不同的情形下，个人自然倾向于选择高报酬的机会。从学习心理学的观念言，报酬也就是工作后的强化作用。因此，罗特称工作后的报酬为**强化值**(reinforcement value，简称RV)。根据此一因素预测，该生自应申请年薪高的就业机会。(2)预期后果的几率：意指个人凭主观判断行为表现之后可能成功的机会。根据此一心理因素预测，该生如自认在众多申请者中自己条件未必超越他人时，他可能决定放弃高薪改而申请报酬较低的机会。基于此义，可知罗特以社会学习原理解释人格时，同时重视强化与认知两个理念。

（二）制控信念的个别差异

罗特以社会学习的观点解释人格问题时，除了解释外来的强化作用(报酬)影响个人行为之外，认为个人对报酬之获得与自己行为后果间之关系的看法，更是形成个人独特性格重要因素。以学生读书应考后得到成绩等级为例，考后成绩等级与考前用功程度有何关系？学生们回答此问题时，看法未必一致。有个学生得到甲等后，自认那是自己努力的结果。也许另一个学生对自己甲等成绩视为运气。按罗特的解释，这两个学生之所以看法不同，是由于他们各自怀有不同的制控信念。所谓**制控信念**(或**控制点**)(locus of control)，是指个人对形成自己行为后果责任归属的主观看法。在某种情形下，个人的行为后果是一种事实(如考试不及格)，但对形成此一事实的责任归属的解释，当事者的看法却未必一致。因此，罗特将制控信念视为评定个别差异的人格特征。并将所有人区别为两种类型：一类称为**内制控信念型**（internal locus of control)；属于此类型的人，相信个人的行为后果的责任归属自己。准此推论，前例中第一个学生即属内制控信念型。属于内制控信念型的人，一般相信个人的命运掌控在自己手中。另一类是**外制控信念型**（external locus of control)；属于此一类型的人，相信个人的行为后果的责任不归属自己，而是由于外在因素所控制。准此推论，前例中第二个学生即属外制控信念型。属于外制控信念型的人，一般相信，自己的命运操之于外在因素。至于外在因素为何，可能是别人，也可能是运气等。

第五节　人格测验

本章一至四节所讨论者均属人格理论。各家人格理论所探讨的问题中，除对人格的形成、结构、发展等各方面持有不同理念之外，对人格的个别差异现象，却是公认的事实。心理学家们为了鉴别人格的个别差异，自然就发展出了一些测量人格的工具；此等测量人格差异的工具，就是**人格测验**(personality test)。与第十章所讨论过的智力测验相对照，两类心理测验有相同之点，也有相异之处。两类心理测验的相同之点有三:(1)两类测验同样都必须具备心理测验应有的**标准化**、**信度**、**效度**等条件（详见第十章第一节)；(2)两类测验的编制，同样都是根据心理学家的理论;(3)各家人格理论均以“自我”为理论的中心，故而所有人格测验也都是以了解当事人对自我的看法为测验的目的。两类心理测验的主要相异之点是，虽人格测验的目的也试图采客观量化(将测验结果化为分数)的方式，用以表示个别差异，但所表示者不像智力那样在同尺度之下比较高低(如 IQ 120 者比 IQ 100 者高出20 个分点)，而是就某些情境性问题做根据，观察受试者的心理反应，从而比较其性格上的差异。换言之，智力测验旨在评定智力差异的高低，人格测验只能鉴别性格差异的倾向。差异的倾向与高低不同，高低带有优劣含义，倾向则无良窳之分；人的性格虽有内向外向之分，但绝不能断言哪种性格是人的缺点。惟其如此，人格测验在应用上不在了解一个人在能力上能否学什么或能否做什么，而是在于了解一个人在性格上适合学什么做什么。因此，人格测验一般用来做为学业或职业辅导以及心理异常与否诊断之用。

由于人格测验的编制系以人格理论为根据，综合前几节所介绍的各家理论，人格测验大致可划分为自陈量表式与投射技术式两大类型。

一、自陈量表式人格测验

前文曾经指出，人格测验的目的是借由个体对其“自我”的看法，从而鉴别一般人在性格上的差异。自陈量表式的人格测验，就是根据此一理念而设计的。所谓**自陈量表**(self-report inventory)，是指一种问卷式的人格测验，量表中列有很多陈述性的题目，受试者可按题目中所述适合于自己情形者选答。自陈量表中的题目，其所陈述者均为假设性的行为或心理状态，其陈述方式多采用第一人称。填答时，多半采两种方式：一种方式是逐题评定式，由受试者在每题之后所列的“是□否□不一定□”三者之中，选择适合于自己的陈述作答。以下就是此类题目及填答方式的例子。

我从来不做冒险的事。	是□否□不一定□
我对自己的工作常感力不从心。	是□否□不一定□
我怕从高处俯视。	是□否□不一定□
我常觉得有人注视我的行动。	是□否□不一定□
我时常感到胃不舒服。	是□否□不一定□
我每天早晨总会有沉闷的感觉。	是□否□不一定□

自陈量表填答的另外一种方式，是让受试者在两种陈述中选取其一。以下就是此类题目及填答方式的例题：

A. 我喜欢公开批评那些有权势有地位的人。 □
B. 我在长辈或有权势人物的面前会感到胆怯。 □

* * * *

A. 我喜欢向别人诉说我自己打算做的事。 □
B. 我喜欢不声不响地向自定的目标去努力。 □

* * * *

A. 我在人多热闹的场所会感到不自在。 □
B. 我喜欢参加有很多人在场的活动。 □

根据本章之初的人格定义可知，人格是个体在生活适应时由其表现的独特反应而显现。上述自陈量表式的人格测验题目，目的是在列举很多假设的生活情境与可能的适应方式，让受试者选答。显然，此等假设的生活情境，必须包括现实生活中的很多层面，而且也须顾到受试者的生活背景。否则所得结果将无从推知受试者的人格特质。因此，一般人格测验的编制，在选择题目时，总会考虑到两方面的生活情境：一方面是共同性的，诸如对自己的身体、对家人关系、对男女感情、对朋友交往、对金钱使用、对自我关怀、对社会秩序等均属之。另一方面是特殊性的，诸如适于学生用者，就得包括有关学校生活情境；适于心理异常人用者，就得包括有关心理异常者的生活情境。甚至，可以想象的是，适合于男性的人格测验，未必适合于女性；适合于成年人的人格测验，未必适用于青年人。这一点也就是第十章之初曾讨论过的测验标准化与效度问题。

前文曾经提出，人格测验的形式与人格理论有关。从此一观点上看，在本章介绍的四种人格理论中，采特质、人本、行为三种取向解释人格时，比较适合采用自陈量表做为测验工具。

二、投射技术式人格测验

前述自陈量表式的人格测验，其最大的特点是，有固定的题目，而且题意明确，受试者只须按题填答，自可得到结果。惟自陈量表之特点，是优点也是缺点，优点是易于使用，易于解释；缺点是因受试者的反应受到题目的限制，所测到的反应，未必真正代表受试者的心理特质。投射技术式的人格测验，就是为了补救此一缺点而设计的。所谓**投射技术**(projective technique)，是指提供受试者一种暧昧的刺激情境，让他在不受限制的情境下，自由反应，从而分析探究受试者隐而不显的人格特质。心理学家对投射技术的功用持有一种假设，认为受试者面对暧昧刺激情境时，因为不受明确题意的限制，反而容易自由表达，在不知不觉中将内心隐藏的问题投射在反应之中。根据此种假设所编制的人格测验，即称为**投射测验**(projective test)。最常用的投射测验有以下两种：

(一) 罗夏墨渍测验

罗夏墨渍测验(Rorschach Inkblot Test)，因系由瑞士精神病学家罗夏(Hermann Rorschach,1884～1922)于1921年所设计编制，故名。该测验包括十张内容不同的墨渍图片，其中五张为黑色，两张为黑红二色，三张为彩色（图11-13)，该测验当初制作时，是将墨汁滴于纸片中央，然后将纸片对折猛压，使墨汁四溢，形成不规则但对称的各种图形。罗夏曾以各种不同形状的图形，对各种不同受试者(包括正常人与精神病患)测试，最后选定具有代表性的十张，作为暧昧刺激情境的测验题目之用。读者可以想象，不

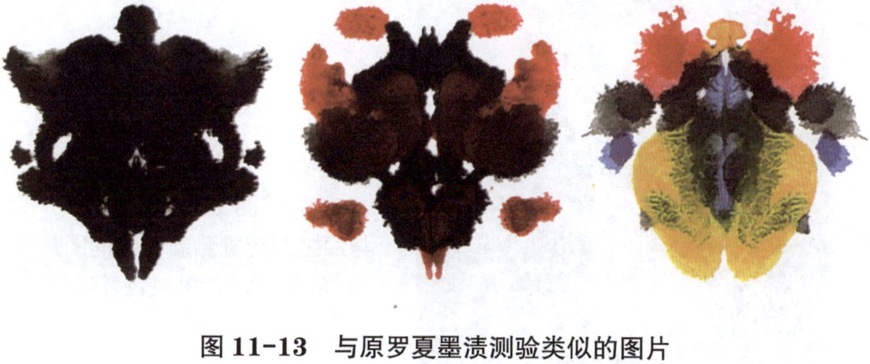

图11-13　与原罗夏墨渍测验类似的图片
(根据Rorschach，1921资料制作)

同的受试者，面对图 11-13 的墨渍图形时，定会表现出不同的反应。

罗夏墨渍测验的十张图片，编有一定的顺序，使用时每次出示一张，同时向受试者发问："你看这张图形像什么?"或问："这张图形会使你想到什么?"并允许受试者转动图片，从不同角度去观看该一图形。测验实施时，每次以一位受试者为对象，记分方法根据预订标准以观察受试者对各图形的部位、形状、颜色等各方面所表现的反应。

(二) 主题统觉测验

主题统觉测验(Thematic Apperception Test，简称 TAT)是由美国心理学家默瑞(Henry Alexander Murray, 1893～1988)于 1935 年所编制。全套测验包括 30 张卡片，按实施对象不同分为四组，每组有 20 张卡片，其中 19 张是题意暧昧的图片，另有一张为空白卡片。采用此类图片做为人格测验，其方式与儿童看图说故事的情形类似。实施时，对受试者反应的内容不加限制，但须符合以下四要点:(1)图中所显示者是何情境;(2)图中情境的发生是何原因;(3)将来演变下去可能有何结果;(4)个人对此情境中的一切有何感想。图 11-14 即主题统觉测验中的一种情境。

图 11-14
与原主题统觉测验类似的图片
(根据 Murray，1943 资料制作)

主题统觉测验的目的，是想借由暧昧图形的情境为主题，要求受试者针对图形情境撰写一个故事。旨在让受试者不知不觉地借着对故事情节的客观描述(他或她如何如何)，而投注其主观的意识，从而流露出潜藏在内心深处不为人知的隐情。

综观以上所介绍的两种类型的人格测验，无论是自陈量表式，或是投射技术式，在使用上与用以作为工具真正了解受试者人格的目的，尚差一段距离。自陈量表的题意明确，便于使用，但因题目范围有限，未必能根据限定的题目测试出受试者内心中的问题。又因题意明确，如遇题意涉及**社会愿望**(social desirability)者，受试者可能避而不答，或采取符合社会愿望的方向选答，借以掩饰自己的本意。因为，社会愿望是代表社会上一般人的价值取向；如果用这样一个题目“我不喜欢读书”要十岁的小学生选答，即使这题目正合他心意，也可能因读书才符合社会愿望而选作“否”的答案。

投射测验有其优点，既可免除上述因社会愿望而作假的情形，又可借以测出受试者隐藏在内心深处潜意识方面的问题。但投射测验缺点仍多，以下四个缺点一直被认为很难改进:(1)评分缺乏客观标准;(2)测验结果不易解释;(3)测验的**效度**不易建立;(4)测验形式虽然简单，但原理深奥，非经专门训练，不易使用。

总之，无论是从理论的或是从实用的观点来看，人格测验的发展都是极为重要的，可是从人格测验迄今未能避免的缺点来看，人格测验的发展尚未达到理想的地步。

本章摘要

1. **人格**(或**性格**、**个性**)指个体在生活历程中对人、对事、对己及对整个环境适应时所显示的独特个性；而此一独特个性，系由个体在其遗传、环境、成熟、学习等因素交互作用下，表现于动机、兴趣、态度、自我观念、生活习惯以及行动等身心多面的特质所组成；由多种特质所形成的人格，在心理与行为表现上，具有相当的统整性、持久性与独特性。

2. 弗洛伊德的精神分析人格理论，有三个基本理念：(1)**精神决定论**；(2)**潜意识动机**；(3)**本能观**。
3. 弗洛伊德人格理论包括人格发展与人格结构两部分，前者分**口唇期**、**肛门期**、**性器期**、**潜伏期**、**两性期**五个时期；后者分**本我**、**自我**、**超我**三个层次。
4. 弗洛伊德所说的**防卫机制**有很多种形式，其中主要者有**压抑**、**否认**、**投射**、**合理化**、**转移**、**反向作用**、**补偿**、**升华作用**等。
5. 阿德勒的**个体心理学**思想中，有四点重要理念：(1)**人性自主**；(2)**追求卓越**；(3)**自卑情结**；(4)**生活格调**。
6. 荣格的**分析心理学**思想中，有四点要义：(1)**自我的功能**；(2)**两种潜意识**；(3)**人格内动力**；(4)**人格的发展**。
7. 霍妮的人格理论有三点重要理念：(1)**基本焦虑**；(2)**神经质需求**；(3)**理想化自我**。
8. 沙利文的**人际关系论**中有四点要义：(1)**人性在社会情境中显现**；(2)**自我动力**形成**自我体系**；(3)**人格发展系于认知经验**；(4) **参与观察式的心理治疗**。
9. 奥尔伯特的**人格特质论**，将人格特质分为两类别及三层次；两类别指**共同特质**及**个人特质**，三层次指**主要特质**、**中心特质**及**次要特质**。
10. 卡特尔的**人格因素论**将人格特质分两类：(1)**表面特质**；(2)**根源特质**。
11. 艾森克的**人格类型论**，将人格纳入两个连续性的维度来分析；一个维度是内向-外向性，另一个维度是稳定-不稳定性。这两个维度构成的平面包括所有不同的人格类型。
12. 马斯洛**需求层次论**的人格理论，将**自我实现**视为人格成长的基本动力。
13. 罗杰斯人格**自我论**有两个重要理念：(1)自我是人格的核心；(2)自我实现有赖于**无条件积极关注**。
14. 行为主义取向的人格理论，本书介绍班杜拉与罗特两人的**社会学习论**；

前者对人格解释持**交互决定论**理念，后者则采**制控信念**的观点。

15. 用于测量人格的人格测验，主要分为**自陈量表**及**投射测验**两大类；后者包括**罗夏墨渍测验**与**主题统觉测验**。

建议参考资料

1. 车文博(2001)：人本主义心理学。台北市：东华书局(繁体字版)。杭州市：浙江教育出版社(简体字版)。

2. 江光荣(2000)。人性的迷失与复归——罗杰斯的人本心理学。武汉市：湖北教育出版社。

3. 张春兴(2002a)：心理学思想的流变——心理学名人传(修订版)。台北市：东华书局(繁体字版)。上海市：上海世纪出版集团教育出版社(简体字版)。

4. 高玉祥(1989)：个性心理学。北京市：北京师范大学出版社。

5. 黄希庭(1998)：人格心理学。台北市：东华书局(繁体字版)。杭州市：浙江教育出版社(简体字版)。

6. Allen, B. P.(2000). *Personality theories: Development, growth, and diversity* (3rd ed.). Boston: Allyn & Bacon.

7. Bandura, A.(1985). *Social foundations of thought and action: A social cognitive theory.* Englewood Cliffs, NJ: Prentice-Hall.

8. Chacles, S. C. & Micha, F. S.(2000). *Perspectives on personality* (4th ed.). Boston: Allyn & Bacon.

9. Fine, R.(1979). *The history of psychoanalysis.* New York: Columbia University Press.

10. Stevens, R.(1993). *Freud and psychoanalysis: An exposition and appraisal.* Milton Keynes, Philadelphia: Open University Press.

第十二章

社会心理

本章内容细目

在本章之前，本书所讨论的心理学主题，在性质上都是针对个体的行为与心理历程的探讨；无论是心理的生物基础、感觉知觉与意识、学习记忆与思维、生命全程的身心发展、动机与情绪或智力与人格的个别差异，其讨论内容均未脱离个体的行为与心理历程的范围。本章之内容则是转而从团体中的个人着眼，分析探讨两方面的行为与心理的问题：一方面将探讨团体中个体间交互的影响；别人如何影响个人，个人如何影响别人。另一方面将探讨团体与个人间彼此的影响；团体如何影响个人，个人如何影响团体。在整个心理学领域中从事此类问题研究者，就是**社会心理学**(见表 1-3)。

虽然古代哲学心理学家对个人与团体关系的问题颇多争议，而且其中持自由意志思想者反对以团体行动限制个人，但就人类现实生活的需求看，个人是无法离群索居的。个人既无法脱离团体而生存，因而个人与个人间以及个人与团体间，如何和谐相处而建立祥和社会，自然就成了社会心理学研究的主题。在整个心理学领域内，社会心理学的兴起较之其他学门为迟，其兴起约在 20 世纪 30 年代以后。惟兴起后发展迅速，而且研究层面甚广，几乎涉及人类行为与心理上所有的问题。本章因受限于篇幅，只拟就社会心理学中选取以下四个主题从事简要讨论:(1)**社会认知**，探讨个人如何认识别人以及如何经由认知历程解释自己与别人行为现象的问题;(2)**态度**的形成与改变，探讨个人态度形成的心理历程与如何改变态度的问题;(3)**社会互动**，探讨社会情境中个体与个体间在行为与心理上如何交互影响的问题;(4)**团体行为**，探讨个人行为如何受团体影响以及个人行为如何影响团体行为的问题。经过本章讨论之后，希望读者能对社会心理学获得以下的认识：

1. 社会认知的心理历程。
2. 对社会行为的不同理论解释。
3. 态度形成的心理因素与态度改变的过程。
4. 个人在团体中的社会互动。
5. 人际间亲密关系形成的心理历程。
6. 团体对个人行为的影响。
7. 个人对团体行为的影响。

第一节　社会认知

社会心理学研究的主题是人类的社会行为。所谓**社会行为**(social behavior)，是指个体受别人或团体影响所形成或改变的一切行为。惟社会行为所指的“行为”，并非只限于表现于外的活动，而是包括着内在的认知、感情、意志等复杂心理历程。本节所讨论的社会认知，即系在社会行为这个主题下，探讨在社会情境中个体外显行为与内在认知心理历程的问题。

一、社会认知的基本要义

社会认知是20世纪70年代认知心理学兴起之后，社会心理学家才开始采取**讯息处理论**(见第六章第二节)的理念对人类社会行为进行研究的新主题。**社会认知**(social cognition)是指个体在社会情境中，将人所表现的社会行为视为一种讯息，而予以认识、记忆、分类、储存、思维、推理、判断等处理的复杂心理历程。此一概念中尚有两点要义需略加解释：

(一) 人知觉是社会认知的心理基础

从讯息处理论的观点看，社会认知是以人知觉为心理基础的。人知觉与物知觉是相对的概念。所谓**物知觉**(object perception)，是指个体对周围物理环境中各种物体所得各种知觉而言。本书第三章内所讨论的知觉，事实上也就是物知觉。物知觉包括对物体的形状、大小、远近、颜色等各种特征所得的知觉。因此，从讯息处理论的观点言，物知觉可视为个体对周围物理环境中物体本身所具特征为讯息予以认识、记忆、分类、储存、思维、推理、判断等处理的复杂心理历程。在第三章内曾经提到，个体对物体所得知觉，并非全然客观地代表物体特征的真相，而是相当程度地将物体的特征予以主观的解释。第三章中所讨论的**错觉**现象，正是物知觉失真的明显事实。基于此义可知，与物知觉相对的**人知觉**(person perception)，乃是个体以社会情境中他人所表现的行为特征做为讯息，予以认知处理的复杂心理历程。人知觉包括对人的性别、年纪、服饰、身份、体型、面貌以及言行举止等各特征所得知觉。因为人知觉都是产生于人与人接触的社会情境之中，故而人知觉也称**社会知觉**(social perception)。人在物理环境中从某种物体所得物知觉，即使不能全然代表该物体特征的真相，但对一般人而言，大致上仍然具有相当程度的共同性（如大家都会觉得蓝天白云比乌云满天好看)。物知觉之所以具有共同性的原因，主要是做为物知觉对象的物体本身不具备独特的个性。人知觉则没有如此简单；做为人知觉对象的他人，除了像物体那样具有外观的形貌之外，每个人都具有他独特的个性。职是之故，在社会情境中以他人为对象讨论社会知觉时，不能像对物知觉那样轻易遽下判断。此即社会认知之所以成为社会心理学研究重要主题之一的原因。

（二）社会事件是认知处理的讯息

在第三章讨论感觉与知觉以及第六章讨论讯息处理论如何解释记忆历程时，曾多次提到人类学习事物时从刺激到反应过程中所产生的变化。刺激是一个外在的物理事件，刺激本身不能直接引起反应，刺激必须先影响到感官产生感觉，此即由物理事件变为生理事件而后转化为心理事件的前一段；经由脑神经中枢的运作，将感觉变成知觉，此即由生理事件变为心理事件的后一段。心理事件形成之后，再由脑的相关部位发号施令而表现出适当的反应(动作或语言)，此即由心理事件变为行为事件的阶段。由物理事件的刺激变为行为事件的反应，其间经过的时间也许只有几分之一秒，但其间的变化则必须经过生理与心理两段历程。认知心理学的讯息处理论所解释的一切学习与思维，全都离不开此一理念。惟讯息处理论兴起后初期所研究者，在研究个体如何获得知识时，多限于以知识原型的物理事件(文字图形等)为刺激，经由生理事件而转化为感觉与知觉等心理事件历程的解释(见图 6-1)。讯息处理论用于研究人的社会认知时，则是在于以社会情境中他人行为(包括团体）所形成的社会事件为刺激对象，经由生理事件而转化为感觉与知觉等心理事件之历程的解释。由他人行为所形成的社会事件，远比物体特征所形成的物理事件为复杂，原因是除了他所表现的外显行为特征之外，尚需考虑其外显行为背后的心理历程，否则将对此人此事无法认识或了解，更无法获得社会认知。以教师要小学三年级学童回答“方形的四个角切去一个角，还剩三个角对不对”问题为例，如果某儿童只是摇头而不回答，教师将无从理解学童摇头所代表的认知反应。学童可能因不了解教师的题意而摇头，也可能知道答案不一定是三个角而摇头(因切法不同而有三种不同答案)。如属对简单的问题题意都不能理解，教师可判定该学童智能甚低；如属他不同意教师的提问方式，该学童就可能是智能优异。

基于以上讨论，可知以社会事件为基础的社会认知研究，将远比以物理事件为基础的认知研究为困难；而困难的原因主要系于不能只看人的行为表面，而必须推理解释行为背后的原因。基于此一理解，我们进一步讨论有关社会认知的两个基本问题：其一是对他人印象的形成；其二是对他人行为的归因解释。

二、印象的形成

基于前文讨论，可知社会认知是在社会情境中，以对他人所得人知觉为基础而做的认知处理。经由此番认知处理的历程，个体自然就会对于所面对的人在心理上形成一个印象。像此种经由人知觉对他人认知处理从而获致印象的心理历程，即称为**印象形成**(impression formation)。可以想见的是，对某人形成印象时，其初次见面时所得的人知觉，对整体印象的形成将发生重要的影响作用。因此，**第一印象**(first impression)即成了社会认知研究中的一个重要主题。在日常生活中对人形成第一印象的机会很多：教师初次上课会给学生留下第一印象；演员初次登台会给观众留下第一印象；求职者应征与公司负责人面谈，会给双方留下第一印象；经别人介绍初次会见异性朋友，也会使彼此留下第一印象。正因为第一印象如此重要，所以有社会经验的人都会建议当事人在与重要人物见面之前，应刻意准备一番(如整肃仪容与预拟谈话腹稿等)，以期使对方留下深刻而良好的第一印象。像此种常识性的看法，从多年来社会心理学家们研究的结果看，已经得到了验证。社会心理学家们咸认，第一印象是对他人印象形成的重要阶段。第一印象形成之后，以后的印象便不易改变。第一印象既如此重要，接下去即以两点说明影响第一印象的因素。

（一）初始效应

在社会情境中与别人接触时，对方在外形上或性格表现上最突出又最引人注意者，将会使你留下深刻的第一印象。在外形方面，体形、容貌、服饰等超常或出众者，容易加深人的第一印象。原因是属于人的外形条件，在社会情境中即使未曾与他接近，也会对他留下印象。如果火车车厢内出现一个体重 100 千克以上的女学生，全车厢的旅客无须介绍也都会对她留下深刻印象，而且久久不忘。像此种最先引起人知觉反应而影响印象形成的现象，称为**初始效应**。在第六章第一节讨论记忆测量时，曾经提到过初始效应的概念。惟当时所指者是语文学习后的记忆。初始效应用于解释对人的第一印象时，除对方的外形是最重要因素之外，对方的行为举止以及介绍者对其性格特征的描述方式，也是影响因素之一。以教师由学生成绩表现而形成对学生的印象为例。假设同一班级中有王李两生，一学期内各有三次考试成绩，王生第一次成绩全班第一，第二次名列第三，第三次名列第十；而李生三次考试成绩则分别是第七、第八及第十。如果单从第三次考试成绩看，王李二生成绩相等，但如从教师对两个学生的印象去设想，很可能对两个学生的第三次成绩表现，给予不同的解释，教师可能认为王生的名次滑落是意外。果如是，王生第一次考试的突出表现，使教师对他的印象产生了初始效应。

在用文字或口语介绍人的性格时所采用的描述方式，也会对接受者的第一印象发生影响。曾有心理学家设计如下的实验，用以验证初始效应对第一印象的影响。该实验将受试者分为两组，分别看描述 A、B 二人性格特质的六个形容词；两组所看的六个形容词完全相同，所不同者只是排列的顺序而已。描述 A、B 两人性格特质的六个形容词各自排列的顺序是(Asch,1946)：

A 的性格是精明的、勤勉的、冲动的、善辩的、倔强的、嫉妒的。

B 的性格是嫉妒的、倔强的、善辩的、冲动的、勤勉的、精明的。

经受试者评定后，研究者发现：尽管所列六种性格两组完全相同，只因排列先后顺序的差异，影响了受试者对人印象的评定：受试者多对A君给予正面的印象，以最前两项性格特质做为判断的主要根据；对B君给予负面印象，同样也是只重视了前两项性格特质。研究者进一步分析发现，凡是对A君有正面印象的人，不但把前两项性格视为形成印象的主要根据，而且把后面“善辩的”性格做正面的解释(精明的人才会善辩)。同理，凡是对B君有负面印象的人，不但把前两项性格做为印象形成的主要根据，而且把后面“善辩的”的性格做负面的解释(倔强的人才会善辩)。

(二) 社会基模

前文提到根据人知觉对别人形成社会认知时，在心理运作上不仅包括对人的外显特征，而且也包括对其行为及性格特征的推理解释。对别人行为推理解释时，要靠个人经验中已有的相关知识；而此等相关知识即个人自幼学习储存在长期记忆中的讯息。此等讯息是经过分类、整理、组织后储存起来的。使用时可以经由检索历程一并提取出来与面对人物刺激核对，如核对后有部分特征与记忆中储存的讯息符合，就对他归类于何种人物。此一概念说明的是，人有对环境事物分类处理的一种**认知结构**，在第八章第一节介绍皮亚杰的认知发展理论时，提到皮亚杰称此种认知结构为**基模**。惟皮亚杰在解释儿童如何运用基模以认识周围世界时，是指人知觉之外的一切物知觉。社会心理学家将皮亚杰所提出的基模理念用于解释人知觉，故而称为**社会基模**(social schema)。个体在社会认知历程中运用基模对人的性格特征做推理解释时，多半是根据对人所得部分知觉，扩大推理他的其他性格，从而判断他是一个什么样的人。假如看到一个服装整齐的中年人面对一群青少年讲话，你就会推理解释该中年人可能是位中学教师。一想到中学教师，为人师表角色应有的性格，诸如言行较严谨、思想较传统、知识有专长、生活较规律、服饰较保守等，就会从记忆中将与教师概念相关联的一切讯息检索出来加在眼前所见的教师身上。事实上，上述有关教师的多种性格，在当时多半是看不到的，是隐而不显的；只因是自幼经学习经验而形成的社会基模，在此时发挥了扩大认知作用。在日常生活中，靠社会基模获得认知的事例很多，例如，看到手中抱几本书本的青年人，就会扩大认知他可能是大学生；看到提个篮子出门的中年女性，就会扩大认知她可能是家庭主妇；看到坐在豪华汽车后座的中年男子，就会扩大认知他不是达官就是富贾。一旦认定所知觉的对象是学生、家庭主妇或达官富贾之后，对这几类人的不同性格，就会分别从记忆中检索出来加以核对。由此观之，个体根据社会基模对人获得社会认知的现象，事实上是一种根据对人所见部分特征而对其他相关特征的联想。因此，有的心理学家(Schneider, 1973)将此种根据部分外显性格特征去推理解释其他多种隐而不显的性格特征的说法，称之为**隐联性格论**(implicit personality theory)。

三、对社会行为的归因解释

本节前文所讨论的对人印象的形成，只能算是社会认知历程中的一种基本社会心理。可以想见的是，个体对他人的言行举止形成某种印象之后，自将进一步为其言行举止上的特征设定原因，且在心理上给予自认是合理的解释。在日常生活中对他人行为归因解释的心理现象时时存在；教师对学生逃学行为会归因，法官在判决时对犯人的行为会归因，政治评论家对张三当选李四落选的结果，也会归因。

对一般人的归因心理从事分析研究，从而建构系统理论的心理学家，多年来已发展出多种理论，其中以下列两种理论最受到心理学界重视。

（一）海德的归因论

关于个体对他人行为的归因解释，美国社会心理学家海德(图 12-1)在 20 世纪 50 年代首先提出一种理论解释，称为**归因论**(attribution theory)(Heider, 1958)。按海德归因论的解释，谓一个人在某种社会情境下之所以表现某种行为，归根究底不出内在与外在两类原因。内在原因所指者是属于当事人本身的因素；举凡身心需求、动机、情绪、态度、习惯、价值观等，均属内在因素，而此等内在因素将影响甚至决定个人的行为。外在原因所指者是属于个人本身以外的因素；举凡社会规范、法律规定、职业特性、工作负担、气候变化等等，均属个人本身之外的因素，而此等外在因素也是影响甚至决定个人行为的原因。在个体对他人行为归因解释时，如果只重视当事人的内在因素，那就是**内在归因**(internal attribution)。反之，如果对他人行为归因解释只重视外在因素，那就是**外在归因**(external attribution)。又因内在归因时所考虑者偏重于当事人的性格因素，故而又称**性格归因**(dis-positional attribution)。同时外在归因时所考虑者偏重于当事人的情境因素，故而又称**情境归因**(situational attribution)。从日常生活的经验看，海德的归因论是具有实践价值的。以飞机发生重大空难事件为例，司法机关分析失事原因时，其侦查线索总是不出人为因素及机件因素两个取向。如果侦查结果发现驾驶人员有酗酒习惯，内在归因自然就成为分析的主要根据。反之，如发现飞机的机件临时故障是肇事的原因，外在归因自然就成为分析的主要根据。

海德的归因论提出后，其他心理学家相继研究，并做了补充。其中最重要的补充是基本归因误差的概念。所谓**基本归因误差**(fundamental attribution error)，是指某人表现某种社会行为时，别人对他行为原因所做解释与当事人自己的解释有所不同；别人解释他的行为时，偏重采性格归因，而当

图12-1　海　德

(Fritz Heider, 1896～1988) 是20世纪美国社会心理学家，是首先提出归因论对社会行为给予系统解释的心理学家。

事人自我解释时，则偏重情境归因。像此种对别人行为解释偏重性格归因而忽略情境归因的心理倾向，就称为基本归因误差（Rose,1977）。在日常生活中，基本归因误差的情形很多。以学生打架打伤同学因而违犯校规行为为例，教师可能将喜欢打架学生的行为归因于他性格顽劣，而学生本人则可能将打伤同学一事归因于该同学侵犯他而做出不得已的防卫行为。

由基本归因误差的现象看，可以想见的是，一种行为发生后，不仅旁观者与行为当事人对该行为发生原因的解释不同，就是同属观察的数人，其归因方式也未必完全一致。惟其如此，海德的归因论之后乃有其他不同理论的产生。

（二）凯利的共变论

对社会行为发生原因的解释，自海德提出归因论之后，在社会心理学理论建构上一度成为一个热门主题。在众多理论中以美国心理学家凯利（Harold Harding Kelley, 1921～2003）提出的共变论最受重视。所谓**共变论**（covariation theory），是指吾人观察别人在某种社会情境中所表现的某种行为时，不仅应考虑到影响其行为的外在因素或内在因素而给予情境归因或性格归因，同时也需要考虑到当事人的性格可能因情境不同而表现出不同行为的问题。换言之，解释别人某种行为时，必须考虑到当事人的性格与情境二者的共变关系。凯利曾建议，要了解某人某种行为的真正原因，必须根据三种特征为标准去多次观察他的行为，然后才能确定如何给予归因解释。凯利建议的三种特征是（Kelley,1973）：（1）共同性：他的行为是不是跟别人一样；（2）特殊性：他的行为是不是只在此一特殊情境下表现；（3）一致性：他的行为是不是在同样情境下会重复出现。根据凯利的归因共变论理念，试举观察某人搭公交车插队行为为例，用以说明共变论在实际生活中的应用（见图 12-2）。

从图 12-2 的内容看，可知在观察别人社会行为时，不能仅凭单一事例就肯定做成情境或性格归因解释。因此，从社会认知的观点言，必须根据同样情境和不同情境下多次观察结果，始能真正了解对方的为人。

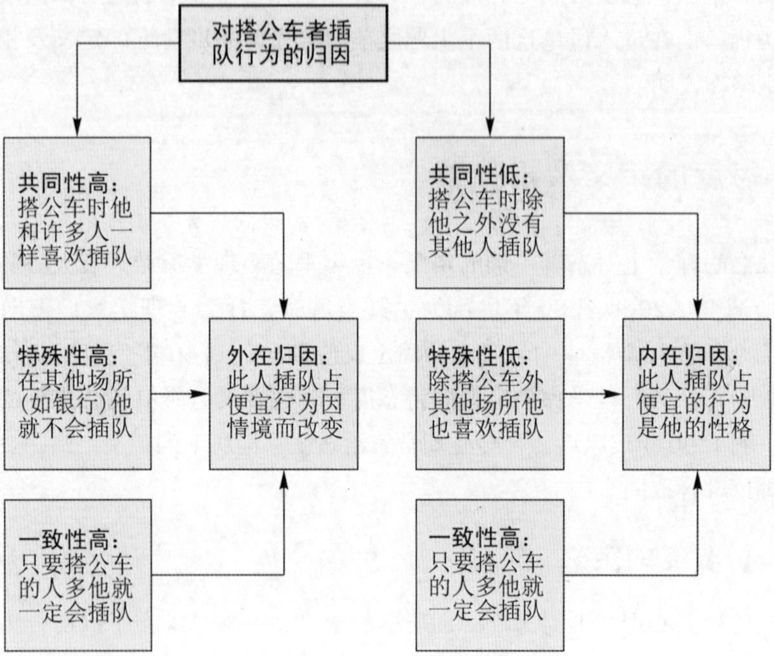

图 12-2　凯利归因共变论

（根据 Kelley,1973 理论要义绘制）

第二节　态度的形成与改变

前节所讨论的社会知觉、社会认知以及社会行为归因等概念时，只提到个体在社会情境中对别人行为的觉察与认知，尚未进一步讨论到认知之后，个体如何根据自己的认知与好恶做出行为反应的问题。关于此点，正是本节所要讨论的态度问题。社会心理学家对态度的研究，主要是集中探讨两个主题：其一是探讨态度形成的心理历程，其二是探讨态度形成之后如何改变的心理历程。惟在进入讨论这两个主题之前，容先就态度一词的定义及相关概念分别略作说明。

一、态度的定义及相关概念

社会心理学上对态度一词的定义，多年来随心理学流派兴衰大势的消长而有所演变。20 世纪 30 年代行为主义当道时，社会心理学家们偏向将态度视为个体在社会情境中学习到的固定反应倾向；到 50 年代以后认知心理学兴起后，社会心理学家们又偏向将态度视为内在的且带有情感成分的认知历程。到了 80 年代以后，社会心理学家给态度一词所下的定义，则一般趋于各派理论融合取向。

（一）态度的定义

现代社会心理学上对态度一词所下的定义，一般是综合了以前行为主义与认知心理学两种理念，将之界定为：**态度**(attitude)是个体在面对社会事件时，以其对该事件的认知与情感为心理基础所表现的一种相当一致且持久的行为倾向。此一定义中含有两个重要概念，尚须进一步稍加说明。

1. 态度系由三种成分所组成 从心理学所研究的行为与心理历程而言，个体对任何社会事件所持的态度，其中均包括三种成分：(1)**认知成分**(cognitive component)，指个体对该社会事件的认识、记忆、理解、信念等心理取向；(2)**情感成分**(affective component)，指个体对该社会事件在情感上带有的好恶价值评判等心理取向；(3)**行为成分**(behavioral component)，指个体根据其认知与情感对该社会事件表现出反应的行为倾向。在构成态度的三种成分中，认知成分可能因人而异；不同的人在面对同一社会事件时，可能因个人对该事件所具有的知识与理解不同而有不同的看法。其次，情感成分也可能因人而异；不同的人在面对同一社会事件时，可能因个人对该事件的好恶不同而有不同的评价。由于认知与情感两种成分的个别差异，最后在行为上要表现出态度时，不同的人自然也会不尽相同。

根据上述态度含有三种成分的解释，可举对安乐死可否合法化一事的态度为例。多年来，安乐死一事已成为世界性争议的问题。其所以争议不决，就是因为大家对此事有极不相同的态度；而态度之所以不同，则系于大家对安乐死一事在认知与情感上有极大的差异。有些人可能从病人家庭经济负担与医疗资源浪费的认知观点表示同意，另有些人可能从宗教信仰与人命关天的情感观点表示反对。由此例可见，态度是一个复杂的问题。

2. 态度带有持久一致的倾向　如果用心去观察社会生活中所认识的人，就会发现每个人的态度均具有持久一致的倾向。态度之所以有持久一致倾向，原因是在态度构成的成分中，认知与情感二者间保持和谐，彼此间没有矛盾冲突。以宗教信仰为例，佛教、基督教、天主教、伊斯兰教等，都有人信奉；不同宗教信仰的人，自然对神与人之间的关系持有不同的态度。教徒多半只信一种宗教，甚至终生不渝。其所以然者，即教徒对该宗教教义的认知与对该宗教的气氛均有所认同所致。

（二）态度的相关概念

态度一词是一个颇为笼统的概念，态度的对象几乎包括由人、事、物构成的所有社会事件；诸如对金钱、对友谊、对婚姻、对爱情、对生死、对政治、对权位等等，可谓无所不包。在态度有关的无数概念中，有下列三个概念是社会心理学家特别关心和研究的。

1. 刻板印象　根据前文所提态度内包括认知、情感与行为三种成分的解释，其中所说的认知，自然是指经由人知觉为基础所形成的社会认知。由前文所举，因认知偏向与完整与否的不同，不同的人在态度表现上自将有很大的差异。像此种因个人认知偏向或认知不完整而影响态度的心理现象，称为**刻板印象**(stereotype)。刻板印象形成后，将影响个体在同类社会情境中以同样的知觉解释面对的其他人的行为或其他社会事件；凡是遇到同类型的人或事件时，他就不加详察地予以同样的解释。像此种将他人特征过分简化又给与僵化分类的心理现象，在日常生活中屡见不鲜；俗语所说的“无官不贪”、“文人无行”、“少不更事”等观念，都属于刻板印象心理作用。从构成态度的三种成分看，刻板印象的形成，乃是由于对某人或某社会事件认知不足所致。

2. 偏见 一般人在批评别人在社会情境中表现的某种态度时，通常都是以是否客观做为批评的根据。所谓“客观”，是指所做批评不按个人好恶而只对事实本身所做的不偏不倚的陈述。针对某人言行所作的批评，很难达到完全不偏不倚的程度；原因是对人的态度中总免不了带有或多或少的偏好或偏恶的情感成分。如果对别人所持态度中偏好或偏恶的情感成分过多，完全忽略认知成分的理性作用时，此种态度倾向就称为**偏见**(prejudice)。由此可见，由偏见的心理作用所支配的态度有正负两种取向：表现于正面取向时，就会对人的行为过分袒护；表现于负面取向时，就会对人的行为过分苛责。不过，在日常生活中使用偏见一词时，一般多采其负面意义；所谓种族偏见、性别偏见、宗教偏见、地域偏见等，所指者多属负面意义。

3. 歧视 所谓**歧视**(discrimination)，是指个体在社会情境中对别人所表现的排斥或仇视行为。歧视行为多表现于团体心理；诸如种族歧视、性别歧视、宗教歧视、职业歧视等均属之。以 20 世纪 60 年代以前美国的种族歧视为例，美国南方各州有的立法限制，禁止黑人进入白人学校，并明文规定白人不准与黑人通婚。显然，歧视是人际间的一种敌对行为；而此种敌对行为与前文讨论的刻板印象与偏见二者之间有密切关系。

二、态度的形成

多年来，有关“态度是如何形成的”的问题，社会心理学家们一直相信，态度是经由学习的历程形成的。直到 20 世纪 90 年代以后，生理心理学家才经由研究发现，态度的形成也与个人的遗传有关。以下的讨论，即分别从学习与遗传的观点简略说明态度形成的问题。

（一）态度形成的学习因素

只要提到学习，读者应会联想到第五章中介绍过**行为主义**的两类学习原理：一类学习原理是**联想学习**，联想学习的基本理念是将学习视为刺激-反应关系的建立。解释刺激-反应关系建立过程时，又有两种理论：一种理论是**经典条件作用**，另一种理论是**操作条件作用**。前者解释学习的产生乃由于刺激代替(**条件刺激**取代**无条件刺激**引起原先无条件刺激所引起的反应)。后者解释学习的产生乃是决定于**后效强化**(反应后获得动机满足因而强化了该反应)。另一类学习原理是**观察学习**，指个体在某种情境下未必直接向刺激反应，只需在场观察别人如何反应，即可同样学到该种行为。从态度形成的学习因素看，个人的态度多半是经由操作条件作用与观察学习两种历程学到的。兹举例说明于后。

幼儿两三岁与人接近交往时，在态度上是没有偏爱或选择的；只要别人待他友善，他就喜欢与人交往。幼儿的此种行为倾向，通常称为天真。设有邻居数家，每家都有幼儿，而其中有两家的成年人彼此极不和睦，在此种情形下，这两家幼儿自动一起玩耍时，可能被他们的父母刻意地隔离；隔离后如幼儿们再自动相聚，可能会遭到他们父母惩罚。几次之后，这两家幼儿可能不知不觉之间学到一种不友善的态度，此后见面不再彼此吸引。像此种个体自发性行为之后因不能获得**正强化**而改变行为表现的历程，正是操作条件作用的学习历程。以下再举一个经观察学习学到态度的例子。

在日常生活中，有很多社会性活动是父母带幼年子女一起参与的。在社会活动参与过程中，成年人的言行举止都成了幼儿学习的楷模。以父母带子女一起进教堂参与宗教活动为例，幼儿在教堂中观察模仿别人的行为，久而久之他就会对该宗教形成一种正面的态度。

从态度中含有认知、情感、行为三种成分的观点看，前述操作条件作用与观察学习二者，主要是学习到态度中的情感与行为两种成分。因此，前述两例所解释的态度学习因素，只能偏重于说明幼儿态度的形成。幼儿在学习社会行为之初，多半是行而不知的。等以后年龄渐大，知识增多，认知学习自然就会成为态度形成的另一因素。比如成年人的宗教态度，对教义的理解与认同自然是重要因素，这就属于态度的认知成分了。

（二）态度形成的遗传因素

在20世纪80年代以前，社会心理学家一直相信态度是学得的一种社会行为，从未考虑过态度与遗传有关。80年代以后情形改变，有研究证据表明遗传也是形成态度的一个因素。在本书第十章第四节讨论智力的遗传因素时，曾经提到采**孪生子研究**以分析同胞兄弟姊妹间智力与遗传的关系。基于同一理念，社会心理学家以职业满意度为主题，调查孪生子之间态度的**相关**（见补充讨论10-1）。该研究系以出生后即分别由生父母与养父母抚养长大的**同卵孪生子**（遗传因子完全相同）为对象，结果发现他们之间的相关程度居然达到0.30以上（Arvey et al.,1989）。另有心理学家以出生后在两个不同家庭成长的同卵孪生子与**异卵孪生子**为对象，分别实施代表对工作态度的工作满意度测验，从而分析同卵与异卵两组孪生子在代表职业满意度的六个项目上的相关程度（Keller et al.,1992）。测验结果如表12-1所示，在六个项目上，同卵孪生子之间的相关，均较异卵孪生子间的相关为高。这两组孪生子均自出生后即在不同家庭中长大，两组孪生子在工作态度上表现出如此显著差异的相关程度，不能不承认遗传是一个重要因素。至于遗传因素如何影响人的态度的问题，则有待心理学家进一步研究。

表12-1　孪生子职业态度相关之比较

事项（以满意度代表态度）	同卵孪生子间相关	异卵孪生子间相关
成就感	0.58	0.33
安全感	0.53	0.22
舒适感	0.52	0.27
自主性	0.43	0.12
重要性	0.40	0.21
公益性	0.25	0.19

（采自Keller,et al.,1992）

三、态度的改变

前文陈述态度定义时，曾提到人的态度带有相当一致且持久的倾向。果真如此，态度能否改变自然就成了心理学家有兴趣研究的问题。从日常生活的经验言，态度只能说其一致性相当持久，但非绝对一生不变。惟其如此，社会上有些商业机构、政府机关、宗教团体甚至个人都无时无刻不在设计情境，试图使人的态度有所改变。我们每天接触到的报纸、电视、广播等大众媒体以及到处可见的广告招贴，其设计之用意无不试图改变人的态度。所不同者只是试图改变其态度的对象不同而已(有的想改变人的政治态度、有的想改变人的宗教态度、有的想改变人对金钱的态度等)。心理学家研究态度改变时有两种取向：其一是对人提供讯息，试图以外在说服的方式改变人的态度(如广告)；其二是设法使人内在心理上产生变化，从而自行改变其态度。接下去就从这两个取向讨论态度的改变。

(一) 沟通与说服

在众多的社会事件中，要想经由外在影响力以改变社会大众或个人对某些事件的态度时，沟通与说服是最常用的方法。所谓**沟通**(或**传播**)(communication)，系指经由某种方式(如语言、文字、图形、符号等)或媒体(如广播、电视、报章杂志、招贴等)，将某种讯息或意见传递给设定的对方(讯息收受者) 的历程。所谓**说服**(persuasion)，系指借由沟通以期改变对方态度的历程。基于此义，可知从态度改变的观点言，单纯的沟通只是提供或传播讯息，是改变对方态度的手段，若沟通中带有改变对方态度的目的时，此种沟通才具有说服的意义。因此，有的心理学家特别称此种带有试图改变他人态度之目的的沟通为**说服性沟通**(persuasive communication)。换言之，说服亦即意图改变对方态度的沟通。

从日常生活中所接触到的大众媒体看，其传播的讯息中有极大的成分带有说服性沟通的特征；其中政治宣传与商业广告两类讯息尤为显著。多年来社会心理学家在研究沟通与说服问题时，其主要旨趣在探讨“影响说服效果者有哪些心理因素”。综合各家研究发现，影响说服效果的因素有以下数类(Baron & Byrne, 1994)：

1. 讯息来源 日常生活中所传播的讯息，因来源的不同而有不同程度的说服力；原因是讯息来源代表着讯息的可信度，官方的正式公告要比报纸的报导可信度高，著名的大报消息要比不知名的小报报导者可信度高。假如因某种食物而使很多人患了疾病，著名医师上电视向大众说明病因及注意事项，其可信度要比新闻播报员所报导者为高。如果某人患高血压而仍酗酒如故，家人劝说无效时，他所信任的医师举证向他说明酗酒对高血压患者的严重性，就可能说服他决心戒酒。

2. 讯息传播者个人的魅力 同样一种讯息由具有不同公众魅力的人来传播时，其说服效果必然不同。惟个人的魅力因讯息性质与传播方式的不同而有差异。此种现象在商业广告上表现最为显著。电视上洗发精的广告必须由秀发披肩的美女播出，如改由秃顶的老教授播出，即使他具有某方面高深学术素养，也不会使人把他与洗发精的效果联想在一起。由此可见，具有个人魅力的传播者所传播讯息之所以具有较高的说服力，原因是讯息收受者把个人魅力和讯息的可信度联想在一起。

3. 讯息性质与说服方式 从讯息收受者的立场言，传播的讯息有两种性质：一种是收受者虽对讯息不甚了然，但基本态度上并不反对（如向他推荐某种健康食品）；另一种是收受者本来对该讯息持反对态度(如试图劝说别人改变政治理念)。针对此一差异，试图说服对方时就有**单面沟通**(one-sided communication)与**双面沟通**(two-sided communication) 两种不同方式。前者只要说明支持自己立场的正面意见，后者则除说明自己的正面意见外，也必须解释其何以不支持另一观点的反面意见。对讯息性质与说服方式问题，社会心理学家早就发现(Hoveland & Janis, 1959)：(1)如讯息收受者在基本态度上不持反对意见，采用单面沟通即可发生说服效果；(2)如讯息收受者原本持反对态度，则改采双面沟通的说服方式方始有效。

4. 讯息性质与收受者的心理特征 借沟通说服试图改变别人的态度时，不同性质的讯息可能对不同的收受者产生不同的说服效果。根据社会心理学家研究发现：教育程度较高者比较容易接受理性的(讲道理的)讯息；教育程度较低者比较容易接受感性的(情绪性的)讯息(Eagly & Chaiken, 1984)。选举期间，精明的候选人在不同地区(如乡村和都市)面对不同选民时之所以发表不同政见，原因就是懂得如何掌握群众心理。

(二) 态度的自我改变

前文沟通与说服子题内所讨论的全是如何改变别人态度的问题，接下来要讨论的是个人在接收到讯息后，如何在心理上使自己的态度产生改变。

在心理学研究上，解释个人态度改变或不改变的理论，一般多采**一贯论**(consistency theory)的观点来解释，谓个人的态度与其行为两者言行一致时，态度不会改变，两者失去调和一致时，态度就可能会改变。例如，在会议桌上某人对某议案本来持反对意见(态度)，可是在最后表决时却举手赞成(行为)，态度与行为失去调和一致，即使他最后举手是迫于形势的勉强作为，但如以后对人解说时，他原持的态度就可能会改变。因为，如不改变原持的态度，他将对自己的举手行为无法自圆其说，而感到尴尬难堪。如此看来，态度可以支配行为，而行为也可以决定态度；前者是因为一致而维持既有态度，后者是因为失去一致而又恢复一致时改变了态度。

根据上述态度一贯论的理念，美国社会心理学家费斯廷格(图 12-3)提出了一项解释态度改变的重要理论，称为**认知失调论**（cognitive dissonance theory)。按认知失调论的解释，任何时间只要个人发现到有两个认知彼此不能调和一致时，就会感觉到心理冲突，因冲突而引起的紧张不安，转而形成一种内在的动机作用，促使个人放弃或改变认知之一，而迁就另一认知，借以消除冲突，恢复调和一致的心态。费斯廷格所指的认知，并不只限于前文所指态度内三成分中之认知，而是泛指所有包括着认知成分的一切思想、观念、态度、行为等。

为验证认知失调论是确能解释一般人态度的改变，费斯廷格从事过一项实验(Festinger & Carlsmith, 1959)。该实验以大学男生为受试者，每次一个人轮流进入实验室，从事一种事前并不知情的单调乏味工作一小时(如将盘中 12 把汤匙一把一把地拿出，然后再一把一把地放回等)。工作结束后，研

图 12-3 费斯廷格

(Leon Festinger, 1919～1989)是 20 世纪美国心理学家，是社会心理学家，也是解释态度改变的认知失调论的建构者。

究者要求受试者出门告诉在外等候者(事实上是助理员)说："工作非常有趣"，并按两种标准付给受试者报酬；一半人付给美金 1 元，另一半人付给 20 元(60 年代是大数目)，惟受试者之间彼此不知报酬有差异。到此为止，由实验情境的设计，使受试者在心理上产生了两种认知：其一是他知道工作是单调乏味的，这是他真实的认知。其二是他对别人说工作是有趣的，这是他接受了报酬不得不尔的说辞。接下去，另一实验者私下询问每一受试者，要他们坦白道出心中的真话，工作是否有趣。按常情推断，接受了高额报酬的人应该说假话才是。惟事实不然，接受 20 元报酬的受试者多数表示工作无趣，承认他告诉别人的话是假的；接受 1 元报酬的受试者，多数仍表示工作有趣，维持他们出门后所告诉别人他对工作态度的说法。此一结果使费斯廷格的理论获得支持。

以上实验结果所显示的意义是：前后两个认知不一致时(工作乏味，但得说有趣)，将在心理上产生认知失调而促使个人改变其中之一，借以维持其态度的一致。实验结果发现，得 1 元报酬者态度有所改变，原因是认知失调大，只好放弃了自己对工作感到乏味的认知，改而迁就对别人说的假话，从而维持自己在别人面前态度之一致。得 20 元报酬者的态度没有改变，原因是因接受高报酬而使认知失调减少，若改变自己态度硬说工作有趣，那无异于显示自己受金钱的影响而没有主见。像此种报酬少反而比报酬多时更能影响态度改变的现象，称为**少能胜多效应**(less-leads-to-more effect)。

显然，人在很多社会场合中，其态度改变与否与个人之维持颜面与自尊有关。而且，当个人态度改变或维持不变时，为了保持心理上认知一致，个人常对自己的作为提出辩解。设有甲乙两议员候选人先后登门拉票，而你对他两人的才能均无甚印象，后因两人均当面向你发表政见，你可能都当面承诺投票给予支持。如投票前甲候选人向你施贿，最后你会将选票投给何人？如按认知失调论推论，你的选票将投给乙候选人。原因是，你曾当面承诺支持乙候选人，最后投他一票，这表示言行一致，不会使你在心理上留下认知失调的感觉。固然，你也曾当面承诺支持甲候选人(认知之一)，可是你也知道如决定投甲候选人一票，那可能变成因受贿而投票(认知之二)，投了甲的票反会感到不安(认知失调)。弃甲而投乙(态度改变)，纵使你未实践对甲的承诺，你也会因未出卖良心为自己辩解，而稍感心安。

第三节　社会互动

前两节讨论的社会认知与态度两个主题，在性质上偏重于对个体行为在社会情境中如何改变的解释。接下来要讨论的社会互动，则是进一步探讨在社会情境中人际间如何互动的问题。所谓**社会互动**(social interaction)，是指在两人或两人以上的社会情境中，双方在行为或心理上彼此相互影响而改变的历程。在社会互动历程中，以甲乙二人对话为例，甲方的语言行为可视为引起乙方语言反应的刺激；而该刺激引起乙方反应时，该反应又可视为引起甲方语言反应的另一刺激。如此，在甲乙双方行为均各具有刺激与反应性质的社会互动历程中，自然会构成很多复杂的社会行为。本节中所讨论的三个子题，可视为代表三类不同性质与不同程度的社会互动。

一、社会影响

社会影响是指社会互动程度较低的一类社会互动现象。所谓**社会影响**(social influence)，是指在社会情境中，个体(或团体)行为对他人(或对团体)的态度或行为产生影响而使之改变的历程。准此而论，前节所讨论的态度改变，也属于社会影响的结果。惟态度一词所指者，是个体对社会事件(包括别人在内)的态度，而社会影响一词所指者，则只是人对人的影响。根据多年来社会心理学家研究发现，在社会互动的社会情境中，有以下四种不同方式的社会影响。

(一) 从　众

从众是一种社会影响的效应。所谓**从众**(conformity)，是指在社会情境中，因受他人意见与行动或团体规范与团体压力的影响，而使个人在行为表现或思维方式上与他人或团体趋于一致的倾向。准此而论，从众是因社会影响而产生，而从众的程度则包括外在行动与内在思想两种不同层次。在日常生活中有很多事例只是行动上的从众。以十字路口红绿灯为例，如果红灯的出现超过预期时限过久，而见到多人不顾红灯而穿过路口，你可能不自觉地跟随着一起行动。像此种从众性的行动，是因受别人行动的影响而行动的，其中认知成分较少。此外有很多事例，例如对宗教信仰或政治理念的从众，则可能是因受教义或政治思想影响而认知后才从众的。心理学家在实验室内研究的从众，多属外显行为的从众。多年前美国社会心理学家阿希(Asch, 1951)所做的一项著名实验，可以说明个人在团体压力的社会情境下所表现的从众行为。以下是该实验的设计与所得结果的说明。

如图 12-4 所示，A 与 B 为两张卡片，卡片 A 上画一条直线，卡片 B 上画三条直线，只有中间一条与卡片 A 上的直线长度相等。参加实验者七人均

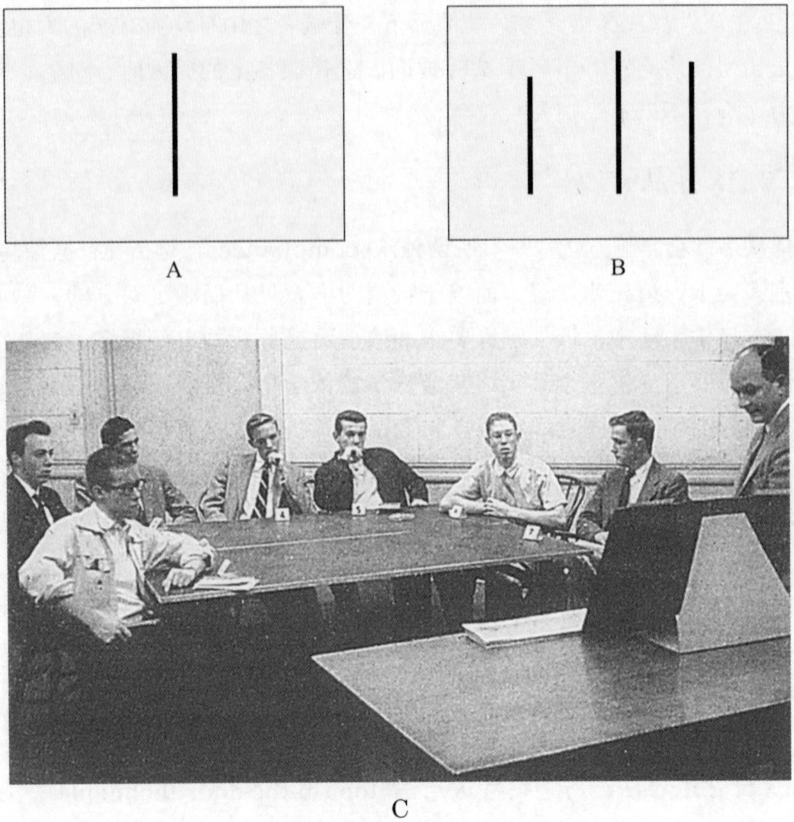

图 12-4 从众心理实验情境

(采自 Asch,1951)

为大学生，其中只有一人(坐者右起第二人)为真正受试者；其余六人全为事先安排好的同谋者；惟受试者却全然不知。实验进行时，由实验者(站立者)出示 A 与 B 两张卡片，然后由左端起，依次回答卡片 B 上哪条直线的长度与卡片 A 者相等。假如第一人故意选右边的直线来回答，受试者在表情上会显得惊奇；假如接下去数人均故意选右边的直线回答，受试者的惊奇程度就随之减低。等轮到受试者自己回答时，他迟疑一下，居然也跟着别人选择不正确的答案。研究者采用不同组别，不同人数，重复多次实验，结果发现：

(1)当受试者只有一人(没有同谋者)时，都不会选择错误答案(都选中间一条);(2)在众人都选择错误答案的情况下，受试者之中平均有37%的人也会跟着做出错误的决定;(3)事后受试者被询以选错误答案的原因时，都答以受团体压力影响，不得不跟别人一致。

(二) 依　从

依从是社会影响方式之一。所谓**依从**(compliance)，是指在社会情境中，因受别人要求、请托或建议，而终于接受对方意见从而满足对方的一种心理现象。在日常生活中，依从别人要求而改变自己原意的事例极多，诸如公司老板依员工要求加发一个月年终奖金，学校依学生会建议期考前图书馆延长开放时间，商场店员同意顾客要求将商品打八折出售，甚至像一位小姐答应她男友的求婚等等，在性质上均属因社会影响而使人表现的依从行为。在社会互动中，依从未必是单方面的，在很多两方各持己见的情境下，经过沟通协商双方各让一步，最后的结果对两方面而言，都是依从。

显然，依从是在别人有所要求的情境下产生的。因此，如何向人要求才容易得到依从，自然就成了心理学家有兴趣研究的问题。以下两种方法公认是一般人最常使用的：

1. 得寸进尺法　所谓**得寸进尺法**(foot-in-the-door technique)，是指向对方有所要求时，不妨先将姿态放低，使对方不致感到为难而接受你的要求，然后再以同样低姿态提出较前次稍多的要求。一般人向朋友借钱多采用此种方法(惟第一次借钱如期归还后第二次才好开口)。根据心理学家们研究发现，采用得寸进尺法时多半会得到对方的依从；而对方之所以依从的原因，主要是对方为了保持自己对别人态度前后一致，从而保持个人**自我意象**(self-image)的一致性(自认是一个乐善好施的人)(Eisenberg et al.,1987)。

2. 以退为进法　所谓**以退为进法**(door-in-the-face technique)，是指向对方有所要求时，尝试先将姿态提高，如对方拒绝，则放低姿态做较低的要求。在日常生活中采用此种方法向对方要求的事例很多，商场上的讨价还价的情形就是如此。顾客可先向店家提出六折的要求，如对方不肯，可改变为七或八折的要求；如此以退为进，直至对方感到赔本的压力减少到可以接受时，他就会依从顾客的要求(Pendleton & Batson,1979)。

(三) 服　从

前述从众与依从两种社会影响，多半是在非强制的社会情境下产生的，服从的情形则不同。所谓**服从**(obedience)，是指个体在社会规范限制下或别人命令下只得听命行事的一种社会影响。行政系统中上层主管对属下的指示、学校校规要学生遵守、交通警察对行车人的指挥、医师对病人按时服药的规定等等，都是由具有某种权威的一方向不具同样权威的另一方所做的服从性要求。服从与依从不同，依从不带强迫性，是当事人自愿接受的一种社会影响。服从则带有强迫性，是当事人不得不接受的一种社会影响。惟其如此，社会上有很多强迫服从事例（如黑社会帮派分子必须服从帮规从事反社会活动)，对社会秩序产生破坏作用。

(四) 盲　从

盲从是社会影响方式之一。所谓**盲从**(contagion)，是指在社会失序或失控的情境下所产生的一种反常从众现象。盲从与从众有相似之处，都是在别人或团体行为影响下产生；而两者不同之处则在于盲从者多受团体情绪煽动，其行为失去理性失去自我控制和自律能力，完全盲目跟随团体行动。社会心理学家称此种个体失去自主的心理现象为**去个人化**(deindividuation)(Diener,1980)。盲从现象多半在社会动荡人心不安的情况下发生。在盲从现象发生时，打家劫舍，杀人放火的严重事故也可能伴随产生。因此，盲从现象下的群众，又被称为**暴民**(mob)。

二、亲社会行为

在社会情境中，个体受社会影响所表现的行为，有两种是特别引人注意的：一种是**反社会行为**(antisocial behavior)，另一种是亲社会行为。反社会行为主要是指违犯社会规范或与法律抵触的行为。从行为表现的后果言，反社会行为的后果总是对社会或别人造成不利。亲社会行为则不同，所谓**亲社会行为**(prosocial behavior)，是指个体在社会情境中不求任何报酬而自愿帮助别人或团体解除困难的行为。由于亲社会行为多半在帮助别人或参与社会公益活动中显现，故而又称为**助人行为**(helping behavior)或**利他行为**(altruistic behavior)。中小学教育一向将德育列为五育之首，德育的目的即旨在培育学生的亲社会行为。惟在功利主义盛行的现实社会中，实不易见到不求回报而助人济世的亲社会行为。以下两点是社会心理学家分析探讨的有关亲社会行为问题。

（一）旁观者效应

在1964年，美国第一大城纽约的昆士区曾发生一件震惊美国全国的杀人案件。住在该区公寓的一位夜归女子被尾随的歹徒杀害，被杀当时被害人的惊叫声及呼救声，住在附近的邻居中至少有38人清楚听到，非但无一人趋前救助，甚至无一人打电话报警。此一事件之所以使人震惊，倒不在于人命关天，而是在于众人皆知的情境下为何大家全都见死不救！

对上述众多人见死不救的社会现象，社会心理学家们先后提出了不同的解释。有的学者从社会变迁的观念，将此现象归因于都市人口密集但人际关系疏离的后果。有的学者提出一种假设：事件发生当时邻人知道者太多，反而是形成无人救助的原因。基于此一假设，曾有心理学家以大学生为对象从事如下的实验研究(Darley & Latane, 1968)：(1)将所有受试者分别置于只容一人的小房间中，可利用对讲机与其他房间通话。房间数及人数，受试者全然不知。(2)受试者进入小房间后分为两组，一组由实验者借对讲机告知，除他之外另一间房间内有人；另一组则告知受试者，除他之外另有六个房间内都有人。(3)实验开始时，由实验者宣称另一房间的受试者遭遇到了危险，急待救援。实验结果发现：被告知另外只有一个房间有人的一组受试者之中，有85%的人表现了救助行为。被告知另外有六个房间内都有人的一组受试者之中，只有31%的人表现了救助行为。研究者对此种危急现场人数多反而不易见到助人行为的现象，称为**旁观者效应**(bystander effect)，意指危急情况下只有一人在场时，在场者会感到责无旁贷，如有众多人在场时，助人的行为倾向反而降低。对此现象的一般解释是由于众人都感到救人责任不在自己，故而称为**责任分散**(diffusion of responsibility)。

(二) 影响助人行为的心理因素

自从1964年纽约市女子被杀时无人救助事件之后，在什么情境下较易出现助人行为的问题，一时就成了社会心理学家研究的兴趣之一。前文所指因责任分散而产生的旁观者效应，虽可用来概括说明危急现场人数众多时，反而较少出现助人行为的原因。事实上，危急现场人多未必是影响助人行为的唯一原因。惟其如此，社会心理学家提出了如图12-5所示的助人行为多因素解释(Latane & Darley,1970)。

按图12-5所示，从危急事件的发生到个体在行为上决定救助或不救助之

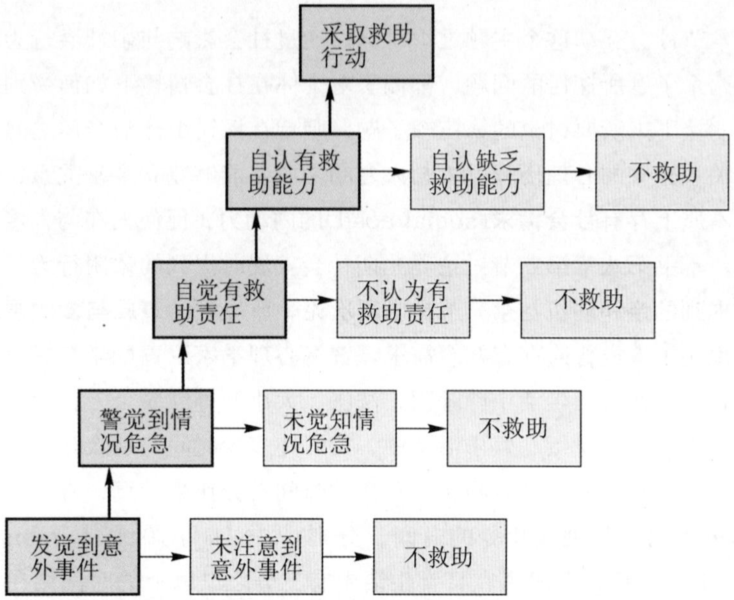

图12-5 影响助人行为的心理因素

1. 纵向箭头相连的方格，说明影响救助行为的各相关因素。
2. 横向箭头所示者，均为构成不救助行为的个别因素。

(采自 Latané & Darley,1970)

间，要经过含有四种不同心理因素的五个阶段:(1)个体有无发觉意外事件的发生(如儿童失足溺水)，是影响个体是否助人的第一阶段，也是助人与否的先决条件。(2)发觉意外事件后是否警觉到情况危急，是影响个体是否助人的第二阶段，也是第二个影响因素。(3)发觉情况危急后，是否自觉有救助责任，是影响个体是否助人的第三个阶段，也是第三个影响因素。前文所指的旁观者效应，就可能在此阶段发生。(4)个体自觉有救助责任后，自认有无救助的能力（如会否游泳)，是影响个体是否助人的第四个阶段，也是第四个影响因素。(5)第五个阶段是采取实际救助行动的最后阶段；个体对自己救助行为的决定，乃是基于前四阶段的各个因素累积所产生的效应。

三、人际吸引与亲密关系

在本节社会互动这个主题之下，已讨论过社会影响与亲社会行为两个子题。这两个子题所探讨的问题，都偏于对个体在社会情境下如何受别人影响的解释。接下来所要讨论的第三个子题，则旨在探讨个体与个体之间不同程度亲密关系建立的心理历程。人与人之间之所以能够建立亲密关系，主要是在人性本质上存有**社会需求**(social need)的内动力，促使人在与人接近时获得满足。本书第八章第二节讨论婴儿期社会发展时提到的**依附行为**、第九章第二节提到的**亲和动机**与第三节**需求层次论**中所提到的**隶属与爱的需求**等概念，都说明了人类普遍存有社会需求。曾有心理学家以青少年与成年人为对象，调查他们在日常生活中除睡眠、洗澡、大小便等纯属个人行动之外，其他在求学、工作、吃饭、娱乐活动中，每天花多少时间与别人相处。调查结果发现，如以跟别人相处时间所占总活动时间百分比来计算，青少年与成年人平均每天用在与别人相处的时间，分别是 74.1%与 70.9%(Larson, et al., 1982)。由此可见，一般人在日常生活中有三分之二以上的时间用在与别人接触的活动之中。在日常生活中人与人接触活动的机会虽然很多，但人与人之间的关系却未必相同；有的疏远，有的亲密；彼此亲密者又有的建立友情，有的结为连理。人际间亲密关系之建立，不是单方面一厢情愿，而是由于双方面的彼此吸引。因此，社会心理学家在研究人际间亲密关系时，人际吸引就成了探讨的主题。所谓**人际吸引**(interpersonal attraction)，是指因人与人之间彼此注意、欣赏、倾慕等心理倾向，进而彼此接近、交往，从而建立感情关系的历程。

(一) 影响人际吸引的因素

人际吸引既是从引人注意、欣赏、倾慕开始，然影响人际吸引者究有哪些因素自然就成了心理学家有兴趣研究的问题。综合以往心理学家研究发现(Atkinson, et al.,1993)，在社会情境中影响人际间彼此吸引者，有以下四个互相关联的(不是单独影响决定的)因素。

1. 接近 接近是指空间接近。由于人与人之间在活动空间内彼此较为接近，因而有助于人际关系的建立，这是一种最自然的现象。邻居、同学、同事、同车上下班等等，都是使人接近的机会；因接近机会多而相识，因相识而彼此吸引，终而建立友谊，甚至彼此相爱，也是最寻常的事。所谓“近水楼台先得月”的比喻，正说明接近是影响人际吸引的因素之一。

2. 相似 相似或相同是影响人际吸引的另一因素。人与人之间彼此的相似或相同指很多方面，所谓“同气相求”是指趣味相同者相互投合；所谓“同病相怜”是指病苦相似者彼此怜惜；相互投合与彼此怜惜都是有助于人际吸引的因素。此外，诸如年龄、学历、兴趣、嗜好、态度、宗教信仰、政治理念等等，都可能彼此相似。由于某些方面相似，而可能彼此投契，甚至可能情投意合，终而形成亲密关系。从心理学的观点看，相似有助于相交，其理由可做如下之解释:(1)具有相似兴趣与态度者，多趋于参加同类的活动；除选读类似学科之外，也会参与类似的社会活动。参加类似活动既多，自将增加彼此认识沟通的机会，从相识而相知，进而建立更进一步的感情。(2)凡年龄、学历、兴趣、信仰等各方面相似者相互交往时，彼此间的意见容易交流。在意见交流的过程中，由于个人的见解引起对方共鸣，因而在“知音难遇”而遇的情境下，格外觉得珍贵。

3. 熟悉 熟悉是指人与人相处时间较久彼此留下深刻印象的程度，所谓“日久生情”正是因为长期相处而彼此吸引的说明。根据心理学家研究，一般人倾向于喜欢他熟悉的面孔。曾有心理学家以大学女生的照片为实验，将照片以两种方式处理，一种方式是印成照片，另一种方式是复制底片。然后将两种照片分给男学生们去看，要求他们按照喜欢的程度选取其一。结果发现，选取与本人面貌相同的正版者为61%，选取照片底片者有39%(Mita et al.,1977)。男生们较多选取女朋友们正面照片的原因，是因为照片上的面貌是他们所熟悉的。当然，人际间彼此熟悉并不限于面貌，而彼此间对个性、能力、兴趣的了解，自然也包括在熟悉因素之内。

4. 相貌 相貌能吸引人注意，相貌会影响别人的印象，这现象不但在成年人是如此，在儿童也是如此。相貌因素会影响人际吸引固然是事实，但就对人际间亲密关系的建立来说，相貌只能算是表面因素，而非决定因素。美貌女子和英俊男士，在社交场所容易吸引异性，但相识后能否建立深厚友情或爱情，却仍是很大的未知数。原因是人际间深厚感情关系的建立，外在容貌之外内在人格特质更为重要。此点留待爱情与婚姻子题之下再行讨论。

（二）亲密关系的形成

人与人之间彼此相互吸引是形成亲密关系的开始。从开始到亲密关系的形成，曾有社会心理学家以图示方式提出五阶段历程的解释(Levinger & Snoek, 1972)(图12-6)：

第一阶段(A)：彼此陌生，互不相识，甚至彼此均未注意到对方的存在。

第二阶段(B)：单方(或双方)注意到对方的存在，单方(或双方)也可能知道对方是谁（如同校同学)，但尚未开始接触。

第三阶段(C)：单方(或双方)受对方之吸引，与之(或彼此)接近，构成表面接触。在表面接触时，做为他们彼此之间的媒介物，可能是学校的课业，可能是商业上的交易，也可能是职务上的应对。总之，即使当时单方(或双方)心存情意，但在此阶段的接触，也只是极表面的人际关系。惟此一阶段在人际关系的发展上甚为重要。因为，前文所说的**第一印象**，就是在此阶段形成的。如单方(或双方)从对方所得第一印象不佳，可能他们之间的人际关系，即到此停止。很多人同学同事多年，彼此之间交往泛泛，就是因为他们

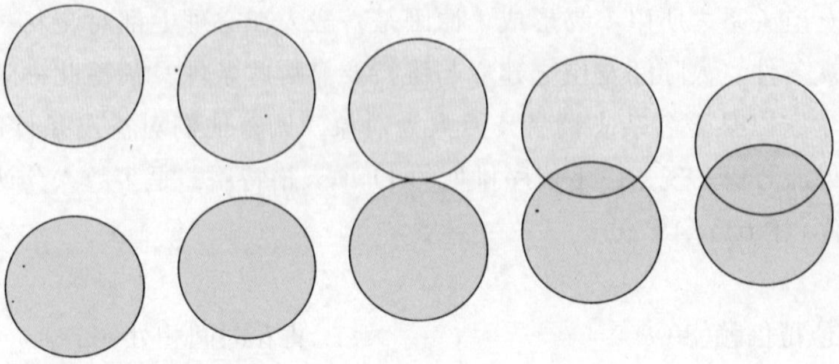

图 12-6 亲密关系的形成

(采自 Levinger & Snoek,1972)

间的关系只停留在第三阶段的缘故。一个人的日常生活中，与很多人维持着此种关系。

第四阶段(D)：双方交感互动，开始了友谊关系。在此阶段，双方在心理上有一个重要的改变，即是将对方视为知己，愿意与对方分享讯息(有事赶快告诉他)、意见和感情(同甘共苦)。像此种对人开放自我的心理历程，称为**自我表露**(self-disclosure)。人际关系发展到彼此都能自我表露的程度时，那就到了**友谊**(friendship) 的阶段。个人在日常生活中，能使他自我表露的对象并不太多。因此，同学同事虽然很多，难得其中有几个是知己的朋友，其原因即在于此。

第五阶段(E)：朋友之间的感情，也有程度深浅之分。就朋友间自我表露的程度而言，有的朋友间重在讯息与意见的交换，而在感情上则表露得较少。这是以事业或学问为基础的友谊关系。也有的在讯息与意见之外，更重视感情的表露，使彼此间在感情上达到相互依赖的地步。特别是在自己生活中遇到痛苦或快乐时，立即就会渴望他的朋友在他身边。人际间的友谊发展至此，无疑是达到了"你中有我，我中有你"的地步。人际关系发展到第五阶段时，如双方系属相同性别，就成为莫逆或至交；如双方系属异性，而且在亲密感情之外带有性动机时，那就成为爱情。

显然，在上述人际关系五阶段中，第四阶段友谊的建立是最重要阶段。

人际间友谊关系之所以不易形成，原因是一般人在心理上都对交友一事总带一些主观条件。人际间友谊之建立与维持要靠哪些条件？解答此一问题，曾有心理学家以某著名杂志读者 4 万人为对象，调查他们对益友条件的意见。调查结果经分析发现，以下依序排列的 11 项人格特质，是多数人公认选择益友的条件（Parlee,1979）：

1. 值得信赖(89%)
2. 待人忠厚(88%)
3. 热心且富感情(82%)
4. 乐于助人(76%)
5. 诚恳坦率(75%)
6. 有幽默感(72%)
7. 肯花时间相处(62%)
8. 个性独立(61%)
9. 健谈(59%)
10. 有智慧(58%)
11. 富有社会良心(49%)

(括号内数字为填答者百分比)

（三）爱情与婚姻

从图 12-6 所示人际间亲密关系形成的过程看，友谊建立之后的亲密关系，如发生在男女两性之间且彼此带有性动机者，此时的两性关系就可视为**爱情**(love)；经嫁娶之礼而成**婚姻**(marrige)。然二者间关系并非必然；相爱者未必结婚，结婚者未必有爱情。惟从婚姻幸福的观念看，幸福的婚姻应该是以爱情为基础的。基于此义，接下去讨论几个与本子题有关的概念。

1. 爱情的分类观 对人类的爱情，自古就有不同类别，所谓**柏拉图式的爱情**(Platonic love)(只求精神满足的爱情)，就是类别观念之一。现在心理学家对爱情分类一事有不同的看法。以下介绍的爱情六种形式的看法，只是不同分类之一(Lee, 1977)：(1)**浪漫式爱情**(romantic love)：浪漫式爱情的特征是将爱情理想化，强调形体美，追求肉体与心灵融合为一境界。(2)**游戏式爱情**(game-playing love)：游戏式爱情的特征是，视恋爱如游戏；只求个人需求之满足，对其所爱者不肯负道义责任；因而对恋爱对象之更换，视为轻易之事不足为惜。(3)**占有式爱情**(possessive love)：占有式爱情的特征是，对所爱之对象，赋予极强烈之感情，希望对方以同样方式回应之；对其所爱，具极度占有欲，对方稍有怠忽，即心存猜疑妒忌。(4)**伴侣式爱情**(companionate love)：伴侣式爱情的特征是，在缓慢中由友情逐渐演变成的爱情，故而亦称**友谊式爱情**(friendship love)：在友谊式爱情关系中，温存多于热情，信任多于嫉妒，是一种平淡而深厚的爱情。(5)**奉献式爱情**(altruistic love)：奉献式爱情的特征是，信奉爱情是付出不是收取的原则，甘愿为其所爱牺牲一切，不求回报。(6)**现实式爱情**(pragmatic love)：现实式爱情的特征是，将爱情视为生活上应用，但求彼此现实需求的满足，不求理想的追求。俚语说“男子娶妻，煮饭洗衣；女子嫁汉，穿衣吃饭”，正为此种爱情的典型。

2. 爱情的理论分析　前述爱情分类观，是将爱情分为不同的类型，不同的人采取不同形式的爱。晚近的心理学家多采另一种看法；认为爱情不宜做类别的划分，人际间的爱情关系之所以不同者，只是构成爱情的成分在比重上有所差异而已。这是一种爱情内涵分析的看法，提出此种看法的是美国耶鲁大学教授斯腾伯格(见图 10-8)。斯腾伯格对智力理论提倡**智力三元论**(见第十章第三节)，对爱情内涵的看法，他采取了传统上的知（认知)、情(情感、情绪)、意(动机、意志）三合一的理念，在 1986 年提出了**爱情三因论**(triangular theory of love)(Sternberg,1986b)。此一爱情理论的要义是，将人类的爱情视为由三种成分组合而成的整体：(1)**亲密成分**(intimacy component)，指两性之间以情感为基础的亲密关系；(2)**热情成分**(passion component)，指两性间以性感吸引对方所生性动机为基础的热情关系；(3)**承诺成分**(commitment component)，指两性之间以认知为基础所建立的彼此体谅与互负责任的亲密关系。在两性间的爱情关系中，因爱情组合成分的差异，而有不同内涵的爱情：有的偏重亲密成分，有的偏重热情成分或承诺成分。如将三种不同爱情关系做为基础去预测两性间爱情维持时间的久暂，斯腾伯格提出图 12-7 的三条曲线作为说明。

由图 12-7 内三条曲线的走势看，可得到如下的启示：要想使两人之间的爱情持久不变，单凭两人的热情是不够的；热情之外，两人间深厚的感情与彼此间的承诺，才是长期相爱的保证。此点与中国人素来重视夫妻关系中性、情、义三位一体的观点，颇为相似。

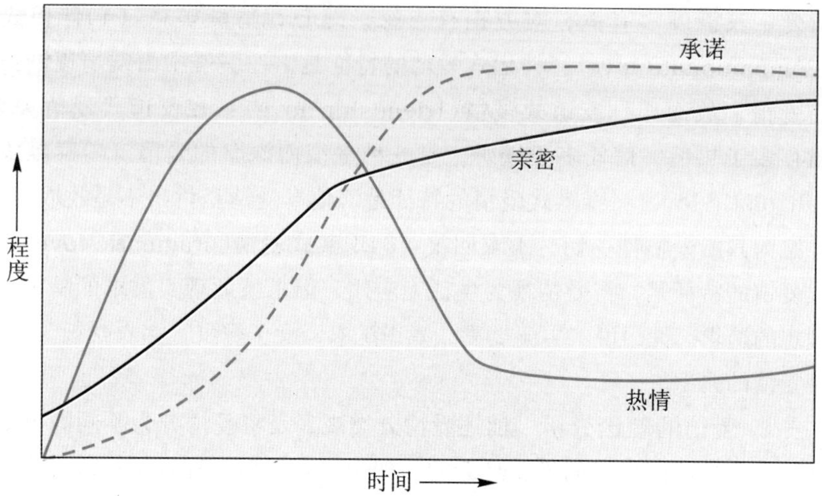

图 12-7 斯腾伯格爱情三因论图示
(采自 Sternberg, 1988)

第四节 团体行为

心理学上所指的**团体行为**(group behavior)一词含义有二：其一是指团体内个别成员在团体影响下所表现的行为；其二是指由众人组成之团体所表现的集体式行为。以 40 个学生组成的班级为例，班上每个学生的学习行为无时无刻不受班上其他同学的影响；此即团体行为的第一含义。如学校以班级为单位举办教室清洁比赛，全班学生均将在同一目标下表现出团体行为；此即团体行为的第二含义。人是社会动物，在日常生活中随时随地都会参与有形与无形的团体，诸如家庭、学校、教会、球队、乐队、工会、政党等等，都是团体。因此，社会心理学家无不将团体行为视为研究的重要主题之一。因篇幅所限，本节内容将就团体行为中三个最重要的子题略作讨论。

一、团体对个体行为的影响

根据前文对团体行为一词的解释，本子题“团体对个体行为的影响”所探讨者应属团体行为的第一含义。研究团体对个体行为的影响时，多年来社会心理学集中在探讨以下两方面的问题。

(一) 社会助长与社会抑制

所谓**社会助长**(social facilitation)，是指个体工作时因受他人在场的影响而表现出较佳成绩的现象。社会助长现象多半在两种情境下产生：其一是在参与比赛时，其成绩受竞争对手的影响。诸如游泳、赛车、径赛等体育竞技性活动，往往是竞争愈激烈，成绩愈进步。其二是个体从事非竞争性工作时，其成绩受他人在场的影响。以大学生读书为例，周末进图书馆读书，其成效可能远比一个人在家独自读书为佳；原因是受到图书馆中其他人在场的影响。

显然，社会助长现象所显示者是个人工作成绩因别人在场所产生的正面影响。但事实上并非全然如此；有很多事例说明，个人工作表现因受他人在场的影响而产生了负面影响。诸如考场失常与在众人面前讲话口吃等事例，都是如此。像此种个人工作表现受他人在场不良影响的现象，称为**社会抑制**(social inhibition)。

由社会助长与社会抑制两种现象看，自然会产生“同样都是他人在场为何会产生两种不同的影响”的问题。曾有心理学家以**驱力**促动行为的观点提出了理论性的解释(Zajonc,1965)。在工作情境中有他人在场时，会因他人的刺激引起当事人生理上的兴奋紧张而形成驱力。因驱力的促动使个体对工作表现特别注意。在紧张而又特别注意的心理因素之下，对工作成绩的表现，将因个人工作技能的熟练程度不同，而产生不同的影响。如所从事的工作技能是熟练的(如运动老手)，就会因他人在场而形成社会助长；如所从事的工作技能是生涩的，就会因他人在场而形成社会抑制。

（二）脑力激荡与社会浪费

脑力激荡(brainstorming)，是根据团体影响个体原则所采用的一种团体成员合作思维解决问题的方法。此种方法最早由广告心理学家所采用（Osborn, 1963）。因为广告的设计必须出奇制胜，因而在制作上力求创新，陈旧了便不引人注意，抄袭的会惹人追究。此法使用时，特别重视“激荡”的心理作用。使用脑力激荡法解决问题时，一般遵守四个原则:(1)确定问题后，鼓励团体中所有成员提出意见;(2)对成员的意见，先作记录，不予批评;(3)意见愈多愈好，并力求向新奇方向尝试;(4)综合所有意见，再经选择、扩充、修改而后众议公决，选定最佳意见。脑力激荡法在理论上具集思广益优点，惟在实验研究上并未获得肯定证据(Taylor,et al.,1958)。一般的解释是，团体中脑力激荡的效果是否较之个人单独作业为优，那要看工作的性质与团体中成员间的关系。如工作较难非单独一人所能胜任与成员间彼此熟悉且合作无间时，脑力激荡法就比较有效。

所谓**社会浪费**(或**社会惰化作用**)(social loafing)，是指多人合作作业的效果反而不如个人分别作业效果为佳的现象。正如“三个和尚没有水吃”的比喻，恰是如此。曾有心理学家以大学生尽力喊叫为作业，从而比较团体作业与个人单独作业效果的差异。结果发现团体人数愈多，团体中个人所发出的音量反而愈低(Latane, et al., 1979)。对社会浪费现象的解释，一般认为在团体作业时，团体中的个人可能受到**旁观者效应**(见第三节)的影响而降低了作业效率。

二、团体决策

所谓**团体决策**(group decision)，是指团体性的事务，乃是经由团体中多数成员同意后所做成的决策。团体决策是**决策**的方式之一。在理论上讲，团体决策的过程是在民主方式下，让团体中每一成员都有表达意见的权利，最后的定案由少数尊重多数的原则来取决。心理学家们研究团体决策时，最主要的目的是想探讨以下两个问题：其一，团体决策是在什么样的心理过程中达成的？其二，团体决策是否一定优于个人决策？接下去即依此二问题为基础讨论团体决策中的两种现象。

(一) 团体极化

按一般常识的看法，在团体中商讨一个条件暧昧的问题时，团体决策的结果，多半避免极端，趋于妥协而循中庸。换言之，如果拿团体中个人的态度与团体决策来比较，纵使团体成员中有些人态度较趋极端，而经团体讨论后所做成的团体决策，也比较妥协。此种常识性看法，在心理学的研究中不但未获支持，反而得到相反的结果；亦即：团体决策所表达的团体意见反而带有极端化的趋向。

上述现象的发现，起于 20 世纪 30 年代美国麻省理工学院的一项研究 (Stoner, 1961)。该项研究分两段进行：前段是以问卷方式，调查工业界的从业人员对某些后果不确定问题（如带有风险的转业或投资等）的态度。后段乃是邀请受调查者出席座谈会(受调查者事前不知)，要他们面对面讨论调查问卷上的同样问题，并做出结论。最后比较前段个人态度与团体决策时发现：团体决策远较个人决策为极端；个人决策比较谨慎，团体决策比较冒险。后来另有心理学家研究发现，团体极化现象并非只偏向冒险的一端；而且也会偏向保守的一端。综合多项研究结果所得的结论是：团体中成员的态度较为保守时，团体决策的结果将更趋保守(Myers & Lamm, 1976)。像此种团体决策趋于两极化的现象，称为**团体极化**(或**群体极化**)(group polarization)。

从心理学的观点言，个人在团体讨论时之所以支持趋向于极端的决策，显然是受了团体气氛的影响。因此，对个人置身团体时趋于支持极端化决策的心理倾向，就称为**团体极化效应**(group polarization effect)。为什么会产生团体极化效应？对此一问题，心理学家们提出两种不同的解释：其一是采**责任分散**（见第三节)的概念来解释；谓在个人抉择时，结果须自行负责，故较少走极端，在团体决策时，结果的成败非属个人责任。其二是采**说服理由假设**(persuasive argument hypothesis)的概念来解释；谓在团体讨论时，因听到别人所持的理由尤胜于自己意见，因而加重了自己态度上原本偏于谨慎或偏于冒险的极端的程度(Burnstein,1983)。基于以上两种解释，似可使人对很多团体性冒险行动(如帮派火并) 的背后成因，有所了解。

(二) 集体思维

以上所述团体决策过程中的极化现象，无论团体决策结果偏于哪一个极端，都不能真正代表经由团体讨论而获得的集思广益效果。由此可见，合众人智慧而做出胜于个人决策的民主理想，在事实上是不易达到的。然而，团体极化只是团体决策的缺点之一，团体决策的另一现象是集体思维。所谓**集体思维**(或**小集团意识**)(groupthink)，是指某项团体决策是在全体成员毫无异议的情况下通过的。本来，人世间任何问题的取决，或多或少总会有争议，原因是：就事而言，有利弊得失；就人而言，有见仁见智。因此，团体讨论后的团体决策，虽然可以获得多数甚至全体成员的支持，但总不致在团体讨论时全体成员毫无异议。但心理学家所指的集体思维现象，确是如此；并列举美国政府曾有多项政策，诸如罗斯福总统任内 1941 年因未强化国防而遭受日本的珍珠港突袭，肯尼迪总统任内 1961 年秘密订定的突袭古巴猪猡湾方案，尼克松总统任内 1972 年的水门事件，其所以造成历史上的错误，无一不是因其智囊团所做的团体决策所致(Janis,1982)。

属于国家领袖智囊团的成员，按理说应该都是足智多谋的人物，何以会在重大决策时居然毫无异议？按照心理学家的解释，像总统智囊团之类的团体，其成员的组合都不是自然的，多半是因受当政者信任而聘请的。因此，在性质上它是一个先有共识而后组合的团体。此类团体有三个共同的特征：(1)在性质上此类团体称**内团体** (ingroup)，团体内的成员均有强烈的隶属感，而且成员之间关系密切，具有很强的**团体凝聚力**(group cohesion)。属于内团体的成员将不属于他们团体的人，一律视为**外团体**(outgroup)；外团体内只要有人对内团体的决策表示异议，就将被视做敌人。因此，此类内团体虽然有权力影响决策，但决策的形成过程，未必真正表现集思广益的精神。又因其参与的决策多半属于“黑箱作业”，故而在社会上相当孤立。(2)此类团体的领袖，多半由当权者自行兼任，如此自然就形成团体成员中有主属之分的不平等关系。在此等团体讨论气氛下，持异议者显得对团体不够尊重，阿谀奉承者则被视为忠诚。所谓假民主之名而行独裁之实者正是如此。(3)由于此类团体的成员，对团体决策的过程只对当政者负责，对社会大众则不接受公众舆论的批评，因此他们对问题思考时，但求应付上级的单向压力，不考虑因减少社会压力而寻求大众支持的其他途径。

其实，上述集体思维现象，不仅会发生在执政当局的决策过程之中，凡是具有权力的公私机构团体，此种假民主真独裁的做法，都可能会发生。如何防止团体决策时集体思维的缺点，心理学家提出以下五点建议(Janis, 1982)：

1. 身为团体领袖者，应鼓励团体成员从不同观点讨论问题；即使所得结论不合己意，亦须怀有雅量而接受之。

2. 身为团体领袖者，自始即以公平态度引导成员自由表达意见；为领袖者个人的意见只能在全体成员充分表达意见之后，再予综合说明。如此始可避免授意性的误导作用。

3. 团体讨论宜分两段进行；前段举行分组讨论，后段再举行包括全体成员的综合讨论。如此可使成员有较多的发言机会。

4. 除本团体成员外，不妨邀请团体外的专家学者参与讨论，借以听取局外人的批评与建议。

5. 每次团体讨论时，可由成员们轮流担任主席，或在事先推举一人负责，对于已做成的团体决策，也容许成员再提出批评。

显然，以上建议能否被接受，那要看团体中领袖人物是否具有民主素养而定。有关领袖与领导的问题，接下去将进一步讨论。

三、领袖与领导

在同一团体中，成员们相互影响的程度不尽相等，有的只能影响其中的少数人，有的能影响其中多数人甚至全体。团体中能影响他人者，也都是在行为上能支配他人甚至控制他人的人。这种在团体中最能影响他人、支配他人以至控制他人的人，就被称为**领袖**(leader)。因此，领袖必然出自团体，无团体即无领袖。团体中领袖对团体成员在行为上所产生的影响及支配控制过程，即称为**领导**(leadership)。以下本文内容将从有关领袖一词的相关概念出发，进而讨论领袖人物的产生以及如何发挥领导效果等问题。

(一) 领袖的功能与类别

领袖所担任的角色是领导别人，在他领导别人时表现的行为，称为**领导行为**(leadership behavior)。一位领袖的领导行为，可能因团体性质与需要的不同而有差异；一个球队的教练与一个大学的校长，其领导行为将各异其趣。因此，在评鉴一般领袖行为时，不能以某种团体的领袖行为做标准，只能以概括性领袖功能为原则。所谓**领袖功能**(function of leader)，是指身为领袖者，领导团体成员时在其角色上应该发挥的基本功能。按心理学家研究发现，任何团体的领袖，在领导行为上总离不开以下两类基本功能(Cartwright & Zander, 1968)：其一，领导成员达成团体目标；在这方面包括提出工作方案，分配成员任务，发布行动号令，执行进度考核，研议改进事项，以及监督并避免不必要的行动等。其二，维系团体中成员间的和谐关系；在这方面包括了解成员意愿，满足成员需求，鼓励团体士气，调解人际纠纷以及掌理奖惩事务等。显然，由团体领袖应具备的两项角色功能看，前者表现在做事，后者表现在御人。

按前文所述，团体中对成员们影响最大的人，就是该团体的领袖。这只是一种概括性的说法，对领袖人物究竟如何"影响"其团体成员，并未加说明。领袖对其团体成员的影响，因领袖的类别不同而异。一般言之，领袖之类别有以下标准来划分(Bales,1970；Burke,1971)：

1. 按领袖人物领导的取向分类，有**业务取向领袖**(task-oriented leader)与**社会取向领袖**(social-oriented leader) 之分；前者是凭业务专长去领导别人与影响别人，后者是凭良好社会人际关系去影响别人。

2. 按领袖人物对团体成员影响程度来划分时，有**名义领袖**(nominal leader)与**实际领袖**(actual leader) 之分；前者徒具名义，对团体成员不发生影响力，后者虽无名分，但实际上却对成员们深具影响力。

3. 按领袖人物对团体成员的领导方式分类，有**民主式领袖**(democratic leader)、**独裁式领袖**(authoritarian leader)与**官僚式领袖**(bureaucratic leader)之分。民主式领袖以团体一员之身份领导大家执行团体的决策；独裁式领袖对一切事务独裁独断，而后强制团员执行；官僚式领袖只按其职权所在照章行事，不重视成员间的人际关系。

当然，像以上三种分类，均系对领袖人物做成极端性的描述，未必符合社会生活中的事实。以第一种分类为例，一个医院的院长固然是业务取向领袖，但在他扮演领袖角色时，可能也是社会领袖和民主式领袖。

在心理学上所研究的领袖与领导问题，最主要的是以第一种分类下两种领袖的行为为范围。

(二) 领袖的产生

一个团体中的领袖是如何产生的？一个国家的领袖是如何产生的？回答此类问题之前，我们必须先把任命的领袖除外。心理学家研究领袖与领导问题时，目的在探讨团体中影响最大而成为众所拥戴的领袖人物，其所以产生究竟是什么原因？

对上述问题，历来解释不同；惟大致不出三种理论。第一种理论叫做**伟人论**(great-man theory)，谓领袖人物是由其自身所具有的超凡条件所造成的。这是一种“英雄造时势”的看法，认为有的人天赋异禀，自幼即具有领导群伦的气质，有了他的出现，就使局势改观；有了华盛顿，才会有美国的独立；有了孙中山才会有中国的民主革命。此种天生圣哲的看法，到了“人人都能做皇帝”的民主时代，已失去了意义。第二种理论叫做**时代论**(times theory)；谓领袖人物乃是因时势需要，应运而生的。这是一种“时势造英雄”的看法，是谓一个团体的变动，或因内部的需要，或因外来的威胁，其变动达到某种程度时，自然就会有人出来领导大家应付变动。此种说法，相当重视领袖产生的社会情境，虽不再带有伟人论的缺点，但也并不能指出在什么情境下出现什么样的领袖。第三种理论叫做**交互作用论**(transactional theory)；谓领袖人物之产生，乃是由于个人条件与团体需要两者相互配合的结果。此种说法虽兼顾领袖产生的客观与主观两方面条件，但仍然不足据以说明领袖产生的心理历程。因此，现代心理学家讨论领袖与领导问题时，已不再刻意去建立统摄性的领袖产生理论，而改变取向去探讨在何种情况下最容易发挥领导效能。接下去我们要介绍的领导权变论，就是在此种研究取向中发展出来的一种新理论。

（三）菲德勒的领导权变论

近年来，心理学家们对领袖与领导的研究，已不像从前那样只就领袖人物本人的条件或兼顾团体需要去建立统摄性的理论，而是改变方向，就何种工作情境适合何种人领导的观点，去探讨领导绩效的问题。因此，在理论建构上不再是建立领袖的理论，而是建立领导绩效的理论。本文所要介绍的，就是这方面最具代表性的美国社会心理学家菲德勒（Fiedler, 1978；1981）的**领导权变论**（contingency theory of leadership），简称**权变论**（contingency theory）。

菲德勒的权变论乃是基于一种假设：一位团体领袖能否领导团体成员表现出绩效，将决定于领袖本身特质与团体作业过程中领袖对情境掌控程度两个因素。在领袖本身特质方面，菲德勒认为领袖本人自认获得团体成员支持度的高低是最重要的。为领袖者如认为自己获得团体成员支持度较低，他就会偏于向业务绩效方面去领导，成为业务取向的领袖。如果领袖本人自认获得团体成员的支持度较高，他就会偏于向群体和谐方面去领导，成为社会取向的领袖。两者相较，具有哪种特质的领袖较能发挥领导绩效？

根据菲德勒的理论，除领袖自认受团体成员支持度的高低影响其领导方式外，尚有三个因素对领导绩效具有影响作用：(1)领袖与成员间的人际关系（疏远或亲近）；(2)团体业务的结构性（目标与角色分工的明确性）；(3)领袖职权的大小（支配团体成员的权力）。如将此三因素合并考虑，即可推知领袖对业务情境的掌控程度，可以由最低（人际关系疏远、业务缺乏结构性、领袖权力小）一直延伸到最高（人际关系良好、业务结构明确、领袖权力大）。图 12-8 中的横轴，即表示领袖掌控程度由低到高的连续向度。

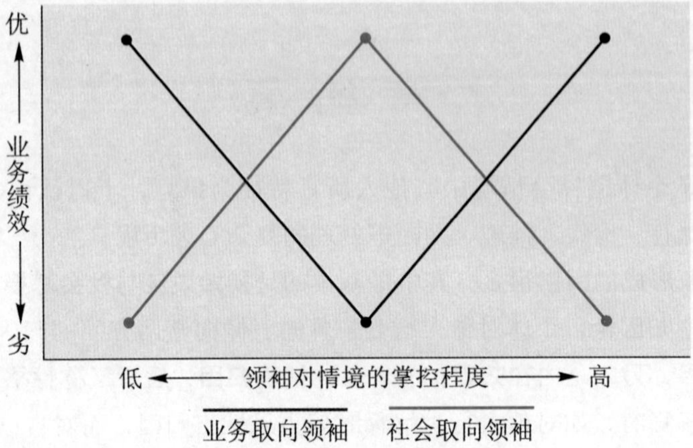

图 12-8　菲德勒领导权变论

（采自 Fiedler,1981）

基于以上分析，再回到原来的问题：业务取向领袖与社会取向领袖两者相较，何者较能发挥领导绩效？按图 12-8 所示，黑红两条曲线分别代表在业务与社会两种取向领袖领导下所产生的业务绩效。黑线代表的意义是：为团体领袖者如对业务情境全部掌控或不能掌控时，采业务取向的领导较能发挥业务绩效。反之，红线为团体领导者对业务情境只能做到中度掌控时，采社会取向的领导较能发挥业务绩效。准此而论，社会取向领袖因与团体成员间建立了良好关系，在领导时只需适度掌控即可发挥业务绩效的现象，是可以理解的。在低度掌控的业务情境下，业务取向领袖之所以会发挥较优的绩效，理由是低度掌控情境下团体成员心理上缺乏工作导向，因业务取向领袖具有业务专长，可以辅导或协助团体成员解决工作上的问题，从而提高了每个成员的成绩。

由于菲德勒的领导权变论兼顾领袖本身特质与情境因素，在理论上正符合前文所说的**交互作用论**的时代趋势。因此，该项理论一直受到管理心理学界的重视。

本章摘要

1. **人知觉**是个体据社会情境中其他人所具特征为讯息，予以认识、记忆、分类、储存、检索、推理、判断等处理的复杂心理历程。
2. 影响**印象形成**的因素很多，其中最基本的是**初始效应**与**社会基模**。
3. 根据海德**归因论**，个体对他人行为解释时，倾向于两方面的归因：一是**外在归因**，另一是**内在归因**；前者又称**情境归因**，后者又称**性格归因**。
4. 对行为解释时，如对他人行为解释时偏重采性格归因，而对自己行为解释时偏重采情境归因，就会造成误差，此种误差称为**基本归因误差**。
5. 凯利**共变论**的要义是，在观察他人在某种社会情境中的某种行为时，不仅考虑影响其行为的外在因素与内在因素，而且也需同时考虑其行为表现时三种特征:(1)共同性;(2)一致性;(3)特殊性。
6. **态度**是个体在面对社会事件时，以其对该事件的认知与情感为心理基础所表现的一种相当持久一致的行为倾向。因此，个体的态度内，一般包括三种成分:(1)**认知成分**;(2)**情感成分**;(3)**行为成分**。
7. 个体对社会事件所表现的态度，如对该事件认知不足，而只凭其情感与行为成分支配时，就难免对事件形成**刻板印象**、**偏见**或**歧视**。
8. 在社会心理学上，解释态度改变的诸多理论中，最重要的理论是美国心理学家费斯廷格的**认知失调论**。
9. **社会互动**是指在两人(或两人以上)的社会情境中，双方在行为上或心理上彼此相互影响而改变的历程。
10. **从众**是指在社会情境中，因受他人意见、行动或团体规范、团体压力的影响，而使个人在行为表现或思想方式上与别人或团体趋于一致的倾向。
11. **依从**是指在社会情境中，因受别人要求、请托或建议，而终于接受对方意见的一种心理现象。
12. 危急现场中，在场人数愈多时，见义勇为的**助人行为**出现的可能性反而愈少，此种现象称为**旁观者效应**。

13. 影响人际吸引的因素有四:(1)接近;(2)相似;(3)熟悉;(4)相貌。

14. 斯腾伯格的**爱情三因论**，将人际间的爱情视为**热情成分**、**亲密成分**、**承诺成分**三者所组成。根据斯腾伯格爱情三因论的看法，两性关系中只有热情、亲密与承诺三者兼具者，始能称为完美之爱。

15. 社会心理学家菲德勒倡议**领导权变论**，谓领袖的领导效果，并非单纯决定于领袖个人的人格特质与领导方式；除领袖个人条件之外，领导之成败将决定于人际关系、业务结构、在职权力等多种因素的组合关系。

建议参考资料

1. 时蓉华(1996)：社会心理学。台北市：东华书局(繁体字版)。杭州市：浙江教育出版社(简体字版)。

2. 谢瀛华(1987)：两性新话题。台北市：依依出版社。

3. 詹益宏、郑泰安(1986)：性与婚姻生活。台北市：水牛出版社。

4. 瞿海源(1989)：社会心理学新论。台北市：巨流图书公司。

5. Baron, R. A. & Byrne, D.(2000). *Social psychology: Understand human interaction* (9th ed.). Boston: Allyn & Bacon.

6. Brehm, S. S.(1992). *Intimate relationships*(2nd ed.). New York: McGraw-Hill.

7. Devito, J. A.(1990). *Messages: Building interpersonal communication skills*. New York: Harper & Row.

8. Hatfied, E. & Walster, G. W.(1985). *A new look at love*. Lanham, MD: University Press of America.

9. Petty, P. E. & Cacioppo, J. T. (1986). *Attitude change: Central and peripheral route to persuasion*. New York: Springer-Verlag.

10. Pogrebin, L. C.(1988). *Among friends: Who we like, why we like them, and what we do with them*. New York: McGraw-Hill.

11. Smith, P. B. & Bond, M. H.(1998). *Social psychology across cultures*(2nd ed.). Englewood Cliffs, NJ: Prentice-Hall.

第十三章

心理异常及其成因

本章内容细目

心理学史上历来争议的六大人性问题中，恒常与变异是其中问题之一。恒常与变异之争议所涉及的问题分两方面：其一，就**常态分布**的观点看，人类在智力与人格上都有很大的差异，此等差异可视为恒常中的变异；惟此等变异是常态现象；第十与第十一两章所讨论者即属正常变异中智力与人格的差异问题。其二，就生活适应效能观点言，人在心理与行为上也有很大的差异；有人适应良好，生活快乐，有人适应困难，生活痛苦。像此等变异即本章将讨论的心理异常问题。心理异常问题的研究分两个层次：第一个层次的研究称为**精神病理学**(psychopathology)，即心理异常现象及其成因的研究；第二个层次的研究称为**心理治疗**(psychotherapy)，即在免用药物的原则下帮助患者解决心理上的问题。本章内容即精神病理学的简要介绍，下一章再介绍心理治疗。

与一般医学上病理学研究生理异常的现象与成因相比，精神病理学研究心理异常的现象时有较多的困难。原因是心理病理学研究者很难根据心理异常表象直接判断表象背后的真相。惟其如此，读者将会发现，对每一心理异常现象都会有多种截然不同的理论解释。这是心理学与生理学不同之处，也是心理学研究的困难之处。

现代精神病理学上按心理异常现象的分类，名目至为繁多。本书采简要取向，将之分为情绪异常、社会异常、精神异常三大类。在三大类中再分为数小类；除分别说明各类心理异常现象之外，并分别从不同理论的观点说明心理异常的成因。希望读者在研读本章之后能对以下概念有所认识：

1. 心理异常与心理正常两者间的差异。

2. 属于情绪异常类之下，焦虑症、体表症、解离症、情感症的主要症状与各种理论对其成因的不同解释。

3. 属于社会异常类之下，性心理异常与人格异常的主要症状与各种理论对其成因的不同解释。

4. 属于精神异常类之下，精神分裂症的主要症状与各种理论对其成因的不同解释。

5. 从心理异常现象及其成因的分析探讨，领悟到如何调适日常生活，从而避免陷入心理异常以维护自己的心理健康。

第一节 心理异常的定义与类别

如前文所述，本章内容主要在探讨心理异常的主要现象及其形成原因。在正式进入讨论之前，容先就心理异常与心理正常两个相对概念略为说明。

一、心理异常与心理正常的分野

心理异常与心理正常是两个相对的概念，但两者间并无明确界限。心理异常与心理正常的分野，端在于同一社会文化环境下，个体行为是否符合众所期待的行为常规而定；大致符合行为常规者被视为心理正常，过分偏离行为常规者则被视为心理异常。参加亲友丧礼者面带戚容或流泪，被认为是正常行为，如此时有人喜形于色，就会被视为心理异常。基于此义，一般心理学家多采如下的标准，用以区别心理异常与心理正常。

（一）心理异常的定义

所谓**心理异常**(mental disorder; psychological disorder)，是指个人因思想行为长期异于常人，致使其生活适应困难，并感到精神痛苦的复杂现象。此一定义中有三点概念尚须稍加说明：

1. 行为与思想异于常人 单独行为或思想异于常人这一点，不能视为心理异常的唯一根据；因为天才与低能者的行为与思想一般都是异于常人的。惟从变态心理学的观点言，凡是心理异常者，其行为与思想均与常人迥异。所谓**变态行为**(abnormal behavior)，所指的就是行为与思想均异于常人。心理异常者行为异于常人的主要特征是行为表现怪异(如语无伦次)和情绪表现无常(如喜怒哀乐表情与现实脱节)。心理异常者思想异于常人的主要特征是思维不合逻辑(如把别人善意视为敌意)。

2. 生活适应困难 生活适应困难主要显现在人际关系与工作态度两方面。在人际关系方面，心理异常者非但不喜欢别人，不相信别人，也不喜欢自己；最后总是造成自己陷入退缩、恐惧、羞愧的孤独生活之中。在工作态度方面，心理异常者对工作无兴趣，无法从工作活动中获得乐趣和成就感，也不能从工作表现中展现自己的人生价值。

3. 精神感到痛苦 精神痛苦是心理异常者的共同特征，惟当事人所感到的痛苦，纯粹是主观的；从客观立场看，他未必有痛苦的必要。换言之，他们是自寻苦恼。心理异常者的精神痛苦多表现在两方面：其一是无病呻吟式痛苦，无病自认有病，最后可能假病成真。其二是不满现状的痛苦，不满意自己职业，不满意自己家庭，不满意自己容貌等。不满现状又不努力改变现状，结果是恶性循环，因痛苦而带来更多痛苦。

（二）心理正常的特征

所谓**正常**(normality)，是指免于心理异常而心理健康的人。心理健康的人在心理上具有以下六点特征(Atkinson, et al.,1996)：

1. 了解自己并肯定自己 了解自己不易，肯定自己更难；然善于生活适应者，必须二者皆备。二者皆备者才不致因低估自己而丧失机会，也不致因高估自己而陷于困境。

2. 掌握自己思想与行为 个人的思想言行不为感情冲动所支配；凡事在自主意识下少做幻想，不做妄想，以合理的思维方式引导自己的行动。

3. 自我价值感与自尊心 对事尽力，对人尽心，在不矫揉造作的自然表现中，体会自我价值感。不过分掩饰自己，不刻意取悦别人，以无愧之心保持适度的自尊。

4. 能与人建立亲密关系 在亲属友朋的关系中，至少有几个感情十分亲密的人。与感情亲密者相处时，既能敞开心怀接纳别人的感情，也能无条件地付出自己的感情。

5. 独立谋生意愿与能力 成年人须乐于工作以维持家计，未成年人须有独立谋生心愿，并肯为实现心愿而努力。有独立生活能力者，才能安排生活，才能享受生活与创造生活。

6. 理想追求不脱离现实　以现实自我的条件为基础去追求理想。理想的路上遭遇现实的障碍时，面对现实，不曲解现实，不逃避现实；排除现实的障碍，理想才会实现。

二、心理异常的类别

心理异常一词只是一个笼统的概念。此一概念所涵盖者，事实上是数以百计的各种心理异常现象。为求心理医师在诊断上便于共识起见，**美国精神病学会**(American Psychiatric Association，简称 APA)，在 1952 年出版的《**心理异常诊断统计手册**》(Diagnostic and Statistical Manual of Mental Disorders，简称 DSM)，是为最早也最有系统的心理异常分类专书。在 1952 年初版手册中，将心理异常分为 108 种，此后在 1968，1987 及 1994 年分别做了数次修订。现行的手册即 1994 的第四版(简称 DSM-Ⅳ)，其中将心理异常分为两百多种。在有限篇幅之内为使读者对心理异常现象获得清楚概念起见，本章采取新近美国心理学家布岑等人(Bootzin, et al., 1993) 在其所著《变态心理学新论》一书中，建议将诊断手册中所列之心理异常归纳为三大类八小类的看法，分别在第二、三、四各节中简要讨论其主要现象及其形成的原因。

布岑等人对心理异常所做的简化分类是，将心理异常诊断统计手册中所列的二百余种的心理异常，按其性质分为三大类；每一大类中再分为一至四小类不等；分类结果：第一大类称为情绪异常，此一大类内包括四小类，分别是:(1)焦虑症;(2)体表症;(3)解离症;(4)情感症。第二大类称为社会异常，此一大类内包括三小类，分别是:(1)性心理异常;(2)人格异常;(3)精神药物滥用。第三大类称为精神异常，此一大类内只包括一个小类，就是精神分裂症。接下去即先从第一大类起，分别讨论各小类心理异常的主要现象及其成因。

第二节　情绪异常

任何人在日常生活中都会体验到，随时随地因面临不同事件的顺心与否而有喜怒哀乐等不同情绪。惟此种因暂时生活中事件变化而生的情绪起伏情形，并不视为情绪异常，而视为正常现象。本节所要讨论的各类情绪异常，虽然在当事人而言确实有情绪反应，但引起情绪反应的原因却未必有具体事件。以恐惧情绪为例，在火灾地震时表现恐惧情绪反应是正常现象，但如对某种无害食物或某种平常颜色表现恐惧情绪时，那就是**情绪异常**(emotional disorder)。在情绪异常这一大类之下，主要包括以下四小类情绪异常现象。

一、焦虑症

焦虑症(anxiety disorder)是因过分焦虑而引起的一类情绪异常。所谓**焦虑**(anxiety)，是指由紧张、不安、忧虑、恐惧等感受交织而成的复杂情绪状态。在日常生活中，任何人都体验过此种情绪状态；有人在考试前夜不成眠，有人为债务缠身食不下咽，其所以然者，焦虑是主要原因。日常生活中暂时性的焦虑并非心理异常。焦虑之成病态，主要是焦虑非由具体情境而生，而只是心理作用使然。属于焦虑症一类的情绪异常又可分为以下三种：

（一）泛焦虑症与恐慌症

所谓**泛焦虑症**(generalized anxiety disorder)，是指任何时间、任何事情都会引起个人焦虑反应。泛焦虑症患者，对生活中细枝末节的小事特别敏感，总觉得不幸的事故随时都会发生。对过去的旧事，翻来覆去地回忆，但回忆中只注意自己失败的经验，因此愈回忆就愈发痛苦。对未来的事，一直担心，犹豫不决，一旦作了决定，焦虑的心理将更形加重；因为决定了就得负责执行，执行的后果无法保证。因为泛焦虑症患者所焦虑的事物并不固定，故而又称此种情形为**游离性焦虑**(free-floating anxiety)。

泛焦虑症患者的一般症状是，情绪紧张、心情紊乱、注意力不能集中、身心疲倦、头昏目眩、心悸、失眠等等。泛焦虑症患者过的是一种无事不忧与无时不愁的生活。有时患者会突然无缘无故地大为惊慌，好像觉得大祸即将临头，他的焦虑状态也将突然加重；恐惧不安之外，伴以心跳加速、呼吸迫促、四肢颤抖、头晕、恶心、盗汗等症状。泛焦虑症中出现了此种突发现象，即称为**恐慌症**(panic disorder)。

(二) 恐惧症

所谓**恐惧症**(或**恐怖症**)(phobia)，是指对某种不具任何伤害性事物的不合理的恐惧反应。即使当事人明知不会受到伤害，但仍然无法控制自己的恐惧情绪。恐惧症之所以被视为焦虑症之一，原因是当事人每次遇到引起(不合理)恐惧情境时，就会产生焦虑反应。因此，恐惧症患者所表现的焦虑，乃是由特定的对象(或情境)所引起(注 13-1)。当事人对不该恐惧的事物产生恐惧反应，自然就难免在日常生活上形成困扰。对不该恐惧之事物过分恐惧者，才被视为心理异常。例如，居住在大都市的人，乘电梯上高楼一事，已成为大众生活中的平常活动，但如患**惧幽闭症**(claustrophobia)与患**惧拥挤症**(demophobia)的人，就不敢搭乘电梯。如果勉强他们搭乘电梯，他们就会有心跳、气促、头晕等极不适感。试想，如果此种人每天必须在 30 层楼上下班，舍电梯而不得不爬楼梯上楼的情形，其生活之困扰可想而知。

恐惧症有数十种之多，惧山、惧水、惧风、惧火、惧食物、惧医生、惧市场、惧动物等等，无奇不有。一般言之，恐惧症较多表现在三方面:(1)**单一型恐惧症**(或**单纯恐怖症**)(simple phobia)，只对某特殊事物或情境产生不合理的恐惧反应，除此之外，一切正常;(2)**社交恐惧症** (social phobia)，不敢当众人面前讲话，不敢与人接近，因而逃避参与社交活动;(3)**惧空旷症**

注 13-1：phobia 与 fear 不同，后者表现对可怕事物的恐惧，不是病态反应；前者表示对不该怕的事物恐惧，是病态反应。phobia 为希腊文，原为希腊神话中职司恐惧之神 Phobos 之名。在精神医学上，属于恐惧症者，均附以 phobia 字样。除本文指出的数种恐惧症外，诸如**惧高症**(acrophobia)、**惧血症**(hematophobia)、**惧学校症**(或**学校恐怖症**)(school phobia)、**惧书症**(bibliophobia)等均属之。

(agoraphobia)，对空旷的地方(如大街)与人多的地方(如市场)产生不合理的恐惧感，因而逃避离去，更不敢参与旅游之类的活动。

(三) 强迫症

所谓**强迫症**(obsessive-compulsive disorder)，是指患者的行为不受自由意志所支配的异常现象。即使其行为违反自己的意志，但仍然一再重复出现该种行为。

按 obsessive-compulsive disorder 一词，实际上含有两种意义：前一字的含义是**强迫思想**(obsessive thought)或**强迫观念**(obsessive idea)；后一字的含义是**强迫行为**(compulsive behavior)。强迫思想与强迫行为二者，有时是单独出现，只有强迫思想，或只有强迫行为；有时两者同时间产生，既有强迫思想，又有强迫行为。强迫症所指者，包括上述两种情形。

在日常生活中，谁都免不了会有强迫思想的倾向。如职业妇女到了办公室之后，忽然想到离家时可能忘了锁门；此念头一起，则一直挥之不去，最后可能只得回家检查才会放心。这就是由强迫思想演变成了强迫行为。如此情形屡屡发生，即可能演变成强迫症。有的人习惯上过分注意清洁，洗手的动作表现太过频繁；无缘无故就去洗一次手，如强行忍耐，心理上就会局促不安。像此种情形，就是强迫行为。强迫思想或行为严重到对自己生活产生困扰的地步，才被视为**强迫症**。

最严重的强迫症是纵火狂，所谓**纵火狂**(pyromania)，是指个体在心理上有一种不能自我克制的纵火欲望。惟变态心理学所指的纵火狂，有两个心理特征:(1)纵火纯属强迫性的**潜意识**冲动，不含有预谋或明确动机;(2)纵火狂之所以纵火，并非为有目的之攻击或破坏，而纯粹是对燃烧时熊熊的火焰感到兴奋与满足。

强迫症之所以被列为**焦虑症**之一，原因是患者对自己不能控制的思想或行为感到恐惧，由之产生了类似焦虑症的身心反应。强迫症与焦虑症二者的差别，只是引起焦虑的原因不同；焦虑症多系由外在原因引起，而引起强迫症的原因，则是当事人自己的思想或行为。当事人之所以对自己思想或行为产生恐惧感，原因是强迫思想有时是极为可怕的。在一般强迫思想中，攻击性(杀人或自杀)或性侵犯(强暴倾向)的思想占大多数。此类强迫思想一旦表现于行动，势必造成严重的后果。此症患者初为人母时，有可能在思想上出现一种杀死她亲生婴儿的无知冲动。固然，像此种强迫思想变为行为的可能性不大，但只要此种思想持续存在，就会使当事人因恐惧自己的思想而心生焦虑。

(四) 焦虑症的心理成因

属于焦虑症一类的情绪异常虽包括多种不同类型的心理异常现象，但有一共同之点是，各种情绪异常均非由生活环境中具体事件引起的情绪反应；而只是当事人知觉上的一种扭曲性反应。焦虑症是怎样形成的？各派心理学理论有不同的解释。

1. 精神分析论的解释 按弗洛伊德的**精神分析**理论，焦虑症中的恐惧症与恐慌症的成因，可能与个体人格结构中**本我**、**自我**、**超我**三者间的冲突未能化解有关。如在某种情境下本我的原始性冲动的需求浮出意识层面寻求满足时(如遇有性或攻击的对象)，受到意识中超我的拒绝，可能不自觉地就会产生焦虑。不过，精神分析论者不把引起当事人焦虑的现实情境视为真正的原因，而是将之视为代替性的一种象征作用。例如，有一男性大学生对男生厕所与浴室产生不合理的恐惧；在宿舍不敢进男生厕所，不敢用男生浴室；因女生卫生设备又不准男生使用，所以就产生了严重的焦虑症。按弗洛伊德的解释，该男生所恐惧者，并非男生厕所或浴室，厕所或浴室都是代替性的情境；该生真正恐惧的，可能是他隐藏在潜意识中的**同性恋**冲动。因为男生厕所或浴室都是与男性相关连的情境。不过，像该男生所患的焦虑症，他本人未必了解恐惧男生厕所或浴室的原因。

对强迫症的解释，精神分析论者认为那是一种**防卫机制**；借由一种象征性的重复思想，或借一种象征性的重复行为，从而避免潜意识内冲动浮出时遭到超我压抑所产生的痛苦。准此推论，年轻母亲在一夜之间可能起床十次八次去看视她的孩子(强迫行为)，原因是借由此重复性活动，以防卫她潜意识中想杀死婴儿(强迫思想)冲动的发生。

2. 行为论的解释 根据**行为主义**心理学家们的解释，焦虑症乃是经由学习历程所形成的不适当习惯反应。按行为主义对学习原理的解释，认为个体的任何习惯，无论是好是坏，其学得过程不出三种方式:(1)**经典条件作用**;(2)**操作条件作用**;(3)**观察学习**(见第五章)。行为主义的心理学家，即以此三种学习方式来解释焦虑症的形成。先就恐惧症来看，行为主义的心理学家认为，恐惧症是经由经典条件作用学习历程形成的。例如，一个五岁儿童对红色的花表现恐惧反应，红色的花并非具有伤害性的刺激，红色花之所以引起该儿童恐惧的原因，可能是红色花曾与另外一个具有伤害性刺激同时出现，使该儿童受到伤害，结果使红色花产生了条件作用。按经典条件作用原理，该儿童对红色花恐惧反应的学习过程可能是:(1)红色花出现，儿童趋近，但无恐惧反应；在性质上，红色花是**条件刺激**;(2)当儿童伸手触摸红色花时，突然被花上的蜜蜂蜇到，儿童受到惊恐，在性质上，蜜蜂的蜇刺是**无条件刺激**;(3)条件刺激与无条件刺激同时出现，因而形成了**条件反应**;(4)以后红色花单独出现时，由于刺激替代作用，就会引起儿童的恐惧反应。准此推论，凡是对不具伤害性刺激表现不合理的恐惧反应者，诸如对某特定食物恐惧、对黑暗恐惧、对学校恐惧等，都是经由经典条件作用的历程学得的。

再就强迫症来看，行为主义心理学家们认为，强迫行为乃是经由操作条件作用学习历程养成的不良习惯。操作条件作用原理中有三个要项:(1)个体在某情境中先出现一个自发性活动;(2)此一自发性活动中带来的后果，能使个体获得需求上的满足，满足之后，会对个体的该一自发性活动产生**后效强化**作用;(3)以后遇有类似情境时，个体将倾向于重复出现该一活动。准此推论，如强迫行为中的强迫洗手动作，即可采用操作条件作用来解释。在开始之初，个体可能先在情绪上已产生焦虑，焦虑形成一种**驱力**，促使个体有所活动，借以减低焦虑的痛苦。洗手的动作可能是个体尝试减低焦虑的活动之一。惟洗手时流水给予当事人的感觉，可能产生了减低焦虑的后效强化作用，因而养成了以后每觉焦虑即洗手的习惯。

此外，按观察学习原理，儿童看到成人对某些情境恐惧时，即使有的是不合情理，他也会学习到对该情境表现恐惧反应。

3. 认知论的解释　按认知心理学家们的解释，个体之所以对某事过分焦虑，乃是由于他对某事的认知与判断不适当所致；即使大家认为没有危险不必忧虑的事，他也认为将来可能会发生危险。患泛焦虑症者认为，无时无地都有发生灾祸的可能；出门怕车祸，在家怕盗贼，孩子上学怕被绑架，气候变化怕生病，因而天天提心吊胆，随时随地处于警戒之中。

从认知心理学上的**讯息处理论**的观点看，在日常生活中，有很多使人忧虑甚至使人恐惧的讯息，随时随地接触到人们的感官(如大众媒体报导的杀人放火等社会新闻)。对多数正常人来说，此类讯息只做短暂处理，看过或听过之后，不再放在心上去继续思考。因为，如对此类问题愈进一步思考，就会使人愈发忧虑。强迫思想的患者，就是把不必由自己负责的问题，当做了自己心理上的负担。结果是愈想愈恐惧，恐惧之后又摆脱不掉重复思想的习惯，继而又因强迫思想习惯的存在感到焦虑，最后采取某种行为活动(如饮酒)，借以减低焦虑的痛苦，于是就可能形成强迫行为。

4. 人本论的解释　根据**人本心理学**家们的解释，焦虑症主要是个人的自我概念之间产生了落差。如果一个人的**真实自我**和**理想自我**之间有段很大的距离，他在情绪上就会焦虑不安(详见第十一章第三节)。

5. 心理生物学的解释　采取**心理生物学取向**的心理学家，乃是试图从心身关系的观点，采两种取向探讨焦虑症的症状与患者生理特征的关系。第一种取向是从遗传因素去研究，试图探讨患者远近血缘间是否与焦虑症有关。在第十章内讨论孪生子之间智力相关研究时，曾经提到遗传因素相同的**同卵孪生子**之间的智力相关最高(见表 10-1)。心理学家曾采用同样的方法比较研究焦虑症患者与其同卵或异卵孪生兄弟姊妹的关系。结果发现，同卵孪生子之一患焦虑症另一人也罹患的人数高出异卵孪生子同样情形者的三倍(Torgersen,1986)。此一结果是可说明焦虑症与遗传确有相当关系。

第二种取向是从身体生理适应情形去研究，试图探讨焦虑症患者在对某些化学物质反应上与正常人有何不同。心理学家研究发现，有些化学物质如咖啡因、乳酸盐及二氧化碳等，对焦虑症患者与一般常人会产生不同效应；此等化学物质将引起患者焦虑症发作，但对一般人则否(McNally, 1990)。此一现象所显示的意义是，焦虑症患者的体质与一般常人有所不同。

二、体表症

体表症是第二类情绪异常。所谓**体表症**(somatoform disorder)，是指患者自觉甚至医师诊断身体外表有某种异常症状，但事实上在身体器官机能方面并找不到任何病因的心理疾病的现象。因此，此类心理异常一向被称为**心因性异常**(或**心因性障碍**)(psychogenic disorder)。此一大类下主要包括以下三类心理疾病：

(一) 体化症

所谓**体化症**(somatization disorder)，是一类多方面复发性的体表症，体化症多出现在30岁以上的壮年人，病情可能延续数年之久，严重时可能影响患者的日常生活和职业活动。患者虽自觉身体某些器官功能失常而感到痛苦，但在医学检查上找不出病因。患者自陈的症状包括多方面，经常感到四肢无力、视觉模糊、幻觉、记忆减退、消化不良、呕吐、腹泻、经期流血过多而疼痛、性欲不振、背痛、胸口痛，甚至感到性器官疼痛。体化症是体表症中罕见的心理异常，患病率不及千分之一。

(二) 虑病症

所谓**虑病症**(或**疑病症**)(hypochondriasis)，是指患者或因过分关心自己身体，或因过分恐惧患病致死的心理作用所导致的一种假性身体病痛。罹患虑病症的人，在性格上极度敏感，只要发现身体上稍有不适，诸如头痛、咳嗽、腰酸或背痛等，就自认大病即将来临。纵使医师确认他的身体一切正常，他仍然深信不疑自己患了重病。像此种病例，病人本身并非故意伪装或撒谎，在他自己的主观认识上，确确实实地感觉到身体的病痛。因此，患虑病症的人在情绪上一般同时出现前文所指焦虑症的各种反应。

（三）转化症

与虑病症类似但性质不同的另一种体表症是转化症。所谓**转化症**(conversion disorder)，是指由心理上的问题转化为身体疾病的异常现象。与虑病症相比，虑病症是患者因过分恐惧患病或死亡而导致的心理疾病，而转化症则是身体上确有症状，但缺乏身体病因的心理疾病。换言之，前者只是惧怕生病的心理疾病，而后者则是因心理问题而导致了身体疾病。转化症的主要症状是身体上部分功能丧失；包括一只手瘫痪、半身不遂、眼睛失明、耳朵失聪等。转化症的旧名叫**歇斯底里**(或**癔症**)(hysteria)，在精神医学未发达以前，认为是女性独有的疾病。根据现代精神医学的研究（见 Worchel, et al., 1995)，转化症有以下五个特点:(1)患者身体上局部功能丧失(如左手不能移动)，但并无任何生理上的病因;(2)转化症的发生，常起于生活上遭受重大情绪压力事件之后，而且病情可能发生于突然之间;(3)转化症的症状无法从生理学的知识获得答案，如手指麻痹的患者，其手臂的感觉可能仍然正常;(4)转化症的患者虽然身体上有明显症状，但在**催眠**或在自然睡眠的情况之下，症状就会消失;(5)一般转化症患者，对其自身的症状似乎并不太在意，在情绪上似乎不因身体局部功能突然丧失而感到痛苦不堪。因此，转化症患者常令人感到他在装病；惟事实上他并非假装，如以针刺其麻痹部位，确实不表现痛觉反应。

（四）体表症的心理成因

1. 精神分析论的解释　体表症中的转化症，是弗洛伊德早年首先研究的心理现象之一。因为转化症的主要症状是身体功能失常，弗洛伊德发现经催眠后，患者的身体活动恢复正常，所以他肯定相信，转化症没有生理成因，纯粹是心理因素形成的。弗洛伊德采取他一贯的主张，认为转化症是由于潜意识冲突不能化解而转化的结果。个体内心深处压抑着的一些本能性的冲动，时时有浮出意识层面表现于反社会行为的可能。此时的**自我**层面如不能对之有效控制，就可能形成对个体心理上的威胁而感到焦虑。个体为免于焦虑的痛苦，于是将痛苦转化在肢体上做象征性的表现，终而形成转化症。

战场上的士兵，因时常有战死的潜意识浮现，就可能在自我意识不能有效控制的心理状态下，转化为手指麻痹或视觉失明，借以解除战斗任务的压力。

2. 行为论的解释 **行为主义**的心理学家，采**操作条件作用**学习原理解释体表症的成因。根据行为论的说法，体表症的身体异常症状，不是生理器官使然，而是个体在日常生活经验中学习来的。个体所表现的肢体失灵，也是一种行为表现；此种异常行为表现，乃是经由**后效强化**历程学到的。以学生害怕上学为例，如某次因肚子痛免于上学且得到家人关切照顾，很可能因此强化了他以后再度表现肚痛而逃避上学的可能。

3. 认知论的解释 **认知论**采认知策略的观点解释体表症的成因。根据认知论的解释，患者之所以诉说自己身体上的病痛，乃是由于他知道在某些情境下，如自己因病而未将工作做好或未尽到责任时，可以免于受到惩罚。如此以身体症状为由，无形中便成为他生活适应的一种策略；若以后重复使用，便可能形成疾病。

三、解离症

所谓**解离症**(dissociative disorder)，是指当事人以**解离**(或**分离**)(dissociation)的心理作用，将存在于个人记忆中的痛苦，或将可能出现在意识中的欲念与不为社会认可的冲动，从意识中解离出去，借以保卫自己，但却因解离而丧失了**自我统合**作用，终而形成心理异常的现象。解离症是一类心理疾病的总名称，其中最主要者有心因性失忆症与多重人格两种。

(一) 心因性失忆症与迷游状态

所谓**心因性失忆症**(或**心因性遗忘**)(psychogenic amnesia)，是一种选择性的反常遗忘现象，简称**失忆症**(amnesia)。失忆症的症状是:(1)患者虽丧失对过去经验的记忆，但并无生理上的症状，失忆现象纯系由心理原因所形成。(2)患者所丧失的记忆，有时只限于对某段时间的事情不能记忆；有的只能记得旧事而忘了近事，此种情形称为**近事失忆症**(或**顺行性遗忘**)(anterograde amnesia)；有的只记得近事而忘了旧事，此种情形称为**旧事失忆症**

(或**逆行性遗忘**)(retrograde amnesia)。(3)患者所丧失的记忆，有的只限于对重要的事情不复记忆，此种情形称为**情节性失忆症**（episodic amnesia)；有的患者可能忘记了自己的姓名和住址，但却仍然记得如何开车等活动。(4)患者所丧失的记忆，在性质上多涉及与其**自我统合**的事项(如姓名、职业等)；凡是不涉及自我统合的事项(如开车)，则不易忘记。(5)心因性失忆症多在遭受痛苦打击之后突然发生，过一段时间之后，也可能突然又恢复记忆。

与心因性失忆症相关的是迷游状态。**迷游状态**(或**神游状态**)(fugue state)或简称**迷游症**(fugue)，是指患者在丧失记忆后又兼带出现不自觉的离家出走的一种心理异常现象。迷游症患者离家出走之后，丧失对过去的一切记忆；对自己的姓名、住址、职业等一概忘记。患者迷游至一新的地方，可能从头学习适应，重新建立一种与过去本人全然不同的人格。迷游症的发生，总是在遭遇痛苦的打击之后。迷游一段时间之后，多数都会突然醒悟，恢复记忆。惟在结束迷游之后，对迷游时的一切经验，则又不复记忆。

(二) 多重人格

在解离症中最奇特的一种症状是多重人格。所谓**多重人格**(multiple personality)，是指一个人兼具两个或多个不同性格的心理异常现象。罹患多重人格的人，他的每个人格各自独立，各有其不同的记忆、态度与行为。甚至，各个人格的特征，可能截然不同；其中一个人格可能是内向的、拘谨的、保守的，而另一个人格则可能是外向的、开放的、激进的。当事人对自己的多重人格，有时可以自知，但无法自我控制，在不同的时间与不同的场合，各个人格交替出现，只能任其支配当事人的行为。

在各种心理异常中，多重人格是一种奇特而且神秘的异常现象。多重人格的患者多为女性，根据研究发现一位女性具有多重人格者，在不同之人格交替出现时，患者的生理状况也随之改变；不同人格各有其心跳速率、血压变化、健康状况以及月经之周期等也随之改变(Jens & Evans, 1983)。

（三）解离症的心理成因

在变态心理学上，解离症虽早已被确认是一类人格丧失统合性的病象，但因缺乏充分的研究证据，故而对其形成原因迄今未明确了解。按**精神分析**的解释，解离症起于童年，童年遭遇痛苦经验，被压抑在**潜意识**中，长大后再遇到类似的生活困境时，即以改头换面的象征性方式，以解离症的各种症状表现之。按行为主义心理学家们的解释，解离症的各种心理异常，都是患者自幼在生活中遭遇困难时，为避免困难事件所导致心理压力的痛苦，学习到一种以伪装来应付现实困境的不当方式；久之，形成习惯，最后演变成了疾病。

四、情感症

前述三类情绪异常，基本上都是由于生活经验中累积的恐惧或焦虑所形成的心理异常现象。接下来要讨论的第四类情绪异常，则是属于情绪表达不当所显示的心理异常现象。喜怒哀惧等心理状态称为**情绪**，而喜怒哀惧等情绪表达于外时，则称为**情感**(affect)。人在日常生活中随时对人对事都有情感变化，惟变化总在一个限度之内；因痛苦经验而悲伤者，过一段时间就会自动消失。如果悲伤情感久久不能消失以致影响其生活功能时，就被视为**情感症**(affective disorder)。患情感症者在心情上都是痛苦的，故而也称**心情异常**(mood disorder)。在情感症一类中，主要包括抑郁症、两极症以及自杀三种心理异常。

（一）抑郁症

在情感症一类心理异常者之中，最主要的是抑郁症。**抑郁症**(或**忧郁症**)(depression) 是包括忧愁、沮丧、消沉等多种不愉快情绪综合而成的心理状态。抑郁症患者女性多于男性，根据美国医学统计，在一般人口中，男性患者，约为 10%，女性患者约为 20% (Klerman & Weissman, 1989)。抑郁症的主要症状是长期抑郁寡欢，情绪沮丧。因为日常生活中不可能事事顺心，诸如考试失败、身体违和、人事摩擦、财物损失等，谁也无法避免，是故像抑郁寡欢的情绪低落现象，在一般人中都会发生，惟此种现象不能视为抑郁症。根据美国心理异常诊断统计手册，对抑郁症的诊断通常是根据一个基本原则和五种症状（APA, 1994）：一个基本原则是，在缺乏具体生活事故的情况下，患者的情绪低潮连续维持半个月以上者，就可视为抑郁症。抑郁症的五种症状是：(1)丧失生活情趣，对饮食、工作、社交、性生活以及娱乐活动等，都失去了往日的兴趣；(2)自我价值感丧失，自怨自艾，表示强烈的罪疚感；(3)情绪激动不安，睡眠失常，不能安心工作，无法集中思考问题；(4)常感身心疲惫，动作有气无力，丧失往常的生命力；(5)时常想到死亡并怀有自杀的念头。

抑郁症患者中女性为男性的两倍的现象，按心理学家的解释(Nolen-Hoeksema,1990)，可能与患者遭遇生活困境时所采取的适应策略有关。男性一般生活活动的层面较广，生活中遭遇困境时，可能将思考方向转移，借由其他活动(如运动、吸烟、饮酒等)，使痛苦情绪淡化。女性生活层面较窄，生活中遭遇困境时，往往钻牛角尖，反复思考生活中不愉快的经验，结果使其情绪不得自行抒解，而日久形成适应上的困难。

（二）两极性异常

前述抑郁症是指忧郁悲伤情感长期持续的异常现象。从情绪起伏变化的状态言，抑郁症是情绪陷入低潮达于谷底的极度消沉状态。临床心理学上也发现与抑郁症相反的另一种情感症。此类情感症患者在情绪表达上恰与抑郁症相反；病发时精力充沛，言行狂妄，在精神病学上称为**躁狂症**(mania)。属于躁狂症的患者极少，多数情感症患者兼具抑郁与躁狂两种状态：即时而陷入情感低潮，时而转向情绪高峰。此种现象称为**两极性异常**(bipolar disorder)。由于两极性异常兼具抑郁与躁狂两种症状，故而又称**躁郁性精神病**(manic-depressive psychosis)，也称**躁郁症**(manic-depressive illness)。

躁郁症是两极性的情感症，在症状上兼具抑郁症与躁狂症两者的特征。抑郁症的特征已在前文所提五种症状中有所说明，现在只补充说明患躁郁症者的行为特征。躁郁症患者的情绪转向狂躁之极端时，除情绪极为兴奋外，在行为上表现精力充沛，睡眠减少，整日忙碌不停；好说话且言词夸大；爱管闲事，除干涉别人与支配别人之外，兼有攻击倾向；吸烟饮酒者，其烟量与酒量倍增；口出狂言，不负责任，可能轻言承诺订购价值千万的高价位房屋，继而因无力付款而构成违约行为。躁郁症患者的兴奋情绪状态，只能维持一段时间，可能在突然间即行转入另一极端，再度陷入极度抑郁状态。

（三）自　杀

所谓**自杀**(suicide)，是指个人有目的地结束自己生命的行为。自杀行为本身并非一种疾病，自杀都是当事人长期情感失常形成的结果。自杀与抑郁症有密切关系。根据调查研究(Murphy, 1983)，在抑郁症的患者之中，有80% 的人有自杀倾向，而其中有 1.5% 的人自杀成功。职是之故，在临床心理学上才会将自杀视为一种情感症。惟有些自杀者(如破产、失业、畏罪等) 未必患有情感症。在试图自杀的人口中，女性是男性的三倍，而自杀成功者之中，男性则是女性的三倍。自杀的性别差异主要在于自杀方式不同；男性多用枪自杀，女性则多服用药物。不过，社会上一般谈自杀时多倾向于自杀方式明确的案例。有些人采割腕、投河、自缢、服毒以及举枪自杀等方式，均属明确自杀案例，但有些人酒后驾车刻意冲撞路树者，在行为目的上也可视为自杀。因此，通常所说的自杀率，只能做为估计的底数，不能代表实际自杀人数。近年来，在发展国家中自杀率有逐年增加趋势。单以美国而言，在20 世纪 40 年代的死亡原因排行榜上，自杀被列为前二十种死亡原因之末，到 80 年代开始，自杀则跃升前十大死亡原因之一。如单以大学生死亡原因统计，自杀则高居第二位(Levy & Moskowitze,1982)。台湾地区自 1998 年迄今，自杀一直列十大死亡原因的第 9 位。

（四）情感症的心理成因

虽然情感症包括三种心理异常，但在临床心理学的病因解释上，各学派的理论则主要对抑郁症的心理成因提出说明。

1. 精神分析论的解释　按**精神分析论**的解释，抑郁症是一种**失落反应**

(reaction to loss)；是当事人目前生活中的失落经验，引发了隐藏在**潜意识**中童年生活失落经验的痛苦；两者交互作用，致使当事人在情绪上陷入了痛苦绝望的困境。准此推论，抑郁症患者的童年生活中，必定有较多的失落痛苦经验；诸如自幼丧失父母、得不到父母关爱、在家庭无地位、在同侪玩伴中受欺凌等，都会形成童年失落的痛苦经验。根据心理学家新近的验证研究发现，自幼父母双亡者，成年后抑郁症的罹患率确比一般人为高(Barnes & Prosen, 1985)。此一研究发现，使一向视童年痛苦经验是形成以后心理问题原因的精神分析论，获得相当程度的支持。

个人童年生活中感到失落的痛苦经验，何以在成年后才发作而成为抑郁症？按精神分析论对此一问题的解释，童年生活中失落的痛苦经验，对个体来说，始终未曾遗忘，只是由于每次回忆即带来痛苦，故而被**压抑**在潜意识中，暂时不做显现而已。事实上，个体自幼在某方面的失落(如丧失父母的爱)，始终在潜意识中存在着一种"弥补"的需求。例如，自幼丧失母爱的人，成年后在心理上比一般人更渴求别人的爱；自幼未被同伴接纳的人，成年后在心理上更需要别人的支持；自幼未被肯定社会地位的人，成年后在心理上更重视社会地位的得失。正因为这种人在心理上过分渴求"得"而避免"失"，所以在其生活追求中遭遇挫折而失败时，其失落感就特别严重。按精神分析论的解释，抑郁症患者在现实情境中感到失落，事实上，使他遭遇挫折的现实情境，并非真正原因；现实情境只不过发生了代替性的象征作用而已。引起当事人痛苦的真正原因，仍然是童年生活中失落感带来的痛苦。因此，精神分析论者将抑郁症患者在现实中的失落，称为**象征性失落**(symbolic loss)。现实中的失落，引起了潜意识中隐藏已久的童年失落的痛苦，新苦旧痛交互作用的结果，使当事人陷入了情绪的低谷。当事人为了减轻因现实情境中挫折所引起的痛苦，于是在心理上又产生了一种**防卫机制**；将现实中使其失落的外在原因，在心理上产生了内化作用。**内化作用**(internalization)是指把造成他失落的外在原因归咎于自己。被公司解雇的职员，失业后可能先是对老板愤恨，后以无法报复反而将情绪转向自己；恨自己缺乏人缘，恨自己能力不够；结果使心理愈复杂，病情愈严重。

2. 行为论的解释　**行为主义**的心理学家们，一向是以学习心理的观点解释人的一切行为上的问题。在行为主义心理学家所揭橥的**操作条件作用**学习理论中，在个体学习任何行为习惯时，由**强化物**所发生的**后效强化**作用，是习惯形成与否的重要关键(见第五章第三节)。行为主义心理学家，也采用此种观念来解释抑郁症的心理成因。他们认为，个体的抑郁情绪是在生活中学习到的一种消极性的退缩反应，而此种消极性反应，乃是长期缺乏**正强化**作用所致。所谓正强化作用，是指个体在生活活动中，只要表现出适当的行为，就会受到奖励。如果在生活经验中经常是受到奖励的机会极少，而受到惩罚的机会又太多，就会在个体以后的生活适应上产生两种不利的影响：其一，因失败的经验太多，成功的经验太少，个体既不能由生活经验中获得快乐，更无从由之建立自信心与自尊心。其二，因为生活经验中得不到奖励与赞赏，致使个体在行为上，无从经由**正强化**作用学习到应付困境的能力；此种现象尤以儿童在生活经验中未能养成社会应对能力时为然。由以上两者来看，正可用以解释抑郁症的心理成因。因为，自信心与自尊心的丧失，不仅是抑郁症患者的主要特征，而且，患抑郁症的人，一般既缺乏应付生活困境的能力，也短少待人处事的社交技巧。

在第五章第四节内，我们曾讨论过**学得无助感**的概念。学得无助感是一种对人己与对世事的消极绝望心态；此种心态也正是抑郁症患者的心理特征之一。因此，学得无助感的概念，也被变态心理学家们用来解释抑郁症的成因。惟学得无助感的学习过程，除操作条件作用学习的外在因素之外，也含有**认知学习**的成分。接下去即讨论认知论者对抑郁症的心理成因如何解释。

3. 认知论的解释 前文提到，学得无助感是抑郁症患者的心理特征之一。惟对学得无助感的学习历程，及其在抑郁症患者心理上所发生的作用，持认知论观点的心理学家，提出有异于行为主义者所做的解释。行为主义者将学得无助感，视为个体无法逃避外因打击时，所学到的一种**条件反应**。此种条件反应一旦形成，以后类似情境出现时，即使外在打击他的刺激不再出现，个体学到的条件反应仍继续出现。

认知论者对学得无助感在抑郁症的心理作用上，提出两种异于行为主义者的解释。其中一种解释是，将学得无助感视为抑郁症患者的一种适应生活的**态度**(态度中含有认知成分)。惟以学得无助感为基础的生活态度，多半只表现在生活中负面的经验，因此特别夸大失败后的痛苦，对生活中成功的经验则予以忽视。例如，某大学男生在校学科成绩优异，只因缺少社交经验而遭女友排斥，在失恋痛苦之余，该生深感人生乏味，终而抑郁寡欢，自暴自弃。如从心理异常的观点言，该生的情况若继续演变下去，就可能带有抑郁症的倾向。有不少青年男女因失恋而自杀者，其主要原因就是在认知上过分夸大了失败经验，因而自责自卑，自觉一无是处；完全忽略了个人在其他方面的优点与生存的价值(Beck,1975)。

4. 人本论的解释 采人本论取向的心理学家，试图从患者的人生态度与人生方向来解释抑郁症或自杀的原因。人本心理学家弗兰克(见图 14-2)根据第二次世界大战期间在纳粹死亡集中营亲身观察发现，凡是在死亡边缘而不极度抑郁试图自杀的人，都具有乐观且有人生方向的人格特质(Frankle, 1959)。因此他建议，只有协助患者建立人生信念，领悟人生意义，才会发挥心理治疗效果。基于此义，弗兰克提倡**意义治疗法**(见第十四章第一节)。

5. 心理生物学的解释 采**心理生物学取向**解释抑郁症的心理学家，试图从遗传与脑神经生物化学两方面探讨抑郁症的病因。从事抑郁症遗传研究的心理学家早已发现，抑郁症与家族遗传有密切关系。一项题为《情感症的孪生子研究》研究结果显示(Allen,1976)：同卵孪生子中有一人罹患抑郁症者，另一人罹患同一疾病的几率为 40%，而异卵孪生子中有一人罹患抑郁症者，另一人患病的几率只有 11%。如单以患两极症的孪生子为对象分析，同卵孪生子中有一人罹患两极症者，另一人患病的几率为 72%，而异卵孪生子中有一人罹患两极症者，另一人患病的几率只有 14%。固然，孪生子的生长环境相同也可能是因素之一，不过从同卵(遗传全同)与异卵(遗传不全同)孪生子两者的差异看，抑郁症确与遗传因素有相当关系。

从事抑郁症脑神经生物学研究的心理学者，早已发现中枢神经系统中神经传递时，**神经元**的**轴突**部分会发挥特殊的生物化学功能(见第二章第二节)。抑郁症患者的神经传递较为迟钝，外界的刺激不易引起**感觉神经元**的**神经冲动**作用。服用**兴奋剂**中**安非他命**后之所以使人精神振奋，乃是由于该药物具有刺激中枢神经的生化效应(见第四章第四节)。惟以安非他命服用后副作用太大(属禁用药品)，故而一般医师并不采用它做为治疗抑郁症之用。

第三节　社会异常

在第二节内我们讨论过了情绪异常中的四类心理异常。接下来将讨论**社会异常**(social disorder) 中的性心理异常与人格异常(属于社会异常的另一类精神药物滥用已在第四章第四节内讨论过，此处省略)。性心理异常与人格异常二者之所以称为社会异常，是因为这两种心理异常患者的身心表现除使其本人感到困扰影响其正常生活功能之外，更重要的是患者无法与别人建立良好的社会关系。

一、性心理异常

所谓**性心理异常**(psychosexual disorder)，是指个体之性行为表现明显异于常人的病态现象。惟性心理异常与否的标准不易确定，除时代不同而有所改变外，世俗禁忌与社会道德观念，也会发生很大影响。因此，近年来在精神病学界，试图摆脱社会道德观念，重新以客观的态度来鉴别人类的性行为中，究竟何者属于病态，然后确定其是否属于心理异常。由于精神病学界评鉴性心理异常标准的改变，于是早期被视为性心理变态者，现在已不再被列为性心理异常。其中最明确的例子，就是以同性别为性爱追求对象的**同性恋**。在 20 世纪 80 年代以前，同性恋者一向被视为性变态，80 年代以后，则只对同性恋者自感痛苦或因其行为而加诸别人痛苦者，才视为性心理异常。性心理异常是指一类有关性行为变态的疾病，本文以下所要介绍者只限于两方面的性心理异常，其一为性别认同障碍，其二为性变态。

(一) 性别认同障碍与变性症

所谓**性别认同障碍**(gender identity disorder)，是指由于个人不认同自己生理上的性别，因而形成心理上严重困扰的异常现象。从发展心理学的观点看，一个人的性别发展包括两个层面：其一是生理层面，个体自出生时即决定了他生理上的非男即女的性别。以后逐渐生长发展，到**青春期**开始以后，相继出现**主性征**与**次性征**（见第八章第四节），而后即为成熟的男性与女性。其二是心理层面，个体两岁以后在性心理发展上即表现出**性别认同**的能力；此时儿童不但了解到自己生理上的性别，而且在心理上也接纳自己的性别；愿意做一个男性或女性。像此种情形，即可视为性别认同正常。性别认同障碍者的情形则反是，即使他生理上性别的主性征与次性征均明显肯定，但在心理上却一直不愿接纳现实，总希望将自己变换成相反的性别。因为此种心理不但无法令人如愿，而且一向被视为不合于世俗道德，故而以往有此心理倾向者，除因身心冲突徒增困扰外，问题一直无法解决。根据心理学家估计，在两性之中，男性中有此心理倾向者，远较女性为多。

性别认同障碍者，如因不接纳自己生理性别所引起的心理困扰，演变恶化到不能忍受，而不得不求助医师改变其生理性别的地步时，就成了**变性症**（或**易性癖**）(transsexualism)。变性症患者的一般症状是，在性别角色上有严重的心理冲突，不甘愿扮演其生理性别所属的角色，不愿意穿着适于其性别的服装。在两性吸引方面，变性症患者会希望与其同生理性别者接近，而有逃避与异性交往的倾向。因此，变性症患者有时会被人误认是同性恋者。因为变性症患者的问题是自幼年开始而到成年才发作的，经过长期的心理不安与焦虑，达到非求助医师施以变性手术不可地步时，已是相当严重；医学界因适应此等病患的需要而有了变性手术。

在医学上，最早的**变性手术**(sex-change surgery) 始于20世纪30年代的欧洲。在1952年，丹麦首都哥本哈根的一家医院，将一位青年男子，以外科手术的方式，切除男性生殖器官，改装人工女性生殖器官，并施以**性腺激素**治疗，彻底变成一位女性，成为变性手术史上最成功的例子。此后变性手术即迅速传遍全世界。变性症患者以男性居多。自20世纪60年代以后，男性经变性手术变为女性者，在台湾已时有所闻(图13-1)。惟变性手术主要在外形上改造性器官，甚至也可经由性激素的注射使次性征显现(男变女后皮肤、体形也随之改变，女变男后也长出胡须)，但主性征的功能则永远不能发挥；男变女后不可能有月经，更不可能怀孕生育；女变男后也不可能有射精的行为。因此，变性症患者经变性手术后，其心理上的障碍可能因生理性别的改变而消除一部分，但如进一步追求婚姻，期冀分享两性结合的幸福生活，则无法如愿以偿(Abramowitz, 1986)。此外，像这些“错置灵魂”的人，在男女有别的传统社会里难免遭人“另眼看待”，以致谋生困难。最近台北市有某徐姓变性女子因婚姻职业两空在街头抢劫而蹈入法网的事件，就是一个最明显的例子(见 2001 年 6 月 12 日《中国时报》9 版)。

图 13-1　因性别认同障碍而变性的实例之一

本图由香港友人杜山川医师提供，是 20 世纪 60 年代华人社会最早经变性手术后由男性变女性的实例之一。

(二) 性变态

所谓**性变态**(paraphilia)，是指个体不经由正常的性行为方式去寻求性满足的心理异常现象。按一般常人的性行为方式，在寻求性的满足时，大都符合三个条件:(1)以成熟的异性为对象;(2)经由以生理为基础的**性动机**的满足，达到心理上的满足；(3)性行为的活动中带有人际关系；男女间的性行为应带给双方快乐与满足，即使不能达到此一地步，总不能因寻求性满足之一方面使对方受到痛苦。根据以上三个条件为标准，人类的性行为被列为变态者不下十数种。本文以下只简述其中五种：

1. 恋物症　所谓**恋物症**(或**恋物癖**)(fetishism)，是指不以异性个体为性行为的对象，而只寻求与异性有关之物品，从而获得性满足的心理异常现象。恋物症患者多为男性，其所恋之物主要为女性之衣物；如鞋子、丝袜、服饰等，其中尤以女性之内衣为最具吸引力。此外，异性身体的一部分，如手、脚、头发等，也是患者迷恋的对象。恋物症者之所以单凭异性之物品即可获得性满足的原因，是因为患者多将持有之物品象征化，在想象中进行手淫。换言之，手淫者借由带有异性色彩的物品，以增强其性的兴奋与满足。

2. 扮异性症　所谓**扮异性症**(或**异性装扮癖**)(transvestism)，是指借由穿着异性的服装，从而获得性的兴奋与满足的心理异常现象。扮异性症与前文提到的变性症不同。变性症患者的困扰是，不接受自己生理上的性别，而扮异性症患者则是试图借着穿上异性的服装，从而在想象中得到与异性之间发生性关系的满足。扮异性症者多为男性，患者在改变异性服装之同时，多伴随手淫的活动。

3. 暴露症　所谓**暴露症**(或**露阴癖**)(exhibitionism)，俗称暴露狂，是指在异性面前借由暴露自己的性器官，从而获得性满足的心理异常现象。暴露症患者多为成年男性，其暴露下体之目的不在诱惑对方，而在展示自己，从对方惊恐反应中获得反常的满足。

4. 性虐待狂　所谓**性虐待狂**(sadomasochism)，是指性行为时不以正当的心理对待对方。性虐待狂分为两种：一为**施虐狂**(sadism)，指在性交时对异性虐待；如以针刺、手拧、口咬等方式加诸对方，从对方的痛苦表现中，使自己获得性的兴奋与满足。另一为**受虐狂**(masochism)，指性交时甘愿接受对方虐待，从而获得性兴奋与满足的反常心理。

5. 恋童症　所谓**恋童症**(或**恋童癖**)(pedophilia)，是指成年男性专以诱奸或强暴女童，从而获得性兴奋与满足的心理异常现象。恋童症患者所诱奸或强暴的女童，多为其生活环境中所熟悉者。因此，患者惟恐事后被受害者家庭告发，故而常有女童被强暴后遭到杀害的犯罪案件发生。

（三）性心理异常的心理成因

从外显行为看，性行为异常虽相当明显，如进一步分析性心理异常的形成原因时，却相当困难。原因是性心理异常的心理成因复杂，除了生理因素外，不同的心理学理论，各有不同的解释。

1. 精神分析论的解释 心理学家采用精神分析论的观点解释性心理异常时，主要是以弗洛伊德的**性心理期发展论**做为立论的根据。根据弗洛伊德的解释，在人格发展的**性器期**(3～6岁)阶段，男性儿童在心理上会出现**恋母情结**，女性儿童则会出现**恋父情结**心理现象。如此一时期男女儿童不能经由认同历程将情结化解，幼年的情结就会压抑在潜意识中，成年后与异性交往时，不能适当地扮演自己的性别角色。

2. 行为论的解释 根据**行为主义**心理学家的说法，一切性行为异常都是学习来的，而学习的经过，有的是经由**经典条件作用**，有的是经由**操作条件作用**，也有的是经由**观察学习**。无论是哪一种学习方式，行为主义心理学家总是将性心理异常的成因归之为环境的影响。个体幼年时如遭受过性的虐待，成年后面对两性情境时，难免会有恐惧反应；幼年时如父母情感关系恶劣，甚至暴力相向，儿童就难免经观察学习，成年后模仿父母与异性相处的不友善方式；儿童时期看多了电视上男女情杀的暴力镜头，也可能对男女两性关系产生恐惧。

3. 认知论的解释 **认知心理学**家对性心理异常现象的解释，倾向于将性行为异常视为个人认知错误或不适当的态度所致。有的人或因某种宗教信仰，或因某种习俗的传统，或受某种学说的影响，使他对男女两性关系，形成一种异于常人的观念。有的人可能认为性是肮脏的低级行为；有的人或因不愿生育子女而有意地逃避两性关系；也有的人或因自己的身世或遭遇，使他形成一种观念，不愿与异性交往，以避免使他再度陷入痛苦。

4. 心理生物论的解释 采心理生物论观点的心理学家，主要是试图从三方面解释性行为异常现象:(1)**性腺**分泌失常，如个体青春期后男性睾丸不能适度分泌**雄性激素**或者女性卵巢不能适度分泌**动情激素**，个体即缺乏应有的性行为能力;(2)药物效应，如个体过度服用**精神药物**，就难免性行为表现异常;(3)过度疲劳或疾病的影响，如男女之一方因工作过度疲劳或因体弱多病，就难免丧失性的兴趣，甚至对性生活感到厌恶，因而形成性心理异常。

二、人格异常

所谓**人格异常**(或**性格异常**)(personality disorder)，是指个体自幼在生活上养成的待人处事时的作风与格调异于常人的现象。人格异常与前文所讨论的**焦虑症**与**情感症**等心理异常有所不同。焦虑症与情感症患者的共同特征是，个体对自己的行为感到愧疚，而且有冀求改变自己的意向。人格异常者虽在客观上显示其生活适应困难，但在当事人的主观上，并不因自己行为偏差感到焦虑不安。此外，人格异常也与下文讨论的精神分裂症不同；精神分裂症患者与现实脱节，而人格异常者不但未脱离现实，反倒是善于利用现实以达其损人利己的目的。

人格异常是一类心理异常的总名称，在此一类别中，有十数种不同情况(见补充讨论 13-1)。此处所要讨论者，只是其中之一的反社会人格异常。

(一) 反社会人格

反社会人格(antisocial personality)是**反社会人格异常**(antisocial personality disorder)的简称，意指个体在社会行为上，具有违反社会道德规范的倾向，且有为利己目的而伤害别人时，丝毫不感愧疚的异常性格。反社会人格与**反社会行为**(见第十二章第三节)不同，反社会行为一般指社会黑道分子的违法行为，或现实社会中的失落者，在缺乏生存出路时因冲动而表现的犯罪行为。惟反社会行为者未必不重视人际间的感情；所谓“盗亦有道”，黑道分子可能为同道安全而牺牲自己。反社会人格者则不然，除关心自己外，从不考虑别人。曾有精神病学家(Cleckley, 1976)，根据临床诊断，将反社

补充讨论 13-1

人格异常有多种类型

根据美国精神医学会现行《心理异常诊断统计手册第四版》，在人格异常一类之内，按症状的不同又分为以下 10 种不同类型：

1. 妄想型人格异常(或**偏执型人格障碍**)(paranoid personality disorder)：患者对所有人均持怀疑态度，总以为别人对他不公平；自私自利，对人不信任，重视自己身份地位，如有过失则归咎于别人，无法与人合作，生活适应困难。

2. 分离型人格异常(schizoid personality disorder)：患者性格孤独，感情冷淡，既不关心别人，也不希望别人关心自己，缺少与人相处的兴趣与能力，因而无法与人建立亲密关系，社会适应困难。

3. 分裂型人格异常(schizotypal personality disorder)：患者的症状较前述分离型严重，除性格孤独与人隔离之外，兼有**精神分裂症**患者之知觉扭曲与思想紊乱等特征。

4. 反社会型人格异常(antisocial personality disorder)：患者虽表面看似正常，甚至在初识者面前能给人相当好的印象，惟一旦与人接触，其一切言行纯以自我为中心，不遵守社会规范，不重视别人权利，是一种损人利己的异常性格。对此类异常者，本文内有较详细讨论。

5. 边缘型人格异常(borderline personality disorder)：患者情绪困扰的程度较其他人格异常类型严重，其症状也较复杂，是介于神经症与精神病之间的一种心理异常，故以“边缘”名之。

6. 剧化型人格异常(histrionic personality disorder)：患者人格表现幼稚，情绪极不稳定，常为事过分计较，表现出喜怒无常像是在舞台上表演一样。

7. 自是型人格异常(或**自我陶醉型人格障碍**)(narcissistic personality disorder)：患者人格表现幼稚，有强烈**自我中心**倾向，经常以夸耀自己的方式引人注意。自是型的人对人缺乏同情心，与人相处时总试图利用别人达到自己的目的。因此，无法与人建立良好社会关系。

8. 回避型人格异常(或**逃避型人格障碍**)(avoidant personality disorder)：患者对人际关系过度敏感，虽在内心上冀求别人接纳，但生怕遭人拒绝伤及自尊，因而在矛盾的心情下回避参与本想参与的社会活动。

9. 依赖型人格异常(dependent personality disorder)：患者性格幼稚，凡事依赖别人的帮助与支持；如不得已单独行事时，就会感到极大的恐惧。

10. 强迫型人格异常(obsessive-compulsive personality disorder)：患者性格固执，言行僵化，处事墨守成规，不知通权达变，对变动之生活情境及复杂的人事关系，均不能有效适应。

会人格者的行为特征，归纳为以下16点：(1)相貌与智力均在中人以上，予人之**第一印象**，常使人产生好感；(2)不带有精神分裂症的症状，思想并不紊乱，也没有**幻觉与妄想**现象；(3)不带有焦虑症与情感症的症状，情绪上既少焦虑，也少激动；(4)对人对事，无分轻重缓急，既无责任心，亦无义务感，故而在言行上无法取信于人；(5)缺乏坦诚的气质，予人以虚伪的印象；(6)知过而不悔改，且无羞耻之心；(7)所表现之侵犯别人的行为，事先并无明确动机或计划，多系起于隐藏的冲动；(8)缺乏是非善恶的判断能力，不能从失败经验中获取教训；(9)极端**自我中心**，不惜剥夺别人权利以满足私欲，不顾及别人的感受，更不考虑对人之回报；(10)情绪冷漠而少变化，不似常人般受外因感动而有喜怒哀乐的表情；(11)缺乏领悟能力，不能见贤思齐，不能从别人的楷模行为中学习到改变自己；(12)虽不关心别人，但却强烈需求别人的关注与支持；(13)常在幻想状态下对人表现恶作剧行为；(14)反社会人格者不显示自杀倾向；(15)在两性关系上，纯以自我满足为出发点，与异性交往从不认真，从不付出真心与爱意；(16)生活无目标，无计划，也无方向，在生活中一切活动，所表现者都是一些**自毁性行为**(self-defeating behavior)。

(二) 反社会人格的心理成因

反社会人格的形成，与其他心理异常者不同。反社会人格并非由于生活压力过大，或遭遇严重情绪打击后所形成的心理疾病，而是自幼在人格发展过程中，因长期适应不良而形成的一种反常性格。

1. 精神分析论的解释 **精神分析**论者对反社会人格成因的解释，仍持其一切心理异常种因于童年生活经验的主张，认为反社会人格者之所以在行为上损人利己，缺道德感，无羞愧心，乃是由于幼年时期的人格结构上，未能发展到**超我**层面使然。超我是人格结构中遵循**完美原则**对**本我**与**自我**的监督与管理者，是在向父母**认同**的过程中，以父母行为当楷模，间接学得的道德规范与社会良心。惟儿童之所以向父母认同，主要是因为儿童需求父母的关爱，能在向父母行为认同后获得需求的满足。假若亲子之间的感情自始就不正常，儿童得不到父母的关爱，甚至遭到弃置或虐待，儿童人格中的超我层面就无从形成。准此推论，个体幼年生活不能在亲情爱意中获得人格的健全发展，是形成以后反社会人格的主要原因。

2. 行为论的解释 **行为论**的心理学家们，以**条件作用**学习中的**强化**原理来解释反社会人格的形成。反社会人格者不能从生活经验中获取教训，这只是指其不能在错误经验中学到改过迁善，以符合社会规范的适当行为，代替犯错的不当行为。事实上，反社会人格者从错误经验中仍然学到教训，只是他所学到的教训与一般所指者不同而已。在一般家庭中，儿童的错误行为会受到父母惩罚，其良好行为会受到奖励，此种家庭教育方式，就学习原理而言，自然对儿童行为的塑造，产生正强化与负强化的双重作用，使儿童的错误行为逐渐**消弱**，良好行为因强化而养成。如果家庭教育方式不符合上述学习原理，或因父母过分苛刻，儿童所感受到的只有惩罚，没有奖励，最后儿童所学到者，只是如何逃避惩罚的方法。此即操作条件作用学习中的**回避学习**(见第五章第三节)。个体从惩罚的情境中学习到如何避免惩罚，逃避行为自然也因之而受到强化；这可能正是反社会人格不能在错误经验后改过迁善的原因。

3. 认知论的解释 持**认知论**的心理学家们，采社会认知的观点，将反社会人格的成因，解释为当事人之所以极度自我中心，乃是由于缺少**社会认知**(见第十二章第一节）使然。一般人在根据其**社会知觉**，从事人与我之间取舍判断时，总会从利害得失多方面，考虑到自己之外，也考虑到别人。这是一种学得的社会认知能力，也是学得的一种社会态度；此等能力与态度，都是自幼在家庭环境中养成的。如父母对子女的管教方式过分放纵，对子女的行为不教以是非善恶的标准，且对子女的不合理要求，都是无条件地予以满足。如此教养的结果，导致子女认知能力窄化，养成自我中心态度。在遭遇困境时，缺乏**挫折容忍力**(frustration tolerance)，不能以耐心与毅力去克服挫折情境。在遇到须先付出而后得报酬的生活情境中，无从学到**延后享乐**(delay of gratification)的态度；只知道每有所需求就要立即满足。这些都是具有反社会人格者的典型性格。因此，认知心理学家认为，反社会人格乃是不当家庭教育之结果。

4. 心理生物论的解释 持**心理生物论**观点的心理学家，试图从遗传与生理特征去探讨反社会人格的成因。根据新近的研究发现，有两方面的事实说明先天遗传与反社会人格有关。一方面事实是根据孪生子的相关研究。研究者发现，同卵孪生子在反社会人格表现上的相关程度，要比异卵孪生子之间的相关程度高出两倍(Rutter et al.,1990)。另一方面事实是，根据养子女反社会人格的相关研究。此类研究发现，自出生起即被收养的婴儿，长大后在反社会人格表现上，其与生父母人格特质的相关程度，远比与其养父母人格特质的相关程度要高(Bohman, et al.,1982)。

第四节 精神异常

在所有心理异常疾病中，精神异常是属于最严重的心理疾病，**精神异常**(psychotic disorder)俗称精神病。所谓**精神病**(psychosis)，是指患者的精神状态极端异于常人，不但在知觉思维上脱离现实，而且患者经常凭其幻觉制造出他自己的虚幻世界。精神病代表一类心理异常，本节仅介绍其中最具代表性的精神分裂症。

一、精神分裂症的一般症状

因为精神分裂症有多种不同类型，不同类型的患者，其症状自然也各不相同。**精神分裂症**(schizophrenia)多半具有以下六点心理特征，其差别只是表现程度的多少而已。在精神病学上，主要是将患者此类心理特征视为症状，做为诊断与治疗的根据(Bellak,1994；Heinricks,1993)。

1. 思想紊乱 精神分裂症患者的思想紊乱，无论是经由口语或文字与人沟通时，均不能有系统有组织地表达其所要表达的意义。如给予患者某些单字，让他做单字联想，他所联想者多与常人迥异。与人谈话时，不是语无伦次，就是不知所云。在语文式智力测验上，精神分裂症患者的分数有显著偏低趋势。

2. 知觉扭曲 精神分裂症患者，对知觉经验的陈述，有明确扭曲事实的现象。对现实中微弱的声音，可能在患者听来震耳欲聋；极平淡的颜色，可能在患者看来鲜明耀眼。对自己身体，患者在知觉上扭曲得更为严重；他会觉得手变短了，腿变长了，脸型变大或变小了。精神分裂症严重者，在面对镜子时不能辨识镜中人是别人还是自己。

3. 幻觉与妄想 精神分裂症患者对知觉经验做扭曲之解释，曲解知觉的主要原因是幻觉。**幻觉**(hallucination)是无中生有的知觉经验；患者可能在毫无事实根据的情况下陈述他听到什么声音，或看到什么景象。前者对一般精神分裂症患者言，相当普遍，称为**听幻觉**(或**幻听**)(auditory hallucination)，听幻觉是精神科医师据以诊断病患是否属于精神分裂症的主要线索。后者称为**视幻觉**(或**幻视**)(visual hallucination)。其他方面也有幻觉，有的觉得食物中有奇怪的味道，有的觉得身体部分有针刺的疼痛。

精神分裂症患者，除了幻觉之外，妄想也为其主要症状之一。所谓**妄想**(delusion)，是指不根据事实与不合乎逻辑的思想或观念。按精神病学上的分类，妄想有以下六种:(1)**迫害妄想**(delusion of persecution)，患者相信别人在有计划地对他加以迫害，因而整日提心吊胆，吃饭怕人下毒，走路怕遭黑枪，惴惴然不可终日;(2)**夸大妄想**(delusion of grandeur)，患者过分夸大自己的身份和地位以炫耀自己，引人重视;(3)**否定妄想** (delusion of negation)，患者对某些具体事实坚持不承认其存在，明明刚吃过饭，他却坚持未曾进食;(4)**支配妄想**(或**影响妄想**)(delusion of influence)，患者相信一个人的思想可以像电塔放电一样，不需经由任何语言文字为工具，即可输入别人的心中，从而支配其行为活动;(5)**嫉妒妄想** (delusion of jealousy)，患者怀有强烈嫉妒心，经常想入非非，不是怀疑爱人移情，就是疑心妻子不贞;(6)**关联妄想**(或**关系妄想**)(delusion of reference)，患者把一些不相干的事情联想在一起，并且相信一切都对自己不利，报上的新闻评论，小说电影中的讽刺故事，他会觉得都是影射自己。

显然，精神分裂症患者的幻觉与妄想，二者之间是有密切关系的：可能是因妄想而后有幻觉，也可能是因幻觉而后有妄想。

4. 情绪错乱 精神分裂症患者的明显症状之一是情绪错乱；患者以异于常人的方式表达其喜怒哀乐的各种情绪。平常人的情绪表达虽未必相同，但在基本上，见喜事则喜，见忧事则忧，大致上是相似的。精神分裂症患者则不然，他们的情绪表达，喜怒无常，引人悲哀的情境，他可能发笑，惹人发笑的场合，他可能悲伤。患者的外在环境与其内心世界已失却统合功能，此即患此症者之所以被称为“精神分裂”的原因。患者经常呆坐良久，表情木然，即使告知亲人患了绝症，他也无动于衷。也许在另一时间，无缘无故就会情绪激动地狂喜或痛哭。

5. 脱离现实 精神分裂症患者，在日常生活上极端退缩，非但不肯与周围环境中的人交往，而且也不愿与周围世界中的事物接触。患者经常离群索居，孤独自守，不知世事之变化，不知时间之流失；枯坐终日，不知当时是何年何月何日。精神分裂症患者与现实世界脱节，以**自我专注**(self-absorption)方式，退缩到属于他自己的内在世界之内，从事**幻想**。此即前项所指患者在情绪上(在外人看来)喜怒无常的原因。

6. 动作怪异 精神分裂症患者除上述各种心理异常症状之外，在身体动作上也有些异于常人的症状。患者动作表现，有时极为怪异；时而无故傻笑，时而咬牙切齿，时而愁眉苦脸，时而指手画脚，此等动作似在表达某种意义，但与外在环境并无直接关系。属于**僵直型精神分裂症**(或**紧张型精神分裂症**)(catatonic schizophrenia)的患者，肢体动作尤为怪异；患者可能以金鸡独立的姿势单脚着地，如蜡像一样，持续不动站上几个小时。

二、精神分裂症的心理成因

精神分裂症是所有各种心理异常之中最严重的一种心理疾病，也是变态心理学与精神病理学上研究最多的一种心理疾病。综合多年来精神病学家对精神分裂症研究发现，简略归纳为两方面的因素，摘要说明于下：

（一）精神分裂症的遗传因素

根据近年来精神病学家的研究，有愈来愈多的证据，显示精神分裂症与遗传有关。表 13-1 内所列的资料，是根据精神分裂症患者的病例，按统计学原理所推估出来的患病危险率（在一生中可能罹患精神分裂症的几率）(Gottesman & Shields, 1972; 1982)。

表 13-1　精神分裂症与遗传的关系

血缘关系	遗传相关程度	相关人之患病危险率	
同卵孪生子中有一人患精神分裂症者	1.00	其中另一人患病危险率	0.46
父母两人均患精神分裂症者	—	其独生子女患病危险率	0.46
异卵孪生子中有一人患精神分裂症者	0.50	其中另一人患病危险率	0.14
父母中有一人患精神分裂症者	0.50	其子女患病危险率	0.13
兄弟姊妹间有人患精神分裂症者	0.50	其他人患病危险率	0.10
堂（表）兄弟姊妹间有人患精神分裂症者	0.25	其他人患病危险率	0.03
夫妻两人中有一人患精神分裂症者	0.00	另一人患病危险率	0.02
在一般人口中患精神分裂症者	0.00	任何人患病危险率	0.01

（采自 Gottesman & Shields,1972）

观察分析表 13-1 之内容，当可对精神分裂症与遗传的关系，获得以下三点认识：

第一，**同卵孪生子**之间的**遗传相关**（见补充讨论 10-1），高于其他任何两人之间的相关关系。同卵孪生子中有一人患病者，其中另一人之患病危险率(0.46)高于其他任何血缘关系的患病危险率。这显示遗传与精神分裂症两者之间确实存在着密切关系。

第二，从遗传与精神分裂症关系的另一度看，即使同卵孪生子间的遗传完全相同，但根据其中之一患病者去推测另一人时，其几率仍低于50%的现象可知，遗传因素之外环境因素也产生很大的影响。

第三，同卵孪生子中之一人或父母两人均患精神分裂症者，孪生子之另一人或父母的独生子(女)的患病危险率相等(均为0.46)。此等事实的背后，可能存在着两种原因；除遗传因素外，其中含有相当成分的环境因素。可以想见的是，在父母均为病患的家庭中，其子女的生长环境不会正常。

对精神分裂症与遗传关系的研究，除上述著名研究外，另有心理学家从养父母与养子女的关系去分析。有学者研究发现，母亲为精神分裂症患者，其子女自幼即被正常家庭收养，子女成年后罹患精神分裂症的几率，远较一般人为高(Kety, 1988)。另有学者研究发现，父母正常的儿童自幼即被人收养，后来养父母之一人罹患精神分裂症者，养子女成年后的患病几率，并不比一般人口中的几率为高(Kety, et al., 1978)。根据以上两方面研究发现，均支持遗传与精神分裂症具有密切关系的看法。在遗传过程中，究竟精神分裂症的传递是经过怎样的生理作用？对此一问题的研究，迄未获致肯定答案。惟一般认为可能与大脑功能或血液中某种化学物质有关。

（二）精神分裂症的不同理论解释

1. 精神分析论的解释 **精神分析**论者对精神分裂症心理成因的解释，仍以其一贯主张，认为乃是由于幼年性心理发展障碍所致。精神分析论所指性心理发展五个阶段(口唇期、肛门期、性器期、潜伏期、两性期)，与人格结构(本我、自我、超我)的发展是彼此配合的(见第十一章第一节)。认为精神分裂症的病因，可能种因在**本我**与**自我**之间，本我的原始性冲动，不能在现实的自我中找到出路并获得满足，两者冲突的结果，使个体在心理上产生**倒退**(regression)倾向，由自我中退缩，退回到以前更幼稚的本我阶段。精神分裂症患者，不能明确区分现实与幻觉，不能清楚辨别自己与周围的世界，而从自我退化到本我的倾向，是其主要原因。

2. 行为主义的解释 **行为主义**心理学家们，对精神分裂症心理成因的解释，仍采其一贯的主张，认为此种异常行为乃是个体在生活适应中学习的结果。个体在生活现实中遇到压力时，压力使他**焦虑**，因焦虑而感到痛苦。如在压力下以病态的方式退缩逃避，逃避之后既可免于现实中焦虑的痛苦，甚至还可能因逃避而受到别人的关注(如因逃避考试压力而装病就可能备受家人关注)。如此就很可能使其逃避的行为获得**强化**而导致不良适应。

此外，行为主义心理学家们，也采用**社会学习论**的观点来解释，认为在儿童期如父母管教态度不一致，儿童不能从父母两人的言行中学习到是非对错的行为标准；或者因父母不和而常迁怒到孩子身上，使孩子无辜受过，而孩子并不了解受惩罚的原因。像此种使儿童在行为标准上无所适从的家庭管教方式，不但导致儿童在行为上退缩逃避，而且在心理上也可能形成双挫冲突。**双挫冲突**(double-bind conflict)是指个体表现某种行为之后，从父亲与母亲(或老师与家长)两方面所得到的批评都是坏的，甚至孩子的行为动辄得咎。在此种情境下，儿童将会在现实中迷失，只能退缩到幻想的世界中去满足自己。

3. 认知论的解释 **认知心理学**家们，从知觉与思维的观点来解释精神分裂症的病因。一个人的思维多半由知觉引起，先看到或听到什么，而后才会想到什么。精神分裂症的主要症状中，知觉扭曲、幻觉以及妄想三者是最明显的。按认知心理学的解释，精神分裂症患者从周围世界中获取知觉时，可能由于对知觉刺激选择与组织的不同(见第三章第四节)，只觉知刺激情境之片段，忽略其重点与整体，因而形成不完整的概念与不合理的思想。如果以认知心理学中**讯息处理论**的观点来解释，精神分裂症患者在其生活适应中，不按一般常人的心理历程去处理他所遇到的讯息，才是他被视为心理异常的原因。

4. 人本论的解释 在20世纪60年代**人本心理学**思想兴起之初，人本心理学家曾以完全异于其他心理学家的观点，对精神分裂症的成因提出社会环境理论的解释。他们不认为精神分裂症是一种疾病，而将之解释为乃是由于个人生活陷入绝境使然。当个人竭尽所能谋求生活改善，而到头来仍然无助无望时，他只能放弃一切，在心理与行为上表现出精神分裂症的病象。因此，人本心理学家认为，精神分裂症的病因不在患者本人，而在其生活的社会环境。此一理论虽曾一度得到人道主义者的支持，但由于患者生活受到妥善照顾后而异常症状不见改善的事实，人本论的看法就不再受到重视。

本章摘要

1. **心理异常**是指个体因思想行为长期异于常人，致使其生活适应困难，并感到精神痛苦的复杂现象。
2. 心理正常者的心理与行为特征：(1)了解自己并肯定自己；(2)掌握自己的思想与行为；(3)有自我价值感与自尊心；(4)能与人建立亲密关系；(5)有独立谋生意愿与能力；(6)对理想的追求不脱离现实。
3. 在精神病学上，通常将心理异常按症状分为很多类别，本书为便于读者对此问题获得明确概念，将心理异常分三大类来简要说明：(1)**情绪异常**；(2)**社会异常**；(3)**精神异常**。每一大类之下分别介绍几个小类。
4. 情绪异常指个体的喜怒哀惧情绪变化异于常人；对不值得忧虑的事过分忧虑，对没有危险的事过分恐惧。在情绪异常类别中，本书介绍四类心理异常：(1)**焦虑症**；(2)**体表症**；(3)**解离症**；(4)**情感症**。
5. 焦虑症是因过分焦虑导致的情绪异常。焦虑症有多种类型，主要有：(1)**泛焦虑症**；(2)**恐慌症**；(3)**恐惧症**；(4)**强迫症**。
6. 体表症指患者虽有身体症状但无生理器官病因的异常现象。体表症有多种类型，主要有：(1)**体化症**；(2)**虑病症**；(3)**转化症**。
7. 解离症指个体意识解离而使其人格失却统合作用的情绪异常。解离症有多种类型，主要有：(1)**心因性失忆症**；(2)**迷游状态**；(3)**多重人格**。
8. 情感症指个体情绪表达与现实情境脱离关系的心理异常现象。情感症有多种类型，主要有：(1)**抑郁症**；(2)**两极性异常**；(3)**自杀**。
9. 对各类情绪异常成因的解释，有很多不同理论。在众多理论中，最主要的有:(1)精神分析论的解释;(2)行为论的解释;(3)认知论的解释;(4)人本论的解释;(5)心理生物论的解释。

10. 社会异常指个体在生活中无法与别人建立良好的社会关系或亲密关系的现象。在社会异常类别中，本书介绍两类心理异常现象:(1)**性心理异常**;(2)**人格异常**。

11. 性心理异常指个体性行为表现异于常人的现象。性心理异常有多种类型，主要有:(1)**性别认同障碍**;(2)**变性症**;(3)**性变态**。

12. 对性心理异常成因的解释，有很多不同理论，在众多理论中，主要有:(1)精神分析论的解释;(2)行为论的解释;(3)认知论的解释;(4)心理生物论的解释。

13. 人格异常指个体在日常生活待人处事时的作风与格调异于常人的现象。人格异常者的特征，主要是在**反社会人格**的表现。

14. 对反社会人格成因的解释，有很多不同理论，在众多理论中，主要有:(1)精神分析论的解释;(2)行为论的解释;(3)认知论的解释;(4)心理生物论的解释。

15. **精神异常**俗称**精神病**，是心理异常者严重到精神状态脱离现实而丧失生活功能的现象。

16. 精神异常中最严重的是**精神分裂症**。精神分裂症的一般症状是:(1)思想紊乱;(2)知觉扭曲;(3)幻觉与妄想;(4)情绪错乱;(5) 脱离现实;(6)动作怪异。对精神分裂症成因的解释，除在理论上有精神分析论、行为论、认知论及人本论之外，遗传因素也是成因之一。

建议参考资料

1. 李明滨(1989)：精神官能症之行为治疗。台北市：健康杂志出版社。

2. 林宗义(1990)：精神医学之路。台北市：稻香出版社。

3. 林　宪(1988)：现代人与心病。台北市：健康世界杂志社。

4. 林　宪(1990)：心路与心病。台北市：健康世界杂志社。

5. 罗大华、何为民(1999)：犯罪心理学。台北市：东华书局(繁体字版)。杭州市：浙江教育出版社(简体字版)。

6. 曾文星、徐静(1999)：现代精神医学。台北市：水牛出版社。

7. Barlow, D. & Durand , V.(2001). *Abnormal psychology: An integrative approach* (2nd ed.) . Singapore: Thompson Learning.

8. Castills, R.(1997). *Culture and mental illness: A client-centered approach.* Pacific Grove, CA: Brooks/Cole.

9. Corey, G.(2000). *Theory and practice of counseling and psychotherapy.* Pacific Grove, CA: Brooks/Cole.

10. Gladding, S. T.(2000). *Counseling: A comprehensive profession* (4th.ed.). Upper Saddle River, NJ: Prentice-Hall.

11. Holmes, J. (1989). *The value of psychotherapy.* New York: Oxford University Press.

12. Jeffrey, S., Spenceer, A., & Beverly, G.(2000). *Abnormal psychology in a changing world* (4th ed.). Englewood Cliffs, NJ: Prentice-Hall.

13. Rickel, A. U. & Allen, L. R.(1987). *Preventing maladjusment from infant through adolescence.* New York: Sage.

第十四章

心 理 治 疗

本章内容细目

前章讨论过心理异常的现象及其成因之后，本章将要针对心理异常的现象与成因，进一步讨论**心理治疗**(注 14-1)的问题。由于心理异常者一般不存有生理上的病因，所以很难采用传统医学上“对症下药”的观点进行治疗。惟其如此，心理治疗的理论与方法极为繁多。为了让读者对现代心理治疗专业有个清楚完整的概念，本章从心理治疗的性质与目的着眼，将繁多的心理治疗方法区分为两大类；一大类为领悟治疗，指借由心理治疗的过程使患者对自己的问题有所领悟，从而达到改变其不当思想与行为的目的。本章第一节将分别介绍领悟治疗原则下的精神分析与人本主义两种取向的心理治疗。另一大类为行动治疗，指借由心理治疗过程帮助患者改变自己的错误思想与行为，从而达到以良好习惯取代不良习惯的目的。本章第二节将介绍行为主义和认知论两种理论取向的心理治疗。在同一大类之下所属各种方法，虽在理论取向和实施技术上各不相同，但治疗目的大致是相似的。以上两大类心理治疗，传统上都是以个人为对象施行之。晚近的心理治疗，有时采用团体的方式进行。因此，本章第三节将在团体治疗主题之下介绍会心团体、心理剧和家庭治疗。

心理异常一向被视为“心病”。“心病须靠心药医”，“心药”不能做到“药到病除”，只能做到“人助自助”，使患者借助力而“自力更生”，从而达到恢复健康生活的目的。惟从行之多年的心理治疗成效看，距理想目的仍远。本章第四节将讨论此一问题，并提出改进建议。希望读者在研读本章之后，不仅获得知识，而且获得如何维护个人心理健康的人生启示。

1. 对名目繁多理论纷歧的心理治疗获得清楚的概念。
2. 精神分析取向心理治疗的目的与方法要义。
3. 人本主义取向心理治疗的目的与方法要义。
4. 行为主义取向心理治疗的目的与方法要义。
5. 认知心理取向心理治疗的目的与方法要义。
6. 团体治疗的目的与方法要义。
7. 从心理治疗评价研究领悟到心理治疗对个人生活适应的意义。

第一节 领悟治疗

领悟治疗一词所指者并非单独一种心理治疗方法，而是指包括多种心理治疗方法的一大类别(Dryden,1992)。所谓**领悟治疗**(insight therapy)，指对心理治疗一事持有类似信念，希望借由治疗过程，让患者领悟到自己心理异常的原因，从而自行改变其思想行为，借以达到不药而愈的目的。换言之，领悟治疗不针对患者在思想或行为上所表现的症状去加以纠正，而是以患者异常思想或行为形成的内在原因为对象，试图经过治疗过程，使患者对自己的异常思想行为背后的动机有所领悟；领悟后自行改正。因此，属于领悟治疗一类中的各种方法，在进行治疗时均不刻意纠正其不当思想或行为；只是设计某种情境，使其在自我反省中对自己的作为有所领悟，而后继续自我成长，趋向健康之路。在领悟治疗这一大类之下，本节将对精神分析与人本主义两大理论取向所发展出来的几种心理治疗方法，分别简要介绍。

一、精神分析取向的心理治疗

精神分析是奥地利精神病学创始人弗洛伊德(图 1-5)所建构的人格理论和心理治疗方法。在第十一章内已介绍过弗洛伊德的人格理论，在此再介绍他本人及其后继者所采用的心理治疗方法。

注 14-1：**心理治疗** (psychotherapy)是指受过训练的专业人员，运用心理学上人性可以改变的原理，针对不同程度心理适应困难或不同程度心理异常者施予协助，使其因协助而能自行改变与自我成长，从而恢复健康生活的历程。与心理治疗一词相近但意涵有区别的另有两个名词，一为**辅导**(guidance)，另一为**谘商**(或**咨询**)(counseling)。辅导的对象多数是一般人，少数是有轻微心理困扰的人；其功能是教育性的，其目的在助人成长，辅其自主，导其自立。谘商介于辅导与心理治疗之间；接近辅导时，其对象除一般人之外，也包括心理适应困难的人；接近心理治疗时，其对象就是心理异常的人。因此，谘商有时被视为与心理治疗同义。

（一）弗洛伊德的精神分析治疗

弗洛伊德**精神分析治疗**（见注 1-2）的基本理念是，认为一切心理疾病都是个人人格结构中的**本我**、**自我**、**超我**三者间的冲突不得化解而压抑在**潜意识**不能纾解的结果。弗洛伊德的精神分析治疗，主要采用四种方法分析患者的心理状态，借以揭露其隐藏在潜意识深处的问题，从而达到患者从自我领悟而自行改变其思想与行为的目的。

1. 自由联想　自由联想是精神分析的主要方法。经由自由联想，心理师才能了解患者内心深处隐藏的问题。所谓**自由联想**（free association），是指让患者在毫无拘束的情境下，尽情道出心中所想到的一切；无论是痛苦的或快乐的经验，或是存在内心中荒诞不经的观念或思想，只要想到的，就毫无顾忌地吐露出来。典型的自由联想情境是，让患者舒适地躺在躺椅上，分析师坐在躺椅之后，边听边做笔记；对患者所说一切，都表示诚心接纳，无论所言如何荒诞或不合情理，均暂时不予置评，以免联想中断。如患者表现联想困难，则鼓励他继续联想下去。

就精神分析的目的而言，自由联想是开启患者潜意识之门的钥匙；在毫无拘束的心态下，患者的思想较少受到自我意识的影响，使原被压抑在潜意识中的冲动、欲望、幻想、冲突，以及各种不为社会认可且未曾获致满足的动机或欲念，得以释放出来。潜意识中积存的痛苦得到释放后，自将减轻患者内心深处的紧张和压力。因此，自由联想过程的本身，即具有心理治疗的效用。自由联想是精神分析的第一步，根据自由联想所得的资料，再做进一步分析。

2. 梦的解析　在自由联想时，患者可能提到做梦的经验。对精神分析方法而言，患者所陈述的梦，是一项重要的精神分析资料。惟患者所陈述的梦，只是他在意识状态下所做的回忆；他真正做的梦，却是在潜意识的状态下进行的。所谓**梦的解析**（dream analysis），就是根据患者在意识状态下所"说的梦"去解析他在潜意识状态下所"做的梦"。换言之，分析师根据患者所陈述的梦中景况，去解析梦的真正含义，即为梦的解析。

在第四章第二节讨论梦的心理学研究时，曾经提到过弗洛伊德对梦的理论解释。根据他的说法，**梦境**分为两个层面：一为**显性梦境**，是当事人醒后意识中所记忆的梦境；另一为**潜性梦境**，是梦之含义不为当事人所了解的梦境。当事人所能记忆的显性梦境，是由潜性梦境改头换面后以不同的象征伪装出现的，当事人并不了解梦中象征物的意义，也不代表当事人本来的梦。由潜性梦境转化为显性梦境的过程，称为**梦程**。梦的解析目的，就是帮助患者使他了解他梦中所见一切象征性事物所代表的内在意义。换言之，根据患者所述显性梦境进行分析，借以揭开他潜性梦境之谜。

3. 移情分析 **移情分析**(analysis of transference)是指心理师对患者对别人感情关系转移现象的分析。所谓**移情**(transference)，是指分析治疗过程中，患者将其以往对别人(父母或情人)的感情关系，以扭曲现实的形式，转移到心理师身上，使本来单纯的医师与患者关系，转变为亲子间或情人间的感情关系。移情是一种潜意识的表达，虽然在表面上患者以心理师为情感对象，但事实上并非真实的，只是以心理师为代替者而已。移情有两种情形：一种情形是患者将他隐藏在内心中对别人的爱意，转移到心理师身上，称为**正移情**(positive transference)。另一种情形是患者将他隐藏在内心中的恨意，转移到心理师身上，称为**负移情**(negative transference)。

就精神分析治疗的目的而言，移情分析是一种方法。经由对患者在移情时的行为表现，可以了解他以往人际关系及感情生活经验。患者在移情时的表现，可供心理医师做为分析的根据；经分析之后可帮助患者从不真实的感情世界中解脱出来。

4. 阐释 在精神分析治疗过程中，阐释是最重要的一个步骤。**阐释**(或**释义**)(interpretation) 是指心理师根据患者在自由联想、对梦的陈述、移情分析所得一切资料，耐心与诚意地向患者解析；让患者了解他所表现的一切有何深一层的意义，从而让他领悟到心理师所阐释者，就是他心理困扰的原因。就精神分析的目的而言，阐释的过程就是治疗；只要心理师的阐释获得患者信服，仅凭阐释不需药物，即能解除患者心理上的痛苦。

(二) 心理动力取向的心理治疗

20世纪初弗洛伊德创始了精神分析治疗的理论与方法。其后他的继承者，将他原来的精神分析治疗有所修正与推广，而称之为**心理动力心理治疗**(psychodynamic psychotherapy)。心理动力心理治疗，系指弗洛伊德之后的心理治疗取向(广义言之，弗洛伊德的精神分析亦属心理动力取向)，而非指某人的心理治疗的理论与方法。弗洛伊德之后的多年间，有些心理学家，在基本理念上虽仍然服膺弗洛伊德的思想，原则上接受心理疾病肇因动机情绪不得纾解的看法，认为精神分析是治疗心理异常的适当方法，惟在实际治疗时，大都不再墨守早年弗洛伊德所持的理念和程序。晚近采心理动力取向的心理治疗虽不尽相同，但大致具有以下四点特征(Strupp, 1989)：

1. 对人格结构的新看法　心理动力心理治疗取向，虽然原则上仍然采取早期弗洛伊德人格结构中本我、自我、超我的理念，但却不再像弗洛伊德那样，将本我中的潜意识冲动视为主要行为内在动力的看法。他们认为，介于本我和超我之间的自我，才是控制支配个体行为的内在动力。本我是以**快乐原则**为基础的，自我是以**现实原则**为基础的。因此，在心理治疗时必须考虑到从患者现实生活去帮助他。

2. 不再囿于精神决定论理念　弗洛伊德的精神分析，在基本理念上持**精神决定论**的看法(见第十一章第一节)，认为个体的行为一方面决定于幼年经验，另一方面决定于他原始性本我潜意识的冲动。晚近心理动力取向的心理治疗，不再墨守弗洛伊德的传统，他们认为幼年经验和潜意识冲动不能视为决定个体行为的主要原因，个体现实生活经验和此时此地影响个体的环境，都是构成患者之所以心理异常的原因。

3. 重视社会文化因素　弗洛伊德的精神分析，实施时焦点集中在个人，而多半以个体的性冲动和潜意识压抑作主要考虑。晚近心理动力取向的心理治疗，则将探讨的范围扩大，在治疗时一方面分析了解患者社会环境和人际关系，从而发现形成心理异常的社会因素，另一方面协助患者改善人际关系，增进社会适应能力，从而达到治疗的目的。

4. 治疗目的在强化自我功能　在弗洛伊德的精神分析人格理论中，**自我功能**(ego function) 指介于本我与超我之间自我所发挥的调和功能。亦即在本我的潜意识冲动不为超我所接受而发生心理冲突时，自我才发挥调和功能。晚近心理动力取向的心理治疗者，则强调“自我是支配行为的内在动力”，认为个体之所以心理异常，主要是由于自我功能过分软弱所致。因此在心理治疗时，分析了解患者的生活经验，从而发现患者在思想与行为上(包括满足生理需求和心理需求的一切活动以及社会道德和价值观)，所表现的自我优点和缺点，然后协助他如何去强化优点，减少缺点，从而达到良好适应的目的。此种心理治疗过程，称为**自我分析**(ego analysis)。

二、人本主义取向的心理治疗

采人本主义取向的心理治疗称为**人本治疗** (humanistic therapy)。人本治疗是以人本主义心理学的人格理论为基础的。第十一章介绍过两位人本主义心理学家的人格理论：一是马斯洛(图 1-6)的**需求层次论**，另一是罗杰斯(图 11-10)的**自我论**。虽两人的人格理论都主张人性本善与天赋**自我实现**的潜力，但马斯洛的理念偏重于正常人的人格发展，而罗杰斯的理念则重在解释环境不良因素阻碍个人自我实现进而导致心理异常的原因。因此，两人相比，罗杰斯在心理治疗上有更大的贡献。在人性解释上，人本主义的论点虽与精神分析论不同，但在心理治疗的基本理念上，却同样将领悟视为治疗的主要目的。在人本主义取向的心理治疗这个主题之下，我们附带介绍皮尔斯的完形治疗法。原因是完形治疗法也采用了以领悟做为治疗目的的理念。

(一) 罗杰斯的当事人中心治疗法

罗杰斯在他的人格理论中，提出两点重要理念：其一是自我为人格的核心；其二是自我实现有赖**无条件积极关注**。这两点理念同时说明了影响个人心理正常与否的主观意识与客观环境两大因素。按罗杰斯的说法，**自我概念中真实自我**与**理想自我**二者落差过大所导致的心理冲突，是形成心理异常的主观因素。他同时指出，个体在人格成长中固然需要别人的积极关注，但别人所施予的有条件积极关注，却反而形成个体自我实现的客观障碍。以下的讨论仍以此两点为基础，简要介绍罗杰斯当事人中心治疗法。

1. 当事人中心治疗法的基本理念 罗杰斯以人本主义为理论基础的心理治疗方法，创始于20世纪40年代。此后30多年间，他所使用的治疗法名称曾数度改变。最初，在1942年他采用的名称叫**非指导性谘商**(nondirective counseling)，意在改进精神分析治疗传统所使用的指导与治疗观念。到1951年改称**案主中心治疗法**(client-centered therapy)，到1977年又改称**当事人中心治疗法**(person-centered therapy)。名称虽然数度更改，但其基本理念与治疗实施的程序大致未变；其基本要义一直是秉持人本主义的观点，以接受治疗者当事人为中心，重视他的人格尊严，将心理治疗的过程，视为心理师为当事人设置的一种自我成长的教育机会。心理师并非主导者，也不把当事人当做病人看待(故而不用“患者”而以“案主”或“当事人”称之)，而是以同等地位对待当事人，确认当事人具有自我领悟和自我成长的能力；只要提供他自然的、和谐的、自由的良好环境气氛，当事人自然就会摆脱自我概念中不真实的外衣，显露其人格的真实面，终而能够自我振作，循自主导向之路重建自我概念，以臻于自我实现的理想人生佳境。

2. 当事人中心治疗法的必要条件 罗杰斯的当事人中心治疗法，在实施时为期达到“以当事人为中心”的原则，特别重视两个必要条件：第一个条件是营造良好的气氛，使当事人感觉到温馨、自由、没有压迫感，因而可以毫无顾忌地陈述自己内心中隐藏的痛苦及所困扰的问题。因为当事人中心治疗不采用诘问的对话方式，也不强调对当事人的偏差思想或行为加以纠正或指导，只希望当事人在被接纳的气氛下自我表达其问题时得到领悟。第二个条件是心理师本人在专业上必须具备三种素养(Rogers, 1957)：(1)**真挚**(congruence)：指心理师必须以诚恳的态度对待当事人，使当事人感到他言谈真挚，表情自然。(2)**同理心**（或**感情移入**）(empathy)：指心理师在聆听当事人陈述后在言行上所表现的既同情又理解的一种亲善态度。罗杰斯治疗中所指的同理心与弗洛伊德精神分析治疗中所指的**移情**不同。移情是指患者将隐藏在内心的感情不自知地转移到心理师身上。罗杰斯所指的同理心，则是指心理师对待当事人的态度。此一态度中既有感情，又有理性；既是“感人之所感”(感情)，又是“知人之所感”(理性)。(3)**无条件积极关注**：据罗杰斯在自我论中曾指出，个体成长时固然需要成人的积极关注，但对个体健康人格成长而言，成人所给予的**有条件积极关注**，对个体自我实现而言，不是成长助力，反而是成长阻力。因此，在当事人中心治疗过程，罗杰斯特别强调必须以无条件积极关注的态度对待当事人。使当事人感受到他在心理师面前不但受到积极关注，而且是无条件积极关注。在此种完全被接纳与完全被尊重的情境之下，当事人自然会毫无保留地倾诉他的衷情。

3. 当事人中心治疗法的必要步骤　就罗杰斯的自我论看他的当事人中心治疗法，治疗的极终目的端在帮助当事人经由对自身困扰的领悟，达到自我实现的理想人生境界。惟在达到自我实现之前，必先在心理师设置的和谐气氛下，完成以下四个步骤(Rogers, 1961)：

(1) **掌握真实的经验**：聆听过当事人自我陈述之后，心理师就可以鼓励当事人，在他的现实自我的基础上，以开放的和不受别人影响的独立态度，去重新体认以前的经验。此外，对不确定的或不甚了然的暧昧的问题情境，也鼓励当事人在不依赖别人的情形下，尝试独自去耐心地寻求答案。如此这般地重温旧经验与吸收新经验，当事人才会学习到如何掌握真实的经验。

(2) **找回失去的信心**：凡是失去真实自我的人，为了取悦别人获得别人的赞许，常会失去对事自主导向的信心。因此，在心理治疗之初，当事人在陈述过自己的问题之后，总希望心理师直接告诉他问题的答案，或直接帮助他解决困难。罗杰斯的当事人中心治疗的特点是，心理师此时必须遵守“非指导”的原则，只鼓励当事人自己去思考尝试解决问题的方向和办法，绝不可越俎代庖。因为，只有当事人经自行尝试获得成功经验后，才会找回他失去的信心。

(3) **走出自己的天地**：找回失去的信心之后，心理师应更进一步鼓励当事人，由外求取悦于人，转而内省自行检讨；对事理的是非善恶判断，不再一味仰人鼻息，听别人裁决。而是从亲身体验中学到价值感(自己觉得是好的或是对的)，借由亲身体验形成自己的价值观(自己认为怎样做才是好的或是对的)，最后根据价值观建立自己的价值标准做价值判断。能对事理做独立价值判断者，就是人格独立的具体表现。惟有人格独立的人，才会有他自己的生活天地。

(4) **培养成长的能力**：在以当事人为中心的心理治疗过程中，心理师除鼓励当事人掌握真实经验与学习独立判断之外，更应让他知道，在适应环境随时可遭遇困难的人生旅途上，绝无万灵丹药或锦囊妙计可用。善于适应生活困境的人，除事先能未雨绸缪与遇事能随机应变之外，实无其他更好策略可用。因此，成功的当事人中心治疗法，并非由心理师单方面负责“处方”以“治疗”患者的“心病”，而是借心理治疗的过程，协助当事人澄清自己的观念，修正前进方向，重订生活目标，在继续不断的人生旅途上，从生活实践中培养自我成长的能力。须知只有继续不断地自我成长的人，才有臻于自我实现人生境界的可能。

(二) 皮尔斯的完形治疗法

采人本主义取向的心理治疗，除前述罗杰斯的当事人中心治疗法之外，另有皮尔斯在20世纪40年代创始的完形治疗法。皮尔斯(图14-1)的思想原本属于精神分析，他在德国接受过完整的精神分析训练，1921年获医学博

图14-1 皮尔斯

(Frederick S.Perls, 1893～1970)，是20世纪德国出生的美国心理学家，是完形治疗法的创始人，也是心理治疗中由一个极端（精神分析）转向另一极端（人本主义）的少有特例。

士后，即从事精神分析治疗工作。惟以在基本理念上因不同意弗洛伊德在性本能、潜意识以及幼年经验决定作用的看法，不见容于欧洲精神分析学界。复以 1933 年为逃避德国纳粹主义者的迫害，而移居荷兰，继之 1934 年移居南非，最后 1946 年移民美国，从此放弃精神分析治疗的传统，改采人本取向创立了自成一家的完形治疗法。皮尔斯完形治疗法的基本理念，载于其 1973 年出版的《完形取向治疗的见证人》一书(Perls,1973)。

顾名思义，以人本治疗为取向的**完形治疗法**(Gestalt therapy)，在性质上兼具人本主义与完形心理学两方面的特征。根据皮尔斯重要著作归纳所得以下四点，大致可以看出完形治疗法的基本要义(Perls,1969;1973)。

1. 人性本善且具自我成长潜力　皮尔斯采用人本主义心理学家所持人性本善且具自我成长潜力的理念，认为人性本来是完整的，如出生后的环境一切美好，人的身心就会得以自然发展，不会发生什么心理异常的问题。人之所以心理异常，主要是由于人性发展受到阻碍所致。因此，心理治疗的基本原则，不外协助当事人排除影响个体人格成长的阻力。

2. 心理异常源于内心矛盾冲突　根据完形心理学的理念，人所知觉到的世界，并非是一个客观存在的物理世界，而是一个主观感受到的心理世界。第三章中讨论知觉历程时，曾经提到知觉具有相对性、完整性等各种特征。此种知觉特征，可用于解释对物体的知觉，也可用于解释对心理事件的知觉。以知觉相对性中**形象与背景**(见图 3-19)为例，形象之所以存在，乃是由于背景的相对作用。同理，一种心理事件的形成也是如此。以参加一项重要考试为例，如参加者 100 个考生中只录取 10 人，落第者如单从考试的重要性着想，自然觉得落第是失败的，不幸的。但如从参与考试者整体 100 人去着想，就可以相对地显出没有考取的人占绝大多数；未考取是“正常”，考取才是“例外”。如此想法，心理上的痛苦就会减低。按完形治疗法的说法，在这个考试失败的例子中，个人之所以痛苦，乃是由于当事人心理上矛盾冲突；一方面认定该项考试的重要性，在考试前抱着志在必得的心愿；另一方面又抱怨自己考前准备未能竭尽全力而导致失败。只要此种矛盾冲突存在，他的痛苦就不会消失。如果考完后反省检讨事件的正反两面，他可能对自己的失败就会感到较为心安。

3. 治疗方法重在解决当前问题 完形治疗法虽然也将心理冲突视为心理异常的原因，但并不像精神分析治疗那样追究冲突的潜意识根源。完形治疗法重视当事人当前的问题；即使问题发生在过去，治疗时也要求当事人将问题拉到此时此地来讨论。解决当事人当前心理矛盾与冲突，是此方法的重点。在实施时有多种技术，其中最具代表性的是空椅技术。所谓**空椅技术**(empty chair technique)，是使当事人面对一把空座椅讲话，从而抒发其内心的郁闷与感情。空椅技术是一种想象情境，实施时可采两种方式进行：一种是设想椅上坐着对话的某人；此某人所指者可能是他的父母，也可能是他的配偶，端视患者内心中存在的问题而定。另一种方式是设想椅上坐着的是当事人自我的一部分；该部分所指者可能是自己的理想，也可能是自己的忧虑。无论采用何种方式，目的同样是借空椅技术让当事人将内心的矛盾冲突尽情发泄出来。空椅技术也可采用交换座位的方法，让当事人坐在空椅上充当原来当事人谈话的对象，从而设身处地回答当事人所提到的问题。

4. 治疗目的在求发展完整自我 显然，完形治疗法的实施有消极与积极两层目的。在消极目的方面，完形治疗旨在帮助当事人扩大知觉，从各方面去自我反省，发现并消除自我中存在的矛盾，从而找回分离的自我。在积极方面，完形治疗旨在设置良好的环境，使个体人格的善良本质，得有机会多方面均衡发展，从而达到自我实现的理想境界。

（三）弗兰克的意义治疗法

奥地利出生的美籍精神病学家弗兰克(图 14-2)，在第二次世界大战期间(1939～1945)被德国纳粹关在死亡集中营内受了三年苦刑。在此期间，弗兰克亲眼目睹自己的父母、兄弟、妻子因不堪集中营内的虐待而死亡，他自己则靠坚强的意志与**存在主义**（注 11-5）的人生观，战胜了死亡。大战结束出狱后，根据他在集中营内的痛苦经验及面对死亡心理挣扎的经验，在 1959 年出版《从死亡集中营到存在主义》一书(Frankl,1959)，三年后修订改以《生命意义的追寻：意义治疗法刍议》为书名出版（Frankl,1962)，成为当时的最畅销书之一。意义治疗法的主要思想即载于此书之中。

图 14-2　弗兰克

(Victor Frankl, 1905～1997)是 20 世纪在奥地利出生的美国心理学家，是意义治疗法的创始人，是亲身经历纳粹死亡集中营苦难而劫后余生的著名精神病学家。在心理治疗上他所强调的认识生活目的与生命意义的看法，对迷失的世道人心深具启发作用。

意义治疗法(或言语疗法)(logotherapy)是借由协助当事人从领悟生活目的与生命意义，到改变其人生观，从而自行健康成长的一种心理治疗法。由此定义看，可知意义治疗法乃是以人本主义为取向的领悟治疗。接下去简单说明弗兰克意义治疗法的两点要义：

1. 生活目的在求精神需求之满足　弗兰克在 1955 年出版的《医师与灵魂》一书中，指出人类之异于禽兽者在于其生活目的除现实目的之外，还有超现实的生活目的 (Frankl, 1955)。按弗兰克的说法，人类的生活目的表现在三个需求层次的满足：(1)生理需求，诸如饥思食、渴思饮与为延续生命而求偶等均属之。生理需求的满足将使人类获得生存。(2)心理需求，诸如求安全、求保障、求别人关怀、求团体接纳等均属之。心理需求的满足能使人感到快乐。(3)精神需求，诸如精神寄托、宗教信仰以及人生理想的追求等均属之。精神需求的满足能使人感到幸福，从而体验到人生的价值和意义。显然，弗兰克的思想与人本主义宗师马斯洛(见图 1-6)解释人格的**需求层次论**颇为相似，而与弗洛伊德的**精神决定论**则大不相同。此即一般将其所倡意义治疗法归属人本主义取向的原因。

2. 心理治疗旨在助人领悟生命意义 弗兰克思想中所指的人类生活的三层目的，生理需求与心理需求二者均属现实性的生活目的，而居于第三层的精神需求，则属于超现实的生活目的。生活中现实目的的满足，多半受环境限制，无法完全操之在己。只有超现实的精神需求，才能摆脱环境的限制，做到完全操之在己；也只有在精神需求的追寻上，才能做到人本主义所强调的意志自由。根据弗兰克的说法，心理异常者所感到的痛苦，完全是精神性的(因身体疾病所导致的痛苦不在心理异常之列)，而精神痛苦的主要原因，则是由于在生活目的上不能摆脱现实需求难以满足的压力有以致之。自古以来求名、求利、求长生不老者比比皆是，但到头来达到目的者能有几人！因此，弗兰克将协助心理异常患者认识超现实生活目的的重要性，以及领悟人生的价值与意义，视为治疗的目的。精神需求的满足使人有价值感，有价值感才能体验到生命的意义。在精神需求层次下，人可以在生活中寻求到三种价值:(1)创造性价值，此种价值感可由求新求变精益求精的日常工作中体验得到;(2)经验性价值，此种价值感可由日常生活中对美的欣赏与爱的授受中体验得到;(3)态度性价值，此种价值感可由对人世间悲欢离合一切无常变化所形成的人生态度(即人生观)中体验得到。意义治疗法的目的，就是要协助当事人从调整自己生活中获得以上三种价值感。只要当事人觉得自己的生活有价值，他就会领悟到人生的意义。职是之故，意义治疗法的实施特别强调两点；其一是自由，让当事人领悟人生意义后自行选择自己理想的生活方式。其二是责任，让当事人了解到对自己的选择应负实践的责任。能做到这两点的人，就是健康快乐的人。

第二节 行动治疗

前节所讨论的领悟治疗，在理论与方法上均着重在让当事人领悟其心理异常的原因后，自行改变其异于常人的思想与行为。由此可见，领悟治疗所采的治疗取向有如中医内科治病，是疏通调理由内而外的。本节将要讨论的**行动治疗**(action therapy)，则是试图针对外显症状，直接对患者的偏差行为或错误思想予以治疗的另一种取向。此种心理治疗取向有如西医的外科治病，是试图以手术切割除腐生新的方式进行治疗。代表行动治疗的有行为治疗与认知治疗两类方法；前者旨在直接矫正患者的偏差行为，后者旨在改变患者的不当思想，从而达到消除症状恢复心理健康的目的。

一、行为主义取向的心理治疗

采行为主义取向的心理治疗，称为**行为治疗**(behavior therapy)。行为治疗包括多种方法，其共同理念是，认为所谓心理异常，事实上就是**行为异常**(behavior disorder)；而行为之所以异常，并非何种内在的复杂原因，只不过是个体在日常生活中学到的一些不良习惯而已。革除不良习惯，使患者在同一刺激情境下不再出现不良反应，就是行为治疗的目的。行为治疗的基本看法是，任何习惯均系经由刺激-反应联结学习历程而获得，而刺激-反应联结历程的建立，又分为**经典条件作用**与**操作条件作用**两种方式。以下简要介绍由此两种条件作用为基础发展而成的各种心理治疗方法。

（一）基于经典条件作用原理的治疗法

按巴甫洛夫经典条件作用学习原理，学习的产生(此处指不良习惯的养成)，乃是原本不能引起固定反应的**条件刺激**，经由与本已引起固定反应的无条件刺激相伴出现数次后，前者即逐渐取代后者的作用，引起后者原本引起的反应。此一取代性的反应，称为**条件反应**(见第五章第二节)。基于此义，所谓行为异常，事实上也就是个体在某种情境下学习到一种不当的条件反应。关于此点，在第十三章讨论各种心理异常形成原因时，已在多处提到行为论的解释，根据经典条件作用原理发展而成的心理治疗方法有多种，以下两种是其中最常用的：

1. 系统脱敏法　所谓**系统脱敏法**(systematic desensitization)，是指

经由系统的安排引起不当敏感反应的情境，使患者不再对某种刺激表现敏感反应的一种治疗方法。系统脱敏法多用于治疗**恐惧症**。在实施时，系统脱敏法主要包括两个要点(Wolpe, 1958):(1)确定焦虑产生情境：在开始治疗之前先确定患者在什么情境下对何种刺激产生反常的恐惧，然后将刺激情境由轻而重安排成层级，先由最轻微的刺激情境开始，等习惯之后再逐步加重刺激情境；直至患者习惯不再表现敏感反应为止。以患者不敢独自一人搭乘电梯的**惧幽闭症**为例，可先由一人陪伴搭电梯开始，习惯后再让他独自搭乘至二楼或三楼，然后再逐渐提升到四、五、六楼。如此逐渐对本不可怕的情境习惯之后，早期学到的不当敏感反应，自然就会在不知觉中消除。(2)学习肌肉放松训练：确定焦虑产生情境之后，由心理师指导患者练习注意力集中于身体肌肉活动并保持心境平静的**放松训练**(relaxation training)。放松训练的目的是让患者学到在引起焦虑的情境中随时拿来应用；将注意力集中于身心放松，以转移对情境的注意力，从而避免焦虑反应的产生。

2. 厌恶治疗法 所谓**厌恶治疗法**(aversive therapy)，是指采用**经典条件作用**原理，在引起不良习惯反应的刺激出现之同时，对患者施以引起他痛苦反应的刺激，使后一刺激的厌恶感取代前一刺激的吸引力，从而达到消除不良习惯的目的的一种治疗方法。厌恶治疗法的基本理念是，认为一般不良习惯的养成，乃是当事人把本来不具吸引力的刺激，却表现出特别爱好的反应。最常见的酗酒现象就是如此。在酗酒习惯养成之前，酒原本是一种中性而不具吸引力的**条件刺激**，等酗酒习惯养成之后，酒就变得具有强烈的吸引力，能够引起嗜酒者的**条件反应**。厌恶治疗法的构想是，不良习惯既可经由经典条件作用学习历程而养成，也可经由同样历程使之消失。基于此种构想，即可按照以下程序对酗酒不良习惯进行矫治:(1)在酗酒者饮酒之前先服用致使酒后呕吐的药物（药物本身不致引起呕吐，服药后饮酒才会呕吐）。此一设计是在条件刺激(酒)之后伴随出现另一**无条件刺激**(呕吐剂)。(2)几次练习之后，本来具有条件刺激性质的酒味，对酗酒者就会变得由爱好而厌恶，甚至闻到酒味就会恶心呕吐。到此地步酗酒的不良习惯就可能革除。不过，采用厌恶治疗法时必得符合一个先决条件，即此法之采用必须征得当事人同意。

(二) 基于操作条件作用原理的治疗法

第五章第三节曾详细讨论过，美国心理学家斯金纳(见图 5-4)根据动物实验所建构的**操作条件作用**学习理论。操作条件作用学习理论有两点基本要义；其一，学习是刺激-反应联结的历程，而某一特定反应之所以与某一刺激情境发生联结，乃是决定于该反应之后所生的**后效强化**作用。其二，在较为复杂的情境中从事学习时，可运用**渐进条件作用**的方法，使个体学到一种新的行为，从而达到**行为塑造**的目的。根据操作条件作用原理发展出来的心理治疗方法，在基本构想上就是将心理治疗视为重新学习；让患者在设计的刺激情境下学到良好习惯，用以取代原来在同样情境下表现的不良旧习惯。因此，以操作条件作用原理为基础的行为治疗方法，一般称为**行为矫治**(behavior modification)。行为矫治的方法不止一种，本文以篇幅所限，仅以使用较多的代币法做为代表性的说明。

所谓**代币法**(或**标记奖励法**)(token economy)，系以具有交换价值的象征物，代替金钱的奖励作用，做为患者适当行为出现后的**强化物**，借由操作条件作用中后效强化原理，达到养成良好习惯的治疗目的。因为此一治疗方法系以象征物代替金钱的奖励作用，故而称为“代币”法；“代币”为象征物，其所以能够发生**强化**作用者，也是经由学习历程。因此，代币法所运用的操作制约学习的强化原则，不是**原级强化**作用，而是**次级强化**作用。此即有些学者将代币法译为“标记奖励法”的原因。

根据操作条件作用原理发展出来的代币法，一般用于精神病院中长期住院的患者。在精神病院中，经常会遇见一些情绪冷漠的病人，此等病人有的对任何事物都不感兴趣，有的对自己生活习惯毫不在意，有的对周围的人毫不尊重，有的对任何劝告都听不进去。以此等病人为心理治疗的对象时，要想采用本书第一节所介绍的领悟治疗方法，很难达到目的。然而，此等患者仍然有生理上和心理上的需求；需求较多的自由(如室外活动)，需求较好的食物，需求较多的娱乐(如看电视)，需求某方面的满足(如吸烟)。治疗人员即可针对患者的需求，使他们学到从积蓄象征性代币获取满足需求的手段，从而提升其生活情趣，借以达到心理治疗的目的。试以只对电视有兴趣而生活脏乱的个案为例，说明代币法的使用步骤：

1. 认定行为治疗的目标 由治疗人员与患者共同认定患者的行为问题；并明确订定如何改变生活习惯，以达到消除行为问题的目的。例如，以下事项即可列为改变生活脏乱习惯的治疗目标:(1)按时作息;(2)每早洗脸刷牙;(3)饭前便后洗手;(4)整理床铺;(5)清洗衣物;(6)打扫环境;(7)穿着整齐等。认定治疗目标后，循序渐进，逐步实施改进。

2. 约定代币使用的方式 认定治疗目标之后，由治疗人员与患者以契约方式约定:(1)采用的象征性代币（如印有星号的卡片）;(2)代币的给予标准(如做到一项者可得一个代币，连续做到三项者，可得五个代币，已做到而又退步者扣发代币);(3)代币交换办法(如累积五个代币者可看半小时电视)。

3. 由诱因变为自我控制 像代币法采用外在**诱因**(见第九章第一节)控制个体行为的办法，其效果可能是暂时的；外在诱因(代币)一旦停止，学得良好习惯也可能会随之消失。但如从另一观点看，习惯成为自然之后，也可能会继续保持。尤其是良好习惯建立之后，除代币的直接奖励之外，其他社会性的精神鼓励(别人的赞许)以及自尊心的提升，可能由外诱作用转变为当事人的自我控制，从此不再重犯以前的错误。因此，当代币法治疗行之有效以后，心理师宜继续赞许并鼓励患者保持良好习惯，使他在社会支持的情况下革除不良习惯。

二、认知心理取向的心理治疗

前文介绍的行为主义取向的两种心理治疗方法，其特点是针对患者在某些情境下所表现的不当行为反应，经由条件作用的学习历程，施予再学习性质的行为矫治。接下来要介绍的是认知心理取向的心理治疗方法，其特点是针对患者对某些生活事件的错误思想，经由认知或**讯息处理**的历程，协助患者面对导致其心理困扰的问题，放弃原来主观的情绪的思维方式，改采新的客观理性的思维方式，去重新面对问题，从而达到心理治疗的目的。采认知心理取向的心理治疗方法，称为**认知治疗法**(cognitivetherapy)。在实际使用时，认知治疗虽有多种不同的方法，但其间有两点共同之处：其一，心理异常的主要症状是情绪痛苦，而其痛苦情绪源于其思想观念错误。因此协助患者改变其既有的思维方式，乃是心理治疗的适当途径。其二，认知治疗重视患者此时此地的心理问题，不探究其已往生活经验及长期病因。在诸多认知心理治疗方法中，以下两种方法是最主要的。

(一) 艾利斯的理性情绪治疗法

美国心理学家艾利斯(图 14-3)在 20 世纪 60 年代创始了一种认知治疗法，称为**理性情绪治疗法**(简称**理情治疗法**)(rational-emotive therapy，简称 RET)。顾名思义，理性情绪治疗法是靠着帮助患者将原来的情绪困扰理性化，从而达到治疗目的的一种心理治疗方法。在 1958 年艾利斯首次宣布他的治疗方法时，原本称为**理性心理治疗法**(rational psychotherapy)。后来他发现心理异常者多表现出情绪上的痛苦，故而在 1962 年所出版的代表他心理治疗思想的《理性与情绪的心理治疗》一书中，改而使用现在的名称 (Ellis, 1962)。在美国的心理治疗专业中，理性情绪治疗法是使用最多的方法之

图 14-3 艾利斯

(Albert Ellis, 1913～2007) 是 20 世纪美国心理学家，是心理治疗专业中影响力最大的心理学家之一；他所创始的理性情绪治疗法，其影响力被评为仅次于罗杰斯的当事人中心治疗法。

一。在心理学家20世纪90年代初期的调查中，理性情绪治疗法的影响力，被评为仅次于罗杰斯的**当事人中心治疗法**(Smith, 1982)。接下去以下列四点说明艾利斯理性情绪治疗法的要义。

1. 非理性思维是人性的弱点 艾利斯的理性情绪治疗法，在理论上乃是基于他对人性的看法。虽然人类经常自夸“人类是理性动物”，但在艾利斯看来，人性的弱点就是在于处理自身问题时缺少理性。他指出以下四点足以表示人的思维缺少理性（Ellis, 1962)：(1)人具有庸人自扰的本性，又常为自己的情绪所困，而情绪困扰的原因，多半是自取的，很少是外因造成的，故人非理性动物。(2)人有思维能力，但思维用于自身问题时，则多表现出损己害己的倾向；对攸关自身之事的过多无谓思考，是困扰自己的主要原因。(3)不需有事实根据，单凭想象即可形成信念，这是人异于禽兽的独有特征。惟以过多的无中生有的想象力，常将个人自己带入愈想愈苦恼的困境。(4)人有自毁倾向，却也有自救能力；如何协助患者化前者为后者，正是理性情绪治疗法的目的。

2. 痛苦情绪源于非理性信念 基于以上对人性的看法，艾利斯采用以下图解中A、B、C三者间的关系，用以做为心理异常者一切痛苦情绪均系源于非理性信念的理论架构(Ellis, 1979)。

按图14-4所示，A代表发生的与己有关的事件。此一事件可能是既成的客观事实(如房子失火)，可能是别人的态度或行为(如别人与自己意见冲突)，可能是人际关系的改变(如离婚)，也可能是自己行为的后果(如考试失败)；无论所指者为何，总归是发生了一件与己有关的事件。C代表个人

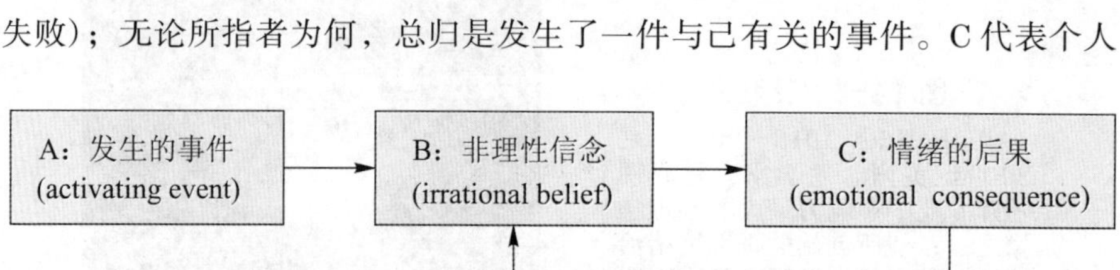

图14-4 艾利斯理情治疗法的A-B-C
(采自 Ellis,1979)

对事件的情绪反应后果；个人对事件的情绪反应，可能是正面的(如喜爱)，可能是负面的(如哀惧)，可能是适当的(如当喜则喜)，也可能是不适当的(如不当哀者而哀)。按图中箭头方向所指，无论个人情绪反应后果为何，均非直接由事件本身所引起，而是间接由个人对该事件所产生的信念B所导致。如果对事件的信念是理性的，情绪的后果就未必一定是负面的；如果对事件的信念是非理性的，情绪的后果就一定是负面的。换言之，事件本身所形成的刺激情境，并非直接引起情绪反应的原因；个人对刺激情境的认知解释，才是导致情绪反应的原因。准此而论，心理异常者的痛苦情绪，主要是对事件所持非理性信念所导致。图下的回钩表示情绪的后果将加强非理性信念；痛苦的情绪后果，将使个人觉得他的想法是对的。常有人说“越想越气，越气就越想!”正是此种情形。

设有一离婚妇人罹患了**抑郁症**(见第十三章第二节)，离婚是一桩事件，抑郁症可能是当事人情绪反应的后果。根据艾利斯的解释，离婚一事与抑郁症之间，并不能直接构成因果关系；当事人对离婚一事所怀有的信念，或当事人对自己婚姻破裂一事的认知解释，才是使她情绪抑郁而导致心理异常的真正原因。当事人在离婚后，可能将婚姻的破裂归咎于自己的错误，把离婚视为自己追求幸福的重大失败，把因离婚而失去丈夫的爱，视为自己有缺点才遭对方遗弃。果如是，她可能就会有自怨自艾的痛苦情绪。如果当事人对离婚一事持另一种信念；将婚姻失败解释为遇人不淑，把造成婚姻破裂的责任完全归咎于对方。果如是，当事人可能就会产生痛恨的情绪。因此，艾利斯认为一个人之所以因情绪困扰而导致心理异常者，主要原因不在于外在世界，而在于他自己面对外在世界时的非理性思维所引起不当情绪使然。

3. 非理性信念的成因及形式 非理性信念是如何形成的？人在一般生活中经常怀有哪些非理性信念？按艾利斯的说法，人自幼生长在传统文化社会，在其所受的家庭与学校教育中，无时无刻不在接受“做好人，做好事”教条的影响。长期教条化影响的结果，个人在从事任何活动时，就不自觉地形成了一些对自己过分要求的观念。即使此等观念可能是不实际的，非理性的，甚至是错误的，可是它却一直支配人不得不如是思想，终于形成了一些错误信念；结果是个人被自己的非理性信念所击败，而做了他自己错误信念的牺牲者。按艾利斯的解释，人的非理性信念主要表现于以下各种形式(Ellis, 1967)：(1)与人交往必须获得别人的爱戴和支持；(2)个人的自我价值唯有建立在能力超群和事业成功的基础上；(3)做坏事的人必须受到严厉惩罚；(4)个人所企盼的事不能如愿以偿时即感绝望；(5)个人遭遇不幸时总是怨天尤人；(6)责任能免则免总比勇于负责合算；(7)对潜藏而未必发生的危险总是杞人忧天；(8)个人的成功必须依赖有力人士提拔；(9) 一切决定于过去，故而成败无法操之在己；(10)个人应为那些处境困难的人而烦忧；(11)凡事皆需有正确答案，遇到无肯定答案时即无法容忍。艾利斯认为，在日常生活中每个人或多或少都会有上列非理性弱点，如弱点累积过多，就会产生情绪困扰终而形成心理异常。

4. 治疗目的在重建理性信念 基于以上讨论，可知理性情绪治疗法的实施，主要是经由对患者教导的方式，协助他跳出“当局者迷”的困境。在对患者给予教育性指导过后，即可按以下的治疗程序进行(Ellis, 1979)：(1)让患者自行反省检讨，目前生活中有哪些非理性的信念，时时萦绕于心，挥之不去，造成他情绪上的痛苦；(2)鼓励患者自行分析验证，此等信念是否合情合理；(3)根据患者所陈述事实经过原委，明确指出其不合理之处，并说明此等不合理的信念，正是造成他情绪困扰的原因；(4)建议患者，尝试以合理的思考去取代原来由非理性思考所形成的错误信念；(5)让患者学习以后遇有类似经验时，如何改采合于科学的思考方法去处理问题，以免重陷非理性信念而导致情绪困扰的覆辙。

(二) 贝克的认知治疗法

与前述艾利斯理性情绪治疗法理念相近但方法不同的另外一种心理治疗法，是美国精神病学家贝克(图 14-5)在 20 世纪 60 年代所创立的**认知治疗法**(cognitive therapy)。在基本理念上，认知治疗法采取与艾利斯同样的观点，认为患者之所以情绪异常，乃是个人对自己、对世事以及对未来认知或思想错误的结果(即艾利斯所指的非理性信念)。贝克认为，情绪异常者对自己、对世事或对未来的很多想法，多半是一些没有事实根据的错误假设。根据贝克观察发现(Beck, 1976)，凡是因情绪异常而导致**抑郁症**的患者，在心

图 14-5 贝 克
(Aaron Temkin Beck, 1921～)
是 20 世纪美国心理学家，是认知-行为治疗法的创始人，是美国著名精神病学家，也是对抑郁症的病理研究最有贡献的人。

理上一般怀有以下失败主义倾向:(1)稍不如意即全盘否定自己;(2)将成功的经验归因为意外，将失败经验归因于自己;(3)选择性认知，只看到世界黑暗面，忽略世界光明面;(4)对不确定的情况过分悲观;(5)对事理判断时持两极化态度。此等心理倾向，本属假设性质，但如个人对自己的错误假设深信不疑，久而久之他就会把假设当成肯定的结论。一旦如此，他的错误假设就会支配他的行为；在对自己对世事或对未来的一切活动上，表现出不合理的异常反应。

在治疗方法方面，贝克不像艾利斯那样强调纠正患者的错误思想，而是将心理师与患者之间视为协同解决问题的合作者，共同面对患者因错误思想所导致心理困扰的原因，并进一步共同研拟解决问题的可行方法。

在实际进行治疗时，认知治疗法采以下三阶段进行:(1)确定造成患者精神痛苦的原因。心理师采面对面谈话的方式与患者讨论如下的问题：在生活中究竟是什么事件造成患者痛苦？患者本人对该事件之所以造成他痛苦的原因如何解释？除了患者所持理由之外，能否从另一个角度看同一问题？经过此一对话阶段后，希望患者以认知代替情绪去重新面对生活事件。(2)鼓励患者重新面对现实去体验生活。鼓励患者改变过去退缩逃避的做法，积极参与社会活动；鼓励他打起精神努力工作，希望借由实际生活体验，让患者有机会发现自己生活的意义和价值。(3)定期完成家庭作业，提供患者心理健康方面的书籍，并要求他每天写日记，记下阅读心得及对生活事件的看法和想法。如此设计的目的是让患者离开心理师后，可借阅读与写日记以加强他对自己生活事件的认知。经过以上三阶段之后，心理医师再与患者面对面讨论进步的情形，从而确定进一步治疗。由于贝克的认知治疗法在实施时强调“知而后行”，让患者在生活实践中改变自己，故而此法也称**认知-行为治疗法**(cognitive-behavior therapy)。

第三节　团体治疗

前面几节介绍的各种心理治疗方法都是由一位心理师面对一位患者进行的治疗方式。像此种一对一的治疗方式，称为**个别治疗**(individual therapy)。个别治疗的优点是心理师对患者病因病情的变化较为深入，而且患者对其个人事关隐私的问题也较少顾忌。但缺点是一方面心理师经常太忙，无法深入研究个别病情，另一方面是心理疾病需长期治疗，医疗费用负担太重。惟其如此，以数人合成的小团体治疗方法即应运而生。接下去即简要说明团体治疗的特征及主要类型。

一、团体治疗的特征

团体治疗(group therapy)亦称**团体心理治疗**(group psychotherapy)，是指以两个以上(通常以4～8人为宜)心理异常者为治疗对象的心理治疗方法。团体治疗只是一个笼统的名称，在实施时不仅包括多种类型，而且各种类型的团体治疗，在理论与方法上也不像以前各节所述个人治疗那样有所区分；精神分析治疗、人本治疗、行为治疗、认知治疗等方法，均可运用在团体治疗之中。唯一的限制是团体治疗只能适用于病情较轻的情绪异常或社会异常的患者，不适合用于精神异常之类的严重心理疾病。此外，对性格过分胆怯内向的患者，在团体中可能感到情绪压力，不敢或不愿表露自己内心的痛苦。因此，团体治疗不宜采强迫方式，只能在自愿参与的原则下进行。综合各家意见，团体治疗具有以下几项优点或特征（Yalom, 1985；Alonso & Swiller,1993）：

1. 团体治疗方式合于经济效益　一般心理异常或心理疾病都是由于长时间的生活不良适应累积的结果，因此在经由再教育或再学习的原则下接受心理治疗时，不容易收到立竿见影的时效。对心理异常患者的诊断，缺乏像生理疾病诊断那样精密仪器，只能靠深入晤谈的方式来了解患者的病因与病情。在此种情形下，心理治疗时所花费的时间与费用，自然是一个很大的问题。如将病情相近的患者聚集在一起，以团体讨论的方式进行，自然可以节省时间、金钱而合于经济效益。

2. 在社会互动中增加自我认识　各类心理异常者在心理上有一共同特征，那就是自我迷失；自我迷失使他心理失常，自我迷失使他病情加重。自我迷失的人，非但对社会的人情世事不能观察分析，而且倾向将自己封闭在孤独的世界，对自己的一切丧失了自觉自省的能力。因此，凡心理异常者，在人际关系上不是过分狂妄，就是过分自卑；在日常生活上缺乏自我方向，对自己所作所为无从感受自我价值。团体治疗的特征之一是社会互动，在心理师引导之下，让团体中每个成员坦诚地表露自己隐藏在内心中的痛苦感受，而且鼓励大家分析讨论并容忍彼此间善意的批评。像这样刻意设计的社会互动情境，对一般心理异常者而言是不容易遇到的。心理异常者在社会甚至在家庭中所表现的奇特思想或怪异行为，通常被人以异样眼光看待；此种缺乏善意的气氛可能使他们的病情加重。在接纳、宽容、鼓励的团体治疗情境中，心理异常者得有机会与别人沟通讨论并聆听心理师的解析，每个人对自己心理困扰，不但多一层了解，而且更重要的是可由之发现，世界上陷入悲苦人生者，并非只有他一人；有些人的遭遇较之自己的情形更为痛苦。

在此种情形下，心理异常者不仅可借由社会互动而增加自我认识，而且也可能产生像古人所说的“同病相怜，同忧相救”的效果。

3. 社会支持下可自由发抒情绪 一般心理异常多因长期情绪适应不良所导致。第十三章第二节中曾经提到，情绪异常到较严重地步就会形成**情感症**。由于情感症患者的思想与行为异于常人，所以在一般社会情境中与人接触时，难免遭人白眼，得不到别人的同情与支持。个人情绪得不到发抒机会，长期抑郁的结果，就可能走向**自杀**之途。不愉快的情绪积压在心中是一种痛苦，心中有苦而无处倾诉时，原来的痛苦将更会加剧。团体治疗的基本构想之一，就是在和谐的团体气氛之下，鼓励患者无拘无束地发抒自己平常被压抑的情绪。痛苦的情绪一旦倾诉出来，当事者心理上的压力自然就会减轻。情绪发抒之后再加上别人的安慰和心理师的解析指点，团体治疗的效果自然就会产生。

4. 一人进步可激扬其他人希望 心理异常者通常都无法与别人维持和乐的社会关系；长期与人疏离的结果，自然使自己的生活陷入孤独、寂寞和失望的困境。即使有心改善向心理师求助，也很难在短期内帮助他解除心理上的痛苦。在团体治疗时，因团体成员间有病情轻重之分，病情轻微者经治疗后所表现进步的喜悦，将激扬起其他人的希望。心理师也可借治疗后进步者做为示范，如此可增进其他人对心理治疗的信心。

5. 在观察中学到因应困境能力 团体治疗最特殊之处是在社会互动中彼此观察学习。根据第五章介绍过的班杜拉**观察学习**原理，在社会情境中单凭观察别人的行为表现，即可产生新的学习。在基本构想上，心理治疗是一种再学习的历程。所谓“再学习”乃是指学习到新的适切行为以取代不适切的旧行为。因为团体治疗是在心理师引导下采社会互动方式进行，在社会互动过程中，团体成员在自由表达其生活经验时，除了陈述个人失败经验之外，也可能说明自己也曾经有过成功的经验。在一般人的生活中，有很多境遇是类似的。单凭观察别人应付类似事件的成败经验，即可学到自己如何应付困境的新经验。此即班杜拉观察学习理论中所指的**替代学习**（见第五章第四节）。

二、团体治疗的主要类型

团体治疗只是一个笼统的概念，在实际进行时尚有多种不同的方法。接下去要介绍的会心团体、心理剧和家庭治疗，是团体治疗时最常用的方法。

（一）会心团体

在团体治疗中，会心团体是特别针对轻微情绪异常者所设计一种团体治疗法。所谓**会心团体**(encounter group)，是指在心理师引导下，经由团体成员面对面诚挚会谈的过程，使参与者的痛苦情绪得以自由发抒，并坦然接受别人的批评与建议，从而达到自我觉察与个人成长目的的一种心理治疗方法。所谓**自我觉察**(或自觉)(self-awareness)，是指个人对自己思想行为上优点或缺点的领悟。个人如能经由自我觉察而修正自己的思想与行为，即使不经别人教导，在人格上也会朝向健康的方向成长。因此，会心团体有时也被称为**个人成长团体**(personal-growth group)。由此可知，在基本理念上会心团体是采取了人本主义所强调之自我实现的精义。在实施时，会心团体按以下三个阶段进行：

1. 彼此信任阶段 会心团体开始之初，先在心理医师指导下让团体成员彼此信任。无论团体成员间彼此熟悉或素不相识，在面对面交谈时总是人与人之间存在一些自我防御性的距离。会心团体的基本原则就是以“摘掉每个人的面具”方式，彻底消除人际间的藩篱，使会心团体形成一个无恐惧、无疑虑、无顾忌且无话不谈的社会情境。只有在此种坦诚相见的气氛之下，参与者才会道出内心深处隐藏的情绪与动机。

2. 相互批评阶段 彼此信任的团体气氛形成后，团体成员们即可针对每个人所表达的一切提出批评。因为除了心理师之外参加的成员都是心理异常的人，所以在任凭自己表达其个人问题，其言语与表情自然与正常人有所不同；哭、笑、怒、骂的各种表情，可能都会出现。此种情况出现时，心理师必须善于处理，务求大家彼此容忍，以接纳的态度，让情绪激动的成员坦述其私人问题。惟其如此，所以会心团体不适于患严重心理异常(如精神分裂症)者参加。在相互批评阶段，团体成员间针对每个人表述的问题，提出质疑，并要求对方面对大家加以说明，然后提出他的建议。此种过程称为**面质**(confrontation)。团体成员间彼此面质时，难免发生争执。心理师必须善于控制，以免面质发生负面效应。

3. 团体支持阶段 经过相互批评面质之后，对表达过心理困扰者，除善意接纳之外，对他经过自我觉察之后自行提出如何改善自己生活的建议，团体成员应给予衷心的支持。当事人经过情绪发抒之后，自己的想法如能获得其他人的接纳与支持，个人的自尊与自信就会因而提升；自尊自信提升之后，自然有助于以后的人格成长。

(二) 心理剧

心理剧(psychodrama)也称**戏剧治疗法**(drama therapy)，是运用在舞台上戏剧表演的方式，让心理异常者在扮演某种角色时的言行活动中，发抒其积压的情绪，宣泄其内心深处隐藏的问题，从而减缓其痛苦，并使心理师由此获悉进一步治疗的一种方法。基于此义，可知心理剧的构想，在理论上显然是源于弗洛伊德精神分析治疗中的**自由联想**。理由是心理剧虽名为演戏，但在表演时并无剧本；由表演者自由发挥，他想说什么，就说什么。惟从当事者内心问题表达的作用看，心理剧的作用较之自由联想更大。因为心理剧一方面比自由联想多了一层剧情设计，另一方面心理剧不像自由联想只是个人独白，而是角色与角色间彼此对话。因此，在任凭心理异常者在心理剧中自由发挥时，其在言行上表露出来的内心问题，自然会比自由联想更多。

心理剧系由奥裔美籍心理学家莫瑞诺(Jacob L. Moreno, 1889～1974)在20世纪20年代创始于维也纳，30年代移民美国后，即在美国推行。在实际进行时，心理师担任导演任务，由心理异常者担任主角，另外由受过训练的助理人员担任配角。心理剧的剧情可按心理异常者问题的性质而定；剧情概况可以是夫妻间的感情问题，也可以是亲子间的冲突；原则上都是代表社会情境中人际间不和谐的问题(人际问题是形成心理异常的主因)。以夫妻间感情问题而导致妻子心理异常为例，妻子即可扮演剧中女主角，另一助理人员可扮演她的丈夫，心理师即可让妻子从四个方面去扮演她的角色:(1)描述夫妻相处时妻子的感受、想法与做法;(2)描述夫妻相处时丈夫在感情与言行上如何对待妻子;(3)希望丈夫如何改变以符合妻子的期望;(4)希望妻子如何改变以扮演一个理想的妻子角色。由于心理剧没有剧本限制，担任剧中女主角的心理异常者，在按以上四方面自由发挥时，自然会不自觉地将个人的问题投入剧情之中。果如是，当事人即可因角色扮演而对自己的问题做出客观的分析，其结果即可达到前文所指**领悟治疗**的目的。

（三）家庭治疗

在前章讨论心理异常形成的原因时，曾多次提到家庭中的人际关系是主要原因之一。因家庭人际关系不良而导致心理异常者，自然不限夫妻关系，亲子关系不良更是形成心理异常的重要原因。家庭是一个永久性的团体，家庭成员间的和睦相处，远较其他社会团体重要。亲子关系维持数十年之久，夫妻间关系彼此相依直到老死；如果家庭人际关系经常冲突，对当事人的影响是可以想见的。近年来心理异常之所以日益增多，社会急遽变迁，传统家庭功能式微，对儿童与青少年的成长、对成年人夫妻的亲密关系、对老年人晚年生活的照顾等，在在产生不良影响。惟其如此，家庭治疗在心理治疗上变得特别重要。

所谓**家庭治疗**(family therapy)，是指以家庭整体做为治疗对象的一种心理治疗方法。前述两种团体治疗的共同特征是，借团体活动的方式治疗团体成员中个人的心理异常问题；而家庭治疗则是名副其实地治疗家庭这个团体。即使家庭成员中罹患心理异常者只有一人，心理医师在实施家庭治疗时仍然以全家人视为治疗对象。理由是，心理异常的形成，家庭环境是主要原因之一。个人的心理异常可视为代罪羔羊，家庭中人际环境异常才是个人心理异常真正的病因。基于此义，多年来流行的各种家庭治疗，在实施程序上虽不相同，而原则上都是试图改变家庭中人际关系为主要目的。其中最广为采用者是以下两种家庭治疗：

1. 结构家庭治疗法　所谓**结构家庭治疗法**(structure family therapy)，是指从改变心理异常者家庭中人际关系的不良结构，借以达到治疗目的的一种方法(Minuchin,1974)。家庭结构所指的是家庭成员间相对的角色关系及感情关系。如果家庭中父母感情不和，而且母亲角色过分强悍，父亲角色过分懦弱，在此种家庭环境下成长的子女，在性格上就难免会形成**性别认同障碍**(见第十三章第三节)。在此种情形下，改变其家庭结构，协助父母调整各自的角色，反而比治疗心理异常者本人更为有效。

2. 联合家庭治疗法 所谓**联合家庭治疗法**(conjoint family therapy)是指将家庭成员间冲突对立的不和谐气氛，经由心理师参与家人团体讨论和彼此沟通后，使家庭中人际关系在态度上趋于联合一致，从而达到治疗目的的一种方法(Satir,1976)。家庭成员间冲突对立，对家庭中任何人都会构成伤害；父母对子女管教态度不一致，对子女人格成长尤有不良影响。家庭人际关系不和，成员间缺乏沟通是主要原因。心理师以专家的身份，将全家人联合在一起，家庭成员间彼此沟通的管道，可能就由此打通。

第四节　心理治疗的评价

基于前几章各种心理治疗方法的探讨，可知心理治疗的基本构想，乃是改变医学上靠药物治疗的传统，试图改采“帮助病人自行改变”的取向，从而达到不药而愈的目的。针对此一构想，读者自然会产生如下的问题：单凭人的帮助(即不用药物)是否真的能够治疗心理疾病？换言之，心理治疗究竟有多大的效果？此一问题看似简单，事实上却很难回答。传统上一般人对良医治病的正面评价是“对症下药”与“药到病除”。心理师对心理异常患者治疗时，既不使用药物，自然也就谈不到“对症下药”。治疗时不使用药物，治疗之后又如何判定治疗的成效？对此一问题，一般是根据心理师的病例记录与病人凭感觉所作的回答来评估。在理论上讲，这两种资料都不够科学，原因是这两种资料均非根据客观测量工具得到的结果。以下的讨论，试从早期与晚近不同的研究，简要说明对此类问题的看法。

一、对心理治疗效果的早期研究

多年来，临床心理学家曾对心理治疗的效果从事过多项研究，其间最著名但也引起最多争议的是英国心理学家艾森克(见图 11-8)。在 20 世纪 60 年代，艾森克曾经对 24 项心理治疗项目研究报告从事分析研究(Eysenck, 1952)，结果发现，有三分之二的患者病情有显著改善。这显示心理治疗确有效果。然而，艾森克就登记求诊而尚未接受心理治疗的 72 人的情形加以分析，结果发现，在同段时间内几乎同样有三分之二的人自觉病情有了改善。此一现象无异说明了接受与未接受治疗两组人的病情改变并没有差异。换言之，心理治疗的效果是值得怀疑的。

艾森克的研究报告发表后，引起了临床心理学界极大的争议。有人批评他的分析方法不够客观，有人采用自然复元的概念来解释，所谓**自然复元**(spontaneous remission)，是指身体功能会自然克制疾病的现象。平常所谓“伤风服药七天会痊愈，不服药一周也会过去”的说法，即属此意。甚至也有人认为登记而未接受治疗者，可能在未正式接受心理治疗之前他们在生活中所遭遇到的困难已经解决。生活上的问题解决心理上的问题自然会随之消失。

二、对心理治疗效果的晚近研究

继艾森克的研究之后，另有很多研究试图以较客观的方法评鉴心理治疗的效果。兹举史密斯等人 1980 年对包括数千名患者病历中的 475 项心理治疗报告分析结果为例，做为近年来一般对心理治疗效果评价的代表性看法(Smith, et al., 1980)。根据该项研究报告显示，就接受心理治疗与未接受心理治疗两组比较分析，得到两组病情变化的情形。如图 14-6 所示，经过治疗的心理异常患者，显然较未经治疗的患者有显著进步。再就接受治疗组的平均人数(M_2)看，在同一标准上相当于未治疗组总人数的80%的位置。这现象表明了接受治疗与否，在病情好转的同一标准上，两组之间平均人数有30%的差异。换言之，就整体而言心理治疗是有相当正面效果的。惟进一步分析时即可发现，在同一评鉴标准之下，未经治疗的病人中达到治疗组平均人数(M_2)以上者，也有20%。这显示的确有些心理异常者不经治疗也会有自然复元的可能。

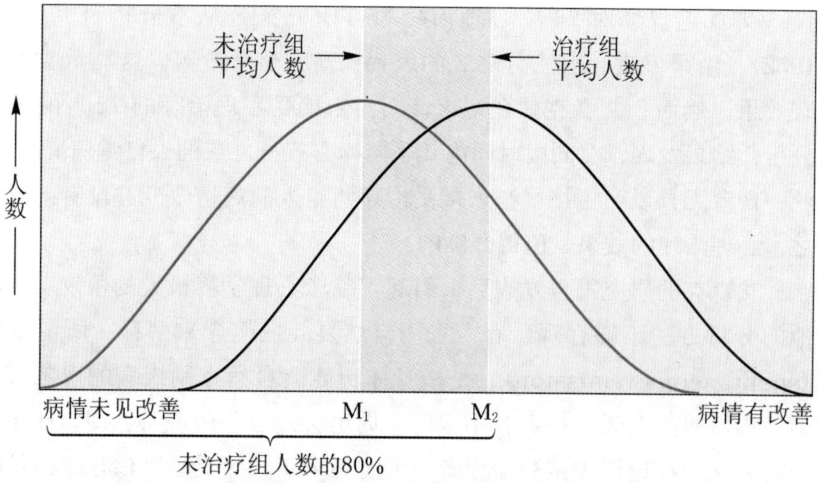

图 14-6 接受与未接受心理治疗两组病情比较

咖啡色曲线代表未接受治疗组，黑色曲线代表接受治疗组。M_1 与 M_2 代表两组平均人数。
（采自 Smith et al.,1980）

三、有效心理治疗的共同要件

在前述史密斯等人的研究中，除了研究结果发现心理治疗具有相当效果之外，他们也对各种治疗方法进行分析比较，试图了解哪种心理治疗方法最具成效。结果发现，在最常采用的精神分析治疗、人本治疗、行为治疗及认知治疗四大类治疗的效果上，并无显著差异。每种治疗方法实施后在效果上都会有理想与不理想的现象(Smith, et al., 1980)。对此结果的解释，一般认为，心理治疗的效果，并非单纯决定于治疗方法的本身，而是决定于心理师的素养与患者的条件。如心理师素养良好，且能针对患者病象、病情、病因及需要等条件进行治疗，任何治疗方法可能都会有效。反之，如心理师素养不足，在未能配合患者条件的情况下径行采用自以为是的心理治疗方法，任何方法也难以奏效。惟其如此，曾有心理学家对心理治疗后卓有成效的案例进行分析研究，结果发现，无分心理治疗类别，凡是治疗后效果良好者，心理师的素养中均各具备以下四项要件(Frank, 1982)：

1. 鼓舞患者恢复生活信心 心理异常者的共同心态是对自己的生活消极悲观，而消极悲观的原因是由于自己对环境适应失败，对自己的生活丧失了信心。因此，心理师在与患者第一次见面时，宜将鼓舞患者恢复生活信心列为首要目标。达到此一目标应有的做法是:(1)以和蔼包容的态度聆听患者陈述自己的痛苦及困难问题;(2)聆听后对患者的陈述表示接纳，不予以批评，借以稳定患者的情绪;(3)建议患者换一个角度看自己的问题，看看周围有多少比他的困难更多的人，仍然在努力不懈追求生命的意义，借以鼓励他建立信心，相信自己有克服困难的能力。

2. 协助患者重新认识自己 心理异常主要起于情绪困扰。情绪陷入困扰之后，个人就难免失去自我反省的能力，对不如意的事，不是自怨自艾，就是怨天尤人。心理师如能针对此点，让患者坐下来心平气和地从他的家庭生活、工作环境以及人际关系等各方面从事自我分析，然后鼓励他坦白道出内心中自己的理想和他追求的人生方向。如此做法，旨在让患者从自我反省中重新认识自己；认识自己的优点和缺点之后，鼓励他在现实生活中重新出发去追求自己的理想。

3. 让患者感到关怀与支持 心理异常者的心境都是孤独寂寞的；而孤独寂寞心境的形成主要是他对别人心存疑虑，对自己无信心，因而在社会关系上退缩逃避所致。心理师宜针对此点，从治疗开始即以诚挚关怀的态度接纳患者，使他感到心理师是了解他的，是支持他的。只有在此种情境之下，心理师才会与患者之间建立良好的合作关系。两者间合作关系建立之后，患

补充讨论 14-1

心理异常的生理医药治疗

心理异常原则上不被视为生理性的疾病，故而在治疗上一般不采用生理性疾病的医疗方法。惟因心理治疗通常需要较长时间，且效果不易显现，故而临床心理医师为求短时间内减缓患者精神痛苦起见，有时也采用以下几种类似生理疾病的医疗方法：

1. 精神药物治疗 **精神药物治疗**(psychoactive drug therapy)是指借助影响精神状态之药物(见第四章第四节)以减缓患者痛苦，从而达到治疗效果的一种方法。目前在这方面使用最多的药物计有四大类：(1) **抗焦虑剂**(antianxiety drug)：抗焦虑剂这一类药物的主要效果是服用后帮助患者减低紧张、不安、恐惧的不当情绪。(2) **抗抑郁剂**(antidepressant drug)：抗抑郁剂这一类药物的主要效果是服用后刺激大脑的**神经传导素**(neurotransmitter)，改变患者的低落情绪状态，对生活感到鼓舞与乐趣。(3) **抗狂躁剂**(antimania drug)：抗狂躁剂这一类药物的主要效果是服用后可减缓两极性躁郁症的症状。(4) **抗精神剂**(antipsychotic drug)：抗精神剂这一类药物的主要效果是服用后减缓精神分裂症的重要症状。在心理治疗中，精神药物治疗只是暂时缓和患者精神痛苦之用，不能视为主要的治疗方法。因为精神药物长期服用之后难免造成药物依赖(见第四章第四节)的不良后果。

2. 电痉挛治疗 **电痉挛治疗**(或**电抽搐治疗**)(electroconvulsive therapy, 简称 ECT)是采用电流打击使患者暂时陷入休克状态，借以缓和病情的一种物理治疗方法。因此，电痉挛治疗也称**休克治疗**(shock therapy)。电痉挛治疗主要用于深度抑郁症。实施时将电极置于患者头部一侧，电流强度在 70～130 伏特之间，每次通电时间不超过一分钟，每周治疗三次，连续实施 2～3 周。根据精神病学的研究报告，电痉挛治疗法确实对严重抑郁症患者具有疗效，特别是对随时有自杀可能的抑郁症病人而言，此种方法更具有立即效果(Martin et al.,1985)。电痉挛治疗法虽证明有效，但由于无法免除两种缺点，故而在精神病院较少应用。第一种缺点是脑部遭受电击后难免会有影响记忆的后遗症；第二种缺点是，即使在麻醉状态下实施，也仍然难免使病人因惊恐形成其他心理上不良影响。

3. 精神外科治疗 所谓**精神外科治疗**(psychosurgery therapy)，简称**精神外科**(psychosurgery)，是采外科手术的方式，将脑部的神经组织切除一部分，从而达到治疗心理疾病的目的。精神外科系由葡萄牙神经病学家蒙尼兹(Egas Moniz,1874～1955)在 1935 年所首创。当时蒙尼兹采用的方法称为**额叶切除术**(frontal lobotomy)，将大脑额叶(见图 2-9)与其他部位相连接的神经切断，从而减低精神分裂症与抑郁症的病情。因此种手术为医学界空前创举，因而蒙尼兹获得 1949 年诺贝尔医学奖的荣誉。前叶切除术的理论根据是，前叶的主要功能是增强其他神经中枢输入讯息后的情绪反应，切断中间连接后，就可以缓和患者的情绪。因此当时曾有“救心不妨伤脑”的说法。惟以后临床证明此种手术后果不甚理想，故目前已少采用。

者才会遵照心理师的建议去改变自己。

4. 展现可信赖的专业形象 担任心理师者基本上都受过专业训练，且获有心理师执照。惟这些只能算是构成优良心理师的必要条件，而不能视为充分条件。真正具有优良素养的心理师，除了这些必要条件之外，最重要的是能在患者心目中建立起可信赖的专业形象。心理师足以让患者信赖的专业形象，是在治疗过程中由心理师的态度及言谈举止等多方面综合展现的。患者对心理医师建立起可信赖的专业形象之后，他就会相信心理师有足够的条件帮助他解决问题，而且也会遵照心理师的建议去改变自己。在一般内科疾病治疗上早已证明，只要病人信赖医师，即使不具疗效的药物，也会发生治疗效果。像此种不是药物(如维他命片)而能产生治疗效果的现象，称为**安慰剂效应**(placebo effect)。安慰剂效应既然能在具有生理症状(如头痛、气喘等)情形之下产生疗效，对本无生理症状的心理异常现象而言，自然更会产生治疗作用。

本章以上各节所讨论者，只限于纯心理治疗的各种取向与方法。实际上在对心理异常者进行治疗时，除采用纯心理治疗之外，有时配合患者病情也采用生理药物治疗，此点读者可参阅补充讨论 14-1。

本章摘要

1. **心理治疗**是根据心理学对人性可以改变的原理，在不使用药物的原则之下，对心理异常者施予治疗，以助其恢复正常的历程。
2. 心理治疗的方法众多，理论纷歧，本书将心理治疗概略分为三大类来介绍：(1)**领悟治疗**；(2)**行动治疗**；(3)**团体治疗**。
3. 领悟治疗旨在经由治疗过程，让患者领悟到自己心理异常的原因，从而改变其不当的思想与行为。

4. 属于领悟治疗取向之下，可分为精神分析取向的心理治疗与人本主义取向的心理治疗两大类。
5. 在精神分析取向的心理治疗之下，又有弗洛伊德的**精神分析治疗**与**心理动力心理治疗**两类。弗洛伊德的精神分析治疗采用的方法主要有：(1)**自由联想**；(2)**梦的解析**；(3)**移情分析**；(4)**阐释**。
6. 心理动力心理治疗，指继承弗洛伊德思想但在治疗方法上有所改变的治疗取向。
7. **人本治疗**取向者有：(1)罗杰斯的**当事人中心治疗法**；(2)皮尔斯的**完形治疗法**；(3)弗兰克的**意义治疗法**。
8. **行动治疗**是试图针对当事人的症状，直接对其思想行为的偏差，提出纠正或改进建议的方法。行动治疗的基本理念是，如果协助当事人知道自己错误，而且能改正错误，他的心理问题就会自然解决。
9. 行动治疗所依据的理论是行与知，故在方法上也分两类：(1)以**条件作用**为理论基础的行动治疗；(2)以**认知心理学**为理论基础的行动治疗。
10. 以条件作用为理论基础的行动治疗分为两种：一种将**经典条件作用**原理用于治疗；另一种将**操作条件作用**原理用于治疗。前者有**系统脱敏法**及**厌恶治疗法**，后者可以**代币法**做代表。
11. 以认知心理学为理论基础的行动治疗，主要有两种，一为艾利斯的**理性情绪治疗法**，另一为贝克的**认知治疗法**。
12. **团体治疗**是多种心理治疗方法的一种共同取向，而非指某种单一方法；团体治疗的目的是，借由当事人参与有计划的团体活动，让他有机会了解自己，认识别人，从而学习到如何改变自己。
13. 团体治疗的主要类型有：(1)**会心团体**；(2)**心理剧**；(3)**家庭治疗**。
14. 从现代人心理问题日益增多的现象看，心理治疗是极为需要的。但如从心理治疗行之多年的实效看，其成效远逊于传统医学采用药物或手术对生理疾病的治疗。这现象并非代表心理治疗失败，而是说明人性过于复杂，不易采简单方法来处理。
15. 心理治疗成效高低的关键，不完全系于采用的治疗方法，而主要在于心理师所具备的素养与患者条件之能否配合。一般咸认有效的心理治疗，端赖心理师的素养中应具备四项重要的条件：(1)鼓舞患者恢复生活信心；(2)协助患者重新认识自己；(3)让患者感到关怀与支持；(4)展现可信赖的专业形象。

建议参考资料

1. 叶英、文荣光、胡海国(1985)：临床心身医学。台北市：大林出版社。
2. 林宗义(1990)：精神医学之路。台北市：稻香出版社。
3. 林 宪(1983)：临床精神医学。台北市：茂昌图书有限公司。
4. 柯永河(1993)：心理治疗与卫生——我在晤谈椅上四十年（上下册）。台北市：张老师出版社。
5. American Psychiatric Association (1994). *Diagnostic and statistical manual of mental disorders* (4th ed., revised). Washington DC: American Psychiatric Association.
6. Brems, C.(1999). *Psychotherapy: Process and techniques*. Boston: Allyn & Bacon.
7. Gilliland, B. E. & James, R. K.(1990). *Theories and strategies in counseling and psychotherapy* (4th ed.). Boston: Allyn & Bacon.
8. Martin, G. & Pear, J.(1996). *Behavior modification: What it is and how to do it* (5th ed.) . Englewood Cliffs, NJ: Prentice-Hall.
9. Mitchell, S. A. & Black, M. J.(1995). *Freud and beyond: A history of modern psychoanalytic thought*. New York: Basic Books.
10. Sarason, I. G. & Sarason, B. R.(1989). *Abnormal psychology: The problem of maladaptive behavior* (6th ed.). Englewood Cliffs, NJ: Prentice Hall.
11. Sharf, R. S.(2000). *Theories of psychotherapy & counseling: Concepts and cases* (2nd ed.). Singapore: Brooks/Cole.
12. Stone, M. H.(1997). *Healing the mind: A history of psychiatry from antiquity to the present*. New York: Norton.

参考文献

车文博(2001)：人本主义心理学。台北市：东华书局(繁体字版)。杭州市：浙江教育出版社(简体字版)。

车文博(1996)：西方心理学史。台北市：东华书局(繁体字版)。杭州市：浙江教育出版社(简体字版)。

卢家楣、魏庆安、李其维(编)(1998)：心理学——基础理论及其应用。上海市：上海人民出版社。

叶英堃、文荣光、胡海国(1985)：临床心身医学。台北市：大林出版社。

圣严法师(2000)：欢喜看生死。台北市：天下生活出版股份有限公司。

朱智贤、林崇德(1986)：思惟发展心理学。北京市：北京师范大学出版社。

朱　滢(主编)(2000)：实验心理学。北京市：北京大学出版社。

危正芬(译，1999)：心理测验。台北市：双叶书廊。

江汉声(1985)：性与你。台北市：健康世界杂志社。

江光荣(2000)：人性的迷失与复归——罗杰斯的人本心理学。武汉市：湖北教育出版社。

许淑莲等(1987)：老年心理学。北京市：科学出版社。

麦丽敏(2000)：新编生理学(修订版)。台北市：永大书局。

杨治良（1997)：实验心理学。台北市：东华书局（繁体字版)。杭州市：浙江教育出版社（简体字版)。

杨庸一(1982)：心理分析之父——弗洛伊德。台北市：允晨文化事业有限公司。

李中钟(译，1988)：错觉心理学。台北市：大将书局。

李明滨(译，1976)：催眠研究。台北市：杏文出版社。

李明滨(1986)：精神官能症之行为治疗。台北市：健康世界杂志社。

李　维(2001)：学习心理学。成都市：四川人民出版社。

时蓉华(1996)：社会心理学。台北市：东华书局(繁体字版)。杭州市：浙江教育出版社(简体字版)。

应平书(1987)：现身说法减肥成功。台北市：文经出版社。

张日升(1993)：青年心理学。北京市：北京师范大学出版社。

张必隐(2003)：学习心理学。台北市：东华书局(繁体字版)。杭州市：浙江教育出版社(简体字版)。

张春兴(2002a)：心理学思想的流变——心理学名人传(修订版)。台北市：东华书局(繁体字版)。上海市：上海出版集团教育出版社(简体字版)。

张春兴(2002b)：论心理学发展的困境与出路。心理科学。25卷，5期，591～596。

张春兴(1983)：成长中自我的探索。台北市：东华书局(繁体字版)。北京市：世界图书公司(简体字版)。

张春兴(1979)：同性恋的是是非非。载于张春兴(1979)，青年的烦恼与出路。台北市：东华书局(繁体字版)，229～255页。北京市：世界图书公司(简体字版)，159～178页。

张春兴(1991)：现代心理学。台北市：东华书局(繁体字版)。上海市：上海人民出版社(简体字版)。

张春兴(1994)：教育心理学。台北市：东华书局(繁体字版)。杭州市：浙江教育出版社(简体字版)。

张春兴(编)(1982)：怎样突破读书的困境。台北市：东华书局(繁体字版)。北京市：世界图书公司(简体字版)。

张厚粲(1999)：行为主义心理学。台北市：东华书局(繁体字版)。杭州市：浙江教育出版社(简体字版)。

张厚粲、龚耀先(2003)：心理测量学。台北市：东华书局(繁体字版)。杭州市：浙江教育出版社(简体字版)。

陆祖昆(1988)：创造心理学。台北市：五洲出版社。

林奇荣(译，1990)：从吃改变人生。台北市：健康世界杂志社。

林宗义(1990)：精神医学之路。台北市：稻香出版社。

林　宪(1990)：心路与心病。台北市：健康世界杂志社。

林　宪(1988)：现代人与心病。台北市：健康世界杂志社。

林　宪(1983)：临床精神医学。台北市：茂昌图书有限公司。

林崇德(2000)：发展心理学。台北市：东华书局(繁体字版)。杭州市：浙江教育出版社(简体字版)。

林清山(1992)：心理与教育统计学。台北市：东华书局。

罗大华、何为民(1999)：犯罪心理学。台北市：东华书局(繁体字版)。杭州市：浙江教育出版社(简体字版)。

罗德望(译，1987)：视觉心理学。台北市：五洲出版社。

周先乐(2000)：人体生理学（上下)。台北市：艺轩图书出版社。

郑昭明(1993)：认知心理学——理论与实践。台北市：桂冠图书出版公司。

郑　雪(2001)：人格心理学。广州市：暨南大学出版社。

柯永河(1982)：人性好园丁——罗杰斯。台北市：允晨文化事业有限公司。

柯永河(1993)：心理治疗与卫生——我在晤谈椅上四十年(上下册)。台北市：张老师出版社。

俞筱钧(1982)：人类智慧探索者——皮亚杰。台北市：允晨文化事业有限公司。

洪祖培、林克明(1979)：睡眠及其障碍。台北市：水牛出版社。

洪敏之等(2000)：当代生理学(修订版)。台北市：华杏出版有限公司。

奚明远(译，1982)：第六感。台北市：黎明文化事业公司。

高玉祥(1989)：个性心理学。北京市：北京师范大学出版社。

郭生玉(1985)：心理与教育测验。台北市：精华书局。

黄正仁(1988)：甜蜜的睡眠：失眠自疗法。台北市：大洋出版社。

黄世贤(译，1983)：图解临床脑波检查法。台北市：合记图书出版社。

黄希庭(1998)：人格心理学。台北市：东华书局(繁体字版)。杭州市：浙江教育出版社(简体字版)。

彭聃龄、张必隐(2000)：认知心理学。台北市：东华书局(繁体字版)。杭州市：浙江教育出版社(简体字版)。

董　奇、申继亮(2003)：心理与教育研究法。台北市：东华书局(繁体字版)。杭州市：浙江教育出版社(简体字版)。

程　群(译，1975)：超觉冥思：消除压力，发挥潜能。台北市：芊芊出版社。

曾文星、徐　静(1999)：现代精神医学。台北市：水牛出版社。

谢瀛华(1987)：两性新话题。台北市：浓浓出版社。

赖亮金等(译，2000)：盖统生理学：生理及疾病机转。台北市：华杏出版股份有限公司。

詹益宏(1985)：性医学：正确的性知识。台北市：牛顿出版社。

詹益宏、郑泰安(1986)：性与婚姻生活。台北市：水牛出版社。

廖元辉(译，1988)：思维心理学。台北市：五洲出版社。

廖克玲(1982)：社会学习论巨匠——班杜拉。台北市：允晨文化事业有限公司。

漆书青、戴海崎、丁树良 (1998)：现代教育心理测量学原理。南昌市：江西教育出版社(简体字版)。心理测量学原理。台北市：师大书苑(繁体字版)。

瞿海源(1989)：社会心理学新论。台北市：巨流图书公司。

Abramowitz, S. I.(1986). Psychological outcomes of sexual reassignment surgery. *Journal of Counseling and Clinical Psychology*, 54, 183～189.

AcKerman, D.(1990). *A natural history of senses.* New York:Random House.

Allen, M. G.(1976). Twin studies of affective illness. *Archives of General Psychiatry*, 35, 1476～1478.

Allport, F. H. & Allport, G. W.(1921). Personality traits: Their Classification and measurement. *Journal of Abnormal and Social Psychology*. 16, 6～40.

Allport, G. W.(1937). *Personality:A psychological interpretation.* New York: Holt.

Alonso, A. & Swiller, H. I.(1993). *Group therapy in clinical practice.* Washington, DC: American Psychiatric Press.

Altrocchi, J.(1980). *Abnormal behavior.* New York:Harcourt Brace.

American Psychiatric Association(APA, 1994). *Diagnostic and statistical manual of mental disorders*(4th ed.). Washington, DC: American Psychiatric Association.

Anastasi, A . (1958). Heredity, environment, and the question "how"? *Psychological Review*, 65, 197～208.

Anastasi, A.(1967). Psychology, psychologists, and psychological testing. *American Psychologist*, 22, 297～307.

Anastasi, A.(1981). Sex differences:Historical perspectives and methodological implications. *Developmental Review*, 1, 187～206.

Arvey, R. D., Bouchard, T. J., Segal, N. L., & Abraham, L. M.(1989). Job satisfaction: Genetic and environmental components. *Journal of Applied Psychology*, 74, 187～192.

Asch, S. E.(1951). Effects of group pressure upon the modification and distortion of judgment. In H. Guetzkow(Ed.), *Group, leadership, and men.* Pittsburgh, PA: Carnegie.

Asch, S. E.(1952). *Social psychology.* New York: Prentice-Hall.

Asch, S. E.(1955). Opinions and social pressure. *Scientific American*, 193, 31～35.

Atkinson, J. W.(1964). *An introduction to motivation.* New York: Van Nostrand.

Atkinson, R. C. & Shiffrin, R. M.(1968). Human memory:A proposed system and its control processes. In K. W. Spence & J. T. Spence(Eds.), *The psychology of learning and motivation*, Vol. 1, pp.89～195. New York: Academic Press.

Atkinson, R. L., Atkinson, R. C., Smith, E. E., & Bem, D. J.(1993). *Introduction to psychology*(11th ed.). New York: Harcourt Brace.

Atkinson, R. L., Atkinson, R. C., Smith, E. E., & Bem, D. J.(1996). *Introduction to psychology*(12th ed). New York: Harcourt Bace.

Bales, R. F.(1970). *Personality and interpersonal behavior.* New York: Holt, Rinehart, & Winston.

Bandura, A.(1965). Vicarious processes: A case of no-trial learning. In L. Berkowitz (Ed.), *Handbook of socialization theory and research.* Chicago: Rand-McNally.

Bandura, A.(1969). *Principles of behavior modification.* New Yrok: Holt, Rinehart & Winston.

Bandura, A.(1977a). *Social learning theory.* Englewood Cliffs, NJ: Prentice-Hall.

Bandura, A.(1977b). Self-efficacy: Toward a unifying theory of behavioral change. *Psychological Review*, 84, 191～215.

Bandura, A.(1978). The self-system in reciprocal determinism. *American Psychologist*, 33, 344～358.

Bandura, A.(1986). *Social foundations of thought and action: A social cognitive theory.* Englewood Cliffs, NJ: Prentice-Hall.

Bandura, A.(1988). Self-efficacy conception of anxiety. *Anxiety Research*, 1(2), 77～98.

Banks, M.(1983). Infant visual perception. In P. Mussen (Ed.), *Handbook of child psychology*, Vol. 2. New York: Wiley.

Barnes, G. E. & Prosen, J. D.(1985). Parental death and depression. *Journal of Abnormal Psychology*, 94, 64～69.

Baron, R. A. & Byrne, D.(1994). *Social psychology: Understanding human interaction*(7th ed.). Boston: Allyn and Bacon.

Basseches, M.(1984). *Dialectical thinking and adult development.* Norwood, NJ: Ablex.

Bayley, N.(1969). *Bayley scale of infant development.* New York: The Psychological Corporation.

Beck, A. T.(1976). *Cognitive therapy and the emotional disorders.* New York: International University Press.

Beck, A. T.(1978). Cognitive therapy of depression and suicide. *American Journal of Psychotherapy*, 32, 252～269.

Becvar, D. S. & Becvar, R. J.(1996). *Family therapy: A systemic integration.* Boston: Allyn & Bacon.

Bellak, L.(1994). The schizophrenic syndrome and attention deficit disorder. *American Psychologist*, 49, 25～29.

Belloc, N. B. & Breslow, L.(1972). Relationship of physical health status and family practice. *Preventive Medicine*, 1, 409～421.

Benson, H.(1975). *The relation response.* New York:Morrow.

Best, C. T. & Queen, H. F.(1989). Baby, it's in your smile: Right hemiface bias in infant emotional expressions. *Developmental Psychology*,25, 264～276.

Binet, A. & Simon, T.(1915). *A method of measuring the development of intelligence of young children.* Chicago: Medical Books.

Bootzin, R. R., Acocella, J. R., & Alloy, L. B.(1993). *Abnormal Psychology: Current perspectives*(6th ed.). New York: McGraw-Hill.

Bouchard, T. J.(1996). Behavior genetic studies of intelligence, yesterday and today. *Journal of Biosocial Science*, 28, 527～555.

Bourne, L. E. Jr.(1970). Knowing and using concepts. *Psychological Review*, 77, 546～556.

Bower, G. H.(1970). Organizational factors in memory. *Cognitive Psychology*, 1, 18～46.

Bundy, R. S.(1980). Discrimination of sound localization cause in young infant. *Child Development*, 51, 292～294.

Burke, P. J.(1971). Task and social-emotional leadership role performance. *Sociometry*, 34, 22～40.

Burnstein, E.(1983). Persuation as argument processing. In M. Brandstatter & J. H. Davis(Eds), *Group decision process*. London: Academic Press.

Campbell, S. S. & Tobler,.(1984). Animal sleep:A review of sleep duration across phylogeny. *Neuroscience and Biobehavioral Review*, 8, 268～300.

Cannon, W. B.(1927). The Jame-Lange theory of emotion: Critical examination and an alternative theory. *American Journal of Psychology*, 39, 106～124.

Cartwright, D. & Zander, A.(Ed.)(1968). *Group dynamics: Research and theory* (3rd ed.). New York: Harper & Row.

Cattel, R. B.(1963). Theory of fluid and crystallized intelligence: A critical experiment. *Journal of Educational Psychology*, 54, 1~22.

Cattel, R. B. (1965). *The scientific analysis of personality.* Baltimore, Md: Penguin.

Cattel, R. B. (1950). *Personality: A systematic theoretical and factual study.* New York: McGraw-Hill.

Cheng, P. W. & Holyook, K. J.(1985). Pragmatic reasoning schemas. *Cognitive Psychology*, 17, 391~416.

Chomsky, N.(1957). *Syntactic structure.* The Hague: Mouton.

Chomsky, N. (1964). *Current issues in linguistic theory.* The Hague: Mouton.

Clarke-Stewart, A. & Friedman, S.(1987). *Child development.* New York: John-Wiley & Sons.

Cleckley, H.(1976). *The mask of sanity*(5th ed.). St Louis, MO: Mosby.

Collins, A. M. & Loftus, E. F.(1975). A spreading activation of theory of semantic processing. *Psychological Review*, 82, 240~248.

Conrad, R.(1964). Associative confusions in immediate memory. *British Journal of Psychology*, 55, 75~84.

Craik, F. I. M. & Lockhart, R. S.(1972). Levels of processing: A framework for memory search. *Journal of Verbal Learning and Verbal Behavior*, 11, 671~684.

Crook, C.(1978). Taste perception in the new born infant. *Infant Behavior and Development*, 1, 52~69.

Czeisler, C. A., Moore-Ede, M. C., & Coleman, R. M.(1982). Rotating shift work schedules that disrupt sleep are improved by applying circadian principles. *Science*, 217, 284~290.

Dallenbach, R. M.(1951). A puzzle picture with a new principle of concealment. *American Journal of Psychology*, 64, 431~433.

Darley, C. F., Tinklenberg, J. R., Roth. W. T., Hollister, L. E., & Atkinson, R. C.(1973). Influence of marijuana on storage and retrieval processes in memory. *Memory and Cognition*, 1, 196~200.

Darley, J. M. & Latance, B.(1968). Bystander intervention in emergencies: Diffusion of responsibility. *Journal of Personality and Social Psy-*

chology, 8, 377～383.

Darley, J. M., Glucksberg, S., & Kinchla, R. A.(1991). *Psychology*(5th ed.). Englewood Cliffs, NJ: Prentice-Hall.

Davis, S., Thomas, R. L., & Weaver, M. S.(1982). Psychology's contemporary and all-time notables: Students, faculty and chairperson viewpoint. *Bulletin of the Psychonomic Society*, 20, 3～6.

Davison, G. C. & Neale, J. M.(1982). *Abnormal psychology* (3rd ed.). New York: Wiley.

DeCasper, A. J. & Fifer, W. D.(1980). Of human bonding: Newborns prefer their mother's voices. *Science*, 208, 1174～1178.

Delmonte, M. M.(1985). Biochemical indices associated with meditation practice:A literature review. *Neuroscience and Biobehavioral Reviews*, 9, 557～562.

Dement, W. C.(1972). *Some must watch while some must sleep.* Stanford, CA: Stanford Alumni Assoeiation.

Diener, E.(1980). Deindividuation: The absence of self-awareness and self-regulation in group members. In P. B. Paulus(Ed.), *Psychology of group influence.* Hillside, NJ: Erlbaum.

Duggan, J. P. & Booth, D. A.(1986). Obesity, Overeating, and rapid gas-tric emptying in rats with ventromedial hypothalamic lesions. *Science*, 231, 609～611.

Duncker, K.(1945). On problem solving. *Psychological Monographs*, 58 (Whole No. 270).

Dunn, P. K. & Ondercin, P.(1981). Personality variables related to compulsive eating in college women. *Journal of Counselling and Clinical Psychology*, 37, 43～49.

Eagle, A. H. & Chaiken, S.(1984). Cognitive theory of persuation. In L. Berkowitz (Ed.), *Advances in experimental social psychology*, Vol. 17, pp. 268～359. New York: Academic Press.

Ebbinghaus, H.(1908). *A summary of psychology.* Leipzig: Veit.

Eisenberg, N., Cialdini, R. B., McCreath, H., & Shell, R.(1987). Consistency-based compliance. *Journal of Personality and Social Psychology*, 52, 1174～1181.

Ekman, P. & Friesen, W. V.(1971). Constants across cultures in the face and emotion. *Journal of Personality and Social Psychology*, 17, 124～129.

Ekman, P. & Friesen, W. V.(1975). *Unmasking the face.* Englewood Cliffs, NJ: Prentice-Hall.

Ellis, A.(1958). Rational psychotherapy. *Journal of Social Psychology*, 59, 35~49.

Ellis, A.(1962). *Reason and emotion in psychotherapy.* New York: Lyle Stuart.

Ellis, A.(1967). Rational-emotive therapy. In D. Arbuckle(Ed.), *Counseling and psychotherapy.* New York: McGraw-Hill.

Ellis, A.(1979). *The intelligent woman's guide to dating and mating.* Secaucus, NJ: Stuart.

Ellis, A.(1983). *Rational-emotive therapy and cognitive behavior therapy.* New York: Springer.

Ellis, A.(1993). Changing rational-emotive therapy (RET) to rationalemotive-behavior therapy (REBT). *The Behavior Therapist*, 16, 257~258.

Erikson, E. H.(1963). *Children and society* (2nd. ed.). New York: Norton.

Erikson, E. H.(1968). *Identity: Youth and crisis.* New York: Norton.

Erikson, E. H.(1975). *Life history and the historical moment.* New York: Norton.

Erikson, E. H.(1980). *Identity and the life cycle.* New York: International University Press.

Eysenck, H. J.(1947). Types of personality. *Journal of Mental Sciences*, 90, 851~861.

Eysenck, H. J.(1952). The effects of psychotherapy: An evaluation. *Journal of Counselling Psychology*, 16, 319~324.

Eysenck, H. J.(1970). *The structure of human personality.* London: Methuen.

Festinger L. A.(1957). *A theory of cognitive dissonance.* New York: Row, Peterson.

Festinger L. A. & Carlsmith, L . M.(1959). Cognitive consequences of forced compliance. *Journal of Abnormal and Social Psychology*, 58, 203~210.

Fiedler, F. E.(1978). Recent development in research on the contingency model. In L. Berkowitz(Ed.), *Group process*, pp. 209~225. New York: Academic Press.

Fiedler, F. E.(1981). Leadership effectiveness. *American Behavioral Sci-*

entist, 24(5), 619～632.

Foster, R. G. (1993). Photoreceptors and circadian systems. *Current Direction in Psychological Science*, 2, 34～39.

Frank, J. D.(1982). Therapeutic components shared by all psychotherapies. In J. H. Harvey & M. M. Parks(Eds.), *The Master Lecture Series: Psychological research and behavior change*, Vol. 1. Washington, DC: American Psychological Association.

Frankle, V. E.(1966). Self-transcendence as human phenomenon. *Journal of Humanistic Psychology*, Fall, 97～106.

Frankle, V. E. (1955). *The doctor and the soul: From Psychotherapy to logotherapy*. New York: Knopf.

Frankle, V. E.(1959). *From deathcamp to existentialism*. Boston: Bacon Press.

Frankle, V. E.(1962). *Man's search for meaning: An introduction to logotherapy*. New York: Simon & Schuster.

Freud, S.(1908). Creative writers and daydreams. In J. Stratchey (Ed. and Trans.), *The standard edition of the complete psychological works of Sigmund Freud*, Vol. 9. London: Hogarth Press.

Freud, S. (1935). *General introduction to psychoanalysis*. New York: Washington Square Press.

Freud, S.(1946). *The ego and mechanism of defense*. New York: International University Press.

Freud, S. (1955). *The interpretation of dreams*. New York: Basic Books.

Galanter, E. (1962). Contemporary psychophysics. In R. Brown, E. Galanter, E. G. Hess, & G. Mandler (Eds.), *New directions in psychology*. New York: Holt, Rinehart, & Winston.

Galeman, D.(1995). *Emotional intelligence*. New York: Bantam Books.

Gardner, H.(1983). *Frames of mind: The theory of multiple intelligence*. New York: Basic Books.

Gardner, H. (1993). *Multiple intelligence: The theory in practice*. New York: Basic Books.

Gibson, J. T. & Walk, R. D.(1960). The "visual cliff". *Scientific American*, 202, 64～71.

Gick, M. L. & Holyoak, K.(1980). Analogical problem solving. *Cognitive Psychology*, 15, 1～38.

Gilbert, E. & Deblassie, R.(1984). Anorexia nervosa:Adolescent starvation by choice. *Adolescence*, 19, 840~846.

Glassman, W. E.(2000). *Approaches to psychology*(3rd ed.). Buckingham, UK: Open University Press.

Goddard, H. H.(1917). Mental tests and immigrants. *Journal of Delinquency*, 2, 243~277.

Goldstein, E. B.(1994). *Psychology*. Pacific Grove, CA: Brooks/Cole.

Gottesman, I. I. & Shields, J.(1972). *Schizophrenia and genetics:A twin study vantage point*. New York: Academic Press.

Gottesman, I. I. & Shields, J.(1982). *Schizophrenia: The epigenetic puzzle*. Cambridge. England: Cambridge University Press.

Gray, P.(1999). *Psychology*(3rd. ed.). New York: Worth Publishers.

Greene, J.(1987). *Memory, thinking, and language: Topics in cognitive psychology*. London: Methuen.

Guilford J. P.(1956). The structure of intelligence. *Psychological Bulletin*,53, 267~293.

Guilford, J. P.(1967). *The nature of human intelligence*. New York: McGraw-Hill.

Guilford, J. P.(1985). The structure-of-intellect model. In B. B. Wolman (Ed.), *Handbook of intelligence: Theoris, measurement, and applications*(pp. 225~266). New York: Wiley.

Guilford, J. P.(1988). Some changes in the structure-of-intellect model. *Educational and Psychological Measurment*, 48, 1~4.

Harlow, H. F., Harlow, M. K., & Mayer, D. R.(1950). Learning motivated by a manipulative drive. *Journal of Experimental Psychology*, 40, 228~234.

Haygood, R. C. & Bourne, L. E. JR.(1965). Attribute and rule learning aspects of conceptual behavior. *Psychological Review*, 72, 175~195.

Heider, F.(1944). Social perception in phenomenal causality. *Psychological Review*, 51, 358~374.

Heider, F.(1958). *The psychology of interpersonal relations*. New York: Wiley.

Heinrichs, R. W.(1993). Schizophrenia and the brain: Conditions for neuropsychology of madness. *American Psychologist*, 48, 221~233.

Hellige, J. B.(1990). Hemispheric asymmetry. *Annual Review of Psychol-*

ogy, 41, 55～80.

Hetherington, A. W. & Ranson, S. W.(1940). The spontaneous activity and food intake of rats with hypothalamic lesions. *American Journal of Physiology*, 136, 609～617.

Hetherington, A. W. & Ranson, S. W.(1942). The relation of various hypothalamic lesions to adiposity in the rat. *Journal of Comparative Neurology*, 76, 475～499.

Hetherington, A. W. & Ranson, S. W.(1940). Hypothalamic lesions and adiposity in rat. *Anatomical Record*, 75, 149～172.

Hilgard, E. R.(1965). *Hypnotic susceptibility*. New York:Harcourt, Brace & Wored.

Hilgard, E. R.(1977). *Divided consciousness:Multiple controls in human thought and action*. New York: Wiley.

Hilgard, E. R.(1979). Divided consciousness in hypnosis:Implications of the hidden observer. In E. Fromm & R. E. Shor(Eds.), *Hypnosis:Development in research and new perspectives*(2nd ed.). Chicago: Aldine.

Hobson, J. A. & McCarley, R. W.(1977). The brain as a dream state generator:An activation-synthesis hypothesis of the dream process. *American Journal of Psychiatry*, 134, 1335～1348.

Holmes, D. S.(1984). Meditation and some somatic arousal reduction: A review of experimental evidence. *American Psychologist*, 39, 1～12.

Horney, K.(1937). *The neurotic personality of our time*. New York: Norton.

Horney, K.(1939). *New ways in psychoanalysis*. New York: Norton.

Horney, K.(1945). *Our inner conflicts: A constructive theory of neurosis*. New York: Norton.

Horney, K. (1950). *Neurosis and human growth: The struggle toward selfrealization*. New York: Norton.

Hoveland. C. I. & Janis, I.(1959). *Personality and persuasibility*. New Haven, Conn: Yale University Press.

Hull, C. L.(1943). *Principles of behavior: An introduction to behavior theory*. New York: Appleton-Century-Crofts.

Hull, C. L.(1952). *A behavior system*. New Haven, CT: Yale University Press.

Intons-Peterson, M. J. & Roskos-Ewoldsen, B. B.(1989). Sensory-perceptual qualities of images. *Journal of Experimental Psychology: Learning, Memory, & Cognition*, 15(2), 188~199.

Izard, C. E.(1977). *Human emotion.* New York: Pelnum Press.

Izard, C. E.(1994). Innate and universal facial expressions: Evidence developmental and cross-cultural research. *Psychological Bulletin*, 115, 288~299.

Jackson, C. M.(1928). Some aspects of form and growth. In Robbins, W. J. and others, *Growth.* New Haven, Conn: Yale University Press.

Janis, I. L.(1982). *Groupthink: Psychological studies of policy decisions and fiascoes.*(2nd ed). Boston: Houghton Mifflin.

Jens, K. & Evans, H. (1983). *The diagnosis and treatment of multiple personality clients.* Smowbird, UT: Rocky Mountain Psychological Association.

Jenson, A. R.(1969). How much can we boost IQ and scholastic achievement? *Havard Educational Review*, 39, 1~123.

Jenson, A. R. (1981). *Straight talk about mental test.* New York: Free Press.

Johnson-Laird, P. N. & Wason, P. C.(1977). A theoretical analysis of insight in a reasoning task. In P. N. Johnson-Laird & P. C. Wason(Eds.), *Thinking: Readings in cognitive science.* Cambridge: Cambridge University Press.

Kahneman, D. & Tversky, A.(1972). Subjective probability: A judgment of representativeness. *Cognitive Psychology*, 3, 430~454.

Kahneman, D. & Tversky, A. (1973). On the psychology of prediction. *Psychological Review*, 80, 237~251.

Kahneman, D. & Tversky, A.(1982). The simulation heuristics. In D. Kahneman, P. Slovic & A. Tversky (Eds.), *Judgment under uncertainty: Heuristics and biases.* Cambridge: Cambridge University Press.

Kalat, J. W. (1988). *Biological psychology* (3rd ed.). Belmont, CA: Wadsworth.

Kaufman, L. & Rock, I.(1962). The moon illusion. *Scientific America*, 207, 120~132.

Kaufman, L.(1974). *Sight and mind: An introduction to visual perception.* New York: Oxford University Press.

Keating, D.(1980). Thinking processes in adolescence. In J. Adelson(Ed.),

Handbook of adolescent psychology. New York: Wiley.

Keesey, R. E.(1980). A set point analysis of the regulation of body weight. In A. J. Stunkard(Ed.), *Obesity.* Philadelphia: W. B. Sannder.

Keesey, R. E. & Corbett, S. W. (1983). Metabolic defense of the body weight set-point. In A. J. Stunkard & E. Stellar (Eds.), *Eating and its disorders.* New York: Raven Press.

Keller, L. M., Bouchard, T. J., Arvey, R. D., Segal, N. L., & Dawis, R. V. (1992). Work value: Genetic and environmental influces. *Journal of Applied Psychology,* 77, 79～88.

Kelley, H. H.(1973). The process of causal attribution. *American Psychogist,* 28, 107～128.

Kety, S. S., Rosenthal, D., Wender, P. H, Schulsinger F., & Jacobson, B. (1978). The biological and adoptive families of adopted individuals who became schizophrenic. In L. C. Wynne, R. L. Cromwell, & S. Matthysse(Eds.), *The nature of schizophrenia.* New York: Wiley.

Kety, S. S.(1988). Schizophrenic illness in the families of schizophrenic adoptees: Findings from the Danish national sample. *Schizophrenia Bulletin,* 14, 217～222.

Kihlstrom, J. F.(1984). Conscious, subconscious, unconscious: A cognitive review. In K. S. Bowers & Deichenbaum(Eds.), *The unconscious:Reconsidered.* New York: Wiley.

Kinnunen, T., Zamansky, T., & Block, M.(1994). Is the hypnotized subject lying? *Journal of Abnormal Psychology,* 103, 184～191.

Kleinke, C. I.(1986). Gaze and eye contact: A research review. *Psychological Bulletin,* 100, 78～100.

Klerman, G. L. & Weissman, M. M.(1986). The interpersonal approach to understanding depression. In T. Millon & G. L. Klerman(Eds.), *Contemporary directions in psychotherapy: Toward the DSM-IV.* New York: Guilford Press.

Klerman, G. L. & Wissman, M. M.(1989). Increasing rates of depressions. *Journal of the American Medical Association,* 261, 2229～2235.

Kohlberg, L.(1966). A cognitive development analysis of children's sex-role concepts and attitudes. In E. E. Maccoby(Ed.), *The development of sex differences.* Stanford, CA: Stanford University Press.

Kohlberg, L.(1969). *Stages in development of moral thought and action.* New York: Holt, Rinehart & Winston.

Kohlberg, L.(1978). Revision in the theory and practice of moral development. *New Directions for Child Development*, 2, 83~88.

Kohlberg, L.(1981). *The philosophy of moral development.* San Francisco: Harper & Row.

Ko hler, W.(1927). *The mentality of apes.* New York: Harcourt Brace.

Kuhn, T. S.(1962). *The structure of scientific revolution.* Chicago: University of Chicago Press.

L'Abat, L.(Ed.)(1998). *Family psychopathology: The related roots of dysfunctional behavior.* New York: The Guilford Press.

Labouvice-vief, G.(1980). Beyond formal operations: Uses and limits of pure logic in life-span development. *Human Development*, 23, 141~161.

Latane, B. & Darley, J. M.(1970). *The unresponsive bystander: Why doesn't be help*? Englewood Cliffs, NJ: Prentice-Hall.

Latane, B., William, K., & Harkins, S.(1979). Many hands make light the work: The cause and consequence of social loafing. *Journal of Personality and Social Psychology*, 37, 822~832.

Lazarus, R. S.(1991). *Emotion and adaptation.* New York: Oxford University Press.

Lee, J. A.(1977). A typology of styles of loving. *Personality and Social Psychology Bulletin*, 3, 173~182.

Lefton, L. A.(1991). *Psychology* (4th ed.). Boston: Allyn & Bacon.

Lepper, M. R., Greene, D., & Nisbett. R. E.(1973). Undermining children's intrinsic interest with extrinsic reward: A test of overjustification hypothesis. *Journal of Personality and Social Psychology.* 28, 129~137.

Levinger, G. & Snoek, J. G.(1972). *Attraction in relationship: A new look at interpersonal attraction.* Morristown, NJ: General Learning Press.

Levy, R. I. & Moskowitz, J.(1982). Cardovascular research: Decades of progress, a decade of promise. *Science*, 217, 121~128.

Lewortin, R.(1976). Race and intelligence. In N. J. Block & G. Dworkin (Eds.), *The IQ controversy: Critical reading.* New York: Pantheon.

Lichtenberg, J., Bornstein, M., & Silver, D. (Eds.) (1984). *Empathy* (2 Vols.). Hillsdale, NJ: Lawrence Erilbaum Associates.

Lieferty, R. M., Ponlos, R. W., & Strauss, G. D.(1974). *Development Psychology.* Englewood Cliffs, NJ: Prentice-Hall.

Lindzey, G., Thompson, R. F., & Spring, B.(1988). *Psychology* (3rd ed.). New York: Worth Publishers.

Lochlin, J. C., Lindzey, G., & Spuhler, J. N.(1975). *Race difference in intelligence.* San Francisco: Freeman.

Luchins, A. S.(1942). Mechanization in problem solving. *Psychological Monographs,* 54(Whol No, 248.).

Lynn, M. & Oldenquist, A.(1986). Egoistic and nonegoistic motives in social dilemmas. *American Psychologist,* 41, 529～534.

Lynn, R.(1982). IQ is Japan and the United States shows a growing disparity. *Nature,* 297, 222～223.

Lynn, S. J. & Rhue, J. W.(1986). The fantasy-prone person: Hypnosis, imagination, and creativity. *Journal of Personality and Social Psychology,* 51, 404～408.

Lynn, S. J. & Rhue, J. W.(1988). Fantasy proneness: Hypnosis, developmental antecedent, and psychopathology. *American Psychologist,* 43, 35～44.

Maier, N. R. F.(1931). Reasoning in humans. *Journal of Comparative Psychology,* 12, 181～194.

Mandler, G.(1984). *Mind and body: Psychology of emotion and Stress.* New York: Norton.

Marcia, J. E.(1967). Ego identity status: Relationship to change in selfesteem, general maladjustment, and authoritarianism. *Journal of Personality,* 1, 118～134.

Marcia, J. E.(1980). Indentity in adolescence. In J. Adelson(Ed.), *Handbook of adolescent psychology.* New York: John Wiley & Sons.

Martin, R. L., Cloninger, R., Guze, S. B., & Clayton, P. J.(1985). Mortality in a follow-up of 500 psychiatric outpatients: Total Mortality. *Archives of Genetic Psychiatry,* 42, 47～54.

Maslow, A. H.(1954). *Motivation and personality.* New York: Harper & Row.

Maslow, A. H.(1966). *The psychology of science: A reconnaissance.* New York: Harper & Row.

Maslow, A. H.(1967). A theory of metamotivation: The biological rooting of the value-life. *Journal of Humanistic Psychology,* Fall, 93～127.

Maslow, A. H.(1968). *Toward a psychology of being* (2nd ed.). New York: Van Nostrand.

Maslow, A. H.(1970). *Motivation and personality* (2nd ed.). New York: Harper & Row.

Maslow, A. H.(1973). Self-actualizing people. In R. L. Lowry(Ed.), *Dominance self-esteem, self-actualization.* CA: Brooks/Cole.

Maslow, A. H.(1976). *Religious, values, and peak experiences.* New York: Penguin Books.

Mayer, J.(1955). Regulation of energy intake and the body weight: The glucostatic theory and the lipostatic hypothesis. *Annual New York Academy of Science*, 63, 15~43.

McCarley, R. W. & Hobson, J. A.(1981). Sleep dreams and the activation-synthesis hypothesis. *American Journal of Psychiatry*, 18(2). 165~192.

McGraw, K. O.(1987). *Developmental psychology.* New York: Harcourt Brace.

Mcleod, R. B.(1975). *The persistent problems of psychology.* Pittsburgh, PA: Duquesne University Press.

McNall, R. J.(1990). Psychological approaches to panic disorder: *A review. Psychological Bulletin*, 108, 413~419.

Mednick, S. A.(1962). The associate basis of creativity. *Psychological Review*, 69, 220~232.

Melzack, R.(1973). *The puzzle pain.* New York: Basic Books.

Miller, G. A.(1956). The magical number seven, plus or minus two: Some limits on our capacity for processing information. *Psychological Review*, 63, 81~97.

Minuehin, S. (1974). *Family and family therapy.* Cambridge, Mass: Havard University Press.

Mita, T. H., Dermer, M., & Knight, J.(1977). Reversed facial images and the mere-exposure hypothesis. *Journal of Personality and Social Psychology*, 35, 579~601.

Morgan, C. D. & Murray, H. A.(1935). A method for investigation fantasies: The Thematic Apperception Test. *Archives of Neurology and Psychiatry*, 34, 289~306.

Murphy, G. E.(1983). The problem in studying suicide. *Psychiatric Development*, 4, 339~350.

Murray, H. A. (1943). *Thematic Apperception Test.* Cambridge, Mss: Havard University Press.

Myers, D. G. & Lamm, H. (1976). The group polarization phenomenon. *Psychological Bulletin*, 83, 602～627.

Neisser, U. (1967). *Cognitive psychology.* New York: Appleton-Century-Crofts.

Neugarten, B.(1976). Adaptation and life cycle. *The Counseling Psychologist*, 6, 16～20.

Nickerson, R. S. & Adams, M. J.(1979). Long-term memory for a common object. *Cognitive Psychology*, 11, 287～307.

Nolen-Hoeksema, S.(1990). *Sex differences in depression.* Stanford, CA: Stanford University Press.

Osborn, A. F.(1963). *Applied imagination*(3rd. ed.). New York: Scribners. Parlee, M. B.(1979). The friendship bond. *Psychology Today*, October, 43～54.

Pendleton, M. G. & Batson, C. D.(1979). Self-presentation and the door-in-the-face technique for inducing compliance. *Personality and Social Psychology Bulletin*, 5, 77～81.

Perls, F. S.(1969). *Gestalt therapy verbatim.* Lafayette, CA: Real People Press.

Perls, F. S.(1973). *The Gestalt approach.* Palo Alto: Science and Behavior.

Phares, E. J.(1984). *Introduction to personality.* Columbus, OH: Merrill.

Piaget. J.(1929). *The child's conception of the world.* New York: Littlefield, Adamis.

Piaget, J.(1932). *The moral judgment of the child.* New York: Harcourt, Brace.

Piaget, J.(1950). *The psychology of intelligence.* Paterson, NJ: Littlefield, Adoms.

Piaget, J.(1952). *The origins of intelligence in children.* New York: International University Press.

Piaget, J. & Inhelder, B.(1968). *The psychology of the child.* New York: Basic Books.

Piaget, J. & Inhelder, B. (1967). *The child's conception of space.* New York: Norton.

Piaget, J.(1970). *Genetic epistemology.* New York: Columbia University

Press.

Raphael, B.(1976). *The thinking computer*. New York: Freeman.

Raskin, D. C.(1982). Physiological responses to lie detector test. *Science*, June, 24～27.

Reed, T. J. & Jensen, A. R. (1992). Conduction velocity in brain nerve pathway of normal adults corrlates with intelligence level. *Intelligence*, 16, 259～272.

Restle, F. (1970). Moon illusion explained on the basis of relative size. *Science*, 167, 1092～1096.

Rhine, J. B.(1934). *Extrasensory perception*(rev. ed.). Boston: Humphries.

Rhine, J. B.(1953). *New World of the mind*. New York: Morrow.

Rice, F. P.(2001). *Human development: A life-span approach*. Upper Saddle River, NJ: Prentice-Hall.

Roffwarg, H. P. et al. (1966). Ontogenetic development of the human sleep-dream cycle. *Science*, 152, 601～619.

Rogers, C. R.(1957). Necessary and sufficient conditions for therapeutic personality change. *Journal of Counseling Psychology*, 21, 95～103.

Rogers, C. R.(1961). *One becoming a person*. Boston: Houghton Mifflin.

Rogers, C. R.(1970). *Client-centered therapy*(2nd ed.). Boston: Houghton Mifflin.

Rorschach, H.(1921). *Psychodiagnostics*. New York: Grune & Stratton.

Rosch, E.(1975). Cognitive representations of semantic categories. *Journal of Experimental Psychology: General*, 3, 192～233.

Rosch, E. & Mervis, C. B.(1975). Family resemblances: Studies in the internal structure of categories. *Cognitive Psychology*, 7, 573～605.

Rose, L.(1977). The intuitive psychologist and its shortcomings: Distortions in the attribution process. *Advance in Experiment Social Psychology*, 10, 173～220.

Rotter, J. B.(1954). *Social learning and clinical psychology*. New York: Johnson Reprint.

Rotter, J. B.(1966). Generalized expectance for internal versus external control of reinforcement. *Psychological Monographs*, 80, 1～28.

Rumelhart, D. E.(1989). The architecture of mind: A connectionist approach. In M. I. Posner(Ed.), *Foundations of cognitive science*, pp.133～159. Cambridge, MA: Bradford Books.

Rutter, M., Macdonal., Le Courteur, A., Harrington R., Bolton, P., & Bailey, A. (1990). Genetic factors-II: Empirical findings. *Journal of Child Psychology and Psychiatry*, 31, 39～83.

Sahler, O. J & McAnamey, E. R.(1981). *The child between* 3～18. St. Louis: Mosby.

Satir, V.(1976). *Conjoint family therapy.* Palo Alto, CA: Science and Behavior Books.

Scarr, S. & Weinberg, R. A.(1976). IQ test performance of black children adopted by white families. *American Psychologist*, 31, 726～739.

Schachter, S.(1959). *The psychology of affiliation.* Stanford, CA: Stanford University Press.

Schachter, S. & Singer, J. E.(1962). Cognitive, social, and physiological determinants of emotional state. *Psychological Review*, 69, 379～399.

Schaefer, C.(Ed.)(1999). *Innovative Psychotherapy techniques in child and adolescent therapy.* New York: John Wiley & Sons.

Schaie, K. W., & Strother, C. R.(1968). A Cross-sequential study of age change in cognitive behavior. *Psychological Bulletin*, 70, 671～680.

Schneider, D. J.(1973). Implicit personality theory. *Psychological Bulletin*, 79, 294～309.

Schultz, D. P. & Schultz, S. E.(1996). *A history of modern psychology*(6th ed.). New York: Harcourt Brace.

Schwartz, G. E., Weinberger, D. A. (1980). Pattern of emotional responses of affective situations: Relation among happiness, sadness, anger, fear, depression and anxiety. *Motivation and Emotion*, 4, 175～191.

Sdorow, L.(1990). *Psychology.* Dubuque, IO: Win. C. Brown Publishers.

Seifert, C. M., Robertson, S. P., & Black, J. B.(1986). The role of thematic knowledge structures in reminding. In J. A. Galambos, R. P. Abelson, & J. B. Black (Eds.), *Knowledge structure*, pp. 185～210. Hillside,NJ: Eribaum.

Seligman, M. E. P.(1975). *Helplessness: On depression, development, and death.* San Francisco: Freeman.

Sharf, R. S.(2000). *Theories of psychotherapy & counseling: Concepts and cases*(2nd ed.). Pacific Grove, CA: Brooks/Cole.

Sheingold, K. & Tenney, Y. J.(1982). Memory for salient childhood events.

In U. Neisser (Ed.), *Memory observed: Remembering in natural context.*San Francisco: Freeman.

Shepard, R. N. & Metzler, J.(1971). Mental rotation of three-dimensional objects. *Science*, 171, 701~703.

Simth, M. L., Glass, G. V., & Miller, T. I.(1980). *The benefits of psychotherapy.* Baltimore, Md: John Hopkins University Press.

Singer, J. L.(1978). Experimental studies of dreaming and the stream of thought. In K. S. Pope & J. L. Singer(Eds.), *The stream of consciousness*, pp. 187~223. New York: Plenum.

Smith, D. (1982). Trends in counseling and psychotherapy. *American Psychologist*, 37, 802~809.

Smith, M. C.(1983). Hypnotic memory enhancement of witnesses: Does it work? *Psychological Bulletin*, 97, 387~407.

Solso, R. L.(1988). *Cognitive psychology* (2nd ed.). Boston: Allyn & Bacon.

Spanos, N. P.(1991). A sociocognitive approach to hypnosis. In S. J. Lynn, & J. R. Rhue(Eds.), *Hypnosis theories: Current models and perspectives*, pp. 324~361. New York: Guilford Press.

Sperling, G.(1960). The information available in brief visual presentations. *Psychological Monographs*, 74 (Whole No: 498).

Steiner, J. E.(1979). Human facial expressions in response to taste and smell stimulation. In H. W. Reese & Lipsitt (Eds.), *Advance in child development and behavior*, Vol. 13. Orlando, PL: Academic Press.

Sternberg, R. J.(1985). *Beyond IQ: A triarchic theory of human intelligence.* New York: Cambridge University Press.

Sternberg, R. J.(1986a). *Intelligence applied: Understanding and increasing your intellectual skills.* San Diego, CA: Harcourt Brace.

Sternberg, R. J.(1986b). A triangular theory of love. *Psychological Review*, 93, 119~135.

Sternberg, R. J. (1988). Triangulating love. In R. J. Sternberg & M. L. Barnes (Eds), *The psychology of love*, pp. 119~133. New Haven, CT: Yale University Press.

Sternberg, R. J.(2001). *In search of the human mind* (3rd ed.). New York: Harcourt Brace.

Stoner, J. A.(1961). *A comparison of individual and group decisions involving risk.* Unpublished masters thesis; School of Industrial Management, MIT, Cambridge, MA.

Strupp. H. H.(1989). Psychotherapy. *American Psychologist*, 44, 417～424.

Sullivan, H. S.(1940). *Conceptions of modern psychiatry.* New York: Norton.

Sullivan, H. S.(1953). *The interpersonal theory of psychiatry.* New York: Norton.

Tanner, J. M.(1973). Trends toward earlier menarche in London, Oslo, Copenhagen, the Netherlands, and Hungary. *Nature*, 243, 95～96.

Tanner, J. M., Whitehous, R. H., & Takaishi, M.(1966). Standards from birth to maturity for height, weight, height-velocity, and weight velocity; British children 1965. *Archives of Diseases in Childhood*, 41, 454～471.

Taylor, D. W., Berry, P. C., & Block, C. H.(1958). Does group participation when using brainstorming facilitate or inhibit creative thinking? *Administrative Science Quarterly*, 2, 23～47.

Teghtsoonian, R.(1971). On the exponent in Steven's Law and the constant in the Ekman's Law. *Psychological Review*, 78, 71～80.

Terman, L. M.(1916). *The measurement of intelligence.* Boston: Houghton Mifflin.

Thorndike, E. L.(1898). Animal intelligence: An experimental study of the associative processes in animals. *Psychological Review*, 5, 68～72.

Thorndike, E. L. (1921). Measurement in education. *Teachers College Record*, 22, 371～379.

Thurstone, L. L.(1938). Primary mental abilities. *Psychometric Monographs*, No. 1. Chicago: University of Chicago Press.

Togersen, S. (1983). Genetic factors in anxiety disorders. *Archives of General Psychiatry*, 40, 1085～1089.

Tolman, E. C. & Honzik, C. H.(1930). Introduction and removal of reward, and maze performance in rats. *University of California Publications in Psychology*, 4, 257～275.

Tolman, E. C.(1948). Cognitive maps in rats and maze. *Psychological Review*, 55, 189～208.

Torgerson, S.(1986). Genetic faotor in moderately severe and mild affective disorders. *Archives of General Psychiatry*, 43, 222～226.

Torrance, E. P.(1974). *The Torrance tests of creative thinking: Technicalnorms manual.* Bensenville, IL: Scholastic Testing Services.

Torrance, E. P.(1984). *Torrance tests of creative thinking: Streamlined manual*(revised). Bensenville, IL: Scholastic Testing Services.

Tulving, E. & Thomson, D. M.(1973). Encoding specificity and retrieval processes in episodic memory. *Psychological Review*, 80, 352~373.

Tulving, E.(1986). What kind of a hypothesis in the distinction between episodic and semantic memory? *Journal of Experimental Psychology*, 12, 307~311.

Turner, J. S. & Helms, D. B.(1991). *Life-span development* (3rd ed.). New York: Holt Rinehart & Winston.

Tversky, A. & Kahneman, D.(1973). Availability: A heuristic for judging frequency and probability. *Cognitive Psychology*, 5, 207~232.

Tversky, A. & Kahneman, D.(1974). Judgment under uncertainty: Heu-ristic and biases. *Science*, 185, 1124~1131.

Vygotsky, L. S.(1962). *Thought and language*. Cambridge, MA: MIT Press.

Vygotsky, L. S.(1978). *Mind in society: The development of higher psychological processes*. Cambridge, MA: Harvard University Press.

Walk, R. D. & Homan, C. P.(1984). Emotion and dance in dynamic light display. *Bulletin of the Psychonomic Society*, 22, 437~440.

Wallace, R. K. & Benson, H.(1972). The physiology of meditation. *Scientific American*, February, 81~90.

Wallace, R. K. & Fisher, L. E.(1987). *Consciousness and behavior* (2nd ed.). Boston: Allyn & Bacon.

Wallas, G.(1926). *The act of thought*. New York: Harcourt Brace.

Watson, J. B.(1913). Psychology as the behaviorist view it. *Psychological Review*, 20, 158~171.

Watson, J. B. & Rayner, R.(1920). Conditioned emotional reactions. *Journal of Experimental Psychology*, 3, 1~14.

Webb, W. B.(1975). *Sleep the gentle tyrant*. Englewood Cliffs, NJ: Prentice-Hall.

Wechsler, D.(1958). *The measurement and appraisal of adult intelligence*. Baltimore: Williams.

Wertheimer, M. (1945). *Productive thinking*. Chicago: University of Chicago Press.

Wertheimer, M. (1958). Principles of perceptual organization. In D. C. Beardslee & M. Wertheimer(Eds.), *Readings in perception*. Princeton, NJ: Van Nostrand Reinhold.

Winick, M.(Ed.)(1976). *Malnutrition and brain development.* New York: Oxford University Press.

Wolpe, J.(1958). *Psychotherapy by reciprocal inhibition.* Stanford, CA: Stanford University Press.

Worchel, S.(1995). Cooperation and the reduction of intergroup conflict: Some determining factors. In S. Worchel & W. Austin(Eds.), *Psychology of intergroup relation.* Chicago: Nelson-Hall.

Worchel, S. & Shebilske, W.(1995). *Psychology: Principles and application*(3rd ed.). Englewood, Cliffs, NJ: Prentice-Hall.

Yalom, I. D.(1985). *The theory and practice of group psychotherapy*(3rd ed.). New York: Basic Books.

Yerkes, R. M.(Ed.)(1921). Psychological examining in the United States Army. *Memoirs of the National Academy of Science.* Vol. 15.

Zajonc, R. B.(1965). Social facilitation. *Science*, 149, 268～274.

Zangwill, O. L.(1987). Experimental hypnosis. In R. L. Fregory (Ed.), *The Oxford companion to the Mind*, pp. 328～333. Oxford: Oxford University Press.

Zepelin, H. & Rechtschaffen, P.(1974). Mammalian sleep, longevity, and energy metabolism. *Brain, Behavior and Evolution*, 10, 425～470.

索　引

说明：1. 索引中包括名词与人名。
2. 名词后之数字为该名词在本书内出现并附解释处之页码。
3. 人名前注有*号者为内文中附照片及简介之心理学家。
4. 以外文字母起头的中文名词一律排在汉英对照之最后。
5. 同一英文名词而海峡两岸译文不同者，除在正文内附加括号予以注明外，索引中亦予同时编列。

一、汉英对照

一　画

二　画

三 画

四 画

五 画

六 画

八 画

九 画

十 画

十一 画

十二　画

十三　画

十四 画

外文字母起头名词

二、英汉对照

A

B

C

D

I

M

N

O

S

W

图书在版编目（CIP）数据

心理学原理 / 张春兴著. -- 杭州 : 浙江教育出版社, 2012.8
（世纪心理学丛书）
ISBN 978-7-5338-9532-7

Ⅰ. ①心… Ⅱ. ①张… Ⅲ. ①心理学 Ⅳ. ①B84

中国版本图书馆CIP数据核字(2012)第000439号

责任编辑 金燕峰 **责任校对** 戴正泉
封面设计 曾国兴 **责任印务** 温劲风

张 春 兴 主 编
世纪心理学丛书 1

心 理 学 原 理

XINLIXUE YUANLI

著 者 张春兴
出版发行 浙江教育出版社
(杭州市天目山路 40 号 邮编 310013)
(本书由台湾东华书局授权本社
在大陆地区出版发行简体字版)
图文制作 杭州兴邦电子印务有限公司
印 刷 杭州富春印务有限公司
开 本 787 × 1092 1/18
印 张 43.5
插 页 4
字 数 750 000
版 次 2012 年 8 月第 1 版
印 次 2012 年 8 月第 1 次印刷
印 数 1–8 000
定 价 68.00 元

标准书号 ISBN 978-7-5338-9532-7